武宁县教育志

柳斌题签

主　　编　邱立平
执行主编　翁还童

方志出版社
Publishing House of Local Records

武宁县教育志编纂机构人员名单

（一）

（武教发〔1988〕15号文）

特聘顾问　张　罗

主任委员　雷名千

副主任委员　余国钧　毛洪杰　张聘经　冷先发

委　　员　雷名千　余国钧　毛洪杰　张聘经　冷先发
　　　　　张　罗　曹庭玉　张贞茂　张公启

主　　编　冷先发

编　　辑　罗　昆　曹庭玉　唐　碧　胡雪梅

（二）

武教字〔2009〕21号文

主任委员　卢　斌

副主任委员　张禄业　盛思梅　杨平水　张　卫　陈宗煜
　　　　　余于波　程德猛　付少平　翁地季

委　　员　邹盛华　石小洪　邓永成　谢从富　刘合耀
　　　　　余亚平　戴定武　熊仁俊

办公室主任　翁地季（兼）

主　　编　卢　斌

副 主 编　张禄业
　　　　　翁地季（常务）

武宁县教育志编纂人员名单

主　　编　邱立平
副 主 编　向平安　陈宗煜
执行主编　翁还童
编　　辑　欧阳可佳　黎哲明　王时福　陈英洪　刘　俊
书稿统筹　刘　俊
文字校对　王时福　陈英洪
书稿终审　翁还童　刘　俊
图片拍摄　王　臻　徐高峰
封面设计　徐高峰
图片制作　徐高峰
打 字 员　李清雅

1998年10月，江西省副省长黄懋衡（前左）考察武宁第一中学

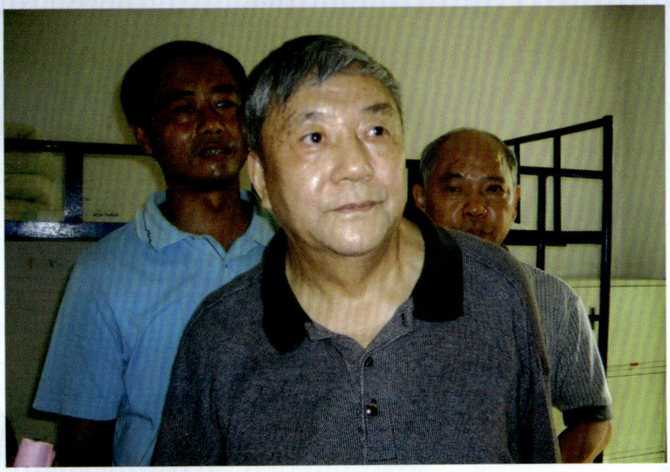

2012年5月，省关工委主任周懃平（前）在武宁官莲中心完小考察关爱留守儿童工作

2006年6月，《中国教师报》总编刘堂江（前右）参加武宁私立宁达初级中学五周年校庆

2001年7月，江西省人民政府副省长胡振鹏（中）考察鲁溪中心完小

2009年11月26日，省教育厅厅长虞国庆（左二）在杨洲初级中学调研

2015年6月24日，江西省教育工委书记黄小华（右三）、副厅长肖志华（右二）莅临武宁第六小学指导工作

2004年9月，市教育局局长欧阳礼彬（右二）在武宁第二小学调研

2010年11月，县委书记董金寿（右三）考察武安民族小学

2016年1月10日，县委书记沈阳（右二）在泉口镇金水学校调研（摄影 王怡荣）

武宁第一中学沙田校区

武宁第六小学

武宁第二幼儿园

武宁职业中等专业学校

江西美术学院丰良校区

武宁第二中学

船滩初级中学

清江中心完小

澧溪初级中学教学楼

宋溪学校

甫田中心幼儿园

石门楼初级中学

高校课堂走进武宁全国新课改经验交流暨现场观摩大会在武宁举行

外籍教师在武宁实验中学授课

罗坪初

泉口中心

武宁幼儿

美国艾伦先生来武宁私立宁达初级中学讲学

联合国大使团来武宁考察丰良艺术学校

外籍教师与武宁第一小学师生快乐交流

武宁县 2015 年"金秋助学"捐赠仪式

武宁第一中学学生军训

武宁第一中学校园足球队

鲁溪中心完小的非遗传承队

特殊儿童教育

武安畲族民族教育

官莲初级中学爱心捐献现场

2008 年武宁县第九届中学生田径运动会在武宁第一中学举行

2012 年 12 月武宁县首届青少年艺术节开幕式在县文化广场隆重开幕

2012年11月武宁县教育系统参加全县喜庆十八大歌咏合唱比赛荣获第一名

2009年武宁县幼儿园参加全县"妇幼杯"庆"六一"迎国庆文艺演出

2013年武宁县第二届青少年艺术节暨武宁第二小学校园艺术节在武宁第二小学隆重举办

2014年武宁县第三届青少年艺术节暨武宁第六小学首届校园艺术节在武宁第六小学隆重举办

2009年4月武宁教育代表队在全县“迎奥运”全民健身大赛中荣获一等奖

2015年9月16日环鄱阳湖国际自行车大赛在武宁举行（摄影徐臣君）

2007 年武宁幼儿园幼儿书画作品参加全县庆元旦幼儿书画作品展

2006 年武宁幼儿园参加全县“明荣辱树新风兴创业促和谐”主题娱乐文艺演出

2015 年 10 月 17 日首届中国滑水巡回大赛在武宁举行（摄影徐臣君）

2015 年武宁县首届小学生篮球赛在第六小学举行

2007 年武宁职业中专排练的武宁打鼓歌分别出席武宁县民间文化艺术节演出和中国江西庐山西海国际文化旅游节开幕式

证书
荣获全国第四届中小学生艺术展演活动
优秀组织奖
中华人民共和国教育部

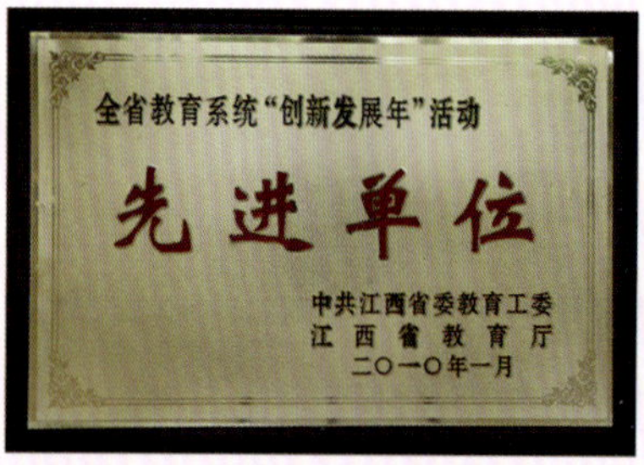
全省教育系统“创新发展年”活动
先进单位
中共江西省委教育工委
江西省教育厅
二〇一〇年一月

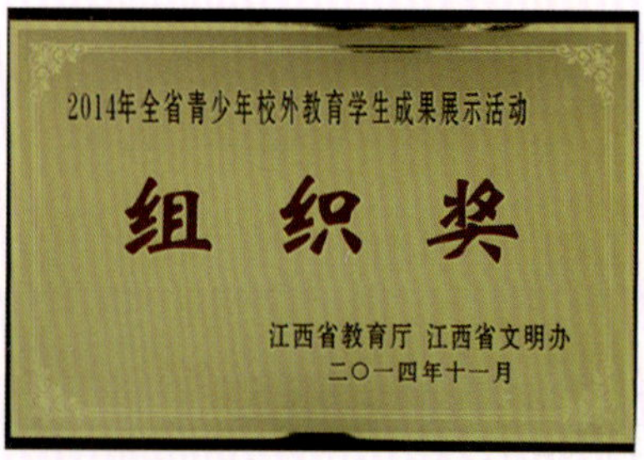
2014年全省青少年校外教育学生成果展示活动
组织奖
江西省教育厅 江西省文明办
二〇一四年十一月

江西省教育系统
先进工会
江西省教育工会
二〇〇八年十一月

江西省第五届(2006年－2009年)教研系统
先进教研室
江西省教育厅
二〇一〇年四月

优秀组织奖
江西省教育厅
二〇一〇年十二月

江西省第四届中小学生、幼儿艺术展演活动
优秀组织奖
江西省教育厅
二〇〇九年十月

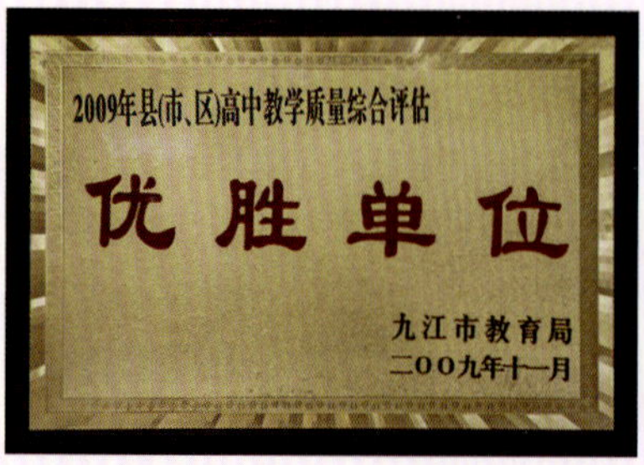
2009年县(市、区)高中教学质量综合评估
优胜单位
九江市教育局
二〇〇九年十一月

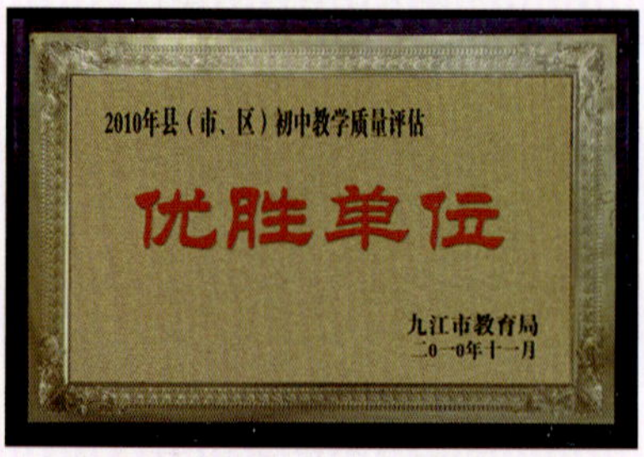
2010年县(市、区)初中教学质量评估
优胜单位
九江市教育局
二〇一〇年十一月

武宁县职业中专获国家星火计划“农民科技培训星火学校 ”、“ 全省示范职业学校”

2006 年，武宁第一中学获全国作文教学先进单位、全省校本教研先进县

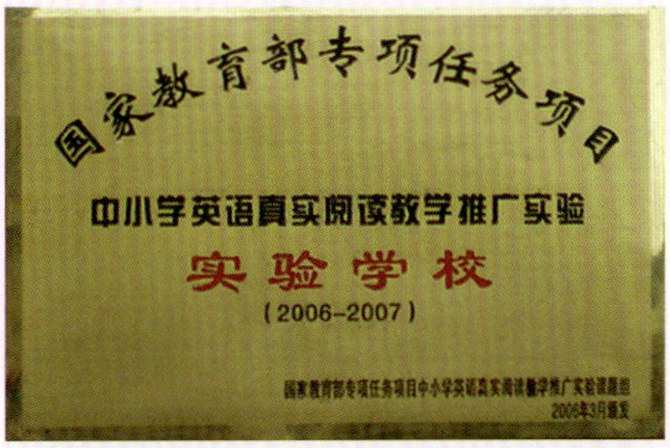

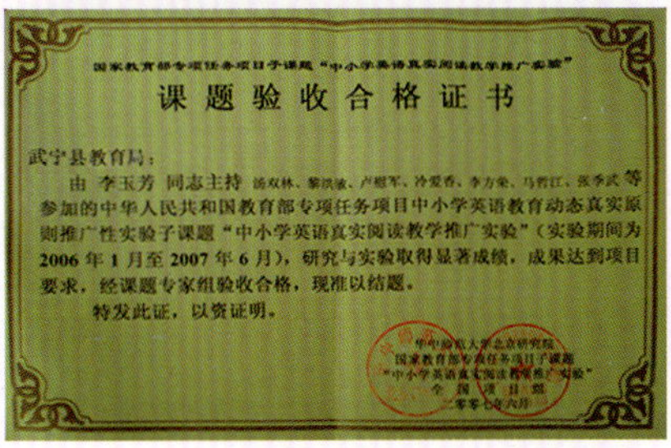
国家教育部专项任务项目子课题“中小学英语真实阅读教学推广实验”

课题验收合格证书

武宁县教育局：

由 李玉芳 同志主持 汤双林、黎洪波、卢旭军、冷爱香、李方荣、马哲江、张季武等参加的中华人民共和国教育部专项任务项目中小学英语教育动态真实原则推广性实验子课题“中小学英语真实阅读教学推广实验”（实验期间为 2006 年 1 月至 2007 年 6 月），研究与实验取得显著成绩，成果达到项目要求，经课题专家组验收合格，现准以结题。

特发此证，以资证明。

2006 年，武宁第三小学获国家教育部中小学英语课真实阅读教学推广实验学校

武宁县实验中学获全国外国语特色学校教育研究会会员学校和东华理工大学生源基地

2001 年， 武宁第二小学获中国教育学会小学数学教学全国尝试教学法实验基地

全国优秀班主任—刘伦晶

全国优秀教育工作者—夏尚铎

全国优秀教育工作者—王汝章

全国优秀教师—熊贻华

全国优秀教师—熊明

全国十佳民办校长—张项理

全国优秀教师—周德芳

全国优秀教师—汪家富

全国优秀教师—李从容

江西省首届优秀校长—黎辉

江西省第二届中小学优秀校长—刘风华

江西省第三届优秀校长—付林源

江西省首届优秀校（园）长—董韵

江西省首届学科带头人—周春霞

江西省师德先进个人—聂倩

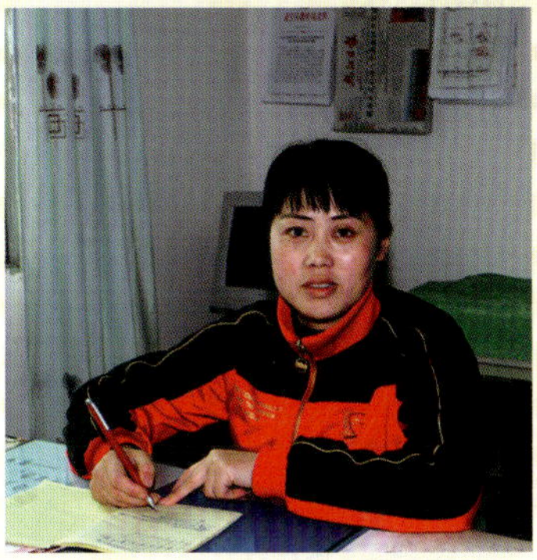

江西省教育系统巾帼建功标兵—刘英

江西省中小学优秀班主任—叶祥景

江西省小学特级教师—龚仁彬

江西省小学特级教师—夏银秀

江西省小学特级教师—徐红英

江西省小学特级教师—刘晓英

乾隆二十年武宁县志载的武宁学宫图

乾隆四十七年武宁县志载的武宁文学图

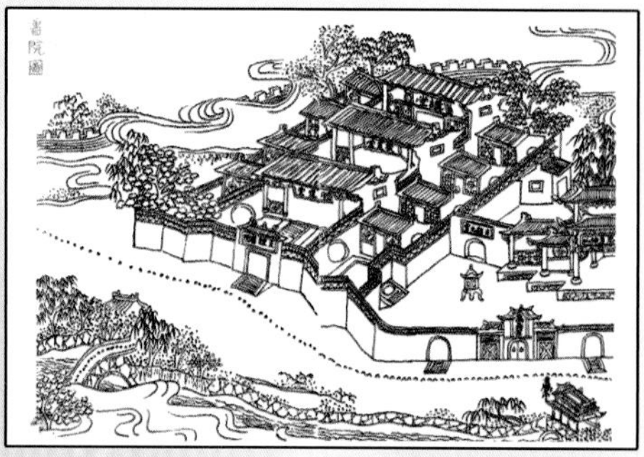

道光四年武宁县志载的武宁书院图

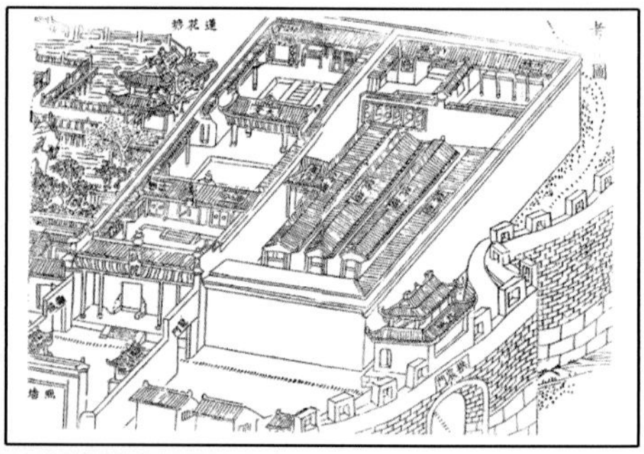
道光二十八年武宁县志载的武宁考棚图

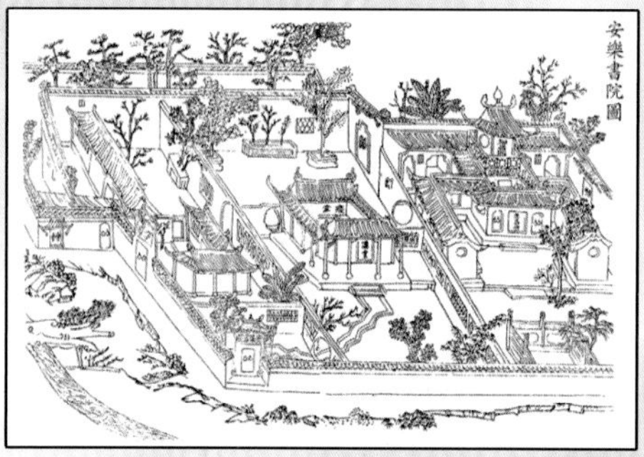

道光二十八年武宁县志载的武宁安乐书院图

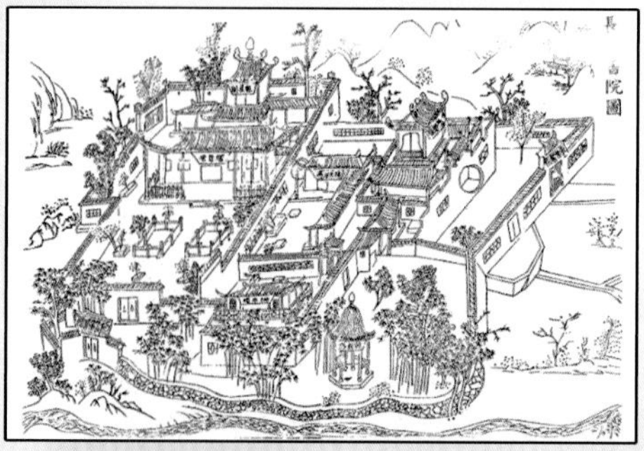
道光二十八年武宁县志载的武宁长乐书院图

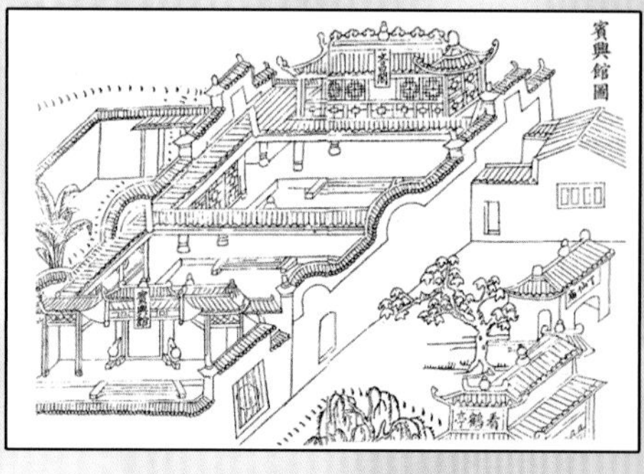

道光二十八年武宁县志载的武宁宾兴馆图

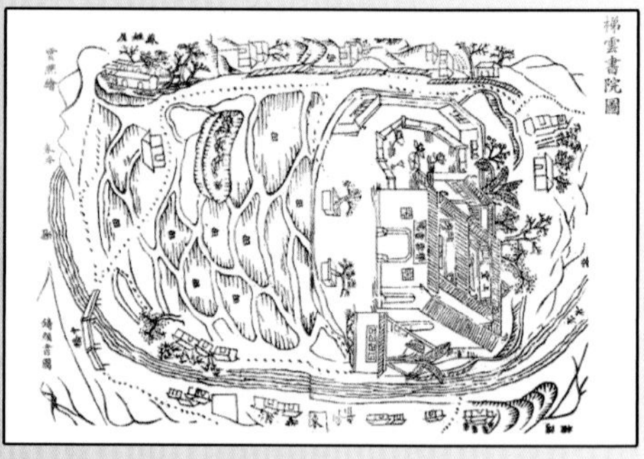

同治十二年武宁县志载的武宁梯云书院图

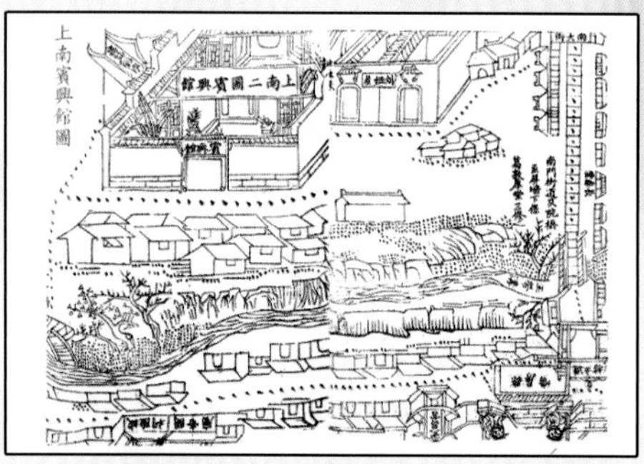

同治十二年武宁县志载的武宁上南宾兴馆图

同治十二年武宁县志载的武宁下南宾兴馆图

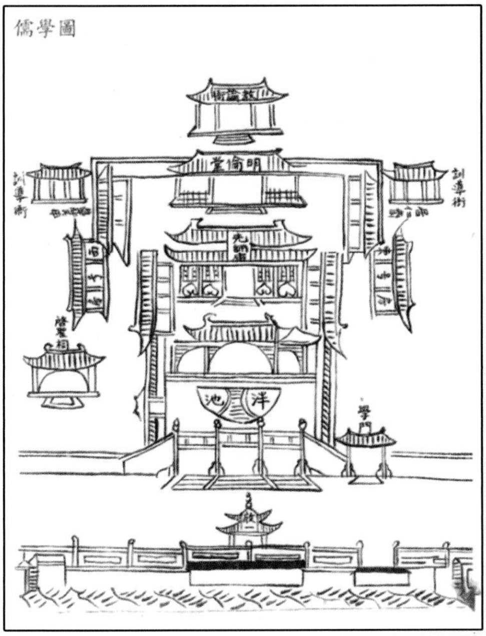

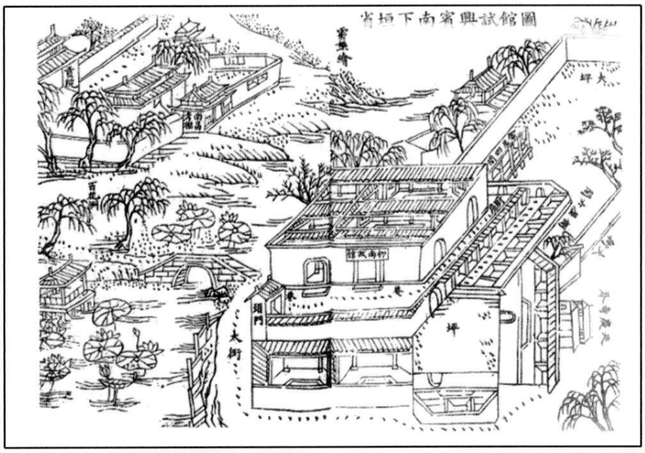

↑同治十二年武宁县志载的省垣下南宾兴试馆图

←嘉靖四十一年武宁县志载的武宁儒学图

武宁老县城古爱幼儿园（1960年）

武宁联中古爱完小联合腰鼓队庆“五一”国际劳动节演出（1951年）

《武宁县教育志》编纂委员会全体成员合影

前排左起：黄园宁 刘家胜 陈宗煜 刘大利 邱立平 向平安 余　平 郑德平 杨再华 洪欢平
中排左起：谢从富 熊仁俊 冷绪尧 翁第森 余亚平 柯五坚 黄　玲 鲁　臻
后排左起：余传奇 柯美林 朱　民 陈　学 李　峰 舒端常 张小平 雷美珍

《武宁县教育志》全体编辑人员合影

前排左起：翁地季 陈宗煜 邱立平 向平安 欧阳可佳 黎哲明
后排左起：王　臻 李　峰 李清雅 陈英洪 刘　俊　王时福 徐高峰

序　言

武宁教育历史悠久，始于两汉，发展于唐，兴盛在宋，历经元、明、清、中华民国。虽各有盛衰，但流风余绪，文泽绵长。武宁自古文风醇厚，孕育出无数纵横捭阖的教育人物，古代有邢凯、余弼、卢金镜、盛谟、叶燮丞等名士。近现代有张子野、傅梅友、盛怀谷、张丹葵、黄觉非、李希楷、余心乐、徐声扬、刘堂江、余静赣等贤达。翰墨丹青为世人瞩目，尊师重教为青史留名。

百年大计，教育为本。教育人秉承武宁文脉，以造就社会英才为己任，立改革开放前沿，筚路蓝缕，励精图治，武宁的教育事业从小到大，从弱到强，从无到有，一直在跨越发展的道路上前行。全县学前教育快速发展，幼儿受教育率达98%；义务教育不断巩固提高，小学适龄儿童入学率达100%，初中阶段入学率达99.5%，全面实现“基本扫除青壮年文盲，基本普及九年义务教育”工作目标；普通高中教育稳步发展，高中优质教育资源得到有效扩充，高中阶段毛入学率达81.3%；职业教育态势良好，技能型人才培养能力明显增强；特殊教育同步发展，全县残疾少年儿童义务教育入学率达80.6%。武宁教育从整体上看，一个体系较为完整，结构较为合理，发展日趋均衡，质量稳步提升的教育发展新格局基本形成。源于县委、县政府历届领导集体的正确领导和社会各界仁人志士的深切关爱；源于广大教育工作者勤勉敬业、无私奉献。

盛世修志、为资政育人，更为感悟明志。一部教育志，就是一部教育成长史，其经验教训，挫折希望，教人以深思，给人以启迪，催人以奋进。一部教育志，就是沟通其他行业之渠道，联系外部世界之纽带。一部教育志，就是一种教育情结，一份往事回忆。抚今追昔，能够激发出投身教育事业之激情；继往开来，可以催生出献身教育事业之壮志。读教育志，可以认知教育，感悟教育，进而支持教育。

修志乃浩大之文化系统工程，功在当代，利在千秋。存史资政，育人悟道。首编《武宁县教育志》，是当代武宁教育人留给后人的一份厚礼。客观记载从唐长安四年（704年）至2010年全县各级各类教育的发展历程。时间跨度大，断限年代长。由于管理体制变迁，领导班子更迭，干部人事变动，档案资料残缺不全，客观上造成编修工作的诸多困难。一批接一批的编纂工作者，旰食宵衣，兢兢业业，历经寒暑，数易其稿，终成志书。教育志纲目清晰，史料丰富，全景式展现武宁教育之全貌。具有鲜明的时代气息，地方特征和教育特色，处处具匠心。志书的问世，必将服务当代，惠及后世，传诸千秋。

志书是史料，记载了前人留给我们的遗产。在确立教育优先发展战略地位和不断深化教育改革的今天，我们整理武宁教育遗产，发掘底蕴，洞见其本原，对武宁教育未来的科学发展的现实意义不言而喻。秉承这种传承，在传承中创新发展，希望寄托在年轻人身上。

借此机会，我谨向教育志办公室工作人员和参与编撰的工作者表示衷心感谢！并以此书献给为武宁教育事业的发展和人才培养默默无闻，无私奉献的广大教育工作者；献给指导与支持我们工作的单位和同志们；献给关心志书编撰出版发行的各级领导。

谨为序。

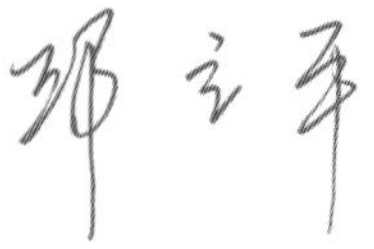

2016年12月

邱立平　武宁县教育体育局局长

凡 例

一、坚持以史为据，尊重现实，实事求是的原则。如实记叙武宁教育发展的历史及现状，力求思想性、科学性和资料性相统一，达到“资治”“教化”“存史”之功能。

二、本志为武宁首部教育专志。断限年代上限追溯到教育在县内的发端，下限截至2010年。图片、大事记及正文部分内容为保持其完整性或因须前后衔接，做了必要的追溯和延伸。遵循“详今略古”原则，重点记叙改革开放以后武宁教育发展史实。

三、本志采用一般志书体例，记、述、志、传、录、图、表综合表述。以类系事，以事系人，述而不论。全书设十二章，按章、节、目三层次，横排纵述，纵横结合。

四、本志行文用字以中国文字改革委员会公布的《简化汉字总表》为准。文体以现代语体文为主，语言力求严谨、简明、流畅。

五、本志“人物”章分传略、简介、简表、名录。坚持“生不立传”原则。传略、简介之人以生年为序，录武宁名师、办学名人、名专家教授、特级教师、教育部表彰的全国优秀教师、兼副处级职务教师、市级教学明星、省级学科带头人。简表、名录中校名人名的排序，不表示其级别地位。凡被收录的人物，一律直书其姓名、职称，不加褒贬之词。

六、本志“大事记”采取依时记事的编年体记叙。按年、月、日顺序录全县教育大事，务求大事突出，要事不漏。

七、本志记事，1911年前采用历史纪年，括注公元纪年。1912年后一律用公元纪年。中华人民共和国成立后，简称“新中国成立后”；文中所称“现代”是指1949年10月1日后；1966年至1976年的“无产阶级文化大革命运动”，简称“文化大革命”。数目字，除引文、序词、历史纪年和习惯用语中数字用汉字表述外，其余均以阿拉伯数字著录。

八、本志书中的计量单位，采用法定计量单位，且均以汉字表述，不用物理符号。如“平方米”不写成“m^2”。

九、本志部分章、节的内容，间或有交叉，但从各卷的特点出发各有侧重。

十、本志书中地名，采用现行通用称谓，对少数难以准确界定的古地名，保留原名。县城：1970年，迁建前系修河北岸玉枕山麓县城，迁建后指修河南岸南市岭现址。

十一、本志中的县城小学，原称“武宁新宁第几小学”，2003年9月，原新宁镇辖区设立豫宁街道办事处后，改称“武宁第几小学”。

十二、资料来源：取自省、市、县档案资料，图书馆历史文献，新、旧《武宁县志》、各中小学校史及相关部门或知情人提供的材料。限于篇幅，编纂时不注明资料出处。有关数据：新中国成立之前依据史料记载，之后以县统计局、教育局的统计资料为准。

目　录

概　述

武宁县位于江西省西北部，处赣鄂边陲。修河自西向东穿境而过，西接修水，东入永修；南疆毗连宜春市靖安县；东北与瑞昌市相邻；西北接壤于湖北省的阳新和通山县。

武宁世代黎民生息繁衍于斯，积淀了丰厚的物质文明和灿烂的山区文化。武宁教育传承武宁的文明，提升武宁的文明。在一千多年兴教办学的历史长河中，优秀人才辈出。据所存史料记载，自唐至清考取进士的94人，举人232人。宋嘉定七年（1214年）的进士吏部侍郎邢凯，博览群书，学识深广，精通诗词韵律和文学理论，著有《坦斋通篇》和医学著作《笔衡》；明代余弼，隆庆四年（1570年）前后在家乡建“宾阳山庄”，授徒讲学，培育众多人才；余弼之子余长祚与好友潘元龄、盛宗龄、林维翰同以文学扬名，誉称“豫宁四杰”；清初名师卢金镜，主教“宾竹堂”数十年，八旬仍教读不倦，常对人言，“身可穷名不可朽也”。民国时期，社会知名人士为发展武宁教育事业竭尽全力。他们中有：晚清举人傅梅友创办石燕小学（后更名梅友小学），1926年，傅梅友之子傅廷俊在梅友小学成立武宁第一个中共支部——梅友支部；张子野积极筹办县立协和初级中学，并出任该校第一任校长；民国初曾任众议院议员的黄隐霆捐出自家家产租金作教育基金，用于资助贫困学生完成学业；留学日本，曾任省教育厅督学、督导室主任盛怀谷，1946年辞去职务，回武宁任省立协和中学校长。新中国成立以来，人民教师辛勤耕耘，涌现出一大批先进工作者，其中荣获全国优秀教师、先进教育工作者等光荣称号的有30人。许多武宁籍的教育专家、学者、教授供职于全国各级各类学校，其中知名人士有：“九三学社”中央成员，北京大学法学院教授黄觉非；第三军医大学教授、女将军李希楷；江西师范大学教授、研究生导师、语言学家余心乐；“陶渊明研究学会”专家徐声扬；心系家乡教育，将武宁教育改革成果推举到全国的教育记者、作家、编辑家刘堂江等等。难以一一列举。

武宁教育，走过了漫长的发展道路，不同历史时期，有其各自不同的发展轨迹。

一

武宁办学，“自元季兵燹以来，典籍荡然”，无从考究。据现存明清时期旧志记载，唐长安四年（704年）设县学，宋绍兴十一年（1141年）在县治东城隍祠地建大成殿，后学宫常遭兵毁，在县治或东或西数次重建，先后建彝伦堂、明伦堂。

旧志载，武宁开办最早的书院是柳山书院，唐天宝初年（742年）河东（今山西太原）人柳浑弃官隐居武宁一山中筑舍读书，后人称此山为柳山。宋绍兴年间邑人陈功显于柳舍遗址修建柳山书院。宋淳祐年间（1241—1252年）邢凯辞官回乡，在横岭筑黉冈书院。明代，武宁增设阴阳学和医学。天顺八年（1464年）知县余希贤始建社学，在县治建有东北和西南两所。

清初对书院予以抑制，雍正十一年（1733年）后，逐渐转变为在官方监控下发展。乾隆十八年（1753年）知县邹应元在县治建豫宁书院，后改称正谊书院。在此前后，全县还捐建有芝阳、五凤、育英、曲池、长乐、梯云、友教、登仁书院。清代各乡社普设社学、乡学和义学，私塾遍布全县各地。

县学、书院、私塾都以“四书五经”为主要教材，大兴儒学。县学和多数书院生员分正课生和附课生，正课生享受官方补贴，历朝定额较少。

从唐到清，朝廷实行“分科考试，设科举士”的科举制度，选拔官员。明清时期生员策应时事，作“八股文”。

二

清末，废科举，兴学堂。光绪二十六年至光绪三十四年（1900—1908年），在知县王浚道的倡导下，武宁大办小学堂，每都平均办学堂1至2所。正谊书院改称正谊高等小学堂。学堂实行班级课堂教学，开设修身、读经、历史、地理、算术、格致、体操、唱歌、图画课程。

民国时期，武宁对清末教育进行改革，学堂改称学校，监督堂长改称校长。小学办学形式为初等小学校、高等小学校、完全小学校。省教育厅关于《江西省立保学暂行办法》颁布后，开设保学，各乡（镇）设中心国民学校，各保设国民学校。1925年，始创武宁初级中学，后改称县立协和中学，县立中学。省立南昌师范1937年9月迁入武宁后，先后更名为省立武宁乡村师范学校，省立武宁师范学校，武宁师范学校。1945年9月，创办私立振风中学。1946年春，省立协和中学从靖安迁入武宁。

1929年，武宁北部农村成立苏维埃政权，在苏区创办列宁小学，工农子女免费入学。

这一时期，武宁废止小学读经课，加设手工课。成立县厉行义务教育委员会及各学区委员会，推行义务教育。成形小学“四二”学制，中学“三三”学制。

“五四”运动后，全县学校教学逐渐采用国语和白话文。女孩在校享有男生平等学习地位。

抗日战争时期，武宁成立“江西省战区教育工作团武宁队”，工作队在战区开展教学工作。这期间，县城沦陷，武宁县幼儿园、省立武宁乡村师范学校、县立协和中学迁石门楼。

三

从1949年5月武宁解放，到1966年5月“文化大革命”前，是武宁奠定社会主义教育基础的17年。

这期间，武宁各级各类小学在恢复、巩固、发展过程中，学校种类增多，数量增加。在县城以武宁师范附小为主体，兼并宏毅，育才2所私立小学，建立甫田小学（古艾小学）。在农村恢复箬溪、横路、罗溪、澧溪、船滩等5所中心完全小学。1950—1952年，创办石渡、甫田、巾口、荷洲、石门、斜滩、兰田、辽田、箬田、洋深完小，乡村初级小学发展到198所。将县立中学、省立协和中学、私立振风中学和武宁师范学校合并为武宁县联合中学，后更名武宁中学。1953年，创建民办小学。“大跃进”时期，先后开办武宁大学，武宁京剧学校、卫校、财校职业专业学校。1964年，推行两种办学形式，在办好全日制学校的同时，创办半日制“耕读小学”。优化工农受教育的条件，在中小学设工农文化补习班，学校招生时，优先录取工农子女，给生活困难的工农家庭学生发放助学金。普通中学由1所发展到6所。同期，创办江西共产主义劳动大学武宁分校和农职业中学等社会主义新型学校。

这期间，实行民族的、科学的、人民大众的教育方针和制度。取消民国时期的公民、党义等旧课程，改设政治课。小学设手工劳动课，增加自然课时量，把学习基本劳动技能纳入教学计划。武宁中学初三增设工农基础课，1956年秋武宁中学复办高中后，高中课程增设农业、农机、电工实习课。县成立教学改革委员会，指导中小学进行教学改革。学习苏联凯洛夫的教育学，以教学为中心。课堂教学中执行“五个教学原则”和“五个教学环节”。省、地、县办重点学校，新宁小学、荷洲完全小学确立为省、地两级重点小学。

武宁中学1955年，组织学生参加厂、场劳动，开展勤工俭学活动，开启全县中小学勤工俭学先河。

这一时期，武宁中小学教育发展较快，取得可喜成效。“文化大革命”前的1965年，小学858所（其中公办完全小学48所，初级小学195所，民办小学615所），在校学生30232人，教职工1215人（其中公办教师596人。民办教师619人）。高中在校学生295人，初中在校学生2128人，中学教职工139人。据相关资料统计显示，1965年，武宁每万人口中占有的学生数，初中生和小学生都高于全省平均水平。

四

十年“文化大革命”，全县中小学学生“停课闹革命”。1967年，中央指示“复课闹革命”，但正常的教学秩序尚未建立起来，学生仍以学工、学农、学军，搞“革命大批判”为主，组织毛泽东思想宣传队下厂（队）宣传演出。

“文化大革命”期间，贯彻毛泽东“学制要缩短，教育要革命”的指示。1968年秋全县小学改为五年一贯制，中学实行“二二”制。县社组织“工人毛泽东思想宣传队”和“贫下中农毛泽东思想宣传队”进驻学校，领导和管理学校。多数中小学教师下放农村劳动。1966—1968年，全国高校停止招生，这三届高中毕业生，1968年10月，同时下放农村参加农业生产。

这期间，强调教育要同革命实践相结合，实行厂（社）校挂钩，开门办学。推行“五个为主”（以社会为主要课堂、以阶级斗争为主要课程、以毛主席著作为主要教材、以自学为主要学习形式、以工农兵为主要教员）的办学思想，文化课无足轻重。

1972年，武宁贯彻周恩来总理提出的学校要建立正常教学秩序的指示，大抓教学工作，将下放教师陆续调回学校任教，把以毛主席著作和“三机一泵”为主的课程改设为语文、数学学科课程，建立各种规章制度，恢复正常教学秩序。

1973年秋，各公社（场、所）设立中心完全小学，管理全社小学。

1976年8月，各公社（场、所）成立教育革命委员会，下设办公室，简称“教革办”，同时，撤销中心完小建制。教革办设在中学，校长兼任主任。1979年12月20日，恢复公社（场、所）中心完全小学。教革办改称“教育办公室”，简称“教育办”，负责管理全公社小学。教育办既是公社主管全社教育工作的专门机构，又是县文教局派出的办事机构。2001年1月8日，县政府决定撤销乡（镇）教育办公室，其人员、财产和管理职能转入乡（镇）中心完全小学。

“文化大革命”十年，全县各类学校发展迅速，适龄儿童入学率大幅度提高，中小学学生数快速增长。1976年，小学843所（其中完小253所，初小590所），小学在校学生48099人，小学教职工2399人（其中公办教师656人，民办教师1743人）；中学56所，高中在校学生3058人，初中在校学生12229人，中学教职工281人。

五

中共十一届三中全会后，教育迎来阳光明媚的春天，步入改革发展的新时期。这一时期，武宁多项举措，改革发展教育事业。

落实党的知识分子政策，为教师办实事。昭雪平反教师中的冤假错案，为教师正名声；为中教五级、小教三级教师的配偶和子女办理“农转非”；1981年，武宁县委、县政府召开三十年以上教龄教师表彰会，为张罗等25名老教师颁发荣誉奖章；民办教师经考试进入中师学习或直接转为公办教师；对未能转为公办教师的民师办理退休手续，享受民师退休金待遇。

教研出新成果。武宁一中杨邦国、张一奇等14位语文教师编写《中学文言课文详解》，由上海教育出版社出版发行。该书获江西省教育学会第三次教育科学优秀学术成果奖。

开展教育活动，提高教师思想水平和业务能力。武宁先后开展“以陶行知为师，教书育人，为人师表”“创文明校园，树师表形象”“学生评教师，教师评校长，家长评学校”和“读好书，树师德；查不足，正师风；严整改，铸师魂”等多项活动。评选师德标兵、教学明星、学科带头人、骨干教师、树立教师中的先进典型，引领全体教师积极进取。在进行思想教育的同时，注重教师业务水平和教学能力的提高。通过在职学习、短期培训、脱产进修等途径，提高教师的学历，增强教师驾驭教材的能力。

进行教学改革。恢复高考制度后，武宁提出狠抓教学质量，快出人才的要求。县办重点校，武宁一中定为省重点中学，武宁二中、澧溪中学、金水中学为县重点中学。大洞竹木制品厂子弟学校、新宁二小、大桥公社张庄完小、石渡完小为全县重点小学。校办重点班，学校按学生成绩编重点班和普通班进行教学。

20世纪80年代中期开始，初中逐步取消重点班，提出面向全体学生，由应试教育向素质教育转轨。县教育局制定《武宁县中小学教育管理有关规定》，县政府批转县教委《关于全县中小学实施素质教育的意见》。学校根据《规定》和《意见》强化教学管理，向管理要质量。

调整学校网点。20世纪80年代初，着手调整中学网点，按照“减少高中，稳定初中，发展小学”的原则进行网点调整。调整后，中学数量减少，规模扩大，办学条件改善，办学效益提高。1982年，《人民教育》第一期刊登武宁《积极稳妥地调整中学教育》的经验介绍文章。

20世纪90年代初，进行小学网点调整。小学设中心完小、村完小、村小、教学点四种类型。调整后收到中学网点调整同样的效果。

改革教育体制。根据中央《关于教育体制改革的决定》精神，武宁进行教育体制改革，实行县、乡、村三级办学，县、乡两级管理的教育体制。县办高（完）中、教师进修学校、县直小学、县幼儿园；乡办初中、中心完小、乡（镇）幼儿园、村办完小、村小、村幼儿园。教学管理权在县。

抓安全，保校园和谐稳定。20世纪90年代中期以来，安全工作纳入学校常规管理，县教育局和各级各类学校时刻紧绷“安全”这根弦。每年县教育局与学校，学校与班级，班级与学生及学生家长签订责任状，层层把关，一级向一级负责，确保学生安全。教育系统大局稳定，校园平安和谐。

扫盲工作一直在持续。全县办有工农文化补习班、扫盲班、农民业务夜校多种扫盲机构。各种扫盲机构踏踏实实做好扫盲工作。1983年1月，九江地区教育处对武宁扫盲情况进行抽样检查，检查验收合格，批准武宁为基本无盲县。同年，省教育厅授予武宁县扫盲先进单位。

普及初等义务教育。各个时期，武宁提出实施普及初等义务教育的具体措施和目标。1984年冬，九江市教育局组织验收工作组对武宁普及初等义务教育情况进行抽样验收，各项指标均符合省定标准，市人民政府颁发“武宁县普及初等义务教育合格证”。经过几代人的努力，终于达到普及初等义务教育目标。

在实现基本无盲县和普及初等义务教育的基础上，“两基”（基本扫除青壮年文盲，基本普及九年义务教育）工作进入全面实施阶段。1996年，全县加大“两基”工作力度，落实工作措施，“两基”各项工作指数达标。同年10月，一次性顺利通过省人民政府评估验收，成为“两基”达标县。“两基”验收合格后，县政府提出“机构不撤、工作不停、力度不减、指标不降”的要求，继续抓好“两基”工作，巩固“两基”成果。经省、市多次复查，“两基”各项指标均达到验收标准。

六

进入21世纪，教育改革进一步深化，教育质量进一步提升。

武宁县委、县政府下发《武宁县鼓励社会力量办学试行办法》，支持社会力量举办高中教育、学前教育、职业技术教育、特殊教育。鼓励创办初中小学教育。先后创办私立外国语学校、赣北育才科技学校、私立宁达中学、庐山西海艺术学校。特殊教育从无到有，在一小校园内建起一栋特教楼，开办聋哑学校。不久，多数私立学校或改制或撤并或暂停招生。私立宁达中学，庐山西海艺术学校2010年尚在办学。私立幼儿园发展势头强劲，2010年发展到95所。

21世纪，教育体制再度改革，实行“地方政府负责，分级管理，以县为主”的新体制，县政府统筹教育经费，统发教师工资。县政府投入的教育经费大幅度增长，办法条件得到较快改善。

2001年秋，县城小学及部分乡（镇）中心完全小学从一年级开始由五年制转为六年制，至2006年秋，全县小学完成转制任务，实行九年义务制。

21世纪初，县教委印发《全县中小学实施素质教育，优化教学过程三年工作规划》，对课堂教学提出“精讲、巧练、导学、引思”的八字要求。全县开展“备一堂好课、上一堂好课、说一堂好课、评一堂好课、总结一堂好课”及课改实验，打造“高效课堂”等项活动。落实“五为五突”要求，推行“自主学习，合作探究”“先学后教，当堂训练”“以学定教，双主互动”的课堂教学模式，提高课堂教学效果，向课堂要质量。私立宁达中学创立的“自主式，开放型”课堂教学模式在全县学校推广。这一模式被省教育厅课题基地办公室评为优秀科研专题。

21世纪，调整学校网点工作持续，到2010年，学校网点调整为：县城小学5所、乡（镇）中心完全小学13所、九年一贯制学校7所、村完全小学35所、村小172所；县幼儿园1所，公办初级中学13所，完全中学3所，高级中学1所，县职业中专1所。

2000年，成人教育转向专业技术培训，为农民再就业拓宽路子。县委党校在成人教育工作中发挥重要作用，开办各类学习班、读书班和培训班，培训公务员和专业技术人员。县教师进修学校承担培训中小学、幼儿园教师和学校行政人员任务，举办中师脱产进修班，在职教师“三沟通”学历培训班，小学校长、幼儿园园长、中学处室主任短期培训班。县职业中专被市教育局授予高中教学质量目标管理职业学校优胜单位、职业教育先进单位称号；省教育厅认定为省级重点中等职业学校。庐山西海艺术学校，赣北育才专科学校为武宁培养出大量专业技术人才。

用科学发展观引领武宁教育事业的改革与发展，加大教育投入，优化办学条件，提升办学水平，提高教育质量。武宁教育工作者致力于武宁的教育事业，努力将武宁教育办成政府信任、社会赞誉、人民满意的事业，为武宁经济和社会发展做出新的贡献。

大事记

唐

天宝年间（742年—756年）　河东人柳浑除浙江衢州司马，弃官隐居武宁山中，筑精舍读书。后人称此山为柳山。

元和八年（约813年前后）　张玿，升仁乡人，以进士官上谷太守，是武宁第一位进士。

唐代　武宁有进士3人。

宋

绍兴元年（1131年）　邑人陈功显于柳浑精舍遗址建柳山书院。

绍兴十一年（1141年）　邑令谢铎始建大成殿于县治之东。立讲堂名“勤思”，置“誉髦”“升俊”“拔萃”“宾贤”四个书斋。

隆兴初年（约1163年）　知县吴彦夔于讲堂后建足才阁以藏书，增置学田以养士。

景定三年（1262年）　县设主学一名。

宋代　武宁有进士63名，举人71名。

元

至元二十三年（1286年）　武宁设宁州，县学归于州学。大德五年（1301年）宁州设于分宁，武宁复设县学。

至治年间（1321—1323年）　县尹李洪涛、吕天倪、典史剌马丹修葺县学，泰定元年（1324年）竣工。

至正十二年（1352年）　张普献兵陷武宁城，学宫毁。

元代　武宁有进士5名，举人9名。

明

洪武二年（1369年）　盛文郁任县事时，建大堂，兴学宫，与诸生讲学，民歌其德。

洪武五年（1372年） 知县马植建彝伦堂，左右建“日新”“时习”二斋。

天顺八年（1464年） 知县余希贤在县乡建社学9所。

成化六年（1470年） 提学副使夏寅命知县黄隽迁学于县西延恩寺故址。

成化二十一年（1485年） 知县冯琦重建柳山书院。

正德十五年（1520年） 知县陆浚复迁县学于县西之城隍祠故址。

万历十一年（1583年） 知县陈子侃买地于修河东南湖滨建云龙书院。

万历十六年（1588年） 知县朱士佳迁云龙书院于西门外龙潭之上。

崇祯九年（1636年） 督学侯侗曾允诸生请，复迁县学于县治东。

明代 武宁有进士4名，举人28名，其中武举2名。

清

雍正元年（1723年） 知县廖科龄迁县学于县西城隍祠地，三年告成。

乾隆十八年（1753年） 知县邹应元于东门外朝元宫废址建豫宁书院。

乾隆二十七年（1762年） 万友正，云南人，由举人知县事，置义田，考课严明，遇朔、望日必亲自到学校，与学子讲课。

嘉庆七年（1802年） 升仁乡武举人张大鹏殿试钦点一甲第二名武进士，授大门上二等侍卫。后迁广东潮州总兵。

道光三年（1823年） 豫宁书院改名正谊书院。邑人李子山兄弟捐租160石，又独修书院院宇。抚宪授予“助兴文教”匾额。

道光四年（1824年） 知县陈云章重颁正谊书院条规。

道光二十二年（1842年） 县成立“宾兴会”，坊市、北乡、升仁乡、年丰乡、顺义乡、上南乡、下南乡、江阴乡合建八乡宾兴馆于城东明伦坊。后，安乐、长乐二乡亦合建宾兴馆。

光绪三十二年（1906年） 武宁设劝学所。

光绪三十三年（1907年） 正谊书院改称正谊高等小学堂。

宣统二年（1910年） 在县城开办师范传习所，招收学员60名，这是武宁师范教育的开端。

清代 武宁共有进士19名，其中武进士1名，举人124名，其中武举25名。

中华民国

1912年 县正谊高等小学堂迁城北考棚，改称城北高等小学校。废劝学所，改设教育课。

1913年 年丰乡辽田村傅梅友创办私立石燕小学，其长子傅廷献任校长，该校后改名梅友小学。

1914年　县城创办东、南、西区3所公立初等小学校。

1915年　撤销教育课，恢复劝学所，设总董1人。创办县立女子职业学校。

1919年　黄隐庭在县城创办私立沉健高等小学。张丹葵（又名张希拭）等人在石门楼创办私立明诚高等小学。

1920年　县城创办2所私立小学。启智高等小学，设关帝庙，校长汪润荪；宏毅高等小学设孔庙，校长张翦陈。

1923年秋　县城学生举行示威，驱逐停泊在修河的日本商船。县长颜邦政禁止学生爱国行动，激起全城工、商、学界反抗，罢市、罢课，迫使日船潜离县城。

1924年　撤劝学所，成立教育局。

1925年　创办私立武宁初级中学，这是武宁历史上第一所中学。1927年停办。

1930年8月　苏区兴办小学，升仁区办起列宁小学40所。全县设5所区高等小学，明诚、沉健小学停办。

1932年　创办全县第一所幼稚园，园址设县城万寿宫。1939年停办。

1933年1月　撤销县教育局，只设督学一名。成立武宁县民众教育馆，1935年改为省立，1947年复为县办。

1935年2月1日　保学师资训练所开学。参训学员110人。

8月　县政府召开筹设保学会议。

9月　全县130所保学开学。

1937年9月　省立南昌师范迁入武宁，校址设城北小学原址。次年7月改称省立武宁乡村师范学校。

秋　江西九县联立洪都中学由南昌迁一部分到武宁，名为洪都中学武宁分校。校址设中山纪念馆。县立协和初级中学开始招收新生，两批共招100名。校址在正谊书院和协和别墅崇雅楼。

冬　江西省立第一行政区师资训练所在武宁县成立，次年转至修水县上奉。

1938年秋　武宁乡村师范、县立协和初级中学先后外迁。魏若秀等捐献田亩为第一区中心小学作校基金，省府授予魏若秀等乙等奖状，捐产准予豁免田赋。

1939年秋　县立协和初级中学停办。

1940年秋　县长刘炳昆决定恢复县立协和初级中学，校址设石门楼银炉叶家祠。县督学吴彩章率22人赴靖安邱家街，接受江西省战教团集训一个月，结业后组成“江西省战教团武宁队”回县到敌占区和游击区进行教学工作。

1944年　复办县幼稚园。园址设石门楼，附设于武师附小。

1945年春　石完璞开始在武宁筹建正风中学，秋后完成校建工作。校长余心乐，教导主任叶苍。学生3个班，共207人。后改名为私立振风中学。经省教育厅正式批准武宁县立协和初级中学，改名为武宁县立中学。

1946年春　省立协和中学由靖安邱家街迁至武宁箬溪。江西省教育厅督导室原主任盛怀谷接任校长。

1947年11月　私立振风中学教师田飞龙到县政府换身份证，以“捣乱公堂”罪被关押。引起百余名学生包围县长吴孝先公馆，经谈判，田获释。

1948年10月　箬溪乡公所无故关押省立协和中学的一名学生，在中共地下组织支持下，学生痛打恶霸地主周兆祥的帮凶，乡丁包围学校，相持三天。学校组织声势浩大的请愿团，迫使乡公所将被关学生释放。

1949年4月　省教育厅汇给武宁师范学校教职员工工资与学生伙食费2万元，江西裕民银行办事处不及时付现款，引起学潮。学生冲进该办事处，抓走主任胡绍伊，直至银行保证兑款，才释放胡。

5月30日　武宁县城解放。6月成立武宁县军事管制委员会，下设教育科。

7月　教育科提出接管中小学方案，将武宁师范学校、省立协和中学、县立中学、私立振风中学合并成立武宁县立联合中学。县长李涤心兼校长，副校长张罗，教导主任周之德。

中华人民共和国

1949年10月　武宁县立联合中学师范部并入九江师范。

1950年2月　成立中国新民主主义青年团武宁联合中学支部委员会。

6月　全县各学校师生开展抗美援朝，保家卫国宣传。

12月9日　县第一期土地改革开始，抽调部分教师和少数学生参加土改工作。

1951年春　根据省教育厅指示，武宁县立联合中学改名为江西省武宁县中学。

9月　武宁中学初中部增设工农速成班，招生50人，由区、乡推荐。

11月10–12日　县举行第一届人民体育运动会，中小学派出代表参加比赛。

1952年8月　中国教育工会武宁县委员会成立。

9月1日　武宁初级师范正式开学，招收学生3个班，计150人。武宁中学高中部并往九江二中。

10月1日　县开办速成识字法师资训练班。

11月　县城试办星期日教师进修学校。

12月16日　武宁县扫盲工作委员会成立。

1953年2月20日　召开全县扫盲代表会。

3月28日　县委、县政府联合发出《关于纠正各级各类学校混乱现象的指示》，控制师生过多参加社会活动，各校进行自我检查、自我纠正。

5月　全县中小学实行教师公费医疗制度。

6月　成立武宁县干部业余文化补习学校。

9月15日　根据中央“整顿巩固，重点发展，提高质量，稳步前进”的方针，武宁开始分四期整顿小学工作。全县中小学推行苏联所用的五项教学原则、五个环节教学法和五分制记分法。

1954年2月2日　召开全县教育工会代表会

6月16日　召开全县农村高小、初中毕业参加生产学生代表会。

8月18日　召开全县教师代表会，传达省第二届教育行政会议精神，总结全县整顿工作方案实施情况。

1955年1月29日　县人民政府召开教育工作者代表会，大会评选表彰模范教师31名。

3月　县教育科更名为县文化教育科。

9月1日　撤销武宁初级师范学校。成立武宁县教学研究室。

秋　执行教育部颁布的中小学《学生守则》。

1956年3月23日　召开全县业余教育积极分子大会。县长朱金钰出席并作报告。

6月16日　县人民政府文教科改名县人民委员会文教局，编制5人。

秋　武宁中学恢复高中招生。

12月20日　武宁县25名扫盲积极分子出席九江地区扫盲战线积极分子大会。全面进行教师工资改革。中共武宁中学支部委员会成立。

1957年2月　县文教局与卫生局合并，成立文教卫生局。6月撤销，复设文化教育局。

7月　在武宁中学、古艾小学、三八幼儿院等县直属文教单位开展整风试点。

9月1日　武宁县第一所农村初级中学在澧溪开办。

10月9日　县举办扫盲义务教师骨干培训班。

10月24日　举行全县学校少年运动会。

1958年1月4日　全县小学（包括民办小学）教职员工200余人集中在县城进行整风学习，为期40天。30余名教师被划为右派。

6月1日　首次在县城举行武宁县学校少年男子篮球比赛。

8月6日　开办武宁大学，设师范和农业两科，附设在武宁中学内。

9月　创办武宁劳动技术学校，校址设安乐林场。

1959年3月11日　武宁县从各机关、学校、团体抽调运动员53名，参加九江地区第一届运动会。

4月13日　全县教育现场会在荷洲公社召开。

1960年1月10日　全县扫盲和业余教育现场会在东林公社召开。

1月30日　县人委召开文教战线跃进誓师大会，大会表彰先进单位62个，先进个人190名。

3月1日　县文教局开办一期师资训练班，招录知识青年40人，培训6个月，统一分配到各小学任教。东林公社派代表出席全国文教战线群英会。

4月　县成立教学改革委员会，古艾小学进行五年一贯制试验，武宁中学初二开办一个跃进班，部分初小、高小也选拔少数学习成绩优秀学生提前一年毕业，升入高一级学校。

7月1日　开办武宁卫生学校。

12月　撤销县教研室。武宁卫校、财校、劳动技术学校相继停办。下放小学超龄学生1143人，农业中学超龄生76人。

1961年3月　成立中共武宁县委党校。

9月　经省教育厅批准，创办幸福山初级中学。武宁中学迁黄塅月田。古艾小学更名为新宁小学

1962年秋　撤销武宁中学附设师范班，下放学生52人。调整农村学校网点，精简教职工156人，其中119人下放农业生产第一线。对划为右派分子的教师甄别复议，摘掉部分右派帽子，安排工作。

1963年5月　全县分两批整顿民办小学，第一批月田、石渡2个区，第二批路口、大桥、箬溪、澧溪、罗溪、船滩6个区。

6月20日　新宁小学、荷洲完全小学被省教育厅定为全省重点小学。恢复县教研室。

1964年2月20日　召开全县从事农业生产和参加民办教育事业的知识青年积极分子大会。

春　新设的武宁县干部职工业余学校开学。

6月21日　召开中小学校长会，传达全省第十届教育行政会议精神，贯彻“两条腿走路”的办学方针。

1965年8月　组织全县小学教师对适龄儿童入学情况进行调查摸底，动员失学儿童入学，办起耕读小学155所。

9月　成立共产主义劳动大学武宁分校，校址设月田。

10月　县文教局组织荷洲完小、新宁小学、武宁中学、金水中学检查贯彻毛主席“七三”指示，减轻学生课业负担情况。

12月8日　全县农业中学负责人座谈会在船滩公社召开，会议传达刘少奇主席关于两种劳动制度、两种教育制度的指示。

1966年7月6日　县人委决定应届高中毕业生延期毕业，中小学教师不放暑假，留校参加“文化大革命”。县委派出3人工作组进驻武宁中学，部分农村中小学也进驻工作组，“文化大革命”在全县中小学铺开。

8月　幸福山初级中学迁箬溪，改名箬溪初级中学。全县小学网点下伸，完小办到大队一级，全县共设完全小学166所。

10月1日　县委派员领队，全县中学师生代表400余人启程赴北京，18日在天安门广场接受毛主席检阅。全县中小学师生纷纷成立各种名称的“红卫兵”组织，中学师生大多自行外出串联，教学瘫痪。高等学校停止招生，初中毕业生由学校推荐入高中或中专。

1967年1月8日　县文教局被造反派组织“雄鹰战斗队”夺权。

3月　贯彻中央指示，中学师生陆续停止串联，6月全部返校复课。

10月7日　县文化革命领导小组派王忠福、王时坤、卢位守3人组成工人毛泽东思想宣传队（简称工宣队）进驻武宁中学，领导学校斗、批、改。

11月13日　成立县文教局临时领导小组。初、高中均未招生。

1968年4月　全县开展三查（查叛徒特务，查现行反革命分子，查党内死不改悔的走资本主义道路的当权派）运动，部分教师遭受迫害。

6月1日　县革命委员会成立。下设政治部教卫组。

10月　撤销武宁中学。66、67、68届高中毕业生离校，高二学生提前毕业，下乡、回乡参加农业生产，高一学生吃商品粮的分在县养路段、机械厂等单位劳动锻炼，作为在校学生由黄埚中学代管，初一、初二学生转入黄埚中学学习。教师除下放劳动外，其余分到共大武宁分校、宋溪、石渡、黄埚、新宁镇各中学任教。校舍用来安置移居武宁的浙江省建德县移民和归黄埚中学使用。

同月　全县469名教职工下放农村，成为"五七大军"成员，接受贫下中农再教育。全县中学学制改为四年，小学学制改为五年。农村中学进驻贫下中农毛泽东思想宣传队（简称贫宣队）。

1969年7月30日　省革委下达《关于我省中小学校由秋季招生改为春季招生的通知》，武宁县中小学执行此规定，除高中毕业生暑期毕业外，其他年级均顺延半年升级。

8月13日　县革命委员会抓革命促生产指挥部下达关于恢复武宁中学的通知，当年复校未果。

10月5日　县教卫组在路口公社召开政治建设现场会，推广田塘"五七"小学政治建设经验。县教卫组改为教育组。

1970年2月　江西理工科大学迁到武宁县，设在月田岗。一学期后迁往景德镇。

10月27日　贯彻县革委政治部通知，成立武宁县"五七"中学，黄埚、新宁镇、良种场中学停办。柘林水库库区内学校停办、搬迁。大专院校开始在武宁招生，采用推荐选拔方法，不进行文化考试。县招收一批顶编代课教师，不久转正定级。

1971年2月　开办共大安乐林分校。

11月　成立县师资训练班。县招收一批工、农、兵代课教师，原下放农村教师陆续收回。

1972年4月　武宁"五七"中学改名武宁中学。

11月8日　县委批转政治部教育组《关于调整中学网点和中学规模的意见》，全县撤销中学20余所（含初中班）。

1973年春　县教研室并入县师资训练班。

8月　全县各公社（场、所）设立中心完全小学。全县中小学恢复秋季招生。

1974年1月　县工农业余教育委员会制定"四五"期间后三年全县扫盲业余教育规划。

5月21—26日　县召开教育战线批林批孔会议。

7月8日　县委召开青少年思想教育会议。

1975年1月　恢复县文化教育局。

4月　举行全县中、小学生田径运动会。

10月4—12日　开展全县普及小学五年教育工作大检查。

1976年4月　新宁小学正式分为三校，本部为新宁一小，广场分部为新宁二小，丁家山分部为新宁三小。

6月12日　县委批转县文教局《关于调整学校领导管理体制的请示报告》。共大武宁分校、武宁中学由县委、县革委直接领导，农村中学由所在地公社党委、革委直接领导，新宁一、二、三小和新宁初中（即将开办）、县幼儿园由县文教局领导，农村小学由大队党支部领导，厂矿学校由厂矿党政直接领导。分片举行全县小学生篮球赛和乒乓球赛。

8月　各公社（场、所）成立教育革命委员会，下设办公室，简称教革办，撤销中心完全小学建制。

9月1日　新宁初级中学正式开办，招收学生8个班526人。

1977年3月27日　县委宣传部召开工宣队、贫宣队代表座谈会。

7月　对民办教师队伍进行检查调整。恢复高考制度。

11月　成立县招生委员会。

12月　全县考生集中县城参加考试。

1978年3月　撤销县师训班，分别成立县教研室和县教师进修学校。

5月14日　武宁中学改称武宁县第一中学，新宁初级中学改称武宁县第二中学。县革委确定武宁一中、武宁二中、澧溪中学、金水中学、大洞竹木制品厂子弟学校，新宁二小、大桥公社张庄小学、石渡完小为县重点学校。

8月10日　召开全县教育工作会议，讨论武宁县1978—1985年教育事业发展规划。

9月　工宣队、贫宣队撤离学校。恢复初、高中招生考试，由县统一命题考试，择优录取。

1979年3月　成立武宁县托幼工作领导小组，下设办公室，办公室设在县妇联。

9月21—27日　县文教局组织适龄儿童入学率和在校学生巩固率专项检查。

12月20日　县革委宣布恢复公社（场、所）中心完小建制，同时将教革办改称教育办。高中学制从当年招收的高一年级起改为三年。

1980年1月17日　在县城召开全县教育工作会议，参加会议有605人，是武宁教育史上规模最大的一次会议。

1月23—26日　组织教师、大小队干部3500余人，开展全县农村人口文化普查。

7月11日　县委、县革委批转县托幼工作领导小组《1980—1982年全县托幼组织发展规划》。

11月8日　召开武宁县教育学会成立大会，选举产生第一届理事会。武宁一中被江西省教育厅定为省重点中学。

1981年1月4日　县文教局设置人事秘书股、教育股、文化股。

4月29日　教育部普教一司司长杜萍视察澧溪中学。

5月12日　全县农民教育座谈会在严阳公社召开。

8月31日　县委决定撤销武宁共大，在原址改设武宁第三中学。

12月25日　召开全县30年教龄教师会议，颁发荣誉证书、证章和奖品。

1982年1月　《人民教育》第一期刊登中共武宁县委《积极稳妥地调整中学教育》的文章。

3月29日　由副县长柳长顺带队，进行全县中小学危房大检查，历时七天。

5月20日　县长办公会同意在南岳、严阳、国营茶场各增设一所初级中学。

6月　武宁获市托幼工作先进县。

1983年1月22日　九江专署教育处工作组对武宁县扫盲工作进行验收。经检查，武宁县非盲率达91.2%。九江专署授予武宁县“无盲县”称号。

3月　省教育厅授予武宁县“扫盲先进单位”称号。

4月13日　县文教局、团县委首次联合表彰全县中小学三好学生250名，优秀学生干部50名。

6月10日　黄埚公社凤口完全小学校被砸，教师被打。后犯罪分子被处以有期徒刑。7月1日，县公安局、文教局联合下发《关于坚决维护学校正常教学秩序的通知》。

8月　举行第一次小学教师教材教法考试。至1987年，1430名小学教师获教材教法合格证，合格率91.4%。

10月29日　县委、县政府召开全县知识分子代表大会。县委书记王哲出席并作报告。省电视台《赣江两岸》专题节目播映武宁县农民教育电视新闻片。

1984年1月26日　九江市人民政府批复：同意成立武宁县教师进修学校，该校隶属县委、县政府领导，由县文教局主管。

2月　武宁一中教师刘伦晶被《人民日报》等7家报刊评为全国优秀班主任。

4月　武宁三中改为武宁县农业中学。

5月29日　县委、县政府制定《关于集资办学改善办学条件的若干规定（试行）》。

10月11日　县文教局改为县教育局。

秋　全县小学分别执行三类不同教学计划，县城小学及部分乡（场、所）小学从当年新入学的一年级起改为六年制。经市验收，武宁县成为“基本普及初等教育县”。

1985年5月6日　县教育局下发《关于做好1986年普及法律常识工作的通知》。全县学校开始第一个五年普法教育。

6月　武宁一中初中学生田径队获九江市学生田径赛团体冠军，并代表九江市参加省田径比赛，获单项奖6个，学生易宁在1500米跑中获全省第一名。

7月12日　电视大学教学班82级专科班毕业论文答辩会在县教师进修学校举行。

8月19—25日　县人大常委会组织部分委员和省、市、县人大代表分别对南岳、船滩、甫田、泉口、大洞等乡和新宁镇进行“尊师重教”情况视察。举行第一次初中教师教材教法考试。至1987年，506名初中教师获初中教师教材教法合格证，合格率71.3%。

9月10日　县委、县政府召开庆祝第一个教师节大会，县直学校全体教师参加，县委书记童心乐、县长王名泉出席并讲话。各乡均召开庆祝大会。九江市委、市政府授予武宁县“尊师重教先进单位”称号。

冬　成立县教学仪器电化教学站。武宁县获全省仪器电教工作先进单位。

冬　武宁一中语文教研组编写的《中学文言课文详解（初中部分）》由上海教育出版社出版发行。

1986年1月17—19日　召开全县教育工作会议，贯彻全省教育工作会议精神，提出实施意见，为普及九年义务教育创造条件，决定实行“县乡两级管理，县乡村三级办学”的管理体制。

3月　县招生考试办公室经县人民政府批准为县教育局常设机构。

6月28日　成立武宁县中小学危房改造领导小组。

9月　江西省人民政府授予武宁县“尊师重教先进县”称号。

11月25日　县教育局组织教育考察团一行22人赴北京等地参观考察。

12月31日　县政府制定《关于筹措农村学校办学经费的实施意见》。武宁建成卫星电视地面接收站。

1987年1月　开征教育费附加，当年全县征收15.7万元。

2月24日　九江市中学实验室建设管理工作经验交流会在武宁召开。

4月　县教育局、县体委联合举行全县学校广播体操比赛。武宁二中、船滩初中、新宁二小、甫田中心完全小学分别获得中小学组前两名。

8月8日　县委常委会研究决定武宁一中以办高中为主兼办初中；武宁二中以办初中为主兼办高中；一般中学不设重点班。原则上不办速成少年班。

12月13日　县政协文教工作委员会组织9名政协委员和县一中、县二中、县农中部分行政领导赴吉安市、泰和县、南昌县、吉水县、临川县参观考察教育工作。

12月14日　县教育局组织全县教育系统先进模范事迹报告团赴各乡和县直学校巡回报告。

冬　县教育局被评为中小学实验室工作先进集体，受到国家教委表彰。

冬　举行首次教师专业合格证考试，参加考试的高中、初中、小学教师分别为170人次、421人次、1767人次。

冬　开展首次教师专业技术职务评审工作，翌年结束。

1988年1月18日　县教育局成立复式教学领导小组，下发《关于加强小学复式教学管理的意见》。

3月　武宁一中语文组编写的《中学文言课文详解（高中部分）》由上海教育出版社出版，全书48.6万字，发行21.4万册。

5月3日　县教育局成立武宁县教育志编纂委员会。

12月1日　县政府常务会议研究决定，全县小学一律实行五年制。

12月6日　县政府批转《武宁县教育局民办教师管理试行办法》。

冬　县教育局成立勤工俭学办公室。

冬　成立武宁县教育系统老龄工作领导小组和离退休教工协会。

冬　农村学校教师工资改由乡财政发放。

1989年1月4—11日　进行1988年度全县学校教育工作目标管理考评。此项考评以后每年进行一次。

2月10日　县统计，1984年以来，省市拨76万元，县乡筹327.47万元，村自筹252.44万元，改造学校危房89267平方米。

9月　武宁一中开办一个初中实验班，面向全县招生。

10月10日　县政府制定《武宁县义务教育规划方案（修改稿）》。

1990年9月24日　县政府发文指出：经1988年普查，武宁农村文盲、半文盲有7000余人，要求认真组织做好扫盲工作，把任务落实到人。

冬　全县中小学建立校舍档案。

冬　金水中学高中部停止招生，鲁溪农中改为普通完全中学。

1991年6月20日　县政府通知：发动社会力量，多方筹资，在本年底以前完成全县村完小以上学校校园“六配套”建设（教学行政用房、生活用房、卫生设施、运动场地、围墙校门、道路绿化）。

10月20日　县教育局下发《调整和认定我县小学教育体制结构的意见》，全县认定中心完小29所，村完小99所，村小137所，教学点481个。

11月20日　经县人民政府批准，武宁县教育督导室正式成立。

12月　武宁县获江西省第一轮教师专业合格证考试工作先进单位。武宁县被省教委授予扫盲工作先进县。武宁县人民教育基金委员会成立，对全县的教育集资统一管理。

1992年1月3日　县政府决定批复巾口、清江、黄坳、上汤等乡实施小学阶段义务教育；新宁镇实施初中阶段义务教育。

1月30日　县教育局向省民政厅申请成立江西协和教育基金会。

5月4日　成立武宁县普通高中毕业会考委员会，6月举行首次高中毕业会考。

7月　全县有12个乡（镇）初中率先对应届初中毕业生进行“初中后”职业技术培训。

8月1日　县政府同意在县农科所创办武宁县职业中学（高中）。

8月3日　省立协和中学筹建委员会成立。

10月12日　武宁县第一期小学校长岗位培训班在县教师进修学校开学。

10月15日　经省无线电台管理委员会批准，武宁县教育电视台正式成立。经市教育局考评，武宁成为实验教学普及县。

冬　高中毕业证（含职业高中）由市教育局统一审核验印。

1993年3月　江西省教育委员会对1992年实验教学普及县进行验收。4月18日下发《关于1992年实验教学普及县验收情况的通报》，确认武宁县达到省定标准。

7月　李烈钧教育基金会成立。名誉会长杨成武，会长李沛瑶，副会长李赣骝。

8月2日　县政府决定，调整农村初级中学网点设置，按一般为2万人口以下乡镇设置1所初中的原则进行撤并。县教育局在宋溪乡中小学进行学校内部管理体制改革试点，实行教职工全员聘任制。

冬　全县小学开始统一使用小学生学籍档案。

1994年3月7日　武宁县世界银行基础教育项目贷款工作领导小组成立。

8月19日　省教委批准同意横路乡试建有线教育电视站。全县中小学设立行政干部岗位津贴。

9月　全县中小学、幼儿园实行每周5个工作日新工时制。

冬　澧溪中学、鲁溪中学高中部停止招生，改办初级中学。

1995年6月28日　武宁县教育局关心下一代工作协会成立。顾问张罗，主任冷先发。翌年改为关心下一代工作委员会。

7月5日　县政府常务会议研究决定，将县农中校址（在源口）作为黄埚中学校址，黄埚中学校址（在黄埚集镇）划给县职业高中，县农中迁入县职业高中校址（在县农科所）。三校换址工作在9月1日前完成。

8月　吴培贤创办武宁县第一所私立特殊教育学校——船滩镇长坪聋哑学校。

10月　教育局办公地址由人民路新宁二小原校址迁至豫宁大道96号教育局办公大楼，办公环境和设施得到改善。

11月　副省长黄懋衡在副市长康晋益、县委书记宋才火、县长宋玉芹、副县长余修德陪同下视察武宁一中。

1996年8月20日　县政府对全县“两基”（基本普及九年义务教育，基本扫除青壮年文盲）工作评估检查。谢守忠在横路乡上富村创办富桥私立小学。

10月10—16日　省人民政府“两基”评估验收组对武宁县“两基”工作检查验收，验收组检查了罗坪、船滩、澧溪、宋溪、石渡、新宁镇等乡镇的6所初中、6所中心完小、12所村级完小、3所县直小学、2所完中、6所乡级农民技校、6所村农民夜校，确认武宁县“两基”工作各项指标基本达到省颁标准。

冬　县教育局搬迁到豫宁大道96号新址。

冬　武宁开展过渡性教师资格认定工作。

1997年2月17日　黄墩初级中学更名为南市初级中学，农科所教育办公室更名为南市乡教育办公室。

3月28日　县直中小学4300余名学生在人民广场举行“遵守学生文明公约，争当文明好学生”宣誓、签名大会。

8月　成立武宁县普通高中新课程计划试验工作领导小组，启动第一轮（1997—2000年）高中新课程计划试验。

9月2日　李烈钧教育基金会举行奖学金、奖教金颁奖仪式，对1997年19名高考优异成绩学生和7名优秀教师给予奖励。

10月3日　全县素质教育报告会在武宁宾馆举行，由《人民教育》总编刘堂江主讲。

10月28日　武宁县教育局更名为武宁县教育委员会。

冬　全县幼儿教育归口教育部门管理。注册登记私立幼儿园34所，学前班59个。

1998年4月21—22日　召开首届武宁县教育学会幼儿教育研讨会，并成立武宁县教育学会幼儿教育研究会。

6月　武宁遭遇有史以来最大洪涝灾害，224所学校受灾，倒塌校舍2880平方米，受损校舍3830平方米，直接经济损失192.6万元。

8月2日　县政府批转县教委《武宁县中小学实施素质教育的意见》。

11月22日　全县学校首次文艺调演决赛在县城电影院举行。

11月24—28日　县师德标兵事迹报告团赴全县学校巡回演讲，共举行报告会8场，听报告教师达2000多人。县教委档案室达省二级标准。

冬　县少年宫竣工投入使用，此项工程1995年开始筹建，县财政投入80万元。

1999年1月18日　县财政局、县教育委员会联合颁发《武宁县中小学财务管理暂行办法》，中小学收费纳入预算外资金账户，实行收支两条线管理。

7月19日　县政府批转县教委《关于全县村级完小调整三年规划》。全县中小学重新建立校舍档案。

8月18日　县委、县政府决定武宁一中、武宁二中、县教师进修学校、新宁一小、新宁二小、新宁三小实行教职工竞争上岗。武宁二中学生廖文夫在全国高中理科班选拔赛中以江西省第一名成绩考取清华大学附中。

11月　举行全县中学生田径运动会，参赛运动员620人。

冬　经省政府批准，新宁三小教师龚仁彬成为武宁县首位小学特级教师。

2000年2月1日　县委常委会审定《全县中小学教师竞聘上岗实施办法》。

2月23日　恢复黄墩初级中学，撤销县茶场初级中学。

5月30日　开始实施武宁县中小学“115名师工程”。

6月26日　南市初级中学更名为武宁协和中学。

8月　县职高、县农高、县卫职校合并成立武宁县中等职业技术学校。县委决定，在县一中、二中、教师进修学校、新宁一小、二小、三小实行校长竞聘上岗。

冬　全县中小学开始实施校务公开制度。

2001年1月9日　开始兴建私立武宁外国语学校。9月1日招生开学。11月13日九江市教育委员会正式批准该校成立，法人代表万军。

2月8日　县政府决定，根据调整小学教学网点要求，对现有代课教师实行无条件清退。

2月17日　县教委制定《全县中学及小学教学点布局调整五年规划》。

3月17日　县政府批转《关于我县统招“并轨”大中专毕业生实行“双向选择”就业的方案》。本年起，师范院校毕业生不予统一分配，采用公开招聘方法补充教师。

4月5日　县人民政府批转县教委《关于将我县义务教育阶段小学学制由5年过渡为6年的实施意见》，当年秋部分小学新生一年级实行六年制，武宁县义务教育阶段小学学制开始由五年向六年过渡。2006年秋转制工作全面完成。

5月23日　县政府同意张项理创办武宁私立宁达中学。

5月25日　撤销武宁县教育督导室，成立武宁县人民政府教育督导室。

6月22日　武宁私立豫宁中学签约仪式在武宁宾馆举行。

8月　全县各乡镇教育办机构撤销，其职能纳入各乡镇中心完小。

9月12日　县人民政府制定《武宁县私立学校聘用教师暂行规定》。允许私立学校按一定比例选聘公办教师，5年内选聘教师工资由县财政拨款。

冬　武宁县“两基”工作顺利通过省级复查。

冬　全县中小学取消实行40多年的春秋两季农忙假。

冬　成立县少年宫，核定编制3人，为股级单位，实行单独核算。

2002年1月　私立宁达中学校园首期工程落成庆典仪式在县一中举行，国务院原副总理吴桂贤，广州军区某部参谋长刘天河、军事博览报社原常务副社长萧仁哲、九江市副市长杜万安及县委书记魏宏彬、县长刘韵和等出席。

2月　省教育厅调研组到武宁调查教育经费及教师工资发放情况。

4月　全县教师工资由县财政统一发放。教育管理体制由“三级办学、两级管理”改为“以县为主”。

5月　省政协副主席张华康视察武宁协和中学

5月20日　成立武宁县幼儿园、小学、初级中学教师资格专家审查委员会，开展首次认定教师资格工作，9月全面完成。

6月1—2日　省教育厅厅长漆权在市教委主任欧阳春等陪同下，到武宁县就发展民办高中教育进行调研。

6月14—15日　全省高中阶段教育工作会议在南昌召开，武宁县委书记刘韵和作为九江市唯一代表在会上介绍发展高中教育的经验。

7月30日　省委书记孟建柱视察武宁县职业中专。

9月　伊山乡初级中学与中心完小合并成立九年一贯制学校。到2009年，巾口、东林、大洞、杨洲、上汤、宋溪、石渡等乡镇均先后设立九年一贯制学校。横路、官莲、南岳、东林4个省级贫困乡中小学试行一费制。

冬　职业学校开始实行春秋两季招生制度。

2003年2月25日　212名民办教师通过选招成为公办教师。至此，武宁县民办教师全部退出教学岗位。

4月　县教育委员会复名县教育局。局机关设办公室、人事监察股、财务审计股、教育股。

8月　依托私立武宁外国语学校组建武宁县实验中学，武宁二中50余名高中教师调到该校任教。

冬　全县学校开展预防和控制非典型肺炎工作。

冬　成立县教育会计核算中心，实行“校财局管”的财务管理制度。

冬　实行农村税费改革，农村教育费附加停止征收。

2004年1月5日　省教育厅厅长漆权一行在县领导欧阳礼彬等陪同下，先后到清江乡中、小学和武宁二小、武宁三小慰问贫困学生。全县中小学开展禁止在职教师从事有偿家教专项整治。新宁镇中心完小转为县直小学，更名为武宁县第四小学。

3月　武宁二小由人民路广场整体搬迁到东升路。

5月15日　武宁县教育局研究同意武宁县中等职业技术学校更名为武宁县职业中等专业学校（简称职业中专）。7月29日获九江市教育局正式批准。

5月23日　江西省副省长胡振鹏视察武宁职业中专。

6月　全国政协常委、民革中央副主席李赣骝视察武宁协和中学。这是他连续第五年视察李烈钧教育基金会和协和中学。

7月9日　余静赣捐助的全县中学师生“爱祖国万里行美术夏令营”举行开营仪式。参加活动师生80余人，跨越8省，行程万里。

秋　县委、县政府出台《关于促进高中教育改革与发展的决定》。

2005年1月　县职业中专被省教育厅认定为江西省重点职业学校。

3月10日　县城私立幼儿园业务管理归属县幼儿园负责。

8月26日　全县高中专任教师业务能力文化考试在武宁一中举行。

9月1日　武宁县义务教育阶段公办学校全面实行“一费制”收费办法。国务院办公厅领导就农村义务教育实施“一费制”情况到武宁调研。开始全县中小学教师工资由县财政直接发放到教师在银行开设的个人工资卡。

冬　省教育厅拨款20万元兴建武宁一小特殊教育语言训练班专用教学楼。

2006年4月13日　实施农村“留守儿童”关爱工程。成立武宁县老年科学技术协会教育分会。

6月　首届中国民办教育绿色生态高峰论坛在武宁召开，敢峰、冯恩洪等教育专家参加论坛并讲课。完成农村中小学远程教育工程，项目学校293个，总投入384万元。

7月28日　巴林、刚果（金）等国驻华大使访问九江丰良艺术学校。

秋　全县投入120万元，制作课桌凳21876套，全面解决农村中小学学生自带课桌凳问题。

2007年5月　武宁四小由东门街搬迁至曙光路。

8月　县教育局决定，本年起各乡镇中心完小六年级学生暂时安排到本乡镇初级中学就读，以解决小学学制改革过程中校舍不足问题。

9月　县职业中专被教育部定为国家装饰设计专业实训基地。开始实行“两免一补”，即对义务教育阶段中小学生全部免除学杂费，并免费提供教科书；对寄宿贫困生提供生活补助费。

10月30日　武宁县家庭经济困难学生资助管理中心成立。

11月13—14日　县教育局和县政府督导室检查组对全县文化教育培训机构进行清理整顿。江西省人民政府授予鲁溪镇中心完小“江西省人民满意学校”称号。官莲中心完小被认定为省级中小学德育示范学校。

冬　全面启动农村中小学改水改厕工程。

2008年1月13日　成立中共武宁县教育局委员会和中共武宁县教育局纪律检查委员会。

2月　县委、县政府决定创办武宁县第五小学。7月26日动工兴建教学楼。县青少年学生校外活动中心同期开工，与五小合建一幢楼。

5月28日　武宁老年大学成立大会暨开学典礼在县电影院举行。

6月1日　丰良艺术学校与孟加拉籍纽约艺术家克什德·萨拉姆在县艺术中心共同举办“彩色奥运、自然印象”画展。孟加拉驻华大使孟什·法亚兹·艾哈迈德和夫人及县委常委、宣传部部长余育民，县政府副县长赵军等领导出席剪彩仪式。全县教育系统向四川汶川地震灾区捐款77万余元。

7月25日　县委、县政府作出《关于进一步加强教育工作的决定》，并投入50万元设立教育奖励基金，规定以后每年的投入按10%增长。

10月30日　举办全县首届校长论坛。

11月8—11日　武宁县第九届中学生田径运动会在武宁一中举行。

2009年1月9日　《中国教师报》总编刘堂江，记者李炳亭、马朝宏到武宁县学校采访。

2月27日　重新成立武宁县教育志编纂委员会。

5月15—16日　全国新课改经验交流暨现场观摩大会在武宁召开。中国教育学会常务副会长郭永福、中国教育报刊社常务副社长兼《中国教师报》总编辑刘堂江、省教育厅副巡视员杨慧文、省教研室副主任刘春林、市教育局局长欧阳礼彬等出席，知名教育专家李镇西、崔其升、杜金山等和全国23个省市的800多名教育工作者参加会议。

5月20—27日　省督学梁玉萍率省政府教育督导评估组一行对武宁进行县级教育综合督导评估。

8月　武宁五小教学大楼竣工，交付使用。9月1日招生开学。依托武宁五小新建的县青少年学生校外活动中心同期竣工，建筑面积2375平方米，内设功能室6间，活动室18间。

9月24—25日　九江市留守儿童教育工作现场会在武宁召开。会上总结推广了武宁县留守儿童教育工作的经验。

11月　全县教职工文艺会演在县艺术中心举行。

11月26日　省教育厅厅长虞国庆到武宁调研指导开展第三批学习实践科学发展观活动工作。

2010年8月31日　县中小学财务中心停止运行。9月1日起各乡镇（含开发区）中心完小、中学在各乡镇财政所开设非税收入账户。

9月6日　县教育局授予173名教师为武宁县首届“十百千名师工程”教学明星、学带头人、教学骨干。

9月10日　江西教育期刊社武宁教育通讯站成立

10月9日　县青少年学生校外活动中心在城区一、二、三、四小设立工作站。

11月　县教育局人事监察股更名人事股，财务审计股更名计划财务股，成立监察审计股。

2011年3月　对全县中小学现代教育技术装备经费实行统一管理。

3月10日　在全县范围内开展资金安全大检查。

4月6日　印发《全县教育系统国家卫生县城第二轮复核迎检工作方案》。

5月25日　全县开展“实践与创新”素质教育月活动。

10月　召开“整顿干部作风，规范干部行为，提高工作效能”活动大会。

10月　全县教育系统做出“四项整治”“十六个严禁”“六个不准”的规定。

11月1—3日　全县教育系统开展“整顿干部作风、规范干部行为，提高工作效能”活动专项督查。

2012年1月11日　省教育厅厅长虞国庆深入武宁县走访慰问困难师生。

1月30日　县委、县政府出台《关于加快教育改革与发展的决定》。

3月6日　县委书记沈阳到教育系统进行调研

3月19日　县委对教育局班子、县一中、实验中学、进修学校、县职业中专校长和书记一次性进行调整。

2月26日、3月14日、7月8日　县城新区教育园区县第二幼儿园、县六小、县一中沙田校区先后破土动工兴建。

5月20日　省教育厅韩丽萍组长一行受教育部委托莅临武宁县教师进修学校

进行国家级示范性县级培训机构评估。

6月12日　县长饶思汉深入县教育局调研指导教育工作，并主持召开座谈会。

9月23—28日　局长杨桦率全县高中骨干教师赴临川一中进行为期5天的跟班观摩学习。

11月18—20日　全县第十届中学生田径运动会在县一中举行。

2013年4月7日　县教研室举办2013年小学数学教师教学基本功比赛。

4月15日　九江市小学语文送课下乡暨集体备课活动在石门楼中心小学举行。

5月13日　全县第二届青少年艺术节暨武宁二小首届校园艺术节在县二小隆重开幕。

5月15日晚　县长饶思汉在教育局主持召开教育资源整合县长办公会。

6月25—26日　国家教委原副主任、国家总督学柳斌到武宁考察调研教育工作。

7月　全县教育系统认真开展“道德讲堂”建设活动。

8月　全县中小学校长赴华东师大研修。杨桦局长带领50余名学员接受为期一周的培训。

9月27日　代市长钟志生在武宁进行工作调研，到县六小指导工作。

10月18—19日　举办全县中小学幼儿园教导主任培训班。

12月17日　全县小学语文辅导活动在县五小隆重举行。

12月23日　县政府副县长兰浩林深入县北片区乡镇中小学校调研工作

12月29日晚　县第二届青少年艺术节闭幕式暨颁奖晚会在艺术中心举行。

2014年3月18日　全县教育系统深入开展党的群众路线教育实践活动动员大会在县教育局召开。

3月19日　全县首次小学语文古诗文教学竞赛教研活动在南片区教研中心学校——清江小学举行。

3月21日　全县教育工作会在县政府三楼会议室召开。

4月6—9日　县教育局教育实践活动领导小组开展集中解决“四风”问题调研。

5月14—19日　省政府教育督导评估组在武宁进行督导评估。

6月12—13日　团省委少年部部长黄煜到武宁检查指导少先队工作和示范学校创建工作。

7月22日　县教育局召开党的群众路线教育实践活动专题民主生活会。

9月10日　全县庆祝第三十个教师节暨优秀教育工作者表彰大会在县艺术中心隆重召开。

10月20—21日　以省督学游日辉为组长的省政府教育工作督导评估组到武宁进行督导评估“回头看”检查。

12月17日　县委书记沈阳至武宁三小调研学校改建工程推进情况。

12月24日　全县教育教学管理工作会在县教育局召开。

2015年1月14日　代县长郭晓明到教育局调研教育工作。

2月　武宁县组织参加九江市第三十届青少年科技创新大赛，荣获10个一等奖、2个二等奖、7个三等奖

4月　武宁县体育办公室与武宁教育局合并，组建武宁县教育体育局。

7月　纪念中国人民抗日战争暨世界反法西斯战争胜利70周年活动深入开展。

7月　邀请刘堂江、刘通讯、李树喜教育专家到武宁讲学。

7月3日　教体局由豫宁大道96号搬迁到沙田新区行政服务中心东区4号楼，办公条件和设备进一步优化。

8月　县组队参加第十一届“宋庆龄少年儿童发明奖”，武宁五小喜获一金一银的佳绩。

8月　通过公开招聘、三支一扶、定向培养、择优选调等方式，全县补充和交流教师351名。

8月12日　武宁周慧莲代表江西省参加全国青少年跆拳道锦标赛荣获铜牌。

9月　县教体局扎实开展了“三项治理”专项活动（治理学校违规招生行为，治理义务教育阶段违规补课行为，治理在职教师有偿家教行为）。

9月16日　在县城举行国际自行车巡回赛，有来自28个国家和地区的22支代表队的130多名自行车运动员参加了比赛。

10月17—18日　承办2015年“艾西海杯首届中国滑水巡回大奖赛武宁站比赛”，来自全国各地的12支代表队参赛。

第一章　科举时代教育

第一节　科举

科举，就是“分科考试，设科举士”。始于隋大业二年（606年），唐代兴盛，到宋代而定型，一直沿用至清末，是朝廷选拔后备官员的一种考试制度。唐代考试科目有百种，宋代有十种。科目中，地位最高的是进士。明、清两代科举制度大致相同，罢诸科，留进士。科举考试分为四级：第一级，县试（也称童试）。考试在州、县举行，参加县试的考生，不论年龄大小，一律称童生。及第（及格）者叫生员，俗称秀才，第一名称案首。秀才具有参加乡试资格。第二级，乡试。考场设省城，三年一次，八月举行，叫秋闱。及第者为举人，第一名叫解元。第三级，会试。考试在京城举行。会试于乡试次年二月开考，因此叫春闱，由礼部主持，又叫礼闱，及第者为进士，第一名叫会元。第四级，殿试。殿试由皇帝亲自主持，在皇宫大殿上举行。分出一、二、三甲，三甲是“天子门生”，名单用黄绫书写向全国公示，叫“金榜题名”。第一甲赐进士及第，第二甲赐进士出身，第三甲赐同进士出身。第一甲只录取3名，第一名称状元，第二名为榜眼，第三名叫探花。

明成化二十三年（1487年）开始考作“八股文”。至清光绪二十四年（1898年），废除考作“八股文”后，改试时务策论。

唐元和元年（806年）前后，升仁乡张玿以进士出身官任上谷太守，是武宁有历史记载的第一位经科举考试进入仕途的人。唐代进士3人，两宋时期，进士63人，举人71人。元代有进士5人，举人9人。明代进士4人，举人28人（其中武举2人）。清代进士19人，举人124人（其中武举25人）。

科举时代，县、乡、都、图各级地方绅民为资助生童参加科举考试，专门设立了经济机构，叫作宾兴会。为考生赴县、省及京城赶考以备食宿的旅店称宾兴馆。清乾隆五十八年（1793年）建在省城的武宁试馆，是本县最早设立的宾兴馆。嘉庆六年（1801年）进士卢浙倡建京师武宁试馆于北京永定门内。道光二十二年（1842年），北乡、升仁、年丰、顺义、上南、下南、江阴和坊市成立八乡宾兴会，共捐田324亩，铺、房、榨等折钱2259千文，合建一宾兴馆于城东明伦坊。安乐乡建馆于霞伏，长乐乡建馆于中潢。之后，江阴、上南、升仁、顺义等乡及部分都图设小宾兴会，建小宾兴馆，以田租和绅民捐献作为资助生童读书应试的费用和奖励。凡所属宾兴会的文武生童赴考都给予旅费，考中者另给奖励。

清光绪三十二年（1906年），谕旨废除科举制度。

第二节　县学

概况

县学为官方置办的教读儒家经史的学校。唐长安四年（704年），武宁县设官学。明嘉靖四十一年（1562年）县志记载："儒学始设未详何时何地。"绍兴十一年（1141年）在县治（县城）东城隍祠地，始建大成殿县学。又立讲学堂名"勤思"，置四斋称"誉髦""升俊""拔萃""宾贤"。隆兴初年（1163年）在讲学堂后建"足才阁"藏书。

至元二十三年（1286年），武宁置宁州，辖武宁、分宁两县，县学统归于州学。大德五年（1301年），宁州府设于分宁（今修水铜鼓），武宁复设县学。至正十二年（1352年），学宫（县学与文庙合称）被土寇所毁。

明洪武二年（1369年）春，下诏州、县兴学，颁发州、县学学规，武宁知县盛文郁始兴学舍。洪武五年（1372年），武宁知县马植建大成殿，左右建"日新""时习"两书斋。洪武三十一年（1398年），建学署及生员书室。成化六年（1470年），因学宫低洼狭窄，另择县城西延恩寺旧址，建造"文庙"和"明伦堂"。次年庙堂落成县学迁入。成化十九年（1483年）重新修缮学宫。弘治十八年（1505年）建"文明阁"于县学后。正德十五年（1520年）迁县学于县治西城隍祠。嘉靖二十一年（1542年）和嘉靖三十三年（1554年）两次重修隍祠。隆庆六年（1572年），建"启圣""名宦""乡贤"三祠。于明伦堂右建"五箴亭"，于左建"立教厅"和"青云楼"。之后，县学在县治东西多次迁徙。崇祯九年（1636年），县学居县东城隍祠。

清顺治二年（1645年）闯王军入县城，县学被毁。顺治六年（1649年）草创学宫，复办县学。康熙元年（1662年）后，两次修缮学宫。雍正元年（1723年）又在城隍祠址重建大成殿，3年后建成，县学迁入。之后，武宁多任知县及名儒主持捐资修建学宫。先后建"尊经阁""三益轩""彝伦堂""魁星阁"置办县学。乾隆二十三年（1758年）、乾隆三十四年（1769年）两次修缮"尊经阁"。嘉庆二十四年（1819年）建邱祠"文庄堂"设县学。咸丰四年（1854年）太平军入县城，学宫又被毁，县学停办16年。同治九年（1870年）重修"文庄堂"，县学复办。清末，官学制度渐趋衰亡，书院替代了县学。武宁县学的讲经、学额选拔、考课等教学任务由正谊书院承担。

教学

武宁县学以儒学为宗旨，以儒家的经典著作为教材，主要有经、史、性理及时文。

县学教育注重教化，以"明人伦"为主要教育目标。各个历史时代的教学内容和教学任务有所侧重。南宋时，"四书"（《大学》《中庸》《论语》《孟子》）为县学主要教材。

元代县学教学以朱熹的《四书批注》为主要内容。

明代县学，规定学生除专治一经外，礼、乐、射、御、书、数设科分教。每日习字，另加习“八股文”（科举制度的一种考试文体，段落有严格的规定，每篇由破题、承题、起讲、入手、起股、中股、后股、束股部分组成。从起股到束股的四个部分，其中都有两股相互排比的文字，共为八股）。以应科举。

清代学校规定，让生员学习四书、五经（《大学》《中庸》《论语》《孟子》《诗》《书》《易》《礼》《春秋》）；性理诸书（《朱子全书》《大学衍义》《性理大全》《钦定孝经衍义》《御制性理精义》），习字课。从《四书批注》中摘取题目考写“八股文”。乾隆时，下诏设治事斋，要求生员学习研究历代典礼赋役、律令、边防、水利、天宫、河渠、算法等知识。

管理

南宋景定三年（1262年）武宁始设主学1名，掌管学校。元代设教谕和训导各1名管理学校。洪武初年（1368年）设教谕1名，训导2名，阴阳训术1名。教谕掌管县学，兼管生员品行。训导分别督导教学，筹办县学事务，兼管教师和生员的奖惩。阴阳训术专管阴阳学（天文、地理、历法）和医学。

清顺治九年（1652年）以前，沿用明代旧制，仍设教谕1名，训导2名。康熙三年（1664年）裁减教谕，只设训导1名。康熙十五年（1676年）设教谕1名、训导1名。

从顺治到乾隆年间，县学对生员管束甚严，违饬者则严加惩治。顺治九年（1652年），立《学校条规》碑置于彝伦堂左侧，告示生员：

——生员之家，父母贤知者，子当受教；父母愚鲁或有非为者，子既读书明理，当再三恳告，使父母不陷于危亡。

——生员立志当学为忠臣清官，书史所载忠清事迹，务须互相讲究。凡利国爱民之事，更宜留心。

——生员居心忠厚、正直，读书方有实用，出仕必作良吏；若心术邪恶，读书必无成就，为官必取祸患。行害人之事者，往往自杀其身，常宜思省。

——生员不可干求官长，交结势要，希图进身；若果心善德全，上天知之，必加以福。

——生员当爱身忍性。凡有官司衙门不可轻入。即有切己之事，只许家人代告。不许干预他人词讼，他人亦不许牵连生员作证。

——为学当尊敬先生，若讲说皆须诚心听受，如有未明，从容再问，毋妄行辩难。为师亦当尽心教训，勿致怠惰。

——军民一切利病，不许书生上书言。如有一言建白，以违制论，黜革治罪。

——生员不许纠党多人，立盟结社，把持官府，武断乡曲，所作文字，不许妄行刊刻，违者听提调官治罪。

学额

县学生员分正课生和附课生，正课生官方给廪膳（伙食费），免二丁（壮丁、丁税）和差役。也称廪生。正课生历朝均有定额。附课生食宿自理，不予定额。明洪武二十六年（1393年），颁《官学考课法》，其中规定正课生：府学40名，州学30名，县学20名。清顺治十三年（1656年）定学额：府学20名，县学8名。康熙二十二年（1683年）定县学学额，文武童生各8名。乾隆元年（1736年），县学加学额3名，定为11名。嘉庆元年至嘉庆五年（1796—1800年），加额3次，每次3名，县学学额20名。道光元年（1821年）又加学额2次，每次加3名，学额增为26名。咸丰元年（1851年）后，谕旨地方兴办团练（地方武装），向朝廷捐银另加学额。恩准增加的学额称增广生，享受正课生相同待遇。咸丰十年（1860年）武宁因团练经费案加学额106名，分数年增补，另加永久学额8名。同治元年（1862年）加额3名。同治三年（1864年）绅民捐银又加额19名。同治四年（1865年）再加额10名。其武学学额均与文学相同。

第三节　书院

概况

书院从唐延续到清末，有一千多年的历史。唐代书院为顾问、御用备询、质疑机构。至两宋时期演变成讲授四书五经和文学、历史的讲学和学术研究机构。到了清代书院有藏书、供祀、讲学、考课（学术研究、考试）四种功能。武宁设书院始于南宋。书院分为官办、私办、官私合办三类。官办书院由知县筹建，山长（书院主持）、讲师均由知县聘请。私办书院由个人出资兴建并主持书院一切事务。官私合办书院则由地方绅士民众捐资兴建，官方辅助，私人主持，官方监督。官私合办又有乡建、都建、族建之分。

书院定有严格的管理制度。正谊书院规定：生童（监生、童生）同考，各分正、附课。正课监生12名，童生24名，每位按月给伙食钱600文。住读者另加薪米钱600文。附课生无定额，不给伙食钱。每年二月初一开馆，十二月初一散馆。每月逢六举行三课。十六为官课，知县亲临或派员到书院讲学或点名发卷考试。初六、二十六为馆课，由山长发卷考试。每课考试，监生分超等、特等、一等；童生分上卷、中卷、次卷。不分正附课生，考取超、上卷前五名予以奖赏。官课考试生童必须亲自领题应试。如正课生缺到一次，扣伙食钱一个月。连续缺到两次，正课生降为附课生。三次不到者不论正课生还是附课生一律除名。每月三课如有抄袭成文数十句者，正课生罚扣半月伙食钱，附课生停考一课；若全抄旧作或两卷雷同者，正课生降为附课生，附课生除名；正课监生官课考试连续两次考取在一等后三名者，正课童生连续两次考取在此卷后十名者，均降为附课生。其附课生两次连续考取超等、上卷前三名者升为正课生。生童在院吵闹二次者除名。如赌博及违犯规章，由山长及监院查察除名。

书院教学形式大体分为游学、讲学、自学、考课、课读（教读）五种，大多数书院具备两种以上形式。清代以后，多数书院由社学、乡学、都学改办，多为考课、课读的学校。讲授四书五经，学作“八股文”。作文须出心裁，各抒卓识，不得因仍旧作，敷衍成篇。

书院选介

柳山书院　位于县城西南的柳山。唐天宝年间（742—756年），山西人柳浑弃官隐居武宁山中，筑精舍读书。后应朝廷之诏，复出为官，封为宜城伯，卒后封称“贞”。后人将柳浑隐居之地称柳山。宋绍兴年间（1131—1162年），本县人士陈功显为祭祀宜城伯，于柳浑精舍处建柳贞公祠设柳山书院。宋开庆元年（1259年）书院毁于兵乱。咸淳二年（1266年）功显之孙陈时章重建书院，元代又毁。明成化二十一年（1485年）知县冯琦再建书院，民国时期曾在柳公祠内设柳山小学。后公祠再次被毁。

修江书院　文人余铸、夏焘、周模等人创办于宋淳熙八年（1181年）前后，院址不详。

云龙书院　明万历十一年（1583年），知县陈子侃建于县城东南修河边，有讲堂、膳堂、厨房各1所，书房14间。聘请名师讲授经史。万历十六年（1588年）知县朱士佳鉴于书院常被水淹，迁书院于西门龙潭处，后被毁。

梯云书院　原名梯云社学。清乾隆五十八年（1793年），众民捐资，副贡生李葆光倡建。院址设下南乡柳山，是继柳山书院之后建于柳山的学塾。

正谊书院　原名豫宁书院，清乾隆十八年（1753年）知县邹应元建于东门朝元宫遗址。书院规模宏大，中为大堂3间，称“敬业堂”，堂后有“掌教厅”3间，东斋9间，客房4间，西斋9间，厨房2间，头门房3间，东西门房各3间，共有院房39间。道光三年（1823年）改名为正谊书院。次年订立院规40条，严格管理制度。书院经乾隆到光绪历经154年，为武宁最高学府。光绪三十二年（1906年）改为城北正谊高等小学堂。

黉冈书院　院址县东横岭。宋嘉定七年（1214年）邢凯官至吏部侍郎，邢晚年辞官还乡，在横岭筑书院。书院藏书万卷，邢亲自讲学。

友教书院　上南乡石门楼乡民捐资建于清嘉庆二年（1797年）前后。

第四节　社学

社学为元、明、清三代一种官私合办的地方学校，是比书院更广泛和书院并存的乡村学塾，它包括清代的义学、乡学、文会等。武宁社学始于明初。据清乾隆四十七年（1782年）县志记载：“明初敕天下郡邑每乡里咸建社学，选名儒以教民间子弟”。天顺八年（1464年）始建社学9所。明清两代，各乡均兴办社学，有的将书院改办成社学。清光绪六年（1880年）《江西通志》载：“武宁有乡学2所，社学19所”。

明清时期社学、乡学、义学选录

表1–1

学校名称	校　址	创办时间	倡办人
坊市西南社学	县城西门内甘罗坊	明天顺八年（1464年）	知县余希贤
坊市东北社学	县城东门内	明天顺八年（1464年）	知县余希贤
坊市西南社学	县城西门内甘罗坊	清乾隆四十八年（1783年）重办	知县李基元
坊市东北社学	县城东门内	清乾隆四十八年（1783年）重办	知县李基元
兴贤社学	安乐乡	乾隆五十六年（1791年）	余鸣珂等
梅崖社学	升仁乡梅崖	道光三年（1823年）	余克昌、张维藩夏质礼等
卜社学	北乡二十三都宋家段	嘉庆七年（1802年）	刘大成等
正风社学	北乡二十五都干楼	嘉庆七年（1802年）	黄东云、汤锦松等
翼堂社学	北乡二十七都澧溪	嘉庆六年（1801年）	方延镜、李杏荣等
下坊社学	坊市下坊	乾隆五十五年（1790年）	知县李咸一
梦花社学	坊市	同治二年（1863年）	
振兴文社	江阴乡四十八都	嘉庆十五年（1810年）	翁学濬
听松山馆	东溪小塘窝	嘉庆十五年（1810年）	
重兴文社	江阴乡四十八都	嘉庆二十年（1815年）	肖朓仁等
上南社学	上南乡石门楼	嘉庆十六年（1811年）	黄庆云等
文孝社学	上南乡罗溪	乾隆三十九年（1774年）	葛方拔
启贤社学	上南乡石门楼	同治六年（1867年）	张大观
顺义乡学	顺义乡官田	嘉庆二十一年（1816年）	陈世馨等
海航社学	下南乡邓埠	乾隆五十六年（1791年）	钟帝拔、钟莘田等
辅成社学	北乡二十六都五凤山	嘉庆十年（1805年）	董名望等
斗魁社学	升仁乡	乾隆三十五年（1770年）	张润琴等
鼎新社学	江阴乡四十六都	道光二十六年（1846年）	张、汪二堂合建
长乐乡学	长乐乡中潢	乾隆十六年（1751年）	余廷硕等
育英文会	下南乡长畲	咸丰八年（1858年）	万茂园等
允茂义学	上南乡四十都	嘉庆十八年（1813年）	魏子宜
登瀛社学	上南乡三十九都	道光二年（1822年）	姜国钦、盛学黄等
曲池义塾	安乐乡一都俯江楼	乾隆十年（1745年）	张明远、张凤诰等
井垅义塾	安乐乡井垅	乾隆四十四年（1779年）	李春华
跂如义塾	顺义乡地坪	乾隆四十八年（1783年）	陈诚圃
葛翼堂义学	上南乡四十二都	同治二年（1863年）	翼堂七支宗族
叶濬堂义学	上南乡一图	—	月谭裔
积宇裔义学	上南乡一图	—	积宇裔（叶氏支裔）
石砚社学	江阴四十五都	道光十五年（1835年）	喻居仁等
南冲社学	江阴四十六都	道光二十四年（1844年）	王萱等

第五节　私塾

概况

私塾是古近代基础教育的主要形式，是民间私立的学校，由教师本人设立，招收学童入学，由学童分担教师薪金、伙食的称学馆；或由富裕人家聘请教师教读子弟或家主自己执教的称家塾；或由一村或一姓氏的绅民捐助或用宗族公产创办，聘请教师教读本村、本姓生童的称村塾、族馆。私塾主要进行启蒙教育，生童不限年龄，没有学制，不分年级，采取个别授课方式进行教读。在蒙馆过了文字关的生童再入经馆续读。私塾因陋就简，入学自由、谁读书谁出钱。

唐代私塾已较多，宋元时蒙馆设置普遍。明代私塾相当发达，塾馆甚多。清代私塾遍布全县。据旧县志记载，宣统末年（1911年）全县办有私塾63处，私塾名儒90人。

民国时期，虽办有国民小学，但私塾仍兴盛，大一点的村庄都设有私塾。据记载，1948年全县还有私塾18所，学生237人。1950年以后，农村部分地区仍断断续续办有私塾。1954年，大洞乡的内蔡、米筛坑两村小从教学内容到教学形式类似于私塾。除语文、算术使用新版统编教材外，音、体、美课程均不开设，改教习字和珠算课。后来语文改教读《百家姓》《三字经》《幼学琼林》，一律采用读背方式进行教学。老师的报酬全由学生家长负担，多少由老师与家长商定，付钱交米均可。1962年前后陈公书在大桥公社南冲自办学校，招收高小、初中失学学生，教读《增广贤文》《千字文》《幼学琼林》唐诗宋词。该校1964年停办。

私塾教学分为蒙学和经学两阶段。

蒙学即蒙养教学，是启蒙学习阶段。蒙生多为七八岁的孩童，也有十多岁的少年。蒙学阶段，注重人伦道德品质教育。施教时除遵循知、情、意、行的一般准则外，尤其重视教养。强调道德修养与道德认识水准一同提高，道德在潜移默化中与道德心理形成一起完善。学童的言行礼节都按儒家的礼仪为教育原则。蒙学后阶段学习作对、吟诗和农村婚丧礼仪常识。

蒙学教材大致分为五类：一是综合常识类的识字课本，有《三字经》《增广贤文》《百家姓》《千字文》《四、五、六言杂字》；二是诗文类课本，有《千家诗》《唐诗三百首》《古文观止》《笠翁对韵》；三是历史典故类课本，有《鉴略》《龙文鞭影》；四是持物常识类教材，以《幼学琼林》和《名物蒙求》为主，其内容涉及天文、地理、草木、鸟兽和日用器皿；五是道德教养类教材，有《论语》《孟子》《孝经》《礼》《春秋》。

蒙学教学以读书、习字、作文为主，尤其着重读书习字。读书采取个别点读的方法进行，点授一本，背诵一本，死读硬背，让学童自悟书中含义。习字从“填红”开始，继而是“印模”到“临帖”。天天练，强调“熟能生巧”“百炼成钢”的练字方法。蒙学生童经过几年的苦读，一般都具有相当的阅读写作能力，尤其在习字方面，大多数都能写一手漂亮的毛笔字。

经学即经师讲学，是学童读书的高级阶段。学习经史和作“八股文”。教材以“四书”（大学、中庸、论语、孟子），“五经”（诗、书、易、礼、春秋）为主。主要学习任务是作文。作文，首先是仿写，仿写到一定程度后，学写命题作文。老师对学生的作文精心批改。

清代武宁的县学、书院、私学均学写“八股文”。各学塾定期考课，优秀作文给予奖赏。

明代方孟缙，清代张望，盛谟等塾学先生学识渊博，教读有方，名扬千里，许多外省、州、县学者前来武宁拜读于这些名儒门下，执文求教。

私塾选介

宾阳庄 创办于明隆庆年间（1567—1572年），长乐乡沙湾人余弼创建。宾阳庄自明至清，办学170余年。

元常书屋 陈以经，字元常，坊市人。建书屋于东南城夏堰寺旁，广招学生，设宾兴馆，提供住宿膳食。来往学者讲学昼夜不歇，而城门启闭有时，请开通济门，以便利求学者。

豫章大榭 明万历元年（1573年），坊市人陈以绶，立“豫章大榭”。与本县人士林维翰、盛宗龄、余长祚等驰骋文坛，吸引后生议经讲学。

康侯学馆 林维翰，字康侯，坊市人，善于习文，尤其善作诗。与余长祚、盛宗龄、潘元龄要好，时称“豫宁四杰”。晚年意绝科名，立馆讲学。康侯对兵刑、礼乐、水运、海防等皆为精通，一时学者云集。

石坪学馆 学者全学优，长乐乡上都人，精通经史，精研性理，旁通刑政、历律、战阵诸书。晚归故里，居石坪。明天启元年（1621年）立馆治学。

交兰巷 盛兰，坊市人，文人乐与兰交友，称其巷名“交兰巷”。巷立学馆，延至清代。

宗龄家塾 盛宗龄，南市人，博览群书，明万历三十四年（1606年），仕至教授。后归故里，自主家塾。族子士淑、其弟运开，子弥颐，次子弥振都以学著名。

迁学馆 张嘉猷，字迁。安乐乡黄陂里人，官至教授，弃官回归，建馆讲学，著有《致知力行》。

淇园学馆 潘希慧，伊山人，筑淇园于伊山上。性好学，藏书甚多。以教读自娱。

南市学榭 明天启七年（1627年），副贡盛弥振，学识渊博，与同里全学优精求易理。立榭南市，开讲授徒。

自新家塾 陈自新，坊市人，官至县丞。57岁辞官归故，家居40载。建自新家塾，与子侄讲学论文。

字云巢 北乡盛谟（号字云）于清乾隆五年（1740年）创办。自乾隆至光绪办学100余年。谟与镜、乐三兄弟互相勉励，讲学字云巢，远近闻名，游学者甚多。

棕山学馆 北乡人张望于乾隆十四年（1749年）建学馆于棕山山麓，讲道论学。张著有《闰榻文集》《古今医诗》，该书藏于江西省图书馆，并影印存县档案馆。

宾竹堂 宾阳庄创建人余弼的后裔余腾蛟于乾隆十年（1745年）创办。余中进士的当年于长乐乡上都建“宾竹堂”家塾。聘请长乐乡中潢郡生员卢金镜主讲。腾蛟家侄数人就读宾竹堂，先后及第成名。长乐乡上都人余文果继卢之后主讲宾竹堂数十年，教读有方，当地英才多出其门下。道光八年（1828年）岁贡余诒，咸丰十年（1860年）进士余瓒馨均就读宾竹堂。余诒晚年自建“谷心家塾”。

竹溪家塾 张一飞创办于乾隆元年（1736年），一飞号竹溪，坊市人。聘请熊镇澜教其弟子，17年未易师。一飞之子、侄数人就读家塾。子华甫、侄富业、富经先后中进士，富学中举人，可见家塾成绩显赫。

晓埜（野）学馆 道光二年（1822年）江阴凤口人喻志恢（号晓野）创办。喻教授以塑人品行为先务，其门徒数十人，士进者多名，不少人著书立说。

溉园 长乐乡中潢人卢环于道光二年（1822年）创办。卢中举后四上应试不第，自建溉园坐馆教读弟子。其门生多名中进士或举人。

清代私塾选录

表1-2

名　称	创建时间	地　址	创办人或讲师
学儒学馆	明末清初（1643—1646年）	江阴乡凤溪	喻学儒
文岩寺学馆	康熙年间（1662—1722年）	江阴乡凤口大岩寺	肖起凤
七峰学馆	康熙年间（1662—1722年）	年丰乡南岳	张居山（字七峰）
右卿学馆	顺治七年（1650年）	长乐乡泱水	卢先觉
留月书屋	康熙六年（1667年）	上南乡黄家	黄梦鹤
淑广义塾	雍正二年（1724年）前后	升仁乡叶家	叶淑广
绿兴书航	乾隆年间（1736—1795年）	坊市	盛大业
毓秀家塾	雍正六年（1728年）前后	坊市	王毓秀
醴泉书屋	乾隆八年（1743年）	江阴乡南冲	邢继炜
瑞天家塾	乾隆年间（1736—1795年）	年丰乡黄沙	郑应坤（字瑞天）
默斋学馆	乾隆年间（1736—1795年）	江阴乡	邢家屏
碧环家塾	乾隆二十八年（1763年）	长乐乡中潢	卢兆铭
素波家塾	乾隆年间（1736—1795年）	北乡	李　盖（字素波）
冈映堂家塾	乾隆五十九年（1794年）	长乐乡官田	李　兆、李　鼎
南辽学馆	乾隆年间（1736—1795年）	年丰乡南辽山	熊镇润

续表一

名　称	创建时间	地　址	创办人或讲师
东井学馆	乾隆五十六年（1791年）	上南乡	熊应周（号东井）
雪舫学馆	乾隆年间（1736—1795年）	安乐乡碧田	余　璞（号雪舫）
北塘村塾	乾隆年间（1736—1795年）	年丰乡北塘	陈　颂
蔚西学馆	嘉庆年间（1796—1820年）	上下南二乡设馆	叶　杭
秀元家塾	嘉庆年间（1796—1820年）	下南乡	赵朝佐（字秀元）
敬承堂	嘉庆七年（1802年）	下南乡茅坪	邱植山及其孙邱凤坞
镜莲家塾	嘉庆年间（1796—1820年）	下南乡杨港	余　生（字镜莲）
允怀家塾	嘉庆年间（1796—1820年）	上南乡	葛怀星
松斋	嘉庆年间（1796—1820年）	年丰乡桑田	李　青
梅岑学馆	嘉庆年间（1796—1820年）	长乐乡壁田	余光策
葛蒲书屋	嘉庆年间（1796—1820年）	长乐乡曲池梓山冈	张　铖
雨峰学馆	嘉庆年间（1796—1820年）	长乐乡瓜源凤鸣山	胡　斌（号雨峰）
马岗学馆	嘉庆年间（1796—1820年）	北乡马岗	方　瀚
叶贵武学馆	嘉庆年间（1796—1820年）	升仁乡	叶　贵
容庵家塾	嘉庆年间（1796—1820年）	京城卢府内	卢容庵（名浙）
翌美学馆	嘉庆年间（1796—1820年）	年丰乡石坑	傅翌商、美商兄弟
心墅学馆	嘉庆十八年（1813年）	年丰乡	程　镜（号心墅）
心炉学馆	嘉庆十八年（1813年）	坊市	费练华
芥园学馆	道光初年（1821年）	年丰乡南岳	王显仁
谷心家塾	道光八年（1828年）	长乐乡上都	余　诒
邢典家塾	道光十年（1830年）	江阴乡南冲	邢　典
蕊林学馆	道光三年（1823年）	北乡二十三都	潘音吕
镜崖家塾	道光十五年（1835年）	上南乡罗溪	葛方伦、葛方拔
苍匡学馆	道光十九年（1839年）	北乡	杜中毓
心竹学馆	道光二十年（1840年）	升仁乡横路	柯前芬
下段村塾	道光十六年（1836年）	上南乡下段	叶有声
醒炉学馆	道光二十年（1840年）	升仁乡羊肠山	柯愈达别称醒炉先生
夏庄村塾	道光二十年（1840年）	上南乡夏庄	主教罗穆
步升家塾	道光二十年（1840年）	上南乡一图	罗步升
凌岗学馆	咸丰二年（1852年）	安乐乡	董　振
丹亭学馆	咸丰七年（1857年）	下南乡	邱攀桂（字丹亭）
仲雅学馆	咸丰七年（1857年）	江阴乡	胡盛举

续表二

名 称	创建时间	地 址	创办人或讲师
希堂学馆	光绪十九年（1893年）	顺义乡官田	谈希堂
筱易家塾	光绪二十七年（1901年）	北乡烟港	郭铭鼎、郭铭钟
丹蔡学馆	光绪三十一年（1905年）	上南乡石门楼	张希柢
钝园	光绪三十一年（1905年）	上南乡金鸡	叶夔臣
学程学馆	光绪二十九年（1903年）	县城	朱学程
观音阁私塾	宣统元年（1909年）	县城东门外观音阁	杨福田
东溪私塾	宣统元年（1909年）	凤口段	王商门
天井堂私塾	宣统元年（1909年）	顺义乡官田	雷混初

第二章　学前教育

第一节　幼儿园设置

武宁县第一所幼稚园创建于1932年，园址设县城万寿宫，当年招收幼儿30人。1939年3月，日军入侵武宁县城后停办。1944年，县幼稚园在石门楼复办，招收幼儿25人。次年开设2个班，入园幼儿40人。年冬，随武师附小迁回县城，附小设张家祠堂，幼稚园置于王氏夫人庙。

新中国成立后，县幼稚园由县军事管制委员会接管，更名为武宁县幼儿园。至1955年之前县幼儿园开设2个班，每年在园幼儿70人。1956年，县幼儿园发展到4个班，入园幼儿143人，教职员7人。同年秋，古艾镇创办1所民办幼儿园，入园幼儿146人，教养员3人，古艾镇民办幼儿园附设在县幼儿园内。1958年暑期，县举办幼儿教师培训班，培训幼儿教师47人，充实幼儿教师队伍。是年秋，全县办起集体性质的幼儿园（班）31处，入园（班）幼儿812人。同年底，县人委筹设保育院，次年5月保育院开学，招收幼儿40人。1960年3月，保育院撤销，幼儿和保育员全部并入县幼儿园。县幼儿园随之改称为武宁县“三八”幼儿院。幼儿院在院幼儿200人，教师8人，设有全托班。同年，民办幼儿园发展到148所，在园幼儿3058人，保教人员156人。1961年，开始贯彻“调整、巩固、充实、提高”的方针，对民办幼儿园进行整顿，于是民办幼儿园逐年减少。到1966年，全县有民办幼儿园5所，在园幼儿443人，保教人员16人。1967年后，民办幼儿园全部停办，全县有县幼儿院1所幼儿园。1968年冬，县幼儿院划归新宁镇管辖，更名为新宁镇幼儿园，取消全托班。1970年秋，新宁镇幼儿园随县城搬迁到新址，1975年，复名为武宁县幼儿园。

1973年，石渡公社在公社集镇创办1所民办幼儿园，从此，民办幼儿园又加入学前教育队伍。同年秋，县供销社、化肥厂、罐头厂、煤矿、钨矿等企业相继办起幼儿园。

1976年，县幼儿园也采取民办与公办相结合的形式办园，但一年后民办取消。

1980年后，各公社纷纷创建民办幼儿园。

1983年，全县民办幼儿园发展到99所，其中农村民办67所，县城民办17所，企业民办15所，入园幼儿5174人。

1984年，县城始创私立幼儿园2所，从此，私立幼儿园加入学前教育队伍。

1985年，县幼儿园增设小小班，招收3岁幼儿入园。

1990年后，私立幼儿园在城乡迅速发展壮大。

1991年，全县私立幼儿园发展到30所，其中县城13所。县幼儿园及县城小学和部分乡镇中心完小附设的幼儿园（班）公办幼儿园13所。全县在园幼儿6025人，幼儿教师170人。

1994年，全县公办幼儿园（班）18所，私立幼儿园32所，入园幼儿6487人，幼师185人。县幼儿园开办的小小班1990年停办，两年后又复办。

1995年，部分小学附设的幼儿园（班）不再统计为公办幼儿园，全县只有县幼儿园1所公办幼儿园。

1996年，全县城乡共有私立幼儿园67所，在园幼儿6214人，幼儿教师182人。

2001年，县幼儿园入园幼儿547人，教师36人。

2006年，全县私立幼儿园发展到81所，3～5周岁儿童11079人，入园或入学前班就读的有6099人，入园（班）率农村达55%，县城95%，全县基本普及一年学前教育。

2010年，经县教育局审批发证的私立幼儿园95所，入园幼儿7976人，幼儿教师375人。县幼儿园在园幼儿674人，教师35人。

小学附设学前班是学前教育的一种办学形式，武宁小学附设学前班始于20世纪70年代。80年代，全县小学普遍设有学前班。2000年后，随着私立幼儿园的蓬勃发展，县城小学附设学前班全部停办，农村小学附设学前班逐年减少，只在中心完小和片区完小还设有学前班。2001年，全县小学附设学前班63个，在班幼儿1649人。2006年，有学前班27个，在班幼儿1000人，随一年级班级就读幼儿1715人。2010年，全县小学附设学前班65个，在班幼儿2724人。

第二节　幼儿园管理

1932年，武宁县开办的第一所幼稚园附属于城北小学，设立武宁乡村师范学校后，附属于武宁乡村师范附小，由县政府领导和管理。

新中国成立后，武宁县幼儿园附属于甫田小学（后称古艾小学），属县文教科领导。1960年县幼儿园单独设园，成立领导班子，直属于县文教局领导。1968年冬，县幼儿园划归新宁镇领导。1975年又直属于县文教局领导。

1979年3月，成立“武宁县托幼工作领导小组”，领导小组下设办公室，由办公室负责日常事务。办公室设县妇联，从文教局和卫生局各抽一名专职干部集体办公，负责托幼工作。公社（场、所）、县直单位、厂矿都将托幼工作列入议事日程。当年县托幼工作领导小组确定武宁县幼儿园为全县示范性幼儿园。

同年，县委根据上级指示精神，提出“三教”（普通教育、业余教育、幼儿教育）一齐抓的举措。批转县托幼工作领导小组制定的《1980年至1982年全县托幼组织发展规划》。强调在经济条件还比较困难的情况下，发展托幼事业要坚持民办公助“两条腿”走路的方针，发扬自力更生，艰苦奋斗，勤俭办事业的精神，办好托幼事业。民办学前教育谁办园谁投资，从园舍、课桌凳、教学设备到教师工资都由办园单位负责解决。

1982年，县托幼工作领导小组对各幼儿园工作进行检查评比，评选出先进幼师50名，先进幼儿园30所。树立澧溪集镇幼儿园为标兵幼儿园，石渡集镇幼儿园教师李烈娇为幼师标兵，清江公社社员张水娇为好家长。这些典型的树立，促进学前教育事业的发展。县、社托幼机构，在学前教育工作中，主要做“四解决，三坚持，两纠正，一重点”工作。“四解决”，即：解决幼儿园的园舍，解决幼儿园的教材，解决幼儿园的教具，解决幼儿园的玩具。“三坚持”即：坚持对幼儿进行思想品德教育，坚持开展体育和户外活动，坚持以游戏为主的教育活动。“两纠正”，即：纠正只教识字、计算，忽视唱歌、跳舞、美工、常识教学的偏向，纠正只重视上课，忽视游戏和日常生活教育的偏向。“一个重点”是把教育重点放在发展幼儿智力上，开展丰富多彩的游戏娱乐活动。

各幼儿园都制定安全、学习、奖惩、会议、考勤、卫生保健等项制度。明确园长、教师、保育人员的职责，用制度管人，用制度规范各项工作。

1991年，县教育局、县妇联联合制定下发《先进集体（幼儿园）条件》《先进幼师条件》《优秀家长条件》《优秀儿童条件》。当年“六一”儿童节，表彰一批先进集体（先进幼儿园、先进家长学校）和先进个人（先进幼师、优秀家长、优秀儿童）。此后，县教育局、县妇联每年“六一”节都对学前教育事业的先进集体和个人予以表彰。

1997年，全县学前教育归口县教委管理。1998年4月，召开首届武宁县教育学会幼儿教育研究会。本次会议，成立幼儿教育研究会，选举产生研究会理事，通过《武宁县幼儿教育研究会章程》。

1999年6月5日上午，县教育局在文化广场举办县城幼儿广播体操比赛。本次比赛评选出集体一等奖1个，二等奖2个，三等奖3个，鼓励奖6个。幼儿广播体操比赛活动，体现幼儿健康活泼，文明向上的精神风貌，较好地促进幼儿园体育活动的开展。

安全工作是幼儿园工作的第一要务，各幼儿园将安全工作做到警钟长鸣，常抓不懈。为杜绝安全事故的发生，县政府县教委经常进行安全工作大检查。2001年6月下旬，县人民政府组织一次大规模的学校（含幼儿园）和学生（幼儿）安全工作检查。同年秋，县教委对全县幼儿园进行一次清理整顿。本次清理整顿工作按照《江西省幼儿园登记注册试行办法》和《社会力量办学条件》的要求进行。2003年9月，县教育局对全县私立幼儿园园舍、周边环境、消防设施、幼儿玩具安全问题进行督查。

2005年3月，县城城区私立幼儿园划归县幼儿园负责管理，乡镇私立幼儿园由各乡镇中心完小负责管理。申请开办幼儿园向管理单位递交申请报告，管理单位依据相关法规进行考核审定。对审定为合格幼儿园的申请报告签署意见后报县教育局审批，由县教育局办理登记注册手续，颁发“办园许可证”。申办者持证办园。管理单位每两年对辖区内的幼儿园进行一次考评。2005年第一次考评，县城奥斯卡幼儿园，船滩镇越野幼儿园荣获优胜单位。合格幼儿园69所，不合格幼儿园20所（其中10所属未办证）。

2007年，私立幼儿园教师学历（中专幼师专业）合格率为17%。因而，提高幼师素质，加强幼师队伍建设成为全县学前教育迫在眉睫的一项重要工作。为此，县教育局作出决定：一、严格执行国务院办公厅2003年3月4日下发的《关于幼儿教育改革与发展的指导意见》文件精神，实行幼儿园园长，幼儿教师资格准入制度。二、从2007年秋季起，各幼儿园园长和幼儿教师必须持有中师幼师专业的学历证书。三、园长除有合格学历证书外，还应接受园长岗位培训，取得园长培训合格证。四、县教师进修学校与九江学院合作举办幼儿教师大专班，承担培训幼儿教师任务。是年暑期，县教师进修学校举办3期私立幼儿园园长和幼师短训班，培训园长46人，幼师161人。同期，县教育局制订《民办幼儿园管理暂行规定》和《幼儿安全管理细则》下发到各幼儿园贯彻执行。

2007年11月，县教育局组织举办县城幼儿书画展，展示幼儿艺术作品。12月，与县妇幼保健院联合对县城私立幼儿园幼儿保健情况进行一次检查。

同年，县交通管理大队对私立幼儿园接送幼儿车辆进行清理登记，29辆幼儿接送车喷涂黄色标识。县教育局对“新秀幼儿园”等城乡60所私立幼儿园重新进行审查验收，换发“办园许可证”。

2008年，县教育局对县城私立幼儿园园舍、饮食卫生、防火、交通安全情况进行检查，对存有安全隐患的幼儿园限期整改到位。2009年，进一步加强对申办幼儿园审查验收的力度，以《中华人民共和国民办教育促进法》和《江西省民办幼儿园管理办法》为依据，严把幼儿园申办审批关。申办幼儿园，要有县卫生部门的“卫生许可证”“保健合格证”及园长个人身体健康证；要有县建设部门对园舍进行验收并出具房屋安全“质检证明书”；要有公安消防部门出具的房屋“消防安全证明书”。对未取得以上合格证的，不予审批。当年，全县有7处申请办园，只审批核发“清江乡中心幼儿园”等3所幼儿园的“办园许可证”。同年，对全县幼儿园安全工作及甲型H1N1流感防控工作进行2次全面检查。

2010年7月，县教育局、公安局、卫生局、建设局、城市管理局、交通管理大队、消防大队联合发文，再次强调加强幼儿园的管理，规范办园行为。民办幼儿园的审批依法由县教育行政部门负责。未经审批任何单位和个人不得举办幼儿园。规定举办民办幼儿园应当具备的基本条件：1. 幼儿园的设置符合本县教育发展规划。2. 举办民办幼儿园的社会组织应当具有法人资格，举办民办幼儿园的个人应当具有政治权利和完全民事行为能力。3. 有符合国家教育方针的办学宗旨，有符合规范的园舍，能够独立承担民事责任。4. 有合法的幼儿园章程、组织机构；有符合国家要求的教职工队伍。5. 幼儿园设置在安全的区域内，周围无污染源、无危险和安全（含消防）隐患；幼儿园的园舍、场地、设施、设备以及环境卫生、卫生保健安全（含消防）符合国家的相关规定。6. 有幼儿活动室和幼儿户外活动场地。幼儿活动室，每班一间，人均为1.5～2平方米；幼儿户外活动场地，人均不得低于1.5平方米，且办学人数不得少于30人。7. 有必备的办学资金，稳定的经费来源。

小学附设学前班是农村幼儿学前教育的主要形式。1992年，县教育局发出通知，提出改进和加强学前班管理意见。要求学校举办学前班不得以营利为目的，也不列入学校勤工俭学项目，只按规定收取适当学费。所收费用主要用于保教开支和改善办学条件。学前班主要是通过对幼儿进行德、智、体、美全面发展的教育，使受教育者养成良好的行为习惯和学习兴趣。学前班学生人数在20人以上的大都单独编班，使用学前教育专用教材，开设语言、常识、计算、体育、音乐、美术等课程。学前班人数较少的学校将学前儿童插入一年级班级随班就读，但不列入一年级的统一考核。1997年年底，贯彻执行省教委颁发的《江西省学前班登记注册暂行规定》，对全县学前班进行注册登记，规范管理。

举办家长学校，成立家长委员会，将幼儿园教育与家庭教育有机结合起来。共同做好幼儿教育工作，使幼儿身心得以健康成长。1997—1998学年度，县城各幼儿园的家长学校招收小班幼儿家长为函授学员，家长学校函授学员以学员自学为主，幼儿园教师每月为家长学校上辅导课一次。1998年8月举办第7期家长函授学校，根据《武宁县家长函授学校工作计划》安排函授学习内容。2001年9月，成立武宁县家长学校管理领导小组。领导小组由县教委主任任组长，教委、关工委等相关人员为成员。领导小组指导家长学校工作。幼儿园每学期召开1～2次家长会。家长会上教师向家长通报幼儿在园学习情况，同家长切磋幼儿教育方法，征求家长对幼儿园工作的建议和意见。幼儿园举办的主题班会、文艺演出、体育竞赛等活动经常邀请家长参加。

第三节　保教工作

20世纪30、40年代县幼稚园实行保教合一，每班配保教员1名。当时县幼稚园招收5～6岁幼儿，入园人数较少，只编为一个混合班，无固定学制和统一教材，课程有识字、说话、计算、故事、唱歌、游戏等。1945年后，县幼稚园入园人数增多，分大班、中班进行保教活动，课程有语言、计算、体育、唱歌、游戏等，也无统一教材。20世纪50年代使用教育部统编幼儿教材（课程有语言、常识、计算、美工、游戏）。80年代教材由国家教委统编，课程设有语言、常识、计算、思想品德、音乐、美工、体育、游戏等。学制3年，即6岁为大班，5岁为中班，4岁为小班。开办小小班时，招3岁幼儿，学制为4年。90年代中后期起，小学一年级入学年龄提前到6周岁，因而5周岁入幼儿园大班，4周岁入中班，3周岁入小班。

学前教育的培养目标是：培养幼儿的学习兴趣，养成良好的生活和卫生习惯，增强体质，使幼儿身心健康发展。向幼儿进行“五爱”（爱祖国、爱人民、爱劳动、爱科学、爱护公共财物）教育，培养幼儿诚实、团结、友爱、活泼、守纪律、懂礼貌的优良品德。在教育方法上，以角色游戏、表演游戏、体育游戏、智力游戏、音乐游戏等游戏活动为主，让幼儿在欢快的游戏活动中启迪心灵受到教育。

1980年以来，幼儿园卫生保健工作进一步加强，各幼儿园设有保健室，配有兼职保健员，备有日常保健药品。普遍建立幼儿健康档案。卫生防疫部门每年对幼儿进行一次健康检查，传染病流行期间，每天进行晨检，发现幼儿有疑似病例时，及时送医院复检及治疗。

幼儿园实行全日制，幼儿中午在园中餐和午睡。幼儿在园使用的餐具、茶杯、毛巾实行一人、一碗、一杯、一巾，做到定期消毒。

县幼儿园及天水名都幼儿园规模较大私立的幼儿园每班配1保1教。部分私立幼儿园是保教合一，每班配保教员1人。

1991—2000年，武宁县幼儿园使用南京师范大学出版社编制的教材，开设语言、科学、艺术、社会、健康五大课程。2001—2002年，采用南京21世纪出版社编制的教材，仍开设语言、科学、艺术、社会、健康等课程。2003年秋至2010年使用中国学前教育研究会编写，华东师范大学出版社出版的构建式教材，开设课程有语言、音乐、数学、自然、社会、美术、体育。全县私立幼儿园都按照《幼儿园教育指导纲要（试行）》的要求开设语言、数学、科学、音乐、美工、健康、社会课程。

2010年10月，县教育局对全县幼儿园用书予以规范。县城私立幼儿园统一使用21世纪出版社出版的《新编幼儿园素质教育活动用书》。乡镇幼儿园、学前班统一使用中央教科所幼儿教育中心和东北师范大学出版社联合编著的《幼儿园认知体验课程丛书》。

进入21世纪，私立幼儿园发展较快，竞争也相当激烈。为此，部分私立幼儿园配有学生接送车，竞相提高教育设备和儿童玩具配备水平。大都配置滑梯、跷跷板、秋千、海洋球等大型玩具。古艾花园幼儿园设有幼儿游泳池。电子琴普及各幼儿园，不少幼儿园还有钢琴，古艾花园幼儿园有钢琴5台。各幼儿园音像设备进课堂，多数幼儿园设有琴房和舞蹈室，园舍建筑逐步规范，古艾花园，天水名都幼儿园园舍按幼儿园专用房标准设计建造。

提高县幼儿园的办园整体水平，发挥县幼儿园省级示范幼儿园的作用。2008年，县政府投资70多万元为县幼儿园新建食堂，投资20多万元对园舍重新装修；县幼儿园派出8名教师到南昌知名幼儿园参观学习；县幼儿园和天水名都幼儿园各派3名骨干教师参加九江市幼师实用技术培训班培训；县教育局多次组织全县私立幼儿园教师到县幼儿园学习观摩，切磋教育技艺，交流教育经验。

各幼儿园对幼儿艺术类教育普遍重视，不仅课堂教育有舞蹈、音乐、演唱、美术等科目，还组织此类兴趣小组活动。每年的“六一”和元旦都举行文娱会演或幼儿体操、绘画展示活动。

1949—2010年幼儿教育情况

表2-1　　单位：所、人

年度	幼儿园数		幼儿数	教师数	年度	幼儿园数		幼儿数	教师数
	小计	其中公办				小计	其中公办		
1949	1	1	73	2	1980	143	1	3576	184
1950	1	1	75	2	1981	124	1	4187	190
1951	1	1	81	3	1982	138	1	4754	262

续表　　　　单位：所、人

年度	幼儿园数		幼儿数	教师数	年度	幼儿园数		幼儿数	教师数
	小计	其中公办				小计	其中公办		
1952	1	1	84	3	1983	100	1	5174	219
1953	1	1	124	5	1984	62	1	2993	201
1954	1	1	126	5	1985	53	1	3899	101
1955	1	1	134	5	1986	76	1	4326	141
1956	2	1	272	10	1987	61	1	4149	159
1957	2	1	334	11	1988	62	5	5166	162
1958	32	1	959	44	1989	60	5	5552	131
1959	7	2	409	21	1990	43	13	5208	144
1960	50	2	3315	69	1991	43	13	6025	170
1961	4	1	392	10	1992	48	6	6694	207
1962	6	1	292	14	1993	49	6	6501	174
1963	6	1	322	17	1994	50	18	6487	185
1964	7	1	380	15	1995	67	1	7430	187
1965	7	1	307	16	1996	68	1	6214	182
1966	6	1	443	16	1997	69	1	6120	190
1967	1	1	180	6	1998	65	1	4261	157
1968	1	1	186	6	1999	66	1	3487	157
1969	1	1	214	9	2000	49	1	3235	96
1970	1	1	236	9	2001	60	1	3574	96
1971	1	1	207	9	2002	67	1	3458	104
1972	1	1	278	9	2003	79	1	3463	106
1973	2	1	292	13	2004	85	1	3444	109
1974	5	1	441	16	2005	83	1	3459	255
1975	9	1	593	22	2006	82	1	3863	224
1976	13	1	695	27	2007	61	1	4397	210
1977	13	1	670	32	2008	67	1	8642	308
1978	22	1	785	44	2009	76	1	7473	385
1979	22	1	788	44	2010	96	1	8650	410

2010年幼儿园设置情况

表2-2　　　　　　　　　　　　　　　　　　　　　　　　单位：人

乡(镇)	名　称	地　址	法人代表	园长	在园儿童数	幼师人数
县城城区	武宁县幼儿园(公办)	人民路希望巷17号	董　韵	董　韵	674	35
	天水名都幼儿园	天水名都小区	王太秀	王太秀	240	10
	古艾花园幼儿园	古艾花园人民路166号	盛广申	卢小敏	160	7
	新秀幼儿园	棉麻公司院内	王太秀	李白鸽	75	4
	小福娃幼儿园	东门街112号	汤太莲	汤太莲	80	4
	小星星幼儿园	东门街116号	潘希莲	潘希莲	81	5
	快乐幼儿园	交通东路	朱玉兰	朱玉兰	102	4
县城城区	月亮船幼儿园	交通东路	聂彦丹	刘熊玉	95	4
	圣乐幼儿园	交通东路	程润红	王亿菊	40	3
	新蕾幼儿园	外贸大院内	徐　莹	徐　莹	20	3
	开智幼儿园	向阳路2-1-2	胡　兰	胡　兰	60	4
	大地幼儿园	百货公司仓库院内	朱　敏	朱　敏	65	5
	武校幼儿园	中岭路65号	陈先森	陈先森	58	4
	星星幼儿园	古艾路豫宁商场一楼	周兰兰	周兰兰	63	4
	宁红幼儿园	宁湖路27号	卢小敏	王传淑	47	3
	小天使幼儿园	建昌路2号	陈　琴	曾常会	28	3
	奥斯卡幼儿园	东升路63号	卢小敏	卢小敏	75	4
	小太阳幼儿园	东升路	汤　佳	汤　佳	75	5
	宝宝乐幼儿园	豫宁大道97号	刘莉华	刘华萍	32	2
	小博士幼儿园	豫宁大道凌云市场	张小兰	张小兰	42	2
	育苗幼儿园	豫宁大道117号	甘清秀	朱晓敏	58	4
	蓝精灵幼儿园	豫宁大道157号	李惠芸	李惠芸	30	2
	小龙人幼儿园	豫宁南路315号	王　君	王　君	37	2
	蓝天幼儿园	玉秋华庭9号	姜亚萍	姜亚萍	16	1
	昌宁幼儿园	月田路南门宾馆旁	包雅梅	包雅梅	80	5
	广园幼儿园	建昌路	吕柏萍	刘堂菊	30	4
	小小雀幼儿园	东门市场二楼	汤普芬	汤普芬	32	2
	安琪儿幼儿园	建昌路69号	邱玉玲	邱玉玲	105	6
	玉景幼儿园	玉景花园	方由兰	方由兰	50	4
	乐宝宝幼儿园	向东路	周晓妤	陈敬梅	50	3
	金色童年幼儿园	月山路步行街	吴晓华	吴晓华	192	7
	阳光贝贝幼儿园	幕阜路34栋	吕佳佳	吕佳佳	220	9
	新车站幼儿园	千禧园5幢201-202	李若华	汪亚平	100	7
	明珠幼儿园	东升路二小对面	范舒芬	范西湖	180	7
	文化广场幼儿园	文化广场小区	温芳莲	温芳莲	68	5
	蒙台梭利实验幼儿园	九岭小区36号	舒伟明	舒伟明	300	18
	佢吉钢华幼儿园	月田路122号	朱艳玲	朱艳玲	40	2
	紫荆花幼儿园	老车站对面百货公司二楼	陶晓红	陶晓红	未招生	

续表一 单位：人

乡(镇)	名　称	地　址	法人代表	园长	在园儿童数	幼师人数
大洞乡	小学附设幼儿班未单独开办幼儿园				156	11
泉口镇	金水幼儿园	金水集镇	汪和菊	汪和菊	386	17
	凤东幼儿园	凤东四组	叶祥香	叶祥香		
	纽丝双语幼儿园	纽丝村	叶　平	洪宛中		
	康乐幼儿园	泉口集镇	叶亚娟	聂　剑		
	泉口中心幼儿园	泉口集镇	谢水英	谢水英		
	金水开心宝贝幼儿园	金水集镇	熊高梅	鲁　宁		
横路乡	小哈津幼儿园	横路粮站	李爱香	李爱香	190	13
	横路幼儿园	横路集镇	冷丽蓉	聂娟娟		
鲁溪镇	春苗幼儿园	鲁溪镇张岭村	余红梅	余红梅	890	41
	阳光幼儿园	鲁溪镇工商分局旁	张海荣	张海荣		
	哆来咪幼儿园	鲁溪镇集镇	林巧巧	林巧巧		
	小源幼儿园	鲁溪镇小源村	周四秀	周四秀		
	柯垅智多星幼儿园	鲁溪镇柯垅	刘金林	刘　霞		
	星星幼儿园	鲁溪镇百灵头	夏露梅	夏露梅		
	春苗幼儿园	鲁溪镇双溪村	王晓晖	王晓晖		
	丰术春蕾幼儿园	鲁溪镇丰术村	余绪芬	余绪芬		
官莲乡	官莲中心幼儿园	官莲集镇	瞿　颖	瞿　颖	222	6
巾口乡	巾口幼儿园	巾口集镇	余香莲	石　慧	38	2
宋溪镇	宋溪中心幼儿园	宋溪镇上塅村	叶兰芳	叶兰芳	56	3
甫田乡	甫田中心幼儿园	甫田集镇	王　婕	王　婕	147	8
	甫田乡幼儿园	甫田集镇	柯于军	程润红		
澧溪镇	新芽幼儿园	澧溪集镇	陈雪梅	陈雪梅	365	11
	春蕾幼儿园	澧溪集镇	李　琴	李　琴		
	新星幼儿园	澧溪集镇	邱欣欣	邱欣欣		
船滩镇	天童幼儿园	船滩集镇	辛海霞	辛海霞	707	24
	阳光宝贝幼儿园	船滩塘山路口	辛昭霞	辛昭霞		
	船滩中心幼儿园	船滩大众街108号	程　玲	程　玲		
	东岸幼儿园	船滩镇东岸村	黄淑兰	黄淑兰		
	越野幼儿园	船滩镇辽田村	吴爱梅	吴爱梅		
	长坪小博士幼儿园	船滩镇长坪村	王永平	王永平		
东林乡	小学附设幼儿园	—	—	—	60	1
上汤乡	小学附设幼儿园	—	—	—	57	1
石渡乡	石渡中心幼儿园	石渡乡新峰集镇	魏克莲	魏克莲	180	6
	燕子幼儿园	石渡乡新丰村	张金燕	张金燕		
	青青幼儿园	石渡乡石渡村	黄小青	黄小青		
	官田迎迎幼儿园	石渡乡官田村	吴　芳	吴　芳		

续表二　　单位：人

乡(镇)	名　称	地　址	法人代表	园长	在园儿童数	幼师人数
清江乡	清江幼儿园	清江蟹形山	杨　江	李朝霞	216	10
	晨光幼儿园	清江乡清江村	金银芳	金银芳		
	朝阳幼儿园	清江集镇	唐志伟	陈明霞		
石门楼镇	爱心幼儿园	石门楼集镇	邹菊花	刘翠娥	244	9
	天天乐幼儿园	石门楼新街11号	张小宁	张小宁		
	中心幼儿园	石门楼宴上路	罗和英	邱晶晶		
	太阳贝贝幼儿园	石门楼廒厦村	郑爱梅	刘文秀		
罗溪乡	罗溪幼儿园	罗溪集镇新街	葛尚香	葛尚香	198	10
	智多星幼儿园	罗溪联村九组	鄢海林	鄢海林		
新宁镇	黄塅镇幼儿园	黄塅集市场旁	林素兰	林素兰	321	15
	茶场幼儿园	新宁镇茶场	胡先梅	胡先梅		
	灵博幼儿园	新宁镇政府对面	余莉莉	余莉莉		
	蓝月亮幼儿园	县委党校对面	陈景柏	陈　瑛		
	爱乐幼儿园	新宁镇斜滩村	张炳祥	汪亚玲		
南市开发区	南市万福开发区中心幼儿园	万福经济技术开发区	张李杏	张李杏	225	8
	娃娃乐幼儿园	万福经济技术开发区	李笑春	李笑春		
	智慧幼儿园	万福经济技术南市村	王慧芳	王慧芳		
	智慧宝宝幼儿园	万福开发区桐林胡家山	熊安琳	熊安琳		
杨洲乡	杨洲幼儿园	杨洲乡邢庄集镇	金玉梅	金玉梅	138	3
	霞庄幼儿园	杨洲霞庄小学	李付姣	李小娟		
	南屏幼儿园	杨洲南屏村	卢世淑	冷新兵		
罗坪镇	小博士幼儿园	罗坪中学对面	刘　袁	刘　袁	310	19
	蓝天幼儿园	罗坪集镇	史秉华	史秉华		
	青青幼儿园	罗坪洞坪村	严亚莉	严亚莉		

第四节　幼儿园选介

武宁县第一幼儿园

武宁县第一幼儿园前身为武宁县幼儿园。县幼儿园是全县唯一一所公办示范性幼儿园。前身为武宁县幼稚园，创建于1932年，园址设县城万寿宫，当年入园儿童30人。1939年3月，日本侵略者入侵武宁县城后停办。1944年，在石门楼张公祠复办，隶属于武宁乡村师范附小。次年，随附小迁回县城，附小设张家祠，幼稚园设王氏夫人庙。

新中国成立之初，县军管会接管幼稚园，园址设中山公园，改名为武宁县幼儿园，归古艾小学管理，当时有两个班，入园幼儿73人，教养员2人。1956年发展到4个班，幼儿143人，教职员7人。1960年与县人委保育院合并，改称“三八幼儿院”，5个教学班，教师8人，幼儿200人，分全托和半托两部分。1968年冬，划归新宁镇管辖，改名为新宁镇幼儿园，取消全托。

1970年，随县城整体搬迁，复名为武宁县幼儿园，园址位于人民路希望巷17号，占地面积2000平方米，建筑面积1300平方米，运动游戏场地500平方米。1975年定为县直单位，由县文教局和县妇联领导。

1976年秋，入园幼儿350人，6个教学班，教职工12人。1985年，该园采取公办与民办相结合的办法，增设小小班，扩招百余名幼儿入园，一年后民办取消。1987年定为股级单位。1990年发展到11个教学班，幼儿525人，教职工24人。

创园初期，入园幼儿不分年龄统编为混合班，后分大、小班，无固定学制和统一教材。课程设有识字、说话、计算、故事、唱歌、游戏。1956年以后，逐步按《幼儿教育大纲》和国家教育部统编教材进行教学。课程有语言、常识、计算、美工、游戏等。20世纪80年代增设思想品德、音乐、体育课。2000年开始使用南京师大主编的五大领域主题式教材，开设语言、科学、艺术、社会、健康课程。2003年使用华东师大主编的构建式教材。2009年增设文化礼仪教育课。

2005年，县幼儿园负责县城私立幼儿园的管理，并承担全县学前教育的指导和幼师培训工作。2006年以来，举办5期全县私立幼儿园园长和骨干教师培训班。县幼儿园教师的继续教育培训、普通话、中级计算机技术合格率均达100%。制定《幼儿园一日活动常规》，安排好幼儿每一天的活动。开展多项文体活动，如亲子运动会、幼儿画展、文艺会演、游园、小制作比赛。

该园建立安全工作预案，定期进行安全检查。园内设施都以幼儿安全为原则，订有防护措施。聘请1名专职保安，设立报警、视屏监控系统。定期开展幼儿体检和预防免疫工作，建立幼儿成长档案。

2007年，县政府将县灯光球场部分场地划拨给幼儿园。2009年，幼儿园自筹资金200多万元兴建综合楼，对原两栋教学楼进行重新装修，对运动场进行改造，完善配套设施。县幼儿园现占地面积3860平方米，建筑面积3700平方米。建有教学楼2幢，综合楼1幢。设有标准活动室、寝室、保健室、资料室、保管室、教师电子备课室保教设施。有幼儿戏水池、嬉沙池、塑胶跑道、攀爬墙及游戏设施。

2001年以来，该园树立“让孩子欢心、让家长放心，让社会满意”的办园宗旨，将幼儿园打造成“优美整洁的花园，幼儿成长的乐园，示范辐射的名园”。

1980年以来，该园4次被评为全省托幼工作先进集体，2009年评定为省示范幼儿园。2000年以来，荣获市“青年文明号”、市爱国卫生先进单位、市幼教工作先进集体、4届市文明单位等称号。2001年认定为市示范幼儿园，1988—2010年，被县委、县政府评为先进单位16次。1993—2010年在全县教育目标管理考评中7次荣获全面优胜单位。

2010年秋，15个班，在园幼儿674人，教师35人。自聘保育员15人，后勤工作人员6人。教师本科学历9人，大专学历13人。小学特高级教师1人，小学高级教师21人。市骨干教师1名。县学科带头人1名，骨干教师2名。

2013年秋更名为武宁县第一幼儿园。

历任园长：罗泳琴、毛谦信、艾宏淑、董韵。

武宁县第二幼儿园

武宁县第二幼儿园坐落在县城沙田新区，阳光小区东侧，县政府投资5200万元新建的一所全日制公办幼儿园。2011年2月开始建设，2013年8月建成投入使用。校园占地面积29亩，校舍建筑面积17200平方米，教学楼4栋、行政楼1栋、综合楼1栋、9间专用功能室，1间多功能大厅。校园内有户外沙地、嬉水池、塑胶跑道、种植园、平衡木、攀爬墙及5套大型玩具，还有教师自制的一批体育器械。

2013年秋季首次招生，2015年秋在园幼儿846人，26个教学班，教师108人。

按照两教一保标准配备保育员。保育员、保健医生、炊事员均经过专业培训、持证上岗。

县第二幼儿园创设安全教育长廊，内容涉及饮食安全、交通安全、玩具使用安全、防火防电安全。开展“国旗下的安全小故事”讲述活动。教孩子们学习自我保护、自我保健技能，有目的有计划地培养幼儿形成良好的生活和卫生习惯。开展“11・9”消防演练，“5・12”防震紧急疏散演练。

加强安全工程管理，建立安全工作预案。定期进行安全检查，排除安全隐患，校园内各种建筑设施以幼儿安全为原则，均有防护措施。做到人防、物防、技防，聘请专职保安员，设立报警，视频监控系统和校园广播系统。

强化孩子本能发挥，个性的张扬和与人合作精神的培育。培养幼儿活泼开朗的性格和形成良好的生活、学习习惯。

充分发挥环境教育的作用，重视公共环境和班级区域环境的创建。开展系列主题教学和形式多样的体能游戏以及丰富多彩的教育实践活动，提高孩子的各项能力。同时，根据教育发展的需求，增设安全教育、礼仪教育课程、突出户外活动的体育课程，使教学生活化、游戏化、活动化，从而促进幼儿园身心全面发展，为幼儿进入小学教育做好准备，为其终身发展奠定良好基础。

县第二幼儿园办园伊始，明确要“为幼儿终身发展奠定基础”的办园宗旨。确立五大办园目标。即“优美整洁的花园”“幼儿成长的乐园”“教师发展的家园”“精神文明的校园”“示范辐射的名园”。

武宁县第二幼儿园经过全体教职工两年的共同努力，2013年被评为县城新区重点工程建设先进单位、校园文化建设先进集体。2014年评为九江市平安校园示范校、武宁县先进集体、文明单位、教育系统先进基层工会、“五四”红旗团支部。2014年12月评估验收认定为九江市示范幼儿园。2015年被授予九江市文明单位。

园长：董韵

天水名都幼儿园

位于县城曙光路天水名都住宅小区内，2007年8月由王太秀投资368万元创办天水名都幼儿园。园区占地面积1300多平方米，园舍建筑面积1000平方米，按办幼儿园专用房设计建造。有活动室12间，保健室、舞蹈房、琴房、图书室、园长办公室、厨房各1间，卫生间4个。置课桌凳和幼儿床各400套。室外活动场有滑梯、秋千、跷跷板大型玩具6套，有羽毛球、跳绳、足球幼儿体育器材。幼儿园配有应急药品，配兼职保健员1名。舞蹈房有练功架、民族舞蹈服装。琴房配钢琴1台、电子琴9台，并配有锣鼓、铃铛等乐器。图书室有幼儿图书600册。园长办公室有彩电、电脑、打印机、复印机、传真机、音响设备。每个活动室配有彩电、影碟机、2个玩具柜。厨房设备有大型消毒柜、抽油烟机、冰箱、蒸饭机、冷藏室。园内安装园区安全监控摄像头和110报警器。配兼职治安民警1名。配幼儿接送车3辆。

幼儿园开设语言、数学、科学、音乐、美工、健康、社会课程。还开设美术、幼儿英语、珠心算、舞蹈等幼儿兴趣班。采用“识字郎”“蒙台梭利”教育法用于幼儿识字和幼儿口算教育。每年“六一”儿童节和元旦举行文艺节目会演，邀请教育、妇联、团县委、关工委、老龄委领导和全体家长观看，受到社会、家长的普遍赞誉。幼儿园成立家长委员会，每学期在开学初和期末各召开一次家长会。为每个幼儿建立成长档案，经常与家长沟通幼儿成长情况。

2007年在县教育局组织的全县私立幼儿园年度目标管理考评中被评为优秀幼儿园。2009年6月获团县委、县教育局、县妇联、县关工委、县妇幼保健院联合颁发的“妇幼杯”庆“六一”迎国庆文艺会演组织奖。

2010年秋，入园幼儿240人，10个班，专任教师10人，保育员10人，专任教师分别毕业于南昌女子中专、九江师范、武宁职业中专的幼师专业。

古艾花园幼儿园

位于人民路166号古艾花园小区内。该园盛广申投资500万元于2008年创办。占地面积2800平方米，建筑面积2000平方米，按幼儿园专用房设计建造。有活动室10间，阳光房2间，舞蹈房、园长办公室、玩具制作室、厨房各1间。有钢琴5台、电子琴6台、彩电、DVD、小型益智玩具、教具教学设备。阳光房内有中型玩具，室外有大型玩具，有游泳池，幼儿娱乐活动场所和器具。有空调、太阳能热水器、洗衣机、消毒柜、卫生洁具生活设施，配有2台校车。

开设美术、舞蹈、音乐、英语、书法、手工、识字、健康、社会、游泳、园学教程等科目。每天清晨播放音乐沐浴孩子们，每日半小时晨操让孩子们在优美的旋律中得到锻炼。

2009年5月，在团县委、县教育局、县妇联、县老科协联合主办的少儿美工大赛中，该园获一等奖1个，二等奖2个。

2010年秋，入园幼儿160人，专任教师7人。

蒙台梭利实验幼儿园

园址在九岭小区36号，2009年9月创办，占地面积4950平方米，园舍建筑面积4686平方米。设有大、中、小普通班和蒙氏早教班。园内配有活动室、午睡室、卫生间、备课室、音乐室、舞蹈室、图书室。设教育区、美工区、种植区。置石头小路、沙地、攀岩墙、塑胶跑道，大型滑梯设备。

确立“立足本土文化，推广蒙氏教育”的办园方针和“健康成长做中学，和谐发展学中做”的教育理念。把甜美的微笑带给每一个孩子，把信任的月光投向每一个孩子，把尊重的语言送给每一个孩子。打造儿童化、教育化、艺术化、科学化的育人环境。

2010年秋，入园幼儿500人，保教人员56人。幼师学历合格率80%，其中大专学历达40%，聘有外籍专任教师。

第三章　小学教育

第一节　学校设置

清末，废科举，兴学堂。光绪二十六年至光绪三十四年（1900—1908年），时任知县王浚道，热心倡导创办小学堂。全县54个都全办有小学堂，县城4所初等小学堂先后创立。

光绪三十三年（1907年）将县城正谊书院改为正谊高等小学堂。1912年将正谊高等小学堂易名为城北高等小学校，校址由原正谊书院迁往城北旧考棚内。

1913年西部山区年丰乡（现船滩镇）辽田村傅梅友先生将“敦和堂”的公产和他私人积蓄在石燕下贻庆公祠内开办石燕小学，后改称梅友小学，20年后该校停办。1914年县城新设东、南、西区3所初等小学。1915年在县城创办1所模范初等小学。1919年众议员黄隐霆在县城创办沉健高等小学。石门楼乡张丹葵等人捐资兴办明诚高等小学。次年县城又开办宏毅高等小学，汪润荪等人创办启智高等小学。到1927年，全县小学校数及学校规模有较大发展，在校小学生1438人。

1929年，武宁北部农村成立苏维埃政权，创办苏区列宁小学25所。

1930年，全县划为5个区，辖226个保，各区都设有高级小学。第一区高级小学设甫田；第二区高级小学设辽田，后迁澧溪；第三区高级小学设石门楼，后迁罗溪；第四区高级小学设中潢，后迁箬溪；第五区高级小学设丰良，后迁横路。

1933年，全县实施第一期义务教育，县城定为实验区。县城又创办私立求实初级小学，私立循诱初级小学，商立初级小学，私立蕴真小学，私立笃志初级小学。是年全县共有小学397所，其中完小9所，初小388所，466个教学班，在校学生9089人，占学龄儿童18920人的48.02%。

1934年，武宁遭受严重旱灾，全县396所学校只有171所开学（公立完小6所，初小161所，私立初小4所）。是年11月，省颁发《江西省保学暂行办法》，要求地方利用保甲组织及地方公产每保设立小学一所。翌年，全县共开办保小学130所，其中一区53所，二区30所，三区19所，四区15所，五区13所。1935—1936年，保学发展较快，全县226个保，办有完小6所，初小277所，超过一保一校的要求。在校学生9517人，占学龄儿童19081人的49.9%。

1940年，江西省执行《国民教育实施纲要》，推行国民教育制度。抗日战争时期，全县在安全区办有122所保国民小学，12所乡中心国民小学，在校学生5289人。

1945年，全县乡中心国民小学26所，保国民小学209所，私塾64所，学生6024人

（其中私塾980人），占适龄儿童数的38%。

抗日胜利后，国民教育有所发展。1948年全县有乡中心国民小学34所，保国民小学243所，私立小学8所，共计285所小学，在校学生14564人，教职员593人。

1949年秋，县军管会教育科接管全县教育。在县城以原武宁师范附小为主体，兼并宏毅、育才2所私立小学，建立甫田小学，不久更名古艾小学。是年，恢复箬溪、横路、罗溪、澧溪、船滩5所区中心完全小学。恢复和创办乡村初级小学126所，在校学生4558人，教职员165人。1950年，增设石渡、甫田、巾口、荷洲、石门5所完全小学。1952年，增设斜滩、兰田、辽田、箬田、洋深5所完小。乡村初级小学发展到198所，学生11639人。

1953年，开始创办民办小学。黄塅乡东园村创办洋港和浪溪2所民办小学，伊山乡办有地塘民办小学，民办小学生56人。当年年底，全县民办小学发展到7所，民办小学生136人。

1953—1956年，先后增设田塘、官莲（一黎）、柳山、官田、株林、石羊、坪源、中村等8所完小。大洞竹木制品厂创办子弟学校。

1957年，遵照省政府《关于社办、民办学校问题，有条件的应该允许办》的精神，大力提倡和支持群众办学，全县民办小学发展到172所。

1958—1965年，全县先后增办伊山、西鲁、县茶场、温汤、罗塅（宋溪）、月台、大田（清江）、东林、漾都（罗坪）、月田（黄塅）、凤口、严阳、瓜源、南市街完小。

1961年11月，县人委批示，全县28所中心完小调整后保留15所，其余改为完全小学。

同年，古艾小学更名为新宁小学。1963年，荷洲完小、新宁小学定为省、地两级重点小学。

1962年，贯彻九江专署《巩固与发展民办小学》的指示，满足群众就近送子女入学的要求，大力发展民办小学，全县民办小学达405所。

1962年下半年，根据“精兵简政”的原则，调整农村小学网点，将柳山、官田、株林、石羊、坪源、中村等6所完小改办为初级小学。

1965年6月27日，县委、县人委召开区、社副书记会议，贯彻“两条腿走路”的方针，民办小学进一步得到发展，当年，增设民办完小15所，民办初小31所，办起耕读小学（1师1校半日制民办教学点）155所。当年秋，全县共有各类民办小学615所。

1966年4月，县文教局组织工作组到巾口公社搞网点下伸试点，6月中旬试点工作结束。暑假期间，从7月26日开始，集中全县560名公民办教师下到各公社全面开展小学网点下伸工作，8月下旬完成。是年秋，多数大队办起完小，完小猛增到166所，公社完小便成为公社中心完全小学。完小数的增加，方便孩子就近入高小。在校寄宿的高小学生由上学年度3083人减少到1718人，适龄儿童入学率由原来的85.1%提高到95.6%。

1966年，在“文化大革命”中，下半年全县小学先后“停课闹革命”。

1967年后，小学教师虽有公办民办之分，但学校不再分公办民办。1968年，提出“读初中不出大队，读小学不出生产队”的口号，全县各大队完小纷纷附设初中班。

1967—1968年间，公社中心完小自然解体，有的改设公社“五七”中学，有的改办为大队完小。

1971年，新宁小学随县城整体搬迁到新县城建设路。

1972年，新宁小学在人民广场（现文化广场）分设二部，1974年在丁家山分设三部。

1973年秋，设立公社（场、所）中心完小24所（大洞、路口、横路、大桥、莲花、幸福、宋溪、伊山、干楼、澧溪、船滩、温汤、南岳、东林、石门、罗溪、清江、石渡、茶场、农科所、黄墈、严阳、罗坪、杨洲）。

1976年4月，新宁小学和2个分部分设为新宁一小（本部，建设路）、新宁二小（人民广场二部）、新宁三小（丁家山三部），3所小学直属于县文教局领导。同年8月，全县各公社（场、所）成立教育革命委员会，教育革命委员会下设办公室，简称“教革办”。同时撤销公社（场、所）中心完小建制。

1976年前后，县麻纺厂、水泥厂、水轮机厂、县煤矿、钨矿分别创办厂矿子弟小学，隶属于新宁镇教革办管理。

1978年5月，落实中央关于办好一批重点学校的指示精神，县文教局确定大洞竹木制品厂子弟学校、新宁二小、大桥公社张庄完小、石渡完小为全县第一批重点学校。

1979年12月20日宣布恢复公社（场、所）中心完小建制，同时将“教革办”改称“教育办”。全县设公社（场、所）中心完小25所（大洞、路口、横路、大桥、莲花、幸福、宋溪、伊山、干楼、澧溪、船滩、温汤、南岳、东林、石渡、清江、石门、罗溪、严阳、罗坪、杨洲、黄墈、茶场、农科所、新宁镇）。

1984年撤社建乡。小学设置基本上为乡（镇、场、所）设中心完小，村设完小，部分自然村设初小。1989年，县城小学3所，乡（镇、场、所）中心完小26所（大洞、泉口、横路、鲁溪、官莲、巾口、宋溪、伊山、甫田、澧溪、安乐林、船滩、上汤、南岳、东林、石门楼、罗溪、清江、石渡、茶场、农科所、黄墈、严阳、罗坪、杨洲、新宁镇），县农中附小1所，村完小295所，初小392所。

1990年，县水轮机厂、钨矿、煤矿3所子弟小学分别划归黄墈、石门楼、泉口教育办管理。1993年，大洞竹木制品厂子弟学校停办。县麻纺厂和水泥厂子弟小学于1994年秋停办，学生并入新宁镇中心完小。

20世纪90年代以来，全县小学一直在进行网点调整工作。1991年10月20日县教育局以〔1991〕47号文件下发《调整和认定我县小学教育体制结构的意见》规定：（1）小学教育体制结构由中心完小、村完小、村小、教学点四种类型组成；（2）各乡（镇、场）政府所在地设中心完小1所，县城设3所完小，全县共29所中心完小；（3）村（厂）办小学凡设有一年级至五年级且均为单式班，学生人数在100人以上的定为村完小，不符合此条件的定为村小。全县共设村完小99所，村小137所；四、凡设在村民小组的小学一律称教学点，全县共有教学点481个；五、今后，对具备本意见第三条规定的条件，并且能进行六配套及实验教学装备的村小，可由各教育办提出报告，当地乡镇政府签署意见，报局审批确定村完小类别。根据这一文件精神，1991年以后，村级小学大都升格为村完小，教学点也有所增加。1993年秋，撤销安乐林中心完小，该校改为澧溪中心完小下属村完小。

1996年8月，横路乡谢守忠在上富村创办富桥私立小学。2000年7月县教委批复，同意谢守忠开办富桥私立小学，2003年秋该校停办。1998年10月县教委下发《关于取缔东林乡洞桃小学的批复》。2001年，招商引资引进外地老板在县少年宫开办私立文武学校，后迁址武宁卫职校，发展为九年一贯制学校，学生158人，2006年春该校停办。2002年，鲁溪镇招商引资在柯垅开办民办公助性质的九年一贯制学校——晖宏学校。2003年秋晖宏学校改制，校舍私有，学校公办。2006年秋该校停办。

1999年开始联村办片区完小，村完小逐年减少，教学点大量撤并。同年撤销县茶场和县农科所2所中心完小，同时增设南市中心完小。

2000年后，小学适龄儿童人数逐年减少，县教委制订撤并村完小计划，小学网点撤并力度加大，尤其是农村税费改革后，随乡、村集并工作一道，村完小网点进一步缩减。

2002年秋，伊山中心完小与伊山初中合并，改办九年一贯制学校——伊山学校。2003年秋，伊山学校初中部并入宋溪初中。同年巾口中心完小与初中合并，改办九年一贯制学校。2004年1月新宁镇中心完小升格为县直小学，改称武宁县第四小学。同年秋，伊山中心完小改办为宋溪镇伊山片区完小。2005年春，南岳中心完小改办为船滩镇南岳村完小。同年秋，严阳中心完小改办为石坪片区完小，隶属于黄埚中心完小管理。同年，大洞、东林、杨洲3个乡的中心完小与初中合并改办九年一贯制学校。2006年秋，上汤和宋溪中心完小与初中合并改办九年一贯制学校。

2006年秋，有县直小学4所，乡镇中心完小14所（泉口、横路、鲁溪、官莲、甫田、澧溪、船滩、石渡、清江、石门楼、罗溪、黄埚、南市、罗坪），九年一贯制学校6所（大洞、巾口、宋溪、上汤、东林、杨洲）。民族小学4所（黄埚武安、船滩河潭、东林茶畲、罗坪漾都）。

2008年5月，武宁县第五小学破土动工兴建。6月，县教育局对县城5所小学校区重新划分。

一小校区：东界线自客运码头沿人民路向南至电信大楼；南界线自电信大楼沿古艾路向西至自来水厂老水塔；西北界线均与庐山西海相接。

二小校区：北界线自森林公安局（现旅游局）宿舍沿古艾路向东至古艾桥西桥头及豫华巷（艺术中心南侧）；东界线自豫华巷口沿豫宁大道向南至立交桥南端；南界线九岭大道；西界线沙田河。

三小校区：东界线沿友爱路经妇幼保健院西侧至豫宁公园山脉北端；南界线自豫宁社区居委会北侧向东过二中运动场至豫宁公园山脊老蓄水池；西界线与一小东界线相

接；北界线与庐山西海相接。

四小校区：南界线自旅游码头沿湖滨东路向西经新华路直至豫宁公园山脊老蓄水池；西界线与三小相接；北界线、东界线均与庐山西海相接。

五小校区：北与三小、四小南界线相接；西与二小界线相接；东界线与庐山西海相接；南界线自立交桥南端沿九岭大道直至庐山西海湖岸。

2009年8月，武宁县第五小学教学楼竣工交付使用，学校招生开学。同年秋，石渡中心完小与初中合并改办九年一贯制学校。

2010年，县城城区县直小学5所，乡镇中心完小13所，九年一贯制学校7所，村完小35所，村小172所。

1991年小学设置情况

表3-1　　　　单位：个

乡(镇)名称	中心完小	村完小名称	村小名称	教学点数
大洞乡	1	鲁桥村完小、箬田村完小 岭下村完小、彭坪村完小	合源村小、芦林村小 大洞竹木制品厂子弟学校	30
泉口乡	1	金水村完小、五泉村完小 凤东村完小、田塘村完小 丰田村完小、楼下村完小	芭蕉村小、纽丝村小、付山村小 杨岭村小、月台村小、枣源村小 县煤矿子弟学校	34
横路乡	1	花园村完小、上富村完小 泥山村完小	南坑村小、港北村小、株林村小 金盆村小、儒庄村小、白杨村小 新溪村小、林业村小、洞门村小	36
鲁溪乡	1	张庄村完小、岭背村完小 荷洲村完小、丰术村完小 梅颜村完小、坑背村完小 大桥村完小、大堰村完小 胡山村完小、南冲村完小 双溪村完小、新开村完小	北屏村小、西屏村小、三湾村小 塔前村小、上源村小、龙畈村小 新塘村小	69
官莲乡	1	宝源村完小、西湾村完小 山坪村完小、广墩村完小 泉溪村完小、东山村完小	三港村小、官塘村小、洪溪村小 湖边村小	13
巾口乡	1	三山村完小、西下村完小 上畈村完小、北栎村完小	棠厦村小、地四岭村小	2
宋溪乡	1	田东村完小、南皋村完小 大坪村完小、王埠村完小	山口村小、东山村小、塘畔村小	5
伊山乡	1	—	坑口村小、堰下村小、竹木村小 天平村小、玉溪村小	12
甫田乡	1	东坪村完小、外湖村完小 甫田村完小、湖滩村完小	石羊村小、建富村小、烟港村小 干楼村小、三贤村小、上坑村小 坪饶村小、茶棋村小、杨廖村小 龙须村小	16
澧溪乡	1	澧溪村完小、牌楼村完小 岩山村完小、小坪村完小 山口村完小、哨背村完小 下坊村完小、北村完小	梅林村小、罗坪村小、大源村小 坪坑村小、田坵村小、郭坑村小 坎上村小、曹坑村小、上菁村小 临江村小、邓源村小、长乐村小	35

续表　　　　　　　　　　　　　　　　　　　　　　　　单位：个

乡(镇)名称	中心完小	村完小名称	村小名称	教学点数
船滩乡	1	斜石村完小、仓上村完小 长坪村完小、莲塘村完小 殿背村完小、吴湾村完小 白沙村完小、辽田村完小 石坑村完小、辽里村完小 坎头村完小、东岸村完小	河潭村小、躁头村小、辽埠村小	19
上汤乡	1	—	梅溪村小、石溪村小、店前村小 泉口村小、九宫村小、洋深村小 刘家桥村小	18
南岳乡	1	—	黄沙村小、易溪村小	12
东林乡	1	茶畲村完小、桥头村完小 毛田村完小	山头村小、东岭村小、下车村小 白水村小	16
石门楼乡	1	岭上村完小、银炉村完小 廉厦村完小、炉山村完小 田铺村完小	西桥村小、林湾村小、上坳村小 中村村小、高丰村小、徐坳村小 新牌村小、九条村小、青岭村小 三联村小、镜源村小、白桥村小 河垅村小	35
罗溪乡	1	新庄村完小、合源村完小 坪源村完小、坪港村完小	付源村小、东湾村小、阳方村小 丰源村小、梅山村小、长龙村小 联村村小、朱山村小、尧山村小 中源村小、桐坪村小、仙山村小	16
黄塅乡	1	花棚村完小、武安村完小 桐林村完小、凤口村完小 黄塅村完小	月田村小、夏柳村小、东园村小 柳村村小、茗洲村小、斜滩村小 石枧村小、源口村小、窑塅村小	14
严阳乡	1	—	—	11
罗坪乡	1	关山村完小、东边村村完小 长水村完小、沙湾村完小 洞坪村完小、大洪村完小	杨坑村小、群丰村小	26
杨洲乡	1	杨洲村完小	霞庄村小、南屏村小、江桥村小 五兴村小、林站村小、界牌村小	14
石渡乡	1	洞口村完小、官田村完小 新丰村完小、安乐村完小	槐树村小、阳坑村小、丰年村小 茅坪村小、盘溪村小、渡头村小 新华村小、兰田村小、下roughly玹村小	25
清江乡	1	晏头村完小、车下村完小 罗洞村完小、汉桥村完小 大田村完小、龙石村完小	殿下村小、桐埠村小 茅田村小、漳潭村小	16
县茶场	1	—	—	2
县农科所	1	—	—	1
安乐林	1	—	—	3
新宁镇	1	水泥厂子弟小学 麻纺厂子弟小学	永洲村小、鹤溪村小 三源村小	1
县城	新宁一小 新宁二小 新宁三小	—	县三中附小	
合计	29	99	137	481

2010年小学设置情况

表3–2

乡(镇)名称	完小名称	村小名称
大洞乡	大洞学校（九年一贯制）	箬田村小、彭坪村小、鲁桥村小
泉口镇	泉口中心完小、金水完小 凤东完小、田塘完小 丰田完小、纽丝完小 杨岭完小、枣源完小	芭蕉村小、楼下村小、五泉村小 富山村小、月台村小
横路乡	横路中心完小、新溪完小 上富完小、株林完小	林业村小、泥山村小、洞门村小 铜盆村小、花园村小、芳源村小 金盆村小、儒庄村小、白杨村小 杨岭村小、箬田村小、上张村小 南坑村小、丰良村小、大林村小 中垅村小、白石村小
鲁溪镇	鲁溪中心完小、张庄完小 荷洲完小、双溪完小、小源完小	北屏村小、西坪村小、罗坑村小 鲁溪村小、大堰村小、田西村小 塔前村小、三湾村小、横岭村小 新村村小、坑背村小、柯垅村小 梅颜村小、南冲村小、岭背村小 西垅村小、枫树村小、石港村小 双坑村小、胡山村小、中坳村小 龙畈村小、双新村小、新塘村小 井头村小
官莲乡	官莲中心完小、一黎片区完小	泉溪村小、东山村小、广垴村小 洪溪村小、山坪村小、官塘村小 宝源初小
巾口乡	巾口学校（九年一贯制）	西下村小、棠厦村小、三山村小 北栎村小
宋溪镇	宋溪学校（九年一贯制） 伊山完小、南皋完小	山口村小、塘畔村小、田东村小 王埠村小、大坪村小
甫田乡	甫田中心完小、楼湖完小 外湖完小	三贤村小、烟港村小、建富村小 太平山村小、上坑村小、坪尧村小 龙须村小、杨廖村小
澧溪镇	澧溪中心完小、郭坑片区完小 小坪片区完小	黄源村小、牌楼村小、上菁村小 付家村小、樱田村小、临江村小 兴无村小、邓源村小、曹坑村小 金盆村小、罗坪村小、梅林村小 坪坑村小、田坵村小、北湾村小 下坊村小、大禾田村小、坎上村小 桐潘村小、岩山村小、山口村小 哨背村小
船滩镇	船滩中心完小、辽田完小 长坪完小、殿背完小、辽里完小	燥头村小、木高村小、柏树村小 河潭民族小学、莲塘村小、东岸村小 坎头村小、辽阜村小、吴湾村小 新坑村小、白沙村小、南岳村小 易溪村小、黄沙村小

续表

乡(镇)名称	完小名称	村小名称
上汤乡	上汤学校（九年一贯制）	店前村小、九宫村小、洋深村小 刘家桥村小、梅溪村小、石溪村小
东林乡	东林学校（九年一贯制）	山头村小、雷家村小、茶畲民族小学 下车村小、白水村小、桥头村小 毛田村小
石门楼镇	石门楼中心完小 田铺片区完小 炉山完小	西桥村小、银炉村小、上坳村小 中村村小、廒厦村小、高峰村小 新牌村小、九条村小、镜源村小 田初村小、白桥村小、青岭村小
罗溪乡	罗溪中心完小、坪源完小 梅山完小、坪港完小	朱山村小、合源村小、新庄村小 联村村小、长龙村小、尧山村小
新宁镇	黄塅中心完小、石坪片区完小 茶场完小、武安民族小学	夏柳村小、东园村小
罗坪镇	罗坪中心完小、洞坪片区完小	漾都民族小学、沙湾村小、大堰村小 长水村小、申明司村小、关山口村小 东边村小、大洪村小、群峰村小
杨洲乡	杨洲学校（九年一贯制）	杨洲村小、界牌村小、南屏村小 霞庄村小
石渡乡	石渡学校（九年一贯制） 石渡村完小	洞口村小、官田村小、安乐村小 丰年村小、盘溪村小、兰田村小 新华村小
清江乡	清江中心完小	樟潭村小、桐埠村小、车下村小 罗洞村小、大田村小、汉桥村小 茅田村小、龙石村小
县城城区	武宁一小、武宁二小 武宁三小、武宁四小 武宁五小	—
南市开发区	南市中心完小	桐林村小
合　计	县城小学5所 九年一贯制学校7所 中心完小13所 村完小35所	村小172所

1949—2010年小学基本情况

表3-3　　　　单位：所、人

年度	学校数				学生数			教职员工数		
	公办		民办	合计	在校生数	招生数	毕业生数	公办	民办	合计
	完小	村小								
1949	6	126	—	132	4558	—	765	165	—	165
1950	11	153	—	164	6485	1421	765	231	—	231
1951	12	179	—	191	8626	2141	929	281	—	281
1952	16	198	—	214	11639	3016	1421	361	—	361

续表一　　单位：所、人

年度	学校数				学生数			教职员工数		
	公办		民办	合计	在校生数	招生数	毕业生数	公办	民办	合计
	完小	村小								
1953	16	198	3	217	10752	2683	1214	354	4	358
1954	17	198	12	227	10117	2706	1436	357	16	373
1955	16	204	23	243	10944	2188	1256	361	24	385
1956	17	204	84	305	14465	4147	1666	419	84	503
1957	23	138	172	333	14089	4704	1909	507	181	688
1958	27	176	290	493	22262	3772	1039	422	425	847
1959	32	184	292	508	20355	3650	1281	478	315	793
1960	32	180	338	550	24490	7337	2435	523	357	880
1961	34	195	324	553	22920	8009	1687	542	393	935
1962	32	174	405	611	22937	7554	1827	520	442	962
1963	33	175	395	603	21814	4590	2838	530	442	972
1964	33	210	429	672	24587	3868	3840	593	467	1060
1965	48	195	615	858	30232	2480	4010	596	619	1215
1966	166	115	507	788	32237	2563	3210	611	646	1257
1967	166	497	—	663	40060	2498	3413	531	658	1189
1968	166	509	—	675	40530	2698	3862	520	660	1180
1969	166	537	—	703	41360	2864	4085	327	1791	2118
1970	166	598	—	764	47200	4380	4275	370	1252	1622
1971	214	572	—	786	40492	7894	6645	503	1041	1554
1972	226	538	—	764	36741	6315	4014	506	1503	2009
1973	230	490	—	720	44790	10091	3018	666	1400	2066
1974	244	563	—	807	44820	11260	4086	653	1482	2135
1975	253	546	—	799	51409	13248	5831	672	1414	2086
1976	253	590	—	843	48099	11540	7857	656	1743	2399
1977	277	540	—	817	48907	10482	8801	580	1772	2352
1978	277	548	—	825	48790	10352	8309	602	1691	2293
1979	268	549	—	817	48469	9957	5943	642	1583	2225
1980	269	554	—	823	45964	8613	5891	712	1744	2456
1981	263	543	—	806	48265	10285	6897	864	1758	2622
1982	270	559	—	829	47209	10188	7162	811	1518	2329
1983	271	559	—	830	46340	9279	7076	837	1391	2228
1984	273	551	—	824	46053	8274	7134	748	1529	2277
1985	285	534	—	819	43877	6990	6861	755	1456	2211
1986	256	520	—	776	43234	7412	6474	815	1488	2303
1987	258	492	—	750	40927	7139	7022	956	1277	2233
1988	260	471	—	731	37327	5874	6890	1145	1093	2238

续表二　　　　单位：所、人

年度	学校数				学生数			教职员工数		
	公办		民办	合计	在校生数	招生数	毕业生数	公办	民办	合计
	完小	村小								
1989	325	392	—	717	35430	6681	6815	1151	1121	2272
1990	275	415	—	690	34353	6926	6016	1303	1034	2337
1991	265	481	—	746	34421	7979	5500	1579	900	2479
1992	261	431	—	692	33890	7986	5095	1384	1036	2420
1993	260	434	—	694	34916	8391	5112	1452	1018	2470
1994	252	437	—	689	36814	8660	5330	1631	883	2514
1995	262	398	—	660	41260	8866	5469	1650	854	2504
1996	237	422	1	660	41416	9210	6748	1447	784	2231
1997	235	408	1	644	45376	8895	7820	1706	611	2317
1998	239	408	1	648	46534	6926	8473	1657	532	2189
1999	222	358	1	581	44816	4326	8673	1799	508	2307
2000	201	263	1	465	33980	3361	9301	1662	417	2079
2001	180	244	1	425	29019	3409	7601	1855	9	1864
2002	141	180	3	324	24535	3540	7603	1677	—	1677
2003	118	178	2	298	21723	3381	7205	1612	—	1612
2004	85	195	2	282	18202	3646	6523	1522	—	1522
2005	77	183	2	262	18128	4027	3589	1182	—	1182
2006	69	201	1	271	21037	3490	1250	1335	—	1335
2007	61	211	—	272	20115	4423	4239	1325	—	1325
2008	58	164	—	222	20026	4357	3469	1246	—	1246
2009	58	180	—	238	22658	4697	3317	1289	—	1289
2010	60	172	—	232	21791	4462	2977	1307	—	1307

2010年小学基本情况

表3–4

校名	校址	校园占地面积(平方米)	校舍建筑面积(平方米)	教职工数（人）	班级数（个）	学生数（人）	校长
大洞乡学校	大洞乡	10177	4733	54（其中小学32）	21（其中小学16）	673（其中小学444）	聂学龙
泉口镇中心完小	泉口镇	36423	12310	58	63	1314	周亚民
横路乡中心完小	横路乡	40000	10443	74	48	1291	冷　卫
鲁溪镇中心完小	鲁溪镇	56321	20054	115	95	2117	刘凤华
官莲乡中心完小	官莲乡	29875	12077	42	30	1061	聂凌云

续表

校名	校址	校园占地面积(平方米)	校舍建筑面积(平方米)	教职工数（人）	班级数（个）	学生数（人）	校长
巾口乡学校	巾口乡	7230	2310	43（其中小学19）	13（其中小学10）	369（其中小学235）	郑振华
宋溪镇学校	宋溪镇	15724	9119	94（其中小学48）	21（其中小学17）	517（其中小学325）	叶存平
甫田乡中心完小	甫田乡	41355	6365	38	21	540	付持宁
澧溪镇中心完小	澧溪镇	39707	15782	65	47	849	李杨林
船滩镇中心完小	船滩镇	45623	14413	89	59	1294	郑家继
上汤乡学校	上汤乡	12598	2848	38（其中小学25）	16（其中小学13）	403（其中小学324）	王益民
东林乡学校	东林乡	27044	6417	46（其中小学31）	18（其中小学15）	403（其中小学304）	雷伦和
石门楼镇中心完小	石门楼镇	25255	8843	68	40	977	张秉槐
罗溪乡中心完小	罗溪乡	84382	8740	48	29	515	张垂忠
黄塅镇中心完小	黄塅镇	24122	10581	84	30	998	汪小金
罗坪镇中心完小	罗坪镇	22320	7320	55	27	926	李时前
南市中心完小	南市开发区	15310	2980	43	23	1025	陈德平
扬洲乡学校	扬洲乡	8997	1670	35（其中小学15）	9（其中小学6）	423（其中小学269）	吕从勇
石渡乡学校	石渡乡	6667	1625	63（其中小学23）	15（其中小学10）	630（其中小学417）	毕建华
清江乡中心完小	清江乡	15278	4883	44	23	464	吴锡良
武宁县第一小学	县城建设路16路	10998	2772	33	15	741	熊唐生
武宁县第二小学	县城东升路	14199	4536	70	28	1721	周春霞
武宁县第三小学	县城朝阳路	12412	3921	70	30	1750	邢　斌
武宁县第四小学	县城曙光路	15000	4635	49	28	1618	付林元
武宁县第五小学	县城月山路	27010	6482	36	20	1111	黎　辉

第二节　学制与课程

1907年，武宁正谊高等小学堂实行“癸卯学制”。高等小学学制4年，初等小学学制5年，小学学制共为9年。高等小学开设科目有修身、读经、国文、历史、地理、算术、格致（自然）、体操、唱歌、图画。初等小学除图画、唱歌可随意选授外，其他科目与高等小学相同，但其授课内容各有千秋。如初等小学读经一科，从《三字经》《孝经》《女儿经》《百家姓》到《贤文》《杂文》《千字文》和四书五经均以识字为主，熟读其内容，讲解甚少，到高等小学便以讲解为主。国文科，初等小学以识字、成句、对对、习字为主，开始学写短文，到高等小学便是读古文、练楷书，写记事文和说理文。

清光绪三十三年（1907年）高等小学堂授课表

表3-5　　　　单位：节

科目 / 内容 / 年级	修身	读经	国文	算术	历史	地理	格致	图画	体操	唱歌
一	四书	诗经	古文 习楷书	加减 乘除	历朝 政事	中国 地理	动植物 矿产 自然	简易 形体	普通兵 式体操	选唱
二	四书	诗经 / 书经	古文 习楷书	四则运 算比例 百分数	历朝 政事	中国 地理	物理化学 现象	简易 形体	普通兵 式体操	选唱
三	四书	诗经 / 书经	学记事文 习行书	比例 百分数	历朝 政事	外国 地理	物理化学 现象	简易 形体	普通兵 式体操	选唱
四	四书	易经 / 礼心	记事兼 说理文	百分数 积簿记	历朝 政事	外国 地理	生理 卫生	简易 几何画	普通兵 式体操	选唱
每周数	2	12	8	3	2	2	2	2	3	2
总数	320	1920	1280	480	320	320	320	320	480	320

清光绪三十三年（1907年）初等小学堂授课表

表3-6　　　　单位：节

科目 / 内容 / 年级	修身	读经	国文	算术	历史	地理	格致	体操
一	摘讲朱子 著作	孝经 论语	阅读 习字	20以内 加减	乡土政事 名人事迹	乡土古迹 道路山水	乡土动植物 矿产	运动 游戏
二	摘讲朱子 著作	论语 大学	识字 成语	100以内 加减	乡土政事 名人事迹	乡土古迹 道路山水	乡土动植物 矿产	运动 游戏
三	摘讲朱子 著作	大学 孟子	识字 成语	四则运算	开国士政 列圣仁政	全国本省 山水	乡土动植物 矿产	运动 游戏
四	摘讲朱子 著作	孟子 礼记	识字 成语	四则运算 珠算	开国士政 列圣仁政	全国本省 山水	乡土动植物 矿产	运动 游戏
五	摘讲朱子 著作	礼记	识字 成语	小数	开国士政 列圣仁政	中国与邻 帮关系	生理卫生	运动 游戏
每周数	2	12	4	6	1	1	1	3
总数	400	2400	800	1200	200	200	200	600

1912年9月，废“癸卯学制”，改用“壬子学制”。武宁将高等小学堂改称高等小学校，学制由4年改为3年。初等小学学制由5年改为4年。教学科目，取消读经，将格

致改称理科。1922年，实行“壬戌学制”，高小学制由3年改为2年，成形“四二”分段制。一所学校既有初小也有高小，称完全小学。学科将修身改为公民，将国文改为国语。初小的历史、地理、理科合编为常识课。1928年实行“戊辰学制”，规定小学生6周岁入学，12岁高小毕业，“四二”分段制。高、初小均设国语、算术、公民、社会、自然、劳作、美术、体操、唱歌9门课程。1934年，高、初小设公民、国语、常识、劳作、算术、体育等课。

1934年小学义务教育教学计划

表3-7　　单位：节

科目 课时 年级	公民训练	国语	社会自然常识	算术	劳作美术	体音（唱游）	合计
一、二	60	420	150	60、150	150	180	1020、1110
三、四	60	420	180	180、210	90	120、150、90	1230、1290
五、六	60	420	180、150	180	90、60	180、60	1290、1380

1937年第二学期，武宁县政府制定的《整顿小学教育计划大纲》中提出“国难教育”，并要求各级小学教学、训导应特别注意民族意识的灌输，使之认识国家并了解国家与个人的关系。加授国难教材及乡土教材为小学补充教材，以国难图表布置学校环境，督促各中心小学宣传队加紧抗战宣传。高小加学童子军训练。

武宁县第三区第五保保立小学日程表

表3-8　　单位：节

星期 科目 时间	一	二	三	四	五	六	日
8:30-8:50	朝（行升旗礼、公民训练）会						
8:50-9:30	纪念周	国语	作文	国语	国语	周记	自动
9:45-10:15	国语、算术	唱游、音乐	工作、美术	音乐	常识、美术	工作、劳作	
年级	一二、三四	一二、三四	一二、三四	一二、三四	一二、三四	一二、三四	
10:30-11:00	常识、美术	常识、美术	国语、美术	常识、美术	游戏、体育	算术	
年级	一二、三四	一二、三四	一二、三四	一二、三四	一二、三四	一二、三四	
11:00-1:00	放午学						
1:00-1:45	全体习字						
2:00-2:30	算术、国语	常识、美术	常识、美术	工作、常识	常识、美术	国语、常识	
年级	一二、三四	一二、三四	一二、三四	一二、三四	一二、三四	一二、三四	
2:45-3:15	唱游、体育	工作、劳作	唱游、体育	阅读、国语	工作、劳作	唱游、音乐	
年级	一二、三四	一二、三四	一二、三四	一二、三四	一二、三四	一二、三四	
3:30-3:50	阅读、常识	阅读、国语	阅读	唱游、体育	阅读、国语	阅读	
年级	一二、三四	一二、三四	一二、三四	一二、三四	一二、三四	一二、三四	
4:05-4:25	晚（行降旗礼）会						

1940年推行国民教育制度，乡中心国民学校五六年级课程设：团体训练、音乐、体育、国语、算术、常识、社会（公民、历史、地理）、自然、图画、劳作。保国民学校儿童班课程设团体训练、音乐、体育、国语、算术、常识、图画、劳作。还有课外集团活动、朝会、周会、纪念周、课外运动、童子军和儿童自治团体活动。

1940年国民教育课程总表

表3–9　　单位：节

科目 ＼ 课时 ＼ 年级		低年级	中年级	高年级
		一　二	三　四	五　六
团体训练		120	120	120
音　乐		60	90	90
体　育		120	120　150	180
国　语		420	450	450
算　术		60　150	180　210	210
常　识		150	180	
社会	公民	—	—	30
	历史	—	—	90
	地理	—	—	60
自　然		—	—	120
图　画		60	60	60
劳　动		90	90	90
总　计		1080　1170	1290　1350	1500
课外集体活动		180	270	360
		包括朝会、周会、纪念周、课外运动、童子军、儿童自治团体活动		

1946年课程又作修订，初小有国语（读书、作文、写字、说话）、算术、常识、美术、劳作、童子军训练。高小有国语（读书、作文、习字、说话）、算术、地理、历史、自然、珠算、劳作、体育、图画、音乐、公民、童子军训练。

1949年新中国建立后，小学学制沿用“四二”分段制。课程取消民国时期的公民和童子军训练。语文、历史、常识采用新编教材。1952年按照《小学暂行规程（草案）》，设语文、算术、自然、历史、地理、体育、图画、音乐课程，全部课程由国家教育部统一编写教材。1955年9月，执行教育部颁发的教学计划，低（一、二）、中（三、四）年级课程设有语文、算术、体育、唱歌、图画、手工劳动6门学科；高

（五、六）年级加设历史、地理、自然。语文课，从四年级开始，分阅读、作文、习字，算术加入珠算内容。

1955年9月小学课程表

表3-10　　单位：节

科目＼时数＼年级	一	二	三	四	五	六	初级	高级	合计
语文	12	12	12	12	9	9	1632	612	2244
算术	6	6	6	76	6	5	850	374	1224
历史	—	—	—	—	2	2	—	136	136
地理	—	—	—	—	2	2	—	136	136
自然	—	—	—	—	2	3	—	170	170
体育	2	2	2	2	2	2	272	136	408
唱歌	2	2	2	1	1	1	238	68	306
图画	1	1	1	1	1	1	136	68	204
手工劳动	1	1	1	1	1	1	136	68	204
每周数	24	24	24	24	26	26	3264	1768	5032

1958年7月19日中共中央、国务院《关于教育工作的指示》中规定："在一切学校中，必须把生产劳动列为正式课程，每个学生，必须依据规定参加一定时间的劳动。今后的方向，是学校办工厂和农场，工厂和农业合作社办学校。"根据这个规定，各小学都把劳动列入正式课程，做到小学生的学习、劳动、锻炼和休息时间统筹兼顾，全面安排。从三年级起，每周安排劳动课4节。1960年春季开始"小学生从9岁起，每周劳动4小时，最多不超过6小时"。1963年，全日制小学开设生产常识、手工和劳动课，培养学生的劳动习惯和劳动技能。1966年2月，按照省教育厅的通知精神，小学生体力劳动在四年级以上全年15天，每次连续劳动不超过7小时。"文化大革命"期间，强调开门办学，组织学生参加农业生产劳动，各小学都有"学农基地"。1978年以后，三至五年级每周安排劳动课1节。

1963年7月，全日制小学教学计划对各年级课程有所调整，各科教学时间比过去安排更多的练习时间。校内自习时间，低、中年级每天1课时，高年级每天1.5课时，校外作业分量由学校教导处和班主任统一掌握。低、中年级课程设周会、语文、数学、体育、音乐、图画、手工7门，高年级增设历史、地理、自然。从四年级开始，学生每年劳动半个月，不设手工课。周会课主要是进行道德品质教育和时事政策教育。

1963年7月小学教学计划

表3-11　　　　　　　　　　　　　　　　　　　　　　　　单位：节

年级/时数/科目	一	二	三	四	五	六	课时总数
周会	1	1	1	1	1	1	221
语文	15	15	16	16	12	12	3176
数学	6	6	7	8	9	9	1649
历史	—	—	—	—	2	2	142
地理	—	—	—	—	2	—	72
自然	—	—	—	—	2	2	142
生产常识	—	—	—	—	—	2	70
体育	2	2	2	2	2	2	442
音乐	2	2	2	2	1	1	371
图画	1	1	1	1	1	1	221
手工	1	1	1	—	—	—	114
每周总时数	28	28	30	30	32	32	6620

1966年“文化大革命”运动开始后，全县学校废除教学计划，取消升留级制度。1967届毕业生延期到1968年毕业。1968年全县小学一律改为五年一贯制。1969年开始由秋季始业改为春季始业，各年级升级和毕业都顺延半年时间。1972年11月28日县革委通知，从1973年起，将春季始业改回为秋季始业，各年级全部延至秋季升级或毕业。

“文化大革命”初期，以毛主席著作和毛主席语录或报刊文章为主要教材，学唱革命歌曲和革命样板戏。兼学军、学工、学农，批判资产阶级。

1969春，恢复课堂教学和文化课。省编小学教材出版发行，向学校提供语文、数学教科书。开设政治、语文、数学、体育、唱歌、图画、劳动课程。

1978年1月，国家教育部颁发教学计划试行草案，小学设政治、语文、数学、自然常识、体育、美术课程，有条件的学校增设外语课。

1978年9月起施行的新教学计划

表3-12　　　　　　　　　　　　　　　　　　　　　　　　单位：节

年级/周时数/科目	一	二	三	四	五	备　注
政治	—	—	—	2	2	1981年起1～5年级改为思想品德
语文	13	13	11	8	8	
数学	7	7	6	6	6	

续表　　单位：节

科目＼周时数＼年级	一	二	三	四	五	备　注
外语	—	—	4	4	4	县城一小、二小、三小开设
自然常识	—	—	—	2	2	
体育	2	2	2	2	2	
音乐	2	2	2	1	1	
美术	2	2	1	1	1	
并开科目	5	5	6	8	8	
每周总时数	26	26	26	26	26	
兼学	—	—	—	—	—	每年4周

1981年起，一至五年级政治课改为思想品德课。1983年9月，县文教局转发省教育厅《关于在全日制小学中试行两类教学计划的通知》，县城一小、二小、三小和各公社（场、所）中心完小执行第一类教学计划，大队完小和村小执行第二类教学计划，厂矿子弟小学执行何类教学计划由办学单位自定。

1983年9月江西省全日制教学计划

表3-13　　单位：节

科目＼时数＼年级		第一类教学计划						第二类教学计划					
		一	二	三	四	五	全学年教学总时数	一	二	三	四	五	全学年教学总时数
语文	阅读	10	11	8	6	6		12	11	9	9	9	
	作文	—	—	2	2	2		—	—	2	2	2	
	写字	1	1	1	1	1		1	2	2	2	2	
	小计	11	12	11	9	9	1872	13	13	13	13	13	2840
数　学		6	6	6	7	7	1152	8	8	8	8	8	1440
思　品		1	1	1	1	1	180	1	1	1	1	1	180
自　然		—	—	2	2	2	216	—	—	2	2	2	216
地　理		—	—	—	2	—	72	—	—	—	—	—	
历　史		—	—	—	—	2	72	—	—	—	—	—	
体　育		2	2	2	2	2	360	—	—	—	—	—	
音　乐		2	2	2	2	2	360	—	—	—	—	—	
美　术		2	2	2	1	1		—	—	—	—	—	
劳　动		—	—	—	1	1		—	—	—	1	1	72
总时数		24	25	26	27	27		22	22	24	25	25	4608

续表　　　　　　　　　　　　　　　　　　　　　　　　　　　　　单位：节

年级/时数/科目		第一类教学计划						第二类教学计划					
		一	二	三	四	五	全学年教学总时数	一	二	三	四	五	全学年教学总时数
活动	自习	2	2	2	2	2		2	2	2	2	2	360
	体育	2	2	2	2	2		2	2	2	2	2	
	科技	2	2	2	2	2		3	3	3	3	3	
	班队	1	1	1	1	1		1	1	1	1	1	
活动总量		31	32	33	34	34		30	30	32	33	33	
说明		3～5年级“写字课”为写毛笔字											

1984年10月，教育局印发教育部《全日制六年制城市小学教学计划（草案）》《全日制六年制农村小学教学计划（草案）》及其说明的通知，全县小学分别执行三类不同的教学计划。县城小学和中心完小二至五年级执行1983年的第一类教学计划，农村完小执行第二类教学计划，县城小学一年级及乡（镇、场）教育办确定从本学年起改为六年制的一年级，执行《全日制六年制农村小学教学计划（草案）》。一、二年级设思想品德、语文、数学、体育、音乐、美术6门课程；三、四年级增加自然常识，五年级再增加地理常识，六年级还增加农业常识和历史常识。每年以三分之一的学校新入学的一年级改为六年制，其他年级仍为五年制。

1984年10月全日制六年制农村小学教学计划（草案）

表3-14　　　　　　　　　　　　　　　　　　　　　　　　　　　　单位：节

科目/周时数/年级	思想品德	语文				数学	自然常识	农业常识	地理常识	历史常识	体育	音乐	美术	劳动	并开课程	每周总时数
		小计	讲读	作文	写字											
一	1	11	10	—	1	6	—	—	—	—	2	2	1	—	6	23
二	1	11	10	—	1	6	—	—	—	—	2	2	1	—	6	23
三	1	11	8	2	1	6	2	—	—	—	2	2	1	—	7	25
四	1	10	7	2	1	6	2	—	—	—	2	2	1	—	7	25
五	1	9	6	2	1	6	2	—	2	—	2	1	1	1	9	25
六	1	9	6	2	1	6	—	2	—	2	2	1	1	1	9	25
课时总数	204	204	—	—	—	1224	204	68	68	68	408	340	240	68	—	4930
百分比	4.1	42.1	—	—	—	24.8	4.1	1.4	1.4	1.4	8.3	6.9	4.1	1.4	—	

1989年3月，全县小学学制又一律改为五年制。改制所拉下的教学内容逐步补上，5年之内学完六年制所有教学内容。执行1983年公布的全日制小学教学计划。

1992年，执行国家教委制订的《九年义务教育全日制小学、初级中学课程计划（试行）》，小学课程分为两类，学科类课程有思想品德、语文、数学、自然、体育、音乐、美术，三年级以上增设社会、劳动课。活动类课程有晨会（夕会）、班团队活动，科技文体活动。同时增设地方课程体育与健康、环境保护。1994年实行新工时制（每周5天工作日）对全日制小学课程计划进行调整。全县小学各年级均从当年秋季起实行调整后的课程计划。

1994年九年义务教育“五三”学制全日制小学课程安排表

表3-15　　单位：节

周课时＼年级＼学段			小学 一	二	三	四	五	课时合计
国家规定课程	学科类课程	思想品德	1	1	1	1	1	170
国家规定课程	学科类课程	思想政治	—	—	—	—	—	
国家规定课程	学科类课程	语文	10	10	9	9	9	1593
国家规定课程	学科类课程	数学	5	6	6	5	6	952
国家规定课程	学科类课程	外语 Ⅰ	—	—	—	—	—	
国家规定课程	学科类课程	外语 Ⅱ						
国家规定课程	学科类课程	社会	—	—	2	2	1	170
国家规定课程	学科类课程	历史	—	—	—	—	—	
国家规定课程	学科类课程	地理	—	—	—	—	—	
国家规定课程	学科类课程	自然	1	1	1	2	2	285
国家规定课程	学科类课程	物理	—	—	—	—	—	
国家规定课程	学科类课程	化学	—	—	—	—	—	
国家规定课程	学科类课程	生物	—	—	—	—	—	
国家规定课程	学科类课程	体育	2	2	2	2	2	340
国家规定课程	学科类课程	音乐	2	2	2	2	2	340
国家规定课程	学科类课程	美术	2	2	2	2	2	340
国家规定课程	学科类课程	劳动	—	—	1	1	1	102
国家规定课程	学科类课程	劳动技术	—	—	—	—	—	
国家规定课程	学科类课程	周学科课时	23	24	27	26	26	4292
国家规定课程	活动类课程	晨会(夕会)	每天10分钟	每天10分钟	每天10分钟	每天10分钟	每天10分钟	
国家规定课程	活动类课程	班团队活动	1	1	1	1	1	170
国家规定课程	活动类课程	科技文体活动	3	3	2	2	2	408
周活动课时			4	4	3	3	3	578
地方安排课程			1	1	1	1	1	170
周课时总计			28	29	30	30	30	4998

2001年执行教育部《基础教育课程改革纲要（试行）》，县城小学和大多数中心完小从三年级起开设英语课和信息技术课。把劳动课改为综合实践活动。

县人民政府办公室于2001年4月5日转发县教委《关于将我县义务教育阶段小学学制由5年过渡为6年的实施意见》的通知。实施意见规定：（一）县直小学、黄塅镇、新宁镇、宋溪乡、南市乡、罗坪镇、杨洲乡、鲁溪镇、甫田乡、官莲乡、石渡乡从当年秋季开始招收6年制一年级新生。其他乡镇（大洞、泉口、横路、巾口、伊山、澧溪、船滩、东林、南岳、上汤、清江、石门楼、罗溪、严阳）从2002年秋季开始招收6年制一年级新生。（二）为避开初中招生高峰期，根据市政府"削峰填谷"的要求，对2001—2002学年度三至五年级学生进行分流。1。县直小学不分流，小学毕业生直升初中，其他年级学生直升高一年级。2。乡镇小学予以分流，分流原则为"两控一自愿"，即控制比例，控制年龄（以6岁半进一年级为基数进行推算）和家长自愿，同时结合学年度考试成绩综合考虑，确定升级学生及随下届续读学生。五年级80%毕业生升入初中，20%毕业生随下届续读；四年级学生61%升入五年级，39%学生随下届续读；三年级学生54%升入四年级，46%学生随下届续读。

2001年义务教育课程改革实验区课程安排示例表(小学)

表3-16　　　　　　　　　　　　　　　　　　　　　　　　单位：节

课程＼周时数＼年级	一	二	三	四	五	六
品德与生活	2	2	—	—	—	—
品德与社会	—	—	2	2	2	2
语文	8	8	8	7	7	7
数学	4	4	4	4	5	5
英语	—	—	3	3	3	3
科学	—	—	2	2	2	2
体育	3	3	3	3	3	3
音乐	2	2	2	2	2	1
美术	2	2	2	2	2	1
综合实践活动	—	—	2	2	2	3
地方与学校设置	5	5	2	2	2	3
周总课时数（节）	26	26	30	30	30	30
学年总课时数（节）	910	910	1050	1050	1050	1050

一、二年级的品德与生活，三至六年级的品德与社会在新教材出版之前，仍采用现行小学思想品德和社会分科教学，课时安排也按原课程计划执行。

第三节　教学与研究

教学方法

科举时代的教学，都是采用个别教授法。从破蒙点读《三字经》《百家姓》开始，直到读完四书五经止。由先生教，学生读。先生讲，学生听的死记硬背的教学法。

废科举，办学堂以后，把个别教学改为班级制课堂教学，对学生传授知识和进行品德教育。“五四”运动后，提倡民主、科学的教学方法，提倡活读书，反对死记硬背。采用国语教学，推广注音字母识字，小学一、二年级的国文一律改为语体文。这时是注入式教学法，即教师讲，学生听，教师写学生抄。学校以班级教学形式进行课堂教学。编班方法有单式班和复式班。民国中期，逐渐使用挂图等直观教学方法。

1945年后，在武宁师范附小和部分中心国民学校采用启发式、设计法、自学辅导法教学方法。有的教师采用讲述法和演示法进行教学。

1953年，全县开始采用苏联教学方法。在教学上以普希金、凯洛夫的教育理论为依据，执行“直观性、自觉性、系统性、量力性、巩固性”五大原则，按照“组织教学、复习旧课、讲授新课、巩固新课、布置作业”五个环节，运用“综合课、复习课、练习课”三种课堂教学类型，组织课堂教学。成绩考核废除“百分制”，实行“五级记分制”。建立集体备课制度，教师制订的学科教学计划和编写的教案拿到备课组进行交流，征求其他老师的修改意见，改进教师教学技艺。

1962年以后，实行学校以教学为主，教师以教书为主，教书以教师为主的原则。恢复“百分制”记分法。加强基础知识和基本技能训练，执行“精讲多练，讲练结合”的教学原则。

“文化大革命”初期，提倡“开门办学”，抛开课本闹革命，师生走出校门，下农村，进工厂，参加生产劳动和社会活动，批判资产阶级和“反革命修正主义”，写大字报，出大批判专栏。

新中国成立后至“文化大革命”前，小学教研以辅导区为单位，组织教师学政治、学业务，开展以改进语文、数学课堂教学为主的教研活动。

“文化大革命”后，恢复县教研室，全县教研活动在县教研室小学组的指导下开展活动。以乡（镇）中心完小为单位成立语文、数学、思品、术科教研组，教研组组织科任教师进行集体备课、听课、评课活动。

1976年10月粉碎江青反革命集团后，整顿教学秩序，课堂教学走向正规。教师总结出七种教学法：朗读精读法、问答法、指导读书法、演示法、练习法、评讲法和调查访问法。

1984年，县教育局建立复式教学常规。复式班教学“动”“静”结合，动者学，静者练。实行“教、学、导、练”的教学原则。

1993年，国家教委发文，减轻义务教育阶段学生过重的课业负担，全面提高教学质量。学校以“教育要面向现代化，面向世界，面向未来”为指针。教师认真备课，精心授课，摒弃注入式，使用启发式的教学方法。

1998年以后，进入全面推进素质教育阶段，逐步推广素质教育的课堂教学模式。即目标教学、单元模块教学、多媒体教学、情境教学、引探教学。实行因材施教，愉快教育，成功教育，提高课堂教学效果。

教学研究

1953年，全县开展学习和推广苏联教学经验，强调教学是学校中压倒一切的中心任务，校长和教师的主要任务是教学，学生的主要任务是学习。

1954年在古艾小学推广黑山小学集中识字教学经验。1958年秋，古艾小学在四年级开办一个跃进班，四、五年级学完小学全部课程内容，提前一年升入初中。

1960年试办戴帽子的初中班，学制2年，毕业后全部升入武宁中学高中部。跃进班和初中班都只办一期。同年4月，县文教局在古艾小学进行“五年一贯制”的学制改革试验，1961年在三年级开设俄语教学试验，这些试验都未推广。同年，在斜滩和澧溪完小试行“四年一贯制”，不久停试。

1976年，全县小学开展“三算”（口算、笔算、珠算）相结合的数学教学试验。同期还全面推广汉语基本式教学试验。

1980年秋，县文教局选定在新宁二小一（1）班进行语文教改试验，使用北京景山学校语文教材，推广景山集中识字的经验。连续3年，每年开设一个实验班。1987年，先后3个语文实验班毕业。新宁二小在实验过程中坚持立足于集中识字，着眼于培养读写能力的原则，因材施教，两年完成小学阶段的识字及作文起步教学任务。根据儿童认识事物和学习语文的规律，由具体到抽象，由直观到联想，由易到难，循序渐进的教学方法组织教学。注重“图和文”“读和学”的有机结合，指导学生从自己的生活中选取素材，写作短文，引导学生阅读课外书籍，订阅少儿报刊，开阔学生视野，为学生阅读和写作奠定基础。

1992年3月，在新宁二小开展“愉快教学”实验探索。同年，全县小学贯彻执行《小学生体育合格标准实施办法》，加强全县体育教学，提高小学生体育合格率。下半年，全县小学推行市教委关于加强小学计算机教学工作意见，利用课外活动时间对学生进行计算机知识教学。推行“三年规划”和“五年规划”逐步开设计算机选修课。

1998年，在全县小学数学学科教学中开展“尝试教学理论”研究与实践活动。改革传统的先讲后练教学模式，开展“以学生为主，以自学为主，以练习为主，先试后导，先练后讲”的教学试验。

2001年，新宁二小进行“大语文”教学研究，探索构建语文学科“三大板块”（语文课堂教学、语文活动课、语文学习环境）的教学体系。

2004年，武宁二小又进行“让学生在尝试中主动发展”的教育科学试验。通过试验，力求达到克服“应试教育”和“注入式”教学方法；克服学生学习方法单一被动；克服学生缺乏自主探索、合作学习、独立获取知识的机会；克服学生偏重书本知识，运算技能和技巧的学习与训练；克服学生缺乏求知方法的研究以及忽视创新精神和实践能力的培养。尝试“先练后讲”“先试后导”的教学法，让学生在尝试中主动发展。

2008年，进行课堂教学改革。课堂教学实现由重知识传授向重学生发展转变；由重教师“教”向重学生“学”转变；倡导和推进“自主学习，合作探索”“先学后教，当堂训练”“以学定教，双主互动”的六步教学法（定向、自主、讨论、答疑、自测、自结）。实行3个“三分之一”的课堂结构模式，即课堂上教师讲授不超过三分之一的时间，学生发言不少于三分之一人数，学生训练不少于三分之一课时。这一课堂新模式在全县全面推广。

复式教学

20世纪80年代学校网点分散，复式班占总班级数的39.7%，复式班学生占学生总数的30.56%，复式班教师占教师总数的31%。于是，提高复式班教学质量显得尤为重要。

1988年，县教育局下发《关于加强小学复式教学工作管理的意见》，成立县复式教学领导小组，县教研室成立小学复式教学中心教研组。稳定复式教学教师队伍，培训复式教学教师。对复式班教师在评优、评模、晋级、民师转编等方面适当优先。开展复式教学优质课评比活动。建立四种复式班教学常规：对学生座位安排，做到成绩好差生搭配；培养学生小助手，发挥小助手作用；教师钻研教材深透，教案简明扼要；制作和使用教具。老师讲，学生练的动、静有机结合。讲练结合的教学形式把“导—教—学—练”与“复习—新授—巩固—作业—检查”形成一个链条，体现“感知—理解—深化—积累”的认知过程。

复式教学作业，注重分层多练，作业练习分三个层次六种类型。

1988年复式教学层次类型

表3-17

作业层次	作业类型	作用
授课前	（预习）铺垫性作业	新授铺垫，复习巩固旧知识
授课中	探索性作业	培养思维的灵敏度，新旧知识衔接
	针对性作业	针对知识点及容易混淆的概念
	巩固性作业	知识变技能的途径
	迁移性作业	举一反三，触类旁通
授课后	检查性作业	综合考查，掌握运用知识的能力

1986年起，设立“复式教学质量奖”，制定“复式教学奖教条例”。1988年，县教研室把小学复式教学的指导和研究工作作为小学教研的主攻课题。确立县复式教学联系点，召开全县复式教学专题会。当年9月，全市在武宁召开小学复式教学经验交流会。

10月，县教研室率领教师代表出席全省复式教学经验交流会。县教研室被省教委评为“小学复式教学指导和研究工作先进单位”。同年，武宁县以小学复式教学研究先进单位身份，出席“三地市”（岳阳、咸宁、九江）教研协作会。会上县教研室作复式教学经验专题发言。1989年，重点解决复式教学中的“三难”（备课难、优化课堂结构难、作业处理难）问题。

1991年，成立县、乡两级农村复式教学工作领导小组。

1992年，征集复式教学论文，优秀论文按1：2：3的比例设立一、二、三等奖。

1995年，对复式教学现状进行一次全面调查，全县有复式教学班541个，复式班学生10361人，占学生总数25%。举办研讨会，进行观摩教学活动。有4篇复式教学经验材料在省、市复式教学研讨会上交流。

1997年，加强复式教学工作研究，确定4项研究内容：如何开齐课程方案规定的课程，思品、音乐、体育、美术、社会、自然课程怎样开设，师资怎样解决，课外活动如何开展；如何根据复式教学自身特点，教学目标和教学原则来探讨优化课堂教学结构；如何克服授课时间短，学生“静”态时间长的问题；如何使用“自主作业”，提高“静态”学习效果。

2000年以来，农村小学网点调整，撤并村小和村完小，完小网点缩减，规模扩大，复式教学班大量减少。

课外活动

新中国成立以后，完全小学安排课外活动。课外活动主要是配合当时党的中心工作开展文娱宣传活动。古艾小学、荷洲完小组织学生制作地球仪、植物标本和各种图片等教具。

1957年，澧溪完小开办少年工厂，设电工组、木工组、泥水工组、园艺组。1958年该校选送“电力联合实验器”“地球仪”“三球仪”“电铃”，“手摇直流发电机”和矿石、岩石标本，在九江地区自制教具展览会上展出。

1982年全县小学遵照教学计划规定，根据“理论与实践相结合，教师主导作用与学生的积极性、自觉性相结合，课堂教学与课外辅导相结合”的原则，开展第二课堂活动。泉口中心完小成立书法、歌咏、体育、美术、舞蹈、游艺、小制作兴趣小组。新宁二小在开展课外活动中做到“三定”（定时间、定地点、定辅导老师），“四有”（有活动计划、有小组成员名单、有制度、有成果），成立10个兴趣小组，展示小制作作品160余件。新宁三小成立书画、科技、刺绣、盆景、雕刻、歌咏活动小组，每年举办一次成果展。

1987年武宁学生代表参加省少代会，带着蝴蝶标本、潜望镜、绣花台巾赠送给大会作礼品。

课外活动是学生的第二课堂，有的参加学校组织的各种兴趣小组活动，有的自由组合进行各自爱好的文娱体育活动，有的温习功课、做作业。

第四节 思想品德教育

校园文化

校园文化随学校的建立而产生。新中国成立之初，学校校舍奇缺，多数小学设在祠堂庙宇中。办学条件简陋，一块黑板，几张长条桌凳便成课堂。教室黑板上方端端正正地贴一张毛泽东主席画像。在教室的墙壁上用红纸条圈上一小方块辟为“表扬与批评”“学习园地”专栏。课前一首歌，课间休息，孩子们三五成群或追逐打闹，或踢毽子，或打陀螺，或跳绳，或玩“狼抓小羊”游戏。

20世纪60年代初期，在教室正上方毛主席画像两侧贴上“好好学习，天天向上”或“团结、紧张、严肃、活泼”警句。

“文化大革命”期间，校舍墙壁上贴满内容基本相同的批判资产阶级，批判老师的“大字报”。学校成立毛泽东思想宣传队，以表演唱为主要形式下队进村宣传毛泽东思想。

20世纪70年代中后期，规模较大的完小配具有播音功能的收音机办起学校广播站。

学校成立书法、绘画、雕塑、鼓号队、文艺体育团体课外兴趣小组。1990年县教育局组织中心完小校长到石渡中心完小参观学习，观看该校学生艺术团的器乐演奏和鼓号队的表演。随后，各中心完小先后成立鼓号队。

1995年开始，武宁开展迎“两基”验收工作。校园硬化绿化，校舍维修亮化。学校立校门修围墙，建宣传橱窗或宣传长廊，办起“红领巾”广播站。村完小以上学校周一举行升国旗仪式。教室 正上方张挂国旗。教学楼室内外张贴名人画像和格言；全县中心完小和部分村完小都提出各自的校训。宋溪学校的校训是“见贤思齐，日进有功”。“学无止境”，“团结、文明、乐学、尚美”是武宁一小和三小的校训。

进入21世纪，学校校园环境建设进一步深化。县城各小学，校园整洁清新。一个个温馨小提示，一条条班主任寄语，一处处学生展示橱窗和文明评比栏，述说着校园的文明礼仪，彰显学校的育人环境。校服、小黄帽、校牌的整齐靓丽是学校另一道风景线。

官莲中心完小校园集“文化学习、娱乐生活、运动休闲”于一体，成为师生学习、生活、休闲的乐园。该校2004年推出“留守儿童全托服务”，建成全托学生公寓，配设专职生活辅导员，校园成为留守儿童的家园。建立校园网站，开通“视频亲情热线”。

鲁溪中心完小按照“以人为本，全面发展”的理念，实施“教研兴校、文化强校”战略，形成“团结、活泼、爱岗、敬业、尊师、爱生、创新、奋进”的校风。该校把武宁采茶戏列为地方课程教材，引入课堂。

武宁二小几十年书香积淀成丰厚的人文底蕴，几代人的精诚追求彰显文化特色。传承二小的精神——重德、尚学、求实、创新。

武宁四小新校园，环境幽雅，静谧怡人，孔儒之学，别出一格。教学楼前的广场上鲜花翠柏簇拥着大型孔圣人雕塑。学校后院墙头镶嵌着琉璃瓦，辟为百米文化长廊。校园周围休闲花园内置放大理石桌、椅、凳及梅花鹿等雕塑。路旁树荫下点缀片片绿洲。率先在全县举办校园文化艺术节。

武宁五小教学大楼呈凹形对称，蓝色调的玻璃外墙，给人以宁静、深邃之感。中间大厅内悬吊电子屏幕。校园主干道两侧是植物园，花草树木疏密相间，错落有致。南园名为“宁园”，北园冠名“谐园”，园内花草树木林荫叠翠，内设英语角和休闲阁。在花草林木间立有铁书、文化石。校园围墙取名“三友文化墙”，教育学生以真理为友，以文明为友，以古贤圣人为友。一首首唐诗宋词落满长廊，一幅幅学生的书画点缀其中，尽显文化韵律和艺术雅趣。第一个在全县举办大型素质教育文化展示活动。

2009年秋，县青少年活动中心开办武术、舞蹈、绘画、英语、作文辅导等多个课外兴趣班。

2010年，武宁四小创作校歌《四小，您好》。

教育活动

思想品德教育，各个历史时期有着不同的教育内容和教育目的。

民国时期以“智仁勇”为修养标准。教育学生“明礼义知廉耻”“尽忠孝 行仁爱”“重信义，尚和平”，培养中华民国忠诚的国民。

民国初期开设修身课，以四书为主要教材。1922年的“壬戌学制”将修身课改为公民课，以“三民主义”（民族、民权、民生）为主要教学内容，向学生进行民主革命，五族共和，促进世界大同的思想教育。1927年，武宁组织高年级学生进行童子军训练。公民课和童子军训练培养儿童做“忠孝、仁爱、信义、和平、服从”的国民。

新中国成立后，废除民国时期的公民课和童子军训练，将思想品德教育寓于各科教学和各项活动中。利用课堂教学和课外活动，向学生系统地进行共产主义思想品德教育，引导学生逐步形成良好的思想品德和良好的行为习惯，促使学生在德、智、体方面全面发展。

抗美援朝时期，向学生进行反对“三美”（亲美、崇美、恐美）教育。土地改革时期，利用课外活动时间排练《土地还家》《谁养活谁》《白毛女》剧目，向学生进行阶级斗争教育。

1954年2月，武宁县人民政府主持召开校长会，传达贯彻省教育厅召开的地、县教育局长会议精神，宣传参加生产劳动是光荣的。

1955年5月10日，中共江西省委发出《关于加强对学生进行劳动教育的指示》，强调劳动教育是长期细致的思想工作，教育学生树立“以农为荣、以农为乐”的思想。

1957年小学教学计划规定，小学各年级每周设周会课一节，向学生进行道德品质教育和时事政策教育，进行“爱祖国、爱人民、爱科学、爱劳动、爱护公共财物”的国民公德教育。

1963年，毛泽东主席发出“向雷锋同志学习”的号召，全县小学开展向雷锋同志学习活动。从此，学雷锋成为学校常规教育活动。

1966年至1976年“文化大革命”中，师生人人手不离《毛主席语录》，《毛主席语录》天天读。

1978年1月，教育部颁发《全日制十年制中小学教学计划（草案）》。全县各完小在四、五年级开设政治课，进行共产主义思想和政治常识教育。

1982年秋，一至五年级全部开设思想品德课。思品课以“五爱”（爱祖国、爱人民、爱劳动、爱科学、爱社会主义）、“五讲四美”（讲文明、讲礼貌、讲道德、讲卫生、讲秩序；语言美、行为美、心灵美、环境美）和《小学生守则》为教学内容，向小学生进行社会主义国家公民道德品质和行为规范教育。

1985年，把法律知识列入思品教学内容。

1988年，贯彻《中共中央关于改革和加强中小学德育工作的通知》精神，县教育局转发《九江市中小学日常行为规范（暂行规定）》，在全县贯彻执行。

1989年，县教育局成立“武宁县中小学德育工作领导小组”，领导和指导全县德育工作。

1991年，国家教委正式颁发《小学生日常行为规范》。全县小学将《小学生日常行为规范》与《小学生守则》教育相结合，融入各项教育活动 中。开展学雷锋、学赖宁、学欧阳泉平活动。同年，县老干局成立“革命传统教育小组”。老干部们精心组织材料，拟写爱国主义教育、传统教育、法纪教育的演讲材料，在县城小学巡回演讲。

1992年，全县小学思品教育以“普法”为主线，把《中华人民共和国国旗法》作为爱国主义教育的重要内容。利用学校宣传橱窗、文艺演出形式进行普法宣传。

1994年，县德育工作领导小组制订出《武宁县学校德育领导小组工作条例》和《武宁县校园文明建设管理条例》，开展革命传统教育。组织小学生观看中央宣传部、国家教委向小学生推荐的《小兵张嘎》《铁道游击队》《闪闪的红星》革命历史题材影片。在全县小学生中开展庆祝中华人民共和国成立45周年读书活动。1995年，开展读《筑起我们新的长城》，纪念抗日战争胜利50周年读书活动。

1996年，举办“香港回归祖国”“寻红军足迹，树革命理想”读书演讲比赛。建立学校、家庭、社会“三位一体”的德育网络。开展“雏鹰行动”和“手拉手”活动。

1998年5月30日上午，在人民广场举办“百名少年以百米长卷颂精神文明”书法、绘画比赛。6月1日上午举行武宁县“金穗杯”少先队鼓号、仪仗大检阅暨鼓号队比赛。县城一小、二小、三小，新宁镇、黄塅、罗坪、鲁溪、石渡、横路、泉口、澧溪等中心完小参加本次比赛活动。

同年，全县加大美化、绿化校园，搞好校园环境建设的力度，建造“乐园”“花园”式的学校。开展校园文明建设评选活动，新宁三小获县直学校二等奖（武宁一中一等奖、县幼儿园三等奖）；鲁溪中心完小获农村小学一等奖，泉口、石渡中心完小获二等奖，茶场和澧溪中心完小获三等奖。

1999年，继续强化学生日常行为规范养成教育，建立学校、家庭、社会德育网络，学校办家长函授学校，向家长传授科学育人知识。

从2000年至2006年，开展主题为“提高全面素质，跨入新世纪”。2003年的主题是“弘扬伟大民族精神，加强思想道德教育”。2004年和2006年读书活动主题分别为“兴赣富民奔小康”和“红色之旅”。2003年读书活动结束后，举行演讲、讲故事和命题作文比赛。2004年，武宁四小、鲁溪中心完小举办“为红领巾添光彩”活动。这两所学校的少先队组织被团市委、市教育局评为“全市优秀少先队”。2006年，县组队参加全市读书活动竞赛，获小学生作文比赛一等奖。组织全县少年儿童参加主题为“爸爸、妈妈，我想对您说”书信文化活动。同年，武宁三小发起开展“五小”活动。“五小”活动内容是：在家庭做孝顺父母，关心亲人，勤俭节约，热爱劳动的“小帮手”；在社会做热爱祖国、文明礼貌、诚实守信、遵纪守法的“小标兵”；在学校做团结友爱，互相帮助，尊重他人，善于合作的“小伙伴”；在社区和公共场所做爱护公物，讲究卫生，保护环境，遵守秩序的“小卫士”；在独处时做胸怀开阔，心理健康，勤奋自立，勇于创新的“小主人”。

2007年，官莲、横路、甫田、黄埚等中心完小，武宁二小、四小被评为“五小”活动先进单位。评选出“五小”活动先进班级40个，优秀辅导员40名，“五小”标兵100名。同年，官莲中心完小获省级“德育示范学校”称号。武宁二小、甫田中心完小开展创市级“德育示范学校”活动。武宁一小举办“春芽”朗诵会。武宁二小举行“中华魂”读书演讲比赛。武宁三小艺术团参加县组织的“春风之夜”专场演唱会。武宁四小举行新校舍落成庆典专场晚会。配合县“创建文明卫生县城”工作，在县城小学生中开展“美丽清洁袋、文明伴我行”活动。2008年，小学思品教材改革，一、二年级使用《思品与生活》，三至六年级使用《思品与社会》。同年6月，组织小学生参加主题为“奥运会，我向往，我参与”和“灾区小朋友，我想对你说”少年儿童书信文化活动。全县小学生自发地加入向四川汶川大地震灾区人民捐款捐物的行列，捐出自己的零花钱支援灾区的人民重建家园。

2009年3月30日至4月6日组织开展“网上祭英烈”活动。发表祭奠感言，撰写心得体会，表达对先烈、先贤、先人的感恩和敬仰。同年6月1日在文化广场，举办“妇幼杯”少年儿童庆“六一”迎国庆活动。活动举行书法、绘画比赛，文艺会演。表彰一批优秀少先队员和健美儿童。

附：小学生日常行为规范（1991年国家教委颁发）

一、尊敬国旗、国徽，会唱国歌，升国旗，奏国歌时要肃立、脱帽、行注目礼，少先队员行队礼。

二、尊老爱幼、友爱同学、平等待人。主动帮助有困难的人和残疾人，要尊重他人的民族习惯。

三、尊敬师长，见面行礼，主动问好，要用尊称，不直呼姓名。

四、孝敬父母，关心父母身体健康，主动帮助父母做事。听从父母和长辈的正确教导，外出或回到家要打招呼。

五、待人有礼貌，说话文明，讲普通话，会用礼貌用语。到他人房间要先敲门，经允许再进入。不打扰别人的工作、学习和休息。不打架、不骂人。

六、对外宾有礼貌，热情大方，不围观尾随。

七、诚实，不说谎话，知错就改。答应别人的事要努力做到，不随便拿别人的东西，借东西要还，损坏公物要赔偿，拾到东西要归还失主或交公。

八、爱惜粮食，爱惜学习，生活用品，不挑吃穿，不乱花钱，节约水电。

九、穿戴整洁。经常洗澡、勤剪指甲勤洗头，早晚刷牙漱口，饭前便后洗手。不随地吐痰，不乱扔果皮纸屑。

十、按时作息。上学不迟到、不早退、不逃学，有病有事要请假。放学后按时回家。

十一、课前准备好学习用品，上课专心听讲，大胆发言，发言先举手，回答问题声音响亮。课间做有益的游戏。

十二、课后认真复习，按时做作业，书写工整，卷面洁净，按时完成，考试不作弊。

十三、积极参加有益的文化体育活动，认真做广播体操和眼保健操，读书姿势正确。

十四、积极参加学校组织的各种劳动，认真做值日，保持校园整洁。

十五、自己能做的事情自己做，自己的衣物用品要摆放整齐，会收拾房间、洗衣服、洗刷餐具等家务劳动。

十六、遵守交通规则，过马路走人行横道，不违章骑车，不在公路、铁道、码头玩耍和追跑打闹。

十七、乘公共汽车、船时主动购票，主动给老幼病残让座。遵守公共场所秩序，出入时不拥挤，观看演出时不随便走动，保持安静，演出结束时鼓掌致谢。

十八、爱护公共财物，爱护花草树木和庄稼，保护有益动物，不在课桌椅、建筑物和文物古迹上涂抹刻画。

十九、注意安全，不玩火，不做有危险的游戏。

二十、要看有益的图书、报刊、录像，不吸烟、不喝酒、不赌博、不参加封建迷信活动。遇到坏人坏事主动报告，敢于斗争。

附：小学生日常行为规范三字经（1991年国家教委颁发）

升国旗　要敬礼　唱国歌　要肃立

尊长辈　爱幼小　孝父母　遵教导

会使用　文明语　遇外宾　要知礼
帮残疾　乐助人　不打架　不骂人
要诚实　不说谎　损公物　要赔偿
捡东西　要上交　借东西　要归还
不挑吃　不挑穿　惜粮物　节水电
爱整洁　常洗澡　勤刷牙　习惯好
不旷课　不迟到　对老师　有礼貌
上课时　用品齐　敢发言　多动脑
做作业　要工整　按时交　卷面净
广播操　要做好　炼身体　争达标
保视力　做眼操　三个一　要做到
集合时　快齐静　做值日　要积极
个人事　应自理　家务活　要学做
衣和物　放整齐　学做饭　会洗衣
过马路　走横道　乘车船　要买票
买东西　按顺序　看影剧　不吵闹
保古迹　爱益鸟　护庄稼　爱花草
迷信事　要反对　坏书刊　不去瞧
烟酒赌　不能沾　不玩火　防危险
好与坏　要分清　坏行为　敢斗争
好习惯　早养成　有教养　益终生

第五节　健康教育

学校体育

清末民初小学设体操课，后改为体育课。

民国中期，中心国民学校开设体育课。当时，体育设施普遍简陋，只有城北高等小学和区、乡中心国民学校有体育场地和简单的体育器材。体育活动主要项目有篮球、台球（乒乓球）、做游戏。后来增加团体操和短跑、跳高、跳远田径运动项目。

新中国成立后，贯彻执行德、智、体全面发展的教育方针，学校按教学计划每周开设体育课2节。体育课进行队列和部分球类、田径项目基本技能训练。区、乡中心完小和县直小学有操场兼篮球场，操场边角处设有沙坑。条件稍好一点的学校置有乒乓球桌一、二台。有篮球、羽毛球、乒乓球、跳箱、单双杠、铅球、沙包、手榴弹等运动项目的器材。学校一般每学年举行一次运动会。运动项目设有男子篮球、男女乒乓球、男女田赛（跳高、跳远、手榴弹、铅球），男女径赛（60米、100米、4×100米接力），男女拔河。

1951年11月，举办武宁县第一届人民体育运动会。全县各区中心完小组织男女学生代表队参加跳高、跳远、篮球、问答竞走、算术竞走、团体操表演项目比赛。1952年5月县第二届人民体育运动会，各完小亦组织篮球和田径运动项目参加比赛。

1954年，全县推广“少年广播体操”。从此，广播体操成为小学常规化的运动项目，每天坚持做早操和课间操。

1957年10月，举行全县少年体育运动会。

1958年6月，举办全县少年男子篮球赛，箬溪、荷洲、横路辅导区分别荣获一、二、三名。

1976年6月，举行全县“红小兵”篮球赛和乒乓球赛。两种球赛分片区组织预赛，选拔优胜者参加全县的决赛。

1981年全县中心完小成立篮球代表队29个、队员243人；乒乓球男队17个，队员132人，女队12个，队员120人；羽毛球队4个，队员53人。

1992年，全县贯彻执行《小学生体育合格标准实施办法》。9月开始在县直小学（含厂矿子弟学校）中实施。1993年9月，在乡（镇、场）中心完小中实施。1994年9月，在条件较好的村完小中实施。1995年9月，在各村完小中实施。小学生体育合格标准及等级采用百分制评定。60分以上为合格，75分以上为良好，90分以上为优秀。体育成绩评定，体育课成绩占60%，《国家体育锻炼标准》测验成绩占30%，参加两操一活动（广播体操、眼保健操、课外体育活动）占10%。“三好学生”的体育成绩不得低于80分，先进班级的学生体育合格率不得低于90%。

2000年，举行全县小学生乒乓球赛。本次球赛分中、南、西、北四个片区进行预赛。4月下旬，举行男女团体和男女单打决赛。团体赛取前6名，男女单打取前8名。

2008年5月，举办第二届“六一杯”县城小学少年儿童围棋和中国象棋比赛。比赛分A（五、六年级）、B（三、四年级）、C（一、二年级）3个组分别进行。

学校卫生

1952年，武宁县贯彻执行政务院《关于改善各级学校学生健康状况的决定》。规定学生每天在校活动总量不超过6小时，睡眠时间不得少于10小时。当年，古艾完小、荷洲完小配备保健老师，设有保健箱。一般常见病和轻微外伤，可以在校内就医。学生患传染病，劝其休学治疗，康复后，取得医师证明才予复学。每年给学生接种疫苗和注射防疫针。学校室内室外做到天天打扫，一周1次大扫除，保持学校环境区域内的清洁卫生。

1982年，全县小学贯彻执行教育部、卫生部《中小学卫生工作暂行规定》。1985年，九江市教育局、卫生局联合组织检查组，检查武宁“卫生工作暂行规定”执行情况。全县26所乡（镇）中心完小，有21所合格，合格率达80%。

1992年秋季开始，全县小学开设健康教育课，各年级每周1课时。

1997年，强化学生饮食卫生责任管理。严禁校园内摆摊设点出售熟食品及无原始包装的副食品。

1998年9月，县教委下发《关于加强学校生活饮用水卫生管理的通知》。县卫生防疫站对各校饮用水质进行检测。检测不达标的防疫站发放消毒剂进行消毒处理。同年，县教委成立“健康教育领导小组”和“爱国卫生运动委员会”。全县学校贯彻执行《全国中小学一九九八年健康教育实施意见》和《学校卫生工作条例》。

1999年，加强“九八洪灾”后的卫生和防病工作。学校卫生工作有领导分管和专人负责。学生食品和饮用水卫生实行监督管理。学校建立学生健康档案。

2001年12月，举行全县中小学生心理健康教育竞赛活动。小学组作文竞赛一等奖1名（杨洲学校），二等奖3名，三等奖6名，优胜奖16名；演讲比赛一等奖1名（新宁二小），二等奖4名，三等奖6名，优胜奖17名。

2002年3月，县教委印发《武宁县学校卫生工作实施方案》。方案对学生心理卫生，营养与饮食卫生，体育卫生进行疏导与指导，决定每年进行一次学生健康体检，建立传染病及突发性卫生事件上报制度。

2003年，县教育局制定《武宁县学校预防传染性非典型肺炎工作预案》。

2005年，省确立每年4月为“全省爱国卫生月”。武宁开展“爱国卫生月”活动。

2007年，“爱国卫生月”在武宁二小、三小举行学生食品安全知识竞赛，28名学生分别获得一、二、三等奖和优秀奖。同年，印发《全县教育系统突发公共卫生事件应急预案》。

2008年，全县学校进行手足口病和流行性腮腺炎的防控知识讲座。传染病流行期间对学生的体温进行晨检和午检。对学校区域每周进行一次消毒。

2009年，开展甲型H1N1流感防控工作专项督导检查。“甲流”流行期对学生体温每天进行晨检，对住读生加夜检。县城小学一、二年级学生免费注射甲型H1N1流感疫苗。

学校安全

20世纪90年代以来，学校安全工作提到重要议事日程。安全工作重于泰山，必须常抓不懈，警钟长鸣。学校安全关系到千家万户的幸福，关系到孩子们的健康成长，关系到人民群众的根本利益，关系到社会的稳定。县教育局和各级各类学校时刻紧绷学校安全这根弦。1990—2010年，县教育局与各校校长每年签订安全工作责任状。每年多次针对学校安全工作下发文件。组织学校安全工作检查每年都在2次以上。安全工作检查主要针对校舍、交通、食品、饮水、用电、用火、春游、游泳安全及学校周边环境整治方面进行。每次检查都是拉网式的排查，不留边角。校舍安全是多项安全工作的重中之重，检查校舍安全聘请建筑技术人员参加。对认定的一类危房下达封闭停用通知书，二、三类危房维修加固后使用。1994年校舍检查，全县小学一类危房11112平方米，二类8450平方米，三类7701平方米，危房校舍占校舍总面积的12%。

2001年，县教委制订《武宁县中小学安全工作规定（暂行）》下发各校执行。

2004年5月县教育局制发《武宁县中小学学校学生安全管理（暂行）规定》。《安全管理规定》主要包括以下内容：加强安全防范教育；建立健全安全管理制度；校舍安全；用电安全；游泳安全；饮食卫生安全；交通安全；消防安全；学生社会活动安全；学生寄宿安全；实验室安全；校园周边环境安全；落实安全事故责任追究制。

2006年9月，组织学生观看《珍爱生命，安全第一》的安全教育录像片。

2007年，鲁溪、官莲中心完小对寄宿学生就寝实行教师陪护制度。北片学校实行学生上学、放学教师责任制，学生路队制，乘车检查制。

2008年3月15日，县教育局收到县政协办公室“社情民意反映”后，当日召开局务会研究整治办法。3月18日，由1名副局长带队，2名卫生监督员配合，对县城学校小卖部进行突击检查。对不合格食品进行收缴销毁。

2009年，县教育局编印《校舍安全工作简报》。同年4月，开展安全文化进校园教育月活动。

第六节　招生与考试

1928年，实行“戊辰学制”，小学招收6周岁儿童入学。

1951年10月，政务院发布《关于改革学制的决定》，规定小学入学年龄7周岁为准。武宁招收7周岁儿童入小学。

1996年，武宁“两基”验收合格。在“两基”达标后的20世纪90年代末，全县小学招收新生年龄改为6周岁半或6周岁。县城小学和部分条件较好的乡、镇小学招收6周岁儿童入学，其他乡镇小学招收6周岁半儿童入学。从2001年和2002年秋季开始，全县分两步从新生一年级起学制改为六年制，新生入学年龄为6周岁。

小学考试科目主要是语文、数学。考试形式主要有单元测验、期中考试、期末考试、临时抽考、毕业考试、升学考试。单元测验由科任教师自行组织。期中、期末考试由学校教务处或县、市教研室命题，学校组织考试。临时抽考，由县教研室命题，教育局组织考试。

新中国成立后，小学沿用民国时期的“四二”分段制小学学制。

1966年以前，初小升高小由各辅导区组织举行升学考试。小学升初中由县教育局举行全县统一招生考试。“文化大革命”期间小学毕业生由学校推荐选拔进入初中就读。20世纪70年代末到1996年由县中招办组织举行小学升学考试。

1996年“两基”验收合格后，取消升学考试。2010年，小学毕业生只举行毕业考试，分片就近全部进入初中就读。

1997年，新宁三小、甫田中心完小、罗坪、黄塅乡各一所村完小进行考试改革试验，用3年时间，试验学校制定出考试改革方案。2001年，新宁二小进行考试改革。数学主要采用口试、笔试、操作、说理相结合的考试方法。思想品德成绩采取“平时表现+期末考试”和“校内表现+校外表现”予以综合评定。语文考基础知识、写字、阅读、说话和作文，以平时考查为主，淡化期中和期末考试。以上两次考试改革都未推广。

第七节　普及初等义务教育

清光绪二十九年（1903年）公布《癸卯学制》，这是中国近代教育史上最早颁行的新学制。宣统元年（1909年）初等小学一律改为4年制。次年决议以4年初等小学为义务教育，这是提倡义务教育的开始。

民国时期的1912年，将学堂改为学校。武宁学校数有所增加，在校学生600人。

1934年江西推行义务教育，制定《江西省立保学暂行办法》。次年8月，武宁县政府召开筹设保学会议，9月开办保学130所。保学附设儿童班和成人班。6周岁至10周岁未入学儿童，11周岁至45周岁失学人员分期强迫入学。儿童班白天上课，4年初小毕业。少年班（11～16周岁）2年达初小毕业。成人班以晚间上课为主，6个月达初小毕业。1936年，保学发展到277所，在校学生9517人，其中学龄儿童9486人，占当时全县学龄儿童的49.9%，失学人数9545人，占50.1%。

1940年，武宁推行国民教育制度，旨在普及初等义务教育。

1945年，全县在校学生5044人，占学龄儿童13277人的38%，失学儿童8233人，占62%。1948年，全县入学儿童14564人，适龄儿童失学的还是较多。

1956年，江西省提出普及初等义务教育任务。1956—1965年，武宁普及初等义务教育的特点是贯彻“两条腿走路”的方针，在发展公办小学的同时，大力发展民办小学，努力提高学龄儿童入学率，满足群众送子女入学的要求，适应经济和社会的发展。

1957年，武宁民办小学发展到172所，学生2189人。1958年，民办小学290所，学生8612人。1964年以后，民办小学和耕读小学发展迅速。1965年，全县民办和耕读小学发展到615所，学生13246人，全县学龄儿童入学率由1955年的67.6%提高到85.1%。这一时期，农村采用多种办学形式，方便农村孩子上学。民办小学除全日制外，还有半日制、隔日制、巡回教学，一揽子学校（白天教儿童、晚上教成人），早、午、晚班以及随来随教办学形式。教学贯彻对不同条件和不同对象作不同要求的原则，学制、假期、始业时间均按群众的意愿而定，农忙少学或不学，农闲多学。教学内容注重读、写、算，允许只上语文、算术课。

1965年，全县小学教职工1215人，其中民办教师619人，占教职工总数的50.9%。民办教师在经济待遇低、学校条件差的情况下，艰苦办学，依靠群众解决一个个困难，努力提高教学质量，成为普及初等义务教育的一支重要队伍。

“文化大革命”时期，小学校舍被占用，教师大量下放劳动，耕读小学停办，民办小学一部分停办。

1973年，为贯彻周恩来总理“把普及初等教育作为大政来抓”的指示，广大小学教育工作者为普及初等教育进行辛勤的工作，由于受“读书无用论”和“知识越多越反动”导向的干扰，全县普及初等教育的进程还是被延误。

1978年，党的十一届三中全会以后，全县小学教育得到较大发展，全面部署普及初等教育工作。

进行文化普查，建立“四册一卡”。1979年冬到1980年春，动员全县2000名小学教师，深入各村各户进行文化普查，填写《文化户籍簿》，建立《学前儿童花名册》《适龄儿童花名册》《在校学生名册》《留级、流动学生名册》和《小学生学籍卡》。实行“三定四包一奖”制度。“三定”即定人、定点、定工作对象；“四包”公社、大队干部和教师分自然村包入学率，班主任包巩固率，科任教师包合格率，学校领导包普及率；“一奖”即奖励完成任务好，工作有成绩的干部和教师。同时对工作失职而造成不良后果者酌情扣发津贴和奖金。县文教局1980年下发《关于加速普及小学五年教育的几项管理试行办法》，建立县、社、校三级检查评比制度，县局每学年上学期重点检查入学率，下学期重点检查巩固率和普及率。各教育办在期初和期末各检查一次入学率和巩固率，各完小负责人对本校入学率和巩固率每月检查一次。

1982年8月21日，县委、县人民政府召开全县文化教育工作会议，传达贯彻中共中央、国务院《关于普及小学教育若干问题的决定》，部署全县普及初等教育工作。1984年1月，县委、县政府又召开全县教育工作会议，认真贯彻落实1983年11月省委、省人民政府作出的《关于加强和改革普通教育的决定》，提出着重抓好普及初等教育，改革中等教育结构和提高教育质量三项工作，并决定全县于1984年达到基本普及初等教育的要求。

1984年冬，九江市教育局组织验收工作组，对武宁进行普及初等教育抽样检查验收。按照省颁“验收标准”规定学龄儿童入学率应达95%以上，年巩固率应达97%以上，毕业率应达70%以上，12～15周岁少年在小学毕、结业的普及率应达80%以上，该年龄段的文盲率不得超过5%。通过验收，武宁“四率”达到省教育厅制定的《江西省普及初等教育验收标准和要求的暂行规定》。入学率：全县7～11周岁适龄儿童38940人，已入学38310人，入学率98.4%。巩固率：1983—1984学年度初，全县在校学生46340人，年末在校学生45111人，巩固率97.3%。毕业率：1983—1984学年度初，小学五年级学生7822人，毕（结）业7134人，毕业率90.5%。普及率：12～15周岁少年29881人，在校生8533人，已小学毕业的19254人，普及率90.2%，校外少年21304人中非文盲人数20951人，非文盲率98.1%。年底，九江市人民政府颁发“武宁县普及初等教育合格证”。

第八节　特殊教育

1995年9月，船滩镇吴培贤在本镇长坪村创办武宁县第一所私立特殊教育学校——长坪聋哑学校。学校租用民房做校舍，聘请1名哑语教师，招收到6～8岁聋哑儿童11

人。1998年3月，县教育委员会下达同意办校批复。同年秋，在校聋哑学生23人，有专任教师3人，学校采用全国统编六年制聋哑学校实验教材进行教学，开设语文、数学两门主课。手语教学，对学生进行语言训练。通过四、五年的教学，学生能用手语表示一些词组的意思，能写简单会话的句子，能用手语进行日常生活交流，会三位数的加减运算。2003年，该校因缺师资而停办。

2001年秋，新宁一小开设一个特教班，招收聋哑学生8人，聘请哑语教师1名，一年后，因无哑语教师而停办。

2003年8月，一小重新开设特殊教育班，对外称特殊教育学校。特教班利用旧校舍做教室和生活用房。2005年9月，省教育厅拨款20万元，县政府配套资金15万元，学校自筹资金6万元，在一小校园内建造一栋三层砖混结构的特教楼，2006年2月，建成交付使用。特教楼建筑面积641.53平方米，有2间教室，一间多媒体教室，5间学生寝室，一间办公室。2007年至2008年省政府两次下拨民生工程款100万元为特教班添置教学设备。配有无线调频系统2套，手语软件、蒙台梭利教具1套、电脑、坐姿矫正椅、平衡功能综合训练器材、整体感觉综合训练器材、情景教室相关器材。县财政每年为特教班拨付2万元公用经费。

2003年8月，特教班从南昌师范特殊教育专业聘招洪梅为哑语教师，另聘请1名生活教师。次年又从南昌师范特教专业增招1名哑语教师。2009年9月再增招2名特教专业教师。

2003年9月，特教班招收聋哑学生16人。2004年学生增加到23人（其中聋哑生21人，弱智生2人）。2005年招生3人，毕业4人，在校生22人。2006年招生5人，毕业4人，在校生23人。2007年招生15人，毕业1人，在校生37人。2008年招生3人，毕业1人，在校生39人。2009年招生2人，毕业2人，在校生39人。2010年9月，转入2人。

特教班实行九年一贯制，开设语文、数学、语言、律动、社会、思想品德、微机、体育、自然课程。

2010年秋，在校学生41人（其中一年级6人，二年级9人，三年级7人，四年级9人，五年级8人，八年级2人），3个教学班，专任教师4人，本科学历3人，专科学历1人，生活教师1人。

第九节　青少年活动中心

青少年活动中心为县教育体育局下属正股级全额拨款事业单位，事业编制5名（其中主任1名）。该中心主要职责：负责县青少年学生校外教育各项活动管理工作；负责全县校外教育培训、管理和指导中小学开展校外教育活动；负责承办全县中小学青少年艺术节活动；负责乡村学校少年宫管理、指导乡村学校少年宫开展各项校外教育活动。

县青少年活动中心于2000年12月6日经县政府批准成立，2006年批准立项，中央专项彩票公益资金支持180万元（其中设备费60万元）建设经费。县政府划拨建设用地

40.5亩与县第五小学联建。工程于2008年动工兴建，2009年8月竣工。青少年活动中心大楼占地面积475平方米，为五层框架结构，建筑面积2375平方米，内设功能室6间，活动室18间，总造价192万元。2010年3月启动运行。

活动中心启动运行以来开办文学创作、乐器、舞蹈、绘画、书法、武术、科技制作等项培训活动。2012年和2013年办班20个，参加活动2012年为3020人次，2013年为6438人次。2014年开办特色兴趣班19个，免费培训班7个，参加活动6658人次。2015年开展圆梦蒲公英活动，科学调查体验活动和中国流动科技馆武宁巡展活动。参加3个活动的中小学生分别为9120人次、8070人次和30000人次。

活动中心组织中小学生参加各项竞赛活动。2012年参加九江市“建设幸福中国”读书教育活动比赛，获小学组演讲、作文、讲故事3项优秀奖；初中组1人作文二等奖，1人演讲三等奖；高中组1人命题作文二等奖，演讲1人三等奖。参加全省青少年校外活动中心举办的科技竞赛，获航海模型二等奖1人，陶艺制作三等奖1人，优秀奖1人。2013年，获教育部颁发的全国第四届中小学生艺术展演活动“优秀组织奖”。获江西教育电视台素质教育展演活动“先进集体”称号。同年，在樟树市举办的全省青少年校外活动中心举行的航空、航海（车辆）项目比赛中，获航空模型二等奖，航海（车辆）模型、陶艺制作、围棋3个三等奖。

翁还童撰写的长篇通讯《艺术教育之花精彩绽放——武宁县中小学青少年艺术节综述》和《武宁有个青少年艺术节》分别刊载在《江西教育》管理版2014年第10期、2014年10月23日《九江日报》和10月28日《浔阳晚报》上。同年11月在新余市举办的全省青少年校外活动中，获航空模型、陶艺制作、建筑模型制作3个一等奖，毛笔书法二等奖，团体总分并列第一名，并获本次活动的“优秀组织奖”。

在全国第三十届青少年创新大赛中，获创新成果全国二等奖，辅导员创新省级一等奖，5项创新成果全省二等奖。在广东举办的第十一届宋庆龄儿童发明奖评奖活动中，获国家金、银奖各1人，15项省级一、二等奖，省优秀组织奖。

第十节　学校选介

武宁县第一小学

位于县城西北的建设路16号，前身是1907年创办的县立正谊高等小学堂。1912年，正谊高小改称城北高等小学校。1937年，并入武宁师范附属小学，抗日战争期间校址多次迁移。1945年，学校从石门楼迁回县城。1948年，全校有10个教学班，在校学生443人，教员18人。1949年秋，武师附小与宏毅、育才两所私立小学合并，建立甫田小学。有8个教学班，学生216人，教职工16人。1950年，改称一区小学。1951年，更名古艾小学。1952年9月，改校名为武宁初级师范学校附属小学，1955年9月复名为古艾小学。1961年11月，易名为新宁小学。1970年冬，学校随县城搬迁至现址。1972年，在人民广场东侧设广场二部，1974年9月又设丁家山分部。1976年4月，本部和两个分部设为新宁一小、二小和三小。2004年，更名武宁县第一小学。

1970年，利用拆迁的旧房料建起砖木结构的平房教室12间，办公室3间，教师宿舍9间，生活用房5间，总建筑面积1460平方米。1983年以后，校舍多次进行改建和扩建。1996年投入58万元，新建1栋4层砖混结构教学楼，建筑面积为1200平方米。不久，教师集资建起1栋面积为1533平方米的5层教师宿舍。2006年2月建成1栋641.53平方米的特教楼。

1958年，试办跃进班和“戴帽子”的初中班。初中班学制2年，毕业后全部升入武宁中学，只办1期。1960年4月，进行“五年一贯制”的学制改革试验。1961年，在三年级开设俄语教学试验。这些试验都未推广。2003年8月，开设一个特殊教育语言训练班，当年招收聋哑学生16名，聘请专业教师和生活教师各1名。

2001年，学校被市教育委员会、市少年工作委员会评为市优秀少先队集体。2006年和2008年被市教育局评为师德师风先进集体。2008年，获全市安全文明校园和全市德育示范学校称号。3次荣获全县教育督导评估全面优胜单位奖。

2004年秋，创办《春芽》校刊，每学期出刊1期。

2008年秋，开展“书香满校园”读书活动，每个教室置办书橱，每个学期配置新书，是学校办学的又一特色。

学校以“学无止境”为校训；确立“求实、求新、求精”的办学思想；形成“文明、团结、进取”的校风，“乐教、严教、善教”的教风，“乐学、勤学、会学”的学风。

2010年秋，学校占地面积10600平方米，校舍建筑面积4456.3平方米。教学班18个（其中特教班3个），学生782人（其中特教班学生41人），教师38人（其中特教班5人）。教师大专以上学历29人，小学特高级教师2人，小学高级教师16人。市级教学明星1名，学科带头人1名，骨干教师22名。县教学明星2名，学科带头人8名，教学骨干14名。

历任校长：李振纲、黄隐霆、张安国、熊应周、汤亚伊、盛时忠、王守忠、潘际辑、林绳武、张底澄、葛公博、方谊隆、盛维凤、张远勤、罗时浣、张远安、蔡寓远、罗昆（两任）、熊仁佑（两任）、曹庭玉、叶翠华、冷绪源、石圭义、汤守忠、刘俊贵、毛洪杰、张子希、夏元绪、钟孝海、冷卫华、戴定武、张振华、洪欢平、熊唐生、叶存平。

武宁县第二小学

1972年，新宁小学在人民广场（现文化广场）东侧设广场分部，称新宁小学二部。二部借用县革委等单位迁建中的工棚做教室，学生分上午或下午到校上课。不久，新建校舍，恢复全日制。有12个教学班，学生600余人，教师17人。1976年4月，单独设校，称新宁二小。校舍成“四合院式”，占地面积5098平方米，建筑面积2986平方米。

2001年秋，有教学班20个，学生1247人，教师49名。2003年，县政府投资在县城城南东升路建新校舍。2004年实现整体搬迁。新校址占地面积14199平方米，校舍建筑面积4536平方米。教学楼为5层砖混结构，有教室30间，实验室、微机室、电子备课室、多媒体教室、办公室及多种活动室。同年，更称武宁县第二小学。

1980年秋季起，连续3年从一年级开始进行集中识字教学试验。1992年开展“愉快教学”实验探索。2001年进行“大语文”教学研究，探求构建语文学科“三大板块”（语文课堂教学、语文活动课、语文学习环境）的教学体系。同年进行考试改革试点。2004年开展“让学生在尝试中主动发展”的教育科学试验。

1978年5月，学校被确定为县首批重点小学，1996年，被定为全省百所名校。2000年，获市教研先进集体称号。2001年、2008年获县委、县政府表彰的先进单位。2006年，被市教育局、团市委、市少工委授予“全市红领巾示范学校”。2007年，被市委、市政府授予“文明单位”称号。10次荣获县教育督导评估全面优胜单位奖。

学校以“尚德、向上”为精神追求，立“认真读书，踏实做人”为校训；树“以学生为本，重在服务”的办学思想；坚持走“以德治校，质量立校，科研兴校，特色强校”之路。

2010年秋，在校学生1725人，教学班28个，在职教师74人，教师大专以上学历70人。小学特高级教师4人，小学高级教师60人。省特级教师1名，学科带头人1名。市教学明星2名，学科带头人2名，教学骨干7名。县教学明星1名，学科带头人4名，教学骨干15名。

历任校长：刘俊贵、熊仁佑、毛洪杰、汤守忠、柯友芳、陈居文、皮泽民、周少平、黄园宁、周春霞。

武宁县第三小学

1974年9月，新宁小学在丁家山设立分部，1976年4月，丁家山分部单独建校称新宁三小。2004年，改称武宁县第三小学。

丁家山分部时有1幢两层的教学楼，12间教室，6间办公室，校舍建筑面积760平方米，校园占地面积约8000平方米，6个教学班，学生280人，教职工18人。1994年6月，建成1栋4层教学楼，建筑面积2400平方米，24间教室，11间办公室。1998年秋，在校生1011人。2006年，增建1栋建筑面积为1200平方米的5层教学楼，教室12间。2007年以来，先后完成厕所、校门、多功能室、篮球场、运动场、教学楼内外装修、校园绿化亮化改造工程。装备多媒体教室、计算机室、实验室、心理咨询室、少先队活动室专用场所。办公室配备电脑，互联网接入办公室和教室。现代信息技术教学进入学生课堂。

1997年3月，承担全县小学考试制度改革试点任务，形成“分项考核，综合评定，口试、笔试相结合”的考试制度改革思路。2008年秋，在一、三年级启动语文、数学两学科的备课改革试验，实行“三案定教”模式集体备课，该模式2010年在全校各年级推广应用。市级语文课题“读写同步训练”，2005年6月结题。县级教研课题“小学数学开放式教学”，2006年年底结题。国家级课题“中小学英语真实阅读教学推广实验”，2007年7月结题。市级课题“小学生英语自主学习能力的培养策略研究”“谈谈小学三年级语文预习的一些做法”，省级课题“集体备课对教师业务能力提升的研究”“小学生语文阅读教学有效性的研究”，2010年年底分别通过市、省审核立项。该校作文教学有特色，聘为期刊《作文大王》实验基地校。校本教材《英语读本》，2009年秋全校投入使用。市级课题“其他学科与低年级数学相互整合的探究”，2010年3月结题。省级语文课题“小学生语文学习兴趣培养发展策略研究”，2010年5月结题。

学校先后7次荣获县教育督导评估全面优胜单位奖。1997年至2002年连续6年获县委、县政府表彰的先进单位。2008年，获九江市“文明单位”称号。

学校形成“班子务实高效，教师拼搏奋进，学生博学自强”的校风；以“团结、文明、乐学、尚美”为校训；坚持“追求和谐，享受快乐”的办学思想；树立“为每一个学生的终生发展奠定坚实的基础”的办学目标。

2010年秋，学校占地面积12412平方米，校舍建筑面积3921平方米，有30个教学班，在校学生1725人，在职教师80人。教师大专以上学历75人。小学特高级教师6人，小学高级教师56人。省特级教师1名。市级学科带头人3名，骨干教师12人。县学科带头人2名，教学骨干19名。

历任校长：毛洪杰、卢其媊、张纲荣、马哲江、邢斌。

武宁县第四小学

位于县城东北的曙光路。其前身为新宁镇友爱大队小学。1976年，由修河畔迁至县城东郊友爱大队“知青”点集体宿舍处，将知青宿舍改装成校舍，更名为新宁镇完小。3个教学班（其中2个复式班），学生60人，教师6名。1979年12月，更名新宁镇中心完小。1991年以后，多次改建扩建校舍，建有1栋2层教学楼和1栋综合楼，水冲式厕所设施。学生数逐年增加，2003年秋，学生700人，教师30名。2004年1月6日，升格为县直小学，更名为武宁县第四小学。2007年5月，曙光路新校舍竣工交付使用，实现整体搬迁。2008年4月，校园硬化、绿化工程完工。

2001年，学校进行考试改革试点。

学校先后获县委、县政府授予“先进集体”称号2次，“文明单位”称号1次，党建“红旗单位”称号。2007年，获市委“先进基层党组织奖”。2008年，获全省教育系统“规范管理年”活动“先进集体”称号。2010年，获得县教育督导评估全面优胜单位、市素质教育示范学校、课改先进单位、阅读教学先进单位、德育示范学校、省教育系统“创新发展年”活动先进单位、安全文明校园、依法治校示范学校、素质教育示范学校称号。

学校配有网络化微机室、闭路电视系统、多媒体教室、舞蹈室、图书阅览室、仪器实验室、书画室、小制作陈列室、工会活动室教学设施。

学校创办《课改精华荟萃》《导学案范例》《教苑撷萃》《小雨点》四种校刊。

创作校歌《四小，您好》。

学校以“厚德、重能、启智、创新”为校训。树立“让学生成才，让家长满意，让社会放心”的办学理念和“用儒学思想精髓指引教学工作，以人为本，搭建师生成功的平台，让人人品尝到成功的喜悦；科研兴校，营造浓厚的教研氛围，提高教育教学质量；聘请校外专家到学校引领专业发展，整体推进学校内涵发展”的办学思想。逐步将学校建设成为发展学生个性的乐园，陶冶师生情操的花园，培养人才的学园。

2010年秋，校园占地面积16675平方米，校舍建筑面积6400平方米。教学班28个，学生1600人，教师75人。教师大专以上学历74人。小学特高级教师4人，小学高级教师44人。市学科带头人3名，教学骨干4名。县学科带头人4名，教学骨干10名。

历任校长：艾宏逵、张子希、艾宏淑、程贤彪、戴定武、付林元、汪小金。

武宁县第五小学

学校2008年5月破土动工，翌年8月，教学大楼竣工交付使用，当年秋季招生900人，18个教学班，教师39人。学校坐落在县城月山路，北连实验中学，南接职业中专。校园占地面积27013.5平方米。校园由校门、希望广场、教学大楼和运动场组成。希望广场南北两侧分别为“宁园”和“谐园”。两园花草树木间镶嵌着铁书和文化石。校园围墙取名“三友文化墙”。教学楼建筑面积7300平方米，有标准教室50间，功能教室 9间，办公室24间。

2009年10月，进行“高效课堂”教改试验，总结出“136自主导学”教学模式。荣获全县办学水平综合评估全面优胜单位奖。2010年，学校获全国协同教育示范学校、全国消防安全教育示范学校、全省安全文明校园、全省素质教育示范学校等称号。学校建立校园网和班级网，开通校训通。教师每人配1台电脑，使用电子备课，多媒体设备教学。5月，创办《足迹》校刊。

学校以“立足今天，成就未来”为校训；树立“用情、用爱、用心做教育”和“让学生快乐，让教师幸福，让校长自信，让家长信赖，让政府放心，让人民满意”的办学理念和办学思想。确立“塑厚德博学教师，建高效学习课堂，育全面特长学生，创和谐特色学校”的办学目标。

2010年秋，教学班20个，学生1110人，教师46人。教师全部为大专以上学历。小学特高级教师3名，小学高级教师10名， 中学一级教师10人，县学科带头人3名，教学骨干5名。

校长：黎辉、熊唐生。

武宁县第六小学

处沙田湿地公园湖畔阳光小区西侧。学校占地面积61亩，校舍建筑面积20939平方米，2015年7月建成交付使用，当年秋招生开学。2015年秋在校学生3023人，50个教学班。在编教职工员工130人，其中省特级教师1人，小特高教师9人，省骨干教师4人，市骨干教师9人，县骨干教师25人，30人次获得省、市“优秀教师”称号。

学校以“六年成就一生，为学生的终身幸福奠定基础”的办学思想和“坚持教育科研先导，创建国家级示范学校”的办学目标，以德立人、以艺育人，着力培养“德艺双馨”学生。

学校开展德育活动，举办科技节、艺术节、体育节、读书节、写字节五大节日活动，以雅文化统领，开展“最美队礼”“最美教师”“最美少年”“最美手抄报”“最美汉字”“最美书生”最美系列活动，引导孩子行走在文雅、优雅、高雅的路上。精心打造构建智慧课堂，以乐文化为核心，形成“自主探究、乐学善思”的课堂模式，培养学生的快乐情操，互动精神和创新思维。用心布局校园文化建设，以书文化为载体，以“弘德、博学、尚美、求真”校训内涵文化为经线，以优秀传统文化为纬线，构建一个立体化、网络化的文化体系。

办学两年多来，荣获教育部全国中小学社会主义核心价值观教育优秀案例、省师大榜样学校、省秀美校园、省校本教材一等奖。市师德教育先进单位、市平安校园示范校、市防震减灾示范校、市优秀备课组一等奖、县督导评估全面优胜单位、县第三届青少年艺术节小学组团体总分第一名、县中小学篮球赛小学组冠军、县教育系统教职工篮球赛第一名荣誉。

校长：付林元

武宁县武安锦城小学

亦称武宁县武安民族小学，校园在武安锦城安置区内，居武安河北岸，校园占地面积53.5亩，校舍建筑面积20000多平方米。县政府投资3500万元，于2015年8月建成交付使用。当年秋招生450人，11个教学班，教师29人，属县直农村小学。学校建有教学楼2栋、综合楼、实验楼、体育馆、食堂各1栋。综合楼和实验楼分别设有微机室、语言室、音乐室、美术室、劳技室、图书阅览室、自然实验室和多媒体教室。运动场内篮球场2个，羽毛球场3个，足球场1个，器械场1个，6条200米长环形跑道。校园四周和楼宇间建成绿化带。

校长：陈宗珍。

泉口镇中心完小

位于泉口集镇东头国道316南侧，山口乡村公路边。校园占地面积10000平方米，新老校舍4幢。校园后靠山崖，左、右、前三方砌起2米高的围墙。教学大楼前是学校操场。楼前的花坛内栽着多种花卉。后院有水泥球场，四周翠柏环绕。

1958年，创办路口公社完全小学。校址位于集镇东头国道316北侧。全社人民献工献料兴建教学楼、厨房各1幢，厕所1幢，校舍建筑面积1300平方米。学生120人，教师7人。1968年公社完小解体，改办路口大队完小，校舍改设路口中学。同年，路口大队完小另劈山开基建校舍。兴建1幢土木结构2层教学楼和其他附属设施。1973年秋，将路口大队完小改设路口公社中心完小。1976年秋，复名为大队完小。1979年12月，复设路口公社中心完小。1984年，更名为泉口乡中心完小，1993年，改称泉口镇中心完小。1984年，对土木结构的教学楼进行维修，换上火砖墙。1996年，在老教学楼前兴建1幢2层672平方米砖混结构的教学楼。2009年，新建1幢3层砖混结构的学生宿舍楼。

2010年，开始进行语文科以“叙事作文如何培养学生写出真情实感”，数学科以“实施高效课堂教学中如何提高学生的自主能力”的校本教研专题研究。

该校以“崇文尚德，砺志创新”为校训；树立“让学生健康快乐成长，让教师愉快幸福工作”和“一切为学生的发展，一切适应学生的发展，一切促进学生的发展”的办校理念，形成“民主、和谐、求真、向上”的校风，以“校风好，师资强，质量高，环境优，特色明”和“学会做人，学会求知，学会生活，学会健体，学会审美，学会创造”的办学和育人目标。

该校先后4次荣获全县教育督导评估全面优胜单位奖。

学校辖金水、凤东、田塘、丰田、纽丝、杨岭、枣源7所村完小，芭蕉、楼下、五泉、富山、月台5所村小。2010年秋全镇小学生1130人（不含六年级），其中中心完小291人，教师58人，教师大专以上学历22人，小学高级教师41人。市级骨干教师2名。

历任校长：余济时、罗咏琴、沈士弘、冷景义、张远昌、聂彦致、熊远征、熊贻财、汪和金、周亚民。

横路乡中心完小

位于横路集镇老街西南。1949年秋，为全县首批恢复的区中心完全小学之一，前身为横路乡国民中心小学。复办时校址设横路张氏宗祠。1950年，定名为横路区立小学，校址迁八都宾兴馆。1954年，易名为横路区立中心小学，同年在现址上建校舍。1955年，更名为横路中心完小。1968年公社中心完小解体，改为横路完小。1972年，在完小校园内设横路中学，完小搬迁到南街羊湾。1973年秋，横路完小改设横路公社中心完小。1976年秋，复名为完小。1979年12月，恢复为横路公社中心完小。1984年，改称横路乡中心完小。同年，横路初中易址建新校舍，中心完小迁回旧址。1996年，兴建财务、工会办公楼300平方米，教工宿舍3间。2000年，兴建教学楼1290平方米，新增水泥球场面积400平方米。2003年，建学生宿舍和食堂360平方米。2006年，改建教工宿舍630平方米。2009年，维修食堂60平方米，建值班室40平方米。

2008年，开始“小学英语游戏教学法”校本课题研究。

学校以“真挚、笃学、爱国、创新”为校训；树立“以人为本，求真务实，弘扬特色，发展创新”的办学理念；形成“团结、守纪、求是、创新”的校风，“严谨、和谐、务实、求新”的教风和“乐学、善思、诚实、惜时”的学风。

2010年秋，该校辖新溪、上富、株林3所村完小，林业、泥山、洞门、铜盆、花园、芳源、金盆、儒庄、白杨、杨岭、箬田、上张、南坑、丰良、大林、中垅、白石17所村小。全乡小学生1291人，其中中心完小567人，教师74人，教师大专以上学历14

人，小学高级教师53人。市级教学骨干1名，县级教学骨干2名。

历任校长：成少方、张本再、张敏、张振华、蔡富远、冷绪源、方谊贵、陈守法、王占魁、余济时、刘堂瑞、杨汉志、冷景礼（两任）、冷卫华（两任）、冷景义、邢斌、熊仁俊、冷卫、柯传海。

鲁溪镇中心完小

学校坐落在集镇中心。校园占地面积20100平方米，校舍建筑面积4500平方米，建有教学楼、综合楼、学生公寓、食堂。设有多媒体教室、实验室、教工活动室、图书室。校园广场设有运动场和篮球场。广场中心有一荷池，池中建有亭台，曲桥通达。校园花团锦簇，绿树成荫。

1958年，在大桥下洞口设立西鲁中心完小。1968年，西鲁中心完小解体，改办大桥大队完小。1970年，大桥大队完小由下洞口搬迁到现中心完小校址。1973年秋，将大桥大队完小改设为大桥公社中心完小。1976年秋，还名大桥大队完小。1979年12月，恢复为大桥公社中心完小。1983年9月改名为大桥河公社中心完小，1984年8月，更名为鲁溪乡中心完小，1993年12月，更称鲁溪镇中心完小。1997年起拆旧房，建新舍，逐步建设成今日的校园。

学校关爱留守儿童，为留守儿童排忧解难，建立留守儿童档案。校园成为留守儿童的家园，留守儿童在校学习、生活舒心，在外务工的父母放心安心。

2006年3月，创办《春苗》校刊，每学期出刊2期。

学校进行“自主探究，合作学习，快乐展示”教学专题研究，获市课改先进集体称号。

学校坚持“以人为本，全面发展”的办学思想；遵循“讲文明、重养成、会学习、敢创新”的校训；形成“团结、活泼、爱岗、敬业、尊师、爱生、创新、奋进”的校风。

2004—2010年，先后荣获省教育系统规范管理年活动先进集体，农村中小学校本培训示范学校，素质教育示范学校，人民满意学校，安全文明校园，和谐校园称号。同期获市级优秀少先队集体，卫生庭院，文明单位，中小学目标管理三星级校园，德育示范学校，素质教育示范学校荣誉。连续7年获县委、县政府表彰的先进集体，7次获全县教育督导评估全面优胜单位奖。

学校辖张庄、荷洲、双溪、小源4所村完小，北屏、西坪、罗坑、鲁溪、大堰、田西、塔前、三湾、横岭、新村、坑背、柯垅、梅颜、南冲、岭背、西垅、枫树、石港、双坑、湖山、中坳、龙畈、双新、新塘、井头25所村小。2010年秋，全镇小学生2117人（不含六年级），其中中心完小804人，教师115人。教师大专以上学历37人，小学特高级教师5人，小学高级教师90人。市级骨干教师1名，县级教学骨干1名。

历任校长：黎天斗、刘礼达、柯于夏、刘凤华。

荷洲完全小学

1950年设立大桥区荷洲完全小学，校址设荷洲晒台余家祠堂。1963年，荷洲完小定为省、地重点学校，1968年，荷洲完小解体，校舍改办荷洲初级中学。

历任校长：刘明远、曹德、夏拥水、张绪祥、郑求达。

官莲乡中心完小

学校位于集镇主街道西南。1973年秋，将莲花鸡公坪小学设立莲花公社中心完小。不久中心完小迁址到公社所在地莲花汗。莲花大队村民献工献料建成7间土木结构的平房教学楼。1976年秋，改名为莲花大队完小。1979年12月，恢复为莲花公社中心完小。此后，对教学楼进行改造，推掉土墙，换上火砖。扩建教师宿舍和厨房，校舍建筑面积460平方米。1984年，改称官莲乡中心完小。

1996年，在现址新建校舍，建有2层砖混结构820平方米的教学楼，同时修建校门、围墙、厨房、厕所附属设施。1998年秋，实行整体搬迁。学校10个教学班，学生350余人，教职工18人。2002年，建成3层砖混结构的学生宿舍楼580平方米。2003年，建成一幢3层砖混的全托学生公寓990平方米。2007年，新建872平方米的综合大楼。翌年对综合大楼进行改造，设置膳厅、图书阅览室、电脑室、舞蹈室、棋牌室和美术绘画室。建有水泥球场、环形跑道、文化长廊、水冲式厕所。

2004年，在全县率先推出“全托服务”。全托学生公寓聘有专职生活指导员，配置空调、彩电、冰箱和洗衣机生活设备。建立留守儿童档案，开展留守儿童心理咨询，开通校园网站视频，架设亲情热线，为留守儿童提供与父母视频对话平台。

学校装备微机室，远程教育资源接收站，教师多媒体电子备课室和课堂资源应用终端远程教育设施。

学校本着“诚信办学，服务于民”的办学宗旨；树立“塑造学生品行，培养学生素质，张扬学生个性”育人观念；以“张扬个性，体验成功”为校训；以“厚德、博学、敬业、创新”为师表准则和“创特色、造精品、办名校、争一流”的办学目标。

2002—2010年，先后荣获省农村义务教育示范学校、中小学德育示范学校、师德师风主题教育活动先进集体称号；九江市绿色学校，红领巾示范学校，文明单位，中小学校园管理“三星”学校，农村远程教育示范学校称号；全县教育督导评估全面优胜单位奖6次。

2009年，省人大教科文卫委主任委员严平为该校题写校名。

2010年秋，学校辖一黎片区小学，东山、泉溪、广堍、洪溪、山坪、官塘、宝源7所村小。校园占地面积9337平方米，校舍建筑面积4342平方米。全乡小学生789人（不含六年级），其中中心完小373人。教师42人，大专以上学历19人，小学高级教师33人。

历任校长：黎哲明、王延炼、陈宗标、瞿世周、张友西、黎辉、聂凌云。

官莲完全小学

1956年初，在一黎祠堂设官莲完全小学。1968年，完小解体，校址改办中学。

历任校长：刘善堂、陈守法、曹德、夏建寅、黄正中、艾施麟、黎天斗。

甫田乡中心完小

学校位于集镇西北方山坡上。1950年，设甫田完全小学，校址在甫田集镇后街。1968年，为石渡公社甫田大队完小。1970年年底，设立干楼公社，为干楼公社甫田大队完小。1973年秋，将甫田大队完小设立干楼公社中心完小。1976年秋，复为大队完小。1979年12月，恢复校名为干楼公社中心完小。1983年9月，更名为甫田公社中心完小。同年校址由后街迁到现址。1984年秋，改称甫田乡中心完小。

1997年，兴建一幢3层砖混结构的教学楼，同时修建门楼、校门、围墙。教学楼内设有实验室、图书室。13个教学班，学生573人，教职工27人。

学校承担市级教研课题“复式教学的导、探、议、练四程序初探”，2005年开题，2008年12月结题。同年省级课题“口语交际与趣味习作教学的整合探索实践”开题，2010年5月结题。

学校树立“办人民满意教育，争创一流学校”的办学思想；“文明守纪，愉快求知，善教乐学，团结向上”校训。

1996年，学校获全县教育目标管理考评综合发展水平优胜单位奖。

学校辖楼湖、外湖2所村完小，三贤、烟港、建富、太平山、上坑、坪尧、龙须、杨廖8所村小。2010年秋，全乡小学生495人（不含六年级），其中中心完小235人。教师38人，教师大专以上学历12人。小学高级教师28人。县学科带头人1名，骨干教师1名。

历任校长：郭茂志、胡茂春、刘轩成、黄正中、余国钧、余锦屏、兰浩银、李杨林、熊仁俊、冷卫、付持宁、郭庆海。

箬溪完全小学

1949年秋，为县军管会教育科首批恢复的区中心完全小学，1970年前，是武宁县东大门一所规模较大的完小。学校驻地箬溪集镇属柘林水库水淹区，1970年冬，箬溪集镇移民搬迁到甫田，箬溪完全小学消失。

历任校长：翁鹏展、夏建寅、曹庭玉、张绍平、余国钧、冷绪源、易本焱、陈世清、黎天斗。

澧溪镇中心完小

学校位于集镇东北角。1949年秋，由县军管会首批恢复的区中心完全小学，校址设澧溪老街万寿宫，6个教学班，学生200人。1968年，中心完小解体，改称完小。1971

年，澧溪完小迁入现址。1973年秋，设为澧溪公社中心完小。1976年秋，复名澧溪完小。1979年12月，恢复为澧溪公社中心完小，1984年，更名澧溪乡中心完小。1994年，改称澧溪镇中心完小。1977年，澧溪完小附设初中班，1983年，初中班停办。1981年，增设澧溪大队完小。1993年，澧溪村完小并入中心完小。1999年，校园占地面积5580平方米，校舍建筑面积2100平方米，建有教学楼1幢，教师宿舍2幢。设有仪器室、实验室、图书室和微机室。装备远程教育资源接收设备1套，资源播放设备10套，电脑24台，多媒体教学设备1套。图书室藏书7800册。

学校以“文明、勤奋、求实、创新”为校训；树立“一切为孩子，为一切孩子，为孩子一切。培养学生学会做人、学会求知、学会生活，形成良好综合素质”的办学思想和“办人民满意教育，创平安和谐校园”的教育教学目标。

学校进行“多媒体在小学数学中的应用”和“小学语文个性化阅读有效策略初探”的校本教研课题研究。

学校2次荣获全县教育督导评估全面优胜单位奖。

学校辖郭坑、小坪2所片区完小，黄源、牌楼、上菁、付家、樱田、临江、兴无、邓源、曹坑、金盆、罗坪、梅林、坪坑、田垴、北湾、下坊、大田、坎上、桐潘、岩山、山口、哨背22所村小。2010年秋，全镇小学生716人（不含六年级），其中中心完小377人。教师68人，大专以上学历22人。小学高级教师54人。

历任校长：汤盘铭、陈居兆、匡国清、吴高权、罗泳群、李勋、罗昆、张勤、张远钏、王明哲、田重武、黄维新（两任）、王义明、熊仁俊、李杨林。

安乐林中心完小

1970年，创办安乐林场完小。1989年，设立安乐林中心完小。1993年秋，撤销中心完小建制为安乐林完小，划归澧溪中心完小管理。

历任校长：明轩文、付朝智、付瑞文、杨月福、黄维新、陈福媛、付林元。

船滩镇中心完小

学校坐落于船滩集镇东侧。其前身为民国时期创办的船滩国民中心小学。1949年秋，为县军管会首批复办的区中心完全小学，校址设船滩老茶行。1955年，校址整体搬迁到老街程家祠堂。1960年，学校增设初中班。1968年，中心完小解体后为船滩大队完小。1973年，秋将大队完小设立船滩公社中心完小。1974年，在船滩村村部所在地建起1栋2层砖木结构的教学楼，同期建有办公室、教师宿舍、食堂、厕所附属设施。同年秋学校迁入新校舍。1976年秋，为大队完小。1979年12月，又将大队完小复名为船滩公社中心完小。1984年，改称船滩乡中心完小，1993年更名为船滩镇中心完小。1999年，整体搬迁到船滩初中老校园。2002年，拆除危房，新建1幢砖木结构平房学生宿舍。2004年，拆除老食堂和礼堂，新建1栋砖混结构的学生食堂和行政办公楼。2008年，拆除老教师宿舍，建1栋砖混3层综合大楼。建1座长20米、高2.5米的文化长廊。2009年，对校园附属设施进行改造和修缮，修水泥球场，硬化操场，加建围墙。

学校以“文明、乐观、实践、创新”为校训；树立“对学生终生幸福负责，为学生长远发展奠基，办人民满意的教育”的办学思想；形成“团结拼搏，锐意进取，超越自我，争创一流”的校风；“创建朴素有品位的校园文化；培养观念先进，教法先进，有理想的教师；打造作风正派，态度严谨，行为规范，团结协作的行政团队；培养基础知识扎实，有特长的学生”。

2009年，该校获全县办学水平综合督导评估全面优胜单位奖。

学校辖辽田、长坪、殿背、辽里4所片区完小，蹽头、木高、柏树、河潭民族小学、莲塘、东岸、坎头、辽阜、吴湾、新坑、白沙、南岳、易溪、黄沙14所村小。2010年秋，全镇小学生1101人（不含六年级），其中中心完小567人。教师89人，教师大专以上学历19人。小学高级教师56人。县骨干教师1名。

历任校长：吴世发、匡国清、方谊贵、赵诗华、叶发义、郭邦宏、张子希、熊乔珍、李勋、徐声西、周先和、周少平、陈德寿、程正卓、程德猛、邹盛森、郑家继、付持宁、盛荣。

南岳乡中心完小

1964年，设立南岳公社完小，校址设在袁家祠堂。1968年，南岳公社完小解体后为大队完小。1973年秋，将南岳大队完小设立南岳公社中心完小。1976年秋，复为南岳大队完小。1979年12月，恢复为南岳公社中心完小，1984年，改称南岳乡中心完小。2002年1月，撤销南岳乡并入船滩镇，中心完小建制仍保留。2005年秋，撤销中心完小建制，改为船滩镇南岳村小。

历任校长：王忠谋、陈德泰、阚金才、谢昌明、程德佳、方家祥、陈维生、付宝林、石先金、张兆寿、汪小金、柯小明。

石门楼镇中心完小

学校校址设在石门楼集镇西侧二重堂。前身为石门私立明诚小学。1949年秋，在霄公祠设罗溪区中心完小石门分校，1952年7月，改称石门中心完小。1958年，石门中心完小附设农中班，一年后农中班停办。1968年，中心完小解体，改为石门大队完小。不久石门大队投工投料在集镇西侧二重堂新建1幢集教室、办公室、教师宿舍为一体的土木结构综合楼。1973年在大队完小开办石门民办中学。同年县、社、大队出资投工在集镇东北方的湾里建1幢二重堂的土木结构综合楼为大队完小校舍。同年秋，将石门大队完小设立石门公社中心完小。1976年秋，改办大队完小。1979年12月，将大队完小恢复为石门公社中心完小。1984年8月，更名为石门楼乡中心完小。1988年，拆除土木结构的危房，改建2层砖木楼房。1990年春，新校舍交付使用。1993年，改称石门楼镇中心完小。1996年秋，中心完小校址迁回二重堂。1998年至2003年，先后改建新建校舍，建有3层砖混结构教学楼1幢，教师宿舍、厨房各1幢。2010年，校舍建筑面积2546.5平方米，生均10平方米，活动场地4586平方米，生平18平方米。

学校承担的市级教研课题“开放式应用题教学”，于2008年结题。

学校确立“用优雅的环境营造浓厚的文化氛围，以深厚的文化底蕴陶冶学生高尚情操”的育人思想。

学校辖中村高小，田铺片区完小，炉山村完小，西桥、银炉、上坳、中村、廒夏、高峰、新牌、九条、镜源、田铺、白桥、青岭12所村小。2010年秋，全镇小学生859人（不含六年级），其中中心完小460人。教师68人，教师大专以上学历16人。小学高级教师43人。

历任校长：陈先泰、罗昆、刘尚周、刘伦万、曹庭玉、冷绪源、叶翠华、刘轩成、徐自立、张聘威、张会林、张亦肖、洪欢平、张秉槐、郑冬宁。

罗溪乡中心完小

学校坐落在集镇西南方约五百米处。其前身为罗溪区中心国民小学，1949年初夏，区国民小学停办。同年秋，县军管会复办罗溪区中心完全小学。1958年，在完小校园内设立罗溪初级中学。1968年，中心完小解体，改办为罗溪大队完小。1973年秋，将大队完小设立罗溪公社中心完小。1976年秋，学校复名为大队完小。1979年12月，恢复为罗溪公社中心完小，1984年，改称罗溪乡中心完小。1995年至2005年，先后对老校舍进行改建和扩建，建有3层砖混结构的教学楼和2层砖混学生公寓。建水泥篮球场1个。

学校进行语文“直读音节，整体识读”的识字教学，构建“自我探究”的阅读教学，数学“探究法”课题研究。

学校以“健康、快乐、合格”为育人目标；形成“科研立校，管理增效，全面发展”的办学特色。

1998年，获县委县政府授予的“全县文明建设先进单位”称号，1999年，获全县教育目标管理考评全面优胜单位奖。

学校辖坪源、梅山、坪港3所村完小，朱山、合源、新庄、联村、长龙、尧山6所村小。2010年秋，全乡小学生442人（不含六年级），其中中心完小136人。教师48人，教师大专以上学历18人。小学高级教师33人。县骨干教师1名。

历任校长：张汉炳、葛旺荪（两任）、凌端廉、叶翠华、张韧、邱世林、徐声温、余修兴、罗时大（两任）、饶光华、叶存炬、余水平、陈德平、张垂忠、张桂洪、汤波。

清江乡中心完小

学校位于清江集镇的蟹形山。1960年，在大田黄氏祠堂设立大田完小。1966年，学校迁址到清江老街的修河边上，学生200人，6个教学班。1968年，清江老街整体搬迁，迁到清江棉种场。校园居田畈中间，4栋土木结构的平房，形成一个四合院。有7个班，3个附设初中班，学生500人。1973年秋，将大田完小设立清江公社中心完小。1980年，学校从棉种场迁到集镇的柏树下。1984年改称清江乡中心完小。1985年，从柏树下迁对门山。校园占地面积2624平方米。2004年8月18日，撤并晏头村完小。完成校址由对门山整体搬迁到蟹形山工程。校址搬迁工程政府投资100万元。蟹形山新建砖混结构3层教学楼1幢，2层学生公寓1栋及教师宿舍、食堂、厕所、运动场，建校门和围墙。校园占地面积7804平方米。

学校以“与时俱进，严谨笃学”为校训；形成“谦诚、自主、互动、超越”的班风，“发奋、拼搏、乐学、多思”的学风，“团结、文明、和谐、奋进”的校风。确立“管理一流，校园一流，质量一流”的办学目标。

2008年，学校获全县办学水平综合督导评估办学特色（古诗文诵读）奖。2001年获县教育督导评估“全面优胜单位”奖。

学校辖樟潭、桐埠、车下、罗洞、大田、汉桥、茅田、龙石8所村小。2010年秋，全乡小学生445人（不含六年级），其中中心完小295人。教师44人，教师大专以上学历13人。小学特高级教师1人，小学高级教师32人。

历任校长：张聘威、张兆寿、朱敦景、杨平根、陈英洪、吴锡良、雷伦和。

黄塅镇中心完小

学校位于集镇北面，县委党校旁。1952年，设斜滩完小。1962年，斜滩完小迁月田，称月田区中心小学。1968年，中心完小解体，改称沙田大队完小。沙田完小校址在黄塅集镇南端，原黄塅初中所在地。1973年秋，将沙田完小设立黄塅公社中心完小。1976年秋，该校又名为沙田完小，校址迁到县委党校旁。1979年12月，又将沙田完小设立黄塅公社中心完小，1984年，称黄塅乡中心完小，1994年，改称黄塅镇中心完小。

1990年后，校舍几经改建和扩建，新建3层和4层的教学楼各1幢及其他附属设施。

学校2007至2010年，连续4年获县教育督导评估“全面优胜单位奖”。2007年，被县委县政府评为“先进单位”。2009年，获省教育工会表彰的“四个一活动”先进单位，同年获市首届英语教师基本功比赛团体二等奖。

学校根据学生年龄、爱好等特点开设美术、书法、剪纸、体育兴趣活动小组。教研课题“小学生英语词汇学习的困难分析和对策研究”获市教研室立项。

学校以“健康、聪明、高尚、快乐”为校训。以“数字校园、人文校园、和谐校园”为导向，“尚德立校、规范治校、质量强校、科技兴校、特色亮校”的办学思想。

学校辖茶场、武安民族小学、石坪3所片区完小，夏柳、东园2所村小。2010年秋，全镇小学生1013人，其中中心完小560人。教师82人，教师大专以上学历39人，小学高级教师66人。市骨干教师3名。县学科带头人1名，教学骨干2名。

2013年秋，黄塅镇中心完小撤销整体并入武宁县第六小学。

历任校长：邱世林、张绍平、蔡报琴、何凤章、王定虎（两任）、高升腾、程德猛、洪欢平、汪小金。

县茶场中心完小

1958年，设立县国营茶场的同时创办茶场小学。1970年，增设“五七”中学，从小学到高中共有13个教学班。1978年，中小学分设。1979年12月，设茶场中心完小。1999年，撤销县茶场建制，中心完小改称黄塅镇茶场片区完小，隶属于黄塅中心完小。

历任校长：刘丰才、夏沅绪、卢真佳、方诗生、梁师才、范庆宝。

严阳乡中心完小

1959年秋，设立严阳完小，1969年，学校办有“戴帽”初中班，更名为严阳“五七”学校。1982年，“五七”学校分别设立严阳公社中心完小和严阳公社初级中学。2005年，撤销严阳乡并入新宁镇。严阳中心完小改办为石坪片区完小，隶属于黄塅镇中心完小。

历任校长：张开榜、刘丰才、李枝震、艾宏逵（两任）、张远池、万长其、蓝世熙、雷显林、蔡诚、冷新民。

南市中心完小

学校坐落在县万福经济技术开发区的协和大道东侧，前身为中银希望小学，是南市乡的一所村完小。教学楼属1996年中国银行省分行驻彭术村扶贫建设项目，省中行捐资25万元，县、乡、村分别筹资13万元、6万元、3万元。1996年7月，动工兴建，1997年8月，竣工交付使用。教学楼为3层砖混结构，建筑面积1341.81平方米。1999年2月，将中银希望小学改设为南市乡中心完小。学校扩建和改建礼堂、食堂、篮球场、排球场、水冲式厕所、校门和围墙附属设施。设万福经济开发区后更名为南市中心完小（开发区小学）。

学校采取“说课—听课—评课—研究—改进”的方式，开展“人人上好一节优质课改探索课”的教学竞赛活动。

学校确立“乐中育人，育人中有乐；爱中育人，育人中有爱；美中育人，育人中有美；玩中育人，育人中有玩”的办学思想。形成“团结、严谨、勤奋、拓新”的校风。“严谨、博学、善教、爱生”的教风。“诚实、刻苦、守纪、尊师”的学风。以“四有五乐”（有理想、有道德、有文化、有纪律，乐学习、乐劳动、乐锻炼、乐生活、乐创造）为办学目标。

2008年，获市“文明单位”称号，2009年，获县办学水平综合督导评估全面优胜单位奖。

2010年秋，学校辖桐林村小，在校小学生857人（不含六年级）。教师43人，教师大专以上学历33人，小学高级教师24人。

历任校长：黄园宁、范庆宝、陈德平。

农科所中心完小

1964年9月，在南市街设立南市街完小，1971年，移民迁建后靠到董家坪，改称县农科所完小。1973年秋，更名农科所中心完小，完小附设初中班，为八年一贯制学校（小学5年，初中3年）。1991年，初中部停办。1999年2月，更名为南市乡董家坪完小。2004年，董家坪完小停办。

历任校长：杜道远、张远来、徐兆乾、张绪辉、程少仁、李屏耀、钟俊亮、黄园宁。

罗坪镇中心完小

学校坐落在罗坪集镇北端，与罗坪初中毗邻。1960年秋在漾都余家祠堂设立巾口完小漾都分校。1971年，漾都完小建成土木结构的校舍。1973年秋，将漾都完小设为罗坪公社中心完小。1976年秋，改名为漾都大队完小。1979年12月，仍将漾都大队完小恢复为罗坪公社中心完小。1984年，更名为罗坪乡中心完小，1992年，改称罗坪镇中心完小。

1984年，土木结构的校舍改建成火砖墙，校园占地面积3162平方米，校舍建筑面积1854.75平方米。有10个教学班，学生451人，教职工28人。1999年起学校加大对校舍的改、扩建力度，先后建成3层砖混结构的教学楼、综合楼、学生公寓各1幢。建有校门、传达室、学生食堂、水冲式厕所附属设施。

校园松柏成荫，绿草如盖。文化长廊中的一条条励志警语，一幅幅名人画像和名人格言，一句句温馨提示，彰显校园文化氛围。

学校成立语文、数学、英语、术科四个教研组，教研组围绕新课改做文章。进行省级教研课题“学生学习数学良好学习习惯培养的研究”的研究，培养学生良好的学习习惯。每周四第七节课定为兴趣小组活动时间，开办书法、阅读、绘画、声乐、舞蹈、制作、体育、器乐活动小组。每学期举行书法、绘画、小制作竞赛活动，每年“六一”、元旦举办全镇小学生文艺会演，冬季举办小学生运动会。

学校本着“以人为本”的理念，“立人先立德，成才先成人”的办学宗旨，以德兴教。形成“博爱、严谨、敬业、奉献”的教风和“自主、好问、乐读、精思”的学风。

学校被评为省农村小学示范学校，九江市农村中小学远程教育先进学校。2次荣获县教育督导评估全面优胜单位奖。

2010年秋，学校辖洞坪片区完小，漾都民族小学、沙湾、大堰、长水、申明司、关山口、东边、大洪、群峰9所村小。全镇小学生802人（不含六年级），其中中心完小380人。教师56人，教师大专以上学历49人，小学高级教师43人。市级骨干教师2名，县级骨干教师2名。

历任校长：刘少春、杨昌海（两任）、聂学焰、刘明河、王汝章、翁盛旺、李时前。

新宁镇中心完小

2013年8月，将茶场片区小学改设乡镇撤并后的新宁镇镇办中心完小。校园占地面积4.3亩，新老教学楼各1栋，建筑面积810平方米，校园绿化面积300平方米。2013年秋，6个教学班，学生240人，教师22人；2014年秋，6个教学班，学生250人，教师25人；2015年秋，6个教学班，学生256人，教师21人。中心完小下辖石坪、夏柳两个村小。

历任校长：郭庆海、毕建华。

大洞乡学校

2005年秋，大洞初级中学与大洞乡中心完小合并，改办九年一贯制学校——大洞乡学校，校址设大洞初中。

1952年，鹤坪乡（今大洞乡）借用箬田叶氏宗祠为校舍，创办箬田完全小学。教学班4个，学生120人，教职工12人。1954年秋，在畈上村的畈中心建起一座两层砖木结构1000平方米集教学和生活用房于一体的校舍。将箬田完小迁至此处，更名为畈上完全小学。1958年秋，畈上完小改办初级小学，五、六年级学生并入路口完小。1960年秋，恢复畈上完小。1968年，畈上完小校舍改设大洞初中后，小学迁至鹤坪借用民房为校舍。后小学又迁余家边。1973年秋，将畈上完小设立大洞公社中心完小。1976年秋，复称畈上完小。1979年12月，将畈上完小恢复为大洞公社中心完小。1984年，改称大洞乡中心完小。1986年，在乡政府所在地洋湖塅择基建新校舍，1987年，迁入新校舍。校园占地面积1734平方米，校舍建筑面积1054平方米，教学楼为两层砖混结构房。学校先后3次荣获县教育督导评估全面优胜单位奖。

1967年畈上完小附设农中班，不久附设农中班改为大洞初级中学。1969年大洞初中招收高中生，更名大洞中学。1979年秋高中班停办。1984年大洞初中由畈上迁至乡政府所在地洋湖塅。1999年大洞初中占地面积7380平方米，校舍建筑面积1635平方米。时有8个教学班，学生400余人，教职工31人。

学校以“崇德励志，勤学敏思”为校训；树立“为祖国的未来着想，为学生的一生夯基”的办学思想；形成“严实、诚信、勤奋、创新”的校风，“爱岗敬业，教书育人”的教风，“守纪厚德，勤奋博学”的学风。

2010年秋，学校辖箬田、彭坪、鲁桥3个村小。小学部学生285人，初中生229人。小学教师32人，初中教师24人。中小学教师大专以上学历34人。中学高级教师3人，一级教师11人，小学高级教师22人。

中心完小历任校长：陈守法、沈贤章、余济时、全家坤、刘诗宾、洪汗圣、叶心忠、熊贻财、冷景礼、熊仁俊、蔡诚、李绍宁。

初级中学历任校长：全家坤、聂竞希、黄文忠、聂学焰、冷绪兰、邱吉祥、洪登厚、陈求根、洪汗圣、叶柏鲜、熊明、叶存平、邓京泉。

九年一贯制学校历任校长：叶敏、周亚民、聂学龙、叶祥景。

巾口乡学校

2003年秋，巾口初级中学与巾口乡中心完小合并，改办九年一贯制学校——巾口乡学校。校址设巾口初中。小学部仍在中心完小原校园内。2005年春，学校新教学楼竣工，小学部迁入。

1950年，在修河北岸的老巾口街设巾口完全小学。1960年秋，设立巾口完小漾都分校，1965年，设上畈分校。1968年，巾口公社中心完小解体后，改办巾口大队完小。1970年冬，巾口老集镇移民迁建搬迁到幸福山。同期在幸福山创办幸福镇小学。1972年，幸福镇小学在集镇西侧小山包上新建1栋有5间教室和1间办公室的平房教学楼。1973年秋，将幸福镇小学改设幸福公社中心完小。1976年秋，复名为幸福镇小学。1979年12月，将幸福镇小学恢复为幸福公社中心完小。1984年，更名为巾口乡中心完小。1987年，在集镇北500米处新建1幢两层有8间教室的砖混结构教学楼。1988年秋，迁入新校舍， 5个教学班，学生113人，教师8人。1993年，获县教育目标管理考评全面优胜奖。1996年，建起校门和围墙。

1965年，在老巾口街创办巾口农业中学，1968年，农业中学停办。同年冬，利用幸福山共大的校舍创办巾口公社“五七”中学。1970年冬到1971年春师生肩挑背扛，每天2趟往返约20公里，将巾口完小老校舍旧房料搬运到幸福山，在集镇北500米处择基建新校舍。兴建1栋砖木结构两层12间教室的教学楼及简易附属设施。学校更名为幸福公社“五七”中学。1973年8月，改名为幸福公社初级中学。1975年，设高中班，更名为幸福公社中学。1979年8月，高中停止招生，复名为幸福公社初级中学。1984年，更名为巾口乡初级中学。1988年，拆除旧教学楼，在操场南侧建1栋2层砖木结构有8间教室，4间办公室的教学楼。1996年，在教学楼西头扩建4间教室。2005年春，巾口乡学校新教学楼竣工交付使用。

2009年，学校获县政府表彰的“先进集体”称号，2010年，获教育督导评估全面优胜单位奖。

学校以“诚实博学，志存高远”为校训；形成“文明团结，勤奋进取”的校风，“乐教善学，严谨求真”和“勤学爱读，博采众长”的教风和学风；确立“高质量，有特色，创一流”的办学目标。

2010年秋，学校辖棠厦、西下、三山、北栎4所村小。小学部小学生229人，初中生134人。小学教师17人，初中教师24人，中小学教师大专以上学历29人。中学高级教师5人，一级教师16人，小学高级教师13人。县骨干教师1名。

中心完小历任校长：聂敏球、叶发义、罗昆、杨汉志、桂竞华、刘明铁、石学达、杨昌海、陈宗标、余锦桂、王时述、王时福。

初级中学历任校长：邱树基（两任）、杨昌海、夏源绪、李屏耀、欧阳可佳、刘世安、曹国宝、余香友、夏赟、涂东亮。

九年一贯制学校历任校长：余致、郑振华、王太平、潘鹏飞。

杨洲乡学校

2005年秋，杨洲乡初级中学与杨洲乡中心完小合并，改办九年一贯制学校——杨洲乡学校。校址设杨洲初中。

20世纪50年代初，瓜源乡创办邢庄小学，1958年，改为瓜源完小。同年，杨洲口外创办官田完全小学。1971年，官田完小搬迁，一部分迁入界牌完小，一部分迁入瓜源完小。1972年秋，瓜源完小改名为森丰完小。1973年秋，将森丰完小改办为杨洲公社中心完小。1976年秋，复名为森丰完小。1979年12月，将森丰完小恢复为杨洲公社中心完小。1984年，改称杨洲乡中心完小。森丰完小原教学楼为土木结构，1997年，成危房拆除。1998年，新建1栋砖混结构的教学楼。获1次全县教育目标管理考评全面优胜单位奖。

1967年，在扬洲口外官田创办官田中学。1971年该校搬迁至邢庄白鹭坳，更名为扬洲公社“五七”中学。1973年，高中部停办、改名为扬洲公社初级中学。1984年，改名为扬洲乡初级中学。1999年，扬洲初中有12个教学班，学生640人，教职工38人。该校先后3次荣获全县教育目标管理考评全面优胜单位奖。

2009年，学校进行“初中作文教学有效性探究”的教研课题研究。获办学水平综合督导评估全面优胜单位奖。

学校以“养德、启智、笃学、敏行”为校训；形成“德馨自华、书香致远”的教风，“励志、明理、笃学、导行”的学风；确立“为师生的终身发展奠基，让师生享受教育的幸福”的办学目标。

2010年秋，学校辖杨洲、界牌、南屏、霞庄4所村小。小学部小学生298人，初中生154人。小学教师23人，初中教师23人。中小学教师大专以上学历20人。中学高教教师5人，一级教师6人，小学高级教师16人。

中心完小历任校长：瓜源完小卢辉、肖政荣、叶发义、黎端炘；官田完小余国钧、林令开、张功祥；杨洲完小舒本凡、袁贤宁、冷卫。

初级中学历任校长：李屏耀、柯善林、温宏康、祝伟东、姜敏、王贤斌。

九年一贯制学校历任校长：王贤斌、叶敏、吕从勇。

宋溪镇学校

2006年11月，宋溪初级中学与宋溪镇中心完小合并，改办九年一贯制学校——宋溪镇学校。校址设宋溪初中。2002年2月，伊山乡并入宋溪镇。

伊山乡中心完小 1933年，创办伊山初级小学，校址设伊山长榜潘氏祠堂。20世纪50年代初，转为公办小学，校名为长榜小学。1958年，伊山以长榜小学为基础，创办伊山完全小学。校址由长榜潘氏祠堂迁至老屋里村，借用四合院式民房3栋作校舍。1960年，学校迁到堰下三公祠。一年后，将长榜潘氏祠堂进行改建，并加建四间教室，该校又迁回长榜。1965年秋，伊山完小“戴帽”办农中班，仅办两年停办。1968年，伊山完小附设初中班。1970年春，初中班与小学分设，初中搬到长榜牛角塘新建的校舍，并行使管理全公社小学的职权。伊山完小变更为上堈大队完小。校址设上堈大队部旁，校舍是群众投工投料建造的土筑楼房。1973年秋，将上堈大队完小设立伊山公社中心完小。1976年秋，复名为上堈大队完小。1977年秋，上堈完小并入初中，办八年一贯制学校（初中3年，小学5年）。1979年，中小学又一次分设，设伊山公社中心完小和伊山公社初级中学。1984年，中心完小更名为伊山乡中心完小。

2002年秋，伊山初级中学与伊山中心完小合并，改办九年一贯制学校——伊山学校。2003年秋，伊山学校初中部并入宋溪初中。小学部复名为伊山中心完小。2004年秋，撤销伊山中心完小建制。改办为宋溪镇伊山片区完小。伊山中心完小荣获一次全县目标管理考评全面优胜单位奖。先后被县委、县政府授予教育系统先进单位；创文明校园，树师表形象“十优”文明学校；“两个文明”建设先进单位。

伊山初级中学　伊山初中最初以初中班形式创办于1968年、1970年，单设伊山中学，办有高中班。1972年，高中班并入宋溪中学。1977年，又开设民办高中班，1979年高中班再次并入宋溪中学后，更名为伊山初级中学。

宋溪中心完小　1959年在罗堈设立新宁镇公社罗堈完小。该校数易其址，先后迁三贤堈、伊山口、田堈、牛栏角等处，最后定址于田堈大树下，更名为田堈完小。1973年秋，将田堈完小设立宋溪公社中心完小。1976年秋复名为田堈完小。1979年12月，又将田堈完小恢复为宋溪公社中心完小。1984年改称宋溪乡中心完小。1998年新建1栋3层9间教室，3间办公室的砖混结构教学楼。9个教学班，学生359人，教师24人，1996年被市教育局评为“双基”验收先进单位。2002年更称宋溪镇中心完小。

宋溪初级中学　宋溪初中前身为新宁镇“五七”中学，于1968年创办于县城东门罗堈的罗家山下。1969年10月，更名为宋溪“五七”中学。1970年，从罗家山下迁至田堈村大树下，时有学生200人，教师14人。1972年，更名为宋溪中学。1981年春，有4个初中班和4个高中班，学生420人，教师28人。1981年秋，高中部停办，学校更名为宋溪初级中学。1970年，在大树下建砖木平房教室8间，建筑面积600平方米。20世纪70年代，先后建教师和学生宿舍及其他附属设施校舍940平方米。20世纪80年代，校舍进行拆迁更新改造。1999年，校园占地面积11794平方米，有教学楼2幢，办公楼和实验室各一幢，教师宿舍楼2幢，学生宿舍和平房宿舍各1栋。2002年，获县教育目标管理督导评估全面优胜单位奖。2003年，被县委、县政府评为文明单位。

宋溪学校2007—2010年连续4年荣获县教育督导评估全面优胜单位奖。2007年被县委县政府评为先进集体，被省教育厅授予“人民群众满意学校”称号。2010年被省教育厅评为提升质量年活动先进单位。

2009年5月学校成立以“品文学之韵，扬思想之帆”为宗旨，以三至九年级学生为主体的群团组织——扬帆文学社，文学社每学年录入学生的作品出版一期《扬帆》社刊。

学校以德育为先导，以教学为中心，坚持制度治校，以人为本，实施素质教育，人文管理，以“见贤思齐，日进有功”为校训；遵循“德育是建校之基，管理是兴校之策，质量是立校之本，育人是办校之责”的办学思想；以“管理规范，三风清醇，全面育人，教师敬业，学生乐学，人民满意”为办学目标；以“宣传科学理论，传播先进文化，塑造美好心灵，弘扬社会正气”为办学宗旨；大力加强“仁爱儒雅，尚学励志”的校风建设，打造“博学敬业，启智拓能”的精英教师，培育“崇德明理，乐学敏思”的莘莘学子，建设“歌声嘹亮，书声琅琅，青春快乐，书香文明”的和谐校园。

2010年秋，学校辖伊山、南皋2所片区完小，山口、塘畔、田东、王埠、大坪5所村小。全镇 2010年秋小学部学生304人，初中生167人。小学教师49人，初中教师46人。中小学教师大专以上学历68人。中学高级教师11人，一级教师16人，小学高级教师34人。市骨干教师3名，县骨干教师3名。

伊山中心完小历任校长：李焕清、洪丽清、赵万程、罗时钦、盛展生、程贤彪、肖玉山、周庆坚、毕建华。

伊山初中历任校长：杨昌涛、卢其媥、刘应垚、冷绪兰、罗时钦、冷景河、周庆坚、肖玉山、余树坤。

伊山学校校长：毕建华。

宋溪中心完小历任校长：刘俊道、张远隆、李朝霞、石道开、石学达、付朝香、石承龙（代）、李枝震、冷景河、郭大成、刘风华、蔡诚。

宋溪初级中学历任校长：段君善、邓照周、熊仁佑、李枝震、唐碧、王明哲、冷绪源、刘显鑫、冷景河、田重武、郭大成、张吉杏、马哲江、叶存平。

九年一贯制学校历任校长：叶存平、叶敏。

东林乡学校

2005年秋，东林乡初级中学与东林乡中心完小合并，改办九年一贯制学校——东林乡学校。校址设东林初中。

1961年，创办东林完小。1969年春，将完小校园改办中学。1970年，东林大队完小在东头坳的小山坡上建起土坯房校舍。1973年秋，将东林大队完小改设东林公社中心完小。1976年秋，学校复名为东林大队完小。1979年12月，又将大队完小恢复为东林公社中心完小。1984年，更名为东林乡中心完小。1983年，进行校舍改造，拆除土坯房建起砖瓦屋。校园占地面积3000平方米，校舍建筑面积1200平方米。

1969年春，在东林完小校园内创办东林“五七”中学。1969至1979年，学校办有高中班，1979年秋，高中班停办，校名为东林公社初级中学，1984年，更名为东林乡初级中学。20世纪70年代，对校舍进行改建和扩建，建成砖木结构2层的教学楼1幢，平房教工宿舍1栋，厕所1处。1988年，建成1幢2层的教学楼，1999年，又建成1幢2层教学。教学班12个，学生450人，教职工42人。校园占地面积15200平方米，校舍建筑面积2100平方米。

2010年秋，学校辖茶畲民族小学、山头、雷家、下车、白水、桥头、毛田6所村小。小学部学生189人，初中生101人。小学教师31人，初中教师15人，中小学教师大专以上学历42人。小学高级教师18人，中学一级教师4人。市骨干教师2名。

中心完小历任校长：张汇群、徐传禄、吴义发（两任）、陈宗光、程振卓、陈德寿、盛以龙。

初级中学历任校长：汪会忠、夏尚铎、陈安邦、邹盛森、李盛杰、杨素桂。

九年一贯制学校历任校长：杨素桂、雷伦和、吴丰进、祝绪国。

上汤乡学校

2006年秋，上汤初级中学与上汤乡中心完小合并，改办九年一贯制学校——上汤乡学校。校址设上汤初中。

1958年，创办温汤完小。建校初期学校借用南山下民宅堂屋做教室。1959年，选址在集镇新建土木结构的校舍，建有一幢2层共10间教室的教学楼，平房教师宿舍和学生宿舍，厨房、饭厅，建筑面积1346平方米，校园占地面积3865平方米。教学班4个，学生170人，教职工7人。1968年在温汤完小增设温汤中学。不久由温汤大队在瀑水潭建六间土木结构的平房做完小校舍。1973年秋，将温汤大队完小改设温汤公社中心完小。1976年秋，复名为大队完小。1979年12月，又将大队完小恢复为温汤公社中心完小。1984年，更名为上汤乡中心完小。1999年，中心完小校园占地面积3400平方米，校舍建筑面积1346平方米。一幢4间2层的教学楼，教工宿舍和学生宿舍及厨房、保管室、阅览室、实验室、仪器室、广播室附属设施。教学班9个，学生400人，教职工27人。

1968年，在温汤完小校园内创办温汤“五七”中学，为中小学合一的学校管理体制。不久，温汤完小易址设校。1976年，高中班撤并到船滩中学，更名为温汤公社初级中学。1984年，更名为上汤乡初级中学。校舍几经改建和扩建，1984年，拆除原土坯房改建成砖瓦平房。1992年，新建1栋3层的教学楼。1999年，校园占地面积3382.42平方米，校舍建筑面积1837平方米。校舍成“四合院”式。校门左侧为3层的教学综合楼，右侧是教工宿舍楼。校门对面是食堂，食堂左侧是学生宿舍。教学班9个，学生480人，教职工31人。

2010年秋，学校辖店前、九宫、洋深、刘家桥、梅溪、石溪6所村小。小学部学生242人，初中生79人。小学教师25人，初中教师13人。

中心完小历任校长：施谷宏、杨汉志、刘礼达、冷先忠、陈德才、黄训友、李昆华、蔡诚、吴锡良、王益民。

初级中学历任校长：黄训友、陈德泰、方由海、杨素华、夏尚铎、程德猛、魏克云、陈彬、付持宁、毛雪松、邓宁、黄仲泉。

九年一贯制学校校长：王益民、盛荣、方建宁。

石渡乡学校

2009年秋，石渡初级中学与石渡乡中心完小合并，改办九年一贯制学校——石渡乡学校。校址设新丰中心完小。石渡初中仍在石渡老街待迁。

1950年，设石渡完全小学。石渡完小其前身是民国时期创办的石渡乡国民中心小学。校址设在石渡老街万寿宫。1951年，学校迁到竹圃里，借用民宅做教室。不久在老街上街头建校舍一处，建筑面积280平方米。1955年，又将校址迁往万寿宫后面的塝上，新建校舍面积740平方米。1968年，石渡公社完小解体，改称石渡大队完小。1973年秋，将大队完小改办石渡公社中心完小。1975年，迁址方家岭，新校舍面积750平方米。1976年，复名为大队完小。1979年12月，将大队完小恢复为公社中心完小。1984年，改称石渡乡中心完小。1999年，校园占地面积8000平方米，校舍建筑面积1486平方米，建有校门和围墙。2001年9月，中心完小迁址到石渡乡政府驻地新址新丰。老校园改办石渡村完小。新址校园占地面积6667平方米，校舍建筑面积1581平方米。2009年春，教学班6个，学生276人，教师23人。中心完小先后两次荣获全县教育督导评估全面优胜单位奖。

石渡初级中学坐落在石渡老街东端，北依修河，东望柳山。创办于1968年，时称石渡"五七"中学，创办初期仅设2个初中班，半年后干楼农业中学并入，有6个教学班的"二二制"完全中学。1973年秋，撤销高中部，改为初级中学。1975年，又复办高中班，1980年秋高中班停办，此后为初级中学。1999年，校园占地面积30015平方米，校舍建筑面积5441.2平方米。校园北面1幢4层教学楼，东面1幢平房教室，南面2幢教工宿舍，1栋厨房，西面3幢学生宿舍。教学班18个，学生960人，教职工54人。2009年5月，开始在新丰新址动工兴建校舍。新校舍一期工程有教学楼、教室宿舍、学生公寓、学生食堂各1幢，运动场1处，篮球场2个。工程于2010年8月竣工交付使用，暑期初中部整体搬迁到新丰。学校荣获全县目标管理考评全面优胜单位奖1次。

学校以"博学、慎思、严谨、笃行"为校训；立警示语碑："忧劳兴国，逸豫亡身"。

2010年秋，学校辖石渡村完小，洞口、官田、安乐、丰年、盘溪、兰田、新华7所村小。小学部学生387人，初中生213人。小学教师44人，初中教师40人。中小学教师大专以上学历45人。中学高级教师7人，一级教师18人，小学高级教师30人。县骨干教师2名。

中心完小历任校长：陈重心、汪润荪、李占春、张勤、范才能、罗昆、熊乔珍、刘俊道、刘轩成、仰宗政、冷先兰、张汇群、朱敦景、李焕芳（三任）、周平德、黄良发、胡传清、陈家聪、李小华、付林元、汪小金、熊唐生。

初级中学历任校长：邓子玉、罗时大、余传福、余国钧、唐碧、钟孝云、陈公礼、钟孝海、汪和平、兰浩义、夏尚彬、叶小午、邹盛华、吴锡良、毕建华。

九年一贯制学校历任校长：毕建华、张杰。

第四章　普通中学教育

第一节　学校设置

民国时期中学设置

民国时期，武宁县内中学有省立、县立、私立三种。

1925年，武宁创办第一所中学，即私立武宁初级中学。始招1个班，附设沉健小学内。校长黄隐霆。同年迁修河南岸飞凤山新校舍。1927年，并入设在修水三都的省立第十五中学。

1937年，创办县立协和初级中学，校址县城原正谊书院和协和别墅崇雅楼。是年秋，江西九县联立洪都中学在武宁开办洪都中学武宁分校。1938年9月，县立协和初中迁源口外长田大屋，10月，洪都中学武宁分校并入，同年冬，迁往石门楼张祠。1939年春，又迁石门楼银炉，同年秋，奉命停办，师生并入设在铜鼓的省立赣西北临时中学。1940年秋，县立协和初级中学恢复，校址设石门楼银炉。1943年秋，迁澧溪樱田。1944年，又迁罗溪。为避免与省立协和中学同名，改称县立初级中学，并增办高中，附设师范班。1945年春，经省教育厅正式批准，改名武宁县立中学。当年秋，高二和初三学生迁回县城，校址万寿宫和十乡宾兴馆。其余学生次年春迁回。

1945年9月，石完璞创办私立正风中学，校址县城石家祠。1946年，省教育厅批准备案时，更名为私立振风中学，学校开办时有初中2个班，高中1个班，学生196人。1947年，发展到9个班，388人，教师23人。

1946年春，江西省立协和中学由靖安邱家街迁至武宁箬溪。学生来自6省32县，时有初中6个班，182人，高中4个班，150人，教师29人。1948年，学生增至443人。1949年，上半年迁县城中山纪念馆和盛氏宗祠。

至此，全县有完全中学3所，在校学生1186人，其中高中学生425人。教职工82人。

1937—1948年全县中学教育情况

表4-1　　　　单位：所、人

年度	学校数	学生数						教职工数
		初中			高中			
		在校数	毕业数	招生数	在校数	毕业数	招生数	
1937	1	100	—	100	—	—	—	10
1938	1	159	—	100	—	—	—	14
1939	—	—	—	—	—	—	—	

续表 单位：所、人

年度	学校数	学生数						教职工数
		初中			高中			
		在校数	毕业数	招生数	在校数	毕业数	招生数	
1940	1	156	—	—	—	—	—	14
1941	1	246	—	100	—	—	—	24
1942	1	252	50	100	—	—	—	24
1943	1	252	56	100	—	—	—	24
1944	1	305	51	100	85	—	85	28
1945	2	444	95	296	109	50	87	43
1946	3	729	101	255	290	30	121	77
1947	3	870	138	401	394	83	176	86
1948	3	761	204	264	425	122	162	82

新中国成立后中学设置

新中国成立后，中学设置按办学层次分有完全中学、高级中学、初级中学、中小学一贯制学校。按举办部门分有公办中学（教育部门办）、民办中学（社队集体办）、私立中学（私人投资办，也称社会力量办学校或民办学校）。

公办高中与完中

1949年8月，县军管会教育科将民国时期的县立中学、省立协和中学、私立振风中学和武宁师范学校合并为武宁县立联合中学，10月，师范部并入九江师范。1951年，改名武宁中学，简称武中。1952年，下半年起武中专办初中，高中部并入九江二中，全县没有高中班。1956年秋，武中复办高中。1968年，武宁中学被肢解为石渡、黄塅、新宁镇、宋溪4所农村“五七”中学。1966年，创办的农村初中普遍增设高中，“文化大革命”中创办的大量中学绝大多数为四年制完全中学。1971年，全县25个公社（场）有完全中学33所。1973年秋，对高中网点进行调整，保留武中、澧溪、船滩、金水、大桥、莲花、宋溪、罗溪、石门、罗坪、清江11所完中。1976年，全县高（完）中24所。1978年，县委批转县文教局《关于中学网点调整方案》，进行调整，1979年，完中由18所减为11所，武宁一中、武宁二中、金水、大桥、莲花、宋溪、船滩、澧溪、石渡、石门、罗坪。1980年，进行第二次调整，全县保留武宁一中、武宁二中、澧溪中学、金水中学4所完全中学。1981年，增办武宁县第三中学，简称武宁三中。1984年，武宁三中改办县农业中学。1990年，金水中学停招高中，改由鲁溪中学招生。1994年，鲁溪中学、澧溪中学高中停止招生，全县仅设武宁一中、武宁二中2所普通完全中学。2000年，南市初中更名协和中学，改办完中。2001年，武宁一中初中部停止招生，改办高级中学。2003年，依托私立外国语学校，组建实验中学。自此至2010年，全县一直保留公办普通完全中学3所，高级中学1所。

公办初级中学

1957年秋，在澧溪创办全县第一所农村初级中学。1958年秋，分别在横路、罗溪创办第二和第三所初级中学。1962年，这3所初中均以校址所在地命名（第二初级中学已迁金水，名金水初级中学）。1960年秋，创办船滩初中。1961年，在今巾口乡乡政府所在地创办幸福山初级中学。1966年，幸福山初中迁箬溪，改称箬溪初级中学。同年秋，增办大桥初中和石门初中。1968年，中学数量猛增。1973年，单独设校初中有大洞、路口、横路、荷洲、双溪、干楼、官莲、幸福、辽田、东林、伊山、杨洲、凤口、斜滩、石渡、大源、联村。1976年，在县城创办新宁初级中学。1978年，新宁初中改名武宁二中，1979年，二中改办完中，全县公办初中有大洞、路口、横路、荷洲、官莲、幸福、伊山、干楼、大源、东林、温汤、清江、中村、罗溪、联村、黄塅、杨洲。1980年，大桥、莲花、宋溪、船滩、石渡、石门、罗坪7所完中停招高中，改办初级中学。1982年，南岳、严阳两乡中小学分开，单独设立南岳初级中学、严阳初级中学。茶场民办中学撤销高中部，改为公办，更名茶场初级中学。至此，全县有27所单独设校公办初级中学，县农科所、安乐林2所公办学校设有初中部。1983年，路口、大桥、干楼初级中学分别改名泉口、大桥河、甫田初级中学。1984年，大桥河、莲花、官莲、幸福、石门、温汤初级中学分别改名鲁溪、官莲、一黎、巾口、石门楼、上汤初级中学。1983—1985年，罗溪、鲁溪、甫田3所初中先后附设农业高中班，改为农业中学。1986年，大源初中改名澧溪初中。1988年，撤销联村初中。1991年，撤销安乐林学校初中、农科所学校初中。1993年，撤销中村初中。1994年撤销澧溪初中。1997年，撤销一黎初中，将黄塅初中更名为南市初中。1998年，撤销荷洲初中。2000年春，茶场初中改名黄塅初中，并迁黄塅集镇。全县初级中学基本保持一乡（镇）一校布局。同年秋，南市初中更名协和中学，改办完中。2002年后，随乡镇建制撤并，先后撤销伊山、南岳、严阳3所初中，将巾口、大洞、杨洲、宋溪、东林、上汤、石渡7所乡镇初中与乡中心完小合并。2010年秋，全县有公办初级中学13所，7所九年一贯制学校设有初中部。

私立中学

2000年，开始出现私人投资举办普通中学。是年，几位退休教师租赁房屋开办武宁一中附属高中、私立昌宁学校，招收初中毕业不能升入普通高中的学生，办学时间都不长。2001年，通过招商引资，开办1所完全中学：私立武宁外国语学校；2所初级中学：私立宁达中学、私立豫宁中学。2003年秋，外国语学校改制，组建实验中学，体制改为私有公办，对外仍称外国语学校。2006年秋，豫宁中学停止招生，翌年停办。2010年秋，私立武宁外国语学校停办，其场地及办学设施出租给公立武宁县实验中学。仅有私立宁达中学继续办学。

小学附设初中班

1960年，率先在船滩完小、古艾完小各附设初中一年级2个班。1961年，船滩初中班从小学分离出来，正式成立船滩初级中学。1967年，中学停止招生，应届小学毕业生均留原校就读，大量小学附设初中班便应运而生。此后，部分初中班与小学分离，单独建制，转为公办中学或民办中学，多数逐年撤销。据统计，1971年，全县达129所。1976年，县教育年报载，各公社小学附设初中班情况为，路口4所：月台、纽丝、丰田、东湾；大桥10所：西屏、岭背、枫树、梅颜、坑背、五星、大堰、上源、新塘、新开；莲花1所：泉溪；幸福2所：幸福、棠厦；干楼5所：烟港、干楼、三贤、茶棋、外湖；石渡2所：兰田、官田；清江3所：车下、罗洞、棉种场；船滩7所：仑上、辽里、莲塘、联升、长坪、吴湾、坎头；温汤2所：泉口、洋深；石门3所：炉山、白桥、银炉；罗溪2所：坪源、坪港；黄塅6所：夏柳、东园、彭树、东风、月田、沙田；严阳1所：烟溪；罗坪4所：东边、洞坪、长墅、友联；杨洲2所：界牌、霞庄；县农机厂1所；另有横路7所，宋溪3所，澧溪13所，东林1所，校名不详。1980年，尚有50所。1981年，全部称民办中学。

1949—2010年全县中学教育情况

表4-2　　　　　　　　　　　　　　　　　　　　　　　　　　单位：所、人

年度	学校数	学生数						教职工数
		高中			初中			
		在校数	毕业数	招生数	在校数	毕业数	招生数	
1949	1	137	17	—	143	—	—	26
1950	1	52	21	—	105	30	20	25
1951	1	48	7	—	245	27	38	32
1952	1	—	—	—	354	25	126	26
1953	1	—	—	—	372	90	79	27
1954	1	—	—	—	387	107	15	31
1955	1	—	—	—	440	199	53	33
1956	1	102	—	102	725	111	166	58
1957	2	143	—	50	725	108	477	62
1958	13	243	—	100	1449	287	819	90
1959	10	204	121	108	1403	250	575	81
1960	13	415	103	100	1769	250	712	125
1961	12	474	90	100	1780	452	620	152
1962	8	225	108	103	1475	356	521	135
1963	8	211	90	100	1322	344	674	142
1964	20	250	103	106	2020	452	810	91
1965	32	295	43	101	2128	1230	1374	139
1966	32	322	199	145	2181	610	1450	140
1967	33	2170	582	—	4310	—	—	145
1968	33	2231	597	580	4569	1970	1040	145
1969	35	2200	976	1408	4880	1245	2260	390
1970	40	2040	928	1408	6602	—	2678	398
1971	52	2000	1976	1424	6825	4546	3841	414
1972	77	3964	1696	2751	7838	4214	3561	617
1973	56	2719	1510	851	5132	3415	3266	366

续表　　　　　　　　　　　　　　　　　　　　　　　　　单位：所、人

年度	学校数	学生数						教职工数
		高中			初中			
		在校数	毕业数	招生数	在校数	毕业数	招生数	
1974	43	1954	2307	856	6317	4012	4779	459
1975	37	1937	1344	1087	8488	3224	6401	444
1976	56	3058	892	2053	12229	3217	6977	281
1977	56	4671	1010	2398	13535	5225	7341	966
1978	41	5208	1667	2403	14161	4145	6684	1004
1979	38	3769	2695	1844	13157	6812	5883	928
1980	34	2754	1865	425	13716	577	3712	1153
1981	45	1918	1529	1276	12240	3911	4817	981
1982	73	1625	495	682	12123	2632	4715	1405
1983	53	1985	160	735	12035	2290	4446	1270
1984	57	1859	597	930	12684	2513	4818	1290
1985	60	1856	558	876	13158	2335	4953	1316
1986	61	2057	543	876	14037	2650	4840	1440
1987	55	2126	657	981	14355	3439	4928	1392
1988	57	2676	684	1029	13709	3485	5019	1558
1989	57	2008	639	985	13059	3073	4861	1604
1990	57	2790	678	1132	13258	3050	4621	1347
1991	54	3113	867	1077	12549	3549	4400	1456
1992	55	2692	787	897	11837	3419	4280	1473
1993	43	2104	794	703	10766	2851	4358	1424
1994	39	2549	774	929	10934	2606	4533	1460
1995	38	2601	671	1114	12863	2306	5663	1286
1996	36	4233	706	1256	16161	4930	6638	1390
1997	31	2957	753	1152	17945	3960	7465	1445
1998	30	3008	832	1188	19162	4246	7845	1496
1999	30	4256	751	1249	20813	4621	8165	1524
2000	30	3874	871	1817	22451	5145	8875	1582
2001	32	5237	862	2417	22723	6128	7601	1673
2002	34	6563	1223	2624	22664	7504	6258	1175
2003	32	7842	1633	3277	21821	6763	7235	1466
2004	32	8927	2097	3829	20385	6317	6546	1781
2005	32	9800	2227	3551	16683	5745	3893	1881
2006	31	10445	2343	4146	21368	5200	1750	1684
2007	28	12208	3055	3835	6955	3774	1836	1673
2008	28	10416	3044	3035	6828	2984	3482	1482
2009	28	8339	3477	1232	8845	1144	3641	1578
2010	28	6446	3122	1683	10281	1378	3512	1432

2010年中学基本情况

表4-3

学校类别		校名	校址	校园面积(平方米)	校舍面积(平方米)	教职工人数(人)	在校学生 合计 班级(个)	合计 人数(人)	小学六年级 班级(个)	小学六年级 人数(人)	初中 班级(个)	初中 人数(人)	高中 班级(个)	高中 人数(人)	校长
普通中学	高级中学	武宁一中	新宁镇月田	146068	25688	191	30	1686	—	—	—	—	30	1686	刘家胜
普通中学	完全中学	武宁二中	县城豫宁大道	73357	33451	180	51	2619	—	—	45	2393	6	226	周　武
		实验中学	县城月山路	120060	34766	112	29	1382	—	—	6	315	23	1067	杨再华
		协和中学	县工业园协和大道	66670	10641	67	18	834	4	168	11	550	3	116	李　鑫
普通中学	初级中学	泉口初中	泉口镇	9212	4950	25	12	627	2	127	10	500	—	—	邓　宁
		金水初中	泉口镇金水村	20143	5986	24	7	350	1	72	6	278	—	—	柯于亮
		横路初中	横路乡	25708	5270	48	13	614	—	—	13	614	—	—	冷绪尧
		鲁溪初中	鲁溪镇	22832	9072	67	17	886	5	246	12	640	—	—	张小平
		官莲初中	官莲乡	8671	4186	34	8	340	2	77	6	263	—	—	周东升
		甫田初中	甫田乡	34909	5331	34	4	144	1	37	3	107	—	—	周云建
		澧溪初中	澧溪镇	28110	10127	52	12	532	3	136	9	396	—	—	刘　锋
		船滩初中	船滩镇	32490	10629	65	19	967	5	251	14	716	—	—	余　致
		清江初中	清江乡	9186	7176	30	7	289	1	50	6	239	—	—	胡青友
		罗溪初中	罗溪乡	10500	4967	33	4	204	1	43	3	161	—	—	杨素桂
		石门楼初中	石门楼镇	13700	5380	47	11	506	2	120	9	386	—	—	叶　聪
		黄塅初中	新宁镇月田	16526	4370	53	9	472	—	—	9	472	—	—	陈宗珍
		罗坪初中	罗坪镇	29840	7334	49	9	483	2	116	7	367	—	—	翁第森
		私立宁达中学	新宁镇月田	91908	9333	69	15	827	1	55	14	772	—	—	张项理
职业中学		县职业中专	县城青年路	67000	22400	68	51	2318	—	—	—	—	51	2318	张　震
		江西美术专修学院	横路乡港北村	67000	21729	32	19	875	—	—	—	—	19	875	李桦香
		赣北育才科技学校武宁校区	县城武宁宾馆旁	4190	2390	10	3	158	—	—	—	—	3	158	熊　斌

第二节　学制与课程

学制

1922年，教育部颁布的学制规定，中学分为初中3年，高中3年。民国时期，全县各中学均实行“三三”学制，秋季招生。1945年春，县立中学曾招收初一年级1个班。1951年10月，政务院规定，中学的修业年限为6年，分初高两级，修业年限各为3年。中学学制仍沿用民国时期的“三三”6年制。1951年，武宁中学招收1个初中一年级春季始业班，该班提前半年毕业。1968年，中学学制改为“二二”4年制（初中2年，高中2年），翌年改秋季始业为春季始业。1973年，恢复秋季始业。1978年，按省教育厅通知规定，实行“三二”5年制（初中3年，高中2年）。当年，县城中学开始实行，农村中学则从当年招收的初一新生开始改为3年制。1979年，高中改为3年制，从当年招收的高一新生开始逐步实行，1981年，武宁一中高二年级有3个班，其中2个班为3年制，1个班为2年制，允许参加高考，未录取的仍留下读高三。此后一直沿用“三三”制。

课程

1922年，颁布的中学课程纲要规定，最早开办的私立武宁中学开设社会科（公民、历史、地理）、言文科（国语、外国语）、算术科、自然科、艺术科（图画、手工、音乐）、体育科（生理卫生、体育）6门学科，采用学分制。

1937年后，武宁3所中学执行1932年教育部颁布的《中学课程标准》和1938年江西省教育厅制定的《关于中等以上学校战时教育实施纲要》，开设课程有公民、国文、英语、体育、童子军（初中）、军训（高中）、数学（算术、初等代数、范氏代数、平面几何、解析几何、三角）、物理、化学、生物（植物、动物、生理卫生）、美术与手工、音乐。

1949年秋，课程设置无统一规定，县立联合中学开设语文、政治、数学、物理、化学、生物、历史、地理学科。1950年秋，按教育部颁布的《中学暂行教学计划（草案）》规定，开设政治、语文、数学、自然、生物、物理、化学、历史、地理、外国语、体育、音乐、美术、制图（高中）学科。此后16年，课程基本稳定，略有变动。1952年，停开外国语。1954年，增设农业基础知识。1956年，高中增开俄语，语文分文学、汉语两科。1958年，文学、汉语又合并为语文。1959年，初中增开俄语。1964年，根据教育部规定，课程设置和周课时数作少量调整。

1966年，“文化大革命”开始，停课闹革命，原课程停开，以学习毛泽东著作为主，后恢复文化课，把语文课与政治课合并为政治课，停开物理、化学、生物，改开工业基础知识（三机一泵：柴油机、抽水机、拖拉机和水泵）、农业基础知识（化肥、农药），音乐、美术合并为革命文艺，体育改为军体。组织学生走出课堂，学工、学农、学军，批判资产阶级。

1971年，全国教育工作会议以后，逐步恢复文化课，最初开设语文、数学、政治、物理、化学、历史、地理、体育7门课程。1976年后逐步恢复“文化大革命”前课程设置。

1981年后，课程设置按教育部规定执行，高中开设政治、语文、数学、英语、物理、化学、生物、体育、历史、地理10门课，初中开设政治、语文、数学、英语、物理、化学、历史、地理、体育、音乐、图画、生物、生理卫生13门课。

1993年秋，执行国家教委印发的《九年义务教育全日制小学、初级中学课程计划（试行）》，初中开设的学科课程有：思想政治、语文、数学、英语、历史、地理、物理、化学、生物、体育、音乐、美术、劳动技术，同时适当增加活动课和选修课。1994年秋，按国家实行每周40小时新工时制的要求，对原课程（教学）计划在保持课程设置整体结构不变的前提下，适当调减某些学科的周课时量和周课时总量，并开始统一选用人民教育出版社编写的九年义务教育新教材，适当补充地方教材。各初中增开健康教育、江西历史、江西地理。高中开设的学科课程有：思想政治、语文、数学、英语、物理、化学、历史、地理、生物、体育、艺术（音乐、美术）、劳动技术。在活动课中开设时事教育、国防教育、人口教育、环境教育。1995年，统一执行市教委下发的调整后的“五三”制初中教学计划和普通高中教学计划，同时按省教委通知在高中开设计算机课。

1997年，在高中起始年级执行国家教委颁发的《全日制普通高中课程计划（试验）》，全面贯彻高中各学科新教学大纲，使用依据新计划、新大纲编写的各科新教材，并开始在初中进行计算机教学。

2001年，执行教育部《基础教育课程改革纲要（试行）》。2004年秋，在初中起始年级开始使用九年义务教育新教材，改思想政治为思想品德，改体育为体育与健康，增开江西省地方课程心理健康、环境保护。

2008年，全面进行高中新课程改革试验，开设思想政治、语文、英语、数学、历史、地理、物理、化学、生物、音乐、美术、体育与健康、信息技术、通用技术、综合实践活动学科，各学科均分必修课程和选修课程两部分，除选用统编教材外，适当选用地方教材和校本教材。

1950年中学暂行教学计划（草案）

表4-4　　单位：节

周课时 / 年级 / 科目	初中				高中			
	一年级	二年级	三年级	3学年合计	一年级	二年级	三年级	3学年合计
政治	2	2	2	240	2	2	2	240
语文	7	7	7	840	6	5	5	640

续表　　　　　　　　　　　　　　　　　　　　　　　　　　单位：节

周课时　年级 科目	初中				高中			
	一年级	二年级	三年级	3学年合计	一年级	二年级	三年级	3学年合计
数　学	4	5	5	560	5	5	5	600
自　然	4	1	—	200	—	—	—	—
生　物	—	—	—	—	4	—	—	160
化　学	—	4	—	160	—	3	3	240
物　理	—	—	4	160	—	3	3	240
历　史	3	3	3	360	3	3	3	360
地　理	2	2	2	240	2	2	2	240
外国语	3	3	3	360	4	4	4	480
体　育	2	2	2	240	2	2	2	240
音　乐	1	1	1	120	1	—	—	40
美　术	1	1	1	120	1	—	—	40
制　图	—	—	—	—	—	1	1	80
每周教学时数	29	31	30	—	30	30	30	—
每学年上课周数	40	40	40	—	40	40	40	—
教学总时数	1160	1240	1200	3600	1200	1200	1200	3600

1995年调整后的“五三”制初中教学计划情况

表4–5　　　　　　　　　　　　　　　　　　　　　　　　　　单位：节

周课时　年级 科目	学科教学周计划														活动课计划			地方安排课程	周活动总计
	思想政治	语文	数学	英语	历史	地理	物理	化学	生物	体育	音乐	美术	劳动技术	合计	晨会(夕会)	班团队活动	科技文体活动		
初一	2	6	5	4	2	3/2			2/3	2	1	1	1	29		1	2	1※	33
初二	2	5	5	4	2	2	2		2	2	1	1	1	29	每天10分钟	1	2	1※	33
初三	2	5	4	4	2		3	3		2	1	1	2	29		1	2	1※	33

注：1.“※”表明课时不足时安排学科课或活动课。

2. 每周2日假期，安排半天假日的科技、文体活动。

1995年调整后的普通高中教学计划情况

表4-6 单位：节

年级/课程类别/周课时/科目		高一	高二			高三		
		必修课	必修课	选修课		必修课	选修课	
				方案(1)	方案(2)		方案(1)	方案(2)
学科教学周计划	政治	2	2	—	1	2	1 (高三下改为自选)	3
	语文	4	4	1	—	5	—	—
	数学	4	4	1	—	5	5	—
	外语	4	4	1	1	—	—	5
	物理	3	3	—	—	—	5	—
	化学	3	3	—	—	—	5	—
	生物	3	—	—	—	—	—	—
	历史	4	—	—	2	—	—	5
	地理	—	3	—	—	—	—	—
	体育	2	2	—	—	2	—	—
	艺术欣赏	1	1	—	—	—	—	—
	合计	30	26	4 (含自选1)	4	14	16	16 (含自选3)
活动课计划	劳动技术	每学年4周，共12周						
	社会实践	每学年安排2周，在劳动技术课、课外活动的时间内安排						
	课外活动	每周4节(体育锻炼2节，其他2节)						
周活动总量		34	34			34		

注：选修课方案（1）适用于理科，方案（2）适用于文科。

2001年九年义务教育全日制初级中学课程计划情况

表4-7 单位：节

年级/周课时/科目		一	二	三	初中课时合计
学科类课程	思想政治	2	2	2	200
	语文	6	5	5	534
	数学	5	5	5	500

续表　　　　　　　　　　　　　　　　　　　　　　单位：节

周课时 / 年级 / 科目		一	二	三	初中课时合计
学科类课程	英语	4	4	4	200
	历史	2	2	2	153
	地理	3/2	2	—	164
	物理	—	2	3	96
	化学	—	—	3	153
	生物	2/3	2	—	200
	体育	2	2	2	100
	音乐	1	1	1	100
	美术	1	1	1	200
	劳动技术	2	2	2	3000
	周学科课时	30	30	30	—
活动类课程	晨会（夕会）	每天10分钟			
	班团队活动	1	3	1	100
	科技文体活动	2	1	2	200
	周活动课时	3	3	3	300
地方安排课程		1	—	1	100
周课时总计		34	34	34	3400

2004年九年义务教育初中学段课程计划情况

表4-8　　　　　　　　　　　　　　　　　　　　　　单位：节

周课时 / 课程 / 年级	思想品德	语文	数学	英语	历史与社会		科学			体育与健康	艺术		综合实践活动	地方与学校课程	周总课时数	学年总课时数
					历史	地理	物理	化学	生物		音乐	美术				
一年级	2	5	5	4	2	2	—	—	2.5	3	1	1	3	3.5	34	1190
二年级	2	5	5	4	2	2	2	—	2	3	1	1	3	2	34	1190
三年级	2	5	5	4	2	—	3	3	—	3	0.5	0.5	3	3	34	1122

2008年普通高中新课程方案

表4–9 单位：节

学习领域	科目	模块：必修（共116学分）学分	周课时	总课时	所需学段	高一年级 上学期	高一年级 下学期	高二年级 上学期	高二年级 下学期	选修I（不低于22学分）学分	周课时	总课时	所需学段	选修Ⅱ(至少获得6学分)
语言与文学	语文	10	4	180	5	必修1、2	必修3、4	必修5		8	4	144	4	学校根据当地社会、经济、科技、文化发展的需要和学生的兴趣，开设若干选修模块供学生选择。
	英语	10	4	180	5	必修1、2	必修3、4	必修5		8	4	144	4	
数学	数学	10	4	180	5	必修1、2	必修3、4	必修5		8	4	144	4	
人文与社会	思想政治	8	2	144	8	经济生活	政治生活	文化生活	生活与哲学	4	2	72	4	
	历史	6	2	108	6	必修1	必修2	必修3		4	2	72	4	
	地理	6	2	108	6	必修1	必修2	必修3		4	2	72	4	
科学	物理	6	3	108	4	必修1	必修2			6	4	108	3	
	化学	6	3	108	4	必修1	必修2			4	4	72	2	
	生物	6	3	108	4			必修1、部分必修2	部分必修2、必修3	4	4	72	2	
技术	信息技术	4	2	72	4	信息技术基础	信息技术基础			1	1	18	2	
	通用技术	4	2	72	4			技术与设计	技术与设计	1	1	18	2	
艺术	音乐	3	1	54	6	音乐鉴赏	音乐鉴赏	其他模块		1	1	18	2	
	美术	3	1	54	6	美术鉴赏	美术鉴赏	其他模块		1	1	18	2	
体育与健康	体育与健康	11	2	198	11	田径运动系列	体育与健康	其他系列	其他系列	1	1	18	2	
						健康教育专题(每学期集中3课时上大课)								
综合实践活动	研究性学习	15	3	270	10	每周开3课时								
	社区服务	2				5个工作日以上		5个工作日以上						
	社会实践	6				1周		1周						
小计						33课时/周	33课时/周	30课时/周	30课时/周					

说明：1．每学期分上下两个学段安排课程，每学段10周，其中9周时间授课，1周时间复习考试。

2．必修课的结束时间：物理、化学、信息技术在高一下学期结束；语文、英语、数学在高二上学期第一学段结束；历史、地理在高二上学期第二学段结束；政治、生物、通用技术在高二下学期结束；体育、艺术课程均应一直开设到高三下学期。

3．自高一年级第二学期开始，逐步开设选修课。高二、高三各学段，必修课与选修课同时开或交叉开。高三第二学期主要安排复习和一些根据学生需要开设的选修课。

第三节　教学工作

教学方法

民国时期，课堂教学强调死记硬背。

新中国成立初期，废除体罚和变相体罚，反对“注入式”和“填鸭式”，开始运用启发式。

1953年，学习苏联的教学思想、教学形式，以课堂、教材、教师为教学三要素，课堂教学按组织教学、复习旧课、进行新课、巩固新课、布置作业五个环节和直观性、自觉性、系统性、量力性、巩固性原则进行，形成综合课、复习课、练习课三种模式。改百分制为五级记分制。

1956年开始推广使用普通话教学。

1958年，贯彻“教育必须为无产阶级政治服务，必须与生产劳动相结合”的方针，开展勤工俭学，武宁中学组织学生投入大炼钢铁，参加“三秋”劳动，强调培养学生劳动观点，学习生产知识和技能，克服“三脱离”（脱离政治、脱离生产、脱离实际）现象。

1961年后，废除五个环节的教学程序和五级记分法。

1963年，贯彻《全日制中学暂行工作条例（草案）》，坚持学校以教学为主，加强基础知识的教学和基本技能的训练，出现课业负担过重现象。

1965年，各中学贯彻上级指示，减轻学生课业负担，减少考试次数，改变考试方法，不搞突然袭击。历史、地理、生物、体育、音乐、美术只作平时考查，政治实行开卷考试，在课堂教学中贯彻精讲多练原则。

“文化大革命”期间，提倡开门办学，实行校厂（队）挂钩，以社会为主要课堂，以毛泽东著作为主要教材，以自学为主要学习形式，以工农兵为主要教员，采取走出去、请进来的方式开展教学。

1977年，恢复高考制度以后，提出狠抓质量，快出人才，县办重点校，校办重点班，武宁一中定为省重点中学，武宁二中、澧溪中学、金水中学定为县重点中学。各校都按学生成绩编重点班和普通班。武宁一中提出以学生为主体，以教师为主导，以课堂为主轴，在语文教学中采取预习自学、启发解疑、精讲多练、质疑讨论的四步教学法。

20世纪80年代中期，初中逐步取消重点班，提倡面向全体学生，全面提高教学质量，改革第一课堂，开辟第二课堂。各校普遍成立各学科兴趣小组和书法、舞蹈、器乐、制作课外活动小组。

20世纪90年代末，由应试教育向素质教育转轨，1997年，县教育局制定《武宁县中小学教学管理有关规定》，1998年，县政府批转县教委《关于在全县中小学实施素质教育的意见》，各校加强常规教学管理，优化教学过程，减轻学生课业负担，控制作业量和考试次数，制止节假日补课，取消单凭考试成绩和升学率为标准的奖罚条款，注重培养学生的创新意识和学会学习的基本能力。

2000年，县教委对课堂教学提出“五为主五突出”的要求，即教师为主导，学生为主体，训练为主线，创新为主要，育人为主旨；突出重点难点，突出精讲多练，突出导学引思，突出因材施教，突出教学效果。各校按要求，逐步改革课堂教学结构。2008年，先后推行“自主学习，合作探究”“先学后教，当堂训练”“以学定教，双主互动”“自主式，开放型”课堂教学模式和“情境教学法”“尝试教学法”“六步教学法”（定向、自学、讨论、答疑、自测、自结）“分层教学法”“自学导练”教学方法。

2009年，私立宁达中学创新的“自主式，开放型”课堂教学模式，在全县各中学推广。

教研与教改

民国时期，中学设教导处。教研活动由教导处组织，主要举行一些示范教学。新中国成立后，中学除设教导处外，还成立学科教研组。1952年秋，武宁中学成立文科和理科2个教研组。1965年，有政治、语文、外语、数学、理化生物、史地文体6个教研组。其他中学视规模大小，亦成立若干教研组。由学校教导处和各科教研组负责开展教研活动，主要组织教师钻研教材，集体备课，举行公开教学、观摩教学。1963年，县文教局举办初一语文、数学教师暑期备课会。

“文化大革命”前期，县教研室人员下放，教研活动停止。

1971年，各中学逐步恢复教研活动。1978年，县教研室配中学教研员2名。1980年秋，成立完中政治、数学、物理、化学、生物5个中心教研组，每学年分组活动2次。1988年，初级中学分片成立船滩、罗溪、罗坪教学联系点，教研活动由县教研室和学校教导处两级指导，学校教研组、备课组组织实施。主要举行公开教学，集体备课，学科讲座，编写和转发教学资料，传递教改信息，组织教师撰写教学论文，开展教材教法研究，举办学科竞赛。在此期间，先后在罗坪初中、武宁一中进行北师大版语文、数学双科双向教材实验。县教研室组织编写初、高中语文、政治、物理、化学复习资料和化学实验手册。武宁一中杨邦国、张一奇、汪维新、熊自群、孔凡卉、刘礼海、卢邦澄、曾凡舜、张贞茂、郑焕云、王百炼、石道志、邓照周、邱逢达等14位语文教师编写《中学文言课文详解》，全书共4册（初中分册和高中一、二、三年级3个分册），79万字，由上海教育出版社出版发行。1988年，该书获江西省教育学会第三次教育科学优秀学术成果奖。2008年后，县教研室徐庆成参与《新教材课课练》《高中数学复习50课》《初中数学中考考点专题指导》《中学数学同步复习指导》的编写工作。聘为“中国管理科学院学术委员会特约研究员”。

20世纪80年代末，县教研室逐步配齐中学各科教研员，成立中学各科中心教研组，教研工作重点放到改革课堂教学模式和实施素质教育研究上。县教育局每年举办教师优质课、优秀教学论文、优秀课件评比竞赛和学生学科竞赛，并组织师生参加市级、省级、国家级教研活动。

1990年前后，在武宁一中进行政治答辩式教学法实验，在罗坪中学等及部分初中进行语文单元教学法实验，在全县初中数学学科实施目标教学实验。1997年，开始在武宁一中、武宁二中进行普通高中新课程计划第一轮试验。1998年，以武宁二中为实验基地，正式启动“初中物理边教边学边实验”国家级课题研究和市级课题“初中语文指导学法”简称导学实验，数学尝试教学法实验在全县中学开展。当年，在全市第二次中小学优秀教研组评比活动中，武宁一中政治教研组、化学教研组，武宁二中语文教研组、英语教研组，罗溪初中语文教研组，官莲初中数学教研组，甫田初中物理教研组获市教委表彰。

2000年，县教委印发《全县中小学实施素质教育，优化教学过程三年工作规划》，对课堂教学提出“精讲、巧练、导学、引思”的八字要求，县教委获九江市首轮高中课改试验先进单位，出席江西省普通高中新课程方案试验总结暨表彰大会。武宁二中语文导学实验通过市教研室鉴定评估。同年秋起，在全县开展“备一堂好课，上一堂好课，说一堂好课，评一堂好课，总结一堂好课”的“五好”活动。2001年，召开全县中小学改革课堂教学结构经验交流会，确定罗坪、横路初级中学为素质教育示范学校。会后，县教研室编印《教改笔耕》经验论文续集。2002年12月，武宁二中物理“三边”教学模式课题成果参加九江市教改实验课题成果展评会。2003年秋，武宁一中成立科研处，管理学校教研工作。同年，该校承担市级教研课题6项。其中“研究性学习与作文教学”获市优秀课题一等奖。

2004年秋，全县初中起始年级启动新课程、新教材实验。11月，县教育局调整高中语文、数学、英语、物理、化学、政治、历史、地理、生物9个学科中心教研组，聘任58名各学科骨干教师为中心组成员暨兼职教研员。是年，全县改革教研模式，推行校本教研，各乡镇初中与本乡中心小学，武宁二中与县直小学建立教学教研通联制度。承担高中市级课题8项，初中市级课题3项。2005年7月，成立县中小学教育教学课题研究与实验基地工作领导小组，下设办公室，简称课题基地办，负责组织指导课题研究工作。2006年，县教育局成立高中教学教研工作领导小组，制定《武宁县中小学校本教研二十条》。2007年，进行“课改三年看变化”专题调研，组织全县义务教育课改优质课展示系列活动。三年内学生各类学科竞赛获国家级奖33人次，省级奖58人次，市级奖420人次；教师赛课获省级奖8人次，市级奖37人次，县级奖198人次；教师论文获国家级奖15篇，省级奖48篇，市级奖590篇，组织评审县级教师论文860篇。当年，武宁县获全省校本教研先进单位。

2008年，开展高中教育质量年活动，进一步推进基础教育课程改革。2009年5月，全国新课改经验交流暨现场观摩大会在武宁召开，武宁课改经验推向全国。11月，宁达中学“自主式开放型”课题被江西省教育厅课题基地办评为优秀课题，宁达中学被中国教师报定为全国新课程改革实验基地。武宁二中、黄塅初中、船滩初中合作开展的国家级课题“分层教学法研究”取得阶段性进展。2010年，澧溪初级中学被定为九江市义务教育课程改革实验示范基地校，县教育局获市级义务教育新课程改革先进单位，县教研室获江西省第五届教研系统先进教研室。

实验教学

1956年以后，中学逐步开展物理、化学、生物3科实验教学，主要由教师在课堂做些演示实验。1965年，武宁中学可进行学生分组实验。

“文化大革命”时期，教学仪器遗失损毁殆尽，实验教学无法进行。

1978年后，完全中学恢复建立实验室，实验教学逐年恢复与提高。1985年，成立县教学仪器电化教学站，配备专职干部3人。初级中学建立鲁溪、罗溪、船滩3个片区实验中心，各实验中心成立领导小组，配备专职实验教师，配齐实验仪器，担负片区内所有初中实验教学任务。1987年，武宁一中建成实验大楼。之后，各完中和初中逐步建立实验室。1989年，武宁一中实验开设率达98%，全县能开学生分组实验课的中学26所，有专兼职实验员52人，物理、化学、生物三科演示实验开设率分别为93%、94%、79%，分组实验开设率分别为95%、97%、75%。先后举办实验教师培训班多期，举办自制教具展览2次。武宁一中生物实验教师石律孝、物理实验教师朱美琪自制教具获省级奖。茶场初级中学教师刘天顺自制教具200余件，出席全省实验教学经验交流会获特别奖。武宁县实验教学1978年、1982年、1983年分别评为省、市先进单位。1987年，九江市教育局在武宁召开实验室建设管理工作经验交流会，武宁中小学实验教学和仪器管理工作受到国家教委表彰。

1992年，全县所有中学均能按教学要求开展学生分组实验，武宁成为九江市第二个实验教学普及县。1993年3月，通过省教委验收。

1994年，县教育局印发《实验工作评估条件及考核办法》，将实验教学列入学校工作目标考核内容。是年，在武宁二中举行全县初中物理、化学两科学生实验操作竞赛，全县30所中学60多名学生参加比赛。县教育局为获奖学生颁发奖品和奖状。

1995年，武宁二中教师彭庆亮制作的光在水中的反射、折射和全反射演示器在江西省第四届自制教具评选活动中获二等奖，并参加第四届全国自制教具评选。

1999年，开展全县自制教具评比，评出一等奖2名，二等奖3名，三等奖3名。船滩初中教师叶敏研制的加速蒸发演示器在第五届全省自制教具评选中获奖，这是九江市唯一一件获省级奖的县乡中小学自制教具。

2002年，武宁顺利通过省教育厅实验教学普及县复查。

2008年，全县中学共有物理、化学、生物实验室72间，仪器储藏室68间，在中小学教材不断变更的情况下，演示实验、分组实验开设率均达90%以上。2009年，县一中、县二中、县职业中专、实验中学按一类标准，协和中学按二类标准，其余初中和九年一贯制学校按三类标准装备实验仪器，均分别达标。县仪器电教站修订《武宁县中小学实验教学管理制度》，加强实验仪器和实验教学管理，全县中学（含九年一贯制学校初中部）共有57名实验教师通过培训取得合格证，分组实验开设率达100%。并把部分演示实验改为分组实验，把一些验证性实验改为探索性实验。

电化教学

1956年，武宁中学开始使用幻灯教学。1976年，武宁中学、澧溪中学、金水中学每班配有幻灯机，幻灯教学广泛应用。此后，武宁一中开展电视教学，其他中学则利用县教研室电视机进行巡回电视教学，英语科普遍利用录音带教学。1986年，放映文科复习教学录像420小时，放映电影科教片175场次。1987年、1988年武宁连续获得九江市电影教学和录放相教学先进集体。1989年，在2所农村完中和县农中设立电影教学点。在电教实验学校成立电化教学研究组，配备1名专职电教员。1992年，县教育电视台开播，主要转播国家教育电视台和省教育台节目，三年后停办。1995年，经市教育局验收，武宁一中成为电化教学达标学校。11月，县教育局制订《武宁县2000年电化教育发展规划》。1996年起，全县各中学学生使用音像教材比例，教师电教课教学水平，学校电教装备标准逐年提高，武宁县连续4年获市电教工作先进县区一等奖。武宁一中2003年建成校园网，2004年，被授予省级现代教育技术示范学校。九江市教育技术装备站组织各县（市、区、山）电教站站长专程前往武宁参观学习。2005年，全面实施农村中小学远程教育工程，20所农村初中配备卫星接收系统、计算机教室、多媒体教室、教学光盘播放设备，为学生提供网络条件下学习的环境。2006年，县教育局制定《农村中小学现代远程教育工作学校督导评估细则》，县教研室配备信息技术专职教研员，各校都配有远程教育专（兼）职管理员。是年，举办培训班8期，召开现场会一次。2008年，黄塅初中、鲁溪初中成为市级农村远程教育示范学校。2009年，县城中学设立实验电教中心（室），教师能运用现代教育媒体进行教学。乡镇中学都开设信息技术课。45岁以下教师人人会网上学习，下载信息，自制课件，利用网络资源进行教学。

第四节　招生考试

高考

民国时期，高等院校招生由学校自主进行。县立中学1947—1949年高中毕业生76

人，有19人考取大专院校。

新中国成立初期，武宁报考高校学生赴南昌考试，由中南区招生委员会集中录取。1956年，全省分7个考区，武宁属九江考区。1965年，武宁中学高中毕业生考取高等院校70人。

1966年，高校停止招生。1970年开始，高校招生采取“自愿报名，群众推荐，领导批准，学校复审”方法，只进行象征性语文、数学两科随机性考试。选拔对象为坚持政治挂帅，劳动锻炼两年以上，具有初中以上文化的青年。初时招生人数很少，1974年后逐年增多。1976年，全县2644人报名，经生产队、生产大队两级推荐，617人选送到公社，公社按选送指标报县266人。后经县审定125人（大专28人，中专97人）上报九江专署招生委员会，会同高校协商录取。1974—1976年，全县共录取395人。

1977年，恢复高考制度，采取“自愿报名，统一考试，德智体全面衡量，择优录取”原则，招生对象为工人、农民、下乡回乡知识青年、复员军人、干部和应届高中毕业生。当年成立县招生委员会，下设办公室，简称县招生办（后改称招考办、高招办，并由临时性机构改为常设机构），11月份报名，12月份考试，由省命题，县组织考试、政审、体检，专署评卷，省、专署两级分别录取大、中专。全县报考大专1026人，报考中专1515人，共录158人，其中省专以上17人，地市专科19人，中专122人。翌年春季新生入学，比正常招生推迟半年。

1978年开始，改为全国统一考试，全省集中评卷录取。

1983年，实行统考前预选，大中专一条龙录取。全县1207人报名，设澧溪、金水、二中3个考场进行预选考试。由地区招办组织命题，考场组织评卷。市招生委员会分配500名预选指标，由县招生办按比例分解到一中、二中、金水、澧溪4所完中。通过预选的考生集中到武宁一中考点参加全国高校招生统一考试。1985年，高考平均分除理工类物理、化学两科外，其余学科都超全省科平均分。1986年，预选增设一中考场。4年共有4279人报名，经过预选1787人参加统考。1987年，停止预选。

1989年起，市属师专、医专、农校实行定向招生，指标到县。

1991年，招收的高一新生开始，实行毕业会考制度。1994年，由传统形式的高考向“3+2”形式的高考过渡。会考合格的应届普通高中毕业生以应届生资格报考，参加“3+2”考试，考语文、数学、外语三科加政治、历史（文史类）或物理、化学（理工类）两科。其他考生以往届生资格报考，参加传统形式的考试，文史类增考地理，理工类增考政治、生物；农业类考语文、数学、物理、化学、政治、农技。全县报考人数661人，共录225人。

1995年，应届生和往届生均参加“3+2”形式的考试，同时取消农业类单报。2000年，全县考生746人，共录445人，录取率59.65%。2001年，全县共录623人，录取率76.16%，居全市第一。武宁一中获九江市高考质量优胜单位。

2002年，实行“3+X”高考科目改革，“3”语文、数学、外语3科，“X”为文科综合（政治、历史、地理3科小综合）或理科综合（物理、化学、生物3科小综合）。

2003年，外语口试由市组织考试改由县组织考试。2005年，659人上二本线，比前一年提高91.6%，县财政拨款30万元支持高中教育，奖励高考先进单位和个人。2007年，武宁获市教育局颁发的高考教学质量总分优胜县和高考教学质量单项评估优胜县两项奖。2009年，2661人报考，2292人上专科线，专科以上上线率92.25%，居全市第二。职业中专“三校生”60人报考，录取二本27人，专科27人，总录取率90%。

1977年–2010年，共输送大中专院校新生18397人。

中考

1958年以前，武宁中学高中实行单独招生，并按规定保送一些优秀应届初中毕业生免试升学。1959年，师范学校招生均保送入学。高中、中专以专区为范围统一招生，在县设考场，专署招生办公室命题，统一组织评卷录取。

1966年，未举行中考，由毕业学校推荐入高中或中专。

1967年，高中未招生。

1968—1977年，高中招生均采取推荐选拔方法，不进行文化考试。

1978年，恢复中考，由县教研室命题，以公社或联社设考场，县统一评卷录取。1979年起，改由九江市招办命题。1994年，改为全省统一考试。1978年，考试科目语文、数学、物理、化学，后增加政治、英语。20世纪80年代末，又增加生物。

1982年开始，中师招收应、历届初中毕业生，由市招生办录取。1985年，小中专（含中师、卫校和其他小中专）指标分配到县，由县划定分数线，市、县和招生学校协商录取。高中由县招生办根据县下达招生计划，按重点高中、普通高中、县农中、片区农中的顺序，从高分到低分依次择优录取。武宁一中向全县招收重点班。普通班按城镇户口考生和农村户口考生分别划定录取分数线，由武宁一中、武宁二中、澧溪中学、金水中学（1990年改鲁溪中学）分片招收。县农中面向全县招生，鲁溪、甫田、罗溪3所农中分片招生。

1988年起，小中专不招历届初中毕业生。

1990年，武宁一中在中考前招收保送生。

1991年5月23日，县人民政府《关于全县完全中学招生有关规定的批复》规定，当年全县高中招生计划为：普高700人（一中300人，二中200人，澧溪中学100人，鲁溪中学100人），农高280人（县农中160人、甫田农中60人、罗溪农中60人），职高60人（限招商品粮考生，暂由县农中招）；完中招生区域划分：武宁一中高中重点班4个班，计197人，其中推荐保送班50人，按中考成绩择优109人，本校初中实验班38人；普通班2个班，103人，招清江、石渡、罗溪、石门、黄埚、茶场等南片和本校考生（含全县12名体育生、6名美术生、6名音乐生，其文化成绩不能低于重点班录取线的70%）。武宁二中向本校、县农中、农科所学校招150人，向严阳、罗坪、杨洲、巾口、宋溪、伊山乡招50人。澧溪中学向甫田、澧溪、船滩、东林、南岳、上汤、安乐林招2个班100人。鲁溪中学向大洞、泉口、横路、鲁溪、官莲招2个班，100人。县农中向全县择优招

100人，向北片6乡招60人。甫田农中向西片招60人。罗溪农中向南片招60人。全县普通高中和农业高中录取商品粮考生分数线比农业粮考生分数线只能低于100分。职业高中面向全县录满60名，单独划定分数线。农职业高中班录10名备取生。

1992年，报考小中专类人数不得超过考生总数的20%，集中到武宁一中考点考试。全县考点由16个调整为一中、金水、鲁溪、澧溪、船滩、石渡、石门楼、罗坪、二中、三小（民师考点）等10个。小中专考生试卷送县外评阅。对报考小中专考生资格进行严格审查，实行班主任、校长二审负责制，并将上线体检、初审预录和正式录取名单3次张榜公示。全县报考人数3831人（含民师），共录中师83人，卫校19人，其他小中专23人，普通高中860人（其中重点班160人），农业高中300人，职业高中127人。20世纪90年代初，成立武宁县中小学招生委员会，下设办公室，简称中招办，与普通教育股合署办公，负责中考工作。

1994年，增考体育，按中考考点由县中招办组织考试。,高中除按计划招生外，另招部分自费生。

1995年，报考小中专类必须是应届直升生（即初中三年未留级的学生）。中等农业学校改招初中毕业生。

1997年，报考小中专类和九江一中的考生体育考试集中武宁一中进行。

1998年开始，小中专招生对象放宽，应届生、历届生均可报考，但毕业后不包分配。

2001年，政治科改为开卷考试，体育考试由平时体育锻炼和体育测试两部分组成。高中招生重点班按成绩均衡搭配，分录一中、二中和私立外国语学校，普通班由中招办进行统一调配。当年，600分以上考生48人，500分以上1098人，高中重点班分数线556分，录取人数356人，占参考人数的6.09%。泉口初中录取普高和重点班比例分别为45.1%和13.6%，居农村中学第一。科平均分最高的是：大洞初中政治62.4分，英语61.4分，化学68.7分；武宁一中语文80.5分，数学74.9分；宋溪初中物理67.4分。

2002年开始，职业高中实行春秋两季招生，并逐步实施初中毕业生免试注册进入中职学校就读制度。

2003年，增加物理、化学实验操作考查，历史、地理、生物合卷计入总分。为预防“非典”，全县6038名考生就地就校参加考试，共设23个考点。普通高中招生2522人，职业高中招生1082人，外县在武宁县招收职业中专生348人，高中招生总数3952人，初中毕业生升高中比例提升到65.45%。

2005年，中考科目设置为语文、数学、物理、化学、生物地理合卷、政治历史合卷。高中招生按考生志愿录取。豫宁、宁达、大洞、横路、澧溪、船滩初中获县政府提供高中优质生源奖。

21世纪后，外地一些中等专业学校及民办高中学校进入武宁招生，以不正当竞争手段争夺生源，扰乱招生秩序。武宁出现部分生源外流现象。2003—2007年，上重点线考生3331人，实际到校就读2826人。2005—2007年，600分以上1611人，到校就读1253人。2002年7月，县教委下发《关于加强外地学校在我县招生管理工作的通知》，2003

年3月，县教委、县监察局联合下发《关于严禁县内任何组织及个人参与县外学校在我县无序招生的通知》，对有偿招生、无序招生行为进行整顿。2008年，县教育局下发《关于规范全县中等学校招生秩序的意见》，规定将中考成绩前60名考生作为指令性计划录取武宁一中重点实验班，其余按各完中招生计划和考生志愿，由县中招办统一划线办理录取手续，建立初中校长招生工作责任制，控制生源流失。是年，初中毕业升学考试首次全部集中在县城考试，设实验中学和武宁二中两个考点。县中招办被省教育厅评为招生工作先进单位。

2009年，中考集中到一中考点考试，继续在武宁一中举办高中实验班，择优录取新生64人。宁达、澧溪、泉口、石门楼4所中学和巾口学校中考成绩位居全县前五名。

2010年，1372人报考，600分以上231人，占全市5%；700分以上4人，占全市6%；最高分723，比全市最高分差12分，全县中考总成绩居全市第三，荣获九江市初中教学质量评估优胜单位。武宁一中、实验中学各招1个实验班。

1982—1997年，共录小中专2142人，1978年至2010年共输送高中阶段新生50000人。

1977—2010年全县高考录取情况

表4-10　　单位：人、%

年份	报考人数	录取总数	录取率	本科、省部属专科	地市专科	中专
1977	2541	158	6.22	17	19	122
1978	3267	223	6.83	36	27	160
1979	3319	205	6.18	20	34	151
1980	2981	301	10.10	40	52	209
1981	2459	270	10.98	60	42	168
1982	1398	248	17.74	34	54	160
1983	1207	133	11.02	44	37	52
1984	1055	180	17.06	62	50	68
1985	1024	208	20.31	65	58	85
1986	993	195	19.64	54	78	63
1987	1188	189	15.91	46	74	69
1988	1335	209	15.66	31	122	56
1989	1103	212	19.22	42	109	61
1990	1145	174	15.20	52	71	51
1991	1225	165	13.47	54	68	43
1992	1314	193	14.69	71	63	59
1993	999	243	24.32	118	83	42
1994	661	225	34.04	101	76	48
1995	639	163	25.51	72	69	22

续表　　　　单位：人、%

年份	报考人数	录取总数	录取率(%)	本科、省部属专科	地市专科	中专
1996	620	204	32.90	100	86	18
1997	683	188	27.53	92	87	9
1998	743	178	23.96	84	84	10
1999	655	229	34.96	153	73	3
2000	746	445	59.65	194	242	9
2001	818	623	76.16	340	283	—
2002	968	654	67.56	351	303	—
2003	1474	1149	77.95	459	690	—
2004	1913	1027	53.69	418	609	—
2005	2389	1545	64.67	612	933	—
2006	2590	1301	50.23	580	721	—
2007	2760	1455	52.72	639	816	—
2008	2660	1742	65.49	665	1077	—
2009	2661	1890	71.03	766	1124	—
2010	2322	1873	80.66	811	1062	—

1978—2010年全县中考录取情况

表4-11　　　　单位：人

年份	报考人数	录取人数				年份	报考人数	录取人数			
		总数	小中专(含中师、卫校)	普通高中	农职业高中			总数	小中专(含中师、卫校)	普通高中	农职业高中
1978	3394	1136	—	—	—	1995	2500	1709	247	650	812
1979	2101	1844	—	—	—	1996	3376	1929	269	650	1010
1980	507	425	—	—	—	1997	3666	2469	249	650	1570
1981	2602	819	—	819	—	1998	4174	2822	356	728	1738
1982	2557	755	47	708	—	1999	4590	3141	513	918	1710
1983	1584	708	53	655	—	2000	5070	—	—	1508	—
1984	1678	1046	96	750	200	2001	5838	—	—	1766	—
1985	1560	1040	83	705	252	2002	6904	—	—	1951	—
1986	2414	1045	108	698	239	2003	6038	—	—	2522	—
1987	1558	1047	133	765	149	2004	5730	—	—	2487	—
1988	2301	1187	131	709	347	2005	5163	—	—	2392	—
1989	2193	1162	114	724	324	2006	5200	—	—	2516	—

续表　　单位：人

年份	报考人数	录取人数				年份	报考人数	录取人数			
		总数	小中专(含中师、卫校)	普通高中	农职业高中			总数	小中专(含中师、卫校)	普通高中	农职业高中
1990	3050	1143	89	731	323	2007	3774	—	—	2264	—
1992	3831	1412	125	860	427	2009	1162	—	—	1157	—
1993	3143	1459	118	650	691	2010	1372	—	—	980	—
1994	2783	1599	180	650	769	—	—	—	—	—	—

第五节　思想政治教育

思想政治课教学

民国时期，武宁3所中学开设公民、童子军课程，对学生进行忠孝、仁爱、信义、和平教育。

中华人民共和国成立后，取消公民、童子军课程，开设思想政治课。1950年，初中讲授中国革命常识，高一、高二讲授社会科学常识，高三讲授共同纲领。初中一年级到高中三年级，各年级增设时事政治一科，每周一课时，对学生进行品德教育、阶级教育、爱国主义教育和国际主义教育。1954年，初中讲授政治常识，高一、高二讲授社会科学常识，高三讲授中华人民共和国宪法。1957年，初一、初二讲授青少年修养，初三讲授政治常识，高一、高二讲授社会科学常识，高三讲授社会主义常识。1958年，从初一到高三每周开设2节社会主义教育课。1961年，初一开设道德品质教育，初二开设社会发展简史，初三开设中国革命和中国共产党。高一讲授政治经济学常识（资本主义部分），高二、高三讲授辩证唯物主义常识。同时着重对学生进行阶级教育和革命传统教育。1963年，高一、高二讲授政治经济常识，高三讲授辩证唯物主义常识。

“文化大革命”期间，政治课没有正式教材，主要学习毛主席语录和“老三篇”（毛泽东主席著《为人民服务》《纪念白求恩》《愚公移山》），进行阶级和阶级斗争教育、反修防修教育和革命人生观教育。

1978年，恢复政治课，初一开设青少年修养，初二开设社会发展简史，初三开设法律常识，高一、高二开设政治经济学常识，高三开设辩证唯物主义常识。1988年，试行新教材，初一讲授公民，初二讲授社会发展简史，初三讲授中国社会主义建设常识，高一讲授科学人生观，高二讲授经济常识，高三讲授政治常识。

2004年后，初中思想政治课不再按年级分科，各年级均设思想品德课。2008年，高中思想政治科必修课程为高一经济生活、政治生活，高二文化生活、生活与哲学，另有选修课程。主要对学生进行科学社会主义常识、经济学常识、国家和国际组织常识、科学思维常识、生活中的法律常识、公民道德与伦理常识教育。

思想政治教育活动

民国时期，教育部通令，将礼、义、廉、耻作为各校共同校训，“四维”（礼、义、廉、耻）、“八德”（忠孝、仁爱、信义、和平）为中学思想训育的主体内容。武宁各中学开展三民主义教育，每周安排1课时，举行纪念孙中山总理活动。抗日战争时期，开展抗日救亡教育。1937年，县立协和初级中学组成5个宣传组，沿公路线进行宣传。抗战结束后，民国政府规定，各中学必须接受军事训练或童子军训练，进行国民党党化教育。但省立协和中学校长盛怀谷和部分教师也对学生进行进步教育，教唱进步歌曲，传播进步书刊，支持进步青年反对恶势力的斗争。

新中国成立后，中学思想政治教育根据不同时期政治需要开展。1950年5月30日，省教育厅向全省中学发出《关于土地改革教育的指示》，武宁县立联合中学于寒假期间抽调两批学生加入土改工作队，同时组织土改文艺宣传队、先后到兰田、甫田、石渡、澧溪、辽田、船滩、辽里、斜滩、彭树、凤口、横路、楼下、畈上、聂桥、大堰乡宣传。抗美援朝中，对学生进行反对崇美、恐美、亲美教育，组织抗美援朝宣传队，到箬溪、巾口宣传。

1954年，对学生进行爱祖国、爱人民、爱劳动、爱科学、爱护公共财物教育，进行一颗红心、两种准备（升学和就业）教育。

1955年，贯彻教育部颁布的《中学生守则》，对学生进行纪律教育、道德品质教育和集体主义教育。同年，贯彻毛泽东主席关于“身体好、工作好、学习好”的指示，进行三好教育。

1958年，对学生进行总路线、大跃进、人民公社三面红旗的教育，武宁中学组织学生参加大炼钢铁，支援“三秋”，翌年，参加搬迁建校劳动。

1963年，开展向雷锋学习。武宁中学号召学生坚持革命第一，工作第一，他人第一，以助人为乐，以朴素为荣。

1964年，开展社会主义教育。1966年，“文化大革命”开始，思想政治教育以阶级斗争为纲，强调反修防修，批判资产阶级，经常请老工人、老贫农作忆苦思甜报告，办斗私批修学习班。

“文革大革命”结束后，县文教局于1979年8月和1981年7月先后两次召开全县学校思想政治工作会议。1982年3月，开展第一个全民文明礼貌月活动。进行“五讲”（讲文明、讲礼貌、讲道德、讲秩序、讲卫生）、“四美”（语言美、行为美、环境美、心灵美）、“三热爱”（热爱祖国、热爱人民、热爱社会主义）教育。1989年，开展反对资产阶级自由化，坚持四项基本原则（坚持社会主义道路、坚持人民民主专政、坚持中国共产党的领导、坚持马列主义毛泽东思想）教育。成立县德育工作领导小组。以船滩初中、金水中学为德育工作试点单位。罗溪中学学生谭育民舍己救人，荣获九江市精神文明先进个人称号。

20世纪90年代开始，学校思想政治教育以爱国主义教育为主线，以日常行为规范教育为重点，以班、团、队活动为载体，以创优争先为动力，教育内容不断更新，教育方法不断改进，教育成效不断提高。

1991年，县教育局制定《学校德育工作领导小组工作条例（试行稿）》和《武宁县教师德育工作条例（试行稿）》，在全县中学推行《九江市中学生思想政治品德考核标准》，对学生德育进行量化评估，对初、高中学生进行国防教育。

1992年，开展“我爱社会主义”“可爱的九江”“武宁是个好地方”系列读书活动，举办“两史一情”（中国近代史、现代史和国情）教育和革命传统教育图片展览。

1993年，开展纪念毛泽东主席诞辰100周年读书活动。武宁县获九江市读书活动组织工作先进集体三等奖和读书知识电视竞赛二等奖。

1994年，县制定《校园文明建设管理条例》，按新颁发的《中学生日常行为规范》强化学生文明行为的养成教育与训练。

1995年，落实《爱国主义教育实施纲要》，以纪念抗日战争胜利50周年为契机，开展爱国主义教育，泉口革命烈士纪念馆、上汤老区、李烈钧墓地被定为县爱国主义教育基地。开展法制教育和依法治校，各校建立“双差生”档案，并在县二中、罗坪初中开展差生转化试点，初中差生转化率达80%以上。翌年，县二中获市德育工作先进单位，县一中被市人民政府授予文明单位。

1997年，开展学生行为规范养成教育，县一中完善《校风校纪考核细则》，学生会设行为规范部。

1998年，开展创文明班级、创文明寝室、创文明校园、做三好学生活动，翌年“五四”青年节，全县中学27个文明班级，31名优秀团员，38名三好学生受县委宣传部、县教委、团县委联合表彰，20人被评为市级三好学生，3人被评为市级优秀学生干部。

1999年，开始建立德育示范校评估制度。翌年起，横路、罗坪、澧溪、石门楼、宁达等初级中学先后获市德育示范学校。

2002年，县一中、县二中、协和中学、职业技术学校各配一名法制副校长。进一步加强法制教育。

2004年，新增协和公园、万福工业园两个德育基地。中宣部和教育部决定，把每年9月定为中小学生弘扬和培育民族精神月，各中学每年均开展形式多样的教育活动。

2006年，开展社会主义荣辱观教育。

2008年，纪念温家宝视察武宁一周年，开展“我爱山水武宁”教育。

2009年，开展“辉煌六十年”“改革开放三十年”主题读书教育活动。

2010年，开展“社会主义核心价值观”主题读书教育活动，进一步加强爱国主义、社会主义、集体主义教育。

校园文化

民国时期，县立中学学生会有学艺部，下设文书、编辑、漫画、话剧、歌咏、演说组，经常组织学生出刊物，办墙报，进行会演、讲演，1948年，创办《旭日》学报。省立协和中学以“忠、恕、敏、俭”为校训，其校歌歌词为：

柳峰兮郁郁，
箬水兮沄沄，
缅彼元勋兮钟山川秀灵。
视劳动为神圣，
信科学之万能。
为忠兮尽己，
为恕兮及人，
为敏兮敬事，
为俭兮养廉；
事业追踪乎豪杰，
修养进附乎圣贤

新中国成立初期，师生经常参加社会活动，扭秧歌，打腰鼓，排节目，开晚会，出墙报，办宣传栏。1965年，各中学校园文化活动都比较活跃。武宁中学每周末都由各班轮流举办文娱晚会。每年元旦举行全校文娱晚会。每月放一次电影，学校图书室每周开放一次。班级、学校每月出一期黑板报。

“文化大革命”初期，大字报充斥校园，后期，各中学组织宣传队，经常排节目、搞演出。

1977年，恢复高考制度以后，学校集中精力抓教学，校园文化生活淡薄。

20世纪90年代，各中学都建立图书室，办有宣传栏，班级有黑板报，举办周末晚会、元旦晚会、毕业联欢会，多数中学办起校园广播站。县一中、县二中、县农中、澧溪中学、鲁溪中学都办有校刊，校园文化活动丰富多彩。1998年，举行全县中小学文艺调演。1999年5月，举行全县中小学生现场作画比赛和歌咏晚会。2002年，举行全县中小学生才艺比赛。

2003年，开展校园文化创建活动，各中学普遍建造文化艺术长廊，拟写校训。举办全县首届“星艺杯”爱我武宁绘画大赛，评出高中组奖16名、初中组奖52名。

2004年暑期，举办“爱祖国万里行美术夏令营”，全县中学美术教师和美术特长生80人参加。

2008年，开展廉政文化进校园活动，校园文化环境净化、优化，学生远离网吧，文明上网，唱红歌，读经典。2009年，县教育局被江西省教育厅授予江西省第四届中小学生、幼儿艺术展演活动优秀组织奖和全省教育系统“祖国万岁”歌咏活动优秀组织奖，被中华人民共和国教育部授予全国教育系统“祖国万岁”歌咏活动优秀组织奖。

第六节 体育 卫生 安全

学校体育

民国时期，各中学设体育课，开展打球、远足课外活动。省立协和中学、县立中学有篮球场、排球场和乒乓球桌体育设施。1943年10月，县立协和初级中学学生李向荣在石门楼举行的江西省第九行政区运动大会上获撑竿跳高第一名。1945年，中学设体育处，配体育主任和专职体育教师，每学期召开一次体育运动会。1947年，武宁3所中学开展军事训练，受训人数365人。

1949年9月，把体育课列为必修课，每周两节，由专职教师执教。1950年，中学一般在每年秋季举行全校性体育运动会，班级、年级、校际之间的单项比赛每学期都举行，以篮球赛较多。1951年，推行第一套广播体操。1956年秋季，开始试行部颁体育教学大纲。1958年，武宁中学推行《准备劳动与保卫祖国体育锻炼标准》，简称“劳卫制”。组织学生突击锻炼，达到一级运动员的107人，二级运动员的90人。1963年，按全国统编体育教材进行教学。武宁中学设立体育教研组。各中学学生会普遍设体育部，班委会设体育委员。每天一节课外活动，由体育部统一安排，体育委员组织开展球类、田径、体操项目锻炼。各中学开展民兵训练，推行第四套广播体操，武宁体操代表队在九江市第一届中学生体操运动会中获男子团体总分第一名。

“文化大革命”初期，一度将体育课改为军体课。1973年，恢复体育课，教学上存在“一个口哨两个球，教师学生都自由”的现象。5月，举行全县中学生田径运动会，武宁中学、澧溪中学、路口中学、横路中学分获团体总分前四名。县中学生代表队参加地区在湖口举行的第三届乒乓球赛，获男子团体第三名，女子团体第四名。

1975年，《国家体育锻炼标准》颁布，体育教学状况好转，各校严格按标准要求进行体育教学，开展训练。1978年，落实县文教局、县体委、县卫生局联合下发的关于全面贯彻教育部、国家体委、卫生部关于中小学体育卫生工作的通知，抓好两课（每周2节体育课）、两操（广播体操、眼保健操）、两活动（每周2节课外体育活动）。各中学普遍成立学生田径队、篮球队、乒乓球队、排球队、羽毛球队、足球队，课外活动列入课程表。1981年，中学毕业生达标人数3264人，占毕业生数60%。

1982年11月，举行全县第五届中学生田径运动会，县二中获初中组团体总分第一名，县一中获高中组团体总分第一名。1985年6月，武宁一中初中田径队获九江市中学生田径赛团体冠军，并代表九江市参加省田径比赛，获单项奖6个。学生易宁在1500米跑中获全省第一名。1986年起，重视加强体育课的常规教学。1987年，武宁一中被省体委命名为省体育传统项目学校（田径）。举行全县中小学广播体操比赛，武宁二中、船滩初中获中学组一等奖。武宁县代表队参加九江市中学生田径运动会，获初中组团体总分第三名，高中组团体总分第四名，20名运动员中获单项第一名9人，第二名6人，9人创9项九江市中学生最好成绩。

1988年，举行全县第六届中学生田径运动会，县一中、县二中、县农中获高中组团体总分前三名。一中、二中、罗坪、东林、船滩、茶场中学获初中组团体总分前六名。

1989年，武宁县组织中小学学生代表队参加九江市中小学学生运动会，中学组获团体总分第二名。

1990年10月，举行第七届全县中学生田径运动会，武宁一中获初中组和高中组团体总分第一名，罗坪中学获初中组第二名，武宁二中获高中组第二名。

1991年，《中学生体育合格标准实施办法》正式颁布施行，秋季开始，建立学生体育合格情况登记卡，初中、高中毕业生体育达标才准予毕业。对高一新生进行军训，高考报名单设体育类。1994年，体育列入中考科目，各中学进一步加强体育教学。5月，组队参加九江市中学生乒乓球赛，获女子团体第三名。1996年全县初中升学考试体育加试，参考人数3050人，平均分21.9分（满分30分），男生50米跑、立定跳远、引体向上三项合格率39.6%；女生50米跑、立定跳远、仰卧起坐三项合格率59%；男女三项都合格1465人，合格率48%。

1999年11月，举行第八届全县中学生田径运动会，620名运动员参加比赛，获团体总分初中组前三名的是横路、罗坪、船滩中学，高中组前两名的是一中、二中。

2002年，举办全县初中学生篮球赛。2007年，县体委在全县中学选拔优秀田径运动员，组织武宁县体育代表团，参加九江市第十届运动会。

2008年11月，全县第九届中学生田径运动会在武宁一中举行。获高中组团体总分前三名的是武宁二中、实验中学、武宁一中，初中组团体总分前五名的是武宁二中、黄塅初中、私立宁达中学、船滩初中、横路初中。

1977年，恢复高考以来，全县各校为高等体育院校输送合格新生300人，为省市各类体校运动队输送运动员30人，为部队输送飞行员14人。

学校卫生

民国时期，中学设有校医室，配有专职校医。学生自治会的健康部有卫生股，协助组织学生每周进行一次大扫除。

新中国成立不久，武宁联合中学即建立医疗室，有专职校医1名，司药兼护理员1名，开展经常性卫生保健教育。新生入学，进行一次全面身体检查，建立健康登记卡和12种疾病登记簿。按季节给学生注射防疫针，服防疫药。配有女生指导，给女生讲卫生知识课。20世纪60年代，在县防疫站指导下，学校卫生工作形成制度化，并在学生中做眼保健操。

1978年以来，初中开设生理卫生课。各校由当地卫生院每年对学生进行一次体检，建立健康登记卡，进入学生学籍档案。县一中、二中、三中、金水、澧溪中学都配备专职校医，成立医疗室。学生一般疾病能在校内治疗。没有专职校医的初中则设立保健箱，聘请一名教师兼卫生保健员。

1985年12月，开展全县学校体育卫生工作大检查，19所中学为合格单位，澧溪中学为红旗单位。

1992年，落实《学校卫生工作条例》，初中增设健康教育课。

1998年，县教委下发5个关于学校卫生工作的文件，对学校卫生工作进行3次检查。

1999年，全县中学开展学生六病（寄生虫、沙眼、贫血、营养不良、龋齿、视力低下）的防治，甲肝、乙脑、麻疹疫苗的普种及驱虫药的普服。

2002年，县卫生局、县教育局联合印发《武宁县学校卫生工作实施方案》，对学校卫生工作的组织管理、工作任务、实施办法提出明确具体要求。

2003年，各校成立防治非典型肺炎工作领导小组，制订工作方案，开展预防工作。武宁开展创建国家卫生县城活动，县直中学成立爱国卫生领导小组，开展除“四害”、校园卫生整治、植树绿化。

2007年，县卫生局、教育局联合建立学校突发公共卫生事件防控工作协作机制。全面启动农村中小学改水改厕工程，新建厕所31座，改建厕所12座，打水井21眼，改水井7眼，2所学校新安装自来水。

2008年，落实《武宁县学校食品卫生安全管理暂行规定》，对学校食堂实施食品卫生监督量化分级管理，并建立食品卫生助理监督员制度。全县中学共聘任53名助理卫生监督员，其中武宁一中、职业中专、澧溪初中、罗坪初中各2名，其他中学（含职业学校）各1名。职业中专聘有专职校医。

2009年，县教育局印发《中小学校食堂管理办法》和《学校甲型H1N1流感防控应急预案》，实施农村学校清洁工程。

学校安全

20世纪90年代中期开始，学校安全教育和安全工作纳入常规管理，县教育局和各中学都成立学校安全工作领导小组，建立安全工作责任制，每学期进行多次研究、督查，各校落实校舍安全及饮食、用电、交通、体育教学和课外活动、春游方面的安全措施，切实加强学校安全管理工作。

1996年，国家设立全国中小学生“安全教育日”（每年3月份最后一周的星期一），每年安全教育日，各校均开展教育活动。

1997年5月，对全县学校校舍安全进行排查，共查出中学一类危房2105平方米，二类危房1731平方米，三类危房4750平方米，中学一、二类危房涉及17所学校，占学校总数的65%。当年，对无维修价值的危房拆除或封闭，对三类危房进行维修加固。

2000年3月，召开全县学生和学校安全工作会，对重点危房进行鉴定，共查出11所中学存在危房9565平方米，附属设施安全隐患27处。县政府成立学生和学校安全工作领导小组，制定《全县学生和学校安全隐患整治及校园周边环境治理实施方案》，拆除危房2060平方米，修复加固危房3794平方米，整治校园周边无证门店和达不到卫生要求的饮食摊点，取缔学校周围200米范围内的“三室两厅”（游戏室、网吧、酒吧、录像厅、舞厅），处罚一批到学校内扰乱教学秩序的不法分子，关闭对学校安全有影响的液化气站和加油站，更换学校不合格锅炉。

2001年，重点围绕校内安全，各校成立教师护送队，开展校园拒绝邪教签名，学校安全工作领导小组设一名安全工作联络员，建立重大伤亡事故报告制度。9月，县教委印发《武宁县中小学安全工作规定（暂行）》。

2002年，林区学校开展森林防火教育，国道316双溪至纽丝段、省道柯垅线柯垅至长坪段、省道焦武线南市至界牌段公路沿线学校开展交通安全学校创评活动。2003年，此项活动在县城和国道、省道、县道公路沿线各校全面展开。建立学校锅炉设备技术档案，实施锅炉司炉人员持证上岗制度。

2004年，县教育局制定学校和学生安全工作管理登记册，开展学校安全大检查6次，发出安全通报和文件13件，排查清除安全隐患170处。

2006年4月，县教育局成立突发公共事件应急处置工作领导小组，印发《武宁县教育系统突发公共事件应急预案》。开展创建平安校园活动，开设安全教育课，设立安全专（兼）职教师，建立警校联系制度。

2008年1月，学校计算机房、多媒体教室，电子备课室等现代教育技术专用场所统一安装110防盗联网报警系统。11月，开展校园管制刀具集中收缴专项行动。

2009年，开展安全典型示范学校创建活动，确定澧溪初中、武宁一中、实验中学、宁达中学、宋溪学校、杨洲学校为第一批创建安全典型示范单位。同年，开始实施中小学校舍安全工程，县成立学校校舍安全工程领导小组，县长沈阳任组长，教育局、发改委、财政局、建设局、公安局、国土资源局、水利局、科技局、消防大队、气象局、审计局、安监局、房管局、规划局、物价局为成员单位。教育局设立校安办。对危房校舍进行改造，对砖混结构未抗震设防校舍进行加固。

2010年，县直中学配备专职保安，安装视频监控系统，武宁一中、武宁二中和所有农村初中安装警报设施，所有学校每幢校舍的基本信息均输入全国校安工程信息系统。

第七节　普及九年义务教育

1984年，武宁基本普及小学教育。

1986年，制定《武宁县九年制义务教育实施方案》。1988年，小学学生入学率97.8%，普及率93.4%，小学生在校年巩固率94.4%，小学毕业率94.8%，小学毕业生升学率76.8%，初中毕业生合格率95%。

1989年10月，县人民政府颁布《武宁县义务教育规划方案（修改稿）》。至1992年年底，有严阳、杨洲、新宁镇、大洞、罗坪、伊山、农科所、茶场、安乐林场、巾口、清江、黄埚、上汤13个乡（镇、场、所）依法宣布实施初等义务教育，新宁镇依法宣布实施初级中等义务教育。

1993年8月，对原《规划方案》进行修订调整。年底，全县全面普及初等义务教育。

1994年，开始实行对小学、初中新生发送接受义务教育通知书办法。罗坪、黄埚、上汤、巾口、茶场乡（镇、场）宣布实施初级中等义务教育，实施义务教育的乡（镇、场）达41%。

1996年，成立县"两基"（基本普及九年义务教育，基本扫除青壮年文盲）评估验收工作领导小组，召开2次全县教育工作会，举办7期"两基"专干培训班，动员和组织70个县直单位和部门挂乡蹲村，动员892名辍学儿童和2622名辍学少年返校复读，扩招613名12～14周岁少年入初中就读，组织3189名15～17周岁未完成初中教育的少年进初中文化补课班学习。适龄少年入学率达97.9%，15周岁人口受完初级中等教育完成率达98.6%，17周岁人口受完初级中等教育完成率达85.8%。8月，开展全县"两基"工作检查评估。10月，顺利通过省人民政府评估验收，成为基本普及九年义务教育县。

1997年，召开全县教育工作会暨"两基"工作达标表彰会，县政府提出"机构不撤，人员不散，工作不停，力度不减，指标不降"的要求，继续抓好"两基"工作，巩固"两基"成果。1999年12月，再次通过市人民政府复查。复查结果是：适龄儿童入学率100%，适龄少年入学率98.5%。15周岁人口受完初级中等义务教育完成率99%，17周岁人口受完初级中等义务教育完成率94%。

2000年9月，县教委聘任全县"三教"（普通教育、业余教育、幼儿教育）干部24人，"两基"专干29人。2001年，通过省级"两基"复查验收，义务教育逐步由8年制向9年制过渡。

2010年，全县12～14周岁少年10653人，初中在校生10281人，初中阶段适龄少年入学率96.5%，当年内辍学141人，年辍学率1.6%，年巩固率98.4%。

部分年份义务教育阶段入学率及每万人口在校学生数

表4-12　　单位：人、%

年份	初中			小学			每万人口在校学生数				
	校内外学龄人口	校内学龄人口	入学率	校内外学龄人口	校内学龄人口	入学率	普通高中	普通初中	职业中学	小学	幼儿园
1992	—	—	—	—	—	—	60	358	24	1016	191
1993	—	—	—	—	—	—	52	323	25	1056	65
1994	—	—	—	—	—	—	49.3	367	30.4	1106	183
1995	11720	11229	95.8	38062	37876	99.5	45.9	347.2	31.1	1162.5	209.9

续表　　单位：人、%

年份	初中			小学			每万人口在校学生数				
	校内外学龄人口	校内学龄人口	入学率	校内外学龄人口	校内学龄人口	入学率	普通高中	普通初中	职业中学	小学	幼儿园
2003	18946	18751	99	16093	16090	99.9	172.2	628.2	52.7	608.4	102.4
2004	17200	17032	99.1	16302	16292	99.9	189.3	586.8	65.0	512.9	68.5
2005	13966	13858	99.2	16063	16063	100	197.8	475.4	83.7	493.1	108.2
2006	10752	10679	99.3	22977	22972	99.9	205.2	373.9	113.0	719.1	105.4
2007	7325	7294	99.6	22387	22387	100	184.5	235.1	63.4	673.4	104.8
2008	6691	6691	100	21726	21726	100	175.0	208.9	112.6	646.4	150.3
2009	7540	7533	99.9	20593	20593	100	150.4	244.0	105.9	615.4	195.4

第八节　普通中学简介

武宁县第一中学

省级重点中学，校址在县城月田路中段。

学校前身为县立协和初级中学，创办于1937年，校址设县城正谊书院和协和别墅崇雅楼。抗日战争时期，学校几经迁徙，先后在石门楼、澧溪、罗溪坚持办学。1945年，经省教育厅批准增办高中，改名县立中学。抗战胜利后迁回原址。

1949年秋，县军管会将民国时期的县立中学、省立协和中学、私立振风中学和武宁师范4校合并，成立武宁县立联合中学，校址设县城北门。10月，学校师范部并入九江师范。1951年上半年，改称江西省武宁县中学。1952年，高中部并入九江二中，学校成为初级中学，设7个教学班，学生354人，教职工26人。1956年，复办高中，校名亦恢复为武宁县中学，并在东门外原武宁初级师范校舍设立分部。1958年秋，在校内开办武宁大学，半年后停办。1960年5月，开办初中跃进班，从初二4个班中挑选学生50人，两个月学完初三课程，提前一年初中毕业。同年秋增办初级师范2个班，招生100人。1961年迁现址。

1966年，“文化大革命”开始。1968年10月，学校被撤销。1970年9月，学校复办，改称武宁县“五七”中学。1972年，恢复武宁中学校名。1978年5月，经省教育厅批准，学校更名为江西省武宁县第一中学，简称武宁一中。高中重点班面向全县招生。有23个教学班，学生1163人，教职工84人。1980年，被定为省级重点中学。自此，学校以办高中为主。1987年，学校被定为正科级事业单位。1989年秋，创办两年制初中实验班，面向全县小学择优招收50人。2001年，初中部停止招生，翌年，撤销初中部，由完全中学改为高级中学。2008年秋，开设重点高中实验班，每年招收60人。

办学之初，校舍大都是祠堂庙宇和老式民房。20世纪50年代，校舍仍是低矮破旧的前清考棚和4排新建的平房教室，仅东门外分部有1幢两层砖木结构的教学楼。1960年开始，在现址新建教学楼1幢，3800平方米；简易宿舍3幢，1532平方米；礼堂兼膳厅1幢，700平方米；厨房1幢，300平方米；厕所1幢，100平方米；全为砖木结构。1980年后，办学条件逐步改善。1986年，新建4层教学大楼1幢，3174平方米。1987年，建实验大楼1幢，2431平方米。1992年建综合楼1幢，2884平方米。至2000年，先后建教师宿舍20幢，总面积8725平方米；学生公寓3幢，总面积6593平方米。2001年，新建教学楼1幢，5层，有教室28间，面积2771平方米。2002年，新建3层楼食堂1幢，面积4088平方米。2005年，投资260万元，新建学生公寓1幢，5层，面积3652平方米。校园内有植物园1个，竹林园1个，大小花坛30个，种植花草树木上百种，绿化面积89161平方米，人文景观多处。教学区、生活区、运动区、风景区布局合理，错落有致。2000年评为省卫生庭院，2001年，获江西省“绿色学校”称号。2002年以后，连续3年获九江市校园管理与建设示范学校。2008年，获九江市中小学校园管理四星学校。

学校注重体育教学。1963年，参加九江地区第一届中学生体育运动会，获男女团体总分第一名。1985年，参加九江市传统项目学校初中田径比赛获第一名。1987年，被省体委命名为省体育传统项目学校（田径）。2000年后，多次参加全市中学生田径运动会，连续3次获团体总分第二名。学校先后获省群众体育先进单位、省优秀体育传统项目学校、省青少年体育训练先进集体，为部队输送飞行员13名。

学校重视教育科研。全校教师在省级以上刊物发表论文100篇。语文教研组组织编写的《中学文言课文详解》，由上海教育出版社出版发行。全书分初中、高一、高二、高三4个分册，共79万字。1988年，此书获省教育科研成果奖。2000年后，学校承担省、市、县级教研课题多项。2004年“研究性学习与作文教学”课题获市级优秀课题一等奖。2005年，建设成省优质高中。2010年5月，学校编写的专题通用技术教材《山水武宁》获省优秀校本课程一等奖。

学校重视实验、电化教学。1988年，成为实验教学合格单位。1995年，获电化教学达标学校。2003年，建成校园网，2004年，获省现代教育技术示范学校。现有物理、化学、生物实验室各1间，实验、储藏室总面积1440平方米，仪器设备总价值1894674元，可开设实验282个，实验开设率达98%。装备计算机170台，多媒体教室3间，教师电子备课室1间，多媒体投影教室2间，语音室2间，电教教材及办公软件1000个品种，价值40万元。53个教室装备有教学终端机，实现网络信息班班通。办公室、学生公寓、教师宿舍均可通过校园网共享Internet和实现网络化办公。

学校秉承“严谨、求实、团结、奋进”的校训，坚持“让每一个学生全面而有个性地得到发展”的办学理念，自建校以来，教育质量稳步提高。共培养高中毕业生1.8万人，初中毕业生1.1万人。1977年，恢复高考制度以来，高中毕业生考取大中专院校8000人。2001年获九江市高考质量优胜单位。2005年，学校被定为省优质高中。20年来，获省、市、县奖励100项，先后获市委市政府表彰的知识分子工作先进单位、宣传思想工作先进单位、统战工作先进单位、文明单位和省市普法工作达标单位。2008年，被共青团中央学校部、中国语文报刊协会、语文报社授予作文教学先进单位。

2010年秋，学校有30个教学班，在校学生1686人；在职教职工191人，大专以上学历175人，其中研究生学历6人；中学高级教师99人，一级教师52人；省、市优秀园丁工程教师10人，县“十百千”名师工程教师16人。校园占地面积146068平方米，校舍建筑面积25688平方米。藏书89600册，各种报刊数百种。运动场地面积12560平方米。有标准400米环形跑道田径场1个，足球场1个，篮球场8个，排球场3个，羽毛球场1个，乒乓球台22张，画室1间，专用音乐教室1间，体育、音乐、美术器材齐全。

学校历任校长

县立中学：张子野、黄隐霆、刘炳焜、张开滇、林杏芳、王振中、张罗。

省立协和中学（迁入武宁后）：盛怀谷。

私立振风中学：余心乐、石完璞、潘世纶、叶苍。

县立联合中学至武宁一中：李涤心（兼）、励树敏（兼）、张罗、淦长旭、叶存财、汤平朴、朱宝育、张绪金、熊基良、邓庭根、林铨云、周庆礼、孔凡杰、石圭义、余国钧、周绪徽、黄苏星、盛广益、李涴林、张步云、刘家胜、张震。

武宁县第二中学

位于县城豫宁大道中段。占地面积73357平方米，建筑面积33451平方米，绿化面积1000平方米。现有51个教学班，学生2619人，教职工180人。专任教师165人，本科毕业122人，专科42人；中学高级教师70人，一级教师48人。是一所面向县城招生为主，以初中教育为主的普通完全中学。正科级单位。

1976年，创办时称新宁初级中学。面向县城招收初一8个教学班，学生526人，教职工23人。1978年，改名武宁县第二中学，定为县级重点中学。1979年，增办高中，招收县城初中毕业生270人。17个班，954人，教职工65人。1983年，高中增设职业班，每年招收2个班，学生100人。1987年起，高中仅招职业班。1989年，停招高中职业班，学校以办初中为主。有24个班，1291人；高中3个班，171人；教职工108人。1995年，定为九江师专教育实习基地。2001年，私人投资在校园内开办私立豫宁中学，部分领导和教师受聘在此校兼职兼课。2007年，兼并私立豫宁中学。

学校开办时，建1幢两层的教学大楼和5幢平房教工宿舍。1999年，新建综合大楼1幢，学生公寓1幢。此后，校园建设和教学设施日臻完善。2002年，成为省级电教达标学校。2004年，被评为九江市园林化单位。现有2幢教学大楼，1幢行政办公大楼，2幢学生公寓及学生食堂。设有语音室，60平方米；微机室，408平方米；理化生实验室，550平方米；图书室，110平方米；多媒体教室，260个座位；音体美教室和电子备课室。装备计算机154台，图书30000册。开辟运动场地15041平方米。一个田径运动场，一个足球场，一个多功能球馆和两个篮球场。并建立校园网。

学校以“勤教勤学，从严从实，尊师爱生，团结奋进”为办学宗旨，坚持德育首要地位，1996年，获市德育工作先进单位。在教学上坚持“面向全体，加强基础，培养能力，发展个性”理念。20世纪80—90年代，大力开辟第二课堂，成立清泉文学社，创办《清泉》文学期刊，出版学生获奖作品《小荷集》。在语文教师李希鑫指导下，4名学生作品入选《全国中学生获奖作品大展》。在学科竞赛中，获国家级特等奖2人次，省级一等奖36人次，二等奖42人次。在国家、省、市级发表论文或专著的教师分别有5人、3人、27人。武宁文联刊物《艾风》、江西省教育学院《中学教学报》、中国少年文学家协会《中国少年文学报》先后为该校出专版。1998年，学校承担国家级课题“物理边教边学边实验教学法”和市级课题“初中语文指导学法”实验。2003—2005年，教师业务论文获市级一等奖18人次，省级一等奖6人次，省级三等奖8人次。在各级报刊发表论文8篇。1999年，初中毕业生廖文夫以全省第一名的成绩考取清华大学附中理科实验班。2003—2010年中考，先后有冷茜、夏静、王小泉、李佳洺等4名学生获全县第一。2005年高考，文理两科总平均分都进入全市前五名，被县政府授予高考进步奖和高考品牌奖，被市教育局授予高考优胜单位。2009年，被评为全市普通中学教学质量管理先进单位。

学校重视体育、艺术教学。1982年，获全县第五届中学生田径运动会初中组团体总分第一名。1992年，获九江市体育达标先进单位。2005年，该校代表全县参加市运动会，获团体总分第五名。2008年，获全县中学生田径运动会团体总分第一名。2009年，艺术类考生56人被录取大专院校，学校连续3年被县教育局授予办学特色单位（艺术）。

学校历任校长：石圭义、郑求达、毛洪杰、席芳松、严海如、李琬林、李俊斌、冷景明、张贞茂、张步云、周武、王格。

武宁县实验中学

学校前身是私立武宁外国语学校，2001年，由私人投资创办，校址设县城月山路。当年招收12个班，初中学生210人，高中学生468人。2003年秋，办学体制改为民有公办，更名武宁县实验中学，对外仍称外国语学校。学校规模扩大到51个班，在校学生2570人，其中高中生2086人，是一所以普通高中教育为主，突出外语特色的完全中学。正科级事业单位。2004年3月，经省教育厅验收，成为拥有聘请外籍文教专家资格的学校。4月，经教育部国家外语研究中心批准，正式纳入全国外语特色学校会员校系列。2005年7月，被列为江西省第二批重点建设中学。2010年秋，改为公办完全中学，暂时租赁原私立武宁外国语学校的办学场地及设施。

学校以“厚德、博学、求实、创新”为校训，以培养全面发展的综合性人才为目标。不断改革课堂教学模式，突出学生能力培养，在抓好必修课教学的同时，开设20余门校本课程。成立“心雨文学社”。充分利用多媒体现代教育技术。在教师中实施“青蓝工程”，全面提升教师素质，有12人分别成为市、县教学明星、学科带头人、骨干教师、师德标兵。2008年以来，教师获市、省级赛（说）课和课件制作奖30人次，在市级以上刊物发表论文60篇，获省级以上奖28篇，市级以上奖120篇。学生各类竞赛获国家级奖15人次。2006年高考，学校一本上线28人，二本线上207人，二本以上录取率、提高率均居全县第一。2007年，939人参加高考，录取二本以上254人，三本线上309人，录取率居全县第一。理工类各科平均分都居全市重点建设中学第一；其中学校零班应届一本上线25人，上线率为52.1%，二本线上47人(全班48人)，上线率为97.9%，二本以上录取率超过九江一中农村班；学校获九江市重点建设学校高考质量综合评估优胜单位。2008年，高考一本上线39人、二本上线215人、三本上线390人，专科上线805人，学校获全市重点建设中学高考平均分提高优胜单位。2005—2009年，学校连续五年高考录取二本以上突破200人大关。2010年，德育工作、社会维稳工作、共青团工作、工会工作、党建工作都获县局表彰，并获市教育局全市重点建设中学教学质量评估优胜单位奖，被省体育局授予全民健身活动先进单位。

2010年秋，29个班，学生1382人。专职教师112人，其中在编103人。教师学历达标率为100%，具有高级职称55人，中级职称41人。校园占地12万平方米，校舍建筑面积34766平方米，2幢教学楼可容纳60个班；4幢学生公寓可供2800名学生住宿；1幢学生用膳大厅和1幢教师食堂可同时供2600人就餐；1幢5层科技大楼，内设多媒体大厅、微机室、语音室、理化生实验室、图书室一系列现代化教学功能室。另有1幢外籍专家楼。藏书38000册，装备计算机130台。篮球场、排球场、足球场运动场地和体育设施较为完备。

学校历任校长：朱光渝、付介武、杨再华。

武宁县协和中学

县直完全中学，坐落在县开发区协和大道。学校以武宁籍名人、辛亥革命元老李烈钧（字协和）命名，中国人民解放军前总参谋长、李烈钧教育基金会名誉主席杨成武为学校题写校名。

民国时期，武宁有两所协和中学，即县立协和初级中学和省立协和中学。县立协和初级中学于1937年创办，1945年更名县立中学。省立协和中学于1946年春由靖安邱家街迁到武宁。1949年8月，两校与私立振风中学、武宁师范学校合并为武宁县立联合中学。

2000年，县人民政府决定，将南市初级中学更名武宁县协和中学，使停办半个世纪的协和中学得以恢复。办学体制实行“一校两制”，初中部属公办性质，高中部为公办民助，受李烈钧教育基金会资助。当年，初中部学生713人，高中招收2个班，110人。此后，高中规模不断扩大，2005年，招收新生5个班，220人，并招1个重点班，30人，全校学生达1212人，教职工76人。2007年起，附设小学六年级。2010年秋，18个教学班，834人（含六年级4个班，168人），教职工67人，其中本科毕业57人，专科8人；中学高级教师21人，一级教师29人；省级骨干教师1人，市级学科带头人1人，市、县级骨干教师各2人。

学校占地面积6.7万平方米，有教学楼、实验综合楼、教师楼各1幢，学生公寓、学生食堂各2幢，建筑面积10641平方米。设有物理、化学、生物实验室各1间，仪器储藏室3间，微机室、多媒体教室、电子备课室、图书室各1间，藏书12000册，装备计算机53台。运动场地面积10120平方米，有400米跑道，2个篮球场、1个排球场。校园绿化和道路硬化率达80%。

学校以“唤醒心中的巨人”为校训，坚持“以人为本，全面发展”的办学思想，确立“办优质初中、创特色高中、建平安和谐校园”的办学目标。自复校以来，共培养高中毕业生950人，初中毕业生1850人，教育质量稳步提高。2007年，150人参加高考，考取本科35人，专科103人，高考总评估位居全市60所普通高中第四，2008年、2009年高考均居全市第二，连续3年获市普通中学高考质量评估优胜单位。2000年以来，连续四届获九江市文明单位。2005年，获县委、县政府表彰先进集体。2006年，获九江市师德建设先进集体。2007年，获江西省全民健身活动先进单位。2010年，获县教育局综合督导评估全面优胜单位。

学校历任校长：张国富、李鑫、熊明。

泉口初级中学

坐落在泉口镇的中心，国道316旁。校园占地面积9212平方米，建筑面积4950平方米，运动场地面积1500平方米。其前身是1958年创办的路口苏区完全小学。1968年，改办初中，名为路口初级中学。1970年，增设高中，1972年年底，高中部并入金水中学。1983年，随乡名变更改名泉口初级中学。办学规模多年保持每个年级2个教学班。2003年，发展到12个班，学生755人，教职工41人。2007年，附设小学六年级。2010年秋，12个班，学生627人（含六年级2个班127人），教职工25人。教师中本科毕业9人，专科11人，中学高级教师6人，一级教师8人。

学校成立之初，只有1幢两层6间砖木结构的教学楼。1980年，建1幢3间平房教工宿舍。1984年，建1幢两层20间教工宿舍。1987年，拆老教学楼，建1幢砖混结构3层15间的教学楼。1997年建综合楼1幢，465平方米，内设物理实验室、生化实验室、电教室和仪器储藏室。2003年后，建学生公寓1幢，学生食堂1幢，现代化新公寓1幢，水冲式厕所1幢，装备图书6500册，计算机34台，建成校园网，安装自来水，办学条件得到明显改善。

学校利用泉口革命烈士纪念馆为德育基地，开展爱国主义教育，形成“文明守纪，勤奋学习，严谨求实，勇于进取”的校风。20世纪90年代，连续3年为高中阶段学校输送10多名音乐、体育、美术特长生。2001年中考，考取普通高中63人，其中录取重点班19人，分别占报考人数的45.1%和13.6%，2002年以来，先后有陈敬保、肖洋洋、叶丹婷3名学生中考总分居全县第一。2008年中考，校总平均分568分，有5科平均分居全县第一。2000年以来，学校3次获得县教育局目标管理考评全面优胜单位，3次被县委、县政府授予先进单位。

学校历任校长：彭景春、邱吉祥、洪汗圣、陈求根、聂学焰、聂学鸿、刘锋、邓宁、吴丰进。

金水初级中学

位于国道316旁的泉口镇金水村，校园占地面积20143平方米，校舍建筑面积5986平方米。

学校于1958年创办，始称武宁县第二初级中学，校址初设横路老街。1959年，迁金水。20世纪60年代改名金水初级中学。1969年，开始招收高中生，更名金水中学。1978年，定为县重点中学。1980年，在全县中学网点调整中，仍保留完中建制，成为全县仅有的两所农村完全中学之一。初中面向路口、横路、大桥3个公社部分大队和县办煤矿招生，高中面向山背片招生。1990年秋，高中停止招生，改办初级中学，仍由县教育局直接领导和管理。2007年起，附设小学六年级。

1959年，学校迁金水，没有校舍，在山冈头借用民房办学。1960年，建成新校舍，有砖木结构教室、宿舍、厨房。20世纪80年代，建2层办公楼1幢，教师宿舍2幢，3层砖混结构综合楼1幢，县煤矿资助建学生宿舍1幢。进入21世纪，办学条件进一步改善，2006年，建成1幢学生公寓，3层24间，579平方米。2009年，建3层教学楼1幢，1124平方米，有教室9间，办公室6间，会议室1间。综合楼内设有物理、化学、生物实验室各1间，仪器储藏室2间，有图书储藏室、阅览室、微机室多媒体教室。装备图书5000册，计算机34台及配套的多媒体设备，开通网络，建立校园局域网。运动场地4500平方米，有水泥篮球场1个，羽毛球场1个，乒乓球场1个和环形4道300米长跑道及单双杠体育设施。

学校以“勤奋、守纪、求实、创新”为校训，办学50年来，共培养初中毕业生1万余人，高中毕业生3000人，考入高等学校300人，考入中等学校700人。1981年，2个高中毕业班，29人考取大中专院校。1983年，学校获九江市实验室管理先进单位。20世纪90年代，多次获县教育局目标管理考评奖。

2010年秋，7个教学班，学生350人（含小学六年级72人），教职工24人。教师中本科毕业6人，专科15人；中学高级教师5人，一级教师10人。

学校历任校长：王占魁、李上嵩、聂由政、熊仁佑、邓子玉、方由斌、陈求根、洪登文、冷景明、熊辉、黎维华、张功龙、卢作梓、熊里豪、黎辉、黄仲泉、冷运林、冷绪尧、柯于亮、朱传忠。

横路初级中学

1969年9月创办，校址设横路老街原横路完小。1971—1972年增设高中班，1976年秋，再次办高中。1979年秋，高中并入金水中学，初中4个班，学生200人，教职工18人。1984年9月，迁横路集镇新街。学校多年保持3个年级6个班规模。1993年，横路民中并入，学校规模逐年扩大，2003年，学生1275人。2007年至2009年附设小学六年级。

学校注重德、智、体、美全面教育。1972年，该校体育代表队获全县少年乒乓球赛团体冠军，女子单打前三名。20世纪90年代中期，进行数学课堂教学模式改革，得到县教研室肯定和推广。1998年，全县中小学文艺调演中，《看大戏》节目获一等奖，2000年该节目在江西省第十届“修河之波”艺术节中获二等奖。2001年，学生余淑贞的美术作品《辉煌礼赞》发表于《中国教育报》。1987年中考，54人被录取高一级学校，其中升中专3人，中师10人，升学率居全县第一。1998年中考，各科总平均分449分，位居全县榜首。1993—2006年，共输送中专8人，中师4人，重点高中378人，600分以上考生达98人。1998年以来，学校6次被县教育局评为全面优胜单位。2000年，获九江市德育示范学校。2004年，通过市级德育示范学校复评。2005年，获县委、县政府提供高中优质生源奖。2006年、2007年，被县委、县政府授予先进单位。

2010年秋，13个教学班，学生614人，教职工48人。教师中13人本科毕业，27人专科毕业，6人获副高级职称，20人获中级职称。校园占地25708平方米，校舍建筑面积5270平方米，运动场地面积9465平方米。建有教学大楼2幢，学生公寓和学生食堂各1幢。设有多媒体教室、微机室、实验室、美术室、图书储藏室、阅览室，配有光盘播放设备。装备图书9980册，计算机34台。先后建成水泥球场、环形跑道体育运动场地和设施。

学校历任校长：黎端炼、聂学焰、王占魁、李枝震、陈求根、刘导生、范庆宝、张小泉、谢从富、冷绪尧、柯传海、汤波。

鲁溪初级中学

校址设在鲁溪集镇。创办于1966年，始称大桥初级中学，当年招收1个班，学生51人，教师4人。1969年，增办高中，并设置农机、水电、医务专业班。1972—1973年，官莲、双溪、荷洲中学高中部相继并入， 12个教学班，学生605人，教职工40人。1981年，撤销高中部，保留初中6个班，364人，教职工22人。1983年，更名大桥河初级中学。1984年，更名鲁溪初级中学。1985年，增设农业高中班，改称鲁溪农业中学。1990年，高中改招普通班，面向大洞、泉口、横路、鲁溪、官莲5个乡招生，改称鲁溪中学。1993年，鲁溪民中并入。1994年，高中停止招生，分部撤销。1995年，高中二、三年级并入二中，学校专办初中，更称现名。是年，南冲民中并入。1998年，荷洲初级中学并入，学生数1300人。2007年，设在柯垅的私立晖宏学校初中部并入，同年附设小学六年级。2010年秋，17个班，学生886人（含六年级5个班，246人），教职工67人，其中本科毕业15人，专科44人；中学高级教师9人，一级教师25人。

办学初期，在大桥区西鲁公社大桥大队上洞口借用民房办学。1968年，在现址建两层砖木结构教学楼1幢，平房师生宿舍1幢，建筑面积700平方米。70年代，师生自力更生建平房学生宿舍、教工宿舍和两层办公用房各1幢。20世纪90年代以来，不断拆旧建新，1992年，建3层砖混结构教学楼1幢，面积1335平方米。1998年，建实验大楼1幢，学生公寓1幢。2001年后，又建3层砖混结构教学楼1幢，4层学生公寓2幢。2009

年，建主运动场，修环形跑道，硬化操场5400平方米，建标准篮球场2个，排球场1个，教学生活条件不断改善。现有校园占地面积22832平方米，校舍建筑面积9072平方米，运动场地面积7674平方米。

学校重视现代教育技术，1997年，投资12万元建起微机室，装备微机30台，开设微机课。2006年，投入15万元实施农村远程教育工程，建多媒体教室、计算机教室、卫星接收教室、光盘播放教室各1个。2008年，获九江市农村远程教育示范学校。

学校秉承“享受教育生活，打造和谐校园”的办学理念，着力养成教育，全面提高学生素质。20世纪70年代，办起校园广播站，成立文艺宣传队。20世纪90年代，学校成立书画、音乐、体育等十多个课外兴趣小组，成立小记者站，创办校刊《校园风》。1993年以来，学校4次获县教育局表彰的教学管理先进单位，两次获县教育目标管理考评全面优胜单位。

学校历任校长：陈利民、黎向东、李上嵩、林东、黎洪穆、张绪祥、郑求达、陈求根、朱敦景、李若福、夏发贻、冷景明、张功龙、谈余、张小平、周东升、柯于亮。

官莲初级中学

1971年3月创办，初名莲花中学，校址设幸福公社莲花大队，教师和校产大多由原箬溪中学转来。系四年制完全中学，高中面向新成立的幸福公社招生。1972年春，属新成立的莲花公社。原大桥公社官莲中学划归莲花公社，莲花中学初中面向社内东片招生，高中面向莲花公社招生，1973年后，部分年份还向幸福公社招生。1979年秋，高一、高二各2个班，初一、初二各1个班，学生300人，教职工23人。1981年，撤销高中，更名莲花初级中学。1984年秋，随莲花公社更名官莲乡，改称官莲初级中学。1993年，官莲、东山两所民中并入。1996年，时任江西省工商联第一副会长、党组书记严平为该校题写校名。1997年秋，一黎初中并入，学校增至13个班，721人。此后多年学生数稳定在800人，2005年，开始回落。2007年，起附设小学六年级。

建校当年，借用莲花大队部公房和附近民居办学，利用拆除箬溪中学的旧材料建成两层砖木结构教学楼、平房教工宿舍、厨房、厕所各1幢。翌年又建1幢一层砖木结构教学用房。1989年，将此房拆除，改建1幢两层砖混结构教学楼，有教室8间，办公室4间。1993年后，新建1幢砖混结构教学楼、1幢教工宿舍和1幢礼堂兼学生用膳大厅，并修建围墙、校门。1998年，官莲中心完小原校舍划归该校，校舍总面积达4226平方米。2003年，拆旧建新，1幢3层砖混结构学生公寓竣工。此后，改造用水设施，添置远程教育设备，装备微机室和多媒体教室，教学生活条件逐步得到改善。2008年，申请中央财政拨款建学生公寓1幢，面积994平方米；学生食堂1幢，面积383平方米。学校投入20万元，硬化操场，建2个篮球场，1条百米跑道。并改造图书室、文化宣传栏，绿化、美化校园。

学校以“厚德、睿智、健体、成才”为校训，重德育、务基础、求创新，以创和谐校园，求精细管理，建一流师资，育合格人才为办学目标。办学以来，共培养初中、高中毕业生6000名。学校先后获得县教育局表彰德育先进单位、教学管理先进单位、全面优胜单位。1998年、2000年，被县政府评为文明单位。2007年，获提供高考优质生源奖。

2010年秋，8个教学班，340人（六年级2个班，77人），专职教师34人，全部达大专以上学历，本科毕业21人；中学高级教师4人，一级教师12人。校园占地面积8671平方米，校舍建筑面积4186平方米，运动场地面积3500平方米。装备计算机34台，图书15000册，并建立校园网。

学校历任校长：黎天斗、桂竞华、张绪祥、黎洪穆、陈宗标、周东升、余致。

甫田初级中学

创办于1970年秋，校址设在甫田乡集镇，时称干楼中学，有初中4个班。1976年，改为完全中学。1979年，秋撤销高中，改为初级中学，有5个班，学生260人，教职工21人。1983年秋，更名甫田初级中学。1985年秋，改名甫田农业中学，每年面向东林、南岳、上汤、船滩、澧溪、甫田、伊山、宋溪8个乡招收1个农业高中班，初中面向本乡招收3个普通班。1992年，农高停止招生，学校恢复为初级中学。1997年，办学规模增至17个教学班，学生845人，教职工56人。2002年秋，生源逐年减少，2007年，起附设小学六年级。2010年秋，4个教学班，初中学生107人，小学六年级37人。在编教职工34人，其中本科毕业10人，专科21人；中学高级教师11人，一级教师12人。

学校创建伊始，只有1幢教学楼和1幢平房教师宿舍。1999年，校舍建筑面积6661平方米，有微机室和卫星电视接收站，配备28台电脑。2000年，新建2幢三层钢混结构教学楼，1幢学生公寓。2002年，逐步加强教育技术装备和图书室建设，教学硬件设施日趋完善。2010年，校园占地面积34909平方米，校舍建筑面积5331平方米，运动场地面积10000平方米；建成微机室、多媒体教室、教育资源地面接收站；有计算机35台，图书15000册。

学校以教书育人、管理育人、服务育人为办学指导思想，努力提高办学效益。20世纪80年代初，自制教具开展实验教学，获全县自制教具先进单位。1997年，学生陈余生以639分夺得全县中考第一。1990年，学校3次获县教育目标管理考评全面优胜单位。获县委、县政府表彰“三育人”先进学校、“普九”先进单位、两个文明建设先进单位奖共5次。2001年，获省科技厅江西省第二届青少年科普大奖赛优秀组织奖。

学校历任校长：刘轩成、王明哲、李勋、徐传禄、张国富、张舟中、冯献容、马哲江、余树坤、黄仲泉、郑家继、柯于亮、吕从勇、周云建。

澧溪初级中学

1957年创办，是九江地区第一批发展的3所农村初级中学之一。当年招收1个班，学生55人，教师4人。1958年，改称武宁县第一初级中学。1962年，复称澧溪初级中学。

1968年秋，增设高中，改称武宁县澧溪中学。1981年，发展到8个教学班，在校初中生223人，高中生213人，教职工32人。1986年，升格为副科级单位。1994年，澧溪乡初级中学和小坪、郭坑、牌楼3所民办初中并入，初中部增至15个班，高中部停止招生，在校生达826人。1996年，“普九”工作力度加大，学生数突破1000人大关。是年高中部撤销，学校成为初级中学，为股级单位。1999年秋，在校生达1713人，此后生源逐年减少。2007年，附设小学六年级。

建校之初，连续七年借用民房办学。1957年，县文教局拨款2000元将原澧溪老街的万寿宫、谈姑娘殿两座古庙修成4间教室。1958年，增借老街“仁和顺”药铺和“三爷殿”作为校舍。1964年，省教育厅拨款9万元，选址澧溪集镇黄岭新建校舍，建成1幢两层12间教室的教学大楼、1座礼堂及其他附属设施，建筑面积共2310平方米。此后，校园设施逐年完善，先后修建实验楼、学生宿舍、教师宿舍、厨房等，多为砖木结构平房，建筑面积3022平方米。有田径运动场、篮球场、排球场等体育运动场地。1994年，原澧溪乡初级中学校舍划拨该校，校舍总面积增至7000平方米。1996年后，新建钢混结构教学大楼1幢，4层共12间教室，建筑面积1910平方米。进入21世纪以来，学校基础设施进一步完善，新建学生公寓、学生食堂，修建围墙、校门，硬化道路、运动场地，植树种花，绿化环境。

学校以“团结、奋进、务实、创新”为校训，创办《小溪》校刊，形成求真、求知、求实校风。坚持“欲成才，先成人”的办学理念，重视办学质量。1960年，首届初中毕业生37人，35人参加九江地区升学考试，全部录取高中和中专。1962年学校被列为全省重点农村中学。1982年，高中毕业生99人，录取大专、中专32人。1985年，起学校多次被县委、县政府授予模范单位、文明单位。办学50多年来，共培养初中毕业生7600人，高中毕业生2100人。2000年以来，学校受县局级表彰30余次。受县委、县政府表彰4次。2004年，获九江市德育示范学校。2005年，获九江市文明单位。2007年，获省教育厅表彰“人民群众满意学校”。2008年，获全省教育系统“规范管理年”活动先进集体和九江市中小学校园管理“三星学校”，并通过市级德育示范学校复评。2009年5月，获九江市安全文明校园。2010年9月，定为九江市义务教育课程改革实验示范基地校。

2010年秋，学校有六、七、八、九年级各3个班，学生532人（其中六年级136人）。在编教师52人，其中专科学历19人，本科28人；中学高级教师8人，一级教师24；县教学骨干1人。校园占地面积28110平方米，校舍建筑面积10127平方米，运动场地面积27519平方米。藏书8726册，装备计算机35台。

学校历任校长：蔡寓远、唐虞、屈章勇、雷永铨、石圭义、余国钧、李俊斌、田重武、乐明福、姜敏、梅光龙、欧阳可佳、黎裕锋、熊明、刘锋、叶敏、杨素桂。

船滩初级中学

1960年9月创办，时属船滩完小附设初中班，招收初一2个教学班，学生106人，教职工5人，校址在船滩程家祠堂。次年单独设校，正式成立船滩初级中学。1964年春，开始在程家祠堂东南面新建校舍，竣工后搬迁。1968年，增办高中。1971年，船滩农业中学并入，9个教学班，学生400人。1973年，东林、南岳、温汤、辽田4所中学高中部并入。1981年秋，撤销高中，专办初中，学生288人，教职工20人。此后，学生数逐年增加。1997年，迁船滩集镇新街。2000年，规模最大，33个班，1789名学生，106名教师。2003年，南岳初中并入，2007年，附设小学六年级。2010年秋，19个教学班，初中学生716人，小学六年级学生251人，教职工65人。教师中研究生毕业2人，本科20人，专科34人；中学高级教师14人，一级教师25人。

办学初期，校舍为老式祠堂，面积狭小。1964年，上级拨款2万元建新校舍，多为砖木结构平房。后多次改、扩建，亦难适应教学需要。1995年，群众集资、财政拨款、世行贷款在现址新建教学大楼2幢，教工宿舍2幢，学生宿舍2幢，建筑面积8533平方米。此后，办学条件不断改善。2010年秋，校园占地面积32490平方米，校舍建筑面积10629平方米，运动场地面积10987平方米。有实验室3间150平方米，计算机室2间100平方米，多媒体教室1间50平方米，计算机30台和其他现代教学设施，1个篮球场，2个排球场，1个有400米跑道的田径运动场。

学校要求学生德、智、体全面发展，不求人人升学，只求人人成才。1963年，首届初中毕业生30人参加升学考试，3人录取中师，22人录取高中，居九江地区第一。1990年，获县教育目标考评实验教学先进单位、教学管理先进单位、远程教育先进单位、办学特色先进单位和全面优胜单位奖。1998年，获省教委表彰实验教学先进单位，被县委、县政府授予文明单位。2005年，获县政府“提供高中优质生源奖”。2007年，被省教育工会授予全省中小学工会工作“四个一”活动先进单位。

学校历任校长：杨汉志、汪会忠、席芳松、汤守忠、柯美保、毛洪杰、夏尚铎、谢昌义、李昆华、杨冠辉、余致、郑家继。

清江初级中学

学校前身为石渡区大田完小附设初中班，校址在大田公社黄家祠堂。1968年，单独建校搬迁到清江公社大田大队茅岗坪，并增办高中，称清江“五七”中学。1975年，更名清江中学。1978年，撤销高中部，改称现名。6个教学班，学生318人，教职工23人。1982年，迁清江集镇。1997年，清江民中并入，学校规模不断扩大。2000年，学生达1000人。此后生源逐年减少。2007年，附设小学六年级。

在茅岗坪办学初期，建土木结构教室8间，学生宿舍12间，教师宿舍17间，办公室2间，仪器室、医疗室各1间，人称“草棚中学”。1974年，师生砍茅柴、烧砖瓦、搬砂石、运木料，重建砖木结构教学楼、礼堂，面积1500平方米。20世纪80年代，搬迁现址，新建有8间教室的教学楼1幢及学生寝室、教师宿舍、厨房。1996年，争取世界银行贷款、上级拨款、乡财政投入和社会各界捐款共120万元，新建3层教学大楼1幢，1486平方米；4层教工宿舍1幢，1302平方米；学生宿舍1幢，270平方米。20世纪末，又投资

17万元修建围墙，硬化道路，装备文体器材、教学仪器、图书资料，安装卫星电视地面接收站。2005年后，建造1幢880平方米的学生公寓，1幢380平方米的学生食堂，进一步硬化路面，绿化校园。

学校以“团结、勤奋、求真、务实”为校训，以“健全学生人格，培养学生能力”为办学思想，以“办人民满意的教育”为目标。20世纪70年代，建立学生实验基地，有水田54亩，旱地35亩，茶园50亩，果园50亩，砖瓦窑1座，坚持走“五七”道路，大力开展勤工俭学，先后被评为县、市、省勤工俭学先进单位。学校重视教学改革，1997年，在化学学科进行“程序教学法”模式探索。同年中考平均分居全县农村中学榜首，获全县两基工作先进单位。1998年，被县政府授予文明单位。20世纪90年代，先后有15位教师获得省、市、县各种荣誉。2010年，获县教育局年度目标考评全面优胜单位。

2010年秋，学校有7个教学班，学生289人（含六年级1个班，50人），教职工30人。教师中本科毕业15人，专科15人；中学高级教师6人，一级教师9人。校园占地面积9186平方米，校舍建筑面积7176平方米，运动场地面积2080平方米。有多媒体教室1间，微机室1间，理化生实验室2间，图书室1间，购置图书10000册，计算机26台。

学校历任校长：张聘威、朱敦景、胡作忠、周少平、饶钦寿、张绪清、陈英洪、张远迁、周文、胡青友、张杰、郭庆海。

罗溪初级中学

1958年9月创办，校址初设罗溪集镇七房。招收初一新生50人，教师3人，时称武宁县第三初级中学。60年代初，改名罗溪初级中学。1968年，迁集镇西面1千米的栗坪。翌年，发展为完全中学。1979年，撤销高中，恢复为初级中学。1983年，增设农业高中班，翌年，更名罗溪农业中学。1992年，农高停止招生，恢复为初级中学。2007年，附设小学六年级。2010年秋，初中3个班，161人，小学六年级1个班，43人，教职工33人。教师中本科学历5人，专科26人；中学高级教师7人，一级教师14人。

学校初创时，借用罗溪完小校舍。1968年，迁新址，建教室、食堂、礼堂和教师宿舍，均为砖木结构平房。1974年，建砖木结构教学楼1幢，2层10间720平方米。1987年，建实验室和仪器储藏室，添置实验设备，建成南片实验教学中心。1992年，台胞陈从凌捐资15.5万元，建钢筋混凝土结构教学楼1幢，3层12间900平方米。进入21世纪，办学条件进一步改善，2010年，校园占地面积10500平方米，校舍建筑面积4967平方米，运动场地面积4000平方米。实验室、微机室、多媒体教室等设施齐全，双层学生用膳大厅有座位200个，两幢学生公寓有床位300个。

学校逐步形成“团结、守纪、勤奋、进取”的办学特色。1989年前，高中、初中毕业生有28人考取大专，50人考取中专、中师。1998年中考，学生余秋华以657分在全县夺冠。学校曾获县局年度考评先进单位及德育工作、勤工俭学工作单项奖。

学校历任校长：张勤、邱世琳、石圭义、叶翠华、万长胜、邱成、周文、杨素桂、潘鹏飞、张桂洪。

石门楼初级中学

位于石门楼集镇，校园东、西、北三面环山，南临集镇。占地面积13700平方米，建筑面积5380平方米，运动场地面积4800平方米。

学校于1966年9月创办，初名石门农业中学，始招1个教学班，学生46人。1968年，学校与石门茶场挂钩，更名石门“五七”茶叶中学。1972年，改名石门中学。1981年秋，高中部撤销，成为初级中学。1984年，石门公社改为石门楼乡（1992年撤乡建镇），学校随之改为现名。1993年秋，该镇中村初级中学（公办）和民立中学（民办）同时并入，学校规模扩大至12个教学班，学生556人，教职工56人。1995年，达生源高峰，设22个班，1300人。2005年后生源减少。2007年，附设小学六年级。

1986年前，校舍先后设在石门熊家祠堂和肖家祠堂。1987年4月，拆除祠堂，新建1幢3层砖混结构教学楼，面积810平方米。1995年10月，1幢4层1693平方米，造价70万元的新教学楼交付使用。2003年，又建1幢可容纳住宿生600人的学生公寓。2006年，学校礼堂、师生食堂相继完工。教学生活设施、围墙校门、运动场地器材、花坛、文化长廊从无到有，日臻完善。

学校以“厚德、勤学、励志、创新”为校训，倡导“求真、求实、求新”的教风和“勤学、苦学、乐学”的学风。办学44年来，共培养初中毕业生7453人，高中毕业生1586人，输送空军飞行员1名。1977年，恢复高考制度以后，高中毕业生有18人考取大中专院校。1981年起，初中毕业生考取重点高中304人，普通高中1583人，职业高中443人，中等师范学校36人，中等职业技术专业学校192人。先后有肖凡、熊基荣、张波、周洋4名初中毕业生中考总分名列全县第一。2007年，全县高考理科前10名，有5名毕业于该校初中。学校注重培养学生的文学爱好和兴趣。20世纪90年代，创办《石径》校刊，先后有6名学生在全国作文竞赛中获奖。2006年，倡导诗词进校园，师生吟诗写诗蔚为风气，次年与石门楼镇诗词联学会合编诗词联专刊《九岭山花》第五辑。学校重视教学研究，2008年，全校教师撰写的论文获国家级奖3篇，省级奖15篇，市级奖68篇。2001年以来，学校两次获县人民政府表彰，2005年，获市勤工俭学先进单位，2006年，被市委宣传部、市教育局授予德育示范学校称号。2010年，通过市级德育示范学校复评。

2010年秋，学校有11个教学班，在校生506人，其中小学六年级120人，教职工47人。教师中本科学历9人，专科30人；中学高级教师5人，一级教师14人；市骨干教师2人。

学校历任校长：曹庭玉、叶翠华、桂竞华、孙德立、张聘威、郑卫华、叶存炬、邹盛华、叶聪、郑振华。

黄塅初级中学

位于新宁镇，与武宁一中、私立宁达中学连成一片。办学历史错综复杂，校名几经变更，校址多次迁移。学校创办于1970年，原名斜滩中学，校址设在黄塅公社斜滩大队。初为两年制初中，有教学班4个，学生180人，教师20人。1971—1973年设有高中。1976年迁黄塅公社月田大队，更名黄塅中学，再次增办高中。1979年，撤销高中部，专办初中。1984年，迁黄塅集镇。1995年，迁源口。学校长期保持6个班的办学规模，学生300人。1997年，成立南市乡，学校位于该乡辖区内，改名为南市初级中学，黄塅中学不复存在。1999年，县茶场划归黄塅镇。翌年，将茶场初级中学更名为黄塅初级中学，整体搬迁到黄塅集镇，使黄塅中学在原址得以恢复。2003年年底，黄塅镇改为新宁镇，学校仍沿用原名。2004年，严阳初级中学并入，学生数达753人。

校园占地16526平方米，校舍建筑面积4370平方米。1幢老教学楼建于20世纪80年代。2000年后，学校加强硬件设施建设，新建师生宿舍楼1幢，2400平方米；教学楼1幢，1500平方米；学生食堂1幢，500平方米；综合楼1幢，1000平方米；水冲式厕所1幢；围墙400米。运动场地面积4244平方米，修建2个标准篮球场，1个乒乓球场，添置一批体育设施。硬化道路及活动场地300平方米，建花坛4个，栽种花卉苗木。安装远程教育系统1套，装备电脑33台，图书5000册，2008年，成为市级远程教育示范学校。

学校注重开发学生潜能，激发学生兴趣，锻造学生品质，培养学生能力。近年来创办《写手》文学月报和《心泉》文学年刊，完成国家级教研课题1个，教师获县级以上奖励教学论文86篇。学校多次获县教育局目标管理考评全面优胜单位。1994年、1995年，先后被评为九江市依法治教先进单位和教书育人先进单位。2005年，获县政府表彰先进集体。2008年，学校工会获全省第四届农村中小学工会工作“四个一”活动先进基层工会。

2010年秋，9个教学班，学生472人，教职工53人。专任教师50人，全部达大专以上学历，其中本科毕业6人。14人获中学高级教师职称，32人获中学一级教师职称。

学校历任校长：肖柏、王定虎、夏元绪、周少平、张国富、陈宗珍。

罗坪初级中学

1968年9月创办，时称罗坪“五七”中学，校址设罗坪公社漾都大队余家祠堂，3个教学班，学生60人。1969年，增设高中。1971年春，迁到罗坪宾兴里现址。1973年9月，由县教育局批准，正式定名为罗坪中学。1980年，罗坪民办高中并入。1981年，撤销高中，改称罗坪初级中学。此后，学校规模逐年扩大。1989年，发展到12个教学班，学生548人，教职工37人。2000年，学生超过1000人。2003年，起生源减少，2007年，起附设小学六年级。2010年秋，9个教学班，483人，其中六年级2个班，116人；教职工49人，其中本科毕业15人，专科29人；中学高级教师8人，一级教师16人。

1971年，学校迁现址时，由公社动员群众献工献料，建成土木结构的平房校舍，有教室8间，学生寝室8间，教师宿舍16小间，厨房、礼堂各1幢。1973年，由上级拨款新建砖木结构的两层教学楼。20世纪80年代开始，学校狠抓硬件设施建设。1987年，建立图书室、实验室，购置图书1000册，配备7000元的实验设备。1999年，先后投入200

万元建教学楼、实验楼、学生宿舍、教师宿舍、礼堂、厨房、围墙、校门，总建筑面积达6390平方米。添置28台微机，装配卫星调频接收站。开辟1个4000平方米的运动场地。校园绿化面积达60%以上。2003年，开通电讯宽带，新建可容纳300多人住宿的学生公寓。2005年，实施农远工程，配备接收塔、微机室、多媒体教室、光盘播放室及全新的电脑设备和投影仪。2009年，新建学生食堂，改建2间标准化实验室，开通校园宽带网，成为九江市农村远程教育示范学校。如今，校园占地面积29840平方米，校舍建筑面积7334平方米，运动场地面积6082平方米。有200米环形跑道，2个标准篮球场，4个羽毛球场，图书10000册，计算机36台。

学校以“乐学、励志、律己、敬人”为校训，坚持人格塑造和智能培养的和谐统一，让学生学会做人，学会学习，学会生活，学会健体。1988年，学校连续16年获县教育局目标管理考评全面优胜单位和县委、县政府表彰的先进集体。获市、县文明单位称号多次。先后有2位教师分获全国优秀教育工作者、全国优秀体育教师，10位教师获省、市、县各级师德先进个人、优秀班主任、十佳人民教师、先进德育工作者称号。1991年，获省、市青年教师工作先进单位和省勤工俭学工作先进单位，2000年，获九江市中小学实验教学普及县工作先进学校，2002年，获市德育示范学校，2008年，被评为九江市中小学校园管理二星学校，并通过市级德育示范学校复评。2010年，59人参加中考，600分以上14人，录取九江一中2人，县重点中学实验班6人，重点班6人，学校被评为九江市中小学实施素质教育示范学校，全省中小学工会工作“四个一”活动先进单位，全省教育系统“提升质量年”活动先进单位。

学校历任校长：聂学焰、杨昌海、杨昌涛、王汝章、翁第森、聂学龙。

箬溪初级中学

原名幸福山初级中学，1961年9月创办，校址设幸福山（今市口乡乡政府所在地）。1966年8月，迁箬溪街，更名箬溪初级中学。1970年年底，因建柘林水库，箬溪镇搬迁而停办。

学校历任校长：熊仁佑、杨昌海、雷永铨、黎向东、黄周初。

荷洲初级中学

1968年创办，校址设在大桥公社荷洲大队原荷洲完小。1971年，增设高中，1973年，高中并入大桥中学。1983年，增设农业高中班，1985年，农高班迁鲁溪农中。1998年秋，学校撤销。

学校历任校长：郑求达、张绪祥、余令歆、洪汗圣、洪登后、李上嵩、刘礼达、夏发贻、柯亭林。

双溪初级中学

1968年年底，由双溪中心完小改设双溪初中班，1969年秋，正式成立双溪初级中学，后增设高中。校址在大桥公社双溪大队马迹村，亦称马迹中学。1973年秋撤销，改名为南冲民办初级中学，1995年停办。

校长：刘礼达。

一黎初级中学

原名官莲中学，1968年，由原官莲完小改办，校址设在原官莲公社西湾大队一黎祠堂。1971年春，增设高中。1972年春，高二年级并往大桥中学，高一年级并往莲花中学，此后学校一直专办初中。1984年秋，更名一黎初级中学。1997年秋撤销。

学校历任校长：黎洪穆、李上嵩、张公淮、郑求达、黎端炼、黎哲明。

大源初级中学

1969年创办，当时设在澧溪公社大源大队郭坑盛家祠。1983年，迁澧溪集镇，1986年，改称澧溪初级中学（原澧溪初级中学已改办完中，更称澧溪中学）。1994年秋撤销。

学校历任校长：方玉田、付朝智、田重武、明瑞文、黄维新、廖龙新、王义明。

辽田初级中学

1968年创办，校址设在船滩公社辽田大队。办学初期为四年制完全中学。1973年，高中并入船滩中学，1979年学校撤销。

学校历任校长：冷先发、席芳松、汪会忠、彭运文。

南岳初级中学

始创于1969年9月，曾与小学几分几合，当时称南岳“五七”学校。1971年3月，单独设校，为四年制完全中学。1973年秋，撤销高中，改为南岳初级中学。1978年，与南岳完小合并，1982年秋，再次分开。2003年秋撤销。

学校历任校长：王忠谋、钟兴锡、席芳松、林忠、陈德才、陈德泰、夏尚铎、周少平、阚金才、雷显林、程少仁、程德猛、吴让宾、张远迁、汪小金、杨素桂、陈斌。

联村初级中学

1968年创办，校址设在罗溪公社联村大队。1988年9月撤销。

学校历任校长：柯美然、邱世琳、余水平。

中村初级中学

1970年春创办，校址设在石门公社中村大队塅里。1976年，迁廒厦。1993年秋撤销。

学校历任校长：胡象勤、刘轩成、童裳贵、郑卫华、张亦肖。

茶场初级中学

前身为武宁县国营茶场“五七”学校，创办于1969年，校址设在白鹤坪。1970年，设初中班，1977年，增设高中班。1978年9月，中学单独设校，名茶场中学，属民办性质。1982年，撤销高中班，经县政府批准改为国办，正式更名为武宁县茶场初级中学。2000年撤销。

学校历任校长：刘丰才、张步云、柯有芳、陈海波、李小华。

严阳初级中学

学校前身为严阳“五七”学校，1969年春创办，校址设在严阳公社三源大队卢家祠堂。1970年3月，中学与小学分开，迁往公社综合厂（小地名唐山），称严阳“五七”中学。1972年春，学校迁回卢家祠堂。1974年，迁至石坪大队，与公社中心完小合并。1982年8月，与小学再次分开，更名严阳初级中学。2004年秋撤销。

学校历任校长：徐兆乾、邱树基、邓庆仁、刘丰才、李枝震、艾宏逵、蓝世熙、雷显林、夏水槐、邱成、肖玉山。

私立宁达初级中学

2001年秋，由广州宁达装饰公司董事长、武宁籍人士张项理投资创办，校址设在黄塅镇（2003年改称新宁镇），与武宁一中毗邻，是一所面向全县招生的民办全日制初级中学。当年招收初一年级4个班，初二年级2个班，学生362人，教职工16人。2005年，学生800人，教职工50人。办学规模基本稳定，2007年起，附设小学六年级。

校园占地面积9.2万平方米。办学之初，借用一中校舍办学。2002年1月，校建一期工程竣工，建成教学大楼、学生宿舍，建筑面积1000平方米。2005年9月，先后建成教学大楼、综合大楼、教师公寓、食堂与礼堂组合楼各1幢，学生公寓2幢，其他附属用房，总建筑面积9333平方米。设有标准化物理、化学、生物实验室，教师电子备课室，图书储藏、阅览室，微机室，多媒体阶梯教室和音乐、美术教室，建成校园网。体育运动场地15840平方米，足球场1个，篮球场4个，排球场2个，羽毛球场2个，乒乓球台12张，400米环形跑道和田径体操体育器材，建有人工湖、文化长廊文化休闲设施。购置图书13000册，订阅报刊90种。

学校以“创新进取，勤奋好学”为校训，坚持“一切为学生，为一切学生，为学生一切”的办学思想，追求创办全国知名，全省一流，学园、乐园、花园式学校的办学目标。2002年，成立远帆文学社，每学期出2期文学专刊。2007年，开始课改试验。2009年，该校创立的“自主式、开放型”课堂教学模式，被江西省教育厅课题基地办评为优秀课题。《中国教师报》《江西日报》《江西教育》等媒体多次予以报道。学校被《中国教师报》定为全国新课程改革实验基地，两年内举办培训班3期，培训教师150人，27个省（市、区）的1000所中小学及教育行政部门、教研单位的教育工作者1万人到校参观考察。2003—2010年，学校连续8年中考总平均分居全县第一，2003年、2005年、2007年，先后被评为九江市优秀民办学校、九江市十佳诚信民办学校。2004年起3次被县委、县政府授予先进集体。2005年，获县政府提供高中优质生源奖。2008年，获九江市德育示范学校和江西省教育系统规范管理年活动先进单位，并成为中国名校共同体成员校。2009年，获九江市中小学素质教育示范学校和江西省教育系统创新发展年活动先进单位。2010年，被中国教育学会初中专业委员会授予教育改革特色学校。

2010年秋，有15个教学班，学生827人（含六年级1个班，55人），教职工69人，专任教师44人，其中借调公办教师37人。教师中本科毕业27人，专科17人；中学高级教师16人，一级教师14人。先后有省骨干教师1名，市学科带头人6名，县骨干教师1名。

学校由张项理担任校长，设执行校长主持工作。

历任执行校长：姜敏、张国富、乐明福、谈余、叶敏。

第五章　职业教育

第一节　师范学校

省立武宁师范学校

1937年9月，省立南昌师范学校迁入武宁，校址设在县城北门原城北小学。学校设在乡师部（中师）和简师部，3个教学班，学生93人，教职员10人。1938年7月，改称江西省立武宁乡村师范学校。为避日本侵略者侵扰，学校数次搬迁，8月，迁乡、简师各班于长仑，9月，乡师迁宜丰县黄岗，简师迁罗溪，次年3月，简师转迁斜港。1939年8月，乡师迁赣南会昌县白鹅，简师迁铜鼓县曲水园。1941年8月，乡师亦迁铜鼓与简师会合。1942年1月，学校迁武宁县石门楼，时有学生200名。1945年秋，乡师、简师相继迁回县城。1946年，更名江西省立武宁师范学校。1947年，取消“省立”二字，改为县办，并将奉新乡师3个班并入。1949年8月，学校并入武宁联合中学，10月并入九江师范。

学校的主要任务是培养合格的小学教员。乡师部招收初中毕业生，修业年限为3年，简师部招收小学毕业生，修业年限为4年。课程设置有国文、数学、地理、历史、博物、化学、物理、体育、卫生、军事训练、童子军、公民、美术、音乐、教育概论、小学行政、教材及教学法、教育心理、测验及统计、地方自治、农村经济及合作、农工艺及实习、英文。

学校的另一重要任务是辅导地方教育工作。1941年，被列为第一师范辅导区，辖铜鼓、修水、武宁、宜丰、上高5县。1942年，辅导范围改为修水、武宁、奉新、靖安、安义。1945年，改为第九师范辅导区，辅导范围是武宁、瑞昌、永修、奉新、靖安、安义、德安、星子、九江9县。辅导办法及措施：成立地方教育辅导委员会，设地方教育指导员1名，每学年赴县视导两个月。先后视导中心国民学校195所，保国民学校281所，私立小学60所。对学校行政、教育、训育、选编教材、社会教育、教师研究进修进行视导，同时举行示范教学，研究辅导。1942年，设立小学教育研究处，聘通讯研究员150人。每3个月举行一次辅导会议，出一期视导专刊。

学校实行校长负责制，下设教务处、训育处、体育处、事务处和军训总队部。除军训和童子军教官、会计由上级有关部门派遣外，其他人员均由校长聘任。1948年，设校长1人，教务、训育、事务、体育主任各1人，军训教官2人，其他教职工23人。教职工中具有大学本科学历10人，专科6人，中专6人，高中5人，小学1人，军官学校毕业2人。

学校成立学生自治会，下设学术、健康、风纪、服务、事务部，组织学生开展各项活动。

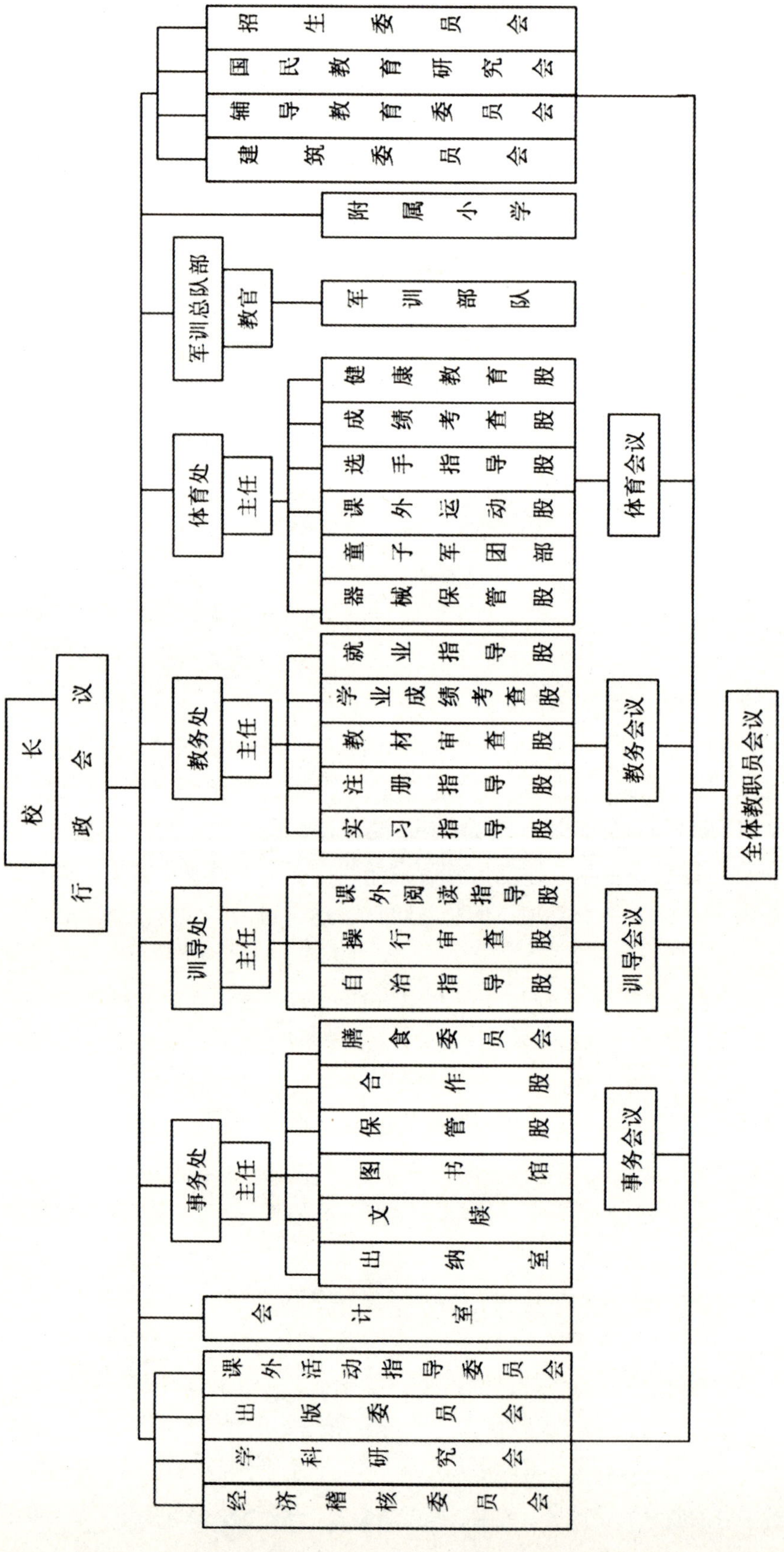
校长
行政会议
招生委员会
国民教育研究会
辅导教育委员会
建筑委员会
附属小学
军训总队部
教官
军训部队
体育处
主任
健康教育股
成绩考查股
选手指导股
课外运动股
童子军团部
器械保管股
体育会议
教务处
主任
就业指导股
学业成绩考查股
教材审查股
注册指导股
实习指导股
教务会议
训导处
主任
课外阅读指导股
操行审查股
自治指导股
训导会议
事务处
主任
膳食委员会
合作股
保管股
图书馆
文牍
出纳室
事务会议
会计室
课外活动指导委员会
出版委员会
学科研究会
经济稽核委员会
全体教职员会议

学校行政组织系统

附校歌：

江西省立武宁师范校歌

C调 4/4　　　　朱苍水　作词

孙益仁　作曲

5•5 3 2 | 1 6 5 0 | 6•6 1 1 | 2 —— 0 |

庐山高兮　高接天　修水流入 海

5•5 3 2 | 1 6 5 0 | 6 4 3 2 | 1 —— 0 |

巍巍学府　镇武宁　启后继先 贤

2 2 2 2 - | 3 3 3 3 - | 4 3 2 1 | 7 6 6 - |

教育事业　文化源泉　礼义廉耻　相训勉

5 5 5 5 - | 3 3 3 3 - | 4 3 2 5 | 7 6 5 - |

时代青年　社会中坚　复兴民族　着先鞭

5•1 3 - | 1•3 5 - | 4•3 2 - | 2 7 1 - |

日 日 新　又 日 新　明 明德　作 新 民

1 2 2 - | 2 3 3•3 | 3 4 5 0 | 5•5 3 2 |

和 平　亲爱 矢 精　诚　庐 山高兮

1 6 5 0 | 6•6 1 1 | 2 —— 0 | 5•5 3 2 |

高接天　修 水流入 海　巍 巍学府

1 6 5 0 | 6 4 3 2 | 1 —— 0 |

镇武宁　启后继先 贤

1937—1948年武宁师范学校基本情况

表5-1　　　　单位：个、人

年度	全校合计		乡师				简师				教职员数
	班数	在校生数	在校学生		招生数	毕业生数	在校学生		招生数	毕业生数	
			班数	人数			班数	人数			
1937	3	93	2	65	—	42	1	28	—	—	10
1938	5	189	3	109	40	34	2	80	80	28	15
1939	5	180	2	70	—	30	3	110	40	—	17
1940	7	250	1	35	—	59	6	215	80	—	19
1941	8	241	1	31	31	30	7	210	60	—	19
1942	8	273	2	80	40	—	6	193	40	29	28
1943	8	279	3	105	40	—	5	174	40	32	28
1944	9	306	3	130	45	27	6	176	40	36	29
1945	9	321	4	162	80	38	5	159	40	59	30
1946	11	373	7	234	80	42	4	139	31	46	30
1947	11	364	7	271	80	74	4	93	—	42	30
1948	9	358	7	266	80	69	3	92	—	32	30

学校历任校长：彭以异、范文彬、李才枋、熊光国。

武宁初级师范学校

1952年，由省人民政府批准创办，址设县城东门外。隶属于九江专员公署文教科领导，经费由九江专员公署支拨。招收武宁、修水、永修、瑞昌、德安5县学生150人。入学资格为小学毕业生或具有同等学历者。学制3年，第一、二学年以初中基础课为主，第二学年起增开教育学、教材教法、教育实习，最后一个学期到师范附小实习一个月。

学校实行校务委员会集体领导下的校长负责制。下设教导、总务两处。1955年春，有教职工16人，其中大学本科毕业2人，专科3人，中专4人，高中1人，初中和小学毕业各3人。

学校建有砖木结构两层教学楼1幢，平房教工宿舍、学生宿舍、厨房、膳厅各1幢。体育活动场地480平方米，设有200米环形跑道和100米直线跑道、沙坑、篮球场、排球场、乒乓球台，备有铅球、铁饼、标枪、手榴弹、单杠、双杠、吊环体育器材。

1955年7月，127人毕业，均被分到九江地区各县小学任教。同年学校停办。

武宁初级师范学校课程设置

表5-2　　　　单位：周、节

科目 \ 周课时 \ 学期	第一学年		第二学年		第三学年	
	上学期	下学期	上学期	下学期	上学期	下学期
时事政策	1	1	1	1	1	1
中国革命常识	1	1	2	2	—	—
语　文	6	6	6	6	6	6
数　学	5	5	5	5	5	5
历　史	3	3	3	3	3	3
地　理	3	3	2	2	2	2
物　理	—	—	2	2	2	2
化　学	—	—	2	2	2	2
植　物	2	2	2	2	—	—
动　物	2	2	2	2	—	—
学校卫生	2	2	1	1	—	—
教育学	—	—	2	2	3	3
体　育	3	3	3	3	3	3
音　乐	2	2	2	2	2	2
美　术	2	2	2	2	2	2
教学实习	—	—	—	—	4	6
教材教法	结合各科进行教学					
周总课时	32	32	37	37	35	37

武宁中学附设师范班

1960年，武宁中学附设初级师范2个班，招收应届小学毕业生100人，学制3年。1961年，精简1个班，1962年，师范班撤销，下放学生52人。

武宁县教师进修学校

1971年11月，创办武宁县师资训练班，校址设源口，借用共大武宁分校教室。1972年2月，迁至老县城，借用县人民武装部搬迁之前的房舍办学。1974年10月，再迁至县城新宁二小校园内，另建校舍。1978年3月，更称现名。1979年，在县城丁家山建新校舍，同年底迁入新址。1984年，经九江市人民政府正式考核批准，1988年7月，经省人民政府正式备案，1989年9月，定为正科级事业单位。1996年，迁建于县城豫宁大道96号。

学校的主要任务是培训提高中小学、幼儿园教师和教育行政干部。其职能是开展全县在职教师继续教育全员岗位培训，骨干教师、班主任培训；音、体、美教师培训，校长、处（室）主任培训，新教师岗前培训；开展全县中小学教师高等师范专科、本科函授学历教育和电大开放学历教育；对教育教学理论、学校政治思想工作以及中小学各科教材教法进行研究；收集、整理、研究、交流国内外教育方面的情报资料。

1981年以前，培训形式有自办中小学教师短期培训班、中师函授班，组织中学教师参加高师函授。短训班分科举办，为缓解当时中学学科教师紧缺状况，按照缺什么学什么的原则，由各校选送学员，脱产学习，每期3～5个月不等。其中开办英语班期数最多。中师函授班开设语文、数学两科，学制3年，学校统筹安排教学计划，指派教师定期下乡面授辅导，组织统一考试。1979年起使用学校自编《语文基础知识》《记叙文选读》《论说文选读》《诗歌散文选读》和《数学》（上、下册）6本教材。这套教材被九江地区各县和湘、鄂两省部分邻县采用。

1982年，中央广播电视大学九江分校在此设电大教学班，学员经全国成人高校统一招生考试录取，学制3年，学校负责班级管理，组织教学，进行辅导。1985年7月，第一期毕业生举行观摩性毕业论文答辩会。

1984年起，开办全日制中师脱产进修班，学制2年，由市统一考试录取，招收学历未达中师毕业的在职公办小学教师，实施教育部颁布的中师脱产进修教学计划。每年招收1个班，连招8届。

1988年，学校设立江西电大九江分校武宁教学工作站。1989年，教育部开办电视师范学院，学校开办中文、数学、英语、物理、化学、历史、地理班，学制2年，由江西教育学院（今师大）评卷、监考、发毕业证。1992年，教育部把高师函授、卫星电视教育、自学考试三者统筹起来，互相沟通，称之为“三沟通”，学校以“三沟通”为主要办学形式，抓在职教师的学历培训。

1993年开始，学校承担培训小学校长的任务，每期培训时间3个月，学习形式是集中授课，分散自学，参观考察，互相交流，统一考试。1999年，第一轮培训结束，新一轮培训从2005年开始。

1994年起，依托省电大中专部，开办全日制电大幼师班，招收应届初中毕业生，学制2年。先后招收5届，幼师班培养幼儿教师151人。

1997年，学校协同县教研室对小学教师进行“三字一话一画”（钢笔字、粉笔字、毛笔字、普通话、简笔画）教学基本功训练。2000年，开展小学教师学科（语文、数学、自然）基本功培训。同年开始对初中教师三字一画一机（计算机）基本功进行全员培训。本年招收电大中专文秘班1个，31人毕业。2001年开始，对取得教师资格的中小学教师进行继续教育培训。同期，进行新教师岗前培训、骨干教师培训、教师新课程培训、幼儿教师园长培训、中小学中层干部（德育主任、教导主任、总务主任）培训、班主任培训等。2010年开始，实施中小学教师国家级培训计划，当年培训小学班主任100人。

2003年春季开始，学校依托中央电大开放教育，在举办中小学教师学历教育的同时，面向社会，开设会计、法律、工商企业管理等专业。当年秋季招收新生300人。2004年起，在该校设本科考点，2005年增设高级护理和建筑施工专业。是年办学规模达最高峰，共有专、本科15个专业，25个教学班，在籍生600人。至2010年年底，电大开放教育专科毕业578人，本科毕业377人，尚有在籍专科生293人，本科生163人。

师训班期间，学校由县文教局直接领导和管理。1984年，单独成立中共支部，设校长、副校长，下设教导处、总务处、办公室。2010年秋，设有办公室、教务处、培训处、总务处、工会5个中层处（室），有教职工17人，其中本科学历14人，专科学历3人；中学高级教师8人，中学一级和小学高级教师5人。退休教职工15人。校园占地面积4000多平方米，校舍建筑面积3980平方米，有教学大楼1幢，标准化教室7间，拥有多媒体教育设施，电脑50台，安装IP天网，学员可直接享用中央电大、中国教育电视台和网上优质教育资源，校图书室藏书2万册，期刊50种。

学校先后5次荣获九江电大教育先进工作站，2001年，被九江教育学院授予函授教学管理先进单位。2004年，经江西省教育厅评估验收为合格教师进修学校。

学校历任校长：席芳松、李上嵩、周绪徽、毛洪杰、李涴林、聂由正、付祖生、李枝明、黄园宁、卢恒墀、付少平。

1985—2010年教师进修学校各类培训人数统计

表5-3　　　　　　　　　　　　　　　　　　　　　　　　　　　单位：人

年度	在职教师中师脱产进修班毕业数	教师“三沟通”学历教育毕业数		中小学校长培训	学校中层干部培训	中小学班主任、教师培训	小学教师教学基本功培训	教师继续教育培训	幼儿园教师、园长培训	电大教育毕业数			
		中师	专科							幼师班	成人大专班	开放教育	
												专科	本科
1985	—	—	—	—	—	—	—	—	—	—	18	—	—
1986	43	—	—	—	—	—	—	—	—	—	—	—	—
1987	43	—	—	—	—	—	—	—	—	—	—	—	—
1988	33	—	—	—	—	—	—	—	—	—	45	—	—
1989	33	—	—	—	—	—	—	—	—	—	—	—	—
1990	29	—	—	—	—	—	—	—	—	—	—	—	—
1991	29	41	140	—	—	—	—	—	—	—	23	—	—
1992	44	10	24	—	—	—	—	—	—	—	—	—	—
1993	40	—	—	30	—	—	—	—	—	—	—	—	—
1994	—	415	37	85	—	—	—	—	—	—	—	—	—
1995	—	37	—	52	—	—	—	—	—	—	—	—	—
1996	—	—	34	—	—	—	—	—	—	—	—	—	—
1997	—	74	—	—	—	—	1574	—	—	39	—	—	—
1998	—	—	69	—	—	—	—	—	—	26	—	—	—
1999	—	—	—	45	—	—	—	—	—	36	—	—	—

续表 单位：人

年度	在职教师中师脱产进修班毕业数	教师“三沟通”学历教育毕业数		中小学校长培训	学校中层干部培训	中小学班主任、教师培训	小学教师教学基本功培训	教师继续教育培训	幼儿园教师、园长培训	电大教育毕业数			
		中师	专科							幼师班	成人大专班	开放教育	
												专科	本科
2000	—	—	—	—	—	—	—	—	—	18	—	—	—
2001	—	—	—	—	—	—	—	—	—	14	—	—	—
2002	—	—	—	—	—	—	—	—	—	18	—	—	—
2003	—	—	—	—	—	—	—	—	—	—	—	47	—
2004	—	—	—	—	—	—	—	—	—	—	—	46	—
2005	—	—	—	74	—	—	—	2796	—	—	—	95	156
2006	—	—	—	—	—	—	—	—	—	—	—	116	55
2007	—	—	—	116	—	—	—	—	—	—	—	89	30
2008	—	—	—	48	332	348	—	1564	227	—	—	39	36
2009	—	—	—	—	—	—	—	—	—	—	—	86	68
2010	—	—	—	—	—	100	—	—	—	—	—	60	32

武宁县教师进修学校中师脱产进修班课程设置

表5-4 单位：学时

科目 \ 周课时 \ 学期	第一学年		第二学年		二年总学时数
	上学期	下学期	上学期	下学期	
政　治	2	2	2	2	140
文选与写作	6	6	6	6	420
语文基础知识	4	4	—	—	144
语文教材教法	—	—	2	2	68
算术基本理论	2	2	—	—	68
数学教材教法	—	—	2	2	68
代数与初等函数	3	3	4	3	228
几　何	2	2	2	3	156
教育学	—	—	2	2	68
心理学	2	2	—	—	68
自　然	2	2	5	5	242
史　地	3	3	—	—	108
体　育	2	2	1	1	106
音乐美术	—	—	2	2	68
每周学时数	28	28	28	28	1960

第二节　艺术学校

武宁京剧学校

1959年12月创办，校址初设县文化馆，翌年上半年迁中山公园，下半年迁黄塅月田。县人民委员会副县长潘世梧兼任校长。首批招生34人，继招15人，其中男生32人，女生17人，均系9～12岁应届高小毕业或初中在校生。

学校教学分文化课、专业课和剧目三项内容。文化课由文化馆和武宁中学教师兼任，讲授语文、政治。专业课由京剧老艺人13人任教，分文戏组和武戏组，分别传授身段、唱吟、器乐、乐理、把子功，学生按生、旦、净、末、丑行当进行严格训练与练功、练唱。剧目教学由简到繁，先学折子戏，后学大型剧本。学习8个月后即登台演出《打渔杀家》《拾玉镯》《甘露寺》《红娘》等。原定学制4年，实际修业6年，1966年1月，学员毕业，组建少年京剧团。

武宁采茶班

全称为江西省文艺学校武宁采茶班，1984年秋开办，校址设县人民剧院。有教职工27人，其中专职教师11人，兼职教师5人，行政、勤杂人员11人。当年招收学员47人，其中男21人，女26人。学制4年。按省文艺学校要求开设表演、器乐两个专业，表演专业34人，器乐专业13人。教学课程有文化课：政治、语文、历史、文史；基础课：毯子功、把子功、身段、形体、声乐、乐理；专业课：唱念、器乐；辅助课：体育、劳动、文艺专论、音乐欣赏、化妆常识。同时不定期举办专题讲座。

1987年10月，在九江市首届戏剧节上，该校演出的剧目《阴差阳错》获编剧、导演、舞美设计一等奖，音乐设计二等奖，演出奖，精神文明奖，9位学员获新苗奖。《香魂恨》片断参加江西省赣剧、采茶戏青年演员电视大奖赛，获三等奖。是年，招收第二批学员15人，学制3年。

1988年7月，第一批学员毕业，成立武宁采茶剧团。1990年第二批学员毕业，采茶班停办。

武宁县工艺美术学校

1992年9月，由县第二轻工业局创办，全称九江技工学校武宁工艺美术分校，简称工艺美术班。经考试录取，招收城镇户口，具有初中文化程度以上，年龄14～20周岁，该系统内职工子女及社会青年42人。校址设在县木器厂，租用该厂门市部办学。开设政治、语文、数学、企业管理、国画、油画、水彩画、室内装饰8门课程。聘请专职教师7人，兼职教师2人。学制3年。

1995年，由九江技工学校对学员进行统一考试，发放毕业证。学员毕业国家承认中专学历，原则上分配武宁县二轻系统各企业工作，享受国家职工待遇，部分自谋职业。仅招一届，学员毕业后学校停办。

江西美术专修学院

原名九江丰良艺术学校，2003年5月，广东星艺装饰集团（后更名广东艺邦集团）创始人余静赣回乡投资创办，校址设在武宁县横路乡港北村。2008年12月，更称九江庐山西海艺术学校。2010年10月，经省教育厅批准，组建成立江西美术专修学院。

办学初期，学校分中专部和短训部两大校区。中专部开设雕塑、油画、室内设计、计算机应用等专业，学制3年，以招收初中毕业生为主。主要课程有语文、数学、英语、法律、礼仪文化课和素描、色彩、构成、透视、蒙图、设计概论、制图、表现技法、实践案例、泥塑、金属塑、清漆画、计算机基础专业课。首届招生5个班，140人。2005年，有473人；2010年，共培养毕业生2150人。短训部初期开设室内设计、电脑效果图、工程监理、泥木水电施工专业，主要招收高中以上文化学员，每期数月不等。2005年3月，学校被县农业局阳光工程办公室定为农村劳动力转移培训基地，为农村剩余劳动力进行室内装饰设计专业培训，共培训1100人。同年6月，被九江市移民办、武宁县移民办定为劳动技能培训基地，先后培训200名库区移民子女。同年12月，举办首期庐山艺术特训营，培训艺术设计类大专院校学生280人。此后，短训部以举办寒暑假庐山艺术特训营为主，招生对象为全国各大艺术设计类院校大学生、研究生、在职设计师。2008年，招收3200人，结业3100人。2009年，招收4500人，结业4300人。至2010年，共举办10期，培训20000人。现在，中专部提升为大专、中专学制部，学生在这里可享受中专、大专的教育。

学校以“师从天地，耕艺种德”为办学理念，以“我行，您肯定行”为校训，以美术教学为特色。2004年暑期，举办“爱祖国万里行美术夏令营”。2006年7月28日，巴林、刚果（金）等八国驻华大使到该校参观访问，并与学校共同举办国际和平画展。2008年6月1日，学校和孟加拉籍纽约艺术家克什德·萨拉姆在县艺术中心共同举办“彩色奥运、自然印象”画展。2005年4月，学校获九江市中等职业学校技能竞赛美术技能大赛团体二等奖，2名学生分获个人一等奖和三等奖。

校园占地面积6.7万平方米。学校开办当年，建成教学楼6幢，学生公寓2幢，礼堂1幢，建筑面积12000平方米。文化广场1个，3000平方米。至2010年，共投资4511万元，建成校舍21729平方米，装备多媒体教室5间，计算机150台，液晶宽屏电视机90台，图书3600册。开辟运动场地3600平方米。开通校园网站，实施数字化教学。教学楼、艺术楼、图书馆、综合楼分布有致，教学、生活、运动配套设施齐全。

教师全部由学校自聘。2005年，有教师41人，其中具有研究生学历4人，本科17人，专科19人；副高以上职称8人；并聘请中央美术学院孟加拉籍访问学者穆拉德担任副校长，常年有3名外籍访问学者、留学生任客座教授。2010年秋，学校有19个教学班，在校学生875人，教职工32人，另聘请校外教师4人，教师中有硕士5人，本科学历14人，专科7人；具有副高级职称10人，中级职称12人。

2006年、2008年，学校分别获得九江市“优秀民办学校”称号，2007年、2009年，学校被评为全市职业教育先进单位。

学校实行董事会领导下的校长负责制。余静赣任董事长暨法人代表。

历任校长有宫蔚国、张步云、兰浩义、李桦香。

第三节　职业学校

县立女子职业学校

1915年春创办，校址设在旧正谊书院，第一任校长何树先。招生1个班，30人。学制2年，设缝纫、纺织、印染3个专业，开设文化和技术课程。技术课主要让学生进行针织、刺绣实践。开学四个月即展出学生刺绣、针织、缝纫作品。1934年，改名为县立女子职业补习学校。1937年，停办，校址划归县立协和初级中学。

私立启智职业学校

1933年，创办，设在老县城忠孝路关岳庙侧，与启智小学毗邻。开设印花、棉织、缝纫3个专业，学制1年。1934年，有学生25人，教员3人。停办时间不详。

职业补习学校

1946年，县民众教育馆办，招收女学生35人，年龄为16～35岁，设纺纱、织布、缝纫3个专业。修业年限纺纱为6个月，织布、缝纫为1年。课程设置有普通学科和职业学科，普通学科即学生必修科，开设国语、常识、算术、体育、音乐；职业学科可由学生选学1科，也可同时选学3科。

学校设校长1人，由馆长兼任。教导、总务二部各设主任1人，分别由民教馆生计部、总务部主任兼任。普通学科教员3人，由民教馆职员担任。职业学科教员3人，由工厂技师担任。同时由实习工厂技工指导学生实习。

学校停办时间不详。

武宁县职业中学

1962年9月开办，校址设在月田。招收高小毕业生，开设农技、财会、水电3个专业，学制3年。1968年，学校停办。

武宁二中职业高中班

1983年9月，武宁二中附设职业高中班，开设缝纫、会计、盆景、家电维修和摄影

5个专业。每年招收2个班，学生100人。每班限学1个专业。有基础文化课教师11人，职业技术课教师6人。1989年，停止招生。

武宁卫生学校

1960年秋开办，招收小学毕业生100人，校址设在月田。1960年底撤销。

1965年9月，受九江地区卫生处委托，再次开办武宁卫生学校。招生30名，学制3年，仅招一届。

武宁县职业高中

1992年8月创办，校址设在县农科所，利用县农科所学校原中学部校舍办学。抽调教师18人，招收城镇学生67人，设机电、财会两个专业，学制3年。1993年，聘请3名校外专业教师来校任教，举办计算机应用、机电维修、服装设计培训班多期。1994年，计算机应用和服装设计两个专业经省教委批准升格为职业中专班，当年计划招生150人，实际到校246人。1995年8月，学校迁到黄埚集镇。是年，增办工业和民用建筑、电工两个专业。1996年5月，学校与广州三星设计中心联合办学，由学校负责招生、教学，对方派遣专业教师来校任教，并为学生提供实习、就业基地。是年秋，学生达645人。1997年，学校增设高职预科班。是年，学校组织计算机专业学生参加全国计算机等级考试，72%的学生达到二级水平。1999年，学校有13个教学班，学生510人，教职工48人。开设计算机、电子电工、工业与民用建筑、服装4个专业。拥有电子电工、服装缝纫及计算机3个实验室，电脑40台。2000年，31人参加三校生高考，全部被高等职业院校录取，学校获九江市职业教育先进学校。办学8年，共培养有专长学生1400人。是年8月，该校与县农中、县卫职校合并。

校长：兰浩义。

武宁县卫生职业技术学校

前身为县医务人员训练班，1978年10月，在县人民医院创办，设专职教师2人，1981年，增至6人，并迁丁家山新校舍。1986年12月，改为医务人员进修学校，址设县城太婆堰。至1987年，共办班8期，培训乡村医生300人。

1988年4月，经省教委、省卫生厅批准，将医务人员进修学校改办武宁县卫生职业技术学校，简称卫职校，定为正科级事业单位，内设办公室、教导处、后勤处，定编9人，由卫生局管理。招生对象为初中毕业生。当年，在武宁、修水、九江三县招生63人，设置乡村医士专业，学制3年。1991年4月，学校由县卫生局、教育局联合管理。是年，首届毕业生中有12人被国家医疗卫生单位录用。1994年，教职工18人，其中本科4人，专科7人，中专5人；中级以上职称15人。1997年，在校学生达741人。1988—2000年，共招生13届，2025人。学生来自九江市各县（区）及江西、浙江、广东、湖北、安徽5省。学生毕业，国家承认中专学历，不予分配，大部分自谋乡村行医。1992年，开始新建校舍，1999年，共投资153万元，总建筑面积3500平方米。学校先后开设乡村医士、妇幼、中医、高级护理班四个专业（高护班与九江电大联办，属于国家电大学生）。2000年8月，学校与县农中、县职高合并，成立武宁县中等职业技术学校，划归县教育委员会管理，同时保留卫职校牌子和相关专业。2003年2月，县卫职校从县中等职业技术学校分离出来，成立武宁县乡村医生培训中心，仍归县卫生局管理。

学校历任校长：谈会恭、李林高、张延松。

武宁县卫生职业技术学校课程设置

表5-5　　　　单位：节

学期 / 周课时 / 科目	第一学年		第二学年		第三学年	
	上学期	下学期	上学期	下学期	上学期	下学期
政　治	2	2	2	2	—	专业实习
语　文	8	—	—	—	—	
医用物理	8	—	—	—	—	
医用化学	8	—	—	—	—	
医用体育	2	2	2	—	—	
正常人体	8	8	—	—	—	
病因病理	—	8	—	—	—	
中　医	—	8	8	—	—	
药　理	—	8	8	—	—	
预防医学	—	—	6	8	—	
内　科	—	—	8	8	—	专业实习
儿　科	—	—	—	6	6	
妇产科	—	—	—	6	4	
外　科	—	—	—	6	—	
五官科	—	—	—	—	8	
传染病	—	—	—	—	6	
急救与护理常识	—	—	—	—	6	

武宁县职业中等专业学校

2000年8月，由县职高、县农中、县卫职校三校合并而成，初名武宁县中等职业技术学校。时分三处进行教学，本部在县城太婆堰卫职校，另有城郊农科所和原县青少年活动中心两个办学点。有18个班，学生1200人，教职工63人。开设计算机、美术装潢、文秘、机电、乡村医士专业，学制3年。2002年，招商引资，成立股份制武宁县中等职业技术学校。8月，学校迁县城青年路现址。学校每年实行春、秋两季招生，3月，首次春季招生，招计算机专业2个班，电子电工专业1个班，共140人。9月招收1个普通高中班，只招一届。10月，乡村医士班转入湖北黄冈卫校，此后学校停招该专业。2003年8月，卫职校原教职员工全部调回卫生部门。2004年5月，县教育局同意学校更名为武宁县职业中等专业学校，简称职业中专。7月，获九江市教育局正式批准。2006年，学校有教职工85人，在校学生1210人，设置计算机应用、美术装潢、电子电工、旅游服务、职业高考5个专业。2010年秋，有51个教学班，在校学生2318人，设置畜牧兽医、建筑装饰、机电、数控模具、计算机应用、会计、旅游服务与管理、服装设计与工艺、学前教育专业。教职工68人，另聘请校外教师12人。教师中硕士学历1人，本科33人，专科41人；副高级职称16人，中级职称36人。

2002年，新校园一期工程竣工，建成1幢教学楼，2幢学生公寓，1幢食堂及其他附属设施，建筑面积共10637平方米，校园占地面积67000平方米。2004年建实验楼1幢，面积2816平方米。2008年建教师楼2幢，6505平方米。2010年建全框架综合楼1幢，5层，3300平方米。至此，校舍建筑总面积达22400平方米，固定资产总值1910万元，其中实验实训设备320万元，计算机280台，电子图书800千兆，上网课程20门，校园网出口总宽带10兆，校内外实训基地13个。

2002年12月，被省教育厅认定为江西省示范性职业学校。2004年，首届高考班49人参加三校生高考，14人被录取本科，录取率28.6%，被九江市教育局授予2004年高中教学质量目标管理职业学校优胜单位、九江市职业教育工作先进单位。2005年1月，被省教育厅认定为省级重点中等职业学校。2006年9月8日，中央电视台新闻联播节目对该校办学成绩作专题报道。2007年9月，学校被教育部定为国家装饰设计专业实训基地。2008年，58人参加三校生高考，21人录取二本，33人录取专科，录取率96.7%，连续3年排名全市同类学校第一。10月，学校被国家高等教育学会、中国职业技术教育学会、《中国教育报》、教育部老干部协会4家单位定为中国西部教育顾问单位。2007年、2009年获全市职业教育先进单位。同期，学校还先后获县教育局督导评估全面优胜单位奖，团县委共青团工作先进单位奖，县委、县政府文明单位奖，先后被江西省美术家协会、江西省科技师范学院定为教学、实习基地。

学校是全县成人职业教育基地。2004年8月，被科技部星火计划办公室定为国家星火计划农民科技培训星火学校。2005年10月，定为县扶贫培训中心。2006年，定为市贫困地区劳动力转移培训基地。2007年11月，全县职业教育中心在该校成立，学校先后与县农业局、科技局、劳动就业局、扶贫办单位合作，开办各种中短期职业培训班，共完成农村劳动力转移培训5000人。

学校历任校长：李林高、张延松、刘家胜、张震、严茂荣。

赣北育才科技学校

该校是一所民办中等职业技术学校，1995年12月创办，时称新余钢铁厂职工大学武宁中专班，有总校转到武宁、修水籍学生58人，专职、兼职教师各2人。先后租用县委党校和武宁商校教室办学。1996年秋，招收新生121人，开设计算机和应用电子技术两个专业。2000年，更名赣北专修学校。2001年4月，经县教委考核批准，同意开办。是年，增设装潢设计专业。2003年，学校更称现名。11月，与深圳市西乡成人文化技术学校签订联合办学协议，成立深圳教学区，校址设深圳市宝安区宝安大道779号。2004年3月，成立九江教学区，校址设庐山区轻机厂。2006年秋，九江校区迁入位于浔阳区的市第九中学，武宁校区迁入县城原青少年活动中心，租借该中心大楼，同时兼并朝晖服装学校，购买其教学大楼。三个校区共有学生1400人，教职工90人，校园占地面积20000平方米，固定资产投资300万元，各校区都配备有计算机室、电子实验室、多媒体教室。2008年，经九江市教育局批准，更名为九江赣北育才科技学校，改为市直学校，主要办学场所设九江市，武宁校区继续保留，仍受武宁县教育局领导管理。2010年秋，武宁校区占地4190平方米，建筑面积2390平方米，在校学生158人，教职工10人。学校先后开办文秘与办公自动化、计算机应用、电子技术，建筑装潢、会计电算化、现代汽车维修、服装设计、旅游与酒店管理、物流管理（大专）等9个专业和职业高考班，学制3年。开设语文、数学、英语等文化课和专业基础知识课，全部采用全国统一的中职教材。专业课着重培养学生的动手操作能力，学完一年后，利用暑假组织学生到定点工厂实习2～3个月，或学习满3年后，由学校推荐到用人单位实习。2002年，在深圳创办东方人才信息公司和安置就业办公室。2004年起，与深圳富信公司、富士康集团、中信公司20多家企业建立长期合作办学关系，实行订单培训。办学以来，为企业输送近3000名合格毕业生。

学校实行董事会负责制，2003年成立董事会，由创办人黄海清任董事长，董事会聘请各校区执行校长，执行校长聘请政教、教务、总务主任和教师。武宁校区执行校长先后有陈良森、叶存炬、王汝章、熊斌。

2004年，学校被九江市教育局授予“九江市职业教育工作先进单位”称号。2005年，被九江日报社、九江市民办教育协会评为十佳诚信民办学校。2007年，被九江市教育局等单位评为全市职业教育先进单位、优秀民办学校。2008年，获江西省中等职业学校第五届技能竞赛计算机操作团体二等奖。2009年，获江西省中等职业学校第六届技能竞赛电子应用技能团体一等奖。

九江朝晖服装学校

2003年年底，由外商投资创办，设原县青少年活动中心。2004年，春季招收首届学生。学校开办三年制中专班，设置服装设计、服装企业管理、服装市场营销、贸易实务、服装艺术表演、服装电脑CAD设计6个专业。学生在校学习一年半后进入服装企业实习，第三年回校学习半年。2005年，学校有学生234人，教职工21人，建教学楼1幢，面积2000平方米。2006年，并入赣北育才科技学校。

武宁县经委技校

全称为九江市轻化技工学校武宁教学班，创办于1989年9月。设置电工专业，学制3年。开设电工基础、无线电基础、机械制图、室内外电路等专业课和语文、政治、数学、物理等文化知识课。在编教师4人任教文化课，另聘相关专业技术人员讲授专业课。两年学习理论知识，一年实习。面向社会统招及经委系统内招历、应届初中、高中毕业生64人（其中星子县4人）。初期在县委党校、县农机厂租借房舍教学，后在县冶化厂内建一栋教室。行政隶属武宁县经济贸易委员会领导，教学由九江市轻化技工学校统一管理。学生毕业后分配在县国有企业工作（星子学生回本县安排）。1992年，学校停办。

武宁县粮食职工学校

1978年，县粮食局创办，初时校址设在县粮库，后迁黄塅粮管所，建有教室、食堂和学生宿舍。学校有教职员3名，由粮食局干部担任，其工资和办学经费均由粮食局支拨。办学初期，每年对粮食部门基层站所行政业务人员进行短期培训。教学内容主要是防化、计统购销、仓储、财会业务知识。1990年，与九江技工学校联合开办技工培训班。当年开办储藏班，招收待业青年37名，其中社招15名，内招22名。1992年，开办簿记班，学员57名，其中社招21名，内招36名。学制均为3年。学生毕业取得中专学历，全部分配粮食部门工作。1995年，学校停办。

武宁县商业职工学校

1980年8月创办，校址设在县城东郊，校园占地面积6600平方米，校舍建筑面积1000平方米，有教室、办公室、资料室、师生宿舍和厨房。1994年7月，迁至县城朝阳路武宁饭店旁。1996年，更名武宁商校。办学前10年，主要对本系统职工、管理干部进行文化知识补习、职业技术及管理知识培训，以办短班为主。开设语文、政治、经营、管理、财会、物价、统计、信息课程，采用省商业厅科教处统编教材及学校教师自编教材。1990年，与县劳动就业局联合办学，举办待业青年就业培训班。当年办簿记班1个，学生38人，学制2年，大部分为商业系统职工子女。1992年，面向社会招收学生98人，办2个簿记班。同年为县劳动局开办新招职工就业培训班7期，学员550人，学制1年。1993—1998年又办学历教育班4个，学生193人，学生毕业后自谋职业。

学校有教职工5人，另聘兼课教师8名。行政上隶属县商业局领导，成立职工教育委员会，副局长任主任委员兼该校校长。业务上由市商业局劳动人事科、省商业厅科教处领导，教学计划、学员成绩考核均由科教处统一安排。办学经费来源于下属各公司（厂）提取的教育附加费、按规定收取学生的学杂费及争取上级拨款，1982—1990年共投入23000元。

该校先后4次被九江市人民政府授予“先进单位”，5次受省商业厅表彰。副校长兼教师江波（又名江定荣）。1985年，被省人民政府授予“优秀教师”称号。

2001年学校停办。

第四节　共产主义劳动大学

共大武宁分校

1965年9月，设立江西共产主义劳动大学武宁分校，简称共大武宁分校。校址设县城南郊月田。1967年，国营武宁茅石林场划归学校管理。1970年春，学校迁源口。1980年，改名武宁县共产主义劳动大学。1981年8月，改办武宁县第三中学。

学校开办时，招收农业中专、林业中专、财会、农业初级技术共4个班，学生208人，核定教职工编制23人。1972年，开设农业、林业、农机、水产、水电、茶叶6个专业，学生340人。1973年，对专业进行调整，农业、水产专业合并为农学专业，林业、茶叶专业合并为林学专业，增设牧医、财会专业。1976年，增办师范班1个，学生57人。1980年，有教学班7个，学生217人，专任教师和行政人员27人，职工22人，农工25人。

学校行政受县委、县政府领导，业务上受江西共大总校指导，教学工作由江西共产主义劳动大学总校下达教学计划，编写印发教材。课程设置分文化基础课和专业课两类。文化基础课开设政治、语文、数学、物理（农机专业）、化学（农学、林学、茶叶专业）、体育。除政治、体育课外，其余文化课在第一学年结束，第二学年专授专业课。学校实行半工（耕）半读，根据农事忙闲和天气变化安排课堂教学、科学实验和生产实践。1975年，农学班水稻科研组进行杂交水稻制种，亩产达58.5公斤。林学班果木研究组进行苗木栽培试验，成活率提高一倍。1977年，学校有农场、林场、畜牧场、教具厂；水田86亩，旱地28亩，茶园70亩，果园5亩，山林1.5万亩；汽车1辆，拖拉机4台，柴油机2台，锯板机、车床、钻床、压刨机、粉碎机、碾米机各1台；饲养耕牛10头、生猪43头。全年勤工俭学收入32145元。学生除免交学杂费外，伙食费、医疗费、书籍费、水电费每生每学期100元，全由学校供给。

学校招收学生程度参差不齐，多数为初中毕业，亦有小学毕业生。除1965年、1966级中专班由应届初中毕业生参加九江专署高中、中专、技校统一招生录取外，一般不举行招生考试，只要本人申请，持公社介绍信便可入学。学制2年、3年不等。经统招录取，学满3年的学生，毕业后国家承认中专学历。贯彻“社来社去，城来城去”原则，不作统一分配。办学16年，共培养各类人才2000人。

学校历任校长：董乐辛（兼）、周庆云、毛洪英、樊启松、刘达、余传福、曹庭玉、周济凡。

共大幸福山分校

1966年9月创办，是一所专属分校，校址设在原幸福山中学。招生118人，多数为下放幸福山国营林场的九江知识青年。开设农业、林业、牧医、茶叶4个专业。教职工28人，专任教师11人，专业教师6人。1968年10月，并入共大武宁分校，教职工与校产由武宁分校接收，学生提前毕业，全部下放农村，县拨安置经费25960元。

共大安乐林分校

1971年春创办，校址设在安乐林大沙洲。招生103人，设林业、农业、茶叶3个专业，学制2年。教职工11人，专任教师7人，专业教师3人。1973年春并入共大武宁分校。

全县共大办学基本情况

表5-6　　　　单位：所、人

年份	校数	学生人数			教职员工数	
		在校	招生	毕业	小计	其中职工(含农工)
1965	1	208	208	—	23	—
1966	2	360	199	—	155	118
1967	2	356	—	—	155	118
1968	1	340	103	299	97	60
1969	1	246	98	—	96	61
1970	1	184	92	98	77	61
1971	2	325	184	90	85	34
1972	2	341	100	90	97	50
1973	1	301	107	141	102	52
1974	1	253	110	117	109	57
1975	1	208	44	54	103	53
1976	1	333	200	114	111	58
1977	1	390	200	188	117	70
1978	1	252	225	265	104	57
1979	1	271	150	142	87	41
1980	1	217	—	217	74	47

第五节　农业中学

概况

1958年4月，突击创办农业中学19所，学生396人，后因农忙而停办。9月，创办罗溪、横路2所农业中学。1959年，办石门、船滩、温汤3所农中。1960年，农中停办。1964年，船滩农中复办。1965年，全县掀起大办农中高潮，石羊、洞口、瓜源、伊山、荷洲、石渡、罗溪、凤口、石门、箬溪、干楼、杨洲、柳山、中村、横路、合坪、罗坪、桃林、巾口、大源20所农中相继开办。12月，县文教局在船滩农中召开全县农业中学办学座谈会。1966年，农中发展到36所，学生1708人。这些学校均属公社举办的民办学校，由公社自聘教师，学校自主招收小学毕业生，实行半耕半读。“文化大革命”开始后，先后停办。

20世纪80年代，国家提倡改革中等教育结构，大力发展农职业教育。1983年9月，在罗溪、荷洲2所初级中学附设农业高中班。1984年9月，县政府决定将县第三中学改为县农业中学，面向全县招收初中毕业生。1985年9月，荷洲农高班搬迁至鲁溪初中，甫田初中也附设农高班，罗溪、甫田、鲁溪3所初中均改名农业中学，划片招收普通高中录取线下初中毕业生。这些农中近于全日制普通高中，仅多开一门农业技术课。1990年，鲁溪农中改为普通完中。1992年，罗溪、甫田农中停招农业高中班，改为初中，仅保留县农中。2000年秋，全县没有农业中学。

武宁县农业中学

学校前身为武宁县第三中学，1981年9月，由武宁共大改办，校址设在源口。1984年9月，更名为县农业中学，时有高中6个班，初中3个班，并附设小学，在校学生460人，教职工39人。当年开始，高中面向全县招收普通高中录取线下初中毕业生，进行农职业教育。初中部、小学部仍为普通中小学教育。1986年以前，在理科班开设农技课，毕业生报考对口农林大中专院校，三年除录取农林中专59人，农大4人外，还录取普通大专15人，中专6人。1987年后，设置专业班。其间仍保留三中，发三种毕业证。1989年，办学规模达最高峰，设6个农技班，有学生876人，教职工76人，其中农林专业教师6人。开设农作物栽培、遗传与育种、植保、果树栽培及病虫害防治、蔬菜栽培及遗传育种、花卉栽培、食用菌栽培专业课。1994年，转换办学机制，由农业教育向职业教育转变，开设财会、机电2个专业。1995年8月，学校迁县农科所。此后学校新设置公关文秘、计算机应用、室内装潢设计等专业，毕业生直接进入社会就业。2000年，学校与县职高、县卫职校合并。

学校历任校长、书记：曹庭玉、李远孝、邱树基、魏益华、刘家胜。

1958年秋，在安乐林场创办劳动技术学校，各公社选送学生90人，教职员7人。1960年秋，迁黄埇茶梓坪，招收新生232人，教职工12人，当年年底停办。

1958年，在武宁中学内开办武宁大学，招收师范和农业各1个班，学生70人（其中中学、小学教师30人，机关干部10人，农业社保荐30人）。翌年，师范班并入九江大学，农业班并入九江农校。

1960年秋，开办武宁财校，招生75人。当年年底停办。

1983—2010年全县农职业教育情况

表5-7　　单位：所、人

年份	学校数	学生数			年份	学校数	学生数		
		招生数	毕业数	在校数			招生数	毕业数	在校数
1983	3	79	—	79	1997	4	638	375	1458
1984	4	218	—	290	1998	4	574	483	1394
1985	5	252	—	493	1999	4	492	399	1418
1986	5	284	43	654	2000	2	543	510	1325
1987	5	296	105	741	2001	2	655	415	1526
1988	6	328	123	813	2002	2	743	460	1753
1989	5	330	121	779	2003	3	751	354	1851
1990	4	395	93	820	2004	4	1388	533	2347
1991	4	477	200	1061	2005	4	1117	490	2969
1992	5	409	194	864	2006	3	1632	835	3230
1993	3	323	179	737	2007	3	1525	1061	5568
1994	3	472	298	944	2008	3	1324	1157	4596
1995	3	492	258	1066	2009	3	362	1424	3773
1996	4	804	212	1560	2010	3	751	1231	3351

第六章　成人教育

第一节　农民教育

扫盲教育

1929年，办有民众补习学校21所，学生474人。1932年，箬田苏区办工农识字班56个，参学人数1401人。1933年，民众学校4所，学生112人。1934年，在农村保学附设民众学校22所，年底保留10所。次年，民众学校发展到129所，其中：保学附设122所，133个班，入学民众3922人，其中保学附设3547人。抗日战争期间，江西省战教工作团武宁队在敌占区和敌扰区开办夜间成人班。1942年，石门楼等地中山民众学校22所继续开办。1946年，各乡中心国民学校和保国民学校均设民教部，普遍开办成人班，其中高级班54班，初级班19班，学员2567人。

新中国成立初期，全县15万人口，有青壮年文盲、半文盲8万人。1951年冬，根据省人民政府《关于今冬在全省范围内有计划、有组织地开展冬学运动的指示》，始办夜校，2924人参加学习。1952年8月，成立县识字运动委员会，12月，改为县扫盲工作委员会，下设办公室，配备专职扫盲干部，大力推广祁建华的《速成识字法》。办起28个速成识字班，学员达1115人，其中农民学员650人。根据“农忙少学、农闲多学”的要求，1953年，创办“冬学”300所，参加学习人数2647人。1954年3月，“冬学”转为常年开办的农民夜校，当年培训扫盲义务教师300名。1955年4月，按照中央“整顿巩固、稳步前进”的办学方针，对夜校进行整顿，总结办学经验，表彰137名优秀学员和31名优秀义务教师。1956年3月，召开全县业余教育积极分子大会，表彰郊区、箬溪、大桥、横路、澧溪、船滩、石渡先进集体和340名积极分子。1957年，以黄埚为义师训练试点乡，训练文教主任57人，义师骨干109人。1958年，县人民委员会转发省教育厅《扫盲标准和验收无盲单位暂行办法》，全县建立一支2500人的专职、兼职扫盲教师队伍，各公社因地制宜，采取集中办班、送字上门、看图识字、见物识字、创立识字牌、设立识字岗多种形式开展扫盲工作，组织3.5万农民参加学习。1959年，通过检查验收，全县青壮年44639人脱盲，占扫盲对象的55.8%。东林公社被评为无盲社，石门、澧溪、横路3个集镇和上富、朱山、坑背、田埚、永洲、胜利大队被评为无盲单位。1960年1月，县工农业余教育委员会成立。3月，东林公社派代表出席全国文教战线群英会，获全国扫盲工作先进单位。当年，中共武宁县委、县人委在东林公社召开全县扫盲和业余教育现场会，进一步推动农村扫盲工作。

1966年，“文化大革命”开始，扫盲和业余教育基本停顿。1970年，以生产队为单位开办政治夜校，以学政治为主，兼学文化。1973年，恢复县工农业余教育委员会，1979年，改为县工农教育委员会，下设办公室。公社教育革命委员会办公室配一名专职“三教”（普通教育、业余教育、幼儿教育）干部，负责扫盲工作。同年冬，开展全县文化普查，全县少、青、壮年文盲半文盲65966人，占49.1%。1980年1月，全县教育工作会对农民教育作出具体部署，当年办农民夜校659所（班），少年识字班120期，有24500人参加学习。1981年，办扫盲班250个，学员5648人，参加包教包学3879人，在小学插班学习1208人，两年共脱盲29049人。1983年1月，经九江专署教育处抽样验收，全县青壮年非盲人数达115537人，非盲率91.2%，批准武宁为基本无盲县。同年3月，江西省教育厅授予武宁县扫盲先进单位，省电视台两次到武宁拍摄农民教育见闻电视片。

1990年人口普查，全县15～41岁文盲半文盲13520人，非盲率93%。1991年11月，举办全县农村扫盲专干培训班。1993年参加扫盲学习2476人，实际脱盲2269人。1994年，完成扫盲任务6021人。1996年，全县办扫盲班519个，8440人参加学习，5204人脱盲，非盲率达97.8%，顺利通过省级基本扫除青壮年文盲评估验收。此后，扫盲工作继续巩固提高。

文化技术教育

1958年，办农民业余小学23所，在校学员1045人。1983年，实现基本无盲县后，农民教育工作重点转移到提高农民文化科学技术方面，当年举办业余高小班25个，农民夜校134所，参加学习8704人；农技短训班329期，培训技术人员5281人。1985年，农民技术夜校发展到300所，参加学习近万人。1987年，县科协农函大辅导站招收学员177名（非学历教育）。1988年，办农民技术学校32所，学员4254人，短训班35期，学员1933人。1994年，全县办乡级农民文化技术学校23所，村级农民文化技术学校260所，办校率分别为92%和96%。1997年，乡乡村村都办有文化技术学校。1990—1999年，农民文化技术学校共毕（结）业26025人。

专业技术培训

1992年开始，县劳动就业培训中心对农村剩余劳动力进行培训，当年举办家政培训班，参训人员26人。1995年，举办机电培训班，招收农民学员50人。是年起，县移民办以培训农业种养技术、计算机实用技术和室内装饰技术为主要内容，每年举办5～6期农民科技培训班，至2005年，共举办实用技术培训班36期，培训人员2400人次；劳动技能培训班28期，培训人员18680人次。1998年起，县劳动就业培训中心开设会计、电器维修、电工操作、缝纫、装饰、工程监理专业，共培训农民工1760人。

2004年开始，实施雨露计划，由县扶贫办组织开展农民科技培训，在县职业中专建立扶贫培训中心，具体负责培训教学。每年培训一期，每期3个月。开设专业有计算机、装潢设计、灯具制作、胶囊制作、数控模具、电子电工、木工工艺。2010年，共培训620人。

2005年开始，实施农村劳动力转移培训阳光工程，在县农业局设立农村劳动力转移培训阳光工程协调小组办公室，简称县阳光办。建立县职业中专、丰良艺术学校、赣北育才科技学校、县劳动就业培训中心、县农业局农民技术职能培训中心、县外商企业招工培训部、联创电脑中心、卓越电脑服务中心、船滩农业科技培训学校培训基地，为县工业园企业培训上岗1391人，为广东星艺装饰集团公司等装饰企业培训520人。2006年，仅职业学校就培训1009人。2007年，完成示范性培训3500人，引导性培训7000人。2008年开设装饰设计、节能灯制作、纺织加工28个专业，办培训班31期，60个班，完成示范性培训2710人。此后两年，每年培训都在2000人。

2006年10月开始，实施新型农民科技培训工程，县成立由主管副县长为组长的项目领导小组，下设办公室。新宁镇、官莲乡、大洞乡、清江乡、船滩镇、横路乡6个乡镇的34个行政村列为项目村，每村学员40名。按照“围绕主导产业，培训专业农民，进村办班指导，发展一村一品”的要求，开设果业、茶叶、养殖业、渔业、经济作物种植及农村管理专业课程。至2008年7月底结束，共重点培训中青年农民1360人。

2008年开始，开展巩固退耕还林项目农民就业技能培训，前两年由县移民办组织实施，2010年，改由县农业局组织实施，县职业中专为培训基地，每年参加培训人数636人。2010年，各专业培训人数为：装潢46人，计算机应用60人，种植、养殖200人，水电安装90人，农产品加工120人，服装制作120人。

1976—1989年农民文化技术教育情况

表6-1

年份	农民业余中学			农民技术夜校			农民技术短训班	
	校数（所）	班数（个）	学员数（人）	校数（所）	班数（个）	学员数（人）	班数（个）	学员数（人）
1976	38	55	1141	23	54	1045	—	—
1977	51	64	1979	65	75	5456	—	—
1978	16	24	1153	30	35	5456	—	—
1979	18	19	140	24	28	450	—	—
1980	18	19	387	65	659	10326	—	—
1981	20	24	284	145	167	2084	—	—
1982	7	8	161	9	10	202	—	—
1983	4	4	75	134	145	8704	329	5281
1984	9	10	240	40	51	1082	—	—
1985	10	21	280	300	304	9500	—	—
1986	25	28	480	24	30	605	—	—
1987	2	3	24	31	56	1635	16	1332
1988	9	11	316	32	66	4254	35	1933
1989	10	12	429	26	28	870	—	—

1990—2000年农民技术培训情况

表6-2　　单位：所、人

年份	农民技术培训学校				农民初等学校			
	学校数	毕结业人数	招生数	在校生数	学校数	毕结业人数	招生数	在校生数
1990	14	147	189	460	42	542	1688	1906
1991	8	912	991	1123	35	383	699	1252
1992	23	3916	4022	4244	33	457	592	859
1993	15	812	775	805	47	429	341	413
1994	15	805	780	780	47	313	280	380
1995	15	780	808	808	47	348	280	380
1996	25	5542	1700	1700	268	1400	2050	2075
1997	25	1700	1900	1900	266	200	150	1965
1998	25	1900	2650	2650	115	826	674	1813
1999	56	—	—	9511	100	1962	741	1169
2000	56	9511	8510	8510	100	1169	620	620

2004—2010年农民各类技术培训人数

表6-3　　单位：人

年份	阳光工程		雨露计划	巩固退耕还林成果培训	新型农民科技培训
	示范性培训	引导性培训			
2004	—	—	63	—	—
2005	—	—	63	—	—
2006	—	—	63	—	1360
2007	3500	7000	130	—	1360
2008	2710	5200	193	636	1360
2009	2600	5200	63	636	—
2010	2000	—	45	636	—

第二节　干部职工教育

干部政治文化教育

新中国成立初期，工农干部多，文化水平低，干部教育以识字扫盲为主。1952年，分期分批举办乡干部速成识字班，先后有200人脱盲。1953年6月，开办县级机关干部业余文化补习学校，校址设在县城北门武宁中学内，招收高小、初中各1个班，学员126人。1954年，县级机关干部业余文化补习学校与县总工会举办的职工业余学校合并，校址迁合桥巷。1956年，368名干部参加业余文化学习，其中高中班62人，初中班195人，高小班111人。1957年，办有干部文史班、文化班、高小班，学员191人。1964

年年初，县干部职工业余学校有本科学历教师2名，开设小学、初中各1个班。

1958年，成立县干部学校。1961年3月，成立县委党校。校址：县城月田路中段西侧。此后，干部教育主要由县委党校承担，教育内容以政治理论为主，教育形式以短期培训为主。据统计，1988年以前，共办各类学习班、培训班、读书班281期，参训人数29570人次，其中国家干部18942人次，村干部10628人次。1986年起，党校除继续开办干部短期培训班外，还开办大中专学历教育函授班。

20世纪80年代后期开始，干部教育分为国家公务员和专业技术人员两个系列进行，由县乡两级党校、人事劳动部门和各机关单位负责。1995年11月，县举办一期由各单位主管领导和人秘股长参加的公务员骨干培训班，各单位也相继举办培训班，参加培训人员共1162人。1998年开始，先后举办初任公务员培训班4期，培训218人；计算机知识培训班3期，培训138人；更新知识轮训班8期，培训1452人。大中专毕业生定级培训班2期，培训116人；专业技术人员继续教育培训班5期，参训人员2600人；中高级专业技术人员计算机应用能力培训班5期，参训人员780人。2003年开始，有830人参加公共管理硕士课程培训。2006年起，县委党校培训干部5594人次。

2008年，成立武宁县老年教育指导委员会，创办武宁老年大学，开展离退休干部教育。

中共武宁县委党校

学校位于县城月田路中段西侧。1952年10月，中共武宁县委设立党员训练班。1954年3月，改为武宁县干部训练班。1958年5月，改名为武宁县干部学校。1961年3月，成立中共武宁县委党校。1968年12月，改名为毛泽东思想学习班。1972年9月，恢复县委党校。2010年，在县委党校挂牌成立武宁县行政学校，县委党校与行政学校实行两块牌子、一套人马。

县委党校主要承担乡村两级干部政治文化教育，以马列主义、毛泽东思想基本理论、党的方针政策和现代科学知识、业务知识开展干部培训，根据不同培训对象，开设哲学、政治经济学、科学社会主义、中共党史、党的建设、领导科学、市场经济理论和现代科学文化知识课程。以短期培训为主，每期10～15天，最短7天，最长4个月。1988年以前，共办各类学习班、培训班、读书班281期，参训人数29570人次，其中国家干部18942人次，村干部10628人次。2006年起，培训干部5594人次。

20世纪80年代中期开始，党校以独立办班、联合办学、函授、电大多种形式开展成人学历教育。

1986年5月，经中共江西省委组织部批准，开办党政干部中专班，经全省统一考试，录取具有初中毕业文化程度的在职国家干部26名。1988年7月，完成学业，经考试成绩合格，由省委组织部颁发中专学历证书。

1988年5月，在县委党校建立中央党校函授学院江西分院九江学区武宁辅导站。当年，招收2个函授大专班，1991年停办。1995年，恢复招生。1996年，增办函授本科班，一直连续招生。招收在职国家工作人员，学习时间本科三年，专科两年半，每月进行2次面授辅导（周末双休日）。学习期满，经考试成绩合格者，分别由中央党校函授学院和江西省委党校函授学院颁发本科和专科毕业证书。

2003年8月，与湖北省广播电视大学联合办学，2005年与（北京）东方大学城航空乘务培训中心联合办学，面向社会，分别招收一届学员。2006年，与江西农大、解放军军事经济学院联合办学，开办函授本科班。

党校成立校务委员会，由县委副书记兼任校长，常务副校长主持日常工作。内设办公室、教研室、函授办公室、总务室。2010年，核定编制21人，其中专职教师10人。教师中本科学历9人，研究生学历1人；高级职称3人、中级职称2人。校园占地面积15334平方米，建有教学大楼、学员宿舍、宾馆式学员公寓及厨房膳厅，建筑面积7500平方米。

武宁老年大学

2008年5月成立。第一个学期开设5个学科6个班，学员253人。此后，规模不断扩大，先后开设书法、诗词、养生保健、音乐、美术、电子琴、二胡、电脑、英语、民族舞、交谊舞11个学科。2009年秋，开始实行学年制，各学科学制一年，每周各科轮流上课半天。学员均为离退休干部、职工和各界老年人，最年长者85岁。2010年秋，有9个学科，14个教学班，学员367人，教师14人。

学校受县老年教育指导委员会领导，直属县委组织部老干部局管理，校长：余锦桂。另设副校长3名，办公室专职工作人员2名。教师由学校聘请有专业特长的退休或在职人员担任。

校址初设在县老干部局二楼，有专用教室1间，办公用房2间。2010年9月，迁原县少年宫，有教学、办公用房共8间，面积约800平方米，由县政府划拨学校所有。添置课桌椅40套，电脑1台。电脑班则先后租用武宁二中、赣北育才科技学校武宁校区电脑教室上课。

2010年12月，该校被江西省老干部局授予“省级示范校”称号。

职工文化技术教育

民国时期，由县民众教育馆和民众学校对职工进行文化技术教育。1933年，创办武宁县立民众教育馆，设图书出版、游艺、体育、教学、讲演5部，后改为总务、教导、艺术、研究辅导、生产计划5部。1934年，县城办有民众学校5处，学员185人。1946年，定县城为肃盲示范区，民众教育馆开办初级成人班，有学员121人。县城各机关团体办9个班，有学员384人。

新中国成立之初，民众教育馆改称人民教育馆。首先在城镇职工中开展扫盲教育。1951年起，全县各级工会多数建立读报组和夜校。1952年，县总工会开办职工业余学校，办工人扫盲班3个，学员109人。1954年，县总工会举办的职工业余学校与县级机关干部业余文化补习学校合并，职工班主要对职工进行扫盲识字教学，根据职工文化程度编有扫盲班、初小班、高小班、初中班。据不完全统计，1957年，共举办不同程度的职工班19班次，参学人员769人，全县2157名工人中，有文盲、半文盲583人，初小文化1025人，高小文化237人，初中文化197人，高中文化112人。1958年，职工班停办。1960年3月，县总工会开办注音识字训练班，从各厂抽调19名学员进行半个月师资培训，带动大多数企业的业余文化学习。当年，县城有8个厂开办职工业余文化学习班，参加学习职工732人，到年底扫除文盲210人。学习较好的单位有被服厂、机械厂、五金厂、印刷厂。1961年，举办职工业余文化学校，1964年1月，改称县干部职工业余学校，由县总工会管理，县文教局选派2名本科学历教师为该校专职教师。开设小学、初中各1个班。1966—1976年，职工业余文化教育基本停顿，工会组织办红专学校和“七二一”工人大学，主要对职工进行政治教育。

“文化大革命”结束后，各单位组织职工开展文化技术学习。1978年，县粮食局开办粮食职工学校，每年对基层站（所）长进行政治、业务培训。1980年，县商业局开办商业职工学校，后改名商业学校，对商业系统职工进行文化知识补习和职业技术培训。是年3月，恢复县职工业余学校，成立县职工业余教育管理委员会，由县总工会、文教局、工业局、二轻局、交通局、商业局、粮食局、林业局、卫生局、供销社10个单位领导组成。1982年开始，根据全国职工教育管理委员会等5个单位《关于切实搞好青壮年职工文化、技术补课工作的联合通知》，集中力量对职工进行“双补”教育，即对文化程度达不到初中毕业，技术等级未达三级的工人进行文化技术补习，主要开办职工初、高中文化补习班和岗位技术培训班。1982年5月24日，县工农教育委员会下发《关于切实搞好青壮年职工文化摸底、普测、补课工作若干问题的通知》，通知规定，凡1968—1980年初中、高中、共大武宁分校和武宁职业中学毕业的国营和集体单位在册职工共2222人，均参加文化补课考试，必考科目为语文、数学。1982年8月到1986年，共进行6次考试，通过考试合格的有1040人，占46%，均由县文教局颁发合格证。据不完全统计，1992年，参加“双补”职工3000人，毕业、结业1700人。1984年，县职工业余学校改称县职工学校。1987年重新成立县职工教育管理委员会，由副县长吴若琪任主任，并在县总工会设立办公室。1985年开始，县职工学校按教育部《关于职工高中文化教育若干问题的暂行规定的通知》，开办职工高中文化班（函授），共有1733名学员参加学习，毕业719人。1991年，县商业学校共办各类培训班、学习班98期，培训人员3080人次。1992年以后，县职工学校主要开办成人高中自学考试班。1996年5月，县总工会制定工会干部、职工高中文化学习三年规划，计划通过三年职工高中文化学习，使企业青壮年职工95%以上达到高中文化程度。2009年，参加成人高中自学考试，毕业591人。职工学校自复校以后，先后举办初中、高中文化班78期，学员4000人，毕（结）业3000人；工会干部培训班25期，取得岗位资格证500人；计算机技术培训班和美术培训班100期，结业1000人。

进入21世纪，职工教育由文化教育为主转为技术教育为主，以办短期培训班的方式进行。2005年，通过多种途径，共举办各类职工培训班48期，培训2991人。其中新招工人和顶补人员班12期，1107人；商品营业员班5期，728人；印刷工班3期，68人；木材检验工班3期，91人；电工班10期，387人；汽车驾驶员班3期，31人；计算机操作班4期，121人；物资管理员班5期，380人；企业办公室主任班3期，78人。企业职工通过培训与考试考核，有2434人取得技术等级证及技师合格证。

2006年开始，县劳动就业局实施职工培训金蓝领工程，以县劳动就业培训中心、县职业中专为主要培训机构，以劳动就业培训中心自主培训，培训中心与乡镇劳动保障事务所、县职业中专、县工业园区各企业联合培训等方式开展。2010年，共培训11369人次。2007年，全县职工教育培训机构4个，专职教师52人，专职管理人员8人。全县3585名职工，本科毕业7人，专科（含高职）毕业325人，中等职业学校毕业932人，高中毕业1635人，初中毕业及以下686人；有高级技师1人，技师6人，高级工214人，中级工1035人，初级工1885人。2009年，县职工学校开办农民工创业、节能灯技术、餐饮服务技术等级培训班，获得技术合格证200人，获劳动部门颁发的初级技术等级证60人。

武宁县职工学校

1952年，县总工会开办职工业余学校。1954年，与县级机关干部业余文化补习学校合并。1958年，职工班停办。1961年，举办职工业余文化学校，1964年1月，改称县干部职工业余学校。1966—1979年停办。1980年3月，恢复县职工业余学校，1984年4月，改名为武宁县职工学校，1987年4月，经省教育委员会、省职工教育管理委员会、省总工会审批备案。学校级别属职工中等学校。

学校办学初期，主要对职工进行扫盲识字教学，没有固定教学大纲，根据职工文化程度，编有扫盲班、初小班、高小班、初中班。1983年开始，以办职工初中文化补课班为主。根据教育部《关于试行职工业余中等学校初中语文、数学、物理、化学四科教学大纲（草案）的通知》精神，参照江西省教育厅印发的《江西省职工初等、中等学校教学计划（试行草案）》的要求进行教学。学完规定课程，经考试成绩合格者，由学校颁发毕业证书。毕业证由县教育行政部门验印，国家承认其学历。1985年开始，根据教育部《关于职工高中文化教育若干问题的暂行规定的通知》，主要开办职工高中文化班（函授与自学考试）。1995年9月，与湖北省黄冈师范专科学校联合举办函授大专班。2009年，开办农民工创业、节能灯技术、餐饮服务技术等级培训班。

1956年6月以前，县职工业余学校由县总工会举办，有专职教师1名。1956年7月起，改由教育部门举办，工会协助管理。1964年，核定专职教师编制2名，由县文教局选派2名本科学历教师到该校任教。1980年以后，工会独立自主办学，政府教育部门支持。1981年，县职工业余学校定为县总工会下属事业单位，专职教师编制4名，列入县总工会事业编制。另根据不同时期教学需要，聘请兼职教师若干名。

1994年4月，县财政拨款在县城古艾路水产局旁建一幢县职工学校教学楼，建筑面积860平方米。2005年8月，县政府将该教学楼收回出售给中国银行武宁县支行。2007年

12月，县政府将位于东门街的武宁四小原校舍划拨给县职工学校。

2006—2010年职工培训情况

表6-4　　　　　　　　　　　　　　　　　　　　　　　　单位：人

年份	金蓝领培训		其他培训	
	专业类别	培训人数	培训类别	培训人数
2006	节能灯具	637	—	—
	纺织	50	—	—
2007	节能灯具	256	—	—
	服装纺织	100	—	—
	建筑施工	131	—	—
	装潢设计	26	—	—
	酒店服务	86	—	—
	木工	100	—	—
	SYB	72	—	—
	引导性培训	96	—	—
2008	节能灯具	754	省本培训	300
	服装缝纫	1019	下岗职工培训	155
	机械操作	189	特殊人群	60
	装饰施工	449	—	—
	酒店旅游服务	512	—	—
	矿山开采	713	—	—
	包装工艺	218	—	—
	胶囊制作	150	—	—
	农业新科技	150	—	—
	引导性培训	250	—	—
2009	节能灯具	1020	—	—
	玻璃饰品	334	—	—
	机械操作	292	—	—
	精细化工	92	—	—
	木工、包装工艺	375	—	—
	服装纺织	290	—	—
	酒店服务	318	—	—
	计算机	152	—	—
	装潢设计	86	—	—
	电子数控	81	—	—
	电子电工	130	—	—
	财会电算化	65	—	—
2010	制药	217	预备制人才	242
	纺织制衣	402	技能提升	100
	节能灯具	510	特殊人群	204
	机械制造	134	特殊技术	140
	木工、包装工艺	310	定向定单	536
	电工	47	—	—
	玻璃饰品	200	—	—
	酒店服务	160	—	—

第三节　学历教育

函授

1952年，县文教局开始组织不及中师毕业水平的在职小学教师参加中等师范函授学习。1958年，江西中医学院开设中医函授中专班，部分医生报名学习。1977年秋，江西师范学校武宁函授辅导站开办高师中文函授，免试入学，有260人参加学习，未能坚持毕业。翌年，高师数学函授经考试录取70人，有18人完成学业，由江西师范学院验发本科毕业证书。1980年，江西中医学院在县成立函授辅导站。1988年，县财政局设立江西中华会计函授学校九江分校武宁函授辅导站。是年，中央党校函授学院江西分院九江学区武宁辅导站招收党政管理专业、经济管理专业两个大专班。1991年，本届学员毕业后停办。1995年，恢复招生，1996年，增加本科教学点，连续招生。2005年，共办大专班12个，录取867人，毕业524人；本科班9个，录取475人，毕业267人；学分制大专班2个，录取77人，毕业77人。1995年9月，县职工学校与湖北省黄冈师范专科学校联合举办会计、经济管理、法律3个专业函授大专班，参加学习81人。1998年7月，有77人获得函授大专毕业证书。2006年起，参加中央党校函授本科班73人，专科班141人，已全部毕业。江西农大本科函授55人，解放军军事经济学院本科函授26人，共有66人毕业。

广播电视教育

1982年，中央广播电视大学九江分校中文专科班在武宁招生，学制3年。由县教师进修学校管理、辅导，上届毕业始招下届，连续3届共招学员86人，全部如期毕业。

1983年，中央农业广播学校九江分校设立武宁教育辅导站。

1988年，中国卫星电视师范学院江西分院武宁教学站开始招生，是年招收专科班学员155人，中师班学员41人。1991年，该届学员全部毕业。1992年，卫星电视师范中师专业在全县设船滩、鲁溪、罗溪、官莲、县城5个教学点，共6个班，在籍学员355人。1997年，共招中师班学员577人，毕业577人；专科班学员308人，毕业304人。

2001年，电大开始实行每年春秋两季招生。2002年，招收本科班。2010年秋，县电大班已有377人本科毕业，其中：中文148人，数学62人，英语28人，法学89人，会计35人，教育管理15人；578人专科毕业，其中小学教育103人，教育管理44人，法学126人，会计192人，工商84人，计算机7人，建筑22人。尚有在籍本科生163人，专科生293人。

2003年8月，县委党校与湖北省广播电视大学联合办学，当年招收学员66人，有财务、汉语言文学、企业管理、经济管理、行政管理、法学、市场营销专业，学制2年。2005年，已毕业53人。

自学考试

1984年，开办高等、中等教育自学考试，由县招生考试办公室负责办理报名、教材征订工作。当年报考235人，实际参加考试165人，分别参加马列主义基础理论、法律、汉语言文学3个专业大专层次考试。1986年，首批专科毕业7人。1988年，县委办公室（1988）17号文件规定，凡参加自学考试的在职干部职工，考试期间一律给公假，凡取得自考毕业证的人员，由单位发给一次性奖金，中专奖300元，专科奖400元，本科奖500元。此后，报考和毕业人数逐年增加，考试对象逐步向农村延伸。1995年，有321人报考824科次，专科毕业16人，本科毕业3人。1999年，增设鲁溪、船滩、罗溪3个自学考试工作（联络）站。1999年9月，共组织报考 9626人次，考试专业本科12个，专科47个，中专2个，共有246人毕业，其中本科12人，专科219人，中专15人。2000年，报考779人次，1939科次，并有10位农民报考，其中法律专业1人，中医专业9人。2001年，增设黄墈、罗坪、泉口、澧溪、宋溪、石渡6个报名工作站，当年报考1368人次，3267科次，48个专业，其中本科488人，专科880人。2002年县招考办获九江市高等教育自学考试工作先进集体。2006年，在县设考点。报考人数逐年增加，当年报考759人，1693科次；2007年，报考1523人，3650科次；2008年，报考1976人，6110科次；2009年，报考2000人，4226科次。当年武宁县教育局被江西省自学考试委员会、江西省教育厅授予江西省自学考试25周年先进集体。2001—2010年，通过自学考试获专、本科毕业共500余人。

其他

20世纪80年代初期开始，武宁县干部、职工通过报考成人中等、高等学校取得大专、中专院校入学资格。学习形式有脱产进修和在职函授。由县招生办负责报名，考生赴市考试。1986—2005年共有4300人报考，共录2100人。2006年起，报名工作由市招办负责，报考和录取人数未统计。

1986年，中共武宁县委党校开办党政干部中专班，招收26人，学制2年，1988年，全部毕业。2005年，县委党校与（北京）东方大学城航空乘务培训中心联合办学，开办英语和航空服务专业，录取27人，入学16人。

部分年份中等、高等教育自学考试毕业人数

表6-5　　　　　　　　　　　　　　　　　　　　　　　单位：人

年份	毕业总数	学历层次		专业											
		专科	本科	中文	法律	行政管理	马列主义基础理论	统计	会计	公安刑侦	公安中专	价格	英语	中医	中师
1986	12	12	—	—	2	—	8	—	2	—	—	—	—	—	—
1987	13	13	—	2	2	—	7	—	—	—	—	—	2	—	—
1988	16	16	—	4	1	—	7	2	1	—	—	—	1	—	—

续表

单位：人

年份	毕业总数	学历层次		专业											
		专科	本科	中文	法律	行政管理	马列主义基础理论	统计	会计	公安行侦	公安中专	价格	英语	中医	中师
1989	27	27	—	3	5	—	16	1	1	1	—	—	—	—	—
1990	28	—	—	6	3	—	10	—	3	1	—	1	1	—	3
1991	34	—	—	4	9	1	4	1	3	1	3	1	2	5	—
1995	19	—	—	5	2	1	3	—	4	—	1	—	1	—	2
2001	32	24	8	10	4	—	6	—	5	—	2	2	3	—	—
2002	59	46	13	19	3	7	18	1	4	—	—	2	5	—	—
2003（下）	28	—	—	7	4	—	5	2	3	—	—	—	4	3	—
2004	50	30	20	21	3	3	8	3	3	4	—	—	5	—	—
2005	49	26	23	13	6	8	12	—	4	2	—	—	4	—	—
2006	52	19	33	23	7	6	8	4	4	—	—	—	—	—	—
2007（上）	44	13	31	15	4	2	10	5	—	—	—	—	8	—	—
2008	61	12	49	24	5	8	11	—	5	—	—		8	—	—
2009	89	7	82	24	16	12	18	3	4	1	—	2	7	2	—
2010	50	—	—	11	5	14	8	—	1	—	—	1	10	—	—

部分年份成人中等、高等学校招生报名、录取情况

表6-6

单位：人

年份	报名人数									录取人数								
	总数	高中达专科			高中达本科			专科达本科	其他	总数	高中达专科			高中达本科			专科达本科	其他
		小计	文科	理科	小计	文科	理科				小计	文科	理科	小计	文科	理科		
1986	151	—	—	—	—	—	—	—	—	123	66	—	—	—	—	—	—	57
1989	264	—	—	—	—	—	—	—	—	89	—	—	—	54	—	—	7	28
1990	252	109	—	—	3	—	—	5	135	154	27	—	—	—	—	—	3	124
1991	259	135	—	—	—	—	—	11	113	70	36	—	—	—	—	—	34	—
1992	194	100	—	—	3	—	—	28	63	79	35	—	—	1	—	—	18	25
1995	356	273	119	154	22	1	21	29	32	191	—	—	—	—	—	—	—	—
1996	296	167	82	85	33	—	33	20	76	—	—	—	—	—	—	—	—	—
1997	193	159	115	44	18	2	16	12	4	97	90	71	19	6	2	4	1	—

续表　　　　　　　　　　　　　　　　　　　　　　　单位：人

年份	报名人数									录取人数								
	总数	高中达专科			高中达本科			专科达本科	其他	总数	高中达专科			高中达本科			专科达本科	其他
		小计	文科	理科	小计	文科	理科				小计	文科	理科	小计	文科	理科		
1998	289	184	124	60	38	13	25	27	40	108	88	65	23	5	3	2	7	8
1999	302	173	126	47	53	17	36	27	49	143	95	74	21	9	2	7	13	26
2000	391	254	209	45	38	8	30	61	38	218	174	142	32	16	2	14	5	23
2001	312	145	97	48	47	14	33	44	76	202	114	—	—	22	—	—	15	51
2002	310	56	31	25	53	25	28	72	129	198	153	—	—	11	—	—	34	—
2003	336	105	35	70	103	52	51	128	—	84	51	—	—	3	—	—	30	—
2004	141	17	13	4	15	3	12	52	57	107	—	—	—	—	—	—	—	—
2005	254	162	21	141	14	5	9	78	—	197	157	—	—	12	—	—	28	—

第四节　远程教育

2003年，武宁县列为全省第一批远程教育项目县，装备了武宁一中（培训基地）和21所乡（镇）中心完小。县城学校均建立了多媒体教室、教室电子阅览室、电子备课间和语音室。武宁一中成为省级现代教育技术示范学校。2005年，全面实施农村中小学远程教育工程，至2006年6月底完成，投入资金384万元，项目学校293所，共三种模式。模式Ⅰ：272所农村小学装备34英寸彩电，DVD播放机和成套教学光盘163碟；模式Ⅱ：1所中心完小（原已装备21所）配备卫星接收系统、计算机、电视机、DVD播放机和教学光盘；模式Ⅲ：20所农村初中配备卫星接收系统、计算机网络教室多媒体教室、教学光盘播放设备及174碟光盘。同时，开通武宁教育网。为了保障学校“农远”设备维修经费。2008年，县教育局规定：学校公用经费的10%列为“农远”设备维修专用资金。翌年，新购液晶计算机489台，多媒体设备7套。

第七章　民办教育

新中国成立后，自人民政府全面接管教育以来，武宁县的办学体制一度为单一的公办体制。1997年7月11日，国务院颁发《社会力量办学条例》。武宁的民办教育逐步开始再以培训为主进入教育的各个层面，从学前教育、基础教育、中等职业教育、高等教育都有民办教育机构。

根据《江西省民办教育促进条例》的有关规定，申请举办民办学校按照下列权限审批：

1．举办民办普通高级中学和职业、成人中等专业学校及其他相应的教育机构，由九江市教育局审批、报省教育厅备案。

2．举办民办小学和初中及其他相应的教育机构，由县教育局审批，报九江市教育局备案。

3．举办民办幼儿园或其他学前教育机构，由县教育局审批、备案。

其他相应的教育机构是指与学历教育相对应的各类文化补习、语言、音乐、美术、书法辅导班。

其他以实施文化教育为主的培训机构（职业资格培训、职业技能培训），由劳动和社会保障行政部门按照国家规定的权限审批，并报县教育局备案。

民办学校建设纳入当地城乡建设规划，在学校建校用地上享受与公办学校同样的优惠政策，均按公益事业用地及建设有关规定给予优惠、优先规划，定点和审批。民办学校可以面向社会自主招聘教职员工，鼓励公办学校教师和事业单位在职干部职工在不影响正常工作的情况下到民办学校兼课、任教或任职。对被民办学校聘用的在职公办教师和干部职工，3年内财政拨款工资照发，人事关系和有关待遇保留不变，3年后要求回到公办学校任教的，可以其他公办学校教师一样平等地参与竞聘上岗；3年后继续受聘民办学校的，按有关政策执行，工资停发。2003年12月10日，九江市教育局下发《关于对我市2003年度民办学校进行年检的通知》。武宁县首次在全县实行民办学校“量化”评估，评估内容：办学宗旨、办学思想、办学行为、校园校舍建设、教学仪器设备、师资队伍、领导班子、行政管理制度、教师管理、学生管理、后勤管理、财务管理、安全保卫管理、办学许可证、招生广告、简章、德育与教学工作、在校生及成班率、办学质量、获奖情况。

1953年始，在黄塅乡的东园村、伊山乡的地塘分别创办洋港、浪溪、地塘3所民办小学，三校在校学生56人。当年年底，全县民办小学发展到7所，在校学生136人。时至1956年，全县先后增创田塘、官莲（一黎）、柳山、官田、株林、石羊、坪源、中村8所民办完小。大洞竹木制品厂创办子弟学校1所。1957年，遵照江西省人民政府“关于社办、民办学校问题，有条件的应该允许办”的精神，全县大力提倡和支持群众办学，民办小学发展到172所。

1958年，武宁开始出现民办中学（后改称农业中学）。1962年，保留2所。1965年，再次大量开办。“文化大革命”开始后，这些学校大都停办。1976年后，部分民中得以恢复。经过调整，1980年，保留路口、横路、清江、石门、县茶场5所民办中学及荷洲、宋溪、船滩、罗溪、杨洲中学的5个民办高中班。1981年，将原来40所小学附设初中班改为民办初中，保留大桥、茶场、罗溪、船滩4个民办高中班和路口栗林、横路港北、石门民立3所民办完全中学。教职员工389人，学生4619人，占全县中学生的32%。此后，民办中学此办彼停，继续调减。1989年，全县保留大洞竹木厂、泉口、横路、南冲、鲁溪、官莲、东山、烟港、三贤、小坪、郭坑、牌楼、仑上、辽田、石门楼、坪源、坪港、清江、石渡、盘溪、黄塅、凤口、罗坪23所民办初中。这些学校或单独建有校舍，或附设于小学，都由乡教育办管理，其公办教师、民办教师、代课教师均纳入小学教师系列。1993年，仅保留南冲、小坪、郭坑、坪源、坪港、清江、石渡、盘溪、凤口、仑上、辽田11所。1996年，保留辽田、仑上、清江、盘溪4所。1997年，民办中学全部停办。

2000年，中共武宁县委、县政府印发《武宁县鼓励社会力量办学试行办法》，大力支持社会力量举办幼儿教育、职业教育、普通高中教育，同时鼓励创办私立小学及初中。2002年，全县创私立职业教育一度成为全省先进典型。2004年后，私立学校或停办，或撤并，或改制。

2006年，除私立西海艺术学校（原丰良艺术学校）、赣北育才科技学校收归九江市管外，全县只存私立宁达中学，私立幼儿园因一开始便完全市场化，数量有增无减。

1989年全县民办中学情况

表7-1　　　　单位：人、个

项目 校名	毕业数	招生数	在校学生数	教职工数		班级数
				总数	专职教师	
大洞厂初中	22	—	32	4	2	1
泉口月坪民中	28	52	87	4	3	2
石渡盘溪民中	22	48	109	8	8	3
石渡民中	28	50	107	8	8	3
罗溪平港民中	13	25	50	4	4	3
罗溪平源民中	14	33	64	7	7	3
浬溪小坪民中	25	56	109	8	3	3
浬溪牌楼民中	8	48	97	7	7	3
浬溪郭坑民中	47	50	106	9	9	3
黄塅凤口民中	26	52	123	8	8	3

续表　　单位：人、个

项目 校名	毕业数	招生数	在校学生数	教职工数		班级数
				总数	专职教师	
夏柳民中	22	50	93	7	7	3
南冲民中	31	94	208	23	23	4
鲁溪民中	83	102	255	15	15	6
横路民中	—	100	167	17	17	4
石门民中	45	108	235	10	10	5
清江民中	42	70	194	17	17	5
官莲民中	—	43	88	8	8	3
东山民中	10	25	56	7	7	3
畲上民中	22	45	113	3	3	3
辽田民中	25	45	105	5	4	3
烟港民中	19	35	65	8	8	3
三贤民中	—	28	40	6	6	3
罗坪民中	30	25	116	4	4	3

1991—2010年私人办学情况

表7-2

学校名称	创办时间	创办人	学校类别	现　状
长坪聋哑学校	1995.9	吴培贤	特殊教育	2003年8月停办
赣北育才科技学校	1995.12	黄海清	职业中专	在办
横路富桥私立小学	1996.8	谢守忠	小学	2003年8月停办
武宁外国语学校	2001.9	万　军	完全中学	2003年改制
宁达中学	2001.9	张项理	初中	在办
豫宁中学	2001.9	曹庆初	初中	2007年并入武宁二中
文武学校	2001.8	相　杰	九年一贯制学校	2006年3月停办
晖宏学校	2002.8	刘　贵	九年一贯制学校	2006年8月停办
江西美术专修学院	2003.8	余静赣	中专	在办
九江朝晖服装学校	2003.12	童朝会	职业中专	2006年并入赣北育才科技学校

第八章　教师

第一节　教师任用

教师来源

清末，小学堂教员由堂长选荐，书院长、主讲教师由乡绅推荐，均经知县任用。宣统二年（1910年），县城开办师范传习所，地址在考棚内，招学员60人，多系生员，亦称秀才，一年毕业后分派到各都办初等小学堂任教，这是武宁有史以来第一批由官府聘用的教师。

民国初，除中等学校军事教官及童子军教官由政府派充外，其他各级各类学校教员由校长聘用，初聘一年，续聘时间不限，聘任教师明确职责，规定工作量。1920年，在古艾镇开办师范讲习所，一次培训50人，分到小学教师队伍。1937年12月，省第一行政区开办武宁师资训练所，历时三个月，学员110人，107人毕业，受聘为教师。之后，除乡村师范和简易师范毕业生充实到教师队伍中外，小学教师多由县政府在高、初中毕业生中检定合格人员担任，中学则多聘用高等师范和其他大学毕业生执教。1944年，武宁县立中学教师奇缺，校长林杏芳积极向因战事避居武宁的学者，名流竭诚邀请，葛涤尘、葛端淑等7人受聘。1946年秋，县政府以高于省级学校教师待遇聘任9名县外大学本科毕业生。县职业补习学校普通学科教师由民教馆职员兼任，职业学科教师由校长聘任。1948年，全县有中学教师82人，小学教师596人，幼稚园教养员3人。

新中国成立初，接管民国时学校教员181人（小学165人，中学16人）。其时，中学教师多数是大专毕业生，由九江专署文教处调配，中专毕业生由县人事部门分配派遣。1950年，分配中师毕业生10名，以后每年均分配一定数量的师范毕业生充实教师队伍。1953年秋，开始吸收高、初中毕业生担任民办教师和代课教师。翌年，有部分扫盲干部转为小学教师。1958年，向社会招收初中、高中毕业生36人，培训后分配到小学任教。1960年，在县城古艾小学内设师资培训班，招40人，培训6个月实习两周，结业后任小学顶编代课教师。中学教师多属统一分配来的高校毕业生。至1965年，全县有中学教师139人，小学教师1200人（其中公办581人，民办619人）。

“文化大革命”开始后，全县469名公办教师（其中中学教师74人），被下放农村劳动，接受贫下中农再教育，占公办教师的65%，然后从社会上招收480名青年补充教师队伍。这批补充教师只看其家庭出身（工人、贫下中农），不论文化水平，大多数为初中毕业生，在校带领学生搞小林场、小农场、小工厂、养猪、种菜，开展“三忠于”

活动。1968年10月，县革命委员会提出“上高中不出公社，上初中不出大队，上小学不出生产队”的要求，学校数陡增，师资紧缺，只得采取层层拔高的办法：小学骨干教师调初中，初中骨干教师调高中，小学教师被抽空，便大量吸收民办教师和代课教师。翌年，全县小学民办教师1700人，创历史新高。1970年，一次招收顶编代课教师163人。1971年，又补充工、农、兵教师228人。这些民办教师和顶编代课教师后来多渠道逐步转为公办教师。同期，各中学还借用部分南昌、九江下放武宁农村的高校、中学教师任教，以弥补教师不足。这些借用教师均于1975年前陆续返城。

1978年，下放农村劳动的教师均收回学校任教。凡分配到县的高师、中师毕业生全部分配到教育战线工作，并动员已转行的师范院校毕业的教师归队。公办教师的自然减员，由县文教局如数从民办（代课）教师中选择补充。1980年后，不再吸收新的民办教师和代课教师。教师主要来自高、中等师范院校毕业生，同时接受部分复员军人和顶替补员青年。1984—1989年间，分配大中专毕业生700人，安排顶替补员66人。此后，缺编的中学、小学教师分别由高、中等师范毕业生逐年补充。1990年，全县中学教师1405人，小学教师2289人（公办1256人，民办1033人），1994—1996年，分配本科毕业生13人，专科生79人，中师生209人任教，1999年，继续聘用毕业生139人，是年，94届、95届中师委培生37人全部安排任教。

2001年始，国家取消大、中专毕业生分配制度。武宁根据需要从本科及特殊专业毕业生中择优录用教师，实行聘用制。至2004年，录聘高中教师34名，其中向外县（市）招聘8名普通高校统招本科毕业生。2005年暑期，在取得相应教师资格的大、中专毕业生中，通过组织报名、资格审查、笔试、体检、考核、公示严格程序，择优聘用22名英语教师，补充到乡（镇）中心完小任教英语，之后又两次招聘小学英语教师28名，分配到片区完小教英语。2007年，为解决乡村小学教师年龄日趋老化现状，县政府决定从初中毕业生中，采取“定向招生、定向培养、定向就业”的模式（简称“三定模式”）培训乡村小学教师，首批招10人送师范培训。2001年，取消大、中专毕业生分配制度后，武宁从大中专毕业生中择优招聘了中、小学教师436人，其中幼儿教师16人，小学教师259人，初中教师62人，高中教师99人。由于教师到龄退休正处高峰期（全县每年约120人退休），每年需通过招聘补充教师。为了利于教师队伍稳定，县教育局规定：凡连续代课10年以上，具备大专以上学历，取得教师资格证书者，招聘时择优聘用。2010年，又招聘中小学教师72人。

其他专业教育学校教师来源形式各异。20世纪60年代后期，共产主义劳动大学武宁、幸福山、安乐林分校文化基础课教师由县文教局配备，专业教师由县人事局在农业、工业、金融、林业系统有关单位调入或大专院校毕业生对口分配。许多专业教育学校教师分专职、兼职两类，专职教师由文教局统一聘用，兼职教师由学校根据需要向有关单位聘请专业技术人员。1984年，成立的省文艺学校武宁采茶班，除专任教师11人由文教局分配外，兼职教师5人，均聘请原县京剧团有经验的演员担任。1988年，县卫生职业技术学校，从医院聘兼职教师5人。江西美术专修学院私立中小学及私立幼儿园，教师均由学校多渠道聘用，由学校自行决定去留。

1949—2010年全县教职工人数

表8-1　　　　单位：人

年份	总数			幼儿园		小学		中学(含职中)		教师进修学校(公办)
	人数	公办	民办	公办	民办	公办	民办	公办	民办	
1949	193	193	—	2	—	165	—	26	—	—
1950	258	258	—	2	—	231	—	25	—	—
1951	316	316	—	3	—	281	—	32	—	—
1952	390	390	—	3	—	361	—	26	—	—
1953	390	386	4	5	—	354	4	27	—	—
1954	409	393	16	5	—	357	16	31	—	—
1955	423	399	24	5	—	361	24	33	—	—
1956	571	484	87	7	3	419	84	58	—	—
1957	761	577	184	8	3	507	181	62	—	—
1958	981	495	486	8	36	422	425	65	25	—
1959	895	555	340	12	9	478	315	65	16	—
1960	1074	640	434	13	56	523	357	104	21	—
1961	1097	680	417	6	4	542	393	132	20	—
1962	1111	656	455	6	8	520	442	130	5	—
1963	1131	668	463	6	11	530	442	132	10	—
1964	1166	678	488	6	9	593	467	79	12	—
1965	1370	696	674	6	10	596	619	94	45	—
1966	1413	721	692	6	10	611	646	104	36	—
1967	1340	646	694	6	—	532	658	109	36	—
1968	1331	635	696	6	—	520	660	109	36	—
1969	2517	686	1831	9	—	327	1791	350	40	—
1970	2029	737	1292	9	—	370	1252	358	40	—
1971	1972	891	1081	9	—	503	1041	374	40	5
1972	2640	1091	1549	9	—	506	1503	571	46	5
1973	2452	1001	1451	12	1	666	1400	316	50	7
1974	2617	1092	1525	12	4	653	1482	420	39	7
1975	2559	1107	1452	14	8	672	1414	414	30	7
1976	3134	1072	2062	12	15	656	1743	399	304	5
1977	3352	1041	2311	12	20	580	1772	447	519	2
1978	3346	1081	2265	12	32	602	1691	462	542	5
1979	3202	1077	2125	17	27	642	1583	413	515	5
1980	3799	1373	2426	17	167	712	1744	638	515	6
1981	3799	1519	2280	16	174	864	1758	633	348	6

续表 单位：人

年份	总数			幼儿园		小学		中学(含职中)		教师进修学校(公办)
	人数	公办	民办	公办	民办	公办	民办	公办	民办	
1982	4001	1909	2092	18	244	811	1518	1075	330	5
1983	3724	1872	1852	19	200	837	1391	1009	261	7
1984	3775	1793	1982	19	182	748	1529	1019	271	7
1985	3642	1844	1798	19	82	755	1456	1056	260	14
1986	3897	2058	1839	20	121	815	1488	1210	230	13
1987	3800	2134	1666	20	139	956	1277	1142	250	16
1988	3941	2524	1417	31	94	1145	1093	1328	230	20
1989	4078	2588	1490	37	144	1151	1120	1379	225	21
1990	4056	2634	1422	36	144	1303	1034	1114	244	21
1991	4136	2855	1281	32	148	1579	900	1223	233	21
1992	4120	2758	1362	36	171	1384	1036	1318	155	20
1993	4088	2800	1288	37	137	1452	1018	1291	133	20
1994	4179	3015	1164	37	148	1631	883	1327	133	20
1995	3997	2946	1051	36	151	1650	854	1240	46	20
1996	3822	2892	930	36	146	1447	784	1390	—	19
1997	3970	3204	766	35	155	1706	611	1445	—	18
1998	3870	3211	659	35	127	1657	532	1496	—	23
1999	4009	3379	630	35	122	1799	508	1524	—	21
2000	3778	3301	477	36	60	1662	417	1582	—	21
2001	3654	3585	69	36	60	1855	9	1673	—	21
2002	3372	3292	79	36	79	1677	—	1565	—	20
2003	3311	3205	106	32	106	1612	—	1542	—	19
2004	3245	3167	78	31	78	1522	—	1592	—	18
2005	3070	2815	255	30	255	1182	—	1585	—	18
2006	3152	2928	224	36	224	1335	—	1539	—	18
2007	3010	2775	235	33	235	1325	—	1401	—	16
2008	2819	2579	240	36	240	1246	—	1297	—	17
2009	2931	2621	310	37	310	1289	—	1278	—	17
2010	3259	2794	465	36	465	1307	—	1435	—	16

注：私立幼儿园实为民办教师数

教师资格

清末，小学堂规定教员应是初级师范学堂的毕业生，但此种人员少，学堂教员多为其他学堂毕业生、举人、贡生以及未名资格者。私塾学馆的先生须获秀才资格以上。

民国时期，对教员资格认定分中学教员、师范学校教员、小学教员资格三类：

中学教员资格须符合下列条件之一：经初中教员考试或鉴定合格；国内外大学本科、高等师范本科或专修科毕业；专科或专门学校本科毕业后，具有一年以上教学经验；与高级中学程度相当学校毕业后，曾任中等专业学校教员，有3年以上教学经验，于所任学科确有研究成绩者；劳作教员须具有精练技能。1946年，武宁县立中学有专任教师12人，其中大学本科毕业8人，占教师数的66.7%。

师范学校教员资格须符合下列条件之一：经师范学校教员考试或鉴定合格；国内外师范大学或大学教育学院教育科系毕业；大学专科或专修科毕业后，有一年以上教育经验；专科学校或专门学校本科毕业后，有2年以上教学经验，有价值的专门著作发表；劳作教员须具有精练技能。1948年，武宁师范学校有教员19人，其中大学本科毕业10人，大学专科毕业6人，占教师总数的84.3%。

小学教员资格须符合下列条件之一：师范大学、教育学院教育科毕业者；旧制师范本科或高级师范或特别师范科毕业者均可为级任导师或专科教员。级任导师及专科教员不具备上述所列资格之一者，应接受教育行政机关组织的小学教员鉴定委员会的鉴定，鉴定分无试验鉴定、试验鉴定两种。1946年上半年，武宁小学教员265人全部进行核定，其中合格教员91人，准予登记，无试验检定合格教员60人，准予核定，不合格教员114名，准予代用，担任初级小学教员。上述人员，由县政府分别发给甲、乙两种登记表及检定合格证书。

新中国成立初，教师缺乏。1953年，全县小学教师354人，其中大专毕业只6人，中师毕业57人，初师毕业25人，其余均为初、高中毕业。20世纪60年代初，对各级各类学校教师资格要求日趋严格。规定：中等师范毕业生任小学教师，高等师范专科毕业生任初中教师，高中教师需高等师范本科毕业生担任。1963年，全县有初中专任教师76人，高中专任教师13人，民办中学教师7人，共96人。其中大学本科毕业34人，大学本科肄业及专科毕业41人，计75人，占专任教师78.1%。

“文化大革命”时期，凡工人、贫下中农出身，忠于毛主席，忠于毛泽东思想，忠于毛主席的无产阶级革命路线者（简称“三忠于”），均具备教师资格，于是出现高中毕业教高中，初中毕业教初中的现象，全县教师文化业务整体水平显著下降。之后对教师的资格要求一直淡化。1978年，全县初中教师742人（含民办），大专毕业以上不足50人，教师合格率极低。

1994年，实施的《中华人民共和国教师法》规定：“国家实行教师资格制度。”从此，教师资格制度正式成为国家法定的教师职业许可制度。1995年12月，国务院颁布的《教师资格条例》规定：中国公民在各级各类学校和其他教育机构中专门从事教育教学工作，必须依法取得教师资格。1996年5月，县教育局根据省、市文件精神，出台《武宁县教师资格认定的过渡办法》。翌年，县教委过渡性认定32人幼儿教师资格，2218人小学教师资格，453人初级中学教师资格。高中教师资格由市教委认定。教师资格认定后，颁发相应的教师资格证书。

2002年，全县实施首次认定教师资格工作。认定范围为：县人民政府举办的幼儿园、普通中小学、职业中专、中等专业学校及与教学工作紧密联系的少（青）年宫、教研室、电教站（馆）。根据《江西省教师资格制度实施细则》，申报认定教师资格的基本条件是：一、身份，应是中华人民共和国公民；二、品德，拥护中国共产党领导，遵纪守法，热爱教育，履行《教师法》规定的义务，遵守教师职业道德；三、学历，幼儿教师应当具备幼师毕业及以上学历，小学教师应具备中等师范毕业及以上学历，初中教师应具备高等师范专科学校或其他大学专科毕业及以上学历，高中及中等职业学校教师应具备高等师范院校本科或其他大学本科及以上学历。不具备学历的公民申请教师资格必须通过国家教师资格考试；四、能力，具备承担教育教学工作必需的基本素质和能力，并经测试合格；达《普通话水平测试等级标准》二级乙等以上标准的普通话水平，良好的身体、心理素质，无传染性疾病、精神病史和绝症。经县级以上医院体检合格。非师范教育类专业毕业且不符合规定免修教育学、教育心理学课程者，须先补考教育学、教育心理学，取得合格证书，方能申报。申报中等职业学校实习指导教师资格，尚需提供专业技术资格证书或工人技术等级证书原件。县教委成立相应的教师资格认定机构，是年在职教师中认定幼儿教师资格4人，小学教师资格200人，初中教师资格508人。

2003年始，面向社会开展教师资格认定工作。凡具备教师资格条件，未到离（退）休年龄者，均可申报认定相应的教师资格。该年除认定在职的教师资格42人外，向社会认定各类学校教师资格83人。此后，申报认定教师资格工作每年一次，步入常规。2005年，全县认定幼儿教师资格5人（社会4人），小学教师资格20人（社会15人），初级中学教师资格71人（社会37人）。2006年，教师在评聘专业技术职务时，必须具备相应层次的教师资格证。在职教师必须持证上岗。教师资格的认定，规范了教师准入制度，优化了教师队伍，提升了教师素质。

2010年，全县已认定幼儿教师资格101人，小学教师资格2499人，初中教师资格1284人，经市教育局认定高中教师资格466人，中等专业学校教师资格32人。其中面向社会认定各类学校教师资格290人。

2002—2010年武宁县认定教师资格人数

表8-2　　　　单位：人

类别 人数 年份	幼儿教师	小学教师	初中教师	合计	其中	
					在职	社会
2002	4	200	508	712	712	—
2003	38	26	61	125	42	83
2004	6	13	51	70	16	54
2005	5	20	71	96	40	56
2006	7	5	32	44	19	25
2007	4	4	41	49	15	34

续表　　单位：人

年份＼人数＼类别	幼儿教师	小学教师	初中教师	合计	其中	
					在职	社会
2008	—	3	24	27	15	12
2009	3	9	29	41	23	18
2010	2	1	14	17	9	8
1997年过渡性认定	32	2218	453	2703	2703	—

教师调配

民国时期，教师均系聘用制。

新中国建立以来，教师统属国家干部，实行统一调配。

20世纪50年代初，中学教师多系大专毕业生，由九江专署文教处调配。小学教师由县教育科调动。后期，中小学教师的调动权属县文教局。县内中学教师跨校、小学教师跨乡调动均由县文教局批准办理。小学教师本乡内调动由乡政府决定。公办教师县外调动和改行他业，干部编制的需经中共武宁县委组织部批准（1995年后改为县委宣传部批准），职工编制的经县劳动人事局批准。民办教师一般只在本乡范围内调动，由乡政府决定。

20世纪70年代初，“文化大革命”尚未结束，由于教师地位低、受歧视，许多教师纷纷外调、跳槽（改行），教师队伍流失量大。1978年，县革命委员会转发《国务院批转教育部关于加强中、小学教师队伍管理工作的意见》并规定：“教师调动需经县文教局同意。各公社、各部门、各单位不准任意借用和抽调教师做非教学工作，已借用的一律回学校，已调到其他战线工作的教师，本人适合教学工作的，应尽量调回教育战线。”1980年，中共武宁县委下发〔1980〕13号文件规定：“公办中、小学教师由县文教局管理，包括人事档案，在本县系统范围内调整、调配。调离教育系统或调出县的应严格控制。特殊情况需要调出者，应经文教局同意，否则，教育管理部门有权拒绝介绍。”此后，部分借调、改行教师归队，调出人员逐渐减少。教师队伍趋于稳定。

1984年，九江市教育局和劳动人事局联合发文，颁发《九江市中、小学教师队伍管理暂行规定》，规定指出：中小学公办教师在本省教育系统内调动，由县以上教育管理部门办理调动手续。跨省跨系统调动，征得县以上教育管理部门同意后，按干部调动权限由劳动人事部门办理手续。中教5级、小教3级、中师讲师以上人员调动，须经市教育局同意后方可办理调动手续。此规定武宁照章执行。

县内教师的调动，在每学年开学前，由县编制委员会根据教育计划核定各乡、校教师编制数，再由县教育局人事股会同学校领导确定调动人员。

1985年中小学教职员工编制标准

表8-3　　　　　　　　　　　　　　　　　　　　　　　　　　　　　　单位：人

学校类别	城镇				农村			
	每班学生数	每班平均教职工数			每班学生数	每班平均教职工数		
		教师	职工	合计		教师	职工	合计
小学	40～45	1.7	0.5	2.2	30～35	1.3	0.1	1.4
初中	45～50	2.5	1.2	3.7	40～45	2.5	1.0	3.5
高中	45～50	2.8	1.2	4	45～50	2.8	1.2	4

1997年，教师定编标准调整为：完中每班平均学生46人以上，配教师3.3人，教辅人员0.7人；初中每班50人以上，配教师2.8人，教辅人员0.7人；县城小学每班45人以上，农村小学每班30人以上，配教师2.2人，教辅人员0.4人。据此标准，县城及周边乡镇学校教师超编。翌年，县政府决定：教师超编的中小学必须与边远山区教育基础薄弱学校对口扶贫助教。当年从南市、茶场、新宁镇、宋溪等中小学选派42名教师赴南岳、东林、上汤、大洞、伊山、石门楼等乡（镇）扶贫助教。以后每年均安排一定数量“三支一扶”教师到农村中小学任教。

2001年，为扶持私立学校办学，解决私立学校师资不足的问题，县人民政府印发《私立学校聘用教师暂行规定》，根据此规定，两年内向私立外国语学校、宁达中学、豫宁中学、晖宏学校调派公办教师104人。后私立学校或转制，或撤并，除私立宁达中学借调的29名公办教师未动外，其余调派的公办教师均返回原学校。翌年暑期，通过考试、考核，从农村初中借调17位教师充实县城高中（县一中7人，二中4人，协和中学6人），经三年试教后全部正式调入。

“十五”期间，随着城镇建设步伐加快，县城人口剧增，县城中小学学生数每年快速递增，师资紧缺。2004年暑期，经县政府批准，教育局组织，通过报名、资格审查、笔试、考核、公示严格程序，从农村中小学选调68位教师充实县城学校，其中高中任教44人，24人调县城各小学。2006年，县城4所小学完成改制（五年制改六年制），县教育局再次从农村中小学选调40名教师予以补充。同期，农村学校网点撤并，清退代课教师164人。

2008—2010年，三年间继续从农村中小学选调70名教师充实县城中小学。除县政府研究同意，通过考试选调教师进城外，个别教师因特殊情况需免试直接调入县城，必须经县教育局同意，县长办公会研究批准方可。2009年7月，县教育局下发〔2009〕75号文规定：“中小学教师原则上不得跨县调动”，“县直学校特级教师、教学明星、学科带头人、骨干教师，具有中级以上职称的教师，不允许参加县外招聘考试。”“未经教育主管部门同意，离开教育、教学工作岗位的教师，按擅自离开工作岗位处理。”

各乡际之间的教师调动，须本人申请，调出、调入学校同意，报县教育局批准。本乡（镇）内小学教师的调动，由乡（镇）教育办公室决定。2001年，教育办撤销后，由乡（镇）中心完小负责办理。

第二节　教师队伍建设

师德师风建设

德高为师，身正为范。自古至今，均要求教师严于律己，为人师表。20世纪40年代，省立武宁师范《教职员服务规程》中规定：教职员应遵守教育厅颁布的规程及信守学校签订之聘约，廉洁自律，严饬生员；教员应于开学前到校，放假后离校，虽度寒、暑假亦需轮值留校办公，星期日及例假轮值员须照常当班。

新中国成立初，贯彻对知识分子"团结、教育、改造"的政策。每年寒暑假，召集教师集中在县城政治学习，以提高教师的素质。20世纪50年代，尽管物质条件艰苦，广大教师均满腔热情地投入社会主义建设中，献身教育事业。安乐林女教师刘堂锦在杆舍洞教书，地处边远山区。学校条件简陋，用白粉石替代粉笔，红土块批改作业，赤脚穿草鞋接送学生，风雨无阻，一心扑在教育事业上，是50年代的师德典范。1956年，县文教局要求教师每周3～4小时学习辩证唯物主义，批判资产阶级唯心主义。20世纪60年代初，学习党的基本路线、学习社会主义教育运动的有关文件，同时掀起学习毛主席著作的高潮。对教师政治学习抓得紧。"文化大革命"时期，尽管教师作为"臭老九"批判，但不少教师晚上被批斗，白天仍坚持讲课，坚守讲台。

20世纪80年代，随着教育事业的发展，师德师风建设日益加强。1988年，县教育局颁发《关于在全县各级各类学校开展师德教育和为人师表活动的通知》，组织全县教师学习《中、小学教师职业道德要求（试行草案）》，对照检查，开展批评、帮助和评议，评选出先进教师161人予以表彰。初中教师夏尚铎，原籍九江市，1957年，九江师范毕业分来武宁，在船滩、东林、上汤边远山区从教32年，无怨无悔，被评为全国优秀教育工作者。官莲乡广塅完小民办教师陈汝俊，鼻癌晚期仍坚持给学生上课，晕倒在讲台上，临终前几小时，让其妻背他到学校转一圈，每间教室看最后一眼，说："我死后就葬在学校边"，说完与世长辞，年仅39岁。

1991年，在全县教师中开展以陶行知为师，教书育人，为人师表活动。1994年，《中华人民共和国教师法》开始实施，全县教师掀起学习《教师法》热潮，教师队伍建设逐步走向法制化、规范化。1995年，县教师代表队在全市《教师法》知识电视大赛中夺冠，并代表九江市参加全省比赛获第二名。同期，部分教师受经济大潮影响，申请"下海"经商、勤工俭学、参与山水开发。教学人员流失，教师队伍一度不稳定。1998年，县政府出台《关于加强教师队伍管理的补充规定》，规定中指出："凡外出勤工俭学或打工（经商）的教师必须在1998年7月25日前返校。"绝大部分离岗教师返回教学岗位，但仍有83名外出务工教师因未回而挂靠县人才交流中心。是年，县教育局在全县中小学开展"创文明校园、树师表形象"活动，同时在教师队伍中举行"五个十"评选，即评选十所文明学校、十名先进教育工作者、十名模范班主任、十名师德标兵、十名优秀青年教师。通过表彰先进，加强对教师爱岗敬业的教育。2000年，在教师中实施“115名师工程”，即在全县中小学具有教师资格的专任教师中，培养、打造10名教学明星、100名学科带头人、500名教学骨干。翌年，首次评选出教学明星3人、学科带头人8人、教学骨干52人。

2005年4月，县教育局下发《武宁县教育系统师德师风教育活动月实施方案》，主题是“端正师风，廉洁从教”，活动中开展三评：学生评教师、教师评校长、家长评学校。翌年，教育局以转发一封署名“小草”的群众来信为契机，对少数教师存在有偿家教、乱办班问题，采取限时自查、部分抽查、责任追究等措施，专项整顿，倡导教师奉献精神，有偿家教行为得到遏制。接着在全县教师中开展“读好书，树师德；查不足，正师风；严整改，铸师魂”活动，以学养德，加强教师自身修养，对照检查，树立教师良好形象。此次活动收到教师教书育人心得80篇，并从中评出一、二、三等奖。同期举办首届小学教师“师德师风”朗诵大赛。

2006年秋，县教育局从当年评选表彰的师德标兵中，挑选8名师德典型，组成“师德师风报告团”到全县中小学巡回报告，参加听讲教师1500人，全省优秀班主任大洞学校教师叶祥景、身残志坚的船滩辽田小学青年教师邓东风、全省师德先进个人，既当教师、又当保姆的山村教师卢咸国、让哑巴开口说话的特教班教师洪梅4人的先进事迹，激励广大教师爱岗敬业、教书育人。

翌年，围绕着对教师“十倡导，十反对”继续开展师德师风教育，其内容是：

倡导爱岗敬业，诚实守信；反对不务正业。
倡导廉洁从政，乐于奉献；反对以权谋私。
倡导因材施教，革新教法；反对有偿家教。
倡导关爱学生，循循善诱；反对简单粗暴。
倡导依法执教，以身立教；反对以罚代教。
倡导严谨治学，精益求精；反对敷衍塞责。
倡导开拓进取，勤奋自强；反对墨守成规。
倡导团结协作，谦虚谨慎；反对夜郎自大。
倡导尊重家长，相互支持；反对指责训斥。
倡导语言文明，举止大方；反对粗鲁庸俗。

县教育局规定，对照“十倡导、十反对”自评自查，在师德师风方面存在严重问题并造成不良影响的学校，年终目标管理考评实行一票否决。年底，在总结师德师风教育的基础上，评选出40名学习标兵和10名师德标兵。

2008年后，每年坚持开展新任教师岗前宣誓活动，誓词：

我是光荣的人民教师，面对国旗，我庄严宣誓，忠于人民的教育事业，履行教师的神圣职责；

依法执教， 以德育人；

追求真理， 崇尚科学；

敬业爱岗， 为人师表；

尊重个性， 因材施教；

严谨治学， 勇于创新；

团结协作， 乐于奉献；

为武宁教育的全面发展，为中华民族的伟大复兴，

为人类文明的不断进步，贡献自己的全部智慧和力量！

全体教师对照誓词，对照《江西省中、小学教师职业道德“八不准”》，写出个人师德反思报告，纳入师德档案。是年，举办全县中、青年教师师德师风演讲比赛，评选优秀读书心得60篇，表彰了50名师德师风标兵。至此，师德师风教育活动常规化、制度化。

2009年，国家教育部对原《中、小学教师职业道德规范》修正后正式颁布，县教育局在组织教师学习的同时，启动“十、百、千名师工程”，即：通过3～5年努力，在全县教师中打造10名教学明星、100名学科带头人、1000名教学骨干，以名优带骨干、以骨干抓全员，促使教师队伍整体优化。翌年，评选教学明星5人、学科带头人39人，教学骨干129人。从师德标兵中再次挑选5人，组成“师德师风先进事迹报告团”，在全县中小学教师中巡回宣讲18场，听众2300人。同期武宁县教育局荣获“九江市师德教育创新奖”。

教师业务培训

武宁教师业务培训工作，始于1920年，是年升仁乡根据师资需要，在县治古艾镇东门冷氏宗祠开办师范讲习所，招收高小毕业生及同等学历者50人培训，为普设保学备师资。

1948年，县政府举办小学教师冬季训练班，对象是在职小学职员、校长280人，并吸收社会知识人士35人，共315人，培训一个月，结业后重新分配到各小学任校长、教导主任和教员。

中华人民共和国建立以来，对教师培养分在职学习、短期培训、脱产进修三种形式。

在职学习是广大教师业务培训的主要形式。新中国成立初，每年寒、暑假，中小学教师集中县城办学习班，学政治、学业务，几成定例。1952年11月，县教育科为提高城乡小学教师政治、业务水平，举办武宁县星期日教师进修学校，主要培训在职人员。县城校址设武师附小，校长由教育科长兼任，星期六晚上和星期日上午上课，学员学习积极性很高。各区校址设区公所所在地完全小学，校长由区长或文教助理兼任，每区

一校，每校1～2班，按文化程度分初级、高级两种班。其时全县乡村开办星期日学校12所，13个教学班，每周或隔周星期日集中学习，共同备课，以提高业务为主，政治、业务学习交替进行。此种学校两年后停办。

1952年始，对教师开展函授教育，未达到初中毕业水平的必须参加初师函授，未达高中毕业水平的参加中师函授学习。以区为单位，聘请语文、数学函授辅导员讲课。1958年，各公社建立函授辅导站，形成县、社函授辅导网，函授学员定期成绩考核，及格者发给结业证书。1962年，全县参加函授学习的教师872人，占教师总数的90%以上。

“文化大革命”的十年，教师函授学习完全中断。“文化大革命”结束后，教育事业步入恢复发展时期，鉴于当时全县中学多，教师业务水平低的状况，县文教局提出建立县、社、校三级教师培训网的要求，全县各公社纷纷举办教师培训辅导班，各大队（村）完小和附设初中班按语、数科配兼职辅导员。

1977年，260名中学教师参加江西师范学院中文系函授学习，因学员文化程度参差不齐，两年后流产。翌年，70名教师参加该院高师数学函授，三年后18人学成获数学本科毕业证书。

1978年，县教师进修学校举办中师函授，全县公办、民办教师2400人参加学习，各公社设立函授站，统一进度、统一考试，三年后，大部分学员取得语、数两科结业证书。1986年，开办中师教育自学考试，7人获中师毕业证书。1988年，中国卫星电视师院江西分院成立，在县教师进修学校设教学站，融自学、电视、函授为一体，首批194名中、小学教师参加学习，覆盖中文、数学、英语、物理、化学、体育、历史、地理各专业。县教育局鼓励学历未达标教师在职参加电大、函授和自学考试，对自考获大专毕业的奖100元，中专毕业奖50元。2003年，全县有577人中师毕业，561人专科毕业，获本科毕业证的154人。

1997年开始，全县小学教师进行毛笔字、钢笔字、粉笔字、普通话、简笔画〔简称“三字二话（画）”〕为主要内容的教学基本功训练。12月，由县教委对县直小学及各乡（镇）中心完小教师考核验收，翌年，各乡（镇）教育办对村级小学教师考核验收，不合格者补考。至1999年，全县颁发《江西省小学教师“三字二话（画）”基本功合格证书》1574份。年底，经省教委检查验收，武宁成为小学教师教学基本功达标县。2000年，开展小学教师学科基本功培训。分语文、数学、自然三科。以自学为主、集中面授为辅，8月，顺利通过市统一考试验收。是年开始对初中教师“三字一画一机（计算机）”基本功全员培训。

2001年始，对取得教师资格的中小学教师进行继续教育培训。5年为一周期，每周期须学满240学时。至2005年第一周期结束，先后组织4科考试，合格率达100%，颁发江西省中、小学教师继续教育证书2796份。2006年，进入第二周期，以远程网络学习和技术研修相结合的方式进行，共考5科，参训教师1564人。

2006年，加大了中小学教师提高学历的在职培训力度，主渠道是广播电视大学开放教育，主要形式仍是函授、卫星电视、自学三者并举。实行学分制，学历培训与非学历培训相互沟通。凡参加继续教育学习课程的课时，可折成学历培训中选修课学分，学分满，达毕业要求，颁发国家承认的本科或专科毕业证书。2010年，全县教师8人获研究生学历，831人本科毕业，专科毕业的1098人。

教师短期培训

1958年2月，县文教局授命教研室培训小学教师36人，脱产学习5个半月。1971年，县师训班创办之初，根据教师业务水平低的状况，开办短期培训班。两年内办中学数学、物理、化学、英语、生物等学科教师培训班5期，培训151人。办小学教师培训班3期，98人参加学习。培训音乐、美术教师19人。1977—1979年，办中学教师全日制授课形式培训班6期，备课研究班6期，参加培训教师500人；小学教师培训班2期，109人参加学习。1983年，县教师进修学校开始对托、幼教师短期培训，119人参加学习，结业后建立了保教人员辅导网。

中小学校长岗位培训，是取得任职资格的定向培训。1993年开始，分别由省、市教育学院和县教师进修学校对高中、初中及小学校长分期分批培训，培训时间为2个月，脱产学习，培训合格，颁发中、小学校长岗位培训合格证书。“八五”期间，县培训小学校长167人，省、市培训中学校长41人。2000年，县举办小学校长培训班5期，培训212人次，举办小学校长提高培训班4期，培训243人次。2008年5—10月，武宁率先在全市举办首届校长论坛，评选优秀论文60篇，翌年5月，又启动第二届校长论坛，通过“请进来”“走出去”等方法，提升校长的管理水平。由于中小学校长每年均有少量变换，校长培训在不间断进行。2010年，除新任校长外，全县中小学校长持证上岗率达100%。

1997年开始，连续三年利用暑假时间举办中、小学音乐、舞蹈、美术教师培训班，共培训音乐、舞蹈教师46人，美术教师163人。随着电化教学在学校普及，县教委于1998—2000年暑假举办三期中小学教师计算机辅助教学培训。培训105人。2003年暑期，在县二中办英语教师强化训练培训班，通过短期强化训练，以求全面提高英语教师听、说能力和课堂教学水平。中学英语教师34人，小学32人参加。

2004年秋，武宁中小学义务教育阶段起始年级全面进入新课程教材实验。为了更快熟悉掌握新教材，县教育局组织部分中小学骨干教师参加省、市、县三级培训，各乡校再进行全员培训，做到先培训、后上岗，不培训、不上岗，使全县执教新课程教材的上岗教师培训面达100%。五年间，先后组织参加基础教育新课程师资骨干培训班1827人次，其中省级培训137人次，市级培训354人次，县级培训1336人次。2007年，在县职业中专举办“英特尔未来教育”项目学科教师培训班，40人接受培训。

2008年暑期，为适应下半年普通高中起始年级进入新课程教材实验，159位教师参加县“普通高中新课程教材实验培训班”，并连续2年组织219名教师参加省高中新课程教材骨干教师培训。农村教学点的教师短期培训同期展开。两年共69位教师接受省级培训。至此，教师的短期培训多层次，全学科覆盖，极大提升了教师的教学业务水平。

教师脱产进修

1984年始，县教师进修学校举办国家承认学历的中师脱产进修班，招收学历未达中师毕业的在职公办小学教师，学制2年，每年招学员50人，保持100人规模。学员学习期间，工资补贴、福利及国家规定的奖金由原校如数照发，且学校每天补伙食费0.4元。毕业后回原校任教。至1991年共招8届，毕业294人。学历未达专、本科毕业的初中、高中教师，本人申请经学校和教育局审批同意，参加全国成人高校统一招生考试，录取到省、市教育学院对口专业脱产进修2～3年，取得合格学历。对已符合学历达标要求的教师，本人希望获取第二学历或更高层次学历而脱产进修学习的，学校保留编制，工资停付，学费自理。

通过各种形式的培训，中小学教师学历达标率不断提高。1990年，小学专任教师（含民师）2289人，中师学历1635人，达标率71.4%；初中专任教师937人，专科学历291人，达标率31.1%；高中专任教师168人，本科46人，达标率27.3%。2000年，小学、初中、高中专任教师达标率分别提高到89.5%、79.2%、52.8%。2010年，公办幼儿教师36人，其中中师毕业14人，专科13人，本科9人，达标率100%；小学专任教师1271人，其中中师毕业630人，专科456人，本科172人，达标率99%；初中专任教师中，研究生毕业3人，本科382人，专科501人，达标率97%；高中专任教师（含职业中专）中，研究生毕业5人，本科268人，达标率71%。

2010年中小学专任教师学历情况

表8-4　　单位：人

单位名称	专任教师数	研究生毕业	本科毕业	专科毕业	高中(中专)毕业	高中以下
县一中	131	3	99	26	3	—
县二中	165	1	122	42	—	—
实验中学	103	—	76	27	—	—
协和中学	62	—	48	14	—	—
泉口初中	21	—	9	11	1	—
金水初中	21	—	6	15	—	—
横路初中	42	—	13	27	2	—
鲁溪初中	62	—	15	44	3	—
官莲初中	34	—	21	13	—	—
甫田初中	32	—	8	21	3	—
澧溪初中	52	—	28	19	5	—
船滩初中	57	2	20	34	1	—
清江初中	30	—	15	15	—	—
罗溪初中	33	—	5	26	2	—

续表　　　　　　　　　　　　　　　　　　　　　　　　单位：人

单位名称	专任教师数	研究生毕业	本科毕业	专科毕业	高中(中专)毕业	高中以下
石门楼初中	39	—	9	30	—	—
黄墈初中	50	—	6	44	—	—
罗坪初中	45	—	15	29	1	—
大洞乡学校	55	—	11	23	21	—
巾口学校	41	—	5	24	12	—
宋溪镇学校	91	—	7	61	23	—
东林乡学校	42	—	12	30	—	—
上汤乡学校	36	—	4	10	22	—
石渡学校	81	—	19	26	36	—
杨洲乡学校	45	—	3	17	25	—
职业中专	63	1	28	34	—	—
泉口镇小学	55	—	3	19	28	5
横路乡小学	70	—	5	9	55	1
鲁溪镇小学	115	—	12	25	73	5
官莲乡小学	42	—	2	17	23	—
甫田乡小学	38	—	—	12	26	—
澧溪镇小学	61	—	8	10	43	—
船滩镇小学	86	—	3	16	67	—
石门楼镇小学	68	—	1	15	52	—
罗溪乡小学	48	—	6	12	30	—
黄墈镇小学	81	—	4	35	41	1
罗坪镇小学	55	—	5	44	6	—
清江乡小学	44	—	2	11	31	—
南市工业园小学	40	—	—	33	7	—
县幼儿园（一）	36	—	9	13	14	—
武宁一小	35	—	14	20	1	—
武宁二小	70	—	16	45	9	1
武宁三小	76	—	33	31	12	—
武宁四小	68	—	32	33	3	—
武宁五小	45	—	26	19	—	—
教师进修学校	11	—	6	5	—	—
私立宁达学校	44	—	27	17	—	—
江西美术专修学院	22	1	14	7	—	—
赣北育才科技学校	—	—	—	—	—	—
（武宁校区）	16	—	1	11	4	—

第三节　教师待遇

政治地位

明、清官学教师，既是施教者，又是管教学官。清末，将学堂教员列作职官，教员配备列入职官项内。私塾先生多数乃读书人未能进入仕途而从教，他们生活在社会底层。但少数塾馆及书院教师学识渊博且家庭殷实，受到社会尊敬。

民国时期，教员列雇佣职员内，在社会生活中属被雇佣的脑力劳动者，教书只是谋生的手段，社会地位较低。但武宁农村尤其是边远山区，老百姓历来有尊师重教优良传统，喜庆之日，常邀请先生居首席就宴。

新中国成立初，周恩来总理在《关于知识分子问题的报告》中，肯定旧时代的知识分子“已经为新社会服务”。教师积极参加各种运动。1950年暑期，学习《土改法》，武宁抽调一批青年教师参加土地改革，冬，教师踊跃投入抗美援朝运动中，积极开展批“三美”（崇美、亲美、恐美）现象的政治学习。1952年10月，省文教厅转发教育部《关于人民教师应算为革命工作人员的通知》，明确界定教师是工人阶级的一部分。当年成立武宁县教育工会，390名教师成为会员。1953年开始，中共武宁县委开始在教师中发展党员，翌年，教育界熊仁佑、冷绪源、汪会中、蔡寓远4人加入中国共产党。同期着手组建共青团。1962年，全县教师队伍中有41人加入中国共产党组织，238人成为共产主义青年团团员。

1957年，开展反右斗争，提出知识分子“世界观基本上是资产阶级的，他们还是属于资产阶级知识分子”的错误论断。广大教师成为 “革命”对象。寒假，全县中小学教师在县城参加政治学习，38名教师划为“右派分子”，其中：30人被开除工作，8人留用观察，列右派言论受重点批判者15人，教师处于谨小慎微，明哲保身的精神状态，政治地位急剧下降。

1962年，“广州会议”上，周恩来再次明确提出“知识分子是为无产阶级服务的脑力劳动者”。广大教师曾一度精神振奋，忘我工作，是年，县政府召开教育工作者代表大会，表彰模范教师31人。 “文化大革命”开始，首先将一批爱好文学艺术的教师打成“黑帮分子”，接着批师道尊严，教师成为“斗、批、改”清理阶级队伍的对象，被扣上“臭老九”（意为列地主、富农、反革命分子、坏分子、右派、叛徒、特务、走资派8种人之后，排第九位）之帽。1968年10月，全县下放小学教师395人到农村劳动，接受贫下中农“再教育”，占公办小学教师75%，下放中学公办教师74人，占中学教师的51%。接着开展“三查”（即所谓查党内叛徒特务；查反革命分子；查死不悔改的走资派）运动，绝大部分教师受到调查、追究，有的教师打成“现行反革命”，有的戴上“历史反革命”帽子，还有的被迫害致死，造成大批冤、假、错案。

1976年冬，“文化大革命”结束，教师从“革命对象”恢复为普通劳动者。下放农村劳动的教师全部重返校园。1977年12月，武宁召开文教战线先进集体、先进个人表彰大会，会间，县直各单位敲锣打鼓送贺信，意在给广大教师恢复名誉。1978年，中共十一届三中全会上，再次肯定“知识分子是工人阶级的一部分”，提倡尊师重教，提升教师政治地位。是年，武宁昭雪平反教师冤、假、错案138人，改正错划右派59人（含外地转进右派案件21人），右派言论17人；纠正历史旧案43件（人），违纪案件17人；落实台属政策8人，其他类案45人。并补发中小学教师在“文化大革命”中停发、扣发的工资49133.75元。返还11名教师被非法查抄物件折款2099.50元。对受迫害不能重返讲台的教师办理退职、退休手续。

1979年，照顾中教五级、小教三级的教师配偶、子女办理“农转非”（农业粮转为商品粮）手续82户、194人。上述教师多子女而无一人参加工作者，由县劳动人事部门安排一名子女工作，先后安排70名子女就业，至1989年，十年间解决教师家属“农转非”599人。

1981年，中共武宁县委、县政府召开30年以上教龄教师表彰会，刘伦晶、冷绪源等25名老教师获荣誉奖章。是年，县一中教师张罗当选为县政协副主席。1983年，全县226名教师加入中国共产党，100名教师提拔到各级学校领导岗位，有的教师当选为县人大代表，政协委员。1985年、1986年，武宁连续两年获市、省级“尊师重教先进县”称号。

1985年1月，第六届全国人大常委会第九次会议定每年9月10日为“教师节”，是年9月10日，县委、县政府召开隆重庆祝大会，与会1000人，各局级单位向大会送贺信。此后每年教师节均开展慰问，表彰教师活动。1986年，颁布的《中华人民共和国义务教育法》规定：“全社会应当尊重教师。国家保障教师的合法权益，采取措施提高教师的社会地位，改善教师的物质待遇，对优秀的教育工作者给予奖励。”这是我国第一次在法律文件中对教师地位、待遇的明确规定。同年，县政府批准，县教育局组织教师代表及局机关部分干部22人赴北京参观，历时18天。1990年，全县教师中有中共党员643人，学校党支部55个，有校团委4个，团总支9个，团支部33个，教师中的共青团员680人。

1991年暑假，县委同意，县总工会、县教育局组织40名优秀教师赴北京短期休养。是年表彰优秀班主任66人，翌年，有5名优秀教师选去庐山教工休养所休养。1993年，国家颁布《中华人民共和国教师法》，对教师的合法权益、工作条件、生活待遇作详细的规定，教师权益进一步受法律保障。2004年，第20个教师节期间，县电视台开辟“优秀教师风采”专栏，树立了教师良好形象。第25个教师节上，县委、县政府表彰了“三优”（优秀教育工作者、优秀班主任、优秀教师）教师100人，发放奖金10万元。是年，私立宁达中学校长张项理荣获“全国十佳校长”称号，鲁溪中心完小刘风华、武宁四小付林元获“全国优秀校长”殊荣。1991—2010年间，全县教师获国家级表彰20人，获省级荣誉69人。261人获市级奖励。新宁二小教师夏银秀，三小龚仁彬被省政府授予“小学特级教师”称号。各级党代会、人代会、政协均有教师代表参政议政，先后有4名教师担任县政协副主席，1人担任县人大常委会副主任。

2010年，全县教师中有中共党总支4个，党支部54个，党员834人，县人大代表11人，县政协委员24人，有一些选为市人大代表、市政协委员。教师工作得到各级政府的肯定和褒奖，“尊师重教”的社会风气基本形成。

经济待遇

清末，学堂教员实行年薪制，一般用钱、银圆支付。私塾有钱、银圆支付的，也有议定稻谷折付的。

民国初教员薪俸，全年100～120元（银圆），或稻谷20～30担。1935年，兴办保学，县小学和区中心小学校长月薪26元，初、高小教员月薪16～18元，保学教员12～14元。1941年，推行国民教育，区、乡国民中心小学校长月薪80元，学谷津贴1～2担，教员60～70元，学谷津贴1～2担，县立中学校长月薪可达160元，主任教师140元，一般教师分50元、70元、90元、120元四个等级。

1946年，县政府核定县立中学教师待遇：职员待遇与县级等同；教师待遇比照县级月薪2万元（纸币），并增10%发放，另外津贴费每月1万元；外籍教师每员每学期增补旅费5万元。由于国民政府滥发纸币，通货膨胀，物价飞涨，朝百暮一，教员薪俸受物价波动影响，生活难以保障。1949年4月3日，18000元金圆券可兑换银圆3元，时隔4天，只能兑换1元，贬值66%。同月，省立武宁师范学校举行罢课，抗议省银行武宁办事处故意拖延兑领省拨教职员薪金及学生伙食费，让师生蒙受金圆券贬值带来的损失，校长熊光国带领师生代表到银行办事处据理斗争后，事态才告平息。

20世纪30年代，武宁西北部苏区教师只发生活费，由各乡苏维埃政府每人每月发银圆2块，食米、食油由学生摊派，教师家的田、地由群众代耕。

新中国建立初，教师工薪以大米计算。小学教师每月50～75公斤，中学教师75~100公斤，按月发放。如需折现金，按当地贸易公司公布的米价计。1951年9月，改大米为工资分，教师每月工资分80～120分。发工资前，由政府公布工资分分值（其时每分值0.3～0.4元），折计成货币工资发放。1954年，全县357名小学公办教师，107人调整工资，调整面为31%，由原人平每月103.63工资分调整到111.33分，人均月涨7.71分。此后，工资分改为货币工资。

1956年，工资改革，工资标准分中小学教师级和行政级，按照学历、教龄、教学能力评定等级。小学校长最高63元，最低50元，小学教师最高47.5元，最低28.5元。全县小学公办教师410人，调资前月平均工资24.9元，调整后为36.44元，增资46%。中学校长最高80.5元，最低55.5元，教师43.5～64.5元不等。大学本科毕业教师转正定级工资为51.5元，专科为43.5元，中专37元。此后，每年教师工资只是按教师人数分指标个别调整。

1961年，全县542名教师参加调资，调资指标120人，靠级300人。1963年，有214名教师调整工资（中学38人，小学174人，幼儿园2人），目的是解决部分教师工资偏低和职级不符问题。

“文化大革命”的十年，未调资。“文化大革命”结束后，1977—1979年，连续三年工资调整，调整面分别为40%、2%、40%。1980年，开始实行班主任津贴，按班级学生数多少定为每月3元、4元、5元三等。1990年升到每月4～10元。

1981年，全体教职工普调一级工资，采取“先补后靠再升级”的办法。即：先补齐1977年调资时的差级，再靠国家行政人员级相应的工资额，在此基础上调一级，少数教龄长、工资偏低者可调高两级。

1985年，工资改革，教师普遍实行“结构工资制”，由基础工资、职务工资、工龄工资组成，工龄工资按工作年限每年0.5元计（1992年工龄工资增至每年1元计），最高封顶20元。改革办法是在原工资基础上加10元，然后就近上靠新工资标准等级，再提升一级。全县795名教职工参加工改，由原人平月工资56.97元增至78.6元，月增21.63元。7月，实行教龄津贴，教龄满5年月津贴3元，10年以上5元，15年以上7元，20年以上10元，计人工资总额，通过工改，教师工资水平大幅提升。

1985年工改，小学教师基础工资、职务工资标准

表8–5　　单位：元

工资级别	一	二	三	四	五	六	七	八	九	十	十一	十二
职务工资	91	82	73	65	57	49	42	36	30	24	18	12
基础职务工资合计	131	122	113	105	97	89	82	76	70	64	58	52

1987年，教师首次专业技术职务评聘，随之工资与技术职务挂钩。

1990年教师工资标准

表8–6　　单位：元

学校类别	教师职务	工资标准等级							
		一	二	三	四	五	六	七	八
普通中学	高级教师	230	205	190	180	170	160	150	140
	一级教师	170	160	150	140	131	122	113	—
	二级教师	140	131	122	113	105	97	89	82
	三级教师	113	105	97	89	82	76	—	—
小学及幼儿园	高级教师	170	160	150	140	131	122	113	—
	一级教师	140	131	122	113	105	97	89	82
	二级教师	113	105	97	89	82	76	—	—
	三级教师	97	89	82	76	70	64	—	—

1993年，颁布的《中华人民共和国教师法》规定：“教师的平均工资水平应当不低于或者高于国家公务员的平均工资水平，并逐步提高。建立正常的晋级增薪制度，中小学教师享受教龄津贴和其他津贴。”1994年8月始，设立中小学行政干部岗位津贴，

校长每月20～30元，2000年3月，县教委决定将行政津贴增至每月正职40～55元，副职30～45元。2007年，再次调到校长正职100元，副职50元，村完小校长50元。

20世纪90年代，农村中小学教师工资一度实行乡（镇）财政包干。由于武宁各地经济条件差异，部分乡（镇）不能按时、足额发放教师工资，2000年年底，全县共拖欠教师工资153万元。严重影响了教师的工作和生活。此时，教师工资由职务工资、等级工资、活工资、保留津贴、教龄津贴五部分构成。2002年4月，县委、县政府决定：教师工资由县财政统一发放。从此杜绝了拖欠工资现象。2005年9月起，全县中小学教师工资由县财政直拨到教师在银行开设的工资卡上。

2006年，再次工资改革，教师工资涨幅较大，最高工资由2005年1772元涨至2518元。刚参加工作的教师月工资也有1003元。工资由原来每两年增一档改为每年增一档。每月工资仍然是通过银行及时足额直接拨入教职工开设的个人账户中，封闭运行。

2008年开始，对东林、上汤、大洞、官莲、巾口、石门楼边远山区教师发放每月70元、120元两档标准的特殊津贴。2010年，全县享受边远山区教师特殊津贴的789人，金额82.878万元（其中276位最边远山区教师每人每月120元，其余每人每月70元），2008年4月，实行“绩效工资”，标准为每人月均1000元，（其中财政补650元，不足部分由单位自筹）。通过年终考核，与个人工作业绩挂钩。2011年4月，绩效工资全部由财政按级别职务级差发放，其时教师工资由岗位工资（员级550元、助理级590元、中级680元、副高级930元）、薪级工资、10%工作补贴、教龄津贴几部分构成，再加上“绩效工资”，教师的平均工资水平已不低于国家公务员。

除工资收入外，教师还享有其他待遇。

假期：民国时期小学教员本人婚、嫁给假两星期，父、母、配偶丧假1个月；女教员生育假2个月。在县、区内连续服务满5年者，每年可休假两星期，满10年者休1年，未休者给1年双薪。新中国成立后，规定更具体。1953年始，教师病假6个月内不扣工资，教师婚假3天，晚婚（男满25、女23周岁）假增15天；女教师产假56天，1982年增至90天，晚育者（女25周岁后生育）再加30天，且男方给护理假7天。不满7个月小产给假30天。难产和双生产假在原基础上延长14天。教师除正常度双休日外，每年寒、暑假共两个半月休息，教师行业独享。教师的探亲假一般与寒、暑假结合。

1953年始，公办教师享受公费医疗待遇。教师的“三保一金”（指社会保险金、失业保险金、医疗保险金和住房公职金）原由单位承担的部分，2010年起，由县财政承担。年满60岁、女满55周岁的教师，可办理正常退休，按国家规定领取退休金。年限未到，确因身体健康原因不能坚持正常工作者，亦可办退职手续，按一定比例领退职工资。在职教师逝世，按国家规定发给丧葬费，标准为1600元，2007年10月调整为3200元，亲属享受一次性抚恤金，一般为本人生前10个月的基本工资额，2006年调整为20个月的基本工资额。直系供养亲属确有生活困难者，还可领取临时或定期的生活补助。

其他如生活福利补贴、粮价补贴、物价补贴、副食品补贴、独生子女保健费、书报费均与国家公务员等同。

职称评聘

清末，《奏定初、高等小学堂章程》规定，小学堂设正教员和副教员。正教员教授学生的功课，副教员协助本科正教员工作。本科正教员通教各科目；专科正教员教图画、体操、手工及农、商、科之一科。民国时期，改副教员为助教员。1923年，推行训育制、教员分为级任教员（或称级任导师）、专科教员、助教员三级。实行检定制度后，合格的称检定合格教员，不合格的称代用教员，不再有正、助教员之分。新中国成立后的较长时间，中小学教师未有职称。

1987年，根据国家教委和省教委的文件精神，教育系统进行教师职务职称改革，武宁成立了中小学教师技术职称改革领导小组和中小学教师初级职务评审委员会，下设文、理学科组，各乡（校）同时成立评审小组。中小学均分设高级教师、一级教师、二级教师、三级教师4个级别。中学高级教师为高级职称，相当于大学副教授（副高），中学一级教师和小学高级教师为中级职称，相当于大学讲师；中学二级教师、三级教师和小学一级教师、二级教师、三级教师为初级职称。

中小学教师职称评聘从政治思想、文化专业知识水平、教学能力、工作成绩和履行职责方面进行考核。着重考核岗位职责的实绩。在首次职称评审中，中学高级教师任职资格：1963年以前的大学本科毕业生和1961年以前大学专科毕业生择优评聘；1964年以后，大学本科毕业生和1962年以后，大学专科毕业生，如一直从事教育工作，且在教育教学工作中有显著成绩，确实符合高级职务条件者，亦可择优评聘。不具备合格学历的中学教师，但确属教育教学效果显著，具备中学高级教师任职条件，中师、中专和高中毕业，教龄在30年以上者，也可申报中学高级教师职务。

小学高级教师任职资格：1966年以前，中师、中专、高中毕业生，工改前工资在小教6级以上的教师择优评聘。

中学一级教师任职资格：1970年以前，大专毕业生，工改前工资在中教七级以上的教师择优评聘，1971年以后，大专毕业生；1966年以后，中师、中专、高中毕业生，符合条件，现在为学校把关教师的亦可择优评聘，不符合国家规定学历的条件，教龄在20年以上的，也可按实际水平评聘相应的教师职务。对各初级职称任职条件均有明确规定。

担任行政领导前是教师并担负实际教育教学工作，其任职前在教育教学工作中达到中学高级教师相应水平的学校和教育事业单位的行政领导人员亦可申报中学高级教师职务。

教研室教研员及电教站从事与中小学教育教学工作有关的人员可选用中、小学教师职务系列评聘。

到离、退休年龄，申报评聘教师职务，必须同时递交离退休报告，评定教师职务后，再办理离退休手续，不计入各级教师职务名额。

幼儿园教师职务比照小学教师职务系列评聘，称幼儿园高级教师、一级教师、二级教师、三级教师。

中小学高级教师和中学一级教师由省、市分配名额，并报省、市中小学教师高、中级职务条件评审委员会审批。初级职称不下达名额，由县职务评委会根据各校实际情况和任职条件，全面考核，评审。评审时先由教师本人申报职务，填好申请表，考核表，写出个人工作小结和综合材料，提供所需证件，学校提出评审意见，呈报相应级评委会评审通过后，发给证书。1988年4月，经全县首次专业技术职务评审，向市、省上报审批后确定中学高级教师52人，一级教师157人，二、三级教师258人；小学高级教师217人，一、二、三级教师共518人。

1989年，进行一次过渡性评审工作，国家教委主考的《高中教师专业合格证书》《初中教师专业合格证书》《小学教师专业合格证书》分别比照本科、专科、中师学历参评，并把教师工资与专业技术职务挂钩。是年，贯彻执行省教委〔1989〕赣教人字003号《关于中、小学民办教师职务聘任工作意见》的精神，1980年7月19日，任教的现职在编民办教师和1971年11月30日前任教的长期顶编代课教师，按公办中、小学教师职务评聘资格和方法评审。全县首批获小学高级教师职称的民师33人。民办教师评审通过任职资格，发给职称证书，但未享受职称待遇，待转为公办教师后，在本单位新增岗位数（或职务空额数）范围内，视具体情况办理聘任有关手续。1990年，全县小学教师评定职称1585人，占小学教师数的69.2%，评定中学教师职称630人，占57%。此后，教师专业技术职称每年评定一次。

2000年，全县在职教师中具有副高级职称62人，中级职称620人，2429人具有初级职称，有职称的教师占教师总数的94.3%，翌年始，幼儿园和小学教师可评小学特高级（副高）职务，其评定标准为：必须具有扎实的基础理论和专业知识，并且有广博的相关学科知识，胜任各年级、各年龄的教学、熟练掌握教育教学基本功，运用现代化的教学手段，开展教育教学改革，实施素质教育，因材施教，在提高教育教学质量，培养学生创新意识和动手能力，促进学生全面发展等方面取得显著成绩。不断学习新知识、新技能，能够指导和培养学校高级教师。是年，新宁三小教师龚仁彬首位评为小学特高级教师。2010年，全县获小学特高级教师职称的已达39人。

2002年起，中小学教师职称评、聘分开。有职称者尚需竞聘学校相应的职务岗位，只有受聘该岗位后方可享受其岗位职务工资待遇。该年评定的中级以上职称者，有三分之一的人因缺岗未聘任。因此，在教育系统专业技术人员队伍建设中，职务聘任突显其重要。为了克服学校聘任中的主观随意性，2003年，县教育局出台《武宁教育系统中、高级专业技术职务聘任评分办法》，从资历、师德、能力、业绩、考核、奖励、其他7方面量化评分，使学校聘任工作更趋于客观、公正、合理，达到规范化。

2005年，经批准应聘到私立学校的公办教师职称按比例指标单列评聘，避免这批教师在原校评聘出现空档。翌年，中小学教师职称评聘还须具备相应层次的教师资格。为了落实《教育部关于大力推进城镇教师支援农村教育工作的意见》，县教育局规定：

2009年起，凡县城中小学年龄50周岁以下的男教师，45周岁以下的女教师，在评聘高级教师职务时，均要有在农村学校任教一年以上的经历。已评聘者，都要到农村学校支教一年以上。

2010年，全县中小学专任教师，已评定职称的2565人，占教师总数的96.2%，其中中学高级教师323人，一级教师551人，二、三级教师393人。小学特高级教师39人，高级教师939人，小学一、二、三级教师322人。

2010年中等学校专任教师职称情况

表8-7　　单位：人

单位名称	专任教师数	中学高级	中学一级	中学二级	中学三级	未评职称
县一中	131	52	52	20	—	7
县二中	165	48	82	32	3	—
实验中学	103	37	43	23	—	—
协和中学	62	14	24	24	—	—
泉口初中	21	6	8	7	—	
金水初中	21	5	10	4	2	—
横路初中	42	6	20	13	3	
鲁溪初中	62	9	25	26	1	1
官莲初中	34	4	12	13	2	3
甫田初中	32	9	11	12	—	—
澧溪初中	52	8	24	19	—	1
船滩初中	57	14	25	11	2	5
清江初中	30	6	9	14	1	—
罗溪初中	33	7	14	10	2	—
石门楼初中	39	5	14	19	1	—
黄塅初中	50	14	32	4	—	—
罗坪初中	45	8	16	21	—	—
大洞学校	23	3	11	8	1	—
巾口学校	22	5	14	3	—	—
宋溪学校	43	11	16	16	—	—
东林学校	13	—	4	9	—	—
上汤学校	13	3	5	5	—	—
石渡学校	38	7	18	12	—	1
杨洲学校	22	5	6	8	1	2
私立宁达初中	42	10	18	10	—	4
职业中专	63	14	26	20	3	—
江西美术专修学院	22	5	9	3	—	5
县教师进修学校	11	8	1	2	—	—

2010年武宁小学专任教师职称情况

表8–8　　单位：人

学校名称	专任教师数	小学特高级	小学高级	小学一级	小学二级	小学三级	未评职称
大洞乡学校	32	—	22	6	2	—	2
泉口镇小学	55	—	41	6	3	—	5
横路乡小学	70	1	52	10	3	—	4
鲁溪镇小学	115	5	90	8	2	—	10
官莲乡小学	42	—	33	2	—	—	7
巾口乡学校	19	—	13	1	3	2	—
宋溪镇学校	48	—	34	9	4	—	1
甫田乡小学	38	1	27	9	—	—	1
澧溪镇小学	61	—	39	12	1	—	9
船滩镇小学	86	—	56	21	4	—	5
上汤乡学校	23	—	21	—	1	1	—
东林乡学校	29	—	18	6	—	—	5
石门楼镇小学	68	—	43	21	—	—	4
罗溪乡小学	48	—	33	8	4	—	3
黄塅镇小学	81	1	65	14	—	—	1
罗坪镇小学	55	—	43	11	1	—	—
杨洲乡学校	23	—	16	4	2	—	1
石渡乡学校	43	—	30	13	—	—	—
清江乡小学	44	1	32	7	3	—	1
南市开发区小学	40	—	24	15	1	—	—
私立宁达中学（六年级）	2	—	1	—	—	—	1
武宁一小	35	5	18	9	1	—	2
武宁二小	70	10	52	7	—	—	1
武宁三小	76	5	60	10	1	—	—
武宁四小	68	4	44	17	2	—	1
武宁五小	45	3	11	29	—	—	2
县幼儿园	36	1	21	7	5	—	2

第四节　民办教师

聘用管理

1953年秋，全县群众自发筹办三所小学，聘请4名民办教师（简称“民师”）。翌年，小学民办教师发展到16人。1958年，兴办民办中学8所，聘中学民办教师25人。全县中小学民师发展到450人。1965年增至662人，其中：小学民师619人，占小学教师总数的50%。“文化大革命”时期，大量吸收民办教师以弥补师资不足。1975年，全县小学民师1414人，是10年前的2.2倍。1977年达最高峰，全县有民师2291人，其中：小学民师1770人，小学公办教师只580人，不足民办教师的1/3。20世纪60年代中期至80年代末，武宁小学民办教师一直多于公办教师，农村边远山区的学校民师比例更高，有些小学甚至无一公办教师。民师在自身生活困顿不安、学校办学条件极其简陋的环境中，承担着武宁基础教育的普及和农村扫盲教育的重要任务。

1977年前，民师的任用和调换均由各区、乡负责。1978年，县革命委员会下发武〔1978〕49号文规定：“民办教师的任用，要本着任人唯贤、德才兼备的原则，经学校、大队提名，公社选择、推荐，由文教局审查（包括文化考查）批准，发给任用证书。辞退或调换民办教师，需经学校同意，由公社审查，报文教局批准，并收回任用证书。”是年，县文教局对全县民师进行整顿、考试，根据教龄长短、教学成绩优劣、文化考分高低，分别颁发民师正式任用证书和临时任用证书。1982年起，对民师进行三次整顿后，颁发全省统一印制的“民师任用证”。

1988年12月，县政府批转《武宁县教育局民办教师管理试行办法》：民师实行县、乡两级管理。1980年7月19日以前，参加工作的正式民办教师由县教育局管理，1980年7月19日以后，参加工作的在职代班民师，由各乡自行管理。民师管理走向规范化，制度化。全县尚有小学民师1093人，中学民师230人。1994年，再次审查确认824人的正式民师资格。1996年，对198名民师重新认定民办教师资格。

经济待遇

20世纪50-60年代，民办教师报酬采用工资制，由社队与民师本人面议。实行“谁上学、谁出钱”“谁办学谁出钱”的原则，无统一规定，总体待遇较低。70年代初，普遍实行工分制，即根据民师政治表现和教学成绩，由生产队和大队评定工分，参加大队年终分配，待遇与大队干部略同。但各公社执行不一，部分民师不能按时足额获取报酬。1979年，县委下发〔1979〕61号文再次重申：“民校教师报酬要根据其工作态度、技术高低、贡献大小评定工分，大体上和大队干部工分相同，并在公益金中开支。其工分应带粮、带油。民校教师的工分补贴和奖惩，都要报经公社党委逐个审查批准。”同期，国家对民师实行补贴，国家补贴额为小学民师每月3元，中学民师每月4元。武宁民师报酬实行工分和国家补贴相结合。1980年，武宁执行国务院〔1980〕84号文件，对民办教师“国家补贴全额发给教师本人，同时集体补助不得少于同等劳动力工资”的规定，民师收入相对增加较多。

农村实行家庭联产承包责任制后，民师报酬又成为农村教育中的一个新问题。武宁民师报酬形式有三：一是实行统筹工资制，集体补贴与国家补贴结合，集体补贴部分由大队按学生人数分摊、统一提留，民师直接到大队或公社教育办领取，一般每月工资25元左右（不含国家补助部分18元）。个别大队达每月40～50元；二是个人、集体共同负担，部分公社实行“三个一点”，采取“三四三”制，即大队负担30%，小队负担40%，学生家长负担30%。民师参照大队干部基本工资，评定等级后发放；三是少数地方仍沿袭“谁读书、谁出钱”的办法，民师报酬全额学生家长分摊，如船滩公社船滩大队及上汤泉口大队少数民办小学，每生每学期需摊资12元、8元不等。

1985年，公办教师进行工资改革时，省教委规定：“小学民办教师人均增资应不少于22元。从1985年7月1日起，每月增加国家补助11元，另11元各地自筹。”武宁照此规定执行。1988年，民办教师实行县、乡两级管理后，民师工资逐步实行国家补助部分由县教育局统一发放，集体部分由全乡统筹，全县有20个乡实施此办法。1992年，国家教委、计委、人事部、财政部联合下发《关于进一步改善和加强民办教师工作若干问题的意见》，要求各级政府切实改善民师工资、福利待遇。民师报酬逐年提高。1995年，武宁民师最高年薪1700元，最低1200元。

除工资报酬外，民师尚有其他待遇。1981年起，武宁开始试行民师退休制度。1988年，武宁教育局《关于民办教师管理试行办法》中规定：正式民师大病住院凭县医院住院发票，到教育局报医药费的20%，且两月内工资不减。女民师计划内生育，可按规定享受产假，假期工资照发。教龄在20年以上的正式民师，符合国家干部退休条件，可办退休；教龄20年以上，男满50周岁，女45周岁的民师，经县以上医院证明，确因病无法工作者，可办理病休；民师退休和病休，可享受国家定额补贴：中学民师每月32.5元，小学29.5元，同时乡、村视财力状况也给予一定补贴。不符合病休条件，教龄在10年以上的民师可办退职手续，退职费按教龄每年半个月的本人基本工资一次性计发。县教育局负担退职费总额的50%，其余部分由乡、村解决。

1989年，民师首次评定教师职称，评审条件与公办教师同。全县33位民师获小学高级教师职称，332人评为小学一级教师，获小学二、三级教师职称的有182人和5人。之后又有987名民师获各种职称。民师评定职称后，一直未聘，即未享受职称工资，须转为公办教师受聘后，方能享受职称工资。

教师安置

20世纪80年代后期，随着社会经济的飞速发展，“民办教师”这一历史问题的负面效应越来越突出；队伍庞大，专业文化程度不高，学历、素质参差不齐，工作量重，教学条件艰苦，与公办教师同工不同酬，缺乏社会保障。1991年，武宁有小学民办教师900人，中学民师230人。为实现全国教育工作会上提出的：“争取在20世纪末基本解决民办教师问题”的目标，1994年，县教育局下发《关于武宁县民办教师进行清理工作的通知》，对1980年7月19日以后擅自吸收的；按赣政发〔1982〕24号文规定整顿不合格的；师德和业务能力差，不符合教师条件的三种民师逐一清退。1996年，再次对民师遗留问题清理整顿。同期清退代课教师164人。

对取得《江西省民办教师资格证书》的合格民师，严格执行中央的“关、转、招、辞、退”五字方针。关：把招收民师的门关住。1980年7月19日以后不再吸收新的正式民办教师，各地擅自吸收的一律清退。转：1984年开始，根据上级下达的转编指标，对符合条件的民师，通过考试、考核、直接转为公办教师。20世纪80年代，全县每年民师转编10人，90年代指标逐年增多，2003年2月，最后一批转编212人。全县民师直接转为公办教师的587人。招：1980年开始，每年按照中师招生计划的一定比例，划拨指标招收适合上学的较年轻的民办教师，通过考试入校学习两年，毕业后分配任公办教师。同期，师专也有一定比例招中学民师。1980—1983年，全县入学民师111人。1984年停招，五年后复招。2002年，全县通过招考入校学习后转公办教师的民师439人。辞：共辞退确实不能胜任教学而又有条件转行的民师27人。退：对年龄偏大的民师退职、退养，使其老有所养。2003年，全县共有退养民师69人，其中：30年以上教龄的15人，每人每月退养费381元，教龄29年以下者54人，每月260元。退养费由县财政负担。2007年8月，民师退养费月增50元。2008年4月，县政府决定，再次提高民师退养费标准：30年以上教龄的每人每月500元，29年以下者每月400元。

2003年2月，武宁民办教师全部退出中小学教学岗位。

附：

武宁县教育局民办教师管理试行办法

第一章 总 则

第一条：为了稳定民师队伍，鼓励民师安心从事教育事业，进一步完善对民师的管理和建设，根据我县民师队伍的现状。特制订本试行办法。

第二条：民办教师分正式民办教师（已发任教证，1980年7月19日前参加民师工作，下同）和代班民办教师（1980年7月19日以后参加民师工作，下同）二种。

第三条：民办教师在政治上、工作上与公办教师享有同等待遇，民办教师应为人师表、遵纪守法、服从分配、保质保量地完成学校分配的各项任务。

第二章 民办教师的管理

第四条：民办教师实行县、乡两级管理。1980年7月19日以前参加民师工作的正式民办教师，由县教育局管理。对现有1980年7月19日以后参加民师工作的代班民办教育，由各乡自行管理。

第五条：进一步健全完善正式民办教师的档案，正式民办教师的档案由县教育局负责完善管理，代班民办教师的档案由乡教育办负责完善和管理。

第六条：为了切实加强对民办教师的管理工作，各乡（镇、场）教育办副主任要亲自抓这项工作，并有专人负责民师日常工作。

第七条：民办教师的工资要贯彻按劳取酬的原则，认真落实兑现，民办教师的工资除国家补助部分按月如数发给本人外，乡、村集体补助部分应略高于当地乡村定工补助干部的收入水平，每年必须如数兑现。同时，要积极创造条件，逐步做到全乡统筹，按月发放。

第八条：今后不再增加民办教师编制，各教育办要按照审定的民办编制用人，一人一编，不允许一个编分作几个人用。对于编外使用人员一律不予认可，已转编的民办教师，编制由县教育局收回。

第九条：民办教师（不含代班民师）因工作需要在本乡范围内可适当调整。如确实需要跨乡调动的，需本人申请，调出乡签署意见，调入乡同意接收。由县教育局审定下发批复后，调入乡即可安排任教。

第十条：今后不再选拔和录用代班民办教师。

第三章　正式民办教师的辞退、处分

第十一条：正式民办教师，各乡(镇、场)不得无故调换或辞退。对自动离职或死亡等已不在民办教师岗位的，各乡（镇、场）教育办应用书面材料及时上报县教育局。

第十二条：正式民办教师因违犯计划生育，或犯有其他严重错误需开除、辞退的，由教育办调查核实并研究具体处理意见，征求乡人民政府意见后，上报县教育局审批，并由县教育局正式下发批复。

第十三条：正式民办教师自动离职，从离职之日起停发工资。

第十四条：民办教师因犯错误，需要给予开除以下处分者，由教育办调查核实，提出处理意见。由乡人民政府审查批准，报县教育局备案。受处分者三年内不得选招为国家正式教师，二年内不得评模。

第四章　正式民办教师退休、退职、病假、产假

第十五条：民办教师符合国家干部退休条件的，教龄二十年以上，本人申请。填写“退休民师登记表”一式两份，教育办审查，县教育局批准，可办理退休。

第十六条：凡教龄二十年以上，男的五十周岁，女的四十五周岁，经县以上人民医院检查，证实确实无法继续坚持工作，必须办理病休的民办教师，本人申请，填好“退休民师登记表”一式两份。经教育办审查，教育局批准，可以办理病休。对不符合病休条件的民师教龄在十年以上，可办理退职手续。

第十七条：民办教师的退休和病休均可享受国家定额补贴，即中学民办教师每月退休金32.5元，小学民办教师每月退休金29.5元。乡、村根据财力情况同时也可给一定的退休费，民师退职费按教龄每年半个月的本人基本工资计发。县教育局负担退职费总额的百分之五十，其余部分由乡、村解决。

第十八条：民办教师因病经县以上医院证明不能上班工作，治疗期两个月内工资照发，两个月以上从第三个月起停发工资，住院期间的医疗费（按实际金额）到县教育局报销百分之二十。

第十九条：女民办教师计划内生育可按规定享受产假，假期工资照发。

第二十条：病假、产假期间的代课金由乡、村两级付给。

第二十一条：本办法从1989年1月1日起试行。

第五节　教师世家

教师世家：指以血缘关系的直系亲属三代以上均受过专门教育和训练的，在各级各类学校中向学生传递人类科学文化知识和技能，发展学生体质，对学生进行思想道德教育，培养学生高尚审美情趣，把受教育者培养成社会需要的人才为职业世代相成的家族。

龚维焘　1910年2月生，安徽合肥人。天津辅仁大学毕业。1947年，受省立协和中学校长盛怀谷之邀，担任该校教师。武宁解放后，一直任教武宁联合中学、武宁中学。1970年病故。其妻程正榴，1922年8月生，南昌市人，初中肄业。1952年，参加教育工作，先后在宋溪小学、古艾完小、月田区中心完小、巾口小学任教，1978年退休。其长子龚仁山，1941年10月生，天津南开大学硕士研究生毕业。1963年起，先后在景德镇陶瓷学院、南昌大学任教，南昌大学教授，物理系主任，2006年退休。其二儿媳徐人平，1949年8月生，修水茶校毕业。1971年，参加教育工作，先后在黄埚乡小学、武宁三小、南昌市双港小学任教，小学高级教师，2004年退休。其三子龚仁武，1951年1月生，九江师范化学专业毕业。1975年，在石渡中学任教，后调武宁三中任教。1989年，调县教育局电教站工作，1990年，任县教育局教研室化学教研员，中学高级教师。2011年退休。其女龚仁彬，1955年7月生，中师毕业，1978年起，先后在宋溪乡小学、新宁镇小学、武宁二小、三小任教，江西省特级教师，小学特高级教师，2010年退休。其女婿张纲荣，1951年5月生，九江师范毕业，1969年，新宁小学任教，1976年，先后在武宁二小、武宁三小任副校长、校长。小学高级教师。其孙女龚洁（龚仁武之女），1978年9月生，武汉大学毕业，1999年，先后在清江初中、武宁宁达中学、九江六中任教。中学一级教师。其孙女婿邹劢（龚洁之夫），1978年1月生， 中央广播电视大学毕业，2000年，在九江市职业中专任教，中学一级教师。其孙女龚熹（龚仁山之女），1980年4月生，南昌大学博士研究生毕业，现在南昌大学任教。其孙女婿管毕财（龚熹之夫），1975年生，浙江大学博士研究生毕业，现任教南昌大学，副教授。

邱友仁　1922年生，石渡茅坪村人。1949年，年南昌圣经学院毕业，1950年，在波阳县城福音小学任教，1955年，转国家教师，调波阳城关小学任教，1967年，调红卫小学（原徽州小学）任教，1979年，回武宁任教，任黄埚中学教师，1980年冬退休。其祖父邱履吉（1862—1892）读完圣经馆后，在本村私塾“义圃”执教。曾自撰门联曰：“孔子居杏坛，教诲规模垂万世，关公兴汉室，英雄义气著千秋。”其父邱练九（1891—1955），民国时期于石枧、磨源垅任教私塾。其子邱太平，1960年生，1980年武宁一中高中毕业，1981年，顶父职分在黄埚乡凤口小学任教，后调南市小学。

郭茂柏 1923年生，甫田烟港人。江西省立协和中学高中毕业。1949年，在武宁箬溪中心国民学校任教，后在城区小学任教；1954年，调武宁县扫盲办公室任副主任，负责成人识字教育工作。1957年，错划右派，下放农村劳动，1982年，摘“右派”帽，回县二轻局工作，1984年退休。其祖父郭铭绅，字筱笏，晚清拔贡。废科举后，在武宁城北高等小学堂任教员。其伯父郭元鑑，晚清秀才，民国初在城北高等小学任教。其子郭邦本，1948年生，初中毕业，1980年，在甫田烟港民办中学任教，1986年为该校负责人，后调甫田小学任教，2007年病故。

张远勤 1923年生，新宁镇人，江西省立武宁师范毕业，1946年,参加教育工作，在武宁私立宏毅小学任校长。新中国建立后，宏毅小学并入城区小学，在城区小学任校长，后在横路、古艾、箬溪、月田等小学和幸福初中任教，1980年退休，2002年病故。其父张翦陈（1890—1950）字备喜，1912年，江西省立洪都中学堂毕业，1916年，日本沄政大学专门部政治科上等毕业，咨送中国教育部注册候选高等文官。1920年，由坊市六堂（即：怡顺堂、四德堂、立大堂、万石堂、屏山堂、敦厚堂）创立武宁县私立宏毅小学，自任校长。抗日战争期间停办，1946年复办，自任校董事长。校产有水田40亩，铺店6栋，以其收入维持学校开支。其母方谊陶（1903—1950）江西省立女子中学毕业。1932年，筹备武宁县第一所幼稚园，自兼园长，后又任武宁县女子职业学校校长。其子张绪建，生于1963年，江西电大专科毕业，1980年10月，顶父职在幸福中心完小任教，1982年调黄塅凤口民中，1987年，调黄塅中学任教，2000年，任教协和中学。其胞兄张远孝（1921—1961），中央军校第二分校第五期训练班结业。曾任武宁私立宏毅小学教员，抗日战争时，任武宁县立中学军事教官兼英语教员。1946年，任武宁县私立振风中学军事教官兼语文教师。其侄张绪礼，1934年6月生，武汉华中科技大学教授，硕士研究生导师（有简介）。其侄媳王筱珍，1937年2月生，成都电讯工程学院毕业，任武汉华中理工大学固体电子学系副教授。其侄女张绪芬，1944年9月生，高中毕业，1964年，参加教育工作，先后在新宁一、二小任教师，1984年，调九江浔阳区龙山小学任教，九江市模范教师。

郭茂文 1924年生，甫田烟港村人，1948年，江西省立医专肄业，1950年，南昌私立中华高级商业职业学校学会计，1951年，从事教育工作，先后在武宁城区、荷洲、箬溪、澧溪、月田、宋溪小学任教，1984年6月退休。其祖父郭铭鼎（1846—1928），清光绪十一年（1885年）举人，承德郎拣选知县，钦加光禄寺署正职。历任安仁、永新、永宁等县教谕、训导。其父郭元梁（1889—1961），南京两江优级师范（中央大学前身）毕业，历任南昌第二师范、第一师范教务主任，江西省立助产学校文书主任兼教员，省立医学专科学校事务主任兼教员，省立奉新师范、武宁师范教员，省立十五中学校长、武宁中学教员，江西省文史研究馆馆员。著有《车床木工》《画理新全》两书，经教育部审定，商务印书馆出版发行（有传）。其兄郭茂德，1920年2月生，毕业于中山大学和台湾空军指挥参谋大学。抗日战争时期，在武宁县中任英语教员，抗战胜利后，赴新加坡，后转台湾。其妹郭茂玉，1927年生，武汉大学水利系毕业，在湖南大学力学系任讲师，后担任材料力学实验室工程师。

汪维芳　女，1924年生，县城人，1947年，武宁乡村师范毕业，先后在古艾、甫田建富、烟港小学任教，1979年退休。丈夫鄢春景，1922年生，1945年江西农业专科学校毕业，解放战争时曾参加中国共产党领导的地下工作，1957年，从事教育工作，先后在古艾小学、武宁二中任教，1983年，办理离休手续。其父汪洋平，字海澄，1901年生，1922年上海亚东体育专科学校毕业，曾在省体育场、赣省中学、洪都中学、省立武宁师范学校、赣西北临时中学、武宁县中、武宁联合中学任教，1960年退休，1983年病故。其女鄢新宁，1974年，初中毕业后下放农村劳动，1983年，顶父职参加教育工作，在武宁二中负责后勤工作，后调南昌火电建设公司幼儿园任教养员。其妹汪祎芳，1928年10月生，1954年，湖南师范学院教育系毕业，在天津师范学校任助教，1956年，调北京师范学校，1958年，调武汉市十一中学任语文教师，中学高级教师，1987年退休。其外甥陈少白（汪祎芳长子），1982年，武汉水利电力学院数学系毕业，武汉钢铁学院讲师。外甥女陈少艾（汪祎芳之女），1984年，镇江船舶学院船舶工艺与制造系毕业，在中国船舶总公司汉阳船舶工业学校任教师。

汪维兴　1925年生，石渡乡官田村雾山霞埚人，高中毕业，1950年，参加教育工作，先后在石门、荷洲、石渡、甫田小学、武宁干校、古艾小学、澧溪中学任教。曾任石渡区中心完小教导主任，甫田小学副校长，石渡公社中心完小副校长，新峰完小、渡头完小、官田初中班等学校校长。1980年年底退休。其长子汪和平，1950年生，江西教育学院本科毕业，中学高级教师。1967年，参加教育工作，在石渡新峰、官田完小任教。修水师范毕业后，先后在石渡、清江、县茶场中学任教。曾任官田初中班、石渡中学教导主任、石渡中学校长。1990年，调入武宁二中，曾任二中教务处副主任、主任等职。2010年退休。其三子汪仁周，1954年生，江西教育学院毕业，中学高级教师。1972年，参加教育工作，先后在石渡乡新峰完小、盘溪完小附设初中班、官田完小附设初中班、石渡中学任教。曾任石渡中学教导主任。2014年，石渡学校退休。七女婿余彬，1968年生，九江师专毕业，先后在鲁溪中学、巾口初中任教，2004年，选调入武宁一中，任高中重点班化学，中学一级教师。其孙刘诗颂，1976年生，修水师范毕业，后自学考试本科毕业，曾在横路、金水中学任教，2001年，调入武宁二中，中学一级教师。其孙女汪礼金，1975年生，修水师范毕业，后入江西师大进修，本科学历，曾在石渡中学，武宁私立宁达中学任教，中学高级教师，现在武宁一中任教。其孙女刘文秀，1980年生，修水师范毕业，后进修江西教育学院，本科学历，曾在鲁溪中学、武宁私立宁达中学任教，现在武宁五小任教，小学高级教师。其孙女汪月圆，1982年生，九江师范毕业，后考入江西师大，本科毕业，曾在石渡中学任教，现在武宁六小任教，小学高级教师。其孙女婿余建华，1973年生，修水师范毕业，后进修江西教育学院，本科毕业，曾在船滩中学、协和中学任教，现武宁一中高中部任教，中学一级教师。其弟汪维斌，1944年生，1964年，参加教育工作，1985年，九江教育学院函授毕业，中师学历，1980年起，先后在石渡乡、官田完小、洞口完小任校长，2002年退休，小学高级教师。其侄女汪朝霞，1969年生，永修师范毕业，后考入北京师范大学进修，2002年9月，调入广州市天河区任教，先后任教导主任、副校长、小学高级教师。其侄女婿李铜玉，江西师大毕业，后进修北京师范大学，先在永修县一中任教，2002年9月，调入广州天河中学任教，中学高教教师。其侄孙女雷晓晓，1986年生，2006年江西师大本科毕业，先后在船滩中学、清江中学任教，县在南昌大学攻读硕士研究生。

刘善堂 1927年9月生，南昌师范毕业，先后在武宁师范附小、荷洲初中任教，从教42年，1987年，荷洲初中退休。其祖父刘显根（1894—1946），民国时期在外毕、柯垅任教私塾27年。其伯父刘明煊（1877—1927），在鲁溪田铺、柯垅任教私塾20年。其子刘小银，1962年6月生，九江师专毕业，鲁溪中学教师。其孙女刘紫薇，1976年5月生，大学毕业，南昌师大附中教师。

傅堂杏 女，1927年10月生，船滩辽田村人，初中毕业，1951年，参加教育工作，先后在黄塅、棠厦、南市、新宁、县农科所小学任教，1980年退休。其爱人凌端廉，1927年生，高中毕业，1950年3月参加教育工作，在船滩、罗溪、横路、新宁、斜滩、月田小学任教师、教导主任、校长，后任教武宁一中、二中，1984年退休。其祖父傅梅友，字润霖（1866—1938），中秀才，晚清邑廪生，曾在北京国子监任事，清光绪二十二年（1896年）举孝廉，戊戌变法失败后，在燕京大学任教。辛亥革命后，因母病回武宁立志家乡办学。1912年，动用“敦和堂”公产及私人积蓄，在燕山下建“贻庆公祠”，在祠内办燕山小学，为家乡育才。其父傅廷献，又名傅翊文（梅友长子）（1889—1938），南昌洪都中学高中毕业，曾任燕山小学（梅友小学）教员、校长。1933年，学校停办，在辽田周家祠，黄塅沙田和城北高等小学堂任教，直至病故。其叔父傅廷俊，又名傅尚文（梅友三子），1925年，在南昌第一师范念书，加入学生会，同年6月，加入中国共产党，12月，利用寒假回家时在石燕小学发展4名共产党员，成立中共梅友党小组，尚文任党小组长。1926年，毕业回梅友小学任教，成立中共梅友支部，为武宁第一个党支部，尚任支部书记，下辖小九宫、辽里、南茶三个党小组，支部隶属中共南昌地委，1933年，梅友小学停办，参加了中国工农红军。其女傅维华，生于1952年，初中毕业，1981年，参加教育工作，先后在黄塅中心完小及柘林电厂幼儿园任教。

王有昌 1928年生，东林人，高中毕业。1950年，参加中国人民解放军，1953年，转业后从事教育工作30年，1989年，东林学校退休。其长子王益民，中师毕业，小学高级教师。1981年，从事教育工作，先后在东林、南岳、上汤学校任教，担任副校长、校长职务。其次子王新民，江西大学毕业，中学高级教师。1988年，参加教育工作，先后在江洲造船厂子弟学校、武宁澧溪中学、武宁一中任教。二儿媳雷红玲，大专学历，中学高级教师。1989年从教，武宁一中政治教师。其女婿余育炳，大专学历，中学一级教师，1984年从教，东林学校数学教师。其孙女王丽娟，大专学历，中学一级教师，1999年，参加教育工作，现武宁二小教师。其孙女婿叶敏，大学毕业，中学一级教师，1995年从教，现武宁实验中学教师。王有昌有《三代教育抒怀》诗云：从戎解甲执师鞭，粉笔生涯数十年。儿绍箕裘孙继业，祖贻燕翼后承前。锄园日涉皆成趣，育秀心勤尽不眠。桃李春风三代乐，黉门降帐有人传。

柯有燕　1928年10月生，鲁溪人。高中毕业，先后于鲁溪小源、北屏、新塘、新开及官莲乡从教29年，1979年退休。其父柯映斋（1900—1977），中专毕业，先后在瑞昌横山、武宁冯家寺执教20年。其子柯尝基，大专学历，曾任鲁溪岭背完小，新开完小教师，1981年，调县教育局，现任教育局纪委干部。其子，柯从茂，1966年生，硕士研究生，江西工程学院教授。

张会业　1928年生，罗溪人，武宁县立高中毕业，1950年3月，参加教育工作，在坪源、罗溪从教40年，1990年，从罗溪坪源小学退休。其高祖父张定汇（1811—1860），终身在罗溪坪源当私塾先生。其曾祖父张功钦（1838—1888），饱学秀才，终生任教私塾。其祖父张运昌（1871—1934），又名福门先生，晚清举人，先在箬溪等地教私塾，后调罗溪培基小学任教，毕生致力教书育人。其父张源深（1895—1955），先在罗溪培基小学（当地有钱人合股兴办的学校）任教，后在罗溪国民中心小学任教，曾任该校校长。

张　政　泉口镇金水人，1929年8月生，武宁县立中学初中肄业，1952年2月，参加教育工作，先在大洞岭下、杨湾、畈上、鲁桥小学任教，后在泉口纽丝、路口、枣源、前宅、栗林、东湾、下北、金水完小任教，1980年退休。其父张绪苏，生于1906年，洪都中学毕业，在下北、下庄、儒庄山头任私塾教员数年，后考入省办师资训练班，结业后分配到铜鼓县石桥村任教。1935年4月，偶染重病去世。其子张吉雄，生于1957年1月，中师学历，小学高级教师。1980年，泉口镇小学任教至今，多次荣获乡、县“模范班主任”“优秀教师”荣誉称号。

陈宗嫡　女，1929年生，江西武宁师范学校毕业，1952年，参加教育工作，先后在石渡安乐、清江汉桥、桐埠、殿下、塘里完小学校任教，1980年退休。其父陈静山，号陈善第，生于1894年，原籍湖北，随父迁居石渡富岭，毕业于民国农业科学院，现在石渡乡洞口保学，新峰陈家坪私馆教书，后自己创办新峰寺顺义小学，担任校长之职，抗日战争爆发，赴龙石顺义小学任教，接任校长。抗战胜利后，在石渡完小任教，再任校长，1949年病逝。其子汤林清，1965年生，九江师专毕业，后进修江西师大，1988年，从教于武宁一中，2001年，调入广东东莞东华高级中学任化学，中学高级教师。

陈伦荣　女，1929年12月生，甫田建富村人，武宁师范简师毕业，1948年，从事教育工作，先后在石渡、荷洲、澧溪、甫田完小任教，1979年，甫田小学退休。其丈夫李占春，1922年12月生，甫田建富村人，省立武宁师范毕业。1949年，从事教育工作，先后在城区、船滩、石渡、荷洲、梅林、烟港等小学及澧溪、干楼中学任教，1983年12月办退职，1985年，改为退休。其父陈敦龙，字建云（1900—1957），甫田建富人，南昌师范毕业。曾参加过中国共产党领导的地下组织，1927年“四一二”惨案后，被捕入南昌监狱，后查无实据保释回家，在私立宏毅、城北小学、武师附小任教，后在省立武宁师范任教员兼校医。其子李少华，1955年生，电大专科毕业，1977年起，在澧溪大源初中、澧溪中学任教，1999年，调武宁二中任教。其孙女李慧群，1977年生，中国传媒大学毕业，南昌大学硕士研究生，任南昌大学讲师。

徐　荣　原名卢其海，1931年生，县城人。1949年，省立协和中学高二肄业，同年11月，任教船滩斜石小学，次年2月，清江乡大田务农。1953年10月起，先后在宋溪新开岭、泉口月坪、严阳东坑、石渡渡头小学及柳山、古艾完小任教。1979年5月，调文教局任会计，1986年退休。其继父徐盈锡，字重藩（1908—1952），武宁清江大田村人。1930年，江西洪都中学肄业，曾在保学和清江、罗溪中心国民学校任教。其女李桂红，1963年10月生，高中毕业后，坚持自学，1988年，取得电大专科毕业证书。1983年起，在石渡中学、县农科所中学任英语教师。后调南昌工作。其子卢慰军，1968年12月出生，高中毕业，1986年2月顶父职在清江中心完小任教，后调武宁三小任教。

石圭义　1933年生，湖北黄梅人，1955年，九江师范毕业，1977年，任新宁中学校长，评为模范工作者，后调任武宁一中校长、党支部书记，1989年，评为中学高级教师，从教38年。1993，武宁一中退休。其爱人葛爱英，1939年生，河南罗山人，1960年，九江师范毕业，先后任教新宁小学、澧溪小学、县幼儿园，1989年，评为小学高级教师，1994年退休。其祖父石愚溪，字庆潘，生于清光绪四年（1878年），民国初，陆军部专科师范毕业，被北洋政府段祺瑞聘为河北保定军官学校历史教员，1916年病卒保定。其父石壁符，字心禅（1903—1965），在家乡设经馆，育英才，终身从教。其弟石圭礼，1960年，武汉师范学院数学系毕业，任湖北阳新中学教师、教导主任、校长。中学高级教师。其女石慧，1964年生，1987年九江师范专科学校外语系毕业，分配到武宁一中任外语教师，1989年调海口市任教。其侄石振宇（石圭礼之子），1989年，九江师专化学系毕业，后从事教育工作。其叔祖父（石愚溪之弟）石修伍，字凤楼，北京优级师范第一期毕业生，任湖北教育厅督学，后调湖北龙泉中学任教五年，最后在家乡教经馆，1950年病逝。其堂兄石清怀（伯父之子），1949年，参加教育工作，一直在湖北省黄梅县任小学教师、校长，1989年病故。其堂侄石建文（石清怀之子），1986年，在黄梅县长岭中学任后勤工作。堂侄石建华（石清怀次子），湖北武穴师范美术班毕业，在黄梅县任教。其堂兄石圭仁，1959年武汉大学历史系毕业，黄梅县中学教师，“文化大革命”中，下放在江西湖口马影中学任教，中学高级教师。其嫂梅凤秋（石圭仁之妻），先后在湖北黄梅、江西湖口小学任教，1986年退休。侄女石立农（石圭仁之女），上海交通大学硕士研究生，1987年毕业后，在武汉工学院任教。石圭义从其祖辈算起，一家四代有14人在湖北、江西两地执教，实属罕有。

黎天斗　1934年生，1955年武宁师范毕业后从事教育工作，先后在武宁横路、澧溪、石门、黄埚、鲁溪、箬溪、官莲中小学任教，从教39年，任中学、小学校长29年。1994年从官莲中学退休。其祖父黎宗锦，晚清秀才。清末民初，从事乡村私塾教育20年。其父黎德瀚（1913—1960），武宁城北高小毕业，1942年起，先后在鲁溪大堰、永修吴城教私塾。其子黎小东，1975年，在乡村小学代课，后转民办教师，1982年，考入修水师范，毕业后分在官莲小学任教。其女黎清娥，1994年，修水师范毕业后分在江西共青城小学，现任共青城第一小学教导主任。

刘礼梧　1934年11月生，鲁溪人。九江师范毕业，曾在原大桥小学任教，后调入鲁溪中学，1994年，鲁溪中学退休。其父刘诗海，1914年生，在官莲西湾、冷家任教私塾。其妹刘礼玉，1954年生，中师学历，官莲乡西湾完小任教师，2009年，一黎片区完小退休。其长子刘小刚，1958年生，本科学历，先后在杨洲初中、巾口初中任教，后调瑞昌市四中任教，中学高级教师。其四子刘赟，1968年生，中专学历，鲁溪中心完小教师，小学高级教师。其二女刘红华，1966年生，本科学历，小学高级教师，武宁四小任教。其三儿媳叶志鸿，1971年生，本科学历，小学高级教师，武宁三小任教。其孙女刘蘅婷，1987年生，本科学历，南昌湾里中学教师。

周　珩（翟广淑）　女，县城人，1943年生，高中毕业后，先后任教新宁小学、宋溪小学、武宁一小、三小，小学高级教师，1998年，从武宁三小退休。其父翟谟猷（1899—1951），澧溪人，武宁城北高等小学校毕业，先后在县城启智小学、甫田、澧溪邓源等地私塾任教。其夫温宏桢，横路人，1935年生，中山大学毕业。1963年，回县从教，先后在武宁县干部职工业余学校、宋溪中学、县师训班任教。“文化大革命”后任县教师进修学校教导主任，兼任县政协常委社会职务，1987年，评为武宁首批中学高级教师。1995年，县教师进修学校退休。其长女温玉敏，1964年生，大专学历，1981年起，先后在县茶场、澧溪、罗坪、武宁二中任教英语10年，后调海南。其次女周晓丹，1967年生，江西师大本科学历，1985年起，在武宁严阳中学、鲁溪中学、九江庐山区中学教英语，中学高级教师。女婿田中兴为九江学院硕士研究生导师。其三女温应农，1968年生，江西师大本科学历，1986年起，任教宋溪小学、协和中学，中学高级教师。

朱原秘　1944年8月生，石门楼人。1961年，罗溪初中毕业，在罗溪、田铺完小任民办教师。1966年，下放生产队劳动，1972年2月，在河垅完小任民办教师、教导主任、校长。1985年，转为公办教师，调石门民办初中任负责人，2004年，石门楼小学退休。其祖父朱德忠，字敦仁（1885—1947），读完圣经馆后，一直在石门楼的横岭、石湾、白桥任教。其父朱本田（1914—1997），初中毕业，解放前在修水朱沙小学、武宁石门楼私塾、武宁师范任教，新中国成立后在石门徐坑、白石、朱家山任民办教师。

盛继江　1945年生，船滩畲上人。1964年8月，武宁一中毕业，1982年，九江师范毕业。历任船滩小学、船滩初中教师、教导主任、副校长。后调武宁一中初中部任年级组长、党支部书记，多次受县政府表彰。2005年，武宁一中退休。其父盛时中（1886—1953），南昌师范毕业，民国时期在南昌一中、武师附小、省立协和中学任教，解放后在武宁联合中学（武宁一中前身）任教。其长女刘英，1970年生，中师毕业，曾在武宁大洞初中任教，后调往九江。其次女盛筱蓉，1972年生，中师毕业，曾在严阳中心完小任教，后调武宁二小任教，小学高级教师。其姐盛剑芬，1928年9月生，省立武宁师范毕业，先后在古艾小学、澧溪罗坪村完小、甫田外湖小学任教，1979年6月退休。

翁盛旺 1945年生，箬溪人。1964年，武宁中学高中毕业，9月任民办教师。1981年，考入修水师范，1983年，师范毕业，分到罗坪长水完小任校长；1984年，任罗坪教育办主任兼中心完小校长，1989年，评为小学高级教师，2005年退休。其父翁鹏展（1927—2010），1950年，在武宁古艾小学任教，1951年9月，由县选派到南昌大学深造，1952年，全国高等院校调整，南昌大学中文系学生转湖南长沙师范学院就读，1955年，本科毕业后，分在江西樟树农校（中专）任教，1985年，调武宁二中任高中语文教师，1987年，评为中学高级教师，同年退休。其次子，翁爱华，1978年生，1999年毕业于九江师专，先后在石门楼中学、罗坪中学、县城四小任教。2009年，函大中文系本科毕业，2010年被评为小学高级教师。其次子媳邢国莉，1980年生，修水师范毕业，先后在巾口小学、罗坪中学、武宁三小任教，2004年，江西教育学院脱产进修英语，后又函授获本科文凭，小学高级教师。其大妹，翁盛萍，1948年生，1964年武宁中学初中毕业，9月，在罗坪沙湾村小学任代课教师，1970年转为公办教师，先后在罗坪、南岳、船滩小学及县农机厂子弟学校任教，后调入武宁一中任图书室管理员，2003年退休。还有翁盛萍夫衷敬儒武宁一中任教。

李涴林 1947年5月生，江西樟树人。中共党员。先后毕业于九江师专、江西教育学院。文学学士学位，中学高级教师。1975年，起在石羊初中班、东坪小学、石羊初中任教。1981年，任教武宁二中，1985年，任该校校长、副校长，1989年，调任县教育局副局长。1995年任武宁一中校长、党支部书记并兼县教育局副局长。1999年，调回县教委任副主任，翌年退居二线任调研员。2007年退休。其外祖母：何树先，又名丽仙，1886年生，澧溪石羊人。省立南昌女子师范毕业。1914年，在武宁创办女子职业学校，任校长。抗日战争时期转辗河南、上海、湖北、南昌地学校任教。抗战胜利后回家乡石羊，购买教具、图书赠石羊小学，并捐资设立“何氏追远会”为助学奖学金。1959年病逝。其生母：李近初，字兰荪，1917年生，武宁甫田人，上海女子高等专科学校毕业。曾任教涂家埠小学，抗战时期转辗云南、贵州当教师。新中国成立后，在江西省军区印刷厂任文化教员，后调樟树一小、二小当教师，1972年，调福州军区后勤部樟树军马场子弟学校任教至退休，1998年病逝于武宁。其养母：李慎初（李近初妹），1923年4月生，武宁甫田人，上海女子高等专科学校毕业 。曾在南昌二中任教，1953年，调樟树中学任教，“文化大革命”时期调清江经楼中学任教至退休。其兄：李进宁（李近初长子），1945年6月生，毕业于樟树中学。“文化大革命”时期在新干县玉山小学当教师，1976年，调武宁二中任教，1985年，调樟树三中任教至退休。其长女：李菲，1979年5月生，先后毕业于修水师范学校、福建漳州师范学院。1996年在漳州市芗城区古圹小学任教，2008年，调漳州第二实验小学任教。小学高级教师。

黎　蓉 女，清江龙石人，1948年11月生，初中毕业。1966年起，先后在石渡、澧溪、甫田、黄塅中心完小和澧溪中学任教。1989年被评为九江市优秀辅导员，1993

年获全国优秀教师殊荣，2003年从沙田小学退休。其夫吴计程，1948年生，江西永新人。1963年，井冈山大学数学系毕业，分配在武宁澧溪中学任教，1980年，调武宁一中，1984年任武宁一中副校长，中学高级教师，从武宁一中退休。其父黎爱初，1922年生，省立武宁师范毕业，1950年，参加教育工作，曾在清江龙石、石渡完小任教，1961年，调澧溪中学，1970年，调清江中学任教至退休。其子吴亚新，1968年11月生，武宁一中高中毕业，1991年，考入九江教育学院学习外语，曾任石渡中学英语教师，后调武宁一中任教。其儿媳陈玉，九江师专毕业，先后在石渡、茶场任教，后调任黄埚初中教师。

石承粤 1949年4月生，宋溪人。1974年，在宋溪王埠民办初中任教，1980年，首届民师考取中师，毕业后转为公办教师，先后在王埠村完小、宋溪中心完小、新宁三小任教，曾任宋溪中心完小副校长、武宁三小工会主席，2009年4月，从武宁三小退休。其祖父石道修（1904—1977），年轻时一直在巾口乡教私塾。其母李菊，1920年生，贵州人1957年起，一直在巾口完小、上畈、棠厦、三山小学任教，1976年，巾口中心完小退休，2007年病故。其弟石小洪，1957年生，1975年11月由知青顶职到大桥中学（鲁溪中学前身）任教，1979年9月，调县农科所学校，1987年，调县教育局，现任教育局基础教育股股长。其妹石卫萍，1965年10月生，由招干入教师队伍，曾在宋溪中心完小任教，现武宁二小教师。其女石飞，1975年11月生，修水师范毕业后，宋溪中心完小任教，2004年，选调到武宁三小任教。

吴世菲 女，1950年8月生，澧溪人。1970年，参加教育工作，先后在澧溪乐家村、南市凤口、黄埚月田小学任教，小学高级教师， 2005年在武宁三小退休。其父吴亨贞，1924年生，1947年从教，先后在澧溪曹坑、大源、中心完小、哨背、山口、岩山等地任教， 1978年，从澧溪岩山完小退休。其弟吴世华，1960年生，1979年从教，曾任教澧溪安乐林场小学，后任澧溪罗坪村完小教师，小学高级教师。其子吴华，1972年生，1991年修水师范毕业，分配到清江毛田村完小任教，后调巾口乡西下完小、石门楼中学，2009年选调武宁四小任教。

黄修林 1956年生，1978年，参加教育工作，高中毕业，后于江西师大（函授）大专毕业，先在石渡乡属小学任教，1982年后一直在石渡中学任教，中学高级教师，曾任石渡中学副校长，工会主席等职。其妻朱元贞，1960年生，1978年参加教育工作，一直在石渡乡属小学任教。其妹黄小丽，1979年生，修水师范毕业，后进修九江教育学院，一直在甫田中学任教，中学高级教师。其妹夫魏力平，1966年生，九江师范毕业，后进修九江教育学院，先在甫田中学任教，后调入武宁一中，中学高级教师。其子黄诚，1982年生，2000年毕业于修水师范，在石渡中学任教，后脱产进修江西师大，本科毕业，先后在武宁外国语学校、武宁二小、武宁二中任教。中学二级教师。

林家丰 1958年1月生，官莲乡人，中共党员，中学高级教师。1975年，参加教育工作，曾任官莲乡一黎初中教师，巾口初中教师、教导主任。1987年，入九江教育学院脱产学习，2年后获大专文凭。1991年9月，调武宁一中，先后任教导处、政教处干事。

多次评为校、县级优秀教师、先进工作者。其妻王时桂，1958年8月生，巾口乡人，小学高级教师，1983年6月，在巾口中心完小任教。1991年9月，进入县教师进修学校离职进修，获中师文凭，1993年9月，调县茶场中心完小任教，1998年，调黄塅中心完小，2008年12月，黄塅中心完小退休。其父林传良（1928—1994），官莲乡人，民国时期武宁师范毕业，1948年，参加教育工作，先后在龙堰艾家祠堂小学、一黎初中、杨洲山洪小学、官莲中学等地任教，1975年病退。其岳父王百炼（1923—2003），巾口乡人，民国时期南昌国立中正大学毕业，曾任国民党武宁县党部副书记，1976年，参加教育工作，先后在巾口乡三山村完小，巾口中学任教，1979年，调武宁一中当教师，1983年，武宁一中退休。其女，王琳琳，1984年1月生，中共党员，2007年7月，武汉大学研究生毕业后，任武汉市中南民族大学教师。

张待强　1960年4月生，石门楼人，修水师范毕业，1980年，在石门楼民办中学任教，1989年，调石门中心完小任教，兼乡教育办出纳，1996年调石门楼初中任教。其曾祖父张怀家（1887—1966）前清秀才，长期在石门楼各村教私塾，1939年病故。其祖父张友仁（1908—1960）秀才，在武宁县城、石门楼、罗坪和修水县农村私塾任教。其父张以雍（1930—1968）江西省立武宁师范毕业，曾在石门楼、林湾、岭上、田铺、白桥、香炉山、青岭、镜源任小学教师。

余林英　女，1960年8月生，鲁溪镇人。1977年，中师毕业从事教育工作，小学高级教师，鲁溪中心完小任教。其曾祖父余卫予（1870—1953），秀才，于鲁溪北屏等地教私塾。其祖父余果金（1895—1968），高小文化，鲁溪北屏私塾任教。其父余策渊（1932—1984），初中毕业，鲁溪北屏从教29年。其姐余艳香，1958年6月生，高中毕业，鲁溪北屏完小教师。其弟余晖，1968年4月生，硕士研究生，北京市新英才学校教师。其弟媳刘玉蓉，1970年10月生，大学学历，北京市新英才学校教师。

第九章　教育行政

第一节　党群组织

中国共产党组织

民国时期，全县中小学均有中共党组织活动。

1925年冬，在南昌第一师范求学加入中国共产党的傅廷俊，回家乡武宁船滩辽田，利用其父傅梅友办的私立梅友小学开展党的秘密活动，不久，介绍丁时、张竟成、汪涿钦教员加入中国共产党，并成立中共梅友小组，傅廷俊为组长。隶属中共南昌特别支部领导。1926年春，傅廷俊回学校，党小组工作由丁时负责，并先后在辽里、木皋、温汤、小九宫地发展党员，分别成立小九宫、温汤、木皋3个党小组，同年7月，傅廷俊从南昌一师毕业，回梅友小学任教，建立中共梅友支部，傅廷俊支部书记，隶属中共江西地委领导。是武宁县建立的第一个中共支部。1928年4月，改为中共武宁梅友特别支部委员会。

1925年，武宁启智小学教员邓尚志（又名邓澄猗，南昌人，中共党员）在启智、宏毅、沉健等小学及县立中学积极活动，物色发展党员。11月，发展启智小学教员朱美厚、宏毅小学校长陈宙新2人入党，1926年3月，成立中共武宁县城小组，邓尚志任组长，隶属中共南昌特别支部领导。之后又发展教育局局长汤亚伊，宏毅小学教员卢治尘、李士毅、中学教员李阳和（又名李少白）及张爱慈等人加入党组织， 8月，成立中共武宁县城支部委员会，邓尚志任书记，隶属中共江西地委领导。1927年2月，邓尚志调南昌，朱美厚继任支部书记，隶属江西区委领导，同年5月，江西区委改省委，故隶属江西省委领导，积极从事革命活动。

1944年春，中共党员张华、张明（又名张克强）受党的派遣，安排在省立协和中学任教（其时地址在武宁石门楼），与原协和中学中共地下党员饶奕昌（又名饶练）、沈琼珍（奕昌爱人）、陈韶元（又名陈鸣）成立中共临时党支部，推选饶奕昌为负责人，党员有陈韶元、张华、张明、沈琼珍、饶会昌（石门楼新牌小学教员）、饶庆昌（私立明诚小学教员）、罗建宁。临时支部成立后，在协和中学积极开展组织读书会、成立宣传队，出墙报、演讲革命活动。

1948年8—9月间，振风中学教员龚成余以教书为掩护，从事党的组织发展工作。10月，发展卢修龙、卢位棣入党，与回武宁工作的吴良城（船滩人，中共党员）、方谊仁（武宁师范学生、党员），成立中共党小组，龚成余任组长。寒假时，龚成余接受上级指示回南昌另有任务，党小组工作指定卢修龙负责，当时党小组的活动：组织学习革命理论，积极传播马列主义；准备地下武装，迎接武宁解放；协助人民解放军和军管会，清剿土匪，建立新政权，该组织一直坚持到武宁解放。

新中国成立后，中共武宁县委积极在教师中发展党员。1954年，教育界有熊仁佑、汪会中、冷绪源、蔡遇远4人加入中国共产党。1956年，武宁中学成立党支部，汤平朴为支部书记，这是新中国成立后武宁中、小学单独建立的第一个党支部，后来完全中学及规模大的初级中学有中共党员3人以上的均成立党支部。

1962年，全县教师队伍中有中共党员41名。“文化大革命”开始后，知识分子被称作“臭老九”，教师入党难。“文化大革命”结束后，随着教师政治地位提高，教师入党难的问题得到解决。1989年，全县中小学已有党支部37个。有10所学校单独设党小组，中共党员560人。

武宁教育局内原设党总支，2008年始，设中共武宁县教育局委员会（简称“局党委”）。局党委下辖县一中、二中、实验中学、职业中专四个党总支，另直辖城区中小学11个党支部。农村中小学党支部在各乡（镇）党委直接领导下开展工作。

学校党支部的职责是：贯彻执行上级党委的决议，做好学校师生的政治思想工作和党的组织建设工作；保证党的教育方针和办学方向的贯彻执行；领导学校共青团、学生会、教育工会和其他群众组织工作；教育党员团结群众，起模范带头作用，正确执行党的方针政策，依靠广大教师，把学校办成社会主义的新型学校。

随着教师政治地位的提高，教师队伍中的党员人数不断增多，2010年，全县中小学有党总支4个，党支部57个，中共党员834人。

学校党支部均制度《三会一课制度》《组织生活制度》《党员汇报制度》《民主评议党员制度》，每月召开一次支部会。

各支部积极引导、关心、培养年轻优秀教师向党组织靠拢，每年的7月1日，讨论、吸收一批优秀教师加入党组织。在“建党日”期间组织党员开展“重温入党誓词”“凝聚在党旗下”等各种活动。要求党员成为本校、本专业的业务骨干、技术尖子，做到“一个党员就是一面旗帜”，各项工作起模范带头作用。鲁溪中学每位党员向特困生捐资100元，并与特困生结成“一对一”的帮扶对子。四川汶川地震后，全县教师党员积极向灾区捐款，“交一次特殊党费”。十多年来，横路乡小学党支部组织党员捐款帮扶活动13次，累计捐资38560元。党支部把学校工作的重点、难点、热点作为本支部工作的中心，船滩镇小学围绕“把支部建成一个高师德、高学识，以身作则、率先垂范，为人师表的战斗集体”而开展各种活动；罗溪初中支部要求每个教师党员“保持共产党员的先进性，永做教育的排头兵”。武宁二中党总支在1998—2003年间，发动社会各界人士捐资助学，筹款硬化学校道路、操场达1万平方米。武宁是革命老区，各支部组织党员开展“追寻红色足迹，锤炼坚定信仰”活动，参观本地革命烈士纪念馆，对党员进行革命传统教育、廉政教育，“六爱”（爱党、爱国、爱集体、爱老师、爱朋友、爱学生）教育。2010年7月，罗溪小学支部还组织全体党员赴井冈山红色旅游。每年年终开展民主评议党员、评议党员干部、评议支部活动。

教师党员均在所属的支部领导下开展活动，但有些山区学校（如鲁溪小学）山高路远，考虑到退休的党员年龄和身体状况，同意其转到自己所在地村支部参加活动，有些退休老党员跟子女居住在县城，亦转入到教育局老干支部参加活动。

2010年中小学党组织情况

表9-1　　单位：个、人

学校名称	党总支	党支部	党员数	学校名称	党总支	党支部	党员数
县一中	1	5	56	杨洲学校	—	1	22
县二中	1	4	30	私立宁达初中	—	1	10
实验中学	1	2	27	江西美术专修学院	—	1	11
协和中学	—	1	12	教师进修学校	—	1	12
职业中专	1	3	30	泉口镇小学	—	1	21
泉口初中	—	1	7	横路乡小学	—	1	19
金水初中	—	1	7	鲁溪镇小学	—	1	28
横路初中	—	1	6	官莲乡小学	—	1	30
鲁溪初中	—	1	19	甫田乡小学	—	1	12
官莲初中	—	1	10	澧溪镇小学	—	1	33
甫田初中	—	1	7	船滩镇小学	—	1	26
澧溪初中	—	1	16	石门楼镇小学	—	1	21
船滩初中	—	1	13	罗溪乡小学	—	1	16
清江初中	—	1	14	黄堈镇小学	—	1	46
罗溪初中	—	1	8	罗坪镇小学	—	1	16
石门楼初中	—	1	13	清江乡小学	—	1	14
黄堈初中	—	1	16	南市开发区小学	—	1	15
罗坪初中	—	1	13	一小	—	1	14
大洞乡学校	—	1	16	二小	—	1	22
巾口乡学校	—	1	5	三小	—	1	21
宋溪学校	—	1	15	四小	—	1	13
东林乡学校	—	1	22	五小	—	1	8
上汤乡学校	—	1	8	县幼儿园	—	1	10
石渡乡学校	—	1	24	小计	4	57	834

武宁县教育工会

1952年8月，在县城召开第一次教工代表大会，成立中国教育工会武宁县委员会。（简称“县教育工会”），县教育工会隶属省教育工会和县总工会的双重领导。第一届委员19人，其中常委7人，县教育科副科长余定树兼工会主席，张罗任副主席，是年，在县、乡各校建基层工会14个，发展会员390人。

1956年，教育工会召开第二届代表会，选出委员和执行委员外，新增经费审查委员3人，以监督工会经费的收支。主席由副局长汪会中兼任。其时基层工会13个，会员发展到480人。

1960年，落实中央提出的“调整、巩固、充实、提高”八字方针，县教育工会专职干部调离，机构精简，工会工作归县总工会直管，教育工会活动处半停顿状态。1963年，县总工会下设文教工作委员会，县直学校以校、农村以中心小学为单位成立基层工会，开展活动。“文化大革命”开始后，文教工作委员会干部调离，全县教育工会活动几近停止。

1979年12月，县总工会文教工作委员会恢复，文教局副局长刘堂仁兼主任，配专职干部1名。1981年9月，全县有教育工会基层委员会39个，会员2276人，占公办教工总数的97.9%。1988年3月，县教育工会配专职干部2人（主席、普通干部各1人），1月，召开全县第三次教育工会会员代表大会，选举委员17人，其中常委7人，另成立经费审查小组3人，女工领导小组5人，机构逐步完善。

2010年，县教育工会配专职干部3人，局党委委员程德猛任工会主席，已召开会员代表大会6次，下辖基层工会48个。各基层工会主席一般由副校长兼任（或享受副校级待遇），全县有会员2760人。

武宁教育工会是工人阶级性质的全县教育工作者的群众组织。自成立之日起，在中共党组织的领导下履行以下职能。

教育工会代表和维护全县教职工的合法权益。

组织和团结教职工积极参加学校各项改革，努力完成以教学为中心的各项工作任务，培养德、智、体、美、劳全面发展的建设者和接班人。

依照宪法和法律的规定，代表和组织教职工行使当家做主的权利，参加学校的民主管理和民主监督。

教育广大教职工加强学习，提高思想、政治和业务素质，使教育工会成为广大教职工在实践中学习共产主义的学校。

县教育工会组织广大教职工积极开展各种活动。

20世纪50年代，由于县城旅社少，为了方便基层工会教工进城办事。工会发动教工捐赠布证，创置9套床铺设备，办起第一家教工招待所，解决了农村教工到县城办事的吃、住问题。为了丰富教工的精神生活，提高教工的政治业务水平，县教育工会指导基层工会建立教工阅览室38个，订报纸97份，杂志278份。编印《武宁教工》月刊，对工会会员的工作经验材料、文章、工会动态通过月刊发至各基层工会交流。

1980年，随着教育工会组织机构完善，工会活动日趋活跃。1980—1988年，县教育工会先后组织6批共106名教职工到庐山、桂林、杭州、西安、北京、上海休养、参观和旅游。工会会员受县级表彰达998人次，市级表彰32人次，省级表彰26人次，新宁二小教师张绪骥获全国优秀工会积极分子称号。同时，给30年教龄教师颁发荣誉证书。1988年，全县各基层教育工会普建“教工之家”，经上级有关部门组织验收，对阅览、乐器、体育用品和棋牌设备均达标的39所学校的“教工之家”，颁发合格证书。其后经过对基层工会的考核，表彰先进“教工之家”综合奖10个，单项奖6个。

1990年，全县基层工会已成立篮球、排球、乒乓球、羽毛球、门球体育球队45个；象棋、围棋、军棋、五子棋棋类组39个，队员670余人；先后组织基层工会体育竞赛243次，参赛者8016人次。20世纪90年代后期，县教育工会积极协助行政举办各种教师业务竞赛，组织教师认真学习《中、小学教师职业道德》，加强师德师风建设。每年均组织工会会员开展1～2次全县性的文体比赛。1998年，全县教育工会会员的卡拉OK大奖赛，2001年，全县教职工篮球赛；2003年，乒乓球赛均办得有声有色。2007年，组织会员参加县总工会羽毛球赛，男女组分获二、三名；乒乓球赛男女均获团体三等奖。参加省“女教职工风采”画板赛，获省级三等奖。是年，全县教职工举行才艺比赛，14名选手获声乐器乐组一、二、三等奖。2009年，为迎接中华人民共和国成立60周年，全县教职工大型文艺会演在县艺术中心举行，510名演员登台献艺。2010年，县教育工会先后获市先进教育工会、全省农村中小学工会工作“四个一”活动先进县级工会、省教育系统先进工会等多种荣誉称号。工会主席程德猛评为江西省先进工会工作者。

20世纪80年代，县教育工会活动经费来源，教育行政部门按工会会员工资额的2%提存拨款，其中部分交县总工会和下拨各基层工会，县总工会按下级工会上交额中回拨25%；行政按工会活动实际需要补助拨款。进入21世纪后，随着教育经费县财政统管，教育工会活动经费由县财政直拨县总工会，县总工会提存后下拨县教育工会，县教育工会按会员数分拨各基层工会。由于受县财政收入制约，有时未如数足额拨付。全县教育工会年总活动经费17万元。基层工会经费不足，由学校行政经费适当补充。

教育工会活动经费除用于工会行政、宣传教育、文体活动外，为会员排忧解难亦属重要开支之一。工会会员遇重病住院，天灾人祸，由工会联系行政领导探望，视情况给予困难补助。2008年后县教育工会每年开支特困和生病住院的教职工探视慰问金1.2万元，同时组织教工成立互助储金会，互助互济。各基层工会干部逢年过节，上门慰问离、退休教职工，已成常规。许多基层工会协助学校行政每1～2年组织教工健康检查。2010年，全县有20多所学校为600多名女教工办理了幸福互助险。

工会经费由经费审查委员会监督审查，并定期向会员代表大会报告经费收支情况。

2010年教育基层工会情况

表9-2 单位：人

基层工会名称	会员数		主席	基层工会名称	会员数		主席
	总数	其中女会员	姓名		总数	其中女会员	姓名
一中	161	41	余其夏	鲁溪小学	115	37	林显玉
二中	180	77	王贤德	官莲小学	42	10	周甸仁
实验中学	103	24	叶红斌	巾口学校	43	8	陈宗荣
协和中学	68	25	陈居涌	宋溪学校	95	44	陈　超
泉口初中	25	3	柯剑平	甫田小学	38	18	王忠学
金水初中	24	5	汪金水	澧溪小学	65	17	李　林
横路初中	48	7	冷运林	船滩小学	89	31	徐德华
鲁溪初中	67	12	熊里枝	上汤学校	38	11	郑家忠
官莲初中	34	5	刘　昱	东林学校	46	10	徐　荣
甫田初中	32	9	王贤放	石门楼小学	68	14	熊明星
澧溪初中	52	12	明　洪	罗溪小学	48	25	杨再平
船滩初中	65	7	费后京	黄塅小学	84	51	刘罗生
清江初中	30	10	朱灿书	罗坪小学	56	20	孙　立
罗溪初中	33	3	王溪宁	杨洲学校	35	8	洪玉政
石门楼初中	47	11	黎　曙	清江小学	44	13	徐代森
黄塅初中	53	23	邓　斌	石渡学校	63	18	黄修林
罗坪初中	49	16	潘鹏飞	南市小学	43	24	万长宝
私立宁达中学	71	16	杨小平	县幼儿园	38	37	张绪香
职业中专	68	22	李　健	武宁一小	33	20	汤小红
江西美术专修学院	32	7	卢其婻	武宁二小	71	49	夏银秀
教师进修学校	15	5	何绵提	武宁三小	70	50	陈小芬
大洞学校	56	13	冷先桂	武宁四小	49	32	陈克香
泉口小学	58	14	张友元	武宁五小	36	18	何亦黄
横路小学	74	20	温浙照				

武宁县教育学会

武宁县教育学会（以下简称“学会”）是武宁县教育行政部门领导下的教育科学工作者的群众性学术团体，属武宁县科学技术协会和九江市教育学会的团体会员。学会成立于1980年11月，初时会员260人，分布在全县各级各类学校。学会的最高议事机构是会员大会，原则上每三年召开一次。学会设理事会，负责日常事务，首届理事59人，其中常务理事15人。首任会长由教育局局长冷先发兼，县教研室主任张贞茂任秘书长。当时，中学教师紧缺，教研室未能配齐学科教研员，部分理事按所任课程聘为学科小组成员，参与教研活动，因此，学会自成立之日起，一直挂靠县教研室，大量日常工作均由教研室牵头办理，学会工作与教研室工作紧密相连，工作计划商量订，大的活动联合搞，所以几经换届，会长均由县教育局长兼任，历届县教研室主任担任秘书长。

教育学会成立后，主要工作是：开展教育科学实验活动，组织重点课题研究。20世纪80年代中期，在武宁二小开展使用“人教版”“景山小学”“北师大”三种实验教材的3个实验班教改实验工作，加强了实验课堂改革的研究和实验效果的分析鉴定；1997年，省教研室申报“初中语文导学实验”课题，2000年3月结题；1998年，向国家教育部申报“初中物理边教边学边实验”课型研究课题，两年后圆满完成该课题研究。为了促使幼儿教育事业的发展，1998年4月，召开首届武宁县教育学会幼儿教育研究会，通过《武宁县幼儿教育研究会章程》。

普及教育科学知识，宣传、交流教育理论、教育改革、教育教学实践方面的先进经验和学术论文。1985—1987年，学会组织骨干教师撰写教育教学论文和经验文章200篇，其中省级以上刊物发表20篇。学会创办的《武宁教育》刊，具体反映各乡校教学动态，交流各学科教学经验。1990年9月，学会协同教研室组织修水、武宁两县四乡骨干教师研究，探讨教学协作，广泛交流两县教学改革经验。21世纪后，学会组织、鼓励教师撰写教学论文，2010年，全县教师在省级以上报刊发表教学论文论著达270篇。

配合有关部门，举办各种培训班、讲习班、报告会，努力提高会员和骨干教师的教育理论和业务水平。20世纪80年代中期，针对某些学科队伍薄弱情况，学会办了中学数、理、化单科学习班；开展小学语文集中识字讲座、语文阅读教学讲座；中学开展文言文教学、生物、微机讲座。80年代末，为了推广中学语文单元教学法，学会聘请江西教育学院张定东副教授来县讲学，从理论到实践，系统完整地介绍了单元教学法，参加听课的会员及骨干语文教师80人，促进中学语文单元教学的改革。同期还聘请江西樟树中学教师娄匡鹿来县讲学，吸取他的教改经验。90年代，配合县教研室，举办3期中小学教师计算机辅助教学培训。2004年，义务教育阶段起始年级开始使用新课程教材，2008年、普通高中起始年级进入新课程实验，学会配合教研室，选送骨干教师参加省、市培训，提高教师掌握新教材的教学能力。全县涌现出一大批教学、教研骨干。2010年，教师中有省特级教师2人，省级学科带头人2人，市级教学明星4人。市级学科带头人及骨干教师134人。

提出合理化建议，向有关部门反映教育工作者的问题和要求。

学会的活动经费由上级业务部门拨款，县局拨款，有关单位捐赠，多渠道筹措。

2010年，武宁教育学会会长仍由教育局局长兼任，县教研室主任刘合耀任秘书长，下辖49个团体会员单位，会员567人。设各科中心教研组16个，分别是：中学政治、语文、数学、物理、化学、英语、历史、地理、体育、生物中心教研组，小学语文、数学、思品中心教研组，中小学音乐、美术中心教研组及幼儿中心教研组。

武宁县离退休教师协会

武宁县离退休教师协会（简称退教协），是全县离退休教师的群众性组织。行政上受县教育局领导，县教育工会具体管理，同时接受县老干部局、县老龄工作委员会和县退休职工管理委员会的工作指导。

1988年12月24日，召开全县离退休教师代表大会，成立武宁县离退休教师协会。大会选举产生协会理事23人，其中常务理事11人。首任会长冷先发、副会长张罗、秘书长方士豪、副秘书长冷绪源。县教育局长兼任名誉会长。1989年，退教协有会员391人，其中县城142人，农村249人。2003年，余国钧任会长，刘堂仁任副会长，王明哲担任秘书长。其时，退教协会员已发展到968人，其中离休教师15人，享受副处级待遇的3人。

退教协的宗旨是：在党的社会主义初级阶段的基本路线指引下，坚持四项基本原则，坚持改革开放，带领老教师进一步发挥余热，为振兴武宁经济，发展武宁教育献计献策，贡献力量。

其主要任务是：宣传、维护退、离休教师的合法权益，落实退离休教师的政治待遇和经济待遇，使退离休教师老有所养、老有所学、老有所为、老有所乐。

退教协组织成立后主要工作有：

组织离退休教师学习时事政治。每逢活动日、节日或开会时，组织学习《人民日报》《江西日报》《中国老年报》等有关社论和文章，使离退休教师了解时事，了解党的方针政策。

维护离退离休教师的合法权益，关心他们的生活。退教协成立后，常务理事会制定了“五必访”“一大事”制度。“五必访”是指离退休教师遇天灾人祸必访；患病住院必访；家庭纠纷必访；生活困难必访；重大节日必访。“一大事”指离退离休教师病逝，退教协必须作为一件大事帮助处理善后事宜。同时规定：凡退离休教师到县医院住院，退教协同教育工会一起组织人员到医院探望。1989年老年节，县退教协会会长、秘书长、常务理事分别下到12个乡参加退离休教师的节日座谈会，与农村148名退离休教师促膝谈心，了解情况，解决问题。

积极争取教育局领导重视和县教育工会的支持，发扬敬老、尊老的光荣传统，为退离休教师办实事。1989年，县教育局发文，强调各校要开展敬老、尊老活动。许多学校组织师生上门慰问老教师、为老教师送柴、搞卫生。横路乡各村完小，组织数百名师生慰问退离休教师，给该乡19位老教师送了柴。同期，全县教育系统评选并表彰“老有所为精英奖”先进个人36名，“敬老好儿女金榜奖”31名。2000年，县教委、县退教协表彰教育系统老年工作先进集体4个，先进个人21名，评选出80岁以上的健康老人7名。2003年，武宁一中给退离休教师每人每年拨100元活动经费，且退离休教师享受在职教师40%的福利待遇，退离休教师半年一次的县内旅游参观，由学校免费提供交通工具，每两年一次的省外旅游，学校拨款补助。

帮助、鼓励退离休教师老有所为。退教协许多会员职退志不退，人离岗思想未离岗。方士豪老师离休后，仍积极撰写文艺作品和新闻稿件，在国家、省、市级刊物发表文艺作品47篇，新闻稿件400篇；他收集的《农业在腾飞》邮展专题，荣获江西省首届农民邮展二等奖。巾口乡棠厦村离休教师余何炼，自费订《法律咨询》《民主与法制》《中国法制报》报刊，自己边学习边向群众宣传法律常识，累计出黑板报、墙报480期，宣传稿件1118篇，调解民事纠纷330起，接待群众法律咨询2000人次，多次被评为省、市、县普法先进个人。武宁一中退休教师徐麟编著《生物韵文》一书，深受县内外中学师生欢迎。

2007年后，县退离休教师协会的部分职能逐渐转由县教育系统老年体育协会承担，如协助工会关心退离休教师的生活困难、天灾人祸、患病住院慰问、退离休教师去世后帮助处理善后事宜。

武宁县教育系统老年人体育协会

武宁县教育系统老年人体育协会（简称“老年体协”）是教育系统离退休教工自愿参加的群众性组织。受县教育局、教育工会的直接领导，同时接受县老年人体育协会、县体委、县老干局的工作指导。

老年体协成立于1989年3月，先期只限县城学校离退休教工参加，有会员97人。后发展到各乡（镇）学校。首任主席冷先发，副主席曹庭玉、张公启，下设正、副秘书长、组织委员、宣传委员、财务委员各1人，体育委员2人。乡（镇）学校体协分会领导机构由5～7人组成，主席及委员由会员选举产生。

成立初，县教育局拨款2750元作启动资金，设活动室，购象棋、围棋、军棋、麻将、扑克、乒乓球体育用品，订报纸杂志10种，每星期开展一次活动。

老年体协的主要职能是：组织、指导离退休教工积极开展体育锻炼，增强体质；倡导学习健康知识与科学练身相结合，相互交流健身强体的心得体会；使离退休教工“老有所养、老有所学、老有所为、老有所乐”。

1997年，教育系统老年体协，被县老年体协评为先进单位。2002年，通过换届选举，王明哲当选为老年体协主席，后来两次换届，王明哲连选连任。

老年体协每年召开两次以上委员会议。县城各分会每月活动一次，且与卫生、文化、农业、土管、城建、库区办等单位老年体协横向联谊活动，每年1～2次，轮流做东（主持）。乡（镇）学校分会每季度活动一次。

教育系统老年体协每年举办大型体育活动。2002年，组织县直学校及局机关离退休教工乘船游柘林湖诸岛，饱览湖光山色。2007年、2008年，又两次组织上述人员参观黄塅斜滩、茶场、竹湾、浙江移民新村及罗坪长墅新农村建设。2004年，举办县教育系统第一届老年人体育运动会，比赛项目有男女乒乓球、台球、地掷球、门球、沙包、飞镖等，历时2天。2009年，举办第二届老年体育运动会，全县四个赛区分别设：黄塅中心完小（南片区）、澧溪中学（西片区）、鲁溪中学（北片区）、县城（中片区），项目设置与第一届同，从重阳日开始，层层选拔，历时2个月，参赛近千人。

老年体协组建老年门球队，局机关及县直学校分会有老年门球队8支，除参加县门球赛外，2005年始，系统内各分会门球队每年举办2次门球友谊赛。为了提供训练、比赛场地。2003年，县教育局与县工商联共投资25600元，改建古艾桥下东侧门球场。2005年，县教育局拨款18257元，县直学校及各教育分会捐资15700元，在县益寿园新建“岚怡门球场”。2008年，由于朝阳湖工程改造，原古艾桥下门球场废止，教育局同工商局、地税局各投入2万元，于县益寿园增建一个门球场。2010年，局拨款12000元，对“岚怡门球场”进行修缮。

老年体协活动经费，除财政按离退休每人每年48元拨付外，县城学校每人年均应拨活动经费150～200元，乡（镇）学校20～50元，且学校还应因地制宜地解决老年人活动场所和设施经费，但此标准各校执行不一。

2010年，全县教育系统老年人体育协会有分会45个，会员1042人。

武宁县教育局关心下一代工作委员会

武宁教育局关心下一代工作委员会（简称“局关工委”）是以组织老教师、老党员来进行关心、教育下一代工作为目的的群众性工作组织。该组织隶属局党委领导，并接受县关工委的工作指导。局关工委成立于1996年，首任主任冷先发。2003年3月，由王明哲继任，2004年9月，由刘堂仁担任，2007年4月，复由王明哲任，设副主任2人，委员13人。

局关工委的主要职能是：负责组织、指导、协调、督促、检查全县各级各类学校关工委的工作。以全面提高青少年的思想道德素质、科学文化素质和健康素质为基本目标，培养青少年成为有理想、有道德、有文化、有纪律的德、智、体、美全面发展的社会主义事业建设者和接班人。

1999年，局关工委被县关工委评为先进集体。

进入21世纪以来，局关工委的工作主要有：

在全县中小学中开展多种形式的演讲比赛及征文比赛；2007年11月，举办“中华魂”主题教育演讲赛；翌年5月，承办“迎奥运、树新风、促和谐”主题演讲赛；是年为纪念总理温家宝视察武宁一周年及中国改革开放30周年，两次组织全县中、小学征文比赛；2010年，举办全县青少年“心存感恩、与爱同行”演讲会，各种主题教育丰富多彩。

组织关工委成员及老干部、老教师到学校给青少年作专题报告。几年来，局关工委主任王明哲、委员、老教师刘伦晶、袁后斌、李骏强、彭清水人，先后到宋溪学校、私立宁达中学、石门楼初中等多所学校作专题报告。2008年作的《举国抗震救灾谱壮歌》、2009年作的《弘扬“五四”爱国主义精神、增强历史使命感》主题报告，深受师生的好评。

经常性的到学校调研。局关工委成员深入县一中、二中、实验中学、县幼儿园及农村中小学开展调研活动。每次一个专题，重点了解基层学校关心下一代工作状况，及时发现问题，解决问题。

组织基层关工委交流关心下一代的工作经验。2007年，在澧溪中心完小、黄墈初中、鲁溪中心完小分三片区召开经验交流会。是年组织县城小学关工委主任到武宁二中参观、学习；2009年在武宁四小召开县直中、小学关心下一代工作经验交流会，会上，县一中、二中、职业中专、实验中学、武宁四小五所学校作了经验介绍。同年9月，全市留守儿童管理经验交流会在武宁召开。为迎接中国关工委成立20周年，2010年7月，“全县重视关心下一代工作现场会”在罗坪镇隆重举行。同年12月，在教育局召开“五老”（指老干部、老党员、老模范、老教师、老退伍军人）工作经验交流会。

每年教育局下拨3000元作为局关工委基本活动经费，各学校关工委活动经费：科级单位学校与教育局同，其他学校每年拨400～600元。在开展大型的竞赛活动时，可按实际开支申请补拨。

2010年，武宁各学校的关工委组织达45个，在学校党组织和局关工委的统一领导下开展工作。

武宁县老年科学技术工作者协会教育分会

2004年，武宁县老年科学技术工作者协会成立，教育界有会员44人，属该协会一个小组。后随着人员增多，2006年4月，成立武宁县老年科学技术工作者协会教育分会。（简称“老年科协教育分会”），有会员88人，主要分布于县城中、小学，分7个小组，教育局机关、县教师进修学校、县职业中专为一组；新宁三小、四小为一组，其余县一中、二中、新宁一小、二小、县幼儿园各为一组。教育分会设理事会，负责日常事务，第一届理事会由11人组成，袁后斌任会长，副会长李希鑫、雷永全、杨美慧，秘书长王明哲，理事有黎洪穆、张国兰、王茂秋、徐小兰、汪维祎、刘伦晶。理事会每月召开一次，会员大会每年1～2次。

老科协教育分会的主要职能是：对武宁教育问题调查研究，为政府和教育主管部门提供决策依据和起参谋作用；举办中小学生及幼儿各种竞赛，培养、激发学生学科学、爱科学、用科学的积极性；送教下乡，促进校际间科研交流；开展科学知识普及工作等。

老科协教育分会成立伊始，由县城中小学赞助1万元为启动资金，2009年起，县教育局每年拨付活动经费1万元，主要用于添置办公用品、会议、调研、竞赛奖品，下乡车船费开支。

分会成立4年，开展一系列活动。2006年4月，着手对县城幼儿园、小学调研，针对县城小学人数多且分布不合理状况，写出调研报告呈县政府，坚定了县政府增办武宁五小的决心。翌年5月、11月分别对澧溪、船滩镇小学网点分布调查。2008年4月，组织51名会员深入私立宁达中学跟踪调研教学及管理改革。同年6月，赴官莲、巾口边远乡村小学调研。2009年，对宋溪、新宁镇、甫田乡镇小学的复式教学开展调研。通过各种调研，掌握第一手资料，共向政府及教育行政部门提交调研报告9篇，为县政府发展武宁教育提供决策依据。

教育分会在幼儿中组织科幻绘画竞赛、剪贴比赛、幼儿小故事演讲赛。2006年，举办县城及周边小学“小论文、小发明、小创造、小制作”的“四小”竞赛。2009年6月，举办全县小学生书法、绘画赛。2008年，在中学生中举办以“保护环境、建设山水园林县城”为主题的演讲比赛。翌年，全县初中生小实验竞赛分北片（鲁溪初中）、西片（澧溪初中）、中片（县城）3个片区同时进行，21所初中学生积极参与。同期还组织中学生科普知识竞赛，通过各种竞赛，极大地培养学生学科学、用科学的兴趣。

为支援农村中小学教育，促进教学科研交流，老年科协教育分会组织送教下乡、送教进校园活动，2008年4月11日，分会理事、全国优秀班主任刘伦晶到县一中宣讲“如何当好班主任”，深受教师好评。2010年，送教活动遍及石门、鲁溪、罗坪、石渡、船滩乡（镇）中小学校。

第二节　行政管理

行政机构

唐以前，地方未专设教育行政机构及专职官员，由行政长官兼管学校。宋神宗熙宁四年（1071年）后，陆续设置诸路学官，后又设诸路提举学事司，掌管州县学政。

宋景定三年（1262年），武宁设主学一员，县设学官始于此。

元，县设教谕、训导各1人，主管学事。

明洪武初年（1368年），县设教谕1员，训导2员。翌年颁布县学规章制度，委派教官。

清沿明制，顺治初年（1644年），设教谕1员，训导2员，康熙三年（1664年），裁革教谕、训导各1员。康熙十五年（1676年），复设教谕、训导各1员。

雍正元年（1723年），教谕朱炯建教谕署于大成殿东。

光绪三十二年（1906年），废科举，兴学堂，武宁县署撤教谕、训导，设劝学所为县教育行政机关。1912年，一度废劝学所，改设教育课。1915年，恢复劝学所，设总董1人，由县视学王古礌兼任。全县划分若干学区，每学区由总董选本区“品德端正，热心教育”的绅衿任劝学员，负责本学区一切事务。

1924年，武宁执行省教育厅令，改劝学所为教育局。

1929年，武宁北部农村成立县、区苏维埃政府，县区设文化部，乡设教育委员会，管理学校及社会教育。其国民党统治区全县小学按行政区设5个学区，每学区派学务委员1人，负责视察和指导学校工作。

1933年，武宁撤教育局，在县政府内只设督学1人，科员、雇员各一人，协助县长管理教育。后全县教育工作由县国民政府第一科或第三科兼管。翌年，区中心小学和保联中心小学由县政府委派校长1人，主办全区学校教育和社会教育。保学设学务监督1人，由保长兼任，数保联合设置者，县政府就其联合保保长中选派1人为监督，其余保长为学务副监。1936年，改设小学区制，以每保为一小学区，保长称助理校董，每保联为一联合小学，保联主任为学董。

抗日战争胜利后，县设教育科，乃县政府四个科之一，有科长1人，督学2人，科员2人，会计、事务、雇员各1人，工役2人，延至新中国成立。

新中国成立初，县军事管制委员会（简称“军管会”）内设教育科，着手接管旧教育机构。米玉柱任科长，配副科长1人。1955年3月，教育科更名为文化教育科，1956年6月，设立文化教育局（简称“文教局”），地址在原县城（1970年迁建前修河北岸玉枕山麓县城，现被庐山西海水淹）和平路东头县人委院内。1957年2月，文教与卫生合并为文教卫生局，6月撤销，分别成立文化教育局和卫生局。

1950年，全县小学以区中心小学为单位设辅导区，辅导区对所辖初级小学进行行政督导和业务辅导。1956年，各区公所设文教助理，管理全区文化教育事务。1958年，撤区成立人民公社，每社由1名公社副书记或副社长负责，配1名文教干部管理文教工作。

“文化大革命”开始后，1967年11月，成立县文教局临时领导小组，掌握教育行政权。1968年，县革命委员会政治部下设教卫组，翌年改为教育组（另设卫生组），接管全县教育行政工作。1975年1月，方恢复县文化教育局，并从县革委院内迁出。地址设新县城（现南市岭县治）人民路人民广场（后改为文化广场）东侧朝阳湖畔原二小校园内。

1976年，各公社成立教育革命委员会，下设办公室（简称“教革办”），管理全社教育，三年后教育革命办公室更名为教育办公室（简称“教育办”），教育办既是公社主管全社教育工作的专门机构，又是县文教部门派出的办事机构。初，由公社初中校长兼办公室主任，中心完小校长任专职副主任。1989年，中学校长不再兼任。教育办主任由中心完小校长担任。另配“三教”（幼儿教育、普通教育、业余教育）干部和财会人员，主要管理全乡小学。2001年8月，县政府决定，撤销乡（镇）教育办公室，其人员、财产和管理职能转入乡（镇）中心完小。

1981年1月，经县人民政府批准，县文教局内设人事秘书股（编制2人）、文化股（编制2人）、普通教育股（编制4人）。1984年，机构改革，教育、文化分离，10月，成立“武宁县教育局”，内设人事秘书、纪律检查、普通教育、综合教育4个职能股。1987年，调整为人秘监察、计财审计、普通教育、综合教育股。

1992年，成立“武宁县教育督导室”（股级事业单位，编制3名），2001年，武宁县教育督导室更名为“武宁县人民政府教育督导室”（副科级事业单位），归口教育局。

1996年秋，县教育局由人民路搬迁到豫宁大道96号新址。翌年10月，“武宁教育局”更名为“武宁县教育委员会”。内设秘书、政工人事、教育、计划财务、监察审计5个职能股。2000年教委机关总岗位41个，其中正、副科级4个，正、副股级12个、一般岗位25个。2003年4月，根据武发〔2002〕29号文，“武宁县教育委员会”复名为“武宁县教育局”。局机关设办公室、人事监察股、财务审计股、教育股4个职能股（室）和教育督导室、招生考试办公室、教学研究室、教学仪器电化教学站、勤工俭学办公室5个下属事业室（站）及教育工会。其时，局机关行政编制16人，事业编制26人。2005年，通过竞聘，选拔4名副股长（副主任）。

2008年，教育局内设机构局部调整。原教育股更名基础教育股，增设综合教育股，性质为行政职能股。负责职业、民办、幼儿教育管理及校长、教师培训、继续教育工作。

2010年11月，县委、县人民政府下发《武宁县人民政府机构改革实施方案》（武发〔2010〕15号），教育局机关内设办公室、人事股、计划财务股、基础教育股、综合教育股、监察审计股6个职能股（室），行政编制12名，机关工勤人员事业编3名，领导职数：局长1名，副局长3名，正股职数6名，原有事业室（站）仍保留。

教育行政机构内并存中共党组织。2007年前，局机关党组织称中共武宁县教育局总支委员会（简称“局党总支”），总支书记由局长兼任。2008年1月，成立中国共产党武宁县教育局委员会（简称“局党委”）及中国共产党武宁县教育局纪律检查委员会（简称“局纪委”），首任党委书记由局长卢斌兼任，陈宗煜任纪委书记。局党委直辖县一中、二中、实验中学、职业中专四个党总支（一中党总支下属支部5个，二中4个，实验中学2个，职业中专3个），另直辖党支部11个：县直5所小学、协和中学、县幼儿园、县教师进修学校、局机关、私立宁达中学各一个及局机关老干支部。2009年6月，柯于仁调任局党委书记。其时局党委成员如下：柯于仁（党委书记、副局长）、卢斌（党委副书记，局长）、张禄业（党委委员、副局长兼县教师进修学校支部书记）、盛思梅（女，党委委员、副局长）、杨平水（党委委员、副局长兼武宁二中党总支书记）、张卫（党委委员、副局长）、陈宗煜（党委委员、局纪委书记）、余于波（党委委员、局人武部部长）、程德猛（党委委员、教育工会主席）、傅少平（党委委员、县人民政府教育督导室主任）、翁地季（党委委员、局办公室主任兼县教师进修学校副校长）。2007年5月，局机关增设人民武装部。2009年8月，局纪委撤销，其管理职能归属县纪委第六纪工委、监察局第六监察分局。2012年3月，随着局机关行政领导的人事变更，教育局党委成员相应调整如下：杨桦（女，副县级干部、县政府党组成员、局长）、向平安（党委书记）、杨平水（党委委员、副局长兼武宁二中党总支书记）、张卫（党委委员、副局长兼县职业中专党总支书记）、陈宗煜（党委委员、副局长）、余于波（党委委员、人武部部长）、程德猛（党委委员、工委主任）、翁地季（党委委员、兼县教师进修学校副校长）、洪欢平（党委委员、县人民政府教育督导室主任）。

2010年县教育局班子成员名单

表9–3

姓　名	性　别	职　务
卢　斌	男	县教育局局长、党委副书记
柯于仁	男	县教育局党委书记、副局长
张禄业	男	县教育局党委委员、副局长兼进修学校党支部书记
杨平水	男	县教育局党委委员、副局长兼二中总支书记
张　卫	男	县教育局党委委员、副局长
陈宗煜	男	县教育局党委委员（保留副科实职）
余于波	男	县教育局党委委员、人武部部长
程德猛	男	县教育局党委委员、工委主任
付少平	男	县教育局党委委员、教育督导室主任
翁地季	男	县教育局党委委员、兼进修学校副校长

2015年县教育体育局班子成员名单

表9–4

姓　名	性　别	职　务
邱立平	男	县教体局局长
向平安	男	县教体局党委书记
刘大利	男	县教体局党委委员、副局长
余　平	男	县教体局党委委员、副局长
陈宗煜	男	县教体局党委委员、副局长
郑德平	男	县教体局党委委员、副局长
刘家胜	男	县教体局党委委员、工委主任
黄园宁	男	县教体局党委委员、一中党总支书记
杨再华	男	县教体局党委委员、教研室主任
余于波	男	县教体局党委委员、人武部部长
洪欢平	男	县教体局党委委员、县政府教育督导室主任

元、明、清时期武宁教谕名录

表9–5

朝代	年　号	姓名	籍贯	说　明
元	延祐年间（1314—1320年）	焦大有		
	至治年间（1321—1323年）	夏侯士璋		
	至正年间（1341—1368年）	叶天锡	南昌	
明	洪武年间（1368—1398年）	王伯温	吉水	
	建文年间（1399—1402年）	刘　林	闽县	
	永乐年间（1403—1424年）	穆　良	华亭	
		魏　嵩	山东	

续表一

朝代	年号	姓名	籍贯	说明
明		卢　昌	广西平乐府	
		李仲良	泉州	
	宣德年间（1426—1435年）	鲍　旻	嘉兴	
		邰　愚	慈溪	
	正统年间（1436—1449年）	陈　礼	应天	
		陈　乾	侯官	府志戴县人
	景泰年间（1450—1456年）	王金渊	桐庐	
	天顺年间（1457—1464年）	李循良	蒲田	
	成化年间（1465—1487年）	吕　诚	叙州	
		应元徽	象山	
		陈　通	仙居	
	弘治年间（1488—1505年）	曾　发	莆田	举人
		洪世傅	海阳市	
	正德年间（1506—1521年）	陈　猷	潮阳	举人
		薛　伸	丽水	监生
		钟　汪	海南	进士
		苏　铨	天长	监生
	嘉靖年间（1522—1566年）	陈其具	番禺	举人
		朱　华	甫田	监生
		徐　麟	闽县	举人后升合浦知县
		任　蘩	嘉善	选贡
		朱　玑	仁和	举人后升知县
		陈教	永嘉	监生
		张文言	巴县	举人升知县
		张　誉	巴凌	举人升知县
		邓　周	乐昌	举人升知县
		朱安邦	山阴	
		陈　度	马平	举人升国子监
	隆庆年间（1567—1572年）	冯都成	泸州	
		李廷贵	湖广叙浦	贡生
		李士振	晋江	
	万历年间（1573—1620年）	黄　系	弋阳	
		周　彤	湖口	
		陈　钟	崇仁	
		雷汝福	德化	
		郑　瑗	蒲圻	
		王　克	临海	
	万历年间（1573—1620年）	许宏基	宣化	举人
		何九功	浙江新昌	

续表二

朝代	年　号	姓名	籍贯	说　明
明		王之政	句容	
		余邵阳	仙游	
		陈日济	高安	
		李日修	浮梁	举人
		成自然	江都	
		杨大林	吴江	
		张维良	乐安	举人升云南武定军
		杨中孚		
	天启年间（1621—1627年）	詹明时		
	崇祯年间（1628—1644年）	刘丕承	长安	升云南大理府通判
		李邦梁	缙云	
		陈　琏	南海	
		黎宪文	金溪	
		许宣谟	晋江	升镇海卫教授
		林超翼	海康	卒于官
清	顺治年间（1644—1661年）	汤民贞	南丰	举人
	康熙年间（1662—1722年）	李枝起	永新	举人
		张端臣	南城	举人卒于官
		熊淑秀		
		陈宗道	宜春	升南安府教授
	雍正年间（1723—1735年）	朱　炯	高安	举人
		饶钟乾		拔贡
		揭　达	广昌	举人
	乾隆年间（1736—1795年）	彭锡珩	分宜	副贡，乾隆元年（1736年）任，乾隆十八年（1753年）卸事
		陈嵩龄	崇仁	乾隆十八年（1753年）任，乾隆二十年（1755年）卸事
		刘秉亮	南丰明通	进士，乾隆二十年（1755年）任，乾隆二十六年（1761年）卸事
		欧阳博	安福	举人，乾隆二十七年（1762年）任，乾隆二十九年（1764年）卸事
		彭景灿	万年	恩贡，乾隆三十年（1765年）任，本年卸事
		蔡　锟	贵溪	选贡，乾隆三十一年（1766年）任，乾隆四十三年（1778年）卸事
		罗启华	泰和	廪贡，乾隆四十三年（1778年）任，乾隆五十二年（1787年）卸事
		侯　章	崇仁	举人，乾隆五十二年（1787年）任，乾隆五十三年（1788年）卸事
	嘉庆年间（1796—1820年）	刘子捷	庐陵	副贡，乾隆五十三年（1788年）任，嘉庆三年（1798年）卸事

续表三

朝代	年　号	姓 名	籍贯	说　明
清		洪占铨	宜黄	拔贡，嘉庆三年（1798年）任，本年十月中进士，卸事
		邹封岱	都昌	副贡，嘉庆三年（1798年）十月任，嘉庆九年（1804年）告休卸事
		蔡思任	新昌	廪贡，嘉庆九年（1804年）四月任，本年卸事
		袁启宇	宜春	举人，嘉庆十年（1805年）四月任，本年五月卸事
		邱培鲁	兴国	恩贡，嘉庆十年（1805年）五月任，十二月卸事
		洪宗训	湖口	举人，嘉庆十一年（1806年）四月任，八月卸事
		詹　升	都昌	廪贡，嘉庆十一年（1806年）任，嘉庆十二年（1807年）卸事
		应昌期	宜黄	举人，嘉庆十二年（1807年）任，嘉庆十六年（1811年）卒于官
		刘沂泉	庐陵	廪贡，嘉庆十六年（1811年）四月任，十月卸事
		项　珊	彭泽	举人，嘉庆十六年（1811年）任，道光十年（1830年）卸事
	道光年间（1821—1850年）	邓其杰	南城	廪贡，道光十年（1830年）任，道光十一年（1831年）卸事
		黄　曙	南城	举人，道光十一年（1831年）任，道光十六年（1836年）卸事
		王德懋	龙泉	举人，道光十六年（1836年）任，本年卸事
		刁世贤	分宜	举人，道光十六年（1836年）任，道光廿一年（1841年）卒于官
		张金堤	德化	举人，道光二十二年（1842年）任，本年卸事
		范佩兰	临川	举人，道光二十二年（1842年），咸丰六年（1856年）卸事
	咸丰年间（1851—1861年）	魏汝舟		咸丰八年（1858年）任，咸丰十年（1860年）卸事
		胡鸿图	吉安	咸丰十年（1860年）任，本年卸事
		李其滋	崇仁	廪贡，咸丰十年（1860年）任，同治七年（1868年）卸事
	同治年间（1862—1874年）	涂宗藩	新城	副榜，同治七年（1868年）十二月任，同治九年（1870年）三月卸事
		刘芳桂	庐陵	廪贡，同治九年（1870年）三月任

注：清同治九年（1870年）后及光绪、宣统年间共41年，无志可考，实缺待查。训导亦然

明、清时期武宁训导名录

表9-6

朝代	年号	姓名	籍贯	说明
明	洪武年间（1368—1398年）	陈　孝	武宁升仁乡	
		王克敬	武宁江阴乡	
		冷祖大	武宁升仁乡	
		汪仁裕	武宁江阴乡	
		游龙渊	宁县	
		熊　勉	南昌	
		严所安	吉水	
	永乐年间（1403—1424年）	游　沛	武宁顺义乡	
		游爰圭	吉水	
		江　振	江山	
	宣德年间（1426—1435年）	王　福	漳浦	卒于任内
		徐　观	当涂	升刑科给事中
	正统年间（1436—1449年）	马　荣	汀州	
		杨　和	柳州	
		许　索	吉水	
	景泰年间（1450—1456年）	卜　溥	化县	
		李　泉	四会	
	天顺年间（1457—1464年）	伍　铸	永和	
		张　瑄	海州	
	成化年间（1465–1487年）	王宗广	武进	
		郑孟进	武宁长乐	
		李体广	武宁甫田	
		孙　琳	归善	
		顾　望	秀水	
		谭　埙	新会	
		张　猷	四川遂宁	举人
	弘治年间（1488—1505年）	沈　秀	钱塘	大学士
		梁　祥	临桂	举人
	正德年间（1506—1521年）	陈　堣	仙游	监生
		杨　瑞	瑞安	监生
		李　泰	归安	监生
		朱　冕	高明	监生
	嘉靖年间（1522—1566年）	宋　橄	奉化	监生
		莫　琛	苍梧	监生
		徐士光	武义	监生

续表一

朝代	年　号	姓　名	籍贯	说　明
明		汪　汜	荆门	监生
		汤　铭	来安	监生
		涂允宽	德化	监生
		吴　璲	武义	监生
		涂士英	武康	
		冯元锦	曲江	
		管文辅	清流	
		梁　任	高安	
		王勉仁	江山	
		高孝忠	闽县	
		叶茂先	顺昌	
		张天民	盐城	卒于任内
		吴国桢	琼州	
		何庭僚	道州	
	隆庆年间（1567—1572年）	陈文海	泗州	
		何　求	于潜	
		刘永璋	永新	
		吴时言	休宁	
	万历年间（1573—1620年）	伍益达	清流	
		吴　兰	商城	升国子监典簿
		曾子文	宜春	
		吴正祥	万年	
		李仁富	番隅	
		周廷鸾	安义	
		陶　翺	星子	
		梅　雪	安义	
		魏一鹏	天翔	
		魏拱忠	广昌	
		刘　清	磁州	
		黄文炳	安陆	
		冯生京	安陆	
		巫顺治	赣县	
		简汝赞	新喻	
		徐时中	玉山	
		吴希学	玉山	
		苏大节	广西	

续表二

朝代	年　号	姓　名	籍贯	说　明
明		吴世彦	宜都	
	天启年间（1621—1627年）	张一庆	掖县	
		李春芳	兴国	升黑多县知县
		彭以茂	玉山	
		夏克俭	玉山	
	崇祯年间（1628—1644年）	于允陈	慈利	
		王允佐	金溪	
		顾所养	乐平	
		潘学海	贵阳	卒于任内
清	顺治年间（1644—1661年）	李廷植	浮梁	
		戴　斗	浮梁	
	康熙年间（1662—1722年）	聂振儒	清江	
		肖声尚	吉安庐陵	
		周宾王	吉安庐陵	
		邹盛彦	建昌县	
		谢重晖	瑞金	
	雍正年间（1723—1735年）	明思杰	南唐	改金坛主簿
		夏尚忠	九江德化	
	乾隆年间（1736—1795年）	易曰鼎	宜春	贡生，乾隆二年（1737年）任，乾隆九年（1744年）卸事
		王维中	贵溪	岁贡，乾隆十年（1745年）任，乾隆十三年（1748年）卒于官
		罗大佐	广昌	岁贡，乾隆十四年（1749年）任，乾隆二十三年（1759年）卒于官
		晏君抡	新余	岁贡，乾隆二十四年（1760年）任，乾隆二十五年（1761年）卸事
		余希闵	安仁	岁贡，乾隆二十六年（1762年）任，本年卸事
		郭枞中	德安	岁贡，乾隆三十七年（1772年）任，乾隆四十三年（1778年）卸事
		郑　瑭	贵溪	岁贡，乾隆四十三年（1778年）任，乾隆四十四年（1779年）卸事
		廖锡爵	德化	岁贡，乾隆四十四年（1779年）任，乾隆四十七年（1782年）卒于官
		王朝佐	万年	岁贡，乾隆四十七年（1782年）任，乾隆五十二年（1787年）卸事

续表三

朝代	年　号	姓　名	籍贯	说　明
清		卢镇珏	南康	举人，乾隆五十三年（1788年）任，乾隆五十七年（1792年）卸事
		易　轼	雩都	举人，乾隆五十七年（1792年）二月任，六月卸事
		袁文郁	崇仁	岁贡，乾隆五十七年（1792年）任，乾隆五十八年（1793年）卸事
		肖国匡	泰和	廪贡，乾隆五十九年（1794年）任，乾隆六十年（1795年）卸事
		温应铨	石城	岁贡，乾隆六十年（1795年）任，嘉庆元年（1796年）卸事
	嘉庆年间（1796—1820年）	李日曜	玉山	举人，嘉庆元年（1796年）三月任，本年十二月卸事
		杜大材	安远	举人，嘉庆元年（1796年）十二月任，嘉庆十年（1805年）十二月卸事
		高日升	龙泉	廪贡，嘉庆十一年（1806年）任，十二月四月卸事
		王　瑛	萍乡	举人，嘉庆十二年（1807年）任，嘉庆十八年（1813年）卸事
		危梧冈	临川	廪贡，嘉庆十八年（1813年）任，嘉庆十九年（1814年）卸事
		彭　焯	宁都州	举人，嘉庆十九年（1814年）任，道光元年（1821年）卒于官
	道光年间（1821—1850年）	刘嵩龄	南城	副贡，道光元年（1821年）任，本年卸事
		黄元培	上饶	举人，道光元年（1821年）任，道光十四年（1834年）卸事
		廖九畴	崇仁	廪贡，道光十四年（1834年）任，道光十五年（1835年）卸事
		李蔚然	上高	举人，道光十五年（1835年）任，道光十七年（1837年）卸事
		胡鸿图	都昌	廪贡，道光十七年（1837年）任，道光十八年（1838年）卸事
		杨泰玠	建昌	举人，道光十八年（1838年）任，咸丰四年（1854年）卸事
	咸丰年间（1851—1861年）	刘辑五	庐陵	举人，咸丰咸丰五年（1855年）任，本年卸事
		管宣蕴		咸丰八年（1858年）任，咸丰九年（1859年）卸事
		谢文烇	安福	举人，咸丰九年（1859年）任，同治二年（1863年）卸事
	同治年间（1862—1874年）	万思辅	南城	举人，同治二年（1863年）任，同治十年（1871年）二月卒于官

民国时期武宁教育行政官员情况

表9-7

机构名称	姓　名	性　别	学　历	籍　贯	职　务	任职时间
劝学所	王古磻	男	举人	武宁甫田	总董	1915—1923年
教育局	张安国	男	大学	武宁伊山	局长	1924—1925年
	黎锡三	男		武宁官莲	局长	1925—1926年
	汤亚伊	男	南昌第一师范	武宁	局长	1926—1927年
	朱化南	男		武宁甫田	局长	1927.9—1928年
	王守中	男	九江第六师范	武宁澧溪	局长	1928—1929年
	刘光宇	男	南昌第一师范	武宁石门楼	局长	1930—1932年
教育科	陈敖亮	男		武宁甫田建富	科长	1945年
	林绳武	男	南昌第一师范	武宁白鹤坪	科长	1946—1949年

注：1933—1945年，县无专设的教育行政机构

新中国成立后教育行政领导情况

表9-8

机构名称	姓　名	性别	学　历	籍　贯	职　务	任职时间	说　明
教育科	米玉柱	男	高中	黑龙江	副科长	1949.9—1952.10	主持工作
	米玉柱	男	高中	黑龙江	科长	1952.10—1953.3	
	余定树	男	中师	江西奉新	科长	1953.3—1955.7	
	朱位棣	男	高中	武宁	副科长	1949.9—1951.5	
	刘　莉	女			副科长	1951.5—1952.11	
	余定树	男	中师	江西奉新	副科长	1951.12—1952.10	
	王子成	男	高中	江西瑞昌	副科长	1952.10—1953.2	
文化教育局	刘堂基	男	初中	武宁茶场	局长	1955.8—1958.3	
	叶存财	男	简师	武宁罗溪	局长	1958.3—1959.4	
	熊基良	男	初中	武宁石门楼	局长	1959.5—1959.12	
	曹庭玉	男	简师	武宁东林	副局长	1959.12—1961.3	主持工作
	喻友南	男			局长	1961.3—1961.12	
	陈公湖	男	初中	武宁官莲	副局长	1962.1—1962.8	主持工作
	淦长旭	男	初中	江西永修	局长	1962.8—1966.2	
	周济凡	男	中师	武宁横路	局长	1966.3—1967.12	
	彭晚晨	男	高中		副局长	1955.6—1956.11	
	徐树仁	男	大专	江西九江	副局长	1955.2—1958.1	
	汪会中	男	初中	武宁南岳	副局长	1956.6—1957.2	
	曹庭玉	男	简师	武宁东林	副局长	1961.4—1966.5	
	夏水莲	女	初中	江西九江	副局长	1966.8—1967.12	

续表一

机构名称	姓　名	性别	学　历	籍　贯	职　务	任职时间	说　明
教育组	林令发	男	高中	武宁鲁溪	组长	1968.3—1970.8	
	朱亚然	男	高中	武宁罗溪	副组长	1970.8—1971.7	主持工作
	张　元	男	高中	武宁伊山	组长	1971.8—1975.2	
文化教育局	张　元	男	高中	武宁伊山	局长	1975.3—1975.12	
	冷先发	男	中师	武宁横路	局长	1975.12—1984.4	
	张聘经	男	本科	武宁石门楼	副局长	1984.5—1985.5	主持工作
	冷先发	男	中师	武宁横路	副局长	1975.1—1975.12	
	周济凡	男	中师	武宁横路	副局长	1975.1—1976.10	
	李向荣	男	高中	武宁	副局长	1976.7—1979.12	
	刘堂仁	男	高中	武宁鲁溪	副局长	1978.9—1981.3	
	余国钧	男	高中	武宁甫田	副局长	1981.5—1984.9	
	柯美保	男	中师	武宁	副局长	1982.5—1984.12	
教育局	雷名千	男	大专	武宁船滩	局长	1985.6—1989.12	
	张友仪	男	中师	武宁宋溪	局长	1990.1—1995.8	
	洪登文	男	大专	武宁泉口	局长	1995.9—1997.10	
	雷名千	男	大专	武宁船滩	副局长	1984.7—1985.4	
	余国钧	男	高中	武宁甫田	副局长	1984.10—1988.9	
	张聘经	男	本科	武宁石门楼	副局长	1985.6—1988	
	洪登文	男	大专	武宁泉口	副局长	1984.4—1984.9	
	毛洪杰	男	大专	河南新蔡	副局长	1986.2—1992.12	
	李涴林	男	本科	江西樟树	副局长	1989.12—1997.10	
	袁后斌	男	大专	江西进贤	副局长	1991.9—1997.10	
	付祖生	男	本科	武宁新宁镇	副局长	1992.2—1997.10	
教育委员会	洪登文	男	大专	武宁泉口	主任	1997.10—1998.3	
	熊自梅	男	大专	武宁鲁溪	主任	1998.3—2002.7	
	汪延真	男	大专	武宁罗坪	主任	2002.7—2003.4	
	李涴林	男	本科	江西樟树	副主任	1997.11—2000.2	
	袁后斌	男	大专	江西进贤	副主任	1997.11—2001.2	
	付祖生	男	本科	武宁新宁镇	副主任	1997.11—1998.9	
	杨平水	男	研究生	武宁澧溪	副主任	1997.9—2003.4	
	黎　明	男	大专	武宁清江	副主任	2000.2—2002.7	
	张禄业	男	本科	武宁罗溪	副主任	2002.7—2003.4	

续表二

机构名称	姓　名	性别	学　历	籍　贯	职　务	任职时间	说　明
教育局	汪延真	男	大专	武宁罗坪	局长	2003.4—2008.4	
	卢　斌	男	本科	武宁杨洲	局长	2008.4—2010.10	
	柯于仁	男	本科	武宁鲁溪	副局长	2010.10—2011.8	主持工作
	杨　桦	女	研究生	武宁新宁镇	局长	2011.9—2013.4	在职
	向平安	男	大学	武宁新宁镇	党委书记	2014.2—2014.3	主持工作
	邱立平	男	大学	武宁巾口	局长	2014.4—2015.3	
	杨平水	男	研究生	武宁澧溪	副局长	2003.4—2010	在职
	张禄业	男	本科	武宁罗溪	副局长	2003.4—2011.10	
	盛思梅	女	大专	武宁澧溪	副局长	2003.3—2010.9	
	张　卫	男	大专	武宁新宁镇	副局长	2003.3—	在职
	柯于仁	男	本科	武宁鲁溪	副局长	2009.6—2012.3	
	陈宗煜	男	大专	武宁杨洲	副局长	2012.3—	在职
	刘大利	男	大专	武宁横路	副局长	2013.4—2015.3	
教育体育局	邱立平	男	大学	武宁巾口	局长	2015.4—	
	向平安	男	大学	武宁新宁镇	党委书记	2015.4—	在职
	刘大利	男	大专	武宁横路	副局长	2015.4—	在职
	余　平	男	大学	武宁巾口	副局长	2015.4—	在职
	陈宗煜	男	大专	武宁杨洲	副局长	2015.4—	在职
	郑德平	男	大专	武宁船滩	副局长	2015.4—	在职

管理职能

明朝设教谕、训导。教谕负责掌管学校教学，兼管品行教育，训导，管督导学业，筹办学务，兼管奖惩。

清光绪三十二年（1906年），县设劝学所，其主要职能：劝学、兴学、筹款，开风气，去阻力。

主要宣传废科举，兴学堂的道理，挨户劝导子弟入学，遇贫寒之家劝其入半日学堂，遇私塾课程较善者，劝其改为私立小学，并代为禀报。商绅劝其捐资助学，裨益地方。

调查统计学龄儿童数，按照各村住户状况及儿童人数，规划学堂设立数及地址，商定课程，延聘教员，选用司事；筹款：考查各处不入祀典之庙产、迎神、赛会、演戏的存款，劝绅富出资办学，报请地方官奖励，酌量各地情形，令学生交纳学费。

访急公好义、品行端正者，劝其襄助学务，有胜任教员者，随时延聘，好学之士可介绍于初级师范学堂或传习所学习；有志愿自费出国留学者，推荐学务处，知会总董办事。

对地方劣绅、地棍、造谣生事、禁阻学生入学者，禀报并协助地方官处置。

民国时期县教育科的管理职能是：对教育款产的处理；对教育机关修缮、人事、文书收发的管理；制订幼稚教育、国民教育的计划、考核；监督县立中学、私立中学的计划实施；制订图书、科学、艺术、体育的设施规划；补习教育、家庭教育的计划推进；地方志书的修纂和文献保存；县教育调查统计及汇编工作报告，其他有关社会教育和教育视导工作。

1934年，武宁县设区中心小学，校长相当于区教育局长，其职责是：主办全区学校教育、社会教育和对学校工作视察、指导、研究。每月考察区内各校和社会教育机关各一次。

1936年，每保为一小学区，保长为助理校董，负责筹措经费，筹划校舍、校具，编造保学经费决算，征派学童入学，规划保学事宜。

新中国成立初，县教育局（科）的主要管理职能是：贯彻执行新民主主义的教育方针，推行教育法令；拟定教育规章制度，编制教育计划；审核和使用教育经费；调整学校网点，进行教学改革，建立新的教学秩序；贯彻“争取、团结、教育、改造”的政策，整顿教师队伍，任用、管理教师及教育工作人员；视察、指导和考核下属单位和各级各类学校工作，处理各项教育工作问题。

之后，县教育行政机构管理职能和工作范围随教育事业的发展及其机构设置相应加强而逐步扩大。

1965年，共产主义劳动大学武宁分校建立，随之以共大为主要标志的职业教育，纳入县教育部门的管理范畴。

中共十一届三中全会后，教育战略地位日益突出，推行义务教育，组织基础教育、成人教育和职业教育的“三教统筹”，实施燎原计划，搞好农科教结合以振兴农业，均成为县教育行政部门义不容辞的职责。

1981年，县人民政府规定县文教局的职责范围有10个方面：认真学习，传达中共中央、国务院和教育部、文化部以及省、地教育文化部门有关文件、指示、决定、通知，传达上级召开的会议精神，并研究贯彻意见上报县委、县人民政府批准执行；按国务院〔1978〕1号文件和县〔1980〕13号文件精神，管理、调配全县公、民办教师；本着勤俭节约的精神，妥善管理、使用全县教育经费；遵照“调整、改革、整顿、提高”八字方针，调整中学教育结构，控制高中发展，有计划、有步骤地发展初级中学，巩固民办初中和民办（农业）高中；在县委、县人民政府领导下，积极普及小学教育，抓好成人教育，搞好幼儿教育，努力提高农民科学文化水平；全面贯彻教育方针，面向全体学生，德、智、体、美全面发展，努力培养有道德、有理想、有组织、有体力的一代新人；搞好学校的卫生、体育工作，加强文体活动，改善学校环境，美化校园；广泛宣传教育在四化建设中的地位和作用，努力提高教师的政治思想、业务水平；搞好全县大中专和中小学的招生工作；管理文化业务工作。

20世纪80年代中期，县教育行政管理体制改革，实行“三级办学，两级管理”，简政放权。人事由县、乡分管，以县为主；教育经费，县、乡分管，以乡为主。国拨经费包干到乡，教学指挥权在县。其时，乡（镇）、教育办的主要职责是：制定全乡教育发展规划和教育工作计划、制度并组织实施；提出小学、初中的设置、调整、停办的意见并报县审批；主管全乡（镇）中小学，办好分管学校，检查、督促全乡（镇）中小学和幼儿园工作；筹措乡办学校经费，征收乡（镇）教育费附加，提倡捐资兴学，分配管理全乡（镇）教育经费，对中小学财务实行监督指导；负责改善中小学办学条件；考查任免乡（镇）初中、中心完小的中层干部和村小校长、幼儿园园长；负责全乡（镇）公办、民办教师的管理、考核以及同级教师的调动安排，提出民办教师的聘任、辞退的建议，并报县审批。2001年，乡（镇）教育办撤销，其主要管理职能转入乡（镇）中心完小。

随着教育改革的深入发展，县教育行政机关管理职能顺时增补。20世纪90年代的“两基”工作，教师职称的评、聘，一年一度的教师资格认定，均成为县教育局的日常管理工作。

2010年11月，县委、县人民政府对教育局的主要职责调整如下：贯彻落实党的教育方针、政策和国家教育法律、法规，研究全县教育改革发展重大问题，综合指导、协调和管理全县的各级各类教育工作；编制全县教育事业发展规划并指导督促实施，规划指导全县办学体制改革，理顺教育内部和外部的关系，建立适应全县经济社会发展的教育体制及运行机制；综合管理全县基础教育、职业教育、托幼教育、成人教育、特殊教育及社会力量办学工作，具体管理全县中小学校；负责推进义务教育均衡发展和促进教育公平，全面实施素质教育。负责全县教育系统科学研究和教学研究工作。统筹管理全县教育系统对外交流与国际合作工作。负责全县教育督导和评估工作；依法完善中小学教师和校长的管理体制。统筹规划并指导全县教育系统人才队伍建设工作，承担教育系统表彰奖励、教师资格认定工作。指导教师的招聘录用、职务评聘、继续教育和考核工作。指导、协调全县各级各类学校的人事和分配制度改革；统筹管理本部门教育经费，会同有关部门拟定筹措教育经费、教育基建投资的规划，按有关规定管理中央、省、市对全县的教育拨款、贷款及捐赠资金，监督测评全县教育经费的筹措和使用管理情况；归口管理全县学历教育及中小学招生考试工作，高等教育自学教育考试工作、扫除青壮年文盲工作。统筹管理全县语言文字工作，指导推广普通话和推行规范汉字工作，负责全县普通话测试工作；指导全县各级各类学校的思想政治工作、德育工作、体育卫生艺术教育工作及国防教育工作、统筹协调学校的安全稳定工作；会同有关部门编制中等专业学校的招生指导计划并指导实施，指导中等专业学校开展毕业生就业创业工作；指导全县教育宣传、教育系统信息化建设和现代远程教育工作。承担全县教育基本信息的统计、分析和发布；承办县人民政府交办的其他事项。

根据县委、县人民政府对教育局的管理主要职责调整，2010年教育局内设机构职能如下：

办公室：负责机关管理、内外联系与综合协调工作；负责机关政务、事务工作；负责公文收处、制发工作；负责综合性会议的组织工作；负责来客接待、车辆调度及后勤管理工作；负责机关楼院、水电及财产管理工作；负责教育新闻宣传、信息调研及人大代表建议、政协提案办理工作；负责机关精神文明建设和治安保卫工作。

人事股：负责机关及下属单位人事管理、劳动工资、机构编制和职称评聘工作；负责本系统内的人才培训和离退休干部的管理服务工作；负责干部年报、工资年报和人事档案管理工作；负责本系统干部职工年度考核工作；负责师范类大中专毕业生就业派遣工作；管理和指导全县中小学教师继续教育工作。

计划财务股：编制教育年度财务计划，教育经费预、决算及教育年报统计信息工作；编制各级各类学校基础投资计划及实施工作；检查指导各级各类学校的财务及收费监督工作；管理、指导、协调学校职工社会医疗保险和学生平安保险工作；负责学校灾情调查及统计工作；监督管理本系统资产工作。

基础教育股：负责全县基础教育的行政管理工作，制订基础教育发展规划和年度教育计划并组织实施；管理中小学教材的征订和发行工作；督促指导中小学课程计划的落实，指导学校的德育、体育、卫生、团队工作的开展；负责组织全县普通高中毕业会考、中等学校招生、学籍管理、毕业证发放等工作。

综合教育股：负责办理社会力量办学审批事项；承担幼儿教育、职业教育统筹规划、综合协调和管理工作；统筹管理全县中小学校长、中等职业教育、成人教育、农村成人文化技术教育学校校长及专业老师培训工作。

监察审计股：监察审计股监督检查机关及下属单位贯彻执行国家政策、法律、法规等情况；负责制订财务审计计划，审查学校及其企业的财务账目、经济活动；负责教育系统信访管理工作，受理涉及县教育局工作方面的群众来信来访，以及学校信访稳定、教育系统行风建设、机关效能建设工作。

招生考试办公室：负责全县普通高等院校招生报名、考试组织工作；负责成人高校招生报名工作；负责教师资格认定考试报名工作；负责自学考试报名、组织考试和教材征订工作。

教育督导室：监督国家有关教育方面的法律、法规、方针、政策的贯彻执行；依据有关法律、法规和上级政府及教育行政部门的指示，对下级政府的教育工作、教育行政部门和各级各类学校的各项工作进行监督、检查、评估、指导。

教学仪器电化教学站：负责全县学校教育技术装备工作；制定各级各类学校实验、电教、图书馆（室）工作发展规划并组织实施；负责教育技术设备管理工作并指导使用；检查、督促学校实验教学、电化教学工作；指导、组织实验电教教学研究及教具、课件制作等工作；负责学校远程教育设施的装备及维护。

勤工俭学办公室：负责全县学校勤工俭学工作的指导和管理；抓好校办产业和劳动基地建设；协调、管理学生必备用品的生产、供应工作；监督机关经济实体履行合同情况；负责招商引资和校方责任险等服务工作。

教学研究室：负责全县中小学教学研究、管理、指导、服务工作；指导督促学校全面执行课程计划和学科课程标准；组织开展教改实验和开发地方课程资源；组织开展教材教法研究活动和教师业务培训工作；组织开展教育教学课题研究，指导学校开展校本教研；组织期中、期末考试和教学质量检测工作，开展教学评估和质量监控。

教育局股（室）历届主要负责人名录

（截至2015年）

表9-9

股（室）名称	股长（主任）
办公室（秘书股）	刘显鑫　翁地季　李　峰
人事股（人秘股、政工人事股）	郑求达　陈希泽　张公启　卢其娴（女）　刘显鑫　李少华　朱学俭　邹盛华　翁第森
计划财务股	刘奎堂　邓永成　黄　玲
基础教育股（教育股）	张公启　张步云　石小洪　谢从富
综合教育股	周少平　谢从富　张小平　陈　学
监察审计股	张李生　朱学俭　冷绪尧
体育卫生艺术股	陈　学　张小平
后勤产业管理中心	方华东　张李生　余亚平　戴定武
教学研究室	熊仁佑　张贞茂　黄立新　袁后斌　汪维祎　刘合耀　柯五坚
县政府教育督导室	王明哲　乐明福　傅少平　洪欢平　余传奇
教育工会	冷绪源（副主席）　张公启（副主席）　王明哲（副主席）　卢其娴（女，主席）　余璇群（女，副主席）　程德猛（主席）　雷美珍（女，副主席）
招生考试办公室	冷绪江　余亚平
教学仪器电化教学站	文敬武　齐德芳　熊仁俊
青少年活动中心	余璇群　张小平　舒端常
安全稳定办公室	朱　民

1991—2010年教育局机关部分获省级以上先进集体称号

表9-10

获奖单位	获奖时间	荣誉称号	颁奖单位
武宁县教育局	1991.12	江西省第一轮证考工作先进单位	江西省教委
武宁县教育局	1992.12	实验教学普及县	江西省教育委员会
武宁县教育局	1995.5	《教师法》知识竞赛决赛二等奖	省委宣传部、省教委、省教育工会

续表

获 奖 单 位	获奖时间	荣 誉 称 号	颁奖单位
武宁县教育局	1995.12	“二五”普法工作达标单位	江西省普法工作领导小组
省家长函授学校武宁县函授站	1996.6	办学先进单位	江西省教育委员会
武宁县教育局	1996	1996年江西省施行初中毕业生升学考试体育工作先进集体	江西省教育委员会
武宁县教育委员会	1996.12	江西省九六年会考、中招工作先进集体	江西省教育委员会 江西省招生委员会
省家长函授学校武宁县函授站	1997.6	办学先进单位	江西省教育委员会
省家长函授学校武宁县函授站	1998.6	办学先进单位	江西省教育委员会
武宁县教育工会	1998.10	省级先进工会	江西省教育工会
武宁县教育局	2007.1	全省校本教研先进单位	江西省教育厅
武宁县教育局	2008	中招工作先进单位	江西省教育厅 江西省招生委员会
武宁县教育局	2009.1	2008年“新蕾杯”全省中小学生优秀期刊阅读论文活动优秀组织奖	江西省教育厅
武宁县教育局	2009.9	全国教育系统“祖国万岁”歌咏活动优秀组织奖	中华人民共和国教育部
武宁县教育局	2009.10	全省教育系统“祖国万岁”歌咏活动优秀组织奖	江西省教育厅
武宁县教育局	2009.10	江西省第四届中小学生、幼儿艺术展演活动优秀组织奖	江西省教育厅
武宁县教育局	2009.12	江西省自学考试开考25周年先进集体	江西省自学考试委员会 江西省教育厅
武宁县教育局	2010.1	全省教育系统创新发展年先进单位	中共江西省教育工委 江西省教育厅

督导评估

唐朝，各府、州、县设督学官，以察士子德行。

清政府规定：“县视学兼任学务总董，由本籍绅衿年三十以外、品德端方、曾经出洋游历或曾习师范者充任。”对学校工作视察、调查和考核。

1918年，颁布《江西省视学暂行规定》，规定每县设视学一员，辅佐县知事视察全县教育事宜。

1928年9月，省政府第138次会议决定改省视学处为督学处，县视学指导员为县督学。

1934年，潘济楫任武宁督学，全县划分5个学区，每学区设学务委员1人，督察本区学务。

1945年，武宁设督学两名，由傅朝法、张友许担任。12月，省督学郑均亨视导了武宁教育，且向省教育厅提交书面视导报告。

中华人民共和国成立后，党和政府十分重视教育督导工作。

1955年4月，教育部发出关于加强教育视导工作的通知，强调教育视导工作是我国教育行政的一个重要组成部分。

20世纪50年代后期，教育督导工作日益被忽视。县级未设专门的教育督导机构及专职督导人员，由教育行政部门派员定期或不定期地开展典型调查或工作总结，以此形式替代部分督导工作。由于未定人、定时，未能形成制度化，教育督导工作不能全面有序地开展。

1987年3月，国家教委发出积极稳妥地建立督导机构的通知。

1991年6月，江西省人民政府批转省教委关于重新建立教育督导制度报告的通知。

1992年3月，武宁县教育督导室正式成立，该室属股级事业单位，核定人员编制3名，其中督导主任1名，归县教育局管理。

县教育督导室成立后，积极履行：“教育督导将依照国家法律法规和上级或同级政府的指示，对下级政府的教育工作、教育行政部门和学校的各项工作进行监督、检查、评估、指导”的职责，依法对武宁各级各类学校进行督导评估。1992年始，督导室协同教育局每年一次对学校进行教育目标管理年度考评。年终，在全县教育系统评选出全面优胜单位16个，设单项奖3项，其中德育工作先进单位2个，教学质量先进单位5个，实验教学先进单位7个。

依据国家教育法律法规和方针政策，建立和完善以推进素质教育为目标的学校督导评估机制，促进学校求发展、创品牌、比进步，不断提高办学水平和教育质量，办好人民满意的教育。

全面贯彻落实党的教育方针，扎实推进素质教育，引导学校逐步建立依法办学、和谐均衡、可持续发展的运行机制，根据全县当前教育体育改革与发展形势。

随着武宁教育的发展，教育目标管理督导评估的内容也在与时俱进，不断更新。每年年初，县教育局制定出台十分详尽的督导评估实施方案。2009—2010学年度的督导评估方案中，对中学工作的督导评估内容达19大项78个小项，对小学工作督导评估内容有20大项82个小项。

2009—2010年学校督导评估评分细则

第一部分：常规管理：290分

表9-11

项目	考评要素	考　评　标　准	分值	考评方式
(一)组织建设20分	1. 校领导深入教学一线	1. 校级领导按要求带课1分；深入教研组、年级组和课堂，有安排、有记录2分	4	查课表、记录
	2. 学校工作计划执行情况	2. 每周有工作安排、小结，每学期有计划、总结	4	查资料
	3. 制度齐全，制定过程规范，操作严谨，落实到位	3. 《绩效工资分配方案》《考勤制度》《教学常规考评制度》《职称聘任办法》等重要制度，有行政会研究决定，教师意见征求，教代会表决等过程2分；执行过程痕迹清晰，结果透明公开，教师反映良好，管理效果理想2分	4	查资料、走访教师
	4. 班子成员履行职责及个人德、能、勤、绩、廉评议	4. 教职工对学校班子集体总体评价满意率5分；对各班子成员总体评价平均优秀率5分	8	由人事股提供
(二)办学行为15分	1. 切实减轻学生学业负担	1. 有减负措施，学生课业负担控制在合理范围内0.5分；真正落实减负精神，家长学生无不良反应0.5分	1	实地查看了解，查阅资料
	2. 编班行为规范	2. 不办重点班、快慢班、特长班	1	
	3. 严禁违规补课	3. 不组织非毕业班学生补课，不利用节假日举办特长培训班0.5分，不将校园、校舍出租给其他教育机构办培训班0.5分	1	
	4. 招生、控流、输送生源	4. 小学一年级每招收一个未到龄学生扣0.25分；初中学校中考优生每流失10％扣1分；未完成中职生输送任务少10％扣1分	12	由基教股提供
(三)党风廉政信访维稳20分	1. 遵守八项规定，开展四风整治	1. 严格遵守党中央的八项规定要求2分，深入开展“四风”整治活动，无违规违纪行为2分	4	1、2实地了解，查看资料
	2. 开展廉政建设	2. 积极开展廉政文化进校园工作，有方案、宣传栏、上廉政课，开展相关活动；认真执行重大制度(校务公开、职称评定、民主理财、大宗物品采购)公示	4	

续表一

项目	考评要素	考 评 标 准	分值	考评方式
(三)党风廉政信访维稳20分	3. 信访工作制度化；及时办理、报送信访件	3. 重视信访维稳工作，形成校长负总责，层层抓落实的工作机制3；对局机关交办的信访件，能按规定及时办理并报送办理情况3分	6	3、4由监审股提供
	4. 重视群众信访问题；控制集体上访或越级上访	4. 对群众反映的信访问题，经调查属实或部分属实的，每件每次扣0.5分；因学校工作不力、失误、失职等原因，发生到县、市集体上访或越级上访的，每次扣2分	6	
(四)行风建设20分	1. 建立完善师德考核机制	1. 有师德考核制度2分，将师德师风建设作为教师年度考核、职务评聘、评先评优的重要内容得4分，否则得零分	6	查资料，走访学生
	2. 每年开展师德主题教育活动	2. 每年开展师德师风主题教育活动2分，积极表彰优秀教师2分，班主任每学年对班上学生至少家访一次，开一次家长会2分	6	
	3. 学校教师无违背职业道德行为，行风社会评价良好	3. 教师有参与赌博、涉黄、生活作风、工作作风、体罚或变相体罚学生、有偿家教等师德师风问题，情节较轻的每例扣2分、严重的扣4分	8	由监审股提供
(五)教师培训15分	1. 重视教师培养、培训	1. 成立领导小组、教师培养培训有专人负责2分，工作有计划、有措施、有实效。每项1分	5	查资料
	2. 组织教师参加“国培计划”和全员远程培训	2. 组织教师参加“国培计划”，教师参训率、合格率达到95%以上得3分；全员远程培训参训率、合格率均达到90%以上得2分。每低1%扣0.5分	5	由综教股牵头，进修学校根据平时工作情况提供
	3. 按上级要求及时参加各项培训	3. 落实教师常规培训；重视班主任培训；完成校长培训任务。每缺1人次扣0.5分	5	
(六)德育活动25分	1. 学校团、队、学生会等机构健全；活动开展正常；按要求开设思想品德课	1. 机构健全，每学期全校性德育活动不少于2次1分；班级团、队活动不少于4次2分，少一次扣0.5分；按要求开设了思想品德课、有教案1分	4	查看活动方案、活动记录、图片、获奖通报，向师生了解情况
	2. 建立学校、家庭、社会相结合的德育工作机制，办好家长学校，定期召开家长会	2. 三结合工作机制正常运转，有家长委员会名，家长会、家庭教育活动开展良好	4	

续表二

项目	考评要素	考评标准	分值	考评方式
(六)德育活动25分	3．坚持每周一升国旗仪式，开展有益的社会实践活动	3．国旗下讲话稿、活动图片保存完整2分；社会实践活动每学期不少于2次，图片等佐证资料齐全2分	4	查看活动方案、活动记录、图片、获奖通报，向师生了解情况
	4．坚持开展班级、学生、就寝、读书等各项评比活动	4．查计划、活动记录，每项专题评比每学期开展一次，每缺一项扣1分	4	
	5．关爱留守学生的健康成长，建立和健全留守学生档案，并对其实行全程跟踪管理	5．有关爱措施1分、有档案1分、管理规范1分	3	
	6．关心下一代工作	6．按关工委要求做好关心下一代工作	6	由局关工委提供
(七)学额班额35分	1．学籍管理规范，各年级、班级学生数准确，变动手续齐全	1．电子、纸质学籍齐全2分，学生数统计准确1分，分年级变动手续齐全，与年报相符2分	5	看材料
	2．班额	2．一、二、三年级45人以内，四年级50人以内，五－高三年级56人以内，每班每超1人扣0.1分，本项最多扣6分	10	现场查看
	3．辍学率、保留率达标	3．小学年辍学率控制在0.5%以内，每低0.1%扣2分；初三保留率达95%以上，每低1%扣2分(计算公式为：初三在校学生数－转入数＋转出数＋职高春招数/三年前招生数*100%)	20	由基教股提按公式计算提供
(八)素质教育15分	1．课程开设科目齐全，完善学生综合素质评价机制	1．按要求开齐开足各门学科1分；建立学生成长记录袋1分；有综合评价记录，全面综合评价学生成长过程，促进学生全面发展2分	4	查看资料
	2．开展学生艺术素质测评工作	2．有艺术素质测评方案1分，测评结果记入成长档案3分	4	
	3．“三操”正常开展，开展“阳光体育活动”，定期开展各类素质教育活动	3．“三操”正常开展1分；开展“阳光体育活动”1分，一年一次体育运动会1分，一次文艺演出1分	4	

续表三

项目	考评要素	考　评　标　准	分值	考评方式
(八)素质教育15分	4. 全面实施《国家学生健康标准》；建立学生体质健康档案；及格率达到省定标准	4. 建立学生体质健康档案1分；开展学生体质标准检测得1分；学生体质健康及格率达85%以上得1分	3	查看资料
(九)学生资助15分	1. 学生资助管理机构健全	1. 机构健全，分工明确(可兼职)2分；制度齐全规范	3	由资助中心提供
	2. 按时完成并上报资料，资助资料存档规范	2. 按时上报各种资料2分；学校资料存档规范，备查资料保存5年以上2分	4	
	3. 公平、公正、公开评选资助对象，确保精确资助	3. 评选程序合理规范2分；评选资助会议记录详细，且进行公示并拍照存档2分	4	
	4. 学校建立健全关爱贫困生机制	4. 健全贫困生管理档案1分；年度引进社会资助2次以上2分；年度资助无上访现象1分	4	
(十)校园文化15分	1. 学校文化建设	1. 学校文化设计新颖、布局合理、美观大方2分；宣传栏、走廊等规划合理，布置大气，富有成效2分；校园广播站建设良好1分	5	实地查看，看资料
	2. 班级、寝室文化建设	2. 班级教室布局美观、大方，激励作用显著3分，寝室干净整洁2分	5	
	3. 校园环境良好，学生文明礼貌	3. 校园干净、整洁、美观、有序2分；学生健康向上，充满朝气，文明礼貌3分	5	
(十一)艺术活动15分	1. 举办校园艺术节	1. 有方案并报县艺术节办公室2分；按时申报观摩节目并要求观摩组观摩2分；校园艺术节活动资料齐全3分	7	由青少年活动中心提供
	2. 参加全县青少年艺术节	2. 申报节目3个以上，按时上报2分；按要求参加全县艺术节开幕式和闭幕式和各项比赛活动3分；组织参加艺术节活动资料齐全3分	8	
(十二)综治安全30分	1. 有学校安全领导机构，层层签订责任状	1. 有领导小组、法制副校长、综治专干、成立了护校队1分；各处室、班级、岗位责任人签订安全责任状，少一项扣0.5分	3	看资料、现场
	2. 计划、总结齐全、制度、预案完善成册	2. 计划、总结齐全、开展良好，制度预案全完善装订成册2分	2	

续表四

项目	考评要素	考 评 标 准	分值	考评方式
(十二)综治安全30分	3．安全管理尽责，排查经常、隐患整改到位，总结、汇报及时；安全电子台账使用正常	3．加强对属地幼儿园、村小管理，安全排查每月一次，有记录、隐患整改台账完整规范，有排查总结和情况汇报，对隐患进行了积极的整改3；安全台账使用正常2分	5	看资料、现场
	4．安全教育到位；演练开展及时；做好安全培训工作	4．开展了安全教育月活动；开设了安全教育课，有教案，有教材、教本；有板报、永久性专栏宣传；开展了各种演练；开展好区域内教师、安保、食堂、校办商店等人员的安全培训，佐证资料齐全	3	
	5．管理到位，无安全隐患	5．学校大门、食堂、寝室、设施、楼道、货亭、饮水等安全管理规范；发现一例隐患扣1分	3	
	6．加大安保投入并有效使用；做好校车管理工作	6．学校有传达室，有保安到位，校园监控、安保器械配备齐全并有效使用3分；有校车接送制度、有车辆驾驶员、随车管理员资料档案2分	5	由安稳办提供
	7．组织好中小学幼儿园教师网上投票工作	7．按时组织教师网上投票，投票率、优秀率每少1个百分点扣0.5分	2	
	8．组织学生参加全省中小学安全知识竞赛活动	8．组织学生参加全省中小学安全知识竞赛活动(学生数按年报数)，参考率100％得满分，每低1个百分点扣0.2分，平均分低于全市平均分不得分	2	
	9．矛盾纠纷处置良好，信访安全工作到位	9．矛盾纠纷或其他原因，由于处置不当导致上访，发生一起扣1分	2	
	10．校园重大安全处置	10．出现一起安全事故或治安案件(盗窃、被盗等)扣4分，出现刑事案件扣20分，出现重大伤亡事故、校方责任群体性食物中毒、火灾、重大刑事案件扣该大项30分，并实行综合治理一票否决	3	
(十三)工会工作10分	工会工作	按工会工作要求做好工作	6	由教育工会提供评分标准负责考评汇总

续表五

项目	考评要素	考评标准	分值	考评方式
(十四)财务管理15分	1. 编制学校财务收支预算，各项收支基本按批复的预算执行。建立固定资产明细账，学校所有购入、赠入、拨入的固定资产及时记价入账	1. 未编制预算扣1分，超出预算扣0.5分。未建账扣1分，未及时记价入账扣0.5分	3	由计财股提供
	2. 及时上交各种代收费，杜绝截留、挪用代收费行为	2. 各种代收费及上交不截留挪用得3分，学期内未上交不得分	3	
	3. 各项专项资金必须专款专用，不得挪用和占用，按要求完成民生工程的申报审批和各种民生工程款项的发放	3. 违反一次扣1分，扣完为止。手续不规范扣1分，不按要求发放扣1分	3	
	4. 严格执行政府采购制度，做到收支平衡	4. 执行政府采购制度得1分，学校年度经费收支平衡2分	3	
	5. 规范学校收费工作	5. 收费工作宣传到位，收费公示栏1分、学校收费清单、家长和学生自愿选择登记表齐全2分	3	
(十五)勤办工作15分	1. 做好学生作业本和学生统一着装工作	1. 以作业本订购的完成率和校服订购率计算	3	由勤办提供
	2. 做好教育行业风险管理(校方责任险)工作	2. 校方责任险参保率达100%	4	
	3. 招商引资献计出力；招工工作积极有效	3. 每学期提供一条有价值招商信息2分；完成招工任务2分	4	
	4. 完成各项工作任务，开展学生劳动实践基地建设	4. 及时完成任务得2分，开展基地建设得2分	4	

续表六

项目	考评要素	考　评　标　准	分值	考评方式
(十六)学前教育10分	1. 辖区幼儿园证件齐全、制度完善、硬件达标；附属幼儿园建档齐全、资金到位、账目清楚	1. 证件齐全、制度完善、硬件达标、资金账目清楚	2	查资料、看现场
	2. 对民办幼儿园管理有考核方案、妥善解决矛盾纠纷	2. 有考核方案1分、年内无纠纷1分	2	
	3. 管理责任到人，过程清晰	3. 学前教育有行政分工安排有专人管理，对各幼儿园实行跟踪管理、过程管理、情况记录	3	
	4. 做好辖区幼儿园划片招生工作，建立幼儿学籍档案	4. 统一管理生源，划片招生，有序招生，幼儿花名册齐全	3	

第二部分：办学条件90分

续表七

项目	考评要素	考　评　标　准	分值	考评方式
(十七)校园建设25分	1. 有校建任务的学校按时间节点保质保量完成；没有校建任务学校，做好校园绿化、美化、亮化工作；生均校园面积达到均衡教育标准	1. 做好基建、绿化、美化、亮化得3分；生均校园面积达到标准3分（农村小学20平方米、初中25平方米，县城小学15平方米、初中20平方米）每少1平方米扣0.5分	6	看现场、核查年报中312、313校舍数据
	2. 校舍档案齐全、记录准确；无D类危房，及时维修B、C类危房；生均校舍面积达到均衡教育标准	2. 校舍档案规范1分，无D类危房，维修B、C类危房2分；生均校舍面积达标3分，生均校舍面积标准：农村小学5.4平方米、初中6.4平方米每少1平方米扣0.5分	6	
	3. 生均体育运动场地面积（指用于室外体育运动并有相应设施所占用地面积）达标；有200米环形跑道，有篮球、排球场和体育器械园地	3. 生均体育用地面积达到标准3分（农村小学6.83平方米、初中9.3平方米，县城小学4.55平方米、初中6.2平方米）每少1平方米扣0.5分；有200米环形跑道1分，有篮球、排球场1分，有体育器械园地1分，扣完3分为止	6	

续表八

项目	考评要素	考 评 标 准	分值	考评方式
(十七)校园建设25分	4. 校舍维护良好；寄宿学校宿舍面积达标	4. 教室和寝室门窗完好3分，破损一处扣0.5分；寄宿制学校宿舍面积达标3分（生均宿舍面积标准为3平方米）	7	看现场、核查年报中312、313校舍数据
(十八)功能室建设25分	1. 图书室、阅览室建设符合要求，生均图书达标	1. 面积达标得2分，生均图书达标6分（标准：小学15册、初中25册，县直学校再加5册）少1册扣0.5分，扣完5分为止	8	看现场，核查年报基础基512、522中相关数据
	2. 计算机教室符合标准，生机比达标	2. 计算机教室达标得2分，达标6分（标准：百名学生计算机小学3.3台，初中6.6台），每少1台扣0.5分，扣完5分为止	8	
	3. 均衡教育规定的专用教室配备达标	3. 音乐室，美术室，体育器材室，科学实验室，物、化、生实验室，多媒体室齐全，少一类扣1分；装备未达到省定教育技术装备标准，每类扣1分，扣完5分为止	9	
(十九)功能室使用管理40分	1. 建立现代教育技术管理工作制度、实验教学管理工作制度	1. 有管理制度1分，有专兼职人员专门管理1，各实验室按要求布置3分	5	由电教站提供
	2. 现代教育技术学科覆盖率达100%、教师覆盖率达100%、课时覆盖率达20%以上	2. 各率达到标准得7分，每少1个百分点扣0.5分	7	
	3. 实验教学达到课程设置要求，仪器室仪器领用手续健全规范	3. 实验教学按课程设置，每少一节次扣1分，领用手续健全3分、记录规范3分（查课表实验报告和领用单）	7	
	4. 图书、阅览室，计算机室每周定期向学生开放，使用率高	4. 开放三室有制度2分、有时间安排表有管理人员2分，查问学生看开放情况3分	7	
	5. 各功能室有效使用，科学合理，借领手续齐全，积极参加各项电教活动，按时上交各项资料；危化药品管理规范	5. 各功能室使用规范，有使用记录，实物借领登记详细各1分，一次活动不参加扣0.5分；危化药品做到单厨双人管理	7	

续表九

项目	考评要素	考 评 标 准	分值	考评方式
(十九)功能室使用管理40分	6. 建立各功能室实物台账	6. 各功能室仪器、设备要求做到"入库上架、登记入账、科学存放、账物分明"图书要求做到"入账、分类、编目、加工、上架、流通"抽查7个样品每缺一种扣1分，扣完为止	7	由电教站提供

第三部分：教学教研：100分

续表十

项目	考评要素	考 评 标 准	分值	考评方式
(廿十)教育教学100分	1. 教学教研、常规管理、教研成果	1. 按照教研室对教学教研、常规管理等有关规定开展工作；由教研室根据教学教研常规专项检查	60	由教研室提供
	2. 教学质量	2. 按照教研室制定的教学质量评价标准执行，由教研室根据小学质量抽测和初三统考成绩等依照方案计算	40	

第四部分：奖励加分：20分

续表十一

项目	考评要素	考 评 标 准	分值	考评方式
(二十)奖励加分20分	1. 学校本年度获县级以上集体荣誉	1. 获省级及以上综合奖或单项奖的，分别加6分、4分，获市级综合奖或单项奖的，分别加4分、2分，获县级综合奖或单项奖的，分别加2分、1分。（以文件、奖牌、证书为准，同一项目只计最高分不重复计分）	8	1. 看奖牌证书或文件； 2. 看发表作品资料
	2. 本年度在市级以上党报党刊和教育期刊发表宣传本校教育的文章；教育新闻，信息报送	2. 在市级以上党报党刊和教育期刊发表文章每篇3分；武宁报、武宁新闻等媒体播报本校信息，每篇1分	6	
	3. 教师、学生个人竞赛获奖	3. 教师、学生参加除教学类的竞赛，省级一等奖、二等奖、三等奖分别加1.5分、1分、0.5分；市级一等奖、二等奖、三等奖分别加1分、0.5分、0.3分；县级一等奖、二等奖、三等奖分别加0.6分、0.4分、0.2分	6	

为使教育目标管理督导评估与学校教学工作相配套，1996年起，改年度考评为学年度考评，1996年1—7月的学校工作推移到1996—1997学年度进行考评。后在实践中发

现，按学年度考评与上级及全县其他考评工作不能同步进行，2008年开始，学校教育目标管理考评仍恢复按年度进行。

1995年9月，实施的《中华人民共和国教育法》在关于我国教育基本制度中规定："国家实行教育督导制度和学校及其他教育机构教育评估制度。"至此，教育督导评估制度成为现行教育制度的一项重要内容。

1996年8月，迎接省人民政府对武宁"两基"（基本普及九年义务教育、基本扫除青壮年文盲）工作评估检查，县教育督导室协同教育局对全县"两基"工作进行了全面督导评估和检查。10月，武宁顺利通过省政府的"两基"评估验收。为了巩固"两基"成果，县教育督导室根据省教育督导室《关于建立"两基"工作年报制度的通知》精神，设计和印发了一套"两基"年报表格，各乡（镇、场）"两基"办牵头，教育办、中学紧密配合，按学年度认真统计填报，交县教育督导室验收存档，为以后的教育督导评估工作提供数据资料，奠定基础。

1999年4月，县教育督导室联合县教委政工人事股，对武宁上汤初级中学几年来教育教学质量连续滑坡情况进行专项督导检查，从学校内部管理、政治思想工作、教学教研和教师管理等方面调查解剖，分析原因，提出整改方案，并将督导检查情况以武教字〔1999〕42号文形式通报全县，促使学校工作迈上新台阶。

为了更好地完善教育督导评估机构，加大督导评估力度。2000年，县教委下发武教字〔2000〕86号文，决定聘任一批乡、校级专、兼职督学，由县教委颁发督学证书。全县首批聘任专职督学：小学10人、初中1人；聘兼职督学：小学14人（含县幼儿园1人）、中学7人，聘特邀督学5人，建立起县、乡、校三级督导评估网络，保证了党和国家有关法律、法规、方针、政策和各级党委、政府以及各级教育行政部门的政令畅通。是年，教育部对全县"两基"工作评估验收合格。

2001年5月25日，经县人民政府研究并报县委审议，下发武府字〔2001〕32号文件，撤销"武宁县教育督导室"，成立"武宁县人民政府教育督导室"，由原股级事业单位升格为副科级事业单位，仍归口县教委。2006年5月，经县人民政府同意，下发武编发〔2006〕5号文，核定督导室编制为5名，其中主任1名、副主任1名，专职督学3名。县政府同时出台了对乡（镇）政府年度教育督导评估方案，并列入县年度综合考评，对乡（镇）政府年度综合考评中，其教育方面权重值不低于5%，督促了乡（镇）政府建立了相应的教育工作制度。是年，顺利通过教育部对武宁"两基"工作复查验收。

2009年5月20—27日，江西省督学梁玉萍率省教育督导评估组一行6人，对武宁教育工作进行督导评估，此次在全省20个县市的督导评估中，武宁排第八位。7月上旬，省政府教育督导室下发了武宁教育工作省级督导评估的书面意见。8月，县政府常务会议就省里的反馈意见进行了专题研究，出台了《武宁县教育工作省级综合督导评估的整改方案》。武宁凭借省级督导评估的东风，落实了各项整改措施，有力地促进了教育事业的健康发展。

2010年度全县学校办学水平发展性督导评估工作的通报（武教字〔2011〕9号）

全面优胜单位：县幼儿园、新宁一小、新宁四小、新宁二小、武宁二中、协和中学、黄塅中心完小、鲁溪中心完小、甫田中心完小、官莲中心完小、罗坪中学、澧溪中学、清江中学、鲁溪中学、宋溪学校、巾口学校。

单项奖：德育工作先进单位：横路中学、石门楼中心完小。

教学管理先进单位：黄塅中学、船滩中心完小。

校园文化建设先进单位：石渡学校、杨洲学校。

信息技术教育先进单位：石门楼中学、澧溪中心完小。

师德师风建设先进单位：实验中学、东林学校。

安全工作先进单位：金水中学、横路中心完小。

办学特色单位：武宁一中（质量管理）、职业中学（优秀职业中学）、教师进修学校（继续教育）、新宁五小（教学创新）、官莲中学（合作教育）、罗坪中心完小（班级管理）。

教育改革

清光绪三十三年（1907年），武宁将书院改为学堂。初时阻力大，知县王俊道通知各地改办学堂，罗湾贡生叶湘波不理，罗湾叶姓为本县科甲巨族，知县奈何不得。其余各都持观望态。叶颇得意，竟写信给其在县读书的儿子，称慈禧有懿旨，复科举。不料信被王知县所获，即抓住把柄，声言要办叶假造懿旨罪。叶惊恐，急托县城缙绅向知县求情，并保证如期办好小学堂。于是，全县54都及县城各学堂同时成立，开始武宁近代教育的改革。

新学堂除仍注重读经外，新增科学知识和民生技能内容，采取“中学为主，西学为用”的半学堂半书院教学形式。

1912年，中华民国颁布第一个教育改革法令，即《普通教育暂行办法》，改学堂为学校。武宁正谊高等小学堂改称正谊高等小学校。原监督、堂长改称校长。初等小学可男、女同校，学制由原5年改为4年，高等小学由4年改3年。原清朝学部颁行的教科书一律禁用，小学废读经科，注重手工、体操科。中学文理不分科。

1919年“五四”运动后，新文化思想传入武宁，学校教育逐渐剔除封建内容，加强自然科学社会职业教育，教学逐步采用国语和白话文，女生享有与男生平等的学习地位。

1921年，省教育厅拟订《江西省厉行义务教育条例》，开始推行义务教育。翌年，武宁执行“壬戌学制”，有6所高级小学和4所初级小学均按初小、高小“四二”分段，实行小学6年制。校内既有初小又有高小的称完全小学。学科方面将“修身”改为“公民”，国文改国语，历史、地理、自然合编为常识课。1928年，武宁成立厉行义务教育委员会及各学区委员会。

1929年，武宁北部农村创建苏维埃政权，实行无产阶级教育。鄂赣省苏维埃政府训令（文字第1号）规定的教育方针是“苏维埃的教育，是要把它回到本来的正当任务上，传递人类生活经验，增进人类生活经验，使人类生活日益丰富，使人类友爱和平团结一致去克服自然界而取得人类生活资料，成为各尽所能，各取所需的共产主义社会。”当时武宁苏区有列宁小学25所，8～14岁儿童强制入学，劳苦群众子女免费入学，工农及其子女享有教育优先权。社会教育方面，区、乡建工农俱乐部，举办工农识字班，摒弃封建宗教和国民党的“党化教育”内容。在国民党统治区，推行三民主义教育，以“忠孝仁爱信义和平”为主要教育内容。

1933年，武宁定县城为第一期义务教育实验区，新办5所小学和1所职业学校，开办4所中山民众学校，推行特种教育。其目的是配合国民党对苏区军事围剿进行的政治宣传和军事训练。翌年，推行保学制，即每保1校，保立小学以所在保的整个社会为施教范围，全体民众为施教对象，实行“管、教、养、卫”合一，培养国民自治、自学、自给、自强能力。

1936年，全县设区中心小学6所，保学277所。

1940年执行《国民教育实施纲要》，全县推行国民教育制度。每乡设中心国民学校，每保设国民学校，中心国民学校及保国民学校校长分别由乡长、保长担任，受教育者主要是妇女、儿童、中青年男子三部分人，国民教育仍属“管、教、养、卫”合一体系下的教育制度。

1949年新中国成立，8月，江西省政府以教字第一号通令发布《江西教育改革方案》，在“教育必须为国家建设服务，学校必须向工农开门”的方针指导下，武宁大力动员工农子弟入学，在中、小学设立工农文化补习班。

1952年，全县中小学学生中，工农子女分别占84%和92%。随之改革教学内容，取消国民党的公民、党义、童子军、军训课程，增设政治课；实行民族的、科学的、人民大众的，反帝反封建反官僚资本主义的教育方针和制度。同时积极开展农民教育，推广速成班，全面扫除文盲。翌年，借鉴苏联的教育体系，学习凯洛夫教育学，形成教师备课、上课、改作业，学生自习、做作业的一套完整的教学格式。

1954年，中共中央宣传部发布《关于高小和初中毕业生从事生产劳动的宣传提纲》后，全县小学增设手工劳动课，初中增设工业、农业基础知识课，高中设农业、农机、电工实习。武宁中学还建立实验园地。劳动教育和基本生产技术教育成为该时期教育的重要内容。

1957年，毛泽东在《关于正确处理人民内部矛盾的问题》一文中提出：“我们的教育方针，应该使受教育者在德育、智育、体育几方面得到发展，成为有社会主义觉悟、有文化的劳动者。”翌年，中共中央、国务院在《关于教育工作指导》中提出“教育必须为无产阶级服务，必须与生产劳动相结合”的教育工作方针。强调“两条腿走路”的办学方向，武宁教育呈“跃进”势头，各类学校涌现。全县除公办中小学外，大量增加民办学校。农业中学创办19所，武宁中学校园内还办起武宁大学。古艾完小将四年级成绩好的学生编为跃进班，直升初中。武宁教育经历高速度、低条件的重大变革。

1960年4月，县成立教学改革委员会，指导各中小学进行教学改革，古艾完小开始试行五年一贯制。

1964年，贯彻《中、小学工作条例》。翌年，大力推行两种劳动制度，两种教育制度，武宁在办好全日制学校的同时，又创办155所民办耕读小学。1965年4月，县文教局组织工作组深入巾口公社搞小学网点下伸试点，7月，分派560名公办教师在32个公社推行网点下伸工作，全县完小突增166所，初小及民办小学亦重新布局。

“文化大革命”开始后，学校贯彻执行毛泽东的“五七”指示，学工、学农、学军，批判资产阶级。县中、小学纷纷更名为“五七”学校，实行连、排、班建制，废除教学计划，取消考试制度。

1965年9月，开始创办江西共产主义劳动大学武宁分校。

1968年，贯彻毛主席的“学制要缩短，教育要革命”的指示，全县执行小学五年，初高中各两年的“五二二”学制，农村形成了生产队办小学、大队办初中、公社办高中的层层拔高的学校格局，随之民办教师大量涌现。“工宣队”“贫宣队”派驻学校充任领导和教师。翌年，县革委政治部教卫组推广路口公社田塘“五七”小学政治建设经验，强调学校普建“四场”（林场、茶场、农场、畜牧场）“三室”（阶级斗争展览室、文艺活动室、图书阅览室）。并改秋季招生为春季招生。（1973年恢复秋季招生）。

1971年，《全国教育工作会议纪要》全面否定“文化大革命”前17年来的教育工作，全县学校实行“开门办学”“厂校挂钩”，以社会为课堂，以毛泽东著作为教材，以阶级斗争为主课，唱毛主席语录歌，学革命样板戏。学校反复折腾，正常的教学秩序近于瘫痪。

1976年10月，“文化大革命”结束，教育战线开始拨乱反正，翌年恢复高考。

1978年，实施教育改革，重点是提高教育质量。学校网点调整，全县完全中学由18所调整到12所（含大洞竹木制品厂子弟学校）、初中17所，小学附设初中班65处。

1980年，武宁贯彻“减少高中、稳定初中、发展小学”的原则进行第二次调整，撤高中7所，只保留县一中、二中、澧溪、金水4所普通高中，存公办初中24所，民办初中5所，小学附设初中班50处。全县初中生下降20%，高中生减少50%，教学质量开始提升。随之恢复初中三年、高中三年的学制。

1982年，《人民教育》第一期刊登武宁《积极稳妥地调整中学教育》的经验文章后，全县进一步加大中学结构的调整。翌年创办荷洲、罗溪两所农业中学（荷洲农中1985年迁鲁溪，改鲁溪农中），随之改武宁三中为县农业中学，发展甫田农中。

1989年，县农职业高中招生人数占整个高中招生数的30%以上。

1984年，县二中青年教师李涴林、陈平尝试学校内部教育改革，县委批准二人呈报的《武宁二中改革方案》，核心内容是校领导班子由校长组阁，教师由校长聘任。翌年5月，中共中央出台《关于教育体制改革的决定》。武宁学校实行县、乡、村三级办学，县、乡两级管理的教育体制，即县办高（完）中、教师进修学校、县直小学、县幼儿园；乡办初中、中心完小、乡（镇）幼儿园，村办村完小、村小、村幼儿园。教学管理权在县。是年全县进入九年义务教育实施阶段。

1991年，小学网点再次调整。设中心完小、村完小、村小、教学点四种类型。翌年进行农村教育综合改革，实行基础教育、职业教育、成人教育“三教”统筹，搞好农、科、教结合。罗坪、杨洲、严阳、黄塅4乡（镇）列为“燎原计划”示范乡（镇），52个村为科教兴农示范村。

1993年，在宋溪乡中小学进行学校内部管理体制改革试点。实行校长负责及任期目标责任制，教师岗位责任制。该项改革因不成熟而未在全县推广。

1998年，推行素质教育，县直学校、罗坪、船滩、南市、甫田、金水初中和甫田、泉口、石渡中心完小及罗坪东边完小、南市花棚完小作为示范点，进行重点改革试验，后在全县中、小学推广素质教育。翌年在县一中、二中、教师进修学校及县一小、二小、三小等6所学校推行以“校长负责制、岗位责任制、教师聘任制、结构工资制”为主要内容的学校内部管理体制改革。第二年该项改革在全县中、小学全面铺开。全县参加竞聘上岗的教职工2588人，落聘94人，其中49人重新安置到村级小学，45人到边远山区缺编初中任教。

2000年，中共武宁县委、县政府印发《武宁县鼓励社会力量办学试行办法》，大力支持社会力量举办幼儿教育、职业教育、普通高中教育，同时鼓励创办私立小学及初中。

2002年，全县创私立九年制学校3所，初中2所，职业学校3所，完中1所，私立幼儿园55所。学生达6944人。私立职业教育一度成为全省先进典型。2004年后，私立学校或停办，或撤并，或改制。

2006年，除私立西海艺术学校（原丰良艺术学校）、赣北育才科技学校收归九江市管外，全县只存私立宁达中学。私立幼儿园因一开始便完全市场化，数量有增无减。

2003年，全县学校实行校务公开制度，主要是政务、财务接受监督。上半年在南市初中、甫田小学，县直中、小学学校试点，下半年在全县铺开，该项改革2004年在全省校务公开总结表彰会上曾作为经验介绍。2002年始，农村教育管理体制再度改革，由“三级办学、两级管理”变为“地方政府负责，分级管理，以县为主”的新体制。县政府统筹教育经费，统发教师工资。县教育行政部门依法履行对全县教师的管理。农村基础教育责任最重要在县级。乡村一级办学，尤其是农民集资办学负担解除。2001年秋，县城小学及部分乡（镇）中心完小起始年级由五年制转六年制，至2006年秋，全县小学完成转制，武宁义务教育阶段全部实行九年制。

“十一五”期间，由于自然人口减少，全县中、小学网点又一次调整。撤并小学230所，生源少的乡（镇）如巾口、大洞、东林、杨洲、上汤、宋溪、石渡，中、小学合并为九年一贯制学校。2010年，全县有小学225所（其中县直小学5所，乡镇中心完小13所，村完小35所，初小156所，教学点16个），九年一贯制学校7所，初级中学14所（含私立宁达中学），高级中学1所，完全中学3所，职业学校3所（含市管2所），教师进修学校1所，幼儿园96所（其中公办1所）。

第三节　学校管理

领导体制

清末，学堂堂长是政府命官，总揽学校事务。

中华民国成立后，县公立学校实行上级教育行政部门领导下的校长负责制，校长由县里任命。学校行政管理、教职工聘任、学生招收、毕业等概由校长负责。私立学校设董事会，由董事会选聘校长管理。

中华人民共和国成立后，学校领导体制随着社会的发展发生过多次变革，每次变革，都是国家政治、经济在教育领域中的反映。成立初期，对学校领导体制进行稳妥初步改革，实行校务委员会制。校务委员会由校长、处主任和教职员工代表组成，学校重大问题，均由校务委员会决定。民主办校，经济公开。校长、教员均由县人民政府委任。武宁联合中学校长由县长李涤心兼任，各区中心小学校长由县教育科提名，报县人民政府任命。

1952年，教育部规定：学校实行校长责任制，中学和各区中心完小各设校长1人，校长由地方政府委派，直接对人民政府负责。学校一切事务，校长有最后决定权。武宁中学校长开始时由副县长兼任，副校长主持日常校务工作。翌年，县政府向武宁中学委派淦长旭为专职校长。

1958年9月，中共中央、国务院《关于教育工作指示》规定："一切行政机关和学校，应该接受党委的领导。"武宁中学已建立党支部，县委任命汤平朴为专职支部书记，学校大小事均由党支部决定。全县小学校长在当地党委和县文教局的双重领导下工作，学校师生的思想政治教育和行政任务接受当地党委领导，人事、经费和教学业务由文教局指导。学校领导体制由校长责任制转为党支部领导下的校长负责制。20世纪60年代初，中学、中心完小校长均由县委组织部任命。

1966年，"文化大革命"开始，校长作为"走资派"（意为走资本主义道路的当权派）靠边站，接受群众批判。

1968年后，工人毛泽东思想宣传队（简称"工宣队"）和贫下中农毛泽东思想宣传队（简称"贫宣队"）进驻武宁城乡学校。以"工宣队""贫宣队"为核心，辅以"革命"师生代表，组成"革命委员会"，领导和管理学校一切事务。

1974年4月，根据"由工人阶级、贫下中农直接管理学校"的最高指示，武宁中学和共产主义劳动大学武宁分校直接由"工宣队"管理，各公社中小学进驻的"贫宣队"也直接掌控学校行政、人事、财务和大批判权。

1978年，全国教育工作会后，“工宣队”“贫宣队”才陆续撤离学校。

1979年2月，第五届全国人大关于“工厂、生产队、学校、商店以及机关和其他企业单位……不再设立革命委员会，应分别实行厂长、大队长、校长……分工负责制”的决定后，全县各级各类学校陆续实行党支部领导下的校长分工负责制。学校一切重大问题必须先经过党支部的讨论决定，再由校长召开行政联席会或教师大会贯彻执行。县一中正、副校长，教师进修学校校长直接由县委任命，其他中学正、副校长、教育办主任（兼中心完小校长）由教育局提名，报县委组织部任命。从1995年9月起报县委宣传部任命。

1985年5月，《中共中央关于教育体制改革的决定》中指出：“学校逐步实行校长负责制，有条件的学校要设立由校长主持的，人数不多的，有威信的校务委员会，作为审议机构”。“学校中的党组织要从过去那种包揽一切的状态中解放出来，把自己的精力集中到加强党的建设和加强思想政治工作上来……”武宁5所完中实行校长负责制，建立起校务委员会和教职工代表大会。学校仍设专职党支部书记，但书记与校长党政职责明确，各司其职，相互支持。

1988年，县二中、县农业中学、金水、澧溪完中升为副科级单位，上述四校校长、党支部书记及县教师进修学校（正科级）正、副校长，正、副支部书记均直接由县委任命。

20世纪90年代，全县中小学已普遍推行校长负责制，多数中学均建立了校务委员会。2002年，县一中、二中、中等职业学校、协和中学聘任法制副校长，分别由公、检、法等司法机关领导担任，便于维护学校合法权益，加强法制教育。该经验后陆续在全县中小学校推广。2010年，全县中小学共聘任法制副校长41人。

2008年7月，中共武宁县委、县人民政府《关于进一步加强教育工作的决定》中规定：推行中小学校长聘任制。高中、完中及职业中学正、副校长由县教育局党委推荐，经组织考察，县委研究同意后，由县教育局长聘任；乡（镇）中心完小、初级中学、九年一贯制学校及县直小学、幼儿园校（园）长需调整时，由县教育局提出聘任方案，征求乡（镇）党委意见，报县委宣传部同意后，由县教育局组织实施。

管理机构

民国初，县公立学校设校长主持下的校务委员会。属学校最高行政机构。下设教务、训育、总务三处。教务处负责课务、成绩、学籍、表册、民教；训育处管理学生自治、奖惩、运动、游艺、监护；总务处负责会计、保管、消费、生产、交际。小学亦设校务会，有教务、事务、研究、辅导部。

1939年，为了加强对学生管理，国民党行政院公布《训育纲要》，武宁协和初中、武宁师范学校均扩大加强了训育处工作。其主要职责为：拟订训导计划规章，召开训导会议，掌握学生奖惩事宜，维持学生各团体生活秩序，考查学生操行成绩，处理学生重大纠纷；召集学生训话。是年，国民党教育部公布《中等以上学校导师制纲要》。

县中学各教学班开始设导师。其职责是：指导本班学生学业及品格修养，考查、记载学生操行成绩，协助教务、训育处奖惩学生，处理学生纠纷。以上管理机构沿用至新中国成立。

武宁乡村师范学校（省立武宁师范学校）规模大，机构设置齐全。

校长：召集学校行政会议。

教务处：设就业指导股、学业成绩考查股、教材审查股、注册统计股、实习指导股。

训育处：课外阅读指导股、操行审查股、自治指导股。

事务处：膳食委员会、合作股、保管股、图书馆、文牍、出纳室、会计室。

体育处：健康教育股、成绩考察股、选手指导股、课外运动股、童子军团部、器械保管股。

军训总队部。

另设有：招生委员会、国民教育委员会、辅导教育委员会、建筑委员会、课外活动指导委员会、出版委员会、学科研究会、经济稽核委员会等。

新中国成立后，县中小学原级任导师一律改称班主任。班主任是全班学生的教育者、组织者、领导者，是学生学习、生活的带头人，负责本班学生思想、政治、学习、纪律、生活各方面的管理，班主任职责主要是原级任导师职责的延续。

1952年，县中学、武宁初级师范设校务委员会，（各区中心小学未设校务委员会）由5～7人组成，校长任主任委员，对学校工作负全责。中学及中心小学均设教导处、总务处。

教导处设主任1人，规模大的学校配副主任或干事。教导处是学校管理教学工作的重要行政机构，其职责是协助校长，组织制订并实施学校教育、教学工作计划，审查教研组、班主任工作计划，负责学生政治思想教育（包括劳动教育）、体育、卫生工作的管理。其常规工作有：招生、录取、编班、排课程表和作息时间表，管理学籍档案、图书、仪器，对学生考勤、考绩、考试以及资料、实验、电教室的管理，管辖教研组、班主任、教师。

总务处设主任1人，规模大的学校配副主任或干事，属学校后勤工作管理的行政机构，其主要职责是：协助校长为教学工作创造良好的环境和条件，负责师生员工的生活福利；管理好校产和学校财务，搞好学校经费的预算、执行和决算；管好师生食堂。具体负责处理财务收支、师生伙食；校产、校具登记和保管；校舍维修；教学设备及办公用品的采购与供应等。总务处因学校规模大小不同，工作人数各异。武宁中学、武宁师范学校等规模较大，设会计、出纳、采购员、伙食管理员、炊事员若干，水、电工、勤杂工。农村小学尤其是边远山区小学人数甚少，往往是1人身兼数职。

1956年，武宁中学率先在全县学校建立中共学校支部（20世纪40年代在省立协和中学已有中共党小组活动，但属秘密组织），之后全县初中及中心完小陆续成立党支部，党员较少的学校也与其他单位成立联合支部。学校党支部参与学校的重大决策，以保证党的方针、政策在学校中的贯彻执行；对学校干部的选拔、任免、晋升、培训、考核进行参与和监督；团结、教育党员在学校工作中起模范、骨干带头作用，党支部发挥战斗堡垒作用。随着党员的人数增多，武宁一中、二中等规模大的学校，成立党总支。

“文化大革命”期间，进驻学校的“工宣队”“贫宣队”队长取代了中、小学校长，学校教导处、总务处撤销，取而代之是教革组、后勤组、政工组。1978年，“工宣队”“贫宣队”撤离，学校原各种管理机构逐步恢复。

1979年，随着教学工作逐步成为学校的中心工作，全县建立起三级教学研究机构：县教研室成立中心教研组，各中学视学校规模，有的成立年级教研组，有的按学科成立教研组。农村小学以中心完小为基础成立教研组，对村完小展开示范性教研活动。教研组的职能是组织教师学习教育方针、教学理论、教学大纲，研究教材教法，分析教学质量，改进教学方法，提高教师的业务水平。但学校教研组只是开展教学研究的组织，并非学校一级行政机构。教研组在教导处的领导下开展业务活动。

1984年，县各完全中学、县农业中学增设办公室，配主任1名，干事1名。办公室职责是协助校长处理公文档案，收发文件，管理印章，联系、接洽处理日常行政事务。后规模较大的农村初中亦设立。

1988年，武宁一中增设政教处。政教处配主任1名，副主任1～2名。20世纪90年代，各完全中学及规模大的初中均设立政教处。政教处的职责是协助校长主管学校的思想政治工作，对学生进行爱国主义、社会主义、集体主义及民主法制教育；负责学生的日常行为、纪律、奖惩工作。政教处分担了教导处导的部分职责，设政教处的学校，原教导处改称教务处。2008年秋，全县学校政教处更名为德育处，政教处主任相应更名为德育处主任。中学、县城小学及各乡（镇）中心完小普设德育处。至此，全县中小学内部管理机构有如下三大块：

校长领导下的决策机构及行政组织：校务委员会、办公室、教务处、德育处、总务处。

党支部（规模大的学校设党总支）及其领导下的群众组织：教育工会、教职工代表会、妇委会、共青团、少先队、学生会。

校长、教导主任领导下的教学组织：年级组、教研组、班级。

上述机构，视学校规模大小，或全设或部分设置。

学生组织

民国时期童子军　1935年，国民党中央教育部饬令全国各校设童子军训练。1936年武宁在小学高级部设童子军组织，规定学生年满12岁须参加童子军，以“忠、孝、仁、爱、信、义、和、平”为训练最高原则。

儿童团　1929年，武宁湘鄂赣苏区根据地的儿童组织。7～15岁的儿童都参加儿童团，在中共支部委员会中组织儿童委员会。乡儿童委员会设书记、副书记各1人，下设小队。县、区委设儿童局，县儿童局由7人组成，区由5人组成。儿童团的职责是：组织儿童到红色学校读书，开展清洁和防疫运动，教育儿童不赌钱、不吸烟、不喝酒、不迷信，宣传动员自己的父兄去当红军，组织儿童参加青年团礼拜六义务劳动，协助赤卫队放哨、送信。

三民主义青年团（简称“三青团”） 国民党领导下的青年政治组织。1943年，在武宁筹建，属赣西北三青团筹备处领导。先后在武宁县立中学、武宁师范发展团员，建立团组织。1944年冬，省支团任石完璞主持武宁三青团工作，石以团的关系创办振风中学。其时，振风中学设区队，下设分队，有团员300人，武宁中学区队有团员50人，武宁师范区队320人，全县学校有三青团员近千人。1946年，三青团武宁分团代表大会在振风中学召开。三青团活动主要内容有：创办《武宁青年》，内容带政治性，为国民党“戡乱建国”服务；推销省三青团支部创办的《青年报》；在抗战胜利后开展“是和平还是战争”的大讨论；为蒋介石诞辰晨呼——早晨沿途呼吁。

学生自治会 1930年国民政府公布“学生自治会组织大纲实施细则”后，武宁各中学成立学生自治会，自治会干部由全体学生选举产生，一般由7人组成，分别担任常务理事和学艺、健康、风纪、事务、服务等部部长。自治会组成后，制订一年活动计划，各部组织实施。其职责为：常务理事协调各部关系，布置、检查、督促各部工作；学艺部组织同学学术研究，出刊办报，文艺会演；健康部组织同学体育锻炼、比赛及卫生大扫除；风纪部监督、处理同学言论、纪律情况；事务部监督学校膳食、账目清理；服务部分管生产劳动且对各部活动提供服务。

新中国成立后，中国少年先锋队（简称“少先队”）是少年儿童的群众组织。它的前身名中国少年儿童队。1950年，全县各中心小学及乡、村初级小学，均先后建立少年儿童队。是年4月，政务院决定“六月一日为儿童节”。1953年秋，青年团的第一次全国代表大会决定，改“中国少年儿童队”为“中国少年先锋队”。武宁根据学校规模大小，以校为单位成立“少先队总队部”或“少先队大队部”，以年级或班级为单位成立中队委员会，各中队开展活动。“文化大革命”时期，学校少先队组织被“红小兵”组织取代，选家庭出身好的红小兵担任干部。学生组织人为地蒙上政治色彩，1978年10月，团中央十届一中全会决议：撤销“红小兵”组织，恢复“中国少年先锋队”称号，并通过新的《中国少年先锋队队歌》。少儿入队年龄规定为9～14岁。全县各小学重建少先队组织，少先队员系上红领巾（意为红旗之一角），开展丰富多彩的活动。20世纪90年代，武宁根据学校规模大小，城市学校以校为单位成立“少先队大队部”或“少先队总队部”，以年级或班级为单位成立中队委员会；农村学校在乡（镇）中心完小设少先队大队，各村完小设中队。少先大队设大队辅导员，有组织、学习、宣传、文体、纪检等部，在少先大队的统一部署下，以中队为单位开展活动。

2010年，武宁全县中小学有少先大队79个，少先中队669个，少先队员17329人。

武宁县少先队组织情况统计

表9-12 单位：个、人

年度	建队学校数	少先队员数	大队辅导员数	说明
1991	66	17478	66	建队学校数指建立少先队大队学校数
1995	75	18079	75	
2000	57	17770	57	
2005	54	12340	54	
2010	60	17329	60	

各校少先队组织在团县委、县少工委、本校党支部的领导下开展工作。

鲁溪镇中心完小少先队大队部有办公室一间，标准活动室一间，配有设备先进的广播系统，建立了“春苗”广播站，置有50米长的不锈钢文化长廊，成立了标准的少年鼓号队，相继开展“告别不良行为，争做文明少年”“感恩父母”“雏鹰争章行动”“敬老院献爱心”“环保，从我做起”“我为学校增添一片绿”等活动。2010年，该校被评为“江西省少先队工作示范学校”。甫田乡小学少先队组织开展每月一次主题队会活动，组织少先队员上街打扫卫生，撕洗小广告纸，宣传规范字，当文明交通员，开展手拉手活动；中心完小与边远教学点手拉手；乡镇学校与城市学校手拉手；少先队干部与留守儿童手拉手。石渡学校少先队组织围绕“爱惜一张纸，少花一分钱，节约一滴水，做一件好事，献一份爱心”为内容的“五个一”开展活动。培养孩子从我做起，从小事做起，有节约、环保意识，争当“四好”少年。武宁第四小学少先队以“融入大自然为主题”的队会有：观察记录自然现象的变化、种花、植树、饲养小动物、制作植物标本、春游等；以“爱科学”为主题的队会有“小小发明家”“科学就是力量”“一分钟的价值”“到月球上去旅行”“孔明灯篝火晚会”；以“爱体育、强身体”为主题的队会有：成立各种体育兴趣小组、体育竞赛、长跑、爬山、游泳等。

武宁第五小学少先队组织狠抓“三个五”工程。第一个五指建立“一报一园三站”，即校报《足迹》、科技员、红领巾广播站、红领巾网站、少年记者站；第二个五指抓好“五节”：艺术节、体育节、读书节、科技节、感恩节；第三个五是“五个团队”：少年艺术团（含合唱团、舞蹈团、器乐队、体操队）国旗队、科技队、鼓号队、雷锋中队。形成该校独具特色的少先队“三五”工程。其中少先队艺术团的几个节目在九江市第五届才艺表演中获一、二等奖。《闪闪的红星》获省级一等奖和最佳创意奖。科技队柯高阳等队员在省科技制作比赛中获多项大奖；队员陈俊云、瞿栗在江西省航空模型科技比赛中分别获二、三等奖，该校获“全省十佳科技创新学校”殊荣。

武宁各学校少先队活动均丰富多彩。3月开展“学雷锋，做好事”“植树造林”；4月有“清明扫烈士墓”“放风筝走近大自然”；5月有“劳动节”“我让妈妈露笑脸”；6月有“六一儿童节”；9月有“感恩教师节”“重阳敬老节”；10月“国庆节”“祖国在我心中”；12月“庆元旦，迎新年”等活动，形成“月月有主题，人人都参与”的活动局面。

中国共产主义青年团（简称“共青团”），原名中国新民主主义青年团，1957年5月，全国第三次团代会上改名中国共产主义青年团。团组织是先进青年组织，年满14～28周岁的优秀青年，通过本人申请，经批准可加入共青团。学校团组织在校党支部的领导下，积极做好党的助手，教育团员、青年起模范带头作用，努力完成工作和学习任务，配合学校各个时期的中心工作，经常开展丰富多彩、内容健康、形式多样的各种活动。1950年，武宁联合中学成立团支部，陈宗岳任支部书记，当时有团员8名。1952年，武宁初级师范学校成立团小组，翌年10月，建团支部，团员28人。1956年，武宁中学成立团总支，1958年，升为共青团基层委员会，下设9个支部，有团员158人，石奎义任团委书记。1989年，全县中学有团员2000人。20世纪90年代，武宁各中学普遍成立了团组织，各完中及少数规模较大的初级中学普设团的基层委员会，其他初中亦设团总支，隶属乡（镇）团委领导，班级设团支部。2010年，全县学校有团委9个，团支部179个，团员6000人。

教育系统共青团组织情况统计

表9-13　　单位：个

年度	基层党委会	总支	支部数	教工团员数	学生团员数
1991	7	14	90	186	4381
1995	7	16	92	208	4880
2000	8	17	153	252	7054
2005	9	17	158	233	7556
2010	9	17	179	161	5429

学校团组织活动一般都紧密结合学校德育处工作及各种主题月活动，在团县委、校党支部的领导下开展。

协和中学、罗溪初中团组织开展主题月活动为：3月份组织团员“学雷锋、做好事”“讲文明、树新风”，参加义务植树；4月份带领团员到革命烈士陵园扫墓，进行革命传统教育；5月份开展团的知识讲座，发展新团员；9月份开展尊师活动；进行爱心教育；10月份“迎国庆、爱我中华”的爱国主义教育；12月组织“迎新年元旦晚会”。黄埚初中团总支坚持开展“三个一”活动，即组织团员搞一次义务劳动，清扫街道、维护交通、植树等；组织一次祭扫烈士公墓活动，进行革命传统教育；对团员青年进行一次团的知识讲座。官莲中学团组织树立“青年为体，道德为先，服务为重，‘三立’为纲”的工作理念，在服务团员青年，服务学校工作方面体现特色。以团干、优秀团员青年为重点，通过网络阵地、专题报告、参观考察、社会实践各种途径，广泛开展系列主题教育活动。清江中学团组织带领团员深入到农村孤寡老人、五保户家庭担水、扫地、劈柴、慰问贫困家庭；武宁二中团委组织团员外出“野炊”“参观武宁新区看变化”等活动。武宁一中团委近年来开展“团旗在我心中永飘扬”“我为团旗添光彩”“社会实践采风”“十八岁成人仪式”“敬老助残献爱心”等各种活动，该团委1994年、1995

年、1997年获武宁县共青团工作先进单位，1996年获九江市先进团委，2000年被评为九江市“五四”红旗团委。

各校团组织活动既有相同处又各具特色。

学生会是全体学生自我管理的群众组织。学生会由学生代表选举产生，任期一年。设主席、副主席、秘书长各1人，下设学习、文体、生活、宣传（保卫）、劳动、女生等部，各部由部长负责开展工作。其主要任务是：推动学生遵守《学生守则》，组织各班同学开展文体活动，做好值日、节日墙报等工作，组织同学参加公益劳动和社会工作，协助学校总务办好学生食堂等。武宁联合中学于1949年秋成立学生会，武宁初级师范学校学生会于1952年11月成立，有委员7人，下设学习、劳动、生活、文体四部，后各完全中学及乡（镇）初级中学均成立学生会，“文化大革命”时期，学校学生会组织一度被“红卫兵”组织取代。1979年，各校才陆续恢复学生会组织。20世纪90年代，武宁所有完中、初中均成立学生会组织，小学因学生年龄小，一般未成立。学生会成员由学生代表选举产生，任期一年。设主席、副主席，下设学习、生活、宣传（保卫）、文体、卫生、女生各部，但各校视规模大小，设部不一。

学生会，是学校各项工作的助力器，在学校党、团组织和德育处的领导下开展工作。鲁溪中学学生会的宗旨是“以同学为本，以务实为基，以亲和为纽带”，每年举行一次学生会干部“竞聘上岗演讲”，通过竞聘选出优秀学生担任学生会干部，每年根据学生会干部的工作情况，评选出优秀学生干部，由学校给予表彰。罗溪初中学生会由13人组成。主席1人，副主席2人，委员10人。下设安全、纪律、学习、劳动、卫生、宣传、组织7个部。学生会的宗旨是：“为同学服务，为教师分忧，为学校奉献”。协助学校卫生、纪律检查、文娱、体育等各项活动。协和中学、黄埚初中等学校学生会坚持实施“今天我当班”的学生会干部值班制度。值班干部协助学校行政值日，监督、检查各班学习、生活、卫生、纪律情况，并将每天的检查结果公布评比。到周末由学生会组织护校队在校园巡查。武宁二中学生会实行主席负责制，各年级均设学生会分会，目前学生会除设各部外，还成立了音乐社、舞蹈社等学生社团。武宁职业中专学生会开设艺术团和心理咨询室。艺术团设器乐组、声乐组、演讲组、美术组、表演组、舞蹈组；心理咨询室分“我帮你”青春工作室和“阳光成长家园”心理咨询室，由于都是同龄人，容易与同学沟通，为同学排忧解难。

学籍管理

封建社会学堂虽没有建立明确的学籍管理制度，但各朝各代对儒生较多禁锢，稍有违制则严加惩治。顺治九年（1652年）题准刊立卧碑置于彝伦堂之左，以晓示生员。康熙四十一年（1702年），御制训饬士子文颁行各学，对学子要求：“敦孝顺以事亲，秉贞忠以立志，穷经考业，勿杂荒诞，在学不得挟制官长，结盟立社，包讼公门，唆拨奸猾。否则咎亦难逭。”武宁正谊书院规定：“正课童生一次不到者，扣膏火一月，接连两次不到者，正课降作附课（注：附课不给膏火薪米）；三次不到者不论正课、附课一律除名。”“在院吵闹二次者得除名，如犯赌博及有违犯规章等事，由山长及监院查察除名，逐出书院。”长乐、曲池、五凤等书院均订有条规，付诸实施。

民国时期，国民中心小学各校均建立学生出席点名册、学校日志、学生学籍簿管理制度，武宁县立中学、武宁乡村师范学校对学生入学、转学、成绩考核、奖、惩、毕业都有明文规定。武宁乡村师范学校规定：新生入学持录取通知书及保送录取通知书报到，逾期不到者，得以备取生补之；学期、学年终需转入他校者，请求学校发转学证书；学期成绩有三科不及格，或主科两科不及格者留级，连续留级两次者，以自动退学论；奖励有奖状、小功、大功；处罚有警告、小过、大过、退学、开除学籍。有下列表现者记大功一次：代表学校参加对外各种活动使学校增誉；爱护学校有事实表现足以增进学校利益；热心公益服务成绩突出；见义勇为主持正义为国体谋幸福者。有下列情况之一者令其退学：违犯校令屡戒不悔者；赌博者；骗财窃物者；诬陷同学、校工查有实据者；侮辱教职员工不自反省者；操行总平均列丁等者；行为堕落甘居腐化者。有下列情况之一者开除学籍：违犯三民主义做反革命工作者；蓄意扰乱公共治安或鼓动风潮危害学校者，破坏学校名誉者；其他学校学生学籍管理大同小异。

新中国成立后，20世纪50年代至60年代前期，全县中小学学籍管理均按省教育厅有关规定执行，各校普遍建立学生学籍簿、点名册、学生成绩登记册、成绩报告单等制度。具体做法是：学生成绩由班主任和各科任教师就学生平时、期中、期末考试成绩按3：3：4的比例评定，载入学籍簿，班主任根据学生平时表现如实拟定操行评语，按甲、乙、丙、丁评定等级，填入学籍簿及成绩报告单，前者交教导处统一保管，后者交学生家长。学生毕业后，学籍簿由学校长期存档。

“文化大革命”时期，武宁中小学学籍管理混乱。

“文化大革命”结束后，各校逐步健全学籍管理制度。对学生升留级、休学、转学、退学、插班、奖、惩、毕业等都有明确的规定。1983年，高中建学生档案，内容包括每学期操行评语、学业成绩、健康记录卡片及奖、惩记载。翌年，档案内需备6种表册，除原有内容外增加体育测试和体育锻炼情况、毕业生登记表、毕业生家庭情况调查表。

20世纪80年代中期，由于受片面追求升学率的影响，武宁学籍管理一度松懈。大量插班、留级、补习、重读，甚至倒读学生出现。1987年，全县小学生休学、退学竟达583人。有些学校不需录取通知书可擅自招收学生，出具假转学证、假休学证、假毕业证以应付检查。更有甚者，个别学校以高价收取未录学生。

1988年，市教育局出台《九江市中、小学生学籍管理暂行规定（修改草案）》，县教育局根据该规定补充了四点：

新生入学一周后，所在学校须根据新生登记表，填好学籍卡，造好学生名册，到县教育局普教股审核盖章。如有变化，每学期末，学校需到普教股办理有关手续备案。

毕业班学生休学，经学校同意报县教育局普教股审查同意，方可办理休学手续。

转学的学生，由转入学校报县教育局普教股备案。

武宁县教育局以前颁发的学生学籍管理文件，如有与1988年九江市教育局颁发的暂行规定有矛盾的地方，以暂行规定为准。

1999年9月，执行九江市教委颁发《九江市中小学学生学籍管理实施细则》。翌年，县教委对学籍管理作补充通知：每年秋季新生进校，学校应立即建档，初中新生由县教委统一安排，小学新生档案由各乡（镇）教育办负责建立；中小学新生均实行学号管理；实行学籍变更报告制度。

进入21世纪后，武宁中小学学生学籍管理日趋严格和规范，新生入学，学校建学生档案。小学有学籍卡、健康检查表、体育合格标准登记卡、奖惩记载表等；中学有升学报名登记表、录取通知书、各个学年的学业成绩登记表、操行鉴定及毕业鉴定卡。毕业升学时毕业学校作好政审，政审材料进入学生档案。学生档案由学校教导处（或政教处）保管，在升入高一级学校时将学生档案转入，以备考察和编班用。

2007年，九江市教育局下发〔2007〕134号文，对原学籍管理实施细则增补内容。主要有：义务教育阶段每人建一份义务教育学籍卡片外，增加《学生成长记录袋》；初中学校还要根据学生在校实际表现填写《综合素质发展记录册》；县（市、区）教育行政主管部门建立流动儿童登记制度，建立临时学籍；严格转学手续，高中留级面由原控制5%以内降至3%以内。武宁各中小学严格照此执行。

随着科技的发展，学生档案已实行计算机统一管理。

1999年9月，县教委执行九江市教委颁发《九江市中小学学生学习管理实施细则》

学生入学：小学招收年满6周岁的儿童就近划片入学，未达年龄不得提前入学，条件不具备的地区，不超过7周岁。

1999年全县中小学学籍管理。

初中新生免试就近入学，义务教育阶段禁止招收择校生。

高中新生经中招考试后，按录取分数线和本人志愿分别进入中等专业学校、重点高中、一般高中、职业高中、民办或私立高中就读。

严禁自行扩班、缩班；小学每班不得超过50人，中学每班不得超过54人。

义务教育阶段农村由县区招办会同乡（镇）人民政府联合发入学通知书，小学、初中学生持入学通知书在规定的时间报到注册；高中新生持录取通知书按规定日期到录取学校办理注册手续。无故逾期15天不报到者，取消入学资格。

义务教育阶段每生需建一份义务教育学籍卡，由班主任如实填写，期末交教导处妥善保管。

转学　学生因家长工作调动、家庭搬迁全家户口迁移或部队转业、退伍军人子女需转学，或因特殊情况投靠亲属抚养户口落户者，需持有关证明办理转学手续。小学还需义务教育卡片及其学籍档案；高中除学籍档案外还必须出具转出地高中学籍号和会考证以及会考成绩证明。小学、初中坚持就近入学原则，普通高中不准转入重点高中，公办中小学、厂办中小学、私立中小学不能互转。

休学　学生因病（严重心脏病、传染病或骨折等疾病）无法继续学习，经县级以上医院诊断证明必须休养或需较长时间治疗，或因其它特殊原因，较长时间不能坚持正常学习的，由本人或家长申请，学校审查批准，报当地教育管理部门备案，准其休学，发给休学证书，保留学籍。休学一次为一年，不能复学者可申请延长。高中学生在校期间最多休学两次，超两次作自动退学处理。

复学 休学期满，应按时复学，病休生须持休学证书及县以上医院已恢复健康的证明，才能复学。

学校应防止未受完义务教育规定年限的学生辍学，发现学生辍学，由学校配合乡（街道）、村，依法促其复学，学满规定年限。

升级、跳级 学生每学年学完教学计划规定的课程，经考核评定，成绩合格，准予升级。学生德、智、体、美全面发展，成绩特别优异，实际学力程度提前达更高年级的，经本人和家长（监护人）申请，学校批准后可跳级学习。

留级 城市及县城所在地小学原则上实行不留级制度，初中、农村小学控制在2%以内，高中3%以内。且高中留级对象必须是会考两科不及格的学生，高中阶段最多留级一次。中小学毕业年级一律实行不留级制。

退学 高中学生因严重疾病不能坚持学习，家庭有特殊困难不能继续学习，一学年无故旷课累计超三个月者，作退学或自动退学处理，受开除学籍处分的学生，学校发给退学证明，不发其他证明。

借读 因家长（或监护人）属外省、外县长期不在户口所在县（市）工作或经商，学生需在家长实际工作，经商地学校就读的，或父母分居两地并随亲，而学生不具有当地户口的，可申请借读。但必须交验有关证件，经教育部门严格审查同意，在教育部门指定的学校借读。借读学生的学籍仍留原录取学校。毕业证书由借读学校修业结论进行报批发给。小学生借读毕业回户口所在地升学。中学借读，由县以上教育行政部门批准，一年办一次手续。重点高中不收借读生。

学业考评是全面考查学生各方面完成学业的情况，它是衡量学生能否毕业、升学的依据。含思想道德素质的评定；文化科学素质的评定；劳动技术素质评定；身体心理素质的评定。

奖励 对德、智、体、美全面发展或某一方面有突出成绩的学生应给予奖励，学生所受到的奖励应记入学籍卡和学生档案。学校根据当地教育行政部门规定，定期评定德、智、体、美全面发展的“三好学生”。

处分 按照《小学生守则》《中学生守则》及学校有关规章制度，对极少数错误较严重的学生经调查核实后，由班主任提出，经校务会讨论，校长批准，可分别给予警告、严重警告、记过三种处分，高中学生还可以留校察看等纪律处分，情节特别严重的或情节严重又屡教不改的，经报当地教育行政部门批准，可给予勒令退学或开除学籍的处分。小学和初中不得勒令学生退学或开除学生。受处分的学生，经过教育能深刻认识错误，有悔改表现和显著进步的，被处分后半年至一年内，可由学生本人或班主任提出撤销处分要求，批准公布撤销处分，并在学籍卡片内注明。

毕业　小学对修完规定课程且成绩合格者，经教导主任审核，批准，由学校发给毕业证书，不合格可补考，补考仍不合格者，发结业证书；对虽未修完小学课程，但修业年限已满当地政府规定的小学教育年限者，发给肄业证书。中学生修业期满，思想品德、操行合格，初中毕业考试或高中会考成绩达合格标准，体育达标，可取得九江市初中毕业证书或江西省普通高中毕业证书。学生德、智、体有一方面及其以上为不合格，不予毕业，由学校提出意见，经所在县（市、区）教育部门审查，发给结业或肄业证明。

第十章　经费与设施

第一节　教育经费

经费来源

武宁学校教育经费，宋朝开始方有固定来源。

宋隆兴二年（1164年），知县吴彦夔增置学田以养士。地方学校亦有赐学田以充经费。

元仿宋制，经费固定且较充足。

明代规定，县学学粮600石。明弘治十五年（1502年），武宁县儒学仓米达300石，银180两。

清代教育经费官支少数，民绅捐献多。官办县学由县支付，官办书院由县令劝谕全县民绅捐资兴办。道光三年（1823年），正谊书院知县捐银百两为倡导，全县8乡及坊市民绅共捐田190.6亩，年收租谷252.9石，钱2690千文；乡、都办书院由首事倡捐，长乐、梯云、五凤、海航等书院，共捐田367.6亩，银150两，钱4875千文；族办书院，由族绅首倡，全族捐献，曲池书院由张姓捐田60亩。其时全县有社学23所，共捐田635.7亩，租谷399石，银500两，乡学2所，捐田188亩，义学8所，捐田147.8亩，租谷639石，钱296千文。私塾经费来自生童所缴学谷、学米或银两。此外，资助生童参加科举考试的宾兴会，民绅捐献田亩或租谷更多，全县有田324亩、钱9107千文、租谷2482石。武宁宾兴会，“起自道光壬寅（1842年）岁，得捐输约数万金”。

民国建立后，公立学校经费由县支付，私立学校经费由创办人筹措，县给予补助。私立沉健高等小学，除每学期收学费和县补助外，不足部分由创办人黄隐霆拨自己在坤泰商号所有股金作为学校基金，予以补足。私塾，谁上学谁出钱。族学由家族会产支付，如族立明诚高等小学经费，一部分由殷富户捐田亩或银两，其余部分由三十九都文会会产及张姓封建会产支付。

1928年始，教育经费不断增加，主要来源有：田赋附加、地价税、租课附加、屠宰附加、契税附加、学产收入、房铺捐、特产捐（竹、木、棉、麻、茶）。是年，全年教育经费12250元，其中田赋附加8000元，屠宰附加1890元，学产收入2360元。

1934年，县教育经费预算12831元，其中田赋附加7393元，学产中田租2750元，因旱灾影响，未能筹足。

1935年，推行保学制，保学经费先以本保公学款产提拨，不足数比照保甲经费分筹负担比例摊足。是年，全县教育经费收入12900元。翌年，提拨公学款产后不足经费改由各保按照各户富力分摊筹集。

1937年，省规定每保学暂以年支204元为标准，各保学就公学款产及乐捐自筹二分之一，中央及省补助四分之一，县统筹四分之一，此项规定武宁延至翌年底实施。1939年，推行国民教育，国民教育经费分教育基金、教育经费和学谷三块：教育基金主要来源于公学款产、寺庙祠堂、无主荒山、土地、水塘，筹设义学仓；教育经费规定每一国民学校全年经费600元，其中中央、省补300元，县筹150元，保筹150元。后增至每校800元，除中央、省补300元外，余数由各保自筹；学谷指国民学校每一教师，除薪俸外，每月支学谷2担。

1945年12月，省督学郑均享视导武宁教育后报告云："自抗战后田地荒芜，房铺炸毁，原有款产几等于无。几经整理稍有收入。然不过二三十万元。此项既已独立，亦不足以应教育之用，近来经加地方合法税收，如棉花捐类始勉可维持。"

1944—1947年学校教育基金筹集情况

表10-1　　　　　　　　　　　　　　　　单位：万元

项目 / 数目 / 年度	学校数		筹集基金校数		以前各年度筹集基金余额				本年度筹集基金数				合计		
	中心国民学校(所)	保国民学校(所)	中心国民学校(所)	保国民学校(所)	中心国民学校		保国民学校		中心国民学校		保国民学校		动产	不动产	合计
					动产	不动产	动产	不动产	动产	不动产	动产	不动产			
1944	20	170	20	170	15	10	30	50	21	18	48	77	114	155	269
1945	24	198	24	198	21	18	48	77	26	24	57	98	152	217	369
1946	29	234	29	234	20	19	35	60	32	30	58	86	145	195	340
1947	28	208	28	208	52	49	93	146	153	7472	2496	14976	2794	22643	25437

筹集办法：
①提拨公有款产，劝募乐捐（1944—1946年）
②各乡宾兴文会补助（1947年）
③殷实大户田捐（1947年）
④各乡、保、神、祠、庙、宇款产（1947年）

新中国成立初，武宁执行省人民政府通令，县联合中学经费由县支付，小学经费由地方学田款产支付。其时经费来源有三：原有学田学产；地方公粮部分提留；学生缴纳学费。1950年冬，武宁区、乡开始土改，学田与会产均作为胜利果实没收，分给农民。学校经费来源主要是地方公粮提拨及学生缴费。1953年后，教育经费来源主要有国家财政拨款、社队投入及社员的劳力支出、征收教育费附加、学杂费收入、企业投入、群众集资、社会捐款及学校勤工俭学。

国家财政拨款

1953年，教育经费列入预算，由地方财政开支，成为教育经费的主要来源。

1980年，教育经费由县财政包干。

1985年设乡财政，教育经费除县财政下拨外，不足部分由乡财政包干。公办完中经费原则上由县财政负担，公办初级中学及乡（镇）中心完小经费原则上由乡（镇）财政负责，国家酌情补助，村完小和初小的办学经费基本上由村和群众集资解决。

2002年，农村实行税费改革，农村基础教育的经费主要由中央、省财政转移支付和县财政安排，乡（镇）负担解除。

2006年，中央、省财政转移支付武宁教育经费824万元。

2007年秋始，县政府举办的九年义务教育阶段学校学生全部免学杂费，免费提供国家、地方课程教科书，补助寄宿贫困生的生活费（简称“两免一补”），上述学校的教育经费全部由财政拨款。义务教育由多渠道筹措经费，依靠人民办教育向主要依靠政府投入办教育转移。

2010年，财政开支教育经费达16234万元。

教育费附加：1963年，省人委规定：各县从农业税附加（5%）中抽25%专门作为中小学校舍修缮用。此规定沿用至1984年。

1986年，武宁县政府制定《关于筹措农村学校办学经费的实施意见》，规定从1987年1月起开征教育事业费附加，征收范围和附加率：按农业税附加5%（省定从农业税中提取的中小学校舍修缮费用照原执行）；是按乡（镇）企业，基层供销社和个体工商户的产品税、增值税、营业税（简称“三税”）和所得税附加15%；缴纳“三税”的单位和个人，除按省规定缴纳农村教育事业费附加外，按实际缴纳“三税”的1%征收教育费附加；乡（镇）企业在税前利润的10%筹集补助社会性开支的费用，其中用于教育的部分应不低于30%。是年，全县征收教育费附加15.7万元。

1989年，省规定将城镇教育费附加率调整为2%。

1994年，县政府《关于征集城乡教育事业费附加的通知》规定：农村教育费附加按农民年均纯收入（全县统一按600元，南岳乡按500元）的1.5%计征，人口按各乡（镇、场）1993年年报统计的农业人口数的90%计算，全县计征250万元。城镇非农户口居民子弟上学每人每年集80元，由学校在开学报名时收取。

1996年2月，县政府印发《武宁县农村教育费附加征收管理办法》，规定农村教育费附加按农业人口每人每年15元计征。农村不缴纳“三税”的乡（镇）集体和个体农、林、牧、副、渔企业，其教育费附加按照销售收入1.5%征缴。1998年，县政府决定，农村教育费附加计征标准调整到农业人口每人每年18元（占上年农民人均纯收入2067元的0.87%），该年全县征收教育费附加483.228万元。为了完成教育费附加征收任务，各乡（镇）征缴农村教育费附加，普遍采取学生带资入学的办法，每生每学年一般需交100元。

2002年，武宁农村税费改革试点，各地相继取消农业税。2003年，包含在农业税内的农村教育费附加随之消失。因取消而减少的教育经费，在财政预算和上级转移支付中优先安排。政府在加大转移支付力度的同时，继续从城市维护建设税划出10%～15%的比例用于中小学校舍建设。2008年7月，《中共武宁县委、县政府关于加强教育工作的决定》中规定："凡县境内各机关、团体、企业、事业单位进行基本建设（不含财政安排的基本建设投资），均应征收地方教育费附加，标准为每平方米9元。伴随产品税、营业税、增值税征收的教育附加费，全部划拨财政教育专户。"是年，全县征收教育附加费430万元，翌年达471万元。

学杂费：新中国成立初，执行省政府规定，小学免收学费，中学每学期每人学费不超过4斗大米。体育、图书、卫生等杂费米，中学不超过2.5斗，小学不超过1斗。对贫苦军烈属子女、贫苦工农子女及贫苦公教人员子女减收或免收。1963年，执行省人委规定的学杂费收费标准：高中每人每学期4.5元，初中3.5元，高小2.5元，初小2元。有困难的烈属、工农子女及品学兼优的学生，可酌量减免。1973年，中小学学杂费收费标准调整，比1963年的标准平均下降1～2元。

1989年省教委重新确定学杂费标准，小学每人每学期6元左右，初中10元左右，高中30元左右，是年，全县学生交纳学杂费37.7万元。

20世纪90年代，学生上学费用逐年攀升，每生每学期小学近300元，初中400元左右，高中800元。除开学报名时缴费外，中途还要交勤工俭学费、报刊费、资料费。省政府只定学杂费标准，其他各项代收费由市、县制定 。自行车代管费、托管费（意为放学后学生留在学校由老师辅导做作业，一般在县城小学有）、电教实验费、上机费等一度成为规定的收费项目。部分农村初中，在开学报名时，交纳各项费用后，尚须交菜油0.5公斤、黄豆1～1.5公斤，用于改膳学校食堂伙食。

2001年秋季农村中小学毕业班收费标准

表10–2　　　　单位：元

序号	收费项目	小学五年级(住宿生)	初中三年级(住宿生)
1	杂　费	28	38
2	住宿费	15	20
3	水电费	25	25
4	搭膳费	10	10
5	上机费	20	40
6	电教实验费	7	11
7	燃料费	55	55
8	资料费	18	20
9	作业本费	6	8
10	文体费	4	7
11	防疫费	7	7
12	班　费	3	5
13	书　费	52	153
小计		250	399

2002年秋，横路、官莲、南岳、东林4个省级贫困乡中小学率先试行“一费制”，开学初收取一项综合费用，小学每生每学期95元，初中155元。住宿生另收住宿费30元，搭膳费10元。中途不再收取任何费用。与上一年同期比，小学每生每学期减115元，初中减200余元。其他农村义务教育学校也只允许收取杂费和信息教育费、课本费、作业本费、住宿费、搭膳费5项费用。高中阶段仍可收学费，每生每学期1000元。

2005年秋，全县义务教育阶段公办中小学全部推行“一费制”，小学每生每学期200元左右（各年级有差别），初中300元左右。按赣教字〔2004〕250号文件规定，住宿生的住宿费、搭膳费不纳入“一费制”收费范围。9月底，县物价局、教育局联合对部分乡（镇）中小学检查，各校均能严格执行“一费制”标准。实行“一费制”。

2007年秋，全县九年义务教育阶段中小学实施“两免一补”。学校除收取寄宿生的住宿费30元（该项费用于2009年春季取消）外，不再向学生收取其他任何费用。全县收费义务教育向免费义务教育转变。

2008年，县物价局《关于调整和规范普通高中收费项目和标准的通知》规定：学费，省重点高中（县一中）每生每学期350元，一般普通高中，乡镇及农村每生每学期100元，县城160元。择校费最高限额，省重点高中（县一中）每生每学年收费不超过4000元，一般高中1500～3000元。各公办高中招收择校生须严格执行“限分数、限人数、限钱数”的三限政策。翌年，规定学前班（校办幼儿园）每生每学期280元（含保育费、教育费、书作费）。

1948年（上学期）公私立学校收费情况

表10-3　　单位：元

学校 \ 数目 \ 项目		学费	图书费	体育费	实验实习材料费	杂费	合计	说　明
高中	省　立	免	1.5	1.5	1	2	6	①公立小学不收学费 ②杂费包括电费、卫生费
	县　立	6～10	1.5	1.5	1	2	12～18	
	私　立	18～36	1.5	1.5	1	2	24～32	
初中	省　立	免	1.5	1.5	1	2	6	
	县　立	4～8	1.5	1.5	1	2	10～14	
	私　立	14～22	1.5	1.5	1	2	20～28	
师范	省　立	免	1.5	1.5	1	2	6	
	县　立	免	1.5	1.5	1	2	6	

1948年（上学期）公、私立学校收学米情况

表10-4　　单位：市斗

项目	学费	图书费	体育费	材料费	杂费	合计	说　明
公立中学	免	0.5	0.5	0.5	3	4.5	公立小学免收学米；私立小学每学期收米6市斗
私立中学	14	0.5	0.5	0.5	3.5	19	

集资与捐资：1958年，人民公社体制诞生后，学校的基本建设靠社、队投入经费和社员的劳动力支出。20世纪60年代，政府提倡在群众自愿的基础上，献工献料，新建、维修农村中小学校舍。

1984年，中共武宁县委、县政府规定，从当年起，农村乡（镇）、村每年应从乡（镇）、村办企业利润中提留15%～20%的资金用于教育。此后，教育集资渠道越来越广，主要有：动用库区经费、划拨老区建设扶贫资金、开通世行贷款、征收城市基本建设附加费和专控商品附加费、农村人口按建校需要集资、国家、集体干部职工和个体工商户按不同标准集资、新生带资入学、接受社会团体和慈善机构捐款。

1987年，社会集资捐款142.6万元，翌年，达896.9万元。

1989—1993年，群众集资和社会捐款金额累计1434万元。

20世纪90年代初，教育经费的筹集实行“县、乡、村自筹为主，中央、省、市补助为辅”的体制，群众集资仍是筹措校建经费的重要渠道。村完小、村小、教学点办学经费基本上由村、组和群众集资解决。农村中小学修建校舍主要靠群众集资和学生带交教育费附加。

1996年，全县群众集资850万元，干部职工集资85万元用于教育。

2002年，农村税费改革后，群众集资取消。但个人投资办私立学校的经费增多。

2005年，全县个人投入办校资金1631.9万元，翌年达1526万元。随着社会经济的发展，武宁社会人士捐资助学热情不断高涨。

1991—2011年社会捐资助学工程项目情况

表10-5　　　　单位：平方米、万元

工程项目名称	建筑面积	竣工时间	总投资	其中捐资金额	捐资单位（或个人）	捐资时间
罗溪梅山学生宿舍	240	2009.3	15	10	九江市安监局	2009.2
罗溪中心完小	再生电脑15台	2007	1.5	1.5	李智勇	2007.8
罗溪坪港小学	书、书包	—	0.6	0.6	工商银行深圳分行风险管理部	2010.8
罗溪坪港小学	笔记本电脑6台	—	2	2.0	九江市罗溪同乡会	2010.8
罗溪坪源小学	电脑1台 课桌凳30套	—	—	0.35 0.15	汪德发 余陈	2010.3 2006.9
杨洲界牌希望小学教学楼	607	1999.9	15	10	共青团江苏徐州市委	1998.9
界牌希望小学围墙场地硬化	242米 525平方米	2010.5	5	5	陈克虎（2万元） 卢再明（3万元）	2010.2
杨洲学校“望曦楼”	795	2005.9	30	30	江西政协港澳委员	2004.9

续表一　　　　单位：平方米、万元

工程项目名称	建筑面积	竣工时间	总投资	其中捐资金额	捐资单位(或个人)	捐资时间
横路中心完小“福和希望小学”	1079	1998.12	36	20	香港陈廷华	1998.7
横路上富完小“中石化希望小学”	721	2008.7	35	35	中石化集团	2008
横路上富箬田村小	80	2002.8	2.7	2.7	张　剑	2002
横路新溪完小新教学楼	400	2007.9	30	30	陈建敏	2007
新溪完小老教学楼维修	480	1991	5	0.8	张小夏	1991
新溪杨岭村小	80	1991	1.7	1.7	张小夏	1991
新溪完小新教学楼铝扣板	—	2009.12	3.5	3.5	张小夏	2009.9
东林学校“泛海楼”	888	2000.1	20	20	新华银行香港分行	1999.8
协和中学教学楼	2200	200.8	110	40	李烈钧教育基金会	2000.8
协和中学教学楼	2200	200.8	110	10	香港邵逸夫	2000.8
协和中学综合楼	1600	2003.8	120	60	李烈钧教育基金会	2002
罗溪初中“巨桥楼”	898.8	1993.6	27	17	台胞陈从良兄弟三人	1992.3
罗坪洞坪完小教学楼	924	2003.6	38	0.8	尚光伟	2003.5
罗坪洞坪完小操场硬化	620	2007.10	7	5	尚光伟	2007.9
澧溪初中太阳能、热水器(含安装)	—	—	6	6	张　伟	2011.3
官莲乡洪溪小学“恩美楼”	740	2000.12	24	14	沈炳麟（香港）	2000.5
官莲中心完小“国际佛光陈汉斌希望小学”综合楼	872	2007.6	45	15	国际佛光香港协会陈汉斌	2007.3
石门楼初中校园亮化工程	1800	2010.9	10	10	刘典平	2010.5
石门楼初中“张瑜电化希望工程”	—	2010.7	14	14	张　瑜	2010.6
鲁溪初中电脑（7台）增添桌椅现金	—	2010.12	6	6	九江武宁同乡会： 刘亦邱2万元 刘和平1万元 艾莲英2万元 杨　西1万元、电脑7台	2010.12

续表二　　　　　　　　　　　　　　　　单位：平方米、万元

<table>
<tr><th>工程项目名称</th><th>建筑面积</th><th>竣工时间</th><th>总投资</th><th>其中捐资金额</th><th>捐资单位(或个人)</th><th>捐资时间</th></tr>
<tr><td>清江初中教学楼</td><td>1486</td><td>1997.5</td><td>66</td><td>15</td><td>乡各单位及乡贤人士</td><td>1996.10</td></tr>
<tr><td>清江初中学生公寓</td><td>880</td><td>2005.10</td><td>35</td><td>1</td><td>朱家刚</td><td>2005.8</td></tr>
<tr><td>清江初中校园改造</td><td>2000</td><td>2009.4</td><td>12</td><td>0.6</td><td>林亦刚</td><td>2009.3</td></tr>
<tr><td>清江初中立木楼</td><td>1300</td><td>2011.12</td><td>100</td><td>100</td><td>方世敏　方世俊
方世杨</td><td>2010.12</td></tr>
<tr><td>清江初中校舍维修</td><td>—</td><td>2010.12</td><td>5</td><td>4.2</td><td>各村委会</td><td>2010.11</td></tr>
<tr><td>石渡洞口村完小综合楼（浙赣楼）</td><td>250</td><td>—</td><td>16</td><td>10</td><td>武宁浙赣房地产开发有限公司</td><td>2010.9</td></tr>
<tr><td>黄墈“茗州希望小学”</td><td>240</td><td>2005</td><td>16</td><td>16</td><td>九江民生集团公司</td><td>2005</td></tr>
<tr><td>巾口三山村完小教学楼</td><td>450</td><td>1999.12</td><td>10</td><td>10</td><td>南京爱德基金会</td><td>1999.7</td></tr>
<tr><td>武宁四小教学楼（“逸夫楼”）</td><td>4100</td><td>2007.6</td><td>220</td><td>70万元(港币)</td><td>香港邵逸夫</td><td>2007</td></tr>
<tr><td>鲁溪梅颜小学教学楼</td><td>415</td><td>2002.9</td><td>11</td><td>11</td><td>九江市移动公司</td><td>2002.1</td></tr>
<tr><td>鲁溪胡山小学教学楼</td><td>624</td><td>1999.10</td><td>13.5</td><td>12</td><td>英国政府</td><td>1999.1</td></tr>
<tr><td>鲁溪胡山东村教学楼</td><td>128</td><td>1999.10</td><td>3.5</td><td>3</td><td>英国政府</td><td>1999.1</td></tr>
<tr><td>船滩河潭村茂华小学教学楼</td><td>512</td><td>2010.4</td><td>24</td><td>20</td><td>九江茂华公司</td><td>2010.12</td></tr>
<tr><td>船滩殿背完小宿舍楼</td><td>367</td><td>2011.1</td><td>23</td><td>17</td><td>林汉钊</td><td>2011.3</td></tr>
<tr><td>澧溪临江小学操场及围墙</td><td>200</td><td>2006.8</td><td>2</td><td>1.2</td><td>王琴1万元
杨亚楠2000元</td><td>2006.7</td></tr>
<tr><td>澧溪临江小学教学楼</td><td>500</td><td>1996.10</td><td>10</td><td>1</td><td>徐恢龙</td><td>1996.10</td></tr>
<tr><td>澧溪上菁小学教学楼、厨房、厕所等</td><td>540</td><td>2008.7</td><td>32</td><td>22</td><td>武宁国土资源局</td><td>2008.7</td></tr>
<tr><td>澧溪小坪小学教学楼</td><td>520</td><td>2007.12</td><td>26</td><td>10</td><td>香港龙山基金会
黄帝轩辕基金会</td><td>2008.1</td></tr>
<tr><td>南市中银希望小学教学楼</td><td>980</td><td>1997.12</td><td>56</td><td>25</td><td>中国银行江西省分行</td><td>1996</td></tr>
<tr><td rowspan="2">横路初中实验教学楼</td><td>831</td><td>2000.10</td><td>30</td><td>9.203</td><td>星艺公司</td><td>2000.7</td></tr>
<tr><td colspan="6">（其中星艺总公司：48050元，东莞分公司10000元，中山分公司4230元，江门分公司3400元，汕头分公司1300元，名匠公司8500元，华浔公司4200元，在职干部9350元）</td></tr>
<tr><td>宋溪山口信善希望小学教学楼</td><td>273</td><td>2000.8</td><td>8.2</td><td>5.8</td><td>香港信善玄宫</td><td>1999.8</td></tr>
</table>

续表三　　　　　　　　　　　　　　　　　　　　　　　　单位：平方米、万元

<table>
<tr><th>工程项目名称</th><th>建筑面积</th><th>竣工时间</th><th>总投资</th><th>其中捐资金额</th><th>捐资单位(或个人)</th><th>捐资时间</th></tr>
<tr><td>石门楼中村片区完小</td><td>—</td><td>—</td><td>—</td><td>—</td><td>—</td><td>—</td></tr>
<tr><td>摩托罗拉希望小学</td><td>386</td><td>2008</td><td>28</td><td>18</td><td>摩托罗拉江西分公司</td><td>2008</td></tr>
<tr><td>甫田三贤希望小学</td><td>460</td><td>2000.8</td><td>13</td><td>8</td><td>共青团武宁县委</td><td>1999.12</td></tr>
<tr><td>大洞学校教学楼</td><td>261</td><td>2009.10</td><td>12.7</td><td>3.4</td><td>叶志军（3万元）
叶冠雄（2000元）
叶炳离（2000元）</td><td>1997.9</td></tr>
<tr><td rowspan="2">清江中心小学
整体搬迁</td><td>校园硬化
围墙</td><td>2006.12</td><td>6.8</td><td>6.8</td><td>吴和福1万元
童竹富3000元</td><td>2006.7</td></tr>
<tr><td colspan="6">捐资2000元的有：吴晓龙、杨春、黄柏玉
捐资1000～2000元的有：朱家庆、王猛、沈海生、张小华、徐盛利、王远礼
徐盛明、徐盛亮、朱家刚、范英勇、洪最康、欧小奶、大田村委、汉桥村委
清江财政所、清江村委、清江中学（1000元以下略）</td></tr>
<tr><td rowspan="2">武宁二中808
羽毛球馆</td><td>1000平方米</td><td>2009.5</td><td>86.8</td><td>86.8</td><td>—</td><td>2008～2009</td></tr>
<tr><td colspan="6">锦绣谷小区售楼部、武宁县华源锑业有限公司、县财政局、县国土局、县建设局、县交通局、县移民局、县教育局、县房管局、县文化局、县地税局、县国税局、县政法委、县民政局、县林业局、县卫生局、县煤矿、县体育局、鲁溪镇政府、县商务局、县工商局、人民医院、官莲乡政府、县检察院、县法院、县公安局、县交警队、县人劳局、县水产局、县审计局、县开发区、县物价局、县农业局、县物资公司、宋溪镇政府、船滩镇政府、石渡乡政府、石门楼镇政府、泉口镇政府、澧溪镇政府、甫田乡政府、清江乡政府、县安监局、巾口乡政府、东林乡政府、县农办、县开发区</td></tr>
</table>

李烈钧教育基金会：1993年，李烈钧教育基金会成立初，全国人大常委会副委员长、民革中央主席李沛瑶任会长，李赣骝任副会长。基金会宗旨是弘扬李烈钧将军爱国主义精神，振兴江西（重点赣西北）教育。基金会办事处设武宁协和中学。职能是资助学校（重点是协和中学）办学；资助贫困学子读书，奖励优秀师生。

基金会成立10年来，海内外人士向基金会捐赠钱、物近200万元。2009年，基金会向协和中学、武安民族小学等校建捐资1110600元；资助500名贫困学子助学金253100元；向优秀教师、学生发放奖教（学）金203500元，累计捐资助学1567200元。

世界银行贷款：1996年，省分配武宁县教育系统世界银行贷款65.2万美元（其中0.2万美元用于改革课题），按当时1美元兑换人民币8.23元，折合人民币536万元。其中仪器设备、图书51万元由省世行贷款办公室统一安排，扣除国家级、省级培训分摊款21万元及手续费、汇率风险4万元，实到县财政账户的世行贷款460万元。此款主要用于中小学校舍建设及维修。

中小学世行贷款项目情况

表10-6　　　　单位：平方米、万元

项目名称	建筑面积	总造价	其中世行贷款
泉口中心完小教学楼	920	28	14
泉口杨岭完小教学楼	750	26	10
宋溪中学教学楼	1900	53.8	25
澧溪中学教学楼	1865	65.4	25
新宁一小教学楼	1204	61	45
县幼儿园教学楼	2000	105	40
石渡中学教学楼	1470	60	40
清江中学教学楼	1486	66	36
甫田中心完小教学楼	890	29	15
官莲中学教学楼	500	35	20
罗溪中心完小教学楼	1165	45	25
横路中学教学楼	840	27	10
石门楼中学教学楼	2161	56	25
罗坪中学教学楼	1830	77	24
二中综合楼	1830	50	4.2

企业投入：厂矿企业办职工子弟学校，其校舍、设备、教师工资所有经费均由企业营业外项目开支，在利润留成中设教育科学基金。1984年，县委、县政府规定：不具备条件办学的厂矿企业，要按本企业学生数交足办学经费：省、市属企业、小学生每人每年交100元，中学生200元；县属国营企业，小学生每人每年30元，中学生60元；县属大集体企业，小学生10元，中学生20元。此款由企业向入学学校交纳。学生家长如在两个不同的国营企业，两个单位各按本企业交费标准负担一半。是年，仅国营、集体企业单位投入办学资金达16万元。

勤工俭学：1955年秋，武宁中学开始建农、牧业实验园地，组织木工、电工、园艺、饲养、气象米丘林课外活动小组，开展勤工俭学活动。翌年，饲养一批来杭鸡、安哥拉长毛兔，许多群众到校采种，学校有了勤工俭学收入。

1958年，全县中、小学掀起勤工俭学高潮，办起小工厂426个，其中木工厂32个、竹工厂30个，印刷厂13个，炼铁16处，烧木炭28处。全年工业产值8826元；农场68个，主要产品有水稻、豆、麦、红薯、蔬菜、油菜籽及养猪、兔、鸡、鸭，全年农业产值23613元。是年，武宁中学月光花嫁接红薯成功，获单株17.25公斤，出席全省、全国勤工俭学产品展。同时在老县城东门外黄土坳新开垦荒地70余亩，使学校勤工俭学基地达105亩，单红薯一项年收1.5万公斤。九江地区勤工俭学现场会在武宁中学召开。

1959年，遵照"宜工则工、宜农则农、宜林则林、宜养则养"的原则，全县中小学勤工俭学以农业为主，农业以养猪、种菜为主，开展多种经营。同时根据不同生产季节，学校组织学生捡油茶籽、栗子、油桐籽、谷穗，种植药材。

1960年，全县中小学有耕地1129亩（含开荒850亩），茶园20亩，果树2万余棵，养猪242头。中学食堂烧柴基本自给。1958年后，学校勤工俭学，使学生劳动过多，经常停课，严重影响了教学计划的完成。

1961年，贯彻“整顿、巩固、充实、提高”的八字方针，学生的勤工俭学劳动编入课程表中。

“文化大革命”时期，学校大办“四场”（农场、茶场、林场、畜牧场）。

1971年，全县校办小工厂400余个，农场402个，有水田832.8亩，旱地881亩，山林1354.5亩。全年收粮食195吨，棉花982.5公斤，油菜籽5.25吨，蔬菜200吨，养猪511头。大桥公社双溪大队石港小学，在教师李定育夫妇带领下，1968年起，先后办起小农场、小果园、小畜牧场，利用勤工俭学收入建校舍、添教具、购图书，学生上学不取分文，成为九江地区勤工俭学先进典型。其时，大部分学校有木工组、竹工组，学生自己钉门窗，修桌凳，为学校节约资金。

1975年，全县学校师生动手盖教室、宿舍549间，27625平方米，价值82.88万元，除国家拨8万元外，全部利用勤工俭学劳动和收入解决。江西共产主义劳动大学武宁分校除公办教工工资由国家财政拨款外，其农场、畜牧场、校办工厂职工工资、办公费、旅差费、福利费等均在本校勤工俭学收入中列支。

1976年，此类列支34800元。另校舍扩建、维修及校具添置，亦通过勤工俭学自行解决，真正做到“不要国家一分钱”。

1977年，全县学校尚有学农基地597亩，多数学校有田地、茶园或山林，劳动实践场所成为“农、科、教”结合的有效载体，每年勤工俭学纯收入稳定在10万元左右。

1979年，县委下发〔1979〕38号文规定：“凡是学校原有的土地、茶场、林场（包括开荒、造田等）应归学校所有，任何单位不能侵占。”

1981年，农村实行家庭联产承包责任制，学校的土地、山林、茶园陆续划归生产队，勤工俭学劳动基地逐步消失，勤工俭学收入逐年减少。

1986年，全县开展勤工俭学的中学53所，小学229所，有校办工厂2个，工业总产值10.54万元，纯收入2.56万元，农业收入2.2万元。市勤工俭学先进单位宋溪王埠完小1亩苎麻获利900余元，教师周庆顺评为全国勤工俭学先进个人。

1988年，县教育局成立勤工俭学办公室，组织和指导全县中小学开展勤工俭学活动。翌年，全县勤工俭学纯收入30万元，小学生人均8.5元，中学生人均10.2元。武宁一中印刷厂年产值14万元，纯利润4.5万元。

20世纪90年代，由于学校勤工俭学劳动基地消失，勤工俭学收入主要靠每年春、秋两季农忙假，每次七天，由学生分散创收，带资交纳。

1995年，全县勤工俭学纯收入150万元，生均30元。

进入21世纪后，中小学校取消农忙假，勤工俭学向第三产业发展，主渠道是学校铺面、小卖部、食堂承包收入。

2005年，县教育局被省教育厅评为勤工俭学先进单位。

2009年，全县勤丅俭学纯收入154.03万元，其中第三产业收入131.16万元，占总收入的85.1%。

1973—1982年学校勤工俭学情况

表10–7　　　　单位：千元、吨

年份	学校	办工厂、农场学校数(个)	校办工厂：工厂(车间)数(个)	校办工厂：全年工业产值	校办工厂：总收入	校办农场：农场个数	校办农场：水田(亩)	校办农场：旱地(亩)	校办农场：林场(亩)	校办农场：果园(亩)	校办农场：粮食总产量	校办农场：总收入	其他勤工俭学收入
1973	小学	98	—	—	—	98	67	176	4.3	—	18.65	0.65	7.36
	中学	34	1	6.48	—	34	111	184	54	—	29.35	6.33	—
1974	小学	131	2	—	1.2	129	97	215	22	17	68.15	38.93	—
	中学	35	2	4.17	4.17	31	121	176	44	65	41.8	17	—
1975	小学	359	10	10	2.0	355	150	309	184	61	61	34	19
	中学	36	10	14.88	4.14	44	161.2	286.4	295	66.5	50.55	32.9	17.63
1976	小学	482	—	—	—	482	358	995	1157	285	93.9	38.4	23.6
	中学	55	12	52.7	44.1	55	368	255	964	223	73.5	21.6	14.3
1977	小学	350	—	—	—	350	284	453	362	662	78	20.7	28
	中学	68	—	—	—	67	283	293	1089	152	72	18.9	75.7
1978	小学	314	—	—	—	314	280	491	360	610	87.8	19.6	25.3
	中学	65	—	—	—	65	281	292	1001	151	70.05	18.6	53.3
1979	小学	304	—	—	—	304	201	370	208	540	65.2	10.7	11.3
	中学	66	—	—	—	66	210	260	731	101	51	9.6	14.5
1980	小学	123	—	—	—	123	72	122	23	340	15.5	5.9	7.34
	中学	34	—	—	—	34	126	143	73	22	19.75	7.87	17.2
1981	小学	27	—	—	—	127	48	53	42	7	17.74	3.9	4.41
	中学	21	—	—	—	21	100	103	73	39	1.87	5.36	4.36
1982	小学	43	—	—	—	43	35	59	25	—	7.19	4.6	2.5
	中学	18	—	—	—	18	76	89	73	13	14.14	3.73	3.87

经费使用

清以前，县学、书院、社学的经费主要用于房屋修缮、学官教员俸薪及日常运转开支，宾兴会所得捐资主要是资助生童应试费用及奖励。如武邑宾兴会《给费条例》中第一条规定："文场乡试生监每名给考费钱十千文，考遗未录者，给半；已录者，照乡试卷票于八月初四日全给。武闱给钱十千文，分作两次，骑射后给五千，步箭后给五千……"条例中对各级考试及录取订有详细的资助及奖励标准。

民国时期，县教育经费支出以地方初等教育为主，同时支付中等教育、社会教育经费、教育杂费、补助津贴及奖学金、行政费。

1933年，全县教育经费总支出50419元，其中初等教育费支出4854元；社会教育支出622元，教育行政费691元，教育杂费482元，地方教育事业费43500元。

1934年，因旱灾影响，8月份起，教育机关人员俸薪照原5折发放，办公事业费照原额6折开支，尚无拖欠经费情形。

1936年，全县教育经费支出91566元。

1945年，县立中学经费比照省立中学开支，教育经费占县经费预算的62%。

新中国成立后，教育经费支出总额不断增加。

1953年，文化教育事业费37.4万元，占全县总支出的45.6%。

1965年，文教经费50.4万元，占县财政总支出21.8%。

1989年，教育经费598.4万元，是10年前的4倍。

1994年，教育经费突破千万元关，达1481.8万元，2004年达5542万元，是1989年的8倍。2007年，教育经费超亿元达10410万元，占县财政支出的19.4%。

教育经费的使用主要是人员经费和公用经费两大块。人员经费主要有工资、补助工资、补贴、福利、人民助学金；公用经费支出主要有公务费、设备购置、修缮、业务费，全年教育事业费总支出598.4万元。

1989年教育事业费使用情况

表10-8　　单位：万元

公用经费支出：	人员经费支出：
公务费：45.4	工资：239.7
设备购置费：14.7	补助工资：158.4
修缮费：18.2	职工福利费：41.5
业务费：1.6	离退休人员经费：51.4
其他：4.4	副食品补贴；19.6
公用经费合计：84.3	人民助学金：3.5
	人员经费合计：514.1
占教育事业费总支出：14%	占教育事业费总支出：86%

全县财政性教育经费支出虽逐年增长，但公用部分比例从20世纪80年代后却逐年减少。1989年，公用经费占整个教育经费的14%；1990年后的十年间，公用经费平均只占教育经费的8.2%；2000年，公用部分占7.9%；2002年2月，省教育厅赴武宁调研组《调查报告》称："2001年，武宁县财政用于发放教师工资总金额达3404.5万元，占财政性教育费的99.17%，公用经费不足1%。财政拨给学校的公用经费，小学生年人均仅0.5元，初中生年人均8元。学校经费捉襟见肘，运转艰难"。

2002年，农村税费改革后，中央和省教育转移支付经费主要用于三块：一是保工资，即确保教师工资发放；二是保安全，即学校危房改造和修缮；三是保运转，即学校正常开支的公用经费。

2004年生均公用经费，小学年人均20元，中学年人均30元，翌年义务教育阶段公办中小学校实行"一费制"后，财政加大对学校公用经费的投入，小学年人均提高到40

元，中学提高到60元，均翻一番。

2006年转移支付资金824万元中，用于保安全130万元，保运转127万元，其余用于教师工资。

2007年秋，全县义务教育阶段中、小学实施“两免一补”政策，义务教育学校经费全额纳入县财政预算。政府逐步建立和完善义务教育经费保障新机制；一是提高义务教育阶段中、小学公用经费标准，2008年，起生均公用经费，小学年人均300元，初中年人均500元，达省定标准；二是建立农村义务教育阶段中、小学校舍维修改造长效机制。2007—2009年，县财政安排校建及维修经费达1812万元；三是巩固和完善中、小学教师经费保障机制。2007年，教职工工资、政策性津贴9279万元，比上一年增长14.8%，离退休教师、农村小学教学点教师及1人1校教师医保金，单位及个人负担部分由县财政统一安排。

2008年，省审计厅派出农村义务教育“普九”债务审计组对武宁“普九”债务清查、审核，全县“普九”债务余额3214.29万元，由县财政统一化解。

“十一五”期间，随着财力的增长及公共财政政策向民生倾斜。县财政开支教育“民生工程”经费逐年增多。2007—2009年，财政补助义务教育学校贫困寄宿生生活费397.48万元，发放“两免一补”证8000份；资助贫困中职生、高中生4800人次金额737.05万元；投入239.5万资助479名考取大学的贫困新生上学，生均5000元。对216户硅肺病家庭子女上学免除一切费用。全县基本实现了从小学到大学各级各类教育济困助学政策的全覆盖。

对学杂费预算外资金，主要留校使用，首先解决教学行政开支，其次补充必要的教学设备和支付修缮费。1984年后，社会集资办学经费只能用于兴建维修校舍、购置课桌凳，添置教学仪器设备，体育器材和图书资料。农村教育费附加主要用于本乡（镇）民办教师和缺编代课教师的民助部分，补充学校公用经费，改善办学条件。非农户口教育费附加主要用于县直学校的基础建设。

1949—2010年县财政教育经费支出情况

表10-9　　　　单位：万元（均按50年代初币改后计）

<table>
<tr><th rowspan="3">年度</th><th rowspan="3">县财政总支出</th><th colspan="6">县财政教育事业费支出</th><th rowspan="3">财政拨教育基建经费</th></tr>
<tr><th rowspan="2">总金额</th><th rowspan="2">占县总支出%</th><th colspan="2">公用部分</th><th colspan="2">个人部分</th></tr>
<tr><th>金额</th><th>占教育支出%</th><th>金额</th><th>占教育支出%</th></tr>
<tr><td>1949</td><td>—</td><td>—</td><td>—</td><td>—</td><td>—</td><td>5.13</td><td>—</td><td>—</td></tr>
<tr><td>1950</td><td>—</td><td>—</td><td>—</td><td>—</td><td>—</td><td>8.45</td><td>—</td><td>—</td></tr>
<tr><td>1951</td><td>—</td><td>—</td><td>—</td><td>—</td><td>—</td><td>10.45</td><td>—</td><td>0.4</td></tr>
<tr><td>1952</td><td>—</td><td>—</td><td>—</td><td>—</td><td>—</td><td>13.93</td><td>—</td><td>6.5</td></tr>
<tr><td>1953</td><td>82</td><td>37.4</td><td>45.6</td><td>23.18</td><td>62</td><td>14.22</td><td>38</td><td>1</td></tr>
</table>

续表一　　单位：万元（均按50年代初币改后计）

年度	县财政总支出	县财政教育事业费支出						财政拨教育基建经费
		总金额	占县总支出%	公用部分		个人部分		
				金额	占教育支出%	金额	占教育支出%	
1954	90	40.7	45.2	26.28	64.5	14.42	35.5	2.1
1955	123	47.6	38.7	32.4	68	15.2	32	6.5
1956	130	46.7	35.9	27.67	59.2	19.03	40.8	1.8
1957	129	47.6	36.9	30.3	63.6	17.3	36.4	0.15
1958	141	42	29.8	23.64	56.2	18.36	43.8	0.15
1959	195	58	29.7	36.6	63.1	21.4	36.9	5.7
1960	301	82.1	27.2	60.28	73.4	21.82	26.6	16.6
1961	—	81.85	56.8	60	73.3	21.85	26.7	1.8
1962	154	65.8	42.7	37.64	57.2	28.6	42.8	2
1963	211	66.3	31.4	36.08	54.3	30.22	45.7	—
1964	215	48.8	22.7	15	30.7	33.8	69.3	10.5
1965	231	50.4	21.8	12.09	27.6	38.31	72.4	4
1966	256	60.1	23.5	23.3	38.7	36.8	61.3	3.53
1967	221	74.8	33.8	39.65	53	35.15	47	2.65
1968	237	57.7	24.3	22.55	39	35.15	61	—
1969	446	33.4	7.5	10.66	31.9	22.74	68.1	2.8
1970	685	43.4	6.3	14.07	32.4	29.33	67.6	—
1971	507	60.2	11.9	14.52	24.1	45.68	65.9	2.8
1972	370	95.9	25.9	39.49	41.1	56.41	58.9	—
1973	424	104.65	24.7	50.15	47.9	54.5	52.1	0.9
1974	460	115	25	16.86	14.6	98.14	85.4	0.4
1975	473	118.7	25.1	19.28	16.2	99.42	83.8	0.4
1976	462	125.4	27.1	20.28	16.1	105.12	83.9	—
1977	532	129.3	24.3	23.76	18.7	105.54	81.3	—
1978	612	149.9	24.5	33.06	22.9	116.84	77.1	9
1979	1035	156.51	15.1	30.16	19.3	126.35	80.7	15.53
1980	885	210.2	23.8	78.2	37.2	132	62.8	35.05
1981	976	219.9	22.5	36.81	17	183.09	83	20

续表二　　　　　　　　　　单位：万元（均按50年代初币改后计）

年度	县财政总支出	县财政教育事业费支出						财政拨教育基建经费
		总金额	占县总支出%	公用部分		个人部分		
				金额	占教育支出%	金额	占教育支出%	
1982	982	255.2	26	50	23.4	205.2	76.6	20
1983	1202	283.8	23.5	74.59	26.2	209.21	73.8	40
1984	1195.1	298.7	24.9	71.96	23.9	226.74	76.1	46
1985	1509.3	412.8	27.4	120.85	29.3	291.95	70.7	60.77
1986	2020	460.7	22.8	105.35	22.9	355.35	77.1	40
1987	1990.8	477.5	24	107.59	22.6	369.91	77.4	60
1988	2336.1	576.4	24.6	87.1	15.1	489.3	84.9	49.7
1989	2731.4	598.4	21.9	84.3	14	514.1	86	20
1990	7700	648.4	8.4	60.4	12.3	588	87.7	29.2
1991	11050	900.8	8.2	21.5	2.5	879.3	97.5	51.8
1992	—	688.8	—	66.2	10.6	622.6	89.4	42.5
1993	3631.7	900.81	24.8	—	—	—	—	27.2
1994	4059	1481.8	36.5	21.9	1.5	1459.9	98.5	96
1995	4970	1510.2	30.4	—	—	—	—	62
1996	5913	1561.3	26.4	24.9	1.2	1536.4	98.8	80.21
1997	6118	1719.3	28.1	24.8	1.5	1694.5	98.5	202.8
1998	8074	2057.1	25.5	158	8.3	1899.1	91.7	34.1
1999	7826	2917.6	37.3	629.5	27.5	2288.1	72.5	107.97
2000	10635	3552.4	33.4	374.7	11.8	3177.7	88.2	308.8
2001	11923	3433	28.8	19.9	0.6	3413.1	99.4	101.6
2002	14939	4269	28.6	343.3	8.7	3925.7	91.3	203
2003	—	4731	—	—	—	—	—	242.66
2004	25421	5542	21.8	411	8	5131	92	391.1
2005	30189	6423	21.3	706.5	11	5716.5	89	341.28
2006	36208	8289	22.9	994.7	12	7294.3	88	578.6
2007	53660	10410.3	19.4	1131.2	10.86	9279.1	89.13	396
2008	79211	11673.4	14.74	1991.2	17.06	9682.2	82.94	650
2009	88615	12746	14.38	4542.6	35.63	8203.4	62.36	633
2010	100566	14350	14.27	4768	33.23	9582	66.77	1884

1933—1936年教育经费收支情况

表10-10　　　　单位：元

项目 数目 年度	教育经费收入							教育经费支出							
	田赋附加	屠税附加	学产收入	其他	合计	地方教育经费收入	省拨义务教育补助费	初等教育	社会教育	教育行政	教育补助	教育杂费	预备费	合计	地方教育事业费支出
1933年	2928	720	1540	1800	6983	43500	—	4854	622	691	—	482	—	6919	43500
1934年	7393	288	3350	—	11031	32998	—	7582	1500	1008	—	1300	1391	12831	32998
1935年	5557	900	3350	400	10207	47242	2693	4592	134	—	408	2130	—	9570	47242
1936年	5565	900	3900	5260	15625	74648	5449	14400	360	—	979	1078	—	16918	74648

经费管理

清以前，官学、书院经费多由主办者（官府或私人）管理。

民国时期，县教育经费由县教育经费管理委员会全面掌管，县教育经费稽核委员会负责监察，区、乡经费委员会负责保管动支区、乡教育经费，国民教育基金的管理由各保国民学校基金保管委员会负责。

1937年，秋出台“武宁县保学经费由保联统收支付办法”。自该学期起，保学经费试行保联统收支付。

新中国成立后，教育经费除教育主管部门直接管理外，财政、审计、银行、物价、监察部门均参与管理，但以教育和财政部门的管理为主。公立学校经费统一纳入国家财政预算，逐级下达支出指标，县文教局设会计人员，各中学和完小设财务人员，负责经费管理工作。

1963年，省人委发布《江西省中、小学杂费收缴标准和使用管理办法》，规定中、小学收缴的学杂费按特种资金管理，不列入国家预算。

1971年，省规定文教事业费和文教事业基建投资单独下达计划，专款专用，不得挪作他用。

1981年，九江市教育局颁发《关于学校财务管理暂行办法》，对学校经费管理作出具体规定。

1984年，县委、县政府发文对教育集资的管理规定：县城厂矿、企业筹集的资金，由各校收，上交教育局统一掌握，集中使用；农村筹集的资金由乡指定教育办掌握，统一使用，建立严格审批手续。县城由文教局会同财政局审批，农村由乡政府同教育办研究审批。

1985年，根据《中共中央关于教育体制改革的决定》中关于“实行基础教育由地方负责，分级管理”的精神，全县教育事业费实行乡财政包干，教育经费列入乡财政预、决算。

1988年，农村教师工资由乡财政发放。

1991年，县成立人民教育基金委员会，对全县的教育集资统一管理。使用集资办学的资金，必须由县教育行政部门和乡（镇）政府先报项目和用款计划，经县人民教育基金委员会审批后方可使用。

1994年，全县开征的城乡教育费附加，实行“乡征、县管、乡用”“专户储存、专款专用、收支两条线”的管理原则。各乡（镇、所）征收的教育费附加要及时上缴县财政预算外资金管理局，非农户教育费附加资金的使用由县教育局提出意见，经县政府审批后，再由财政专户拨付。

1999年1月，县财政局、县教委联合颁发《武宁县中、小学财务管理暂行办法》，再次规定中小学收费纳入预算外资金账户，收支两条线管理。

2002年，在全县范围内实施中、小学收费公示制度：每学期初、末两次公示收费项目、标准、范围、开支使用等情况，接受学生家长及社会的监督和物价、财政、审计部门对学校财务的监管检查。建立起定期审计制度和财务管理责任追究制度。是年，随着农村的税费改革，教育经费由县财政统管， 4月，中小学教师工资实行县财政统一发放，按国家现行标准全额纳入县财政预算，由县财政委托银行代发，一人一卡，专人专户，完善教师工资发放保障机制。翌年，县教育局成立教育会计核算中心（亦名中小学财务中心），出台了《武宁县中小学统一会计核算管理暂行办法》，县中、小学预算外资金，统一由核算中心独立建账户，独立运作，建立“校财局管”的财务管理体制。学校实行报账制，各校选择政治素质高、业务能力强、具有会计从业资格的人员从事教育财务管理工作。教育会计核算中心由县级教育行政部门管理，并接受县财政、审计部门的指导和监督。

“十一五”期间，随着对困难学生资助的经费增多，成立 “武宁县家庭经济困难学生资助管理中心”。管理中心负责社会和个人捐资助学、普高、职高贫困生助学金发放、管理及贫困大学新生的资助管理工作。各项济困助学资金全部实行阳光操作，通过财政惠农卡发放至学生手中。

2007年义务教育阶段学生实行“两免一补”后，取消学校收费，所有经费全部由县财政预算拨出。是年实施义务教育经费保障机制改革，建立高效、快捷的资金拨付制度。对教育工程专项资金集中县级管理、分账核算、封闭运行，由县按进度和质量状况直接拨付给建设单位，不再下拨至乡（镇）及项目学校，减少中间环节，防止挤占、挪用、拖欠工程款。对上级拨付的其他专项教育资金和县财政配套资金，按时足额拨付到位且专款专用。

2010年秋，开始在下拨各校的公用经费中提留5%的教学仪器设备资金，分校建立台账，经核实确系使用该笔经费时再下拨。7月，县教育局、财政局联合下发《武宁农村中小学非税收入管理办法的通知》，县中小学财务中心自2010年8月31日起停止运行，各校从2010年9月1日起在乡（镇）财政所开设非税收入账户，所有收入必须使用财政部门印制或监制的票据，收入全部缴存财政所在银行（信用社）开设的非税收入账户。

第二节　办学条件

校园建设

民国时期，全县校舍大多数使用祠堂、庙宇和老式民房。县、乡两级学校无基建经费。

新中国成立后，党和政府逐年安排基建经费，改造和新建校舍。

1951—1965年，政府投入学校基建费60.55万元，新建校舍1.1万余平方米，其中：中学5908平方米，小学5150平方米。“文化大革命”的10年间，校园建设主要依靠群众集资和献工献料以及学校师生勤工俭学，财政只拨基建费13.49万元。新建校舍4581平方米。

20世纪70年代初，全县校舍多为土木结构或简易砖木结构。

1976年，县文教局派出调查组对石渡公社（乡）小学校舍调查，全乡43所小学，1所占用古庙，2所在旧祠堂，5所校舍老旧，35所借用民房上课，此状况在全县小学具普遍性，中学也如此。全县有公办中学生12151人，校舍面积不足5万平方米，生均面积4.1平方米。校舍陈旧且普遍紧缺。

1978年，县政府拨基建经费9万元，县文教局挤出经费48.36万元，群众集资17.5万元，献工献料折款达66.7万元，新建和维修中学11所，大队（村）完小121所，新建校舍2.1万平方米，维修校舍6.5万平方米，此时建的校舍多为砖木结构。

1980年，中共中央、国务院《关于普及小学教育若干问题的决定》中提出“校校无危房，班班有教室，学生人人有课桌凳”的要求（简称“一无两有”）。

1982—1989年，武宁县连续三次掀起改造校舍热潮。第一次：1982—1983年，县政府制订实现“一无两有”规划，提出解决校舍主要途径有三：一靠社队集体投入，二靠群众集资，三靠学校勤工俭学。全县投入资金293万元（其中国家投资35.16万元，群众集资199.24万元，学校勤工俭学58.6万元），共建校舍6.24万平方米。1983年冬，由主管教育的副县长胡仁义带领工作组，深入各乡、村学校进行危房调查后，县人民政府作出《多渠道集资，改善中、小学办学条件的若干规定》。县财政和教育局拨40万元用于危房拆建。乡中心完小拆建危房，每平方米补助10元，村完小补5元。全县校舍面积23.1万平方米，其中危房面积仍高达60.2%。第二次：1984年5月，县人民政府再次出台《关于集资办学，改善办学条件的若干规定》，按“乡办乡建，村办村建”的责任范围筹资建校。三年中，县财政投资211万元，乡、村和群众集资500余万元，新建、拆建学校165所，建筑面积11.2万平方米。第三次：1987年10月，县政府召开全县中、小学危房改造工作会，采取“国家拨一点，集体筹一点，群众献一点”的办法，加大危改力度，改建拆建学校92所，面积近4万平方米。1989年年底，全县新建、改建总面积20.4万平方米，全县校舍面积扩至30.1万平方米，五年扩大校舍面积10万平方米，生均面积5.53平方米。学校基本实现“一无两有”的目标。是年，九江市教育局来县验收，武宁基本符合无危房县标准。

1990年始，学校向校园“六配套”（指学校行政用房、生活用房、卫生设施、运动场地、围墙校门、道路绿化六配套）、“标准化”（指校园占地面积、生均占地面积达标准，实现校园绿化、美化、规范化）建设方向发展。是年，有新宁、严阳、杨洲、大洞、石渡、伊山、巾口7乡（镇）学校实施，年底30%的村完小以上学校完成校园“六配套”。

1992—1995年，全县投入资金616.51万元，新建中小学教学楼、实验楼9536平方米，教工宿舍5662.5平方米。1996年，为迎接省“两基”检查验收，县再次投巨资2337.58万元（其中世行贷款500余万元），拆建危房1.5万平方米，改建1.29万平方米，维修校舍4000平方米。新建、扩建教学用房初中20所，占中学数71.4%，小学212所，占小学数87.6%，同期建教工宿舍县城97套，农村88套。

1998年遭遇特大洪灾，倒塌校舍2880平方米，受损校舍近4000平方米，直接经济损失192.6万元。

“九五”期间，全县共投入校建资金5849万元，新建校舍5.72万平方米，改建7.92万平方米，维修8.24万平方米，危房率降至4.73%。

进入21世纪后，私立学校兴起，私人办学投资8500万元，新建校舍5.1万平方米。政府亦继续加大投入，改善办学条件。

2003年，全县完成国债危改项目4个，分别是巾口中心完小教学楼、清江乡晏头小学教学楼、船滩镇中心完小综合楼，石门楼初中学生宿舍楼。施工面积3618平方米，总投资125万元，其中国债80万元。

2004年，成立“武宁县中小学危房改造工程领导小组”。3年新建改建校舍82所，面积5.49万平方米，总投资1474万元。其中新宁二小、罗坪镇洞坪片区完小等4所学校整体搬迁；泉口纽丝小学、船滩辽田小学10所学校更新改造，校园“六配套”进一步完善。

2005年，继续完成国债危改项目3个：南市董家坪完小教学楼、东林乡中心完小学生宿舍，黄埚镇初中教学楼，总投入78万元，其中国债40万元，改造面积3078平方米。

2006年始，政府建立农村中、小学校舍维修改造长效机制，财政投入改善办学条件的资金逐年增多，“人民教育人民办”向“人民教育政府办”转变。是年秋，投入120万元，制作课桌凳21876套，全面解决农村中小学生自带课桌凳问题。上级安排农村中、小学维修改造工程资金173.8万元，县财政配套资金61万元，项目学校10个。当年竣工的有澧溪中心完小教学楼、官莲中心完小食堂、泉口凤东完小教学楼、横路新溪完小教学楼、船滩中心完小综合楼、石门楼中心完小宿舍，竣工面积3820平方米。其余项目学校第二年全部竣工。同期投入346万元，其中170万元实施农村中小学改水改厕工程。新建厕所31幢，改建12幢。新建水井24口，改建饮水设施7处，2所学校新装自来水。其余资金改造校舍3万平方米，其中县城一小、三小扩容教学楼，增教室17间。另投资500万元，整体搬迁了武宁四小。

2007年，武宁列为国家中、西部农村初中校舍改造工程县，总投入920万元，泉口初中学生宿舍、金水初中教学楼等10所学校工程为项目实施工程，总建筑面积达6586平方米，所有项目工程已于2009年底前陆续竣工。同时，县职业中专列为中央财政支持的职业教育实训基地项目学校，总投资260万元。

2006—2008年，全县共投入资金2075.7万元，完成12所农村中小学危改工程，新建和维修校舍5.8万平方米；绿化、硬化校园5.6万平方米，修建校门39个，新增围墙5100米。至此，中小学校舍由原砖木结构更新为砖混结构，部分学校为钢混结构，消灭了D级危房，危房率下降至0.62%，全县所有中学及80%的小学实现了校园“六配套”。

2009年，县政府筹措资金2000万元，新建校舍1.8万平方米。其中800万元新建武宁第五小学，建筑面积7300平方米。同步建成武宁县青少年学生校外活动中心，造价290万元（含设备配套资金60万元）。县一中、二中校舍维修耗资200万元。并完成9所农村卫生新校园工程。翌年，继续投入450万元，共26个项目开工建设，其中巾口棠厦小学、北栎小学，甫田烟港小学，罗溪联村小学，清江樟潭小学，杨洲南屏小学，横路儒庄小学等校教学楼均于年底竣工，其余项目2011年全部竣工。

2010年，全县中小学占地面积170.8万平方米，体育场馆面积49.4万平方米。校舍建筑面积49.36万平方米，生均12.8平方米，其中教学用房20.4万平方米，办公用房3.8万平方米，生活用房19.8万平方米，5.36万平方米为其他用房。

设施装备

实验仪器：民国时期，除乡村师范学校和协和中学略有些教学仪器外，学校基本无实验仪器。

新中国成立初，县联合中学教学设备仍简陋，教学靠教师口述、板书，学生记。

1953年，师生自制简易教具开设实验课。1956年后，逐渐配备教学仪器，供课堂演示实验。

1965年，全县中学实验仪器逐步增多，武宁中学配备物理、化学、生物仪器供学生分组实验，其余初中配教师演示实验仪器。

“文化大革命”期间，红卫兵“破四旧”，实验仪器悉遭毁损。

1978年，开始在鲁溪、石渡、甫田三所完小和新宁二小建立实验点、装配实验仪器。

1985年，县教学仪器电化教学站（简称“电教站”）成立，配专职干部3人。完中恢复建设实验室，初中在鲁溪、罗溪、船滩3个片区建立实验中心，分别配齐5～10组实验仪器，配1～2名专职实验教师。

1987年，武宁一中建成实验大楼，面积达2963平方米，有物理、化学、生物实验室6间，微机室、阶梯教室各一间。随之，县二中、澧溪、金水完中及县农业中学均建实验楼（室），每校均配置5～10组学生实验仪器。之后，仪器配备逐步延伸至各初中和乡（镇）中心完小。为了加强管理，县电教站建立3种档案，即装备学校实验室档案、实验教师档案、教学仪器档案。各校实验室普建4簿：实验登记簿、仪器借领登记簿、自制教具及维修仪器登记簿、学生实验报告簿。是年，九江市教育局在武宁召开中学实验室建设管理工作经验交流会，武宁中小学实验和仪器管理工作受到国家教委表彰。

1989年，采取一购、二修、三调剂、四自制的办法，全县实验器材装备中学26所，占公办中学的90%，装备小学20所，占中心完小以上学校70%。是年，添置仪器橱499只，实验桌653张，凳2651条，自制教具800件。茶场中学教师刘天顺自制理化教具200余件，生物标本60件，出席全省实验教学经验交流会，获特别奖。同时，全县初中实验开设率，演示实验：物理93%，化学94%，生物79%；分组实验：物理90%，化学91%，生物75%。

1992年春始，全县按小学每生每学期0.5元，初中1.5元，高中3元标准收取实验设备费。同年仪器新装备学校37所。补充完善装备51所。村完小以上学校都按省教委颁布的标准装备实验仪器，建立实验室。

1993年3月，经省教委验收，武宁成为实验教学普及县。此后，逐步按1994年省定新标准配置，先后投入资金800万元，为学校配足教学仪器及音体美器材。

2002年，通过省教育厅“实验教学普及县”复查。

2004年，全县实验仪器设备价值819.03万元。2008年投入资金10万元，改造实验室6个，更新实验桌145套。翌年继续投资42.7万元增添仪器设备。按新的仪器配备标准44所学校达标。

2010年，全县有中学实验室72间，面积13406平方米，仪器储藏室68间。小学科学实验室、仪器储藏室各24个。中小学专（兼）职实验员124人，仪器设备总价值达1843.54万元，演示实验、分组实验开设率均达100%。

电教设施：民国时期，武宁学校无电教设施。

1956年，武宁中学开始配幻灯机。

1976年，在武宁一中、澧溪、金水中学每班配一部幻灯机，继而在武宁一中、教师进修学校配备电视机。各初级中学则利用县教研室电视机巡回电视教学。

1980年，新宁二小每班装备幻灯机、录音机，开展电化教学。

1986年，县建卫星地面接收站，同时配用高考文科复习录像带、初中教学磁带、科技、英语、语文教学录像带。

1989年，县兴建教育电视收转台1座（50瓦），购置电教专用三轮摩托1辆，750瓦电影发电机1台，彩色监视器14台，录、放机11台，教学录像带1200盒，在全县中、小学设固定放相点7个。1986—1989年，武宁电化教育投资27万元，共放教科片590片次，放教学录像1330小时，综合节目350小时，县电教站连续两次评为市录像、放像教学先进集体。

1992年，成立县教育电视台，主要转播国家教育电视台和省教育台节目，三年后停办。1995年年底，全县建立卫星电视教育教学放像点42个，翌年，又增建10个。杨洲中心完小获江西省“八五”期间教育技术装备工作先进集体。

1998年，新增电视卫星地面接收站24个，是年，罗溪中学班班配电视机，将教育电视节目引进全校18个班级。“九五”期间全县共投入280万元，在村完小以上学校装备教学放像点53个，建教育电视地面接收站32座。

2001年，经省检查组抽查验收，县一中、二中、新宁二小为合格的电教装备二类学校，新宁一小、三小为合格的三类学校。翌年有43所学校成为江西省第二批中小学电教装备达标学校。其中中学1类2所，中学2类3所，3类17所；小学2类3所，3类18所。

2005年，全县安装教育卫星地面接收站33座，建放像点58个。

2007年，又投入10.6万元补充电教设备。

2010年，全县多数学校电教设备已达到或超过省市一类标准。

信息技术：1987年，县一中建立微机室和多媒体教室，开始武宁教育信息化时代。

1994年，部分初中开始装备少量计算机。

1998年，鲁溪、横路、泉口、船滩初中装备计算机120台。

2002年，全县中小学已装备1075台计算机。

2003年，武宁列为全省第一批远程教育项目县，装备武宁一中（培训基地）和21所乡（镇）中心完小。三年全县共安装数字信息信号接收站20座，投入400万元装备计算机。县城学校均建立了多媒体教室、教师电子阅览室、电子备课间和语音室。武宁一中成为省级现代教育技术示范学校。

2005年，全县中小学有电脑1229台，微机室（含信息教育室）7730平方米，多媒体教室1570平方米，是年开始，全面实施农村中、小学远程教育工程，至2006年6月底完成，投入资金384万元，项目学校293所，共三种模式。模式Ⅰ：272所农村小学装备34寸彩电、DVD播放机和成套教学光盘163碟；模式Ⅱ：1所中心完小（原已装备21所）配备卫星接收系统、计算机、电视机、DVD播放机和教学光盘；模式Ⅲ：20所农村初中配备卫星接收系统、计算机网络教室（内配联想电脑34台、立式空调2台）多媒体教室、教学光盘播放设备及174碟光盘。同时，开通武宁教育网。

2007年，进一步加大农村远程教育工程的投入及保护。投资20万元增添计算机49台，在全县中小学微机房、多媒体教室、电子备课室等现代教育技术专用场所统一安装110防盗网报警系统。翌年，鲁溪镇坑背小学、罗坪中心完小、鲁溪中心完小、官莲中心完小、鲁溪初中、黄塅初中成为九江市首批农村中小学现代远程教育示范学校（简称“农远示范校”）。

2008年，为保障学校“农远”设备维修经费。县教育局规定：学校公用经费的10%列为“农远”设备维修专用资金。翌年新购液晶计算机489台，多媒体设备7套。

2010年，全县计算机达2233台。生机比为：小学25∶1；初中8∶1；九年一贯制学校15∶1；普通高中15∶1；职业高中12∶1，完全中学16∶1。全县中小学有计算机网络教室38个，多媒体教室座位2661座。接受过信息技术培训的专任教师677人次，信息化专任工作人员58人。全县中、小学实现“校校通”工程，师生能充分享用远程教育资源。

图书器材：20世纪50年代，武宁中学建有图书室，配有专职图书管理员。

1966年，中心完小以上学校都装备图书和教学用音、体、美器材。“文化大革命”中，图书尽数失散，只剩毛泽东著作。中学和中心完小普遍成立毛泽东思想宣传队，锣鼓、二胡、笛子等乐器配备比较齐全。

20世纪80年代，中小学重建图书室，装备图书资料。

1992年，全县村完小以上学校都按要求配备图书和音、体、美器材。1996年世行贷款中安排图书资料款37.9万元，自筹配套资金80余万元添购图书。是年起，连续三年按小学每生每学期5元，中学7元的标准收缴图书资料配套资金。翌年投10万元添置图书，同时动员单位及干部职工捐赠，共装备图书21万册，达到初中生人均15册，完小生人均10册，初小生人均5册。

1997年，完成图书馆（室）建设达标乡镇学校11个，达标县直中小学2所。

2002年，全县中小学图书藏书328146册，电子图书藏书1245篇，图书室面积4086平方米。2006年，中心完小以上学校大部分建有图书阅览室，村小均有图书角。

2009年，继续装备图书6万册，全县图书81.58万册，投入54.6万元添置音、体、美器材，全县音、体、美器材装备达标学校44所，县城学校配备钢琴。

2010年，全县中小学有藏书室141个，图书阅览室108个，面积6100平方米，装备图书近百万册，生均20册，电子图书10万册，电子阅览室5个188座，有图书管理员137人（其中专职管理员11人），每学期生均借书超10次。263所学校成为图书资料配备达标学校。

2010年全县中小学办学条件

表10-11

单位名称	学校占地面积(平方米)	校舍建筑面积(平方米)	教学及辅助用房(平方米)						行政办公室(平方米)		生活用房(平方米)				其他用房(平方米)	体育运动场馆面积(平方米)	计算机(台)		图书(册)	教学资源(兆)		多媒体教室座位数(个)	校园网出口总宽带(兆)
			计	其中					计	其中教师办公室	教工宿舍	学生宿舍	食堂图书	厕所			计	教学用		计	电子图书(C)		
				教室	实验室	图书室	微机室	语音室															
县一中	146068	25688	4680	3597	468	150	321	144	1737	1689	2936	10570	4088	466	891	12560	170	170	89600	7000	1630	201	10
县二中	73357	33451	5538	4410	550	110	408	60	847	847	16304	3212	3633	136	3536	15041	154	134	30000	400	400	260	3
实验中学	120060	34766	8414	6806	752	392	288	176	1982	1982	1100	10789	2844	432	8820	30865	130	130	38000	—	—	288	10
职业中专	67000	22400	7926	3760	4166	500	300	—	1423	1023	6505	5578	1368	600	—	12300	280	260	15000	800	800	6	10
协和中学	66670	10641	1734	1350	216	54	60	54	260	210	1008	3644	1392	172	250	10120	53	51	12000	—	—	151	4
大洞学校	21627	11195	2653	2087	210	132	176	48	488	340	1834	2514	419	342	1057	8030	35	30	11318	14	11	60	2
泉口初中	9212	4950	1341	549	182	—	110	—	324	97	502	2270	400	113	—	1500	34	34	6500	10	11	50	2
泉口中心小学	36423	12310	6938	6657	150	131	—	—	701	701	959	1330	676	573	200	14484	2	2	12325	—	—	—	—
金水初中	20143	5986	2516	1784	636	48	48	—	156	116	1400	1254	450	210	—	4500	34	34	5000	202	202	—	1
横路初中	25708	5270	2344	1816	204	90	90	144	114	114	768	1090	744	170	40	9465	34	30	9980	—	—	100	2
横路中心小学	40000	10443	4442	4016	161	217	48	—	809	809	995	845	612	383	96	16300	18	13	12000	—	—	—	—
鲁溪初中	22832	9072	3188	1531	240	342	162	—	560	280	2608	2031	480	195	10	7674	28	24	8500	—	—	60	2

续表一

单位名称	学校占地面积(平方米)	校舍建筑面积(平方米)	教学及辅助用房(平方米)						行政办公室(平方米)		生活用房(平方米)				其他用房(平方米)	体育运动场馆面积(平方米)	计算机(台)		图书(册)	教学资源(兆)		多媒体教室座位数(个)	校园网出口总带宽(兆)
			计	其中					计	其中教师办公室	教工宿舍	学生宿舍	食堂图书	厕所			计	教学用		计	电子图书(C)		
				教室	实验室	图书室	微机室	语音室															
鲁溪中心小学	56321	20054	11002	8020	401	884	428	160	1934	1593	1425	1884	1636	711	1462	26171	50	50	23724	494	460	150	10
官莲初中	8671	4186	993	657	112	112	112	—	320	200	332	1938	383	90	130	3500	34	30	15000	115	14	50	2
官莲中心小学	29875	12075	4525	2997	86	84	58	—	278	178	600	1085	947	466	—	18959	50	50	39070	—	—	—	—
巾口学校	18950	6219	2713	2163	250	100	100	—	417	397	1162	1200	401	317	—	6560	53	47	7585	—	—	—	—
宋溪学校	33571	14675	7659	6757	481	301	120	—	811	705	4198	1351	1059	1461	—	5297	34	34	10699	—	—	—	—
甫田初中	34909	5331	2003	1683	160	80	80	—	260	180	1938	700	260	170	68	10000	35	33	15000	—	—	50	—
甫田中心小学	41355	6365	3743	3217	99	69	51	—	645	645	859	300	297	262	160	7660	8	8	4150	36	36	40	—
澧溪初中	28110	10127	3889	1743	343	56	112	—	—	—	2741	1694	861	281	660	27519	35	33	8726	50	50	50	10
澧溪中心小学	39707	15782	11957	10365	50	80	70	—	110	110	760	315	120	150	90	24000	26	26	7800	—	—	—	—
船滩初中	32490	10629	3892	3468	150	70	100	104	280	280	2456	2440	1004	132	425	10987	30	28	5137	—	—	30	2
船滩中心小学	45623	14413	10355	9891	184	224	56	—	1027	1027	1083	220	748	588	392	21106	11	9	11176	—	—	—	—
东林学校	27044	6417	4258	3926	216	62	54	—	326	226	839	1128	494	372	—	13811	33	30	9255	—	—	30	1

续表二

单位名称	学校占地面积(平方米)	校舍建筑面积(平方米)	教学及辅助用房(平方米)						行政办公室(平方米)		生活用房(平方米)				其他用房(平方米)	体育运动场馆面积(平方米)	计算机(台)		图书(册)	教学资源(兆)		多媒体教室座位数(个)	校园网出口总宽带(兆)
			计	其中					计	其中教师办公室	教工宿舍	学生宿舍	食堂图书	厕所			计	教学用		计	电子图书(C)		
				教室	实验室	图书室	微机室	语音室															
上汤学校	16463	4361	2035	1705	110	160	60	—	389	323	345	255	258	247	—	6020	14	12	6140	—	—	—	—
清江初中	9186	7176	3442	3029	303	50	60	—	62	62	2179	1100	293	100	—	2080	26	26	10000	470	470	50	10
清江中心小学	15278	4883	2637	2467	70	50	50	50	390	330	207	360	180	45	—	7790	19	13	7625	46	46	—	10
石渡学校	10000	3725	2795	2411	307	38	59	—	325	325	1190	1723	729	169	450	5495	45	45	6615	—	—	59	—
石门楼初中	13700	5380	1987	1645	180	54	108	—	353	253	869	1242	400	109	420	4800	30	28	5618	131	131	28	1
石门楼中心小学	25255	8843	3469	3373	48	48	61	—	872	492	1203	1503	445	264	775	4400	5	3	11220	160	160	—	1
罗溪初中	10500	4967	1354	982	186	93	93	—	179	179	2319	1366	642	74	861	4000	30	30	5500	—	—	35	10
罗溪中心小学	84382	8740	4985	4254	245	280	150	56	801	801	1076	898	623	292	65	9777	3	3	6691	—	—	—	—
黄墩初中	16526	4370	1808	1454	210	72	72	—	172	172	450	960	400	80	660	4244	33	30	5000	25	25	64	1

续表三

单位名称	学校占地面积(平方米)	校舍建筑面积(平方米)	教学及辅助用房(平方米)						行政办公室(平方米)		生活用房(平方米)				其他用房(平方米)	体育运动场馆面积(平方米)	计算机(台)		图书(册)	教学资源(兆)		多媒体教室座位数(个)	校园网出口总带宽(兆)
			计	其中					计	其中教师办公室	教工宿舍	学生宿舍	食堂图书	厕所			计	教学用		计	电子图书(C)		
				教室	实验室	图书室	微机室	语音室															
黄墩中心小学	24122	10581	3798	3472	100	85	141	—	427	377	714	748	305	206	359	8262	39	34	15122	—	—	—	2
南市中心小学	15310	2297	1350	1120	90	90	50	—	190	190	—	100	264	98	295	2600	9	9	3945	—	—	—	—
罗坪初中	29840	7334	2084	1445	327	80	232	—	433	368	2258	1626	753	134	46	6082	36	30	11512	60	60	50	2
罗坪中心小学	22320	7320	3219	2818	192	76	123	—	339	339	424	1018	448	237	282	8028	30	27	13600	—	—	—	—
杨洲学校	23018	5351	2799	2301	224	174	100	—	350	316	998	755	187	262		11735	26	26	17440	—	—	—	—
武宁一小	10998	2772	2219	1979	80	80	80	—	308	208	120	—	50	75	82	6000	47	47	11000	80	80	120	10
武宁二小	14199	4536	3186	2886	100	100	100	—	1050	420	—	—	—	120	180	9663	82	70	30100	—	—	96	—
武宁三小	12412	3921	3482	3266	72	72	72	—	263	242	—	—	—	56	120	7248	81	72	30280	—	—	110	8
武宁四小	15000	4635	2376	1995	89	89	89	114	692	303	—	—	96	180	72	7000	70	60	20000	30	30	184	10
武宁五小	27010	7300	5372	2300	92	92	92	92	510	384	—	—	—	560	40	6000	59	21	7500	42	16	304	10

续表四

单位名称	学校占地面积(平方米)	校舍建筑面积(平方米)	教学及辅助用房(平方米)						行政办公室(平方米)		生活用房(平方米)				其他用房(平方米)	体育运动场馆面积(平方米)	计算机(台)		图书(册)	教学资源(兆)		多媒体教室座位数(个)	校园网出口总带宽(兆)
			计	其中					计	其中教师办公室	教工宿舍	学生宿舍	食堂图书	厕所			计	教学用		计	电子图书(C)		
				教室	实验室	图书室	微机室	语音室															
县幼儿园	3143	3493	2269	1248	—	60	—	—	641	641	保健室20	睡眠室941	—	560	242	1931	23	23	2670	—	—	—	—
私立宁达中学	91908	9333	2351	1572	280	200	140	160	746	316	1178	3101	877	200	234	15840	93	86	13600	—	—	56	2
江西美术专修学校	67000	21729	3121	2837	126	158	190	—	1285	1285	2066	1800	906	—	1091	3600	150	150	3600	—	—	240	—
赣北育才科技学校	4190	2390	1000	700	100	—	200	—	200	120	200	400	400	90	100	1800	150	120	—	—	—	100	4
特殊教育学校	—	642	280	120	—	40	—	—	40	40	—	—	—	—	222	—	—	—	1000	—	—	—	—

第十一章　人物

第一节　人物传略

邢　凯　字连举，号坦斋，杨洲邢庄人。宋嘉定七年（1214年）进士。累官吏部侍郎。博览群书，学识丰富，精通诗词韵律和文学理论。为官清正，任吏部侍郎时肃清吏治，拔越人才，名震朝野。晚年致仕归，于县东五十里之横岭，建黉冈书院，储书万卷，下帷讲学，尝与文人韵士饮酒赋诗自娱。远近文人悉至。所著《坦斋通篇》是一部考证经史、评述诗文创作理论的著作，散见于《永乐大典》，后逐韵掇拾编为一卷收入《四库全书》；《笔衡》一书为医学著作，医学理论被李时珍《本草纲目》及多家医书引据。

余　璐　字相之，号柳溪，罗坪沙湾人。天资聪颖，读书一目十行，少时便有文名，与李鼎、汪应娄结“匡山诗榭”。其时崇尚晚唐，唯余独尊魏晋，风格清灵淡远，人莫能及，无意仕进。明隆庆年间（1570年后），于家乡建“宾阳山庄”，授徒讲学。四方从者众多。余学行文章名动朝野，受到当时文人学士的仰慕。明代画家朱多炡曾慕其名，拜访宾阳庄，留连数月始去，作《宾阳庄图》以赠之。“宾阳山庄”从明至清（1570—1745年）先后170年，培育造就人士甚多。著作有《楚声》四卷、《宾阳唱和》二卷、《志学录》四卷等。其子余长祚从父讲学“宾阳庄”，与潘元龄、盛宗龄、林维翰友善，皆以文学扬名，誉称“豫宁四杰”。

卢金镜　字药墅，号秋水，罗坪中潢人。清康熙九年（1670年）岁贡。文名噪江南。乾隆间刑部主事余腾蛟特聘其为弟子师，主教“宾竹堂”数十年。新建解元熊为霖慕余、卢之名，特来“宾竹堂”讲学论文。武宁“三盛”（指盛谟、盛镜、盛乐）兄弟常与余、卢切磋诗文。门生余世苏、余珊、余虹启皆中乡试举人，学塾名驰远近。卢八十岁仍教读不倦，曾对人语：“身可穷名不可朽也。”著有《鉴略史趣》《孝行录》《题襟诗集》《才调文集》《秋水诗钞》《周易外传》，武宁一代名师。

盛　谟　字斗挹，号字云，北乡人。幼时随父读书乐平（其父盛斯际任乐平教授）。年十七补弟子员，十九岁忾于庠，即有志于身体力行之学。随父致仕归，闭门苦读，深得于《左氏》。初，武宁丧事多用僧巫，谟力排之，倡导以朱子家礼为法，风气得以改变。清乾隆五年（1740年），创办私塾“字云巢”，与弟盛镜、盛乐（时称“武宁三盛”）亲自讲学，远近闻名，从游者甚多。分宁林有席，自数千里外致书字云楼曰：“字云先生讲学一日，即为学者一日典型”。而谟亦以师道自任，不苟言笑，人皆惮之。邑令邹应元以志乘艺文嘱谟，谟悉心厘正，润色较多。后官安义司训，著课士规，教书育人，以立品为先，追求人品与文品的统一。乾隆二十七年（1762年）病卒于安义官舍，一时有耆儒凋谢之叹。著有《字云巢内外集》《诗钞》《论语闻》《谟舟集》《游历草》。

张　望　字棕坛，号闰榻，北乡人，古文字家，声韵学家。清乾隆十四年（1749年）于棕山麓建“棕山学馆”，讲道论学。张博识广闻，凡经史百家，无不谙练，每于论古之处，发表其独特见解，从其学者，均因材施教，循循善诱，多成伟器。因此名闻遐迩，内外知名文士，舟车走访，络绎不绝。南丰谭古愚中丞抚滇时，慕其名寄书嘱其编订《经史钞》《纫芳斋文集》，书成，赠以玉章、端砚，以此为谢。又，钱塘费文恪公致书称其：“尝披手著，又佩躬行，不特文追唐宋之前，人尤不在秦汉之后。”下南乡杨港人余镜莲，精于医道，与张友善。张收集余治病医案百、十类于自著《古今医诗》中。平生著作甚多，有《闰榻文集》《淹戊螯》《七觚》《嗅花岗诗钞》《声闰子母图》《井下制艺》若干卷，书现存江西图书馆，其事迹载入《中国人名大辞典》。

张问达　字冰莹，号山水，安乐乡黄陂人，幼失父，事母孝。少时补弟子员。乾隆年间受“曲池义塾”（后改为“曲池书院”）创办人张明远聘为义塾教师，执教“曲池书院”数十年，人称“山水先生”，从其学者，教之以礼义，授之以诗文，育才有方，陶成甚众。著作有《俯江集》《柳松遗集》若干卷。去世后，诸弟子馈金，塑像立于俯江楼，以表念师之情。

熊镇澜　号欧炉，顺义乡人。幼居坊市，失父，谨事其母，及长读书，博通经史。学王钟书法，笔力刚劲。年四十余受县城张一飞延聘主教“竹溪家塾”，十七年未易师。乾隆三十六年（1771年）中恩贡。从教门生人才辈出。一飞子华甫、华英、焕璧均从熊受业，孙富业、富学、富经年幼时亦从学句读。门生华甫乾隆三十六年（1771年）进士，授庐州知府，临行，熊诲之：“守庐在安民，安民在戢奸。”年六十离“竹溪家塾”，授徒南辽山，从者益众。时门生富业，嘉庆四年（1799年）进士，官衡山。邮联祝福云：“三千里外依然化雨春风，试向谁门立雪；二十年来尚忆耳提面命，终愧墙也及肩。”

张焕璧　号练石，坊市人，奉政大夫，张一飞之子。少时与兄华甫、华英从熊镇澜就读于“竹溪家塾”。十九岁补郡庠。后继其师熊镇澜主教“竹溪家塾”。终身从教，育人有方，成器者众。孝廉张际会、子侄富业、富经、富学俱受业门下；富业清嘉庆四年（1799年）进士、富经嘉庆二十二年（1817年）进士、富学清咸丰二年（1852年）恩赐举人，张际会亦中举人。其门生出两进士两举人，实属罕见。

喻志恢　字希宇，号晓野，凤口人，少时家贫，性端方，读书手不释卷，博览百家。兼通天文、历法、地理诸书，尤善于考证。不趋时尚，出言人信服，邑宰重其人，征聘不至。道光二年（1822年）创办“晓野学馆”，教授门徒，以培养品行为首，造就游庠者数十人，乡试中式四、五人，入魁选者喻赞猷、邱文蔚均出自门下。著作有《晓野诗文稿》二集，杂说一集。年七十三无疾而卒。

卢　环　字可凭，号雪汀，罗坪中潢人，自幼丧父，一切家政皆由堂兄太学士雁汀处之。延师课读诸兄弟，督责甚严。环精通经义，旁通子史。清嘉庆十五年（1810年）中举，考取景山官学教习，期满引见，以知县用。中举后四次应试不第。同乡太傅卢浙，嘉庆四年（1799年）进士，劝其改教，于是环回桑梓，于道光二年（1822年）建“溉园”，自坐馆教授。同邑从游，列胶庠者不下三十余人。道光六年（1826年），进士卢鸿翱，咸丰十年（1860年），进士余瓒馨，道光二十九年（1849年）举人，郑开栵及教谕舒以长均出自环门下。道光十七年（1837年），选授吉水教谕，其品学誉满吉水。年七十六告老还乡，逾年去世。

杨福田　字懋棋，清江晏头人。生于清同治四年（1865年）10月，晚清秀才，县名儒，门生遍及全县。废科举后，于武宁飞凤山设馆教书。民国革命元勋李烈钧，少时曾从其学，得杨喜爱，称杨为“恩师”。民国政府在广州成立时，应李邀请受聘参谋总部编修（秘书），后李出任江西省政府主席，杨随之返赣任省财政厅督办。1919年，告老还乡，倡办启智小学。热心公益，教学有方，陶成甚多。老年家贫，常得李接济。1935年12月逝世。李烈钧亲自为其作传入谱，至今宗谱犹存。

叶燮丞　字硕贡，号镇镛。石门楼锦鸡坳人。七岁应府试，名列前二十名，十三岁考取修生，二十七岁名列胶庠。科举废除后，于清光绪二十一年（1895年）考取一等职员，分发江西巡检。民国成立后，归隐桑梓，自号“纯园”，著有《纯园初稿》《纯园续稿》《纯园杂录》《贞淫巧报》书。1920年与石门张希拭创办明诚小学。为人乐义好施，提倡义举，数十年如一日。出资千缗（一千文为一缗）修宽埠河石桥，又以百担租充义田助学，以百担租充河垅学田。1924年，民国总统府赠以“博济为怀”匾额。晚年杜门谢客，以诗酒自娱，1936年去世。

傅梅友　船滩坎头人。1866年生，晚清邑廪生。光绪二十二年（1896年）举孝廉方正，在京国子监任事。曾参与戊戌变法。变法失败，在燕京大学任教，后回家乡以办教育终其身。1913年，傅动用家产及族姓田租在本村石燕山下建造贻庆公祠，于祠内兴办石燕小学。三子傅庭俊在南昌第一师范求学时加入中国共产党，回家后扩建校舍，改石燕小学为梅友小学。学校全盛时期学生达130余人。除本乡学生外，修水、石门楼、澧溪等地都有学生寄宿就读。师资水平，教学质量均列全县前茅，多次受县教育局嘉奖，影响广泛。1925年12月，经傅廷俊介绍，丁时（修水人）、张竞成、汪琢钦四名教师加入中国共产党，成立中共梅友支部，为武宁第一个党支部。由于国民党对苏区“围剿”，梅友小学于1933年年底，被迫停办。傅梅友热心桑梓教育，倍受社会人士尊敬，1938年去世。

张子野　又名张恒、张鸿，泉口金水人，生于清光绪七年（1881年），18岁中秀才。读书时与李烈钧、刘炳焜结为兄弟，参与“打王官事件”。李烈钧任江西都督期间，张出任江西宣抚使，主张国共合作，同情共产党人。后因共产党嫌疑被捕，关押南京5年之久，由李保释，回县任参议长，并筹办县立协和初级中学，为该校第一任校长。1939年7月病逝。李济深发来唁电：“老成硕望，德义可尊；主善为师，桃李纷蕃；力匡时弊，宏议崇论；才兼文武，著绩戎轩；闻风之士，起舞蹲蹲；鄙夫以宽，薄夫以敦；其人虽逝，德业犹存；永怀耆旧，涕泗潺湲。”

张安国 字席珍，伊山人。民国初年在县城北高等小学任教员，1918年，任校长。1920年任县督学、后任教育局长。1928年，任县财政局长时，整顿田赋，定县内松、杉、桐、竹、茶教育捐项，促使县教育经费逐年增加。抗日战争时任江西省立武宁师范教员，终生热爱教育工作。

朱化南 字炳炎，澧溪石羊人。民国初任武宁城北高等小学教师，为城北名师“三朱”之一（其余两人为朱学程、朱注江）。1927—1928年，任县教育局局长。为人正派，不会趋炎附势，不沾邪俗，不善于官场应付，在县城中小学执教数十年，颇有盛名，学生遍及全县。1946年，被疯狗咬，不治去世。

黄隐霆 黄隐霆（1881—1953），字懋鑫，甫田乡干楼人。年少时中秀才，1913年，被荐为众议院议员，1923年冬，直奉两系军阀战争爆发后回乡，1932年，曾受任修水县长半年。一贯重视桑梓教育。1919年，在县城捐资创办沉健高等小学校。自任名誉校长，并将杨洲瓜源数处杉山和巾口50亩水田以及坤太南货商店股金2000元全部捐献沉健小学作教育基金。1929年，学校增至10个班，学生500人。先后培育十一届高小毕业生。设立助学金，扶持贫苦青年入学，成绩优秀学生，一律免交学费，家庭生活确实困难的，膳费也可免缴。著名教授余心乐就是在这种情况下完成学业的。李烈钧将军暂居武宁时，亦将其子女赣熊、赣骅入该校就读。1930年，全县划为5个区，各区设完全小学，沉健小学停办，校产全部献给第四区完全小学。1940年秋，恢复武宁协和初级中学，黄隐霆出任校长。

何树先 女（1886—1959），又名丽仙，澧溪石羊人。宣统三年（1911年）由县保送南昌女子师范就读。辛亥革命成功。何首倡剪发，曾被选为学生代表受到孙中山接见。袁世凯窃政，何离开学校回县创办武宁县女子职业学校。自任校长，开设刺绣、针织、缝纫专业，展出作品博得社会好评。后转上海、湖北、南昌，以教书为业。曾在河南商城女子学校，上海勤业女子师范，安福一私立学校任教。1921年，回县，在建富小学执教。1930年，丈夫去世后，携二女至南昌，经盛怀谷介绍，先后在丰城槎市小学、南昌正蒙小学、江西剑声中学、南昌妇稚助产学校任教。抗战胜利后，又回家乡石羊，购买教具图书赠送石羊小学，并捐资设立“何氏追远会”为助学奖学金，以资助家乡青年求学。又筹资维修石羊彭坑桥。1953年，定居清江县，1959年，因病逝世。

盛怀谷 字若虚，甫田建富人，生于清光绪十三年（1887年），幼读私塾，成绩优异，得盛姓宗族资助，录取南昌洪都中学，后又考入南京两江师范（现南京大学）。辛亥革命爆发，曾参加学生军支援武昌。1912年，回县受聘城北高等小学教员。1913年，考取官费留学日本，入东京研教馆攻读数学。其间担任江西留日同学会会长，加入孙中山领导的中华革命党。1915年，考入东京高师教育系。1920年，毕业回国，历任武昌高师、江西省立第一师范教师，省立第五师范校长、省立八中高中部主任、省教育厅督学、二科科长、督导室主任等职。盛在教育厅任职期间，热心扶植桑梓教育，曾向省厅当局建议创办省立第十五中学，校址设修水三都。1937年，又力争将省立南昌师范迁入武宁改为省立武宁乡村师范。抗战期间，南昌附近的省立中学纷纷南迁，赣西北学子入学难，盛又向省教育厅建议于1943年，将岷山中学改为赣西北第二临时中学，校址迁靖安邱家街，翌年又改为省立协和中学。1946年，迁武宁箬溪。盛辞去教育厅职务回武宁任该校校长。以“忠、恕、敏、俭”四字为协中校训。并整肃校风，严谨治学，支持和保护进步青年，领导师生同地方恶势力进行斗争，为发展桑梓教育，培养地方人才不遗余力。新中国成立后，盛被选为武宁县第一至第五届人民代表大会代表，第三至第五届县人民委员会委员，武宁县政协第一、二、三届副主席。1954年受聘为省文史馆馆员。1975年12月25日逝世。

郭元梁　字毅士，号永肩，甫田烟港人。生于清光绪十五年（1889年），早年毕业于南京两江优级师范（中央大学前身）。先后在江西省立第一师范、第二师范、省立十五中学、省立助产学校、省立医学专科学校、省立武宁乡村师范、省立奉新师范、省立协和中学任教员、教务主任、训育主任、校长等职。1948年，被省政府评为省优秀教师。新中国成立后任武宁县联合中学教员，并被聘为江西省文史馆馆员。郭精通英文，爱好广泛，知识渊博，尤好绘画、音乐、书法；对医理、史地、京剧、昆曲都有研究。执教50年，学生遍及全省。退休后客居湖南长沙，1947年，离开奉新时曾作抒情诗一首：“江悠悠，海茫茫，逝者如斯靡有疆，人迹沿洄无定处，别离常似参与商。风尘倾洞三十载，奉师骊唱意徬徨。钟钦钦，鼓皇皇，朝朝暮暮勖语长，最爱憧憧英隽士，赉然其貌志轩昂。昨日之日不可留，今日之日语未遑。旧雨依依倏别意，语焉安足尽衷肠。君不见，当空皓月随人去，夜来期与共蟾光。又不见，琴韵书声犹在耳，留待茶余话短长。他日鱼书频寄意，秋水伊人在一方。”著作有《车床木工》《画理新全》，由商务印书馆出版。1961年8月去世。

黄觉非　字元清。横路新溪源人。生于清光绪二十年（1894年），1924年，毕业于日本东京帝国大学法律系。先后在江西省立第一师范、江西政法专科学校、江西中正大学、北平大学、法商学院、西北联大、华北私立文法学院任教。新中国成立后，任北京大学教授、法学院法律系代主任。1952年，任北京政法学院刑法研究室教授，兼任国家政务院法制委员会委员。参加过新中国成立后第一部刑法大纲的起草工作，曾翻译过资本主义国家的刑法和有关资料。“九三”学社成员。在日本时曾参加孙中山领导的中华革命党，辛亥革命后参加过反对袁世凯的斗争。1934—1937年，在北平大学和西北联大任教时支持“一二九”学生运动，营救和保护中共地下党员及进步学生。北平解放前夕，黄与其他进步教授曾通电敦促傅作义将军拥护和平解放北平的方针。“文化大革命”期间被打成“资产阶级反动学术权威”，1979年平反。1968年8月，含冤去世。同年12月24日，在北京八宝山革命公墓举行追悼会，生前好友及学生数百人参加，骨灰存放八宝山公墓。

熊光国　字郎松，石门楼河垅人。生于清光绪二十六年（1900年），1927年，毕业于南京东南大学教育学院体育科。先后在江西省立一中、四中、十五中任体育主任，兼生物教师。在此期间编著《中等学校学生体育成绩考查法》《中等学校体育会考标准》《体育课外运动实施法》，由教育厅印发全省中等学校施行，并刊登在《中国体育季刊》（第四期）。1935年，领队率江西女子排球队出席南京全国体育运动会。1944年，由省教育厅调任江西省立武宁师范校长，直至新中国成立。武宁师范并入九江师范后，1952年，任修水中学教师，兼修水县政协委员。1975年，退休后，将原著的有关球类比赛的《比赛淘汰法》与现世界采用的比赛法举例对比写成《球类运动的编排与比赛法》，有独创之处，受到国家体委人士的重视。1987年去世。

李枝起 宋溪人，生于1900年，1928年毕业于九江中学师范科。先后在武宁县城中小学任教数学30余年。李为人俭朴、诚实、平易近人，教学认真负责，对学生循循善诱，在学生及家长中享有很高的威信。1989年病逝。

余心乐 字乐新，号天泰，鲁溪阚家村人。1913年3月27日出生，古汉语学家，江西师范大学教授，硕士研究生导师。7岁读私塾，12岁开始写文章。1925年，进入县沉健小学读书，成绩拔萃，被誉为“神童”。1927年秋，以全县第一名的成绩考入江西省立十五中学，1930年考入江西省立南昌一中，1933年，考入南京中央大学中文系，被誉为“武宁三才子”之一，先后任教于省立南昌第一中学、南昌莲塘师范、省立武宁师范，曾担任武宁振风中学校长。新中国成立后任教南昌师范，1953年，调江西师范学院，以后一直在该校工作。先后担任中文系讲师、副教授、教授。长期从事汉语研究和教学。特别对汉语语法、古汉字、声韵学的研究成绩显著，在学术界享有较高声望。1982年，被评为江西省教育系统劳动模范，同年加入中国共产党，1985年，获“全国优秀教师”称号。1986年，兼任江西师大古籍研究所所长、江西省古籍研究领导小组组长，1992年，作为“有突出贡献专家”享受国务院特殊津贴。社会兼职有：中国语言学会理事、江西省语言学会理事长、江西省中小学教学研究会会长。著作有《汉语语法提要》《古代汉语》《论语注释》。主编《古汉语虚词词典》《成语故事》《语文知识手册》。发表学术论文50篇。2000年5月，病逝于南昌，归葬武宁鲁溪阚家村。

叶正茂 罗溪廉村人，生于1918年。幼读私塾，1953年，武宁开展扫盲运动，叶为坪港夜校教师，由于工作出色，四次评为模范义务教师，1956年，出席九江专区扫盲积极分子会议。1959年2月，叶被大队聘为廉村芳湾民办小学教师。该校创办于1955年，由于群众生活贫穷，流生严重，30名学生只剩4人。叶决心办好此校，自己带头勤工俭学解决经费，学生书费纸张均从勤工俭学收入中解决；把全日制变为多种形式办学，有全日制、半日制，晴天不上雨天上，送字上门等，并坚持每日接送学生；越沟涉水，背负提携；改革教学内容，为适应当时农村急需，开设珠算、应用文、毛笔字等课程，深受家长欢迎。全村35名适龄儿童全部入校学习。1960年，该校被评为县先进集体，1960年、1963年，被评为县模范教师，1964年，树为九江专区文教战线上的一面红旗。1970年，转为公办教师，在罗溪中学负责总务工作。1986年病逝。

肖庚生 又名肖甦，1919年生，江西吉安危潭村人。1936年，考入省立吉安中学，1943年，考入江西大学工学院，由于家贫，9月入贵阳沙文中心小学任教。1945年，考入赴英接舰参战海军教导团，接受训练，翌年开赴英国被分配到彼得士芬皇家海军通讯学院学习。1948年回国，任上海海军无线电上士。离沪后受聘为江西省立协和中学教员。新中国成立后于武宁联合中学任副教导主任。1951年7月，选送到武昌华中高师教育班进修两年。1953年2月，结业回校任教导主任。其在武宁一中任教三十余年，多次评为模范教师。1959年，以英模身份参加江西省庆祝新中国成立十周年国庆观礼。历任武宁县第三、四、五届人民代表大会代表，第三、四、五、六届县人民委员会委员，1959年，起连续当选县政协第一、二、三、四、五届常务委员。1985年逝世。

徐声扬　澧溪坪坑人，1921年5月生。1948年，毕业于国立中正大学中文系，1949年，入县联合中学任教。1953年，调九江一中。1957年，下放云山垦殖场劳动。1980年，调九江师专中文系。教学之余潜心“陶学”研究，先后发表陶渊明研究论文20篇，成为陶学研究专家。创立“陶渊明思想核心——儒学”学说，在学术界有较高的声誉。一生爱好诗词创作，尤精对联，其对联创作在全省乃至全国负有盛名。作品散见全国各类诗词刊物和辞典。2004年11月21日，在九江逝世。

黎洪模　鲁溪人，1927年出生，黑龙江省齐齐哈尔师范学院教授。1951年，武汉大学法律系毕业，参加抗美援朝，回国后在中国人民解放军空军第八航空学院任主任教员，1966年，调齐齐哈尔师范学院，先后任教研室主任、系主任，曾任黑龙江省哲学会理事、省政协委员、齐齐哈尔市哲学会副理事长。著作有《孔子—春秋后期的进步思想家》《哲学史的定义问题》《实践检验与理论指导》《试论朱熹的本体论和认识论》。曾获科研成果三等奖。1989年逝世。

方一星　船滩坎头人。1930年生，1954年毕业于武汉大学机械系，分配在华中科技大学，先后任助教、讲师、副教授、教授、博士生导师。为全国机械制图和机械设计理论专家。曾任全国理论图学专业委员会秘书长、委员、湖北省工程图学会副主任委员，受聘九江市人民政府专家顾问组成员。其领导并参与的课题：客车外形曲面计算机辅助几何设计系统HOST—SURF系统被评为“国内首创”。1958年，参与编写《画法几何与机械制图》。学术专著有《二次曲面正投影轮廓线的方程与画法》《四维空间二次回转面的投影》。1992年，武汉病逝。

兰陈姣　女，浙江淳安县茶园乡人。畲族，生于1943年9月，中共党员，中师学历，小学高级教师。1968年，浙江建德更楼骆村小学任教，1970年，因富春江水电站修建迁江西武宁黄埚东段村，1972年，迁黄埚石枧村，新来乍到，移民忙于重建家园，她却心系学生，积极筹备办学，向一家汉族社员借一间披檐屋作教室，带领学生用木板搭课桌，垒石块作板凳，没花村民1分钱办起一所村小，避免39名畲、汉两族学生失学。1974年，乡党委派其创办武安完小，她带领师生，利用课余时间砍柴种菜、种稻谷，积累2000元，添置课桌凳99套，购买篮球架、乒乓球桌体育器材，把武安民族小学办得有声有色，她的事迹《九江日报》《江西日报》均做过报道。群众称她“有一颗金子般的心”。历任武宁县第八届人大常委会委员，九江市第九届政协委员。1988年4月，国务院授予其“全国民族团结进步先进个人”称号，同年被评为江西省“三八红旗手”；1989年，被评为江西省第二次民族团结先进个人。1993年，黄埚教育办退休，1999年病故。

冷克俭 女，新宁镇人。1958年1月生，1980年1月毕业于九江师范，1990年，获江西师大化学专业大专文凭。曾任宋溪中学、武宁三中教师、武宁二中化学教师、教导处副主任、妇委会主任、副校长，九江市第十一、十二届人大代表，第十三届政协委员，县十四届、十五届人大常委会副主任。属新中国成立后，武宁中小学第一位兼任副处级职务的在职女教师。先后获县“十佳”人民教师、“十佳”妇女干部、优秀政协委员、首届“十佳”女教师等荣誉称号。1998年，被评为江西省果喜教育基金会优秀教育工作者，2001年，被评为九江市优秀园丁工程骨干教师，2005年，被评为市优秀春蕾园丁。2002年，晋升中学高级教师。从教30年，其育人理念是：没有差生，只有差别，不放弃每一个学生。在化学教学领域有独创性。1983年，在江西省高一教材（化学）参考资料编写会上，其论文《物质鉴别中的常见错误及纠正方法》供大会交流。2003年，在市初三化学研讨会上作“初三化学竞赛辅导”专题讲座，受到市教研室、市中小学研究会嘉奖。辅导学生参加化学竞赛，三次获九江市团体第二名，30人获国家级一、二、三等奖。论文《教书育人，无私奉献》获县一等奖且刊登在1996年《赣北教育》第4期，2002年，撰写的《清水变牛奶——化学实验教学效果好》一文发表在《中国教师报》上，翌年，《改进化学实验，培养学生创新精神》获九江市中、小学优秀论文一等奖，并刊登在《江西师范大学学报》上。2012年6月病逝。

第二节　人物简介

刘　骥 澧溪人，1920年出生。1947年，毕业于广西大学物理系。哈尔滨医科大学教授。曾任教安徽大学和广西大学。1972年，研制成我国第一台核医学彩色扫描机，1976年，又研制成“双探头数字化彩色扫描机”，1978年获全国科学技术大会、全国医学卫生科学大会优秀科研成果奖。著有《医用电子学》《医用物理学》《物理学》，翻译作品有《原子核物理题集》。

张　罗 号弋材，横路乡人，1921年农历八月廿七日生。中学高级教师，武宁一中原副校长，县政协第四、五届副主席。1947年，毕业于国立中正大学经济系，后回县从事教育工作40年，先后在私立振风中学、省立武宁师范、武宁县中担任教员、训育主任、副校长、校长。曾任武宁县人民政府第一届人民委员，县第一、二、七、八届人大代表。社会兼职有：县中苏友好协会副会长（1951年）、县科学技术学会副主席（1956年）、武宁诗社第一、二届社长、县佛教协会第一届会长。县佛教协会名誉会长。参加编写和编辑《武宁文史资料》《武宁一中校史》《武宁县佛教志》《武宁县志》。1986年12月退休。

刘玉麟 鲁溪人，笔名林山，1925年出生，译著家，上海外语学院教授。1949年毕业于南京中央大学外语系，任教上海外语学院，先后任助教、讲师、翻译、副教授、教授、英语文学研究室主任。主要著作有《莎士比亚和他的威尼斯商人》《浅谈黑色幽默》；译著有《赫鲁晓夫回忆录——古巴危机》《尼罗河上的惨案》。

陈守成 严阳人，1928年出生，武汉大学教授，苏联文学研究专家。1952年，毕业于南昌大学外语系，1953年，考入北京外国语学院，1954年，留学苏联莫斯科大学，为苏联文学研究生。回国后任教武汉大学外文系。曾任全国苏联文学研究会常务理事、全国马雅可夫斯基研究组干事、《苏联文学》编委。

张绪骥 新宁镇人，生于1929年。小学高级教师，1951年7月，九江师范高师部毕业，分配九江师范附小任教。1957年回武宁，先后任船滩中心完小、古艾小学、新宁二小教师，1981年后任新宁二小副教导主任，工会宣传委员。从教35年，在学生及家长中威信高。1956年，出席九江市第二届青年代表大会，1976年，新宁二小党支部作出《关于向张绪骥老师学习》的决议。多次被县政府评为"先进个人""模范教师"，县总工会评为"工会积极分子""优秀工会会员"，九江市"少先队优秀辅导员""工会积极分子"，1983年10月，中华全国总工会授予"优秀工会积极分子"荣誉称号，并颁发奖章及证书。武宁县第四届政协委员，第五届政协常委，九江地区中小学数学研究会首届理事，县教研室小学数学研究组副组长。论文《质疑问难中得到效益》《注重小学数学中统计表的教学》获市级奖。1986年12月，新宁二小病退。退休后曾兼县政协之友联谊会一、二、三、四届副秘书长，县老年人体育协会委员，县老年人体育协会教育分会秘书长，新宁二小老年人协会主席。

李希楷 女，1932年4月出生，罗溪人，少将军衔，中国人民解放军第三军医大学原副校长，党委委员，心血管内科专家。抗战时期李随父母回武宁家乡避乱，在罗溪读完小学。1950年，考入第六军医大学，同时参军，毕业后留校工作，1956年，加入中国共产党。长期从事内科临床、教学和科研工作，历任医师、主治医师、主任医师、讲师、副教授、教授、硕士研究生导师。已出版专著两部，发表论文40篇。荣立三等功3次，获教研成果三等奖1次。1986年11月，任第三军医大学副校长。1988年9月，被授予少将军衔。1992年3月退休，历任社会职务有：中华医学会四川分会、重庆分会副会长，全军医学科技管理委员会副主任，《现代诊断与治疗》杂志特邀编委，《四川医学》杂志副主任编委，《世界今日医学》杂志副主编。

张绪礼 新宁镇人，1934年6月生，武汉华中科技大学教授。硕士研究生导师，电子陶瓷材料专家。1956年，毕业于广州华南工学院电讯系，分配至四川成都电讯工程学院工作，先后任讲师、教研室主任、工会主席。1973年，调武汉华中科技大学，1979年晋升副教授，1988年转教授。历任该校教研室主任、实验室主任。从事电子陶瓷材料与器件领域的科研和教学工作42年。先后主持国家科委、教委、国家自然科学基金会、863高科技委员会、电子工业部、核工业部和湖北省科委的研究课题10项，其中"高温PTC陶瓷材料的研究"获湖北省科技进步一等奖、全国第二届发明展览会金奖；"高温PTCB陶瓷材料"获国家专利；"陶瓷湿敏电阻元件的研制"获电子工业部科技成果二等奖。发表科研论文50篇，其中在国外学术杂志和国际学术会议发表论文9篇。专业著作：参加编写《无机绝缘材料》《电子陶瓷物理》《无机电介质》《半导体陶瓷及其应用》；主编《电子传感器》；受聘参加《中国大百科全书》《材料科学技术百科全书》《固体物理大词典》的部分词条编写工作。为中国仪器仪表学会理事、湖北省仪器仪表学会理事长、《电子元件与材料》杂志编委、《中国仪器仪表学报》编委、《功能材料》杂志编委、九江市人民政府专家顾问组成员。1998年退休。

夏尚铎 九江市人，生于1935年2月，中共党员，中学高级教师。1957年，九江师范毕业，分到武宁，先后在古艾完小、船滩辽田完小、东林中小学、南岳、上汤、船滩初中任教，曾担任东林、南岳、上汤、船滩初中校长。扎根武宁边远山区学校40年，无怨无悔。深受山区群众的拥护和爱戴。多次被评为乡、县、市“模范党员”“优秀教师”“先进工作者”。1989年9月，被国家教委、人事部、全国教育工会评为全国优秀教育工作者并授予优秀教育工作者奖章。1997年，从船滩初中退休。

袁敬儒 南昌市人。1938年1月生，1957年毕业于南昌师范学校，8月，分配到武宁，先后在泉口田塘小学、官莲中心小学、箬溪中心小学任教。1971年3月，调南岳中学，翌年9月，任教船滩中学。1978年，调入县一中，先后任数学教师、教导处副主任、主任、副校长等职。1987年，晋升中学高级教师。1987—1993年，当选武宁县第九届、第十届人大常委会委员，1993—2003年，担任武宁县政协第八届、第九届委员会副主席。其为人坦诚、性情豪爽，人品学识，受人敬仰。1985年，被省教育厅评为“省级体育传统学校先进个人”“省级实验电化教育先进个人”。1991—1998年间，被县委、县政府授予第一批、第二批、第三批“优秀专业技术拔尖人才”称号。扎根武宁，从教46年，2003年7月在武宁一中退休。

张友杰 官莲宝源人，1938年8月生，华中师范大学教授，硕士研究生导师，华中师大分析测试中心主任。中国化学学会有机分析化学专业委员会委员。1961年，毕业于兰州大学化学系，任教新疆农业大学，1981年，获兰州大学硕士学位。1982年调华中师范大学，1986年，晋升副教授。曾以访问学者身份赴美国Syracuse大学和澳大利亚Monash大学从事科学研究和讲学。2000年2月退休。2004年，受聘武汉生物工程学院，任教授、处长。长期从事有机化学、无机化学、分析化学、有机波普学和核磁共振波普学的教学和科研。主编《有机波谱学教程》，参编《萜类化合物大全》，在国内、国外专业刊物发表论文50篇，因教学和科研工作成绩突出，享受国务院特殊津贴。为湖北省第八届政协委员、九三学社华中师大主委。

孟天雄 杨洲乡人，1939年8月出生。1965年7月，毕业于景德镇陶瓷学院，曾任湖南省轻工业学校校长，后任长沙理工大学教授、湖南省创造学会会长。1989年，被评为全国优秀教育工作者，1990年，获“新中国成立以来成绩突出的科普作家”称号。1993年，获湖南省教委科技进步二等奖和三等奖各一项。1995年，获中国创造协会创造成就奖。

王全凤 女，新宁镇人。1945年2月生，中共党员，1960年，初中毕业。1978年9月，在县茶场创办民办幼儿园。创办初期，学校无钱、无桌凳、无玩具，用废木料打桩，放上旧木板制成简易桌凳，走村串户动员，凭着一颗热心招来10名幼儿，开始一人一校的幼教工作。早接晚送，不辞辛劳，最终得到家长的信赖。幼儿园规模不断扩展，幼儿增至100人，幼师增加5人，自力更生制作100套课桌凳，添置溜溜板、脚踏风琴、电视机，并设有分园。20年坚守幼教岗位，多次被评为省、市、县“优秀幼儿教师”“先进工作者”，1989年9月，国家教委、人事部、全国教育工会授予其“全国优秀教师”荣誉称号，属武宁唯一一位享此殊荣的民办教师。1993年，出席九江市第十二届妇女代表大会；1994年，被县妇联评为“巾帼建功标兵”；1996年，转为公办教师；2000年，从茶场中心完小退休。

林世鸿　字展图，新宁镇人，1947年生。1978年考入江西省机械工业学校大专部和华东交通大学。1982年从华东交通大学机械工程系毕业分配到江西制氧机厂从事技术及管理工作，先后从技术员到工程师到高级工程师到副总工程师，曾获国家教委科技进步二等奖。企业改制后到广东被聘为广东省轻工业技术专家库技术专家，先后为所任职公司申请发明专利10项、实用新型专利12项，发表专业科技论文十余篇，系机械设计与机械制造行业的专家，所主持研发设计的多个产品分别获得广东省科学技术进步一等奖或二等奖。2011年晋升为教授级高级工程师。聘为广东轻工职业技术学院兼职教授、广东省安全生产标准化评审专家。业绩及经历刊登在“中国专家大辞典”第七卷。

卢真瑛　官莲人，1947年9月生，中学高级教师。1968年，毕业于江西蚕桑学校，9月，分配到永修共大任教，1974年10月，调武宁文教局；1978年，任武宁一中高中体育教师，期间到江西师大体育系进修1年。训练学生田径队，参加县田径运动会，均保持第1名的好成绩，两次参加九江市中学生田径运动会，均处前2名。1996年，训练的体育专业考生14人参加高考，7人录体育本科，6人录专科，创学校体育专业高考新纪录。由于成绩突出，多次被市、县授予“先进工作者”“优秀教练员”荣誉称号。1996年12月，被国家教委、国家体委评为推行《国家体育锻炼标准施行办法》先进工作者，并奖金牌1枚。论文《浅谈体育教师在一堂课中的主导作用》《篮球教学小议》《简谈中长跑的节奏和运用》均获市级二、三等奖。2007年9月，从武宁一中退休。

刘堂江　宋溪伊山人，1949年生，著名教育记者、作家、编辑家，中国作家协会会员，中国教育学会常务理事，中国人才研究会常务理事，中国期刊协会常务理事，中国教育记者协会副主席，教育部中国教育报刊社常务副社长，中国教师报总编辑。1970年，入上海华东师范大学中文系学习，毕业后留校任教。1975年，调教育部办公厅政策理论研究组，1977年调人民教育杂志社工作，先后任编辑室主任，副总编辑、总编辑。其《王选传》《教育现代化的领先地位》《共和国之光》作品曾获1990年广播电视部第四届全国电视文艺“星光奖”一等奖、1991年团中央第二届全国青年读书节最佳图书奖、新闻出版署国家图书奖、1992年中宣部“五个一工程”优秀图书奖、1995年国家教委“教育好新闻”一等奖。创作和编辑成果受到全国文艺界、教育界和新闻界的普遍关注。《人民日报》中央电视台《文艺报》、《新闻出版报》、《北京日报》、《中国教育报》、《湖北大学学报》曾多次发表评论文章，1996年，《新华文摘》第三期转载

《选准、挖透、写够——论刘堂江教育通讯的轰动效应》；《新闻出版社》曾以“树大家风范、创一流期刊”为题，以整版篇幅对他的事迹和编辑，管理理念进行报道。其成名作《手执金钥匙的人们》被新华社收入《中国优秀通讯选》，并被中国人民大学等5所高校选为教材。1992年被评为正编审，1993年起享受国务院特殊津贴，1998年被评为全国百佳出版工作者，2004年，任中宣部、教育部全国优秀教师师德报告团专家组组长。

邱逢英 女，石渡乡人，1949年10月生，中共党员，小学高级教师。1968年8月，毕业于九江师范，同年9月任教，历任严阳石坪村小、宋溪圹畔完小、古艾小学、新宁小学语文教师，新宁二小团支部书记，少先队大队辅导员、教导主任、副校长职。业务能力强，曾多次为乡村教师上示范课。1988年，全县小学教师三项基本功赛获一等奖，1993年，全县学校行政人员示范课赛获语文科一等奖，指导学生参加县、市及全国作文赛多次获奖，荣获武宁县“先进工作者”“优秀党员”“爱岗敬业好党员”、九江市“优秀少先队辅导员”等多种荣誉称号；1989年9月，被国家教委、人事部、全国教育工会评为“全国优秀教师”并授予优秀教师奖章。武宁县第十届人大代表，同期九江市党代会代表，2004年10月，从武宁二小退休。

赵吉先 新宁镇人，1950年生，东华理工学院教授，硕士研究生导师。1977年毕业于阜新煤矿学院矿山测量专业。1982年在武汉测绘学院进修，1983年在清华大学土木系进修。1987年，任东华理工学院测量系副主任，后任系主任兼总支书记，2005年，任调研员。其主持科研课题“短基线鉴定测距仪若干理论问题研究”和“测距三角高程测量代替水准测量研究”均获部级科技进步三等奖。主持完成国家重点工程“秦山核电公司重水堆电站首级控制网”。2005年，出版普通高校测绘规划教材《地下工程测量》。

王时胜 巾口人，1950年12月出生，中共党员，南昌大学信息工程学院教授，硕士研究生导师。1974年毕业于清华大学自动化专业，分配到江西工学院，先后任助教、讲师、副教授、教授、自动化学科主任，兼任江西省自动化学会秘书长。主编《自动控制理论》，合编《最新国外线性器材手册》。发表学术论文30篇，参与完成国家863重大科研项目1项，主持完成江西省科技攻关项目4项。

袁观梅 女，船滩镇南岳村人，1951年7月生，修水师范毕业，小学高级教师。1973年2月起在南岳柑梓源小学任教20年，山区学校条件艰苦，生源分散，为确保学生安全，常背学生跋山涉水，早接晚送，任劳任怨；1983—1988年，连续五年被评为县先进教师、“三八红旗手”，1989年9月，被国家教委、人事部、全国教育工会评为“全国优秀教师”并授予优秀教师奖章。1995年，因视力原因改行到乡镇企业局，2007年退休。

王汝章 巾口北栎人，1951年12月生，中共党员，中学高级教师。1969年8月，毕业于九江师范，是年从教，先后任罗坪长水初中班负责人，罗坪初中后勤组长、团支书、罗坪中心完小副校长（主持工作），罗坪初中副校长、校长兼党支部书记。业务能力强，办学理念先进，在实践中探索并形成“增强凝聚力、强化约束力、提高竞争力”为主要内容的“三力”学校管理模式。任罗坪初中校长20年，把学校办成环境优美、设施完备、教学质量一流的农村初级中学。1992年，《九江党刊》第9期以“群星悄然闪烁”为题对该校事迹专题报道。由于成绩显著，多次被评为县“先进工作者”“十佳教师”“十佳校长”“优秀共产党员”、市“优秀教育工作者”“德育工作先进个人”、省“师德先进个人”。1991年9月，被国家教委、人事部评为“全国优秀教育工作者”，同年出席省教委在井冈山召开的全省青年教师工作先进经验交流会并大会发言。1997年，入选县教育系统个人先进事迹宣讲团，在全县巡回宣讲。翌年《九江日报》以“大山的儿子”为题对其业绩进行报道。论文《浅谈学校管理中的“三力”》由省教委选编到江西高校出版社出版的《江西省中、小学校长管理经验及案例》一书中，供全省中小学校长培训用。武宁县第九、十、十一届人大代表，县第十一次党代会代表。2011年12月，罗坪初中退休。

黄海清　甫田干楼人。1952年3月生。大专学历。1970—1975年，任教甫田中心完小、干楼完小。先后任干楼公社宣传站站长、文化站站长、甫田乡文化广播电视站站长。现任赣北育才科技学校董事长。1995年，辞职下海（经商）。1996年，与县党校合办“新余钢铁厂职工大学武宁中专班”。2000年，在黄塅镇独资创办私立“赣北专修学校”。2003年3月，经市教育局批准，学校更名为“赣北育才科技学校”，属中等专业学校，任董事长。为拓宽学生就业门路，在深圳创办“东方人才信息服务有限公司”。学校规模不断扩展，形成武宁、九江、深圳三校区近1500师生的格局，开设计算机、电子等10个专业，生源覆盖九江市9县及湖北、安徽邻省市县。2004—2009年，学校连续6年被评为市先进学校、优秀民办学校，连续5年被评为市办学先进个人，2007—2009年，当选九江市民办教育协会常务理事。

乐明福　澧溪人，生于1952年8月，中共党员。1970年高中毕业，1986年获江西师大大专文凭，中学高级教师。1971年始在澧溪原红星小学、澧溪小学、大源初中、澧溪中学任教，历任澧溪教育办会计，澧溪中学团支部书记、办公室主任、教导主任、副校长主持工作。1984年，调县教育局任人秘股副股长、教研室负责人。在教研室工作时，曾编写高中政治思想教学参考资料、哲学、政治经济学讲义、普法辅导资料，主编九江市初中文化补习教材。1993年任县教育督导室主任，1996年，省政府对武宁“两基”工作评估检查中，他工作严谨、表格规范、措施有力，武宁“两基”工作一次性通过省政府、教育部验收合格。由于成绩突出，县委、县政府授予“先进工作者”“优秀共产党员”称号，1998年、1999年，被省政府评为“两基工作先进个人”“扫盲工作先进个人”。2001年6月，荣获“全国‘两基’工作先进个人”称号，受到教育部、财政部、国家计委的联合嘉奖。武宁县第七届人大代表，第六、七届政协委员，2012年在武宁教育局退休。

冷旭日　鲁溪三湾人，1953年1月生，江西教育学院本科毕业，中学高级教师，江西省特级教师。1975年9月起，先后任罗坪中学、大洞竹木制品厂子弟学校、武宁一中、九江一中英语教师。1982年，县教育局组织英语教师集中培训一年，既任班主任又是课任教师，为全县培训了一批急需的英语教师。1993年调九江一中，2001年，所带毕业班6人考取清华大学、北京大学，其中一人获江西省高考理科状元。2004年，所带的毕业班2人考取北京大学。2006年，辅导学生参加全国中学生英语能力竞赛，获一等奖3人、二等奖3人。教学上曾获市优质电教课奖，市优质课一等奖，省优质课二等奖。由于教育教学成绩突出，获“县优秀专业技术拔尖人才”称号；1989年，被国家教委、人事部、中国教育工会授予“全国优秀教师”称号；1990年，《九江日报》以“梅花香自苦寒来”为题报道他的先进事迹。他是九江市首批教学明星，江西省师德师风标兵；2007年，被评为江西省特级教师。在《中国中小学外语教学》省级以上杂志发表论文10篇。与人合编的专著有：《英语阅读能力培养高效教程》《英语词语典故词典》《实用英汉双解词典》《简明英汉双解词典》。

张绪佑　笔名目之，1953年11月出生于江西武宁县，中国散文学会会员，江西省作家协会会员，九江市作协副主席，副教授职称。曾任武宁县县长、德安县委书记，九江日报社社长、总编，市委党校常务副校长，市教育局党委书记，九江市政府副秘书长等职。先后出版散文集《母亲的歌》《萧声悠悠》《老土少年》，长篇小说《静静的宁湖》等多部著作。

熊贻华　横路人，1954年1月8日生，中师学历，小学高级教师。1974年2月，高中毕业，任横路乡港北村霞坑教学点民办教师，一人一校三个年级。1981年，安排到刘窝教学点任教，霞坑无教师，他用自己家的小船将霞坑学生接到刘窝上学，一叶小舟连起两座小岛的学生，20年接送不间断。2002年，丰良、刘窝、霞坑三地并成一个教学点，是该校唯一教师。同年转为公办教师。多年从事一人一校复式教学，摸索出“两动两静”“三动三静”的教学模式，丰富活跃了课堂教学，在全乡20个教学点教育工作中，丰良教学点多次被评为优秀教学点。30年孤岛从教，在当地山区村民中享有崇高威信。2005年，被评为县“劳动技能标兵”；2007年，被评为县“师德标兵”，是年秋，县电视台《月季花》栏目为其作专题报道；2007年9月，被教育部授予“全国优秀教师”称号；2008年，被评为县“劳动模范”，是年在中央文明办、中国文明网举办的“我推荐，我评议身边好人”活动中，入选“中国好人榜”。

谢宁和　新宁镇人，1954年3月出生。1972年参军，1978年考入解放军后勤学校，毕业后留校任教，先后任教研室主任、系主任、军事经济学院科研部部长、教授、博士生导师。大校军衔。1995年，获军队优秀教学成果奖3项、科技进步奖4项，全军后勤学术优秀成果奖5项。

周德芳　女，上汤人，1955年4月生，中共党员，中师学历，小学高级教师。1974年8月，任上汤乡刘家桥小学民办教师。该校坐落在大山深处，离县城80余公里，属武宁最边远的山区学校。多年一人教三个年级的复式班。由于山区未办幼儿园，家长把学前班的孩子也送到学校。除认真教学外，对年龄小的学生带上厕所，有时还要擦屁股；帮路途远、在校用中餐的学生热饭热菜；山区港汊多，放学时她护送学生回家，且常背年龄小的学生趟水过溪，寒来暑往，学生从未出安全事故。由于集教师、保姆、炊事员于一身，学生亲切地称其为“妈妈老师”。默默扎根深山教育36年，她无怨无悔，在平凡的岗位做出不平凡的业绩，受到山区群众的交口称赞，各级领导的高度肯定。1994年，被县委、县政府评为“优秀教师”“劳动模范”；1995年被国家教委、人事部评为“全国优秀教师”，并授予全国优秀教师奖章；1997年，被九江市委、市政府授予“全市百名优秀班主任”称号，同年破格转为公办教师。《中国教育报》以“深山里，有一对教师夫妻”为题，报道其先进事迹；《大山的呼唤——记全国优秀教师周德芳》一文刊登在1996年11月16日《九江日报》；2001年，《都市消费报》的“为了大山深处的孩子”、《江西画报》的“万绿丛中红一点”均大篇幅、图文并茂地介绍其教育教学活动。武宁县第七届人大代表，第九届政协委员，2010年在刘家桥小学退休。

卢志鹏　1955年出生，杨洲乡人，硕士研究生学历，九江职业大学教授，校长，第十届江西省政协常委。1976年7月在九江卫校中医专业学习；1978年12月—1983年11月，先后任武宁县罗坪乡卫生院　、甫田乡卫生院院长；1983年12月—1992年11月，先后任武宁县爱卫会干部、副主任、主任、县文明办副主任；1992年12月，始任武宁县政协秘书长；1995年12月，任武宁县人大常委会副主任；1998年2月—2002年8月，任武宁县人民政府副县长；2002年9月，任九江市工商联会长；2003年11月，加入农工党，12月任九江市农工民主党主委、九江医专副校长；2004年2—7月，任第十二届九江市政协副主席，九江学院继续教育学院院长；2005年2月，任九江学院副院长；2006年2月，增补江西省第九届政协常委；2006年4月起，任九江职业大学校长兼任九江学院副院长；2006年12月，当选第十三届九江市政协副主席，2008年1月，当选第十届江西省政协常委，2010年7月，不再任九江学院副院长。

龚仁彬　女，新宁镇人，1955年7月生。中师学历，武宁三小教师。1978年参加教育工作，1989年，被县教研室聘为小学语文中心教研组成员，后任该教研组组长。1990年为江西省小学语文研究会会员，1995年，受聘九江市小学语文研究会理事。两次被评为县先进工作者，1996年，被评为县优秀科技工作者。1997年，破格晋升为小学高级教师，翌年为市优秀教师，1999年，经江西省人民政府批准为“小学特级教师”，2001年，再次破格晋升小学特高级教师。在长期的小学语文教学与研究中，逐步创立了“读写合一整体教学法”，以读带写，以写促读，学生作文能力大幅提升。学生作文多次在省级报刊发表并获全国性竞赛奖。1989年，运用该教学法参加九江市首届小学语文优质课赛讲，获最优课奖，并多次在市、县赛课中获奖。其教学模式、教学风格受到省、市特级教师考评组专家一致好评。1987年，承担省教委教研室主持的“集中识字，提前读写，分步习作”教材实验班，1993年，担任省教研室“大面积提高学生说话、写话、作文能力系列训练”课题实验班。两届实验班语文成绩均名列全县前茅，并两次获得省教研室颁发的教改实验证书。承担市教研室、县政协、县教研室组织的观摩课，送教下乡课20余次。教学论文获国家级奖10篇，获省级奖4篇。获市级奖11篇。有8篇论文发表在《江西教育》《小学教学研究》刊物上。有2篇范文分获第三、四届全国语文教师范文征文比赛一、二等奖，《带学生走进语文天地》以记者谈访的形式发表在《江西教育》“拜读名师”专栏。

聂曼云 女，1955年11月生，泉口乡田唐村人。1976年9月参加教育工作，在田唐村徐坊教学点任教。1978年，任教于横路乡丰良教学点，扎根山区、库区教书育人，爱岗敬业，1993年，被授予“全国复式教学优秀教师”荣誉称号。

黄晓敏 新宁镇人，1956年2月出生，中共党员，硕士研究生，江西交通职业技术学院教授、副院长。1978年毕业于江西省交通学校，留校任教。1988年毕业于西安公路学院。长期从事汽车专业的教学和研究工作。1999年，被评为交通部“全国交通高等职业教育专业带头人”。为交通部汽车运用与维修专业指导委员会委员。出版专业著作有：《日产轿车底盘维修手册》《日产轿车电气维修手册》《电控发动机维修》《汽车电气设备维修实训》《计算机文化基础》《Delphi6程序设计基础》。

张友苏 1956年生，武宁横路人，1979年以全县文科第一名的成绩考入华东师大哲学系。曾任江西师范大学商学院副院长、国际教育学院党委书记、教授、企业管理专业硕士生导师。出版著作3部。

张　武 新宁镇人，1957年11月出生。1980年，毕业于南京航空学院空气动力系，1984年12月，获西安交通大学计算数学硕士学位，1988年12月，获西北工业大学空气动力学博士学位，翌年5月在北京大学从事流体力学博士后研究，1996年7月，赴美国北卡罗纳大学深造。1998年2月回国，任西安大学数学系教授、博士生导师。2002年1月，调上海大学计算机学院，任该院执行副院长、计算研究室主任、博士研究生导师。研究领域：计算流体力学、大规模科学与工程计算、并行处理、网络计算及平台软件。主持和参与教育部、航空部、国防科工委、总装备部、美国国防部、美国海军、空军等数十项研究课题。1994年，获西安交大科研成果一等奖，1995年获青年科研奖，2005年，获美国Lnino-iLLnstiate of Tecnnotogy年度科研奖。曾应邀前往德国、日本、美国和意大利等国参加国际学术会议和讲学。多次担任国内举办的国际学科会议组织委员会主席。1990年，成为美国数学学会会员，2004年，被选为中国计算机学会理事。先后在《力学学报》《空气动力学报》《航空学报》国内外重要刊物发表学术论文50篇。专业著作有《高性能计算进展及其应用》，译著《并行计算导论》。

黎　辉 官莲乡人。1958年12月生，中共党员，小学特高级教师。1982年毕业于修水师范，1976年9月从教，先后任官莲中学副校长、金水中学校长、官莲中心完小校长。2008年—2013年8月，任武宁五小校长，任职期间，以科研课题、智慧课堂为抓手，着力培养学生良好行为习惯，全力打造教育质量品牌。学校质量不断提升，新课改试点成效特色明显，学生素质全面提高，先后荣获“教育部规范课题实验学校”“江西省质量提升先进集体”。2006年，获九江市优秀共产党员，2007年，获全省首届中小学优秀校长，江西省德育先进个人，2009年，获九江市课改先进个人，2010年，获全省课改先进工作者。

余静赣 横路人，1960年9月生，中共党员，建筑硕士、哲学博士，装饰艺术专家。1986年，毕业于重庆建筑工程学院，分配到建设部工作。1991年，创办“广州三星建筑艺术设计中心”，2004年4月组建“广东艺邦投资管理有限公司”，任董事长。全国各大中城市有分公司400家，年产值10亿元。武宁近2万人进入旗下产业。“在成功的愉悦中，我不能忘却心中的一份责任，不能忘却那沉甸甸的故乡情结！”带着这份深情，2003年，投资4500万元，在家乡横路丰良创办“丰良国际艺术学院”（现江西美术专修学院前身），购置先进教学设备，高薪聘请外籍教师数人，建立起“企业+学校”的双元职业教育，使3800名贫困农民学会一门技术，并为家乡培养一大批青年艺术设计人才。2007年以来，学校与长江大学、九江学院合作，培训本科生2000人次。开办庐山艺术特训营，累计特训30000人。该校多次评为“九江市优秀民办学校”“全市职业教育先进单位”。曾获“中国时代创新十大功勋人物”“江西省十大创业先锋”“感动九江十大新闻人物”“九江市职业教育先进个人”等殊荣。其为人质朴，身怀万贯却仍过着布衣生活。被誉为“中国装饰业奇才”。感动九江人物评选组委会授予余的颁奖词是：“他异常执着地追求财富，又毅然决然地予以放弃。在追求和放弃之间，我们认识了一位改造国民之实践者，一位播撒文明之苦行僧”。

夏银秀　女，鲁溪镇人，1961年1月生。武宁二小教师。1984年，九江师范毕业。2004年，获中央广播电视大学专科文凭。2005年，破格晋升小学特高级教师，2007年，经江西省人民政府批准为“小学特级教师”。武宁县政协委员，九江市小学数学专业委员会理事，江西省教育学会小学数学专业委员会委员。获荣誉称号有：县“教学明星”“十佳青年教师”“巾帼行业标兵”“巾帼建功标兵”；九江市“学科带头人”“教学明星”“先进教研个人”“优秀辅导员”；江西省“特级教师”；中国教育学会“先进工作者”、“尝试教学研究中心先进工作者”“优秀教练员”。1998年，承担“五主五度”课堂教学模式，在九江市模式研讨交流会上获科研成果奖。2000年9月—2002年6月，主持完成中国教育学会尝试教学研究中心的课题和市级研究课题“让学生在尝试中主动发展”，该项研究在2002年中国教育学会尝试教学研究中心第一届教育科学研究成果评选中获二等奖，并在2004年江西教育科学规划课题优秀成果评比活动中获二等奖。2007年，制作课件《年月日》获中国教育学会尝试教学研究中心评比活动二等奖。目前承担市级课题“在小学数学教学中实施研究性学习”的教学研究。撰写论文40篇，其中国家级特等奖1篇，一等奖4篇，二等奖2篇，三等奖2篇；省级一等奖2篇，二等奖3篇，其余均获市级一、二等奖，执教市级公开课5节，均获一、二、三等奖。1999年，在《中国教育论坛》发表论文《促进后进学生乐学，提高课堂整体效果》；2000年6月在《江西教育》发表论文《质疑教学例谈》；2001年论文《数学学习水平检测与评定方法浅析》分别发表在《江西教育》《九江教育》，2004年论文《改革数学课堂教学、培养学生创新素质》在《东方教育》刊登。

余　志　鲁溪人，1961年出生，中山大学工学院院长、教授、博士生导师、智能交通研究中心主任。1978年考入西北工业大学，1985年，获宇航工程飞行力学硕士学位，分配在中科院广州能源研究所从事海洋能源研究，任副研究员、研究员。2000年7月，任中山大学理工学院教授，力学系水动力研究室主任，为国家863计划后续能源技术课题专家组组长。受聘挪威科技大学教授、日本东京大学研究员。自1986年以来，先后在国内外发表学术论文近100篇。1993年，获中科院青年科学家奖，同年获国务院特殊津贴；1994年，评为中国青年科技标兵，中科院有突出贡献的中青年专家；1997年，获中科院自然科学二等奖；1998年，获中国青年科技奖。社会兼职：广东省科技顾问、中国动力工程学会理事、中国太阳能学会理事；《太阳能学报》《水动力学研究与进展》《海洋工程》杂志编委。著作《康乐红楼》2004年10月出版。

谈　余　鲁溪张岭人，1962年6月生，中共党员，中学高级教师。1982年，毕业于修水师范，1989年，获九江学院大专文凭。1982年9月从教，先后任伊山初中教导主任、大洞初中副校长、鲁溪中学校长。2007年，任私立宁达中学执行校长，具备大型公立、私立学校的管理能力及经验，有开放、严谨的教育教学理念。在宁达中学任职期间，是“自主式、开放型”省级优秀课题的主要负责人之一。多次获市、县“数学优秀辅导员”“优秀青年教师”“优秀班主任”等荣誉称号，1998年9月，被教育部、人事部评为全国教育系统劳动模范，并授予全国模范教师称号。论文《工作就是要做细做实》获市教研室论文评选二等奖，《学校管理实践与思考》被中国教育学会初中教育专业委员会评为三等奖。

汪会华　船滩镇人。1963年10月生。1983年7月，江西师范大学数学系本科毕业。同年任教武宁一中，历任该校数学教师、教导处副主任、主任、副校长，武宁县第十届、第十一届、第十二届政协副主席。1997年，晋升中学高级教师。连续十年担任高中毕业班数学教学，多次获县一中高考一等奖。曾辅导多名学生获国家、省、市奥林匹克数学竞赛一、二等奖，六次被评为市优秀数学辅导员。受聘县教育学会为数学中心教研组组长，中国数学学会授予“二级教练员”殊荣。1991年，被县委宣传部、团县委、教育局评为“先进青年教师”，1993年，被县委、县政府授予“科技兴县先进个人”称号，1998年，评为县“优秀专业技术拔尖人才”。被国家体育总局评为“全国群众体育先进个人”。主持的省级课题“教师信息素养的构成及其培养方式的研究”于2007年圆满结题，曾与他人合编出版《中学数学专题研究》一书。

朱元淑　女，清江人。1963年10月生。1982年，毕业于修水师范，后江西师大中文系进修获本科文凭。曾任罗溪中学、船滩中学教师，武宁一小语文教师、教研组长、教导主任、副校长，县政协委员，九江市小学语文研究会会员，中国管理科学研究学术委员会特约研究员。先后评为县“优秀政协委员”“先进教育工作者”“学科带头人”“教学明星”；2001年后被评为九江市“优秀园丁工程骨干教师”“学科带头人”“教学明星”。2006年，晋升小学特高级教师。在近30年的语文教学中不断探索，形成自己的教学风格。1996年，承担省级“大面积提高说话写话作文实验”课题，历时五年，顺利结题；2004—2007年，主持市级“创新性学习”课题研究，验收后评为优秀课题；2005年5月，负责国家级“发展性课堂教学手段与培养学生能力”的课题研究，于2010年圆满结题。多次参加市、县组织的“名师送教”活动，遍及横路、泉口、鲁溪、澧溪、官莲、罗坪等十几个乡（镇）学校，获同行一致好评。2004年主持创办的武宁一小校刊《春芽》，6年来享誉校内外。20篇论文获奖，其中获国家级一等奖1篇，三等奖1篇，获省级一等奖2篇，二、三等奖各1篇。论文《浅谈语文教学中学生创新能力的培养》刊登在2004年第一期《东方教育》，2005年，在《课程教学研究》第四期上发表论文《浅谈如何在低年级语文阅读教学中进行说写训练》（该文获国家级一等奖）。

董 韵 官莲人。1963年生，1983年，修水师范毕业参加教育工作，江西师大教育管理专业进修学习，大学本科学历，小学特高级教师。九江市幼教协会理事。历任罗坪中心完小教导主任，教育办三教干部，杨洲中心小学副校长、中学副校长。2000年，调任县幼儿园园长。创新办园理念，充分调动教职工的积极性。幼儿园先后被评为九江市示范幼儿园、江西省示范幼儿园。荣获县委、县政府表彰。从事幼教以来，潜心钻研幼教管理和业务知识，撰写论文多篇均获九江市论文一等奖，其中《新宁镇民办幼儿园的调查与思考》在江西教育期刊上发表。《把最宝贵的东西给予儿童》在中国教师报上发表。主持研究九江市课题“规范民办幼儿园管理，提高民办幼儿园保教质量”“文化礼仪教育的实践与反思”，主持研究国家级课题“城郊幼儿园教学模式实践研究”等课题，通过以研促教，逐步提升幼儿教育质量。先后被评为九江市幼教工作先进个人、江西省幼工作教先进个人、县优秀共产党员、九江市中小学优秀校长、园长，2006年，获“首届江西省中小学优秀校长”称号。

张项理 原名张小雷，石渡盘溪人。1964年9月生。中共党员，研究生学历。现任广东宁达装饰有限公司董事长、武宁私立宁达中学董事长、县政协委员、工商联合会副会长、九江市民办教育协会副会长、中国教育学会农村教育分会常务理事、北京师范大学校长培养学院特邀教育专家。1981年入伍，多次受部队嘉奖，退役后分配到县教育局，1992年辞职下海，在广州、佛山打拼，创办企业6家，资产数千万元。致富不忘家乡教育，2001年，投资1000万元创办武宁私立宁达中学，占地9.2万平方米，建筑面积9000平方米。学校中考成绩连续8年列全县之冠，每年拨6万元扶助贫困学生，资助多名大学生完成学业，社会公益捐资达40万元。2007年，张项理率师生成功创立“自主式、开放型”课堂教学模式，“自主式、开放型课堂研究”评为江西省优秀课题。2009年“全国新课改经验交流暨现场观摩大会”在该校召开。学校成为“九江市优秀民办学校”“全国新课程改革实验基地”。其业绩及办学理念被《中国教育报》《中国教师报》《江西日报》《江西教育》多家媒体进行大篇幅报道。2008年，被评为“第四届全国十佳民办学校校长”，2009年，被评为“第五届全国十佳初中校长”，两次荣登人民大会堂领奖台。同年获“首届全国教育改革创新优秀校长”“全国课堂教学创新先进校长”“九江市十大创业先锋”等殊荣，2010年，被评为“九江市劳动模范”。

黄冠华 清江乡人，1966年出生，博士后，中国农业大学教授，博士生导师，中国—以色列国际农业研究培训中心主任、国际农业工程学会水土管理分会常务理事兼执行秘书。1982年考入武汉水利电力大学，1989年，获农田水利工程专业硕士学位，留校任教，1992年攻读博士学位，1995年10月毕业。1998—2004年，以访问学者的身份出访希柏莱大学、英国亚当斯大学、里丁大学、德国哥庭根大学及西班牙。主持国家“973”课题、“863”计划、国家自然科学基金、中以农业合作研究等课题20余项，多次获科技进步奖。主要著作有《多孔介质中地下水溶质运移的随机理论》《灌溉排水工程学》《雨水集蓄利用技术与实践》《节水农业理论与实践》等，在国内外著名刊物及国际会议发表论文70篇。

吴国富　1966年出生于浙江建德县，1969年作为富春江移民迁移到江西武宁县石渡乡。1996年考取杭州大学古代文学硕士研究生，是杭州大学历史上“第一个直接从农民考上硕士研究生”的人。中央电视台《新闻三十分》《人民日报》、中央人民广播电台、《光明日报》《中国教育报》及14家省市的党报均有报道。现任九江学院文学与传媒学院院长。2003年破格被评为副教授，2009年被评为教授。致力于陶渊明、道教文化、书院文化的研究，出版专著9部。

张东晓　1967年生，武宁县人，留学博士，北京大学终身讲席教授，北京大学工学院常务副院长，北京大学清洁能源研究院院长，国家杰出青年基金获得者，长江学者讲座教授，国家“海外高层人才引进计划（千人计划）”获得者。

历任美国南加州大学Marshall讲席终身教授，俄克拉荷马大学石油和地质工程系米勒讲席正教授（终身制），北京大学能源与资源工程系手人系主任，南京大学客座教授，长江学者讲座教授，美国著名拉萨拉莫斯（Los AQMOS）国家实验室高级研究生。为地下水文学、油田开采、二氧化碳地质埋藏方面的国际著名学者，其随机理论建模，数值计算。

历史拟合方面的研究成果已被国际同行广泛采用。专著《渗流随机理论》为渗流不确定性模拟的经典著作，被引用300余次；发表学术论文100余篇，（其中SCL论文100多篇），SCL引用1800多次。曾获得2500万美元的科研经费，组织和领导了多项资源、能源、资源和二氧化碳地下埋存的跨学科、跨行业的研究。先后担任《水资源研究》《国际石油工程师杂志》（分别为这两个行业的最权威杂志）等7种国际学术杂志的副主编。美国工程院院士。

熊　明　鲁溪人。1967年4月生，大学本科学历，中共党员，中学高级教师。1987年参加工作，先后任泉口中学、大洞中学、澧溪中学、县职业中专副校长、校长。每到一处成功地改变了落后的面貌。1995年，任泉口中学副校长兼毕业班主任，一年后打破泉口中学以往三年无考取师范记录，有四位同学考取师范。1999年任大洞中学校长，经过一年的努力把上年考试全县倒数第二的学校改变为全县中考第一名的学校。2001年，调任澧溪中学校长，由于管理出效益，一年后学校教学质量向前迈进15个名次。被评为教育质量先进单位。2004年，被评为全国双优“全国优秀教师”“优秀班主任”。2006年，调任职业中专副校长。

刘凤华　鲁溪人，1968年5月生，中共党员，大学本科（教育管理），小学特高级教师。1987年7月参加工作，2000年，任宋溪中心完小校长。2003年，调任鲁溪中心完小校长。始终坚持以校为家，办良心教育，办人民满意教育。以先进理念引领学校发展；以务实作风促进学校发展；以高标准规划学校发展。把鲁溪中心完小由一所基础设施非常薄弱的学校打造成校园布局合理，教学设施完备的江西省校标准化示范性农村小学，让“农村娃享受到城市孩子一样的教育”目标已基本实现。2009年，被评为江西省优秀校长，2010年，被评为全国优秀校长（中国教育学会）。

付林元　澧溪人，1968年生，本科学历，中共党员，小学特高级教师。第五届全国百强优秀小学校长，江西省第三届中小学优秀校长，江西省科普教育先进个人，九江市学科带头人。先后在安乐林中心完小、澧溪中心完小、石渡中心完小任副校长、校长，调入武宁县新宁镇中心小学任校长。2004年1月6日，任武宁四小校长（新宁镇中心小学升格为县直小学，更名为武宁四小），带领四小全体教职工开拓进取。学校先后荣获九江市课改先进单位、江西省素质教育示范单位、江西省平安校园示范校、全国优秀现代学校荣誉。2016年7月，履新武宁六小第一任校长。武宁六小先后获得教育部“社会主义核心价值观优秀案例奖”“江西省十大榜样学校”“江西省出彩校本课程一等奖”“秀美江西——秀美校园优胜单位”“九江市防震减灾科普示范学校”。学校初步形成了有文化、有内涵、有品位的校园文化体系。

雷美珍　女，浙江淳安县人，畲族，1969年9月生，大专学历，小学特高级教师。1969年，随父母移民武宁，1986年3月，任武安民族小学民办教师，从此便全身心投入少数民族教育事业中。不辞辛劳走家串户动员，支持贫困学生入学，当地少数民族适龄儿童入学率达100%。千方百计为少数民族汉语障碍生开设各项兴趣小组，有效提高了少数民族学生驾驭汉语言能力。1998年，全国妇联、国家民族事务委员会授予其“全国各族妇女团结进步模范个人”荣誉称号。2001年，破格转为公办教师，翌年提拔为武安民族小学校长。多次被评为县“师德标兵”“优秀校长”“优秀妇女代表”。2010年，被省人民政府授予“江西省先进工作者”荣誉称号。县十三届、十四届、十五届人大代表；第八届、九届、十一届政协委员；市十届政协委员；省十一届、十二届人大代表、省九届政协委员。身为代表委员，不负众望，积极参政议政，先后向省民宗部门、省教育厅争取资金改善民族学校办学条件，完成武安民族小学校园“六配套”工程建设；向省移民办、交通厅、水利厅等单位争取资金50万元，用于团结畲族村组道路硬化及移民基础设施建设。群众称其为“杰出的少数民族代表，优秀的基层教育工作者”。

谢小英　女，船滩人。1969年11月生。1989年6月，毕业于修水师范。2009年12月，获南昌大学本科文凭。曾任教船滩仑上中学、甫田中心完小，1999年，调入武宁二小。现任该校副校长。先后被评为县“名师工程”学科带头人，市“优秀园丁工程骨干教师”“学科带头人”。九江市“教学明星”，省骨干教师，并连续三年获市小学数学教研工作先进个人。2005年11月，晋升小学特高级教师。长期从事小学数学教学及研究，在“尝试教学”领域深入探索且卓有成效。2000年，参与中国教育学会尝试教学研究中心“让学生在尝试中主动发展”的课题研究。2002年，在九江市第五届尝试教学法研讨会上，执教的“长方形、正方形和平行四边形的认识”一课，供大会展示交流且获好评。2010年3月主持省级课题“低年级口算教学有效策略的研究”。6篇论文获国家级奖励，其中《让学生在尝试中成功》《十几减9》荣获中国教育学会尝试教学理论研究一、二等奖；《浅谈一年级学生数学兴趣的培养》《在研究性学习中培养学生的自信心》分获第五、六届全国中小学数学教育教学优秀论文一、二等奖。2004年9月，在《中国教育二十年》江西专集上发表论文《让学生在尝试中成功》，同期《尝试教学法与（新课程）刍议》一文入选《全国教育优秀论文摘》第9期，2008年，同市教研室朱菊合编的三年级数学试卷“除法同步检测”刊登在《少年智力开发报·小学数学》第12期。

周春霞　女，澧溪镇人。中共党员，1970年1月生。1989年毕业于修水师范，2007年，获南昌大学汉语言文学专业本科文凭。曾任教澧溪牌楼完小，1991年，调武宁二小，现任武宁二小党支部书记、校长，江西省小学数学专业委员会会员。中共武宁县第十一、十二届党代会代表。被市总工会评为“九江市女职工建功立业标兵”、全国教材研究所授予其“义务教育课程实验工作先进教师”称号。2008年9月，被省教育厅评为“江西省首批中小学学科带头人”，翌年被省妇联评为“江西省三八红旗手”，2010年5月，全国妇联授予其家庭“第七届全国五好文明家庭”殊荣。2007年，晋升小学特高级教师。参与国家级课题“让学生在尝试中主动发展”的研究，2002年，顺利结题。2005年，主持的“数学课堂实施探究学习方式的研究”课题获省优秀科研成果奖。2009年，参与课题“小学生数学学习能力的评价研究”，于2011年3月结题。电教课“第二种分法——除法的认识”获市级二等奖，其中《小学数学教学应注重学生审美能力的培养》《新课程标准下如何进行尝试教育》均获省级一等奖；《浅谈怎样培养学生主动学习的意识》获国家级二等奖。2000年，在《东方教育》11期上发表论文《浅谈小学数学课堂如何培养学生主动学习的共识》，2007年，《10的认识》一文刊登在《江西教育》第7期，2010年11月，论文《构筑桃园，体验快乐》在《小学教学研究》第11期上发表。

李从容　女，澧溪镇人，1974年12月生，1996年毕业于九江师专，2005年，函授获本科文凭，中学高级教师。1996年任教澧溪中学，2003年，调协和中学，2006年，起任武宁职业中专数学教师、团委书记、德育处主任职。多年担任班主任，有强烈的敬业、奉献精神和进取意识。2009年9月，国家教育部授予“全国优秀教师”称号；2011年，评为九江市优秀团干。县十三届人大代表，十二届政协委员，其事迹县电视台曾专题采访报道。论文《创新思维的培养与职高数学课模式的变革》获2011年全国优质教育科研成果展评二等奖，发表于是年第二期《基础教育》。

徐红英　女，新宁镇人。1976年10月生，江西师大本科毕业。1994年始，先后任县农中附小教师、黄埂中心完小教师、武宁二小教师、教研组长、教导主任。2006年，调县教育局教研室任副主任，九江市小学语文研究会理事，江西省小学语文研究会会员。先后获市教育系统“青年岗位能手”“女职工建功立业标兵”“教育教学先进个人”“课改先进个人”多种殊荣。2001年被评为“九江市优秀园丁工程骨干教师”，2004年被评为市“教学明星”，2006年，晋升小学特高级教师，2008年被评为“江西省首批中小学学科带头人”，2011年经江西省人民政府批准为“小学特级教师”。在语文教学实践中形成自己的特色。1999年，其“自学、导练”教学模式在全县推广，2001—2004年，承担省级教研课题“‘大语文’教学实践研究”结题后获省优秀成果三等奖；2004—2007年，主持省教育科学“十五”规划课题“多媒体网络环境下小学作文教学”圆满结题。2008—2010年，又完成国家级科研课题“提高小学生课外阅读能力，达成新课程目标”。在县、市组织的送教下乡及新教材培训活动中上公开课，观摩课达20节。三次在市小学语文备课研讨会、学术年会上公开课，供大会交流。2009年，第十五次中国教育学会初中教育专业委员会学术年会上，示范课《老人与海鸥》（六年级教材），供会上交流且获一致好评。先后发表论文14篇，其中《如何在识字教学中提高学生的能力》等七篇论文刊登在《小学教学研究》《小学语文教学参考》《中国教师报》国家级报刊上。2009年，参编中国出版集团重点期刊，全国优秀教辅期刊《人教版课标本精彩课堂同步习案丛书》，是年，小学教学研究杂志社《新小读者》编辑部聘其为特约编委。

第三节　人物简表

历代进士

表11-1

朝代	中进士年号	姓　名	籍　贯	官　职
唐	元和中（约813年前后）	张王召	升仁乡	上谷太守
	太宗时（977—979年间）	季　点		
		沈　诣		
宋	天圣甲子（1024年）	傅云仍	黄塅球场	刑部侍郎
	天圣丁卯（1027年）	叶顾言	罗溪廉村	朝奉大夫
		余　规	严阳石坪	枢密副使
		萧　本	鲁溪南冲	太常寺博士
	庆历壬午（1042年）	叶敷文	南乡人	
	皇祐癸巳（1053年）	叶公望	罗溪廉村	秘书郎
	熙宁丙辰（1076年）	吴尚浩	北乡	
	熙宁间（1069年以后）	吴尚湖	北乡	
	元丰己未（1079年）	李无党	澧溪樱田	星子知县
		傅再兴	黄塅球场	朝散大夫
	元丰壬戌（1082年）	郑中立	石渡塘下	太傅
	哲宗时（1086—1100年）	吴熙宁	船滩斜石人	朝请大夫
	绍圣丁丑（1097年）	李　嵩	澧溪樱田	宿山知县
	大观己丑（1109年）	陈天瑞	甫田上坑	九江太守
	政和壬辰（1112年）	叶若清	罗溪廉村	进贤知县洪洲推官
	政和乙未（1115年）	叶若虚	罗溪廉村	德安知县
		傅业进	黄塅球场	南康知府

续表一

朝代	中进士年号	姓名	籍贯	官职
宋	宣和甲辰（1124年）	冷　洙	横路	潭州司户
		周　禧	船滩斜石	湖广右参政
	宣和间（1119—1125年）	杜曰权		工部侍郎
		汪　康	南市桐林	兵部尚书
	建炎甲戌（1128年）	汤邦德	甫田湖滩	奉议郎
		叶　广	罗溪廉村	上高知县
	绍兴壬戌（1142年）	叶羽成	罗溪廉村	潭州司法
	绍兴戊辰（1148年）	王念安	箬溪	武冈知州
	绍兴辛未（1151年）	费　义	清江	
	绍兴间（1131—1162年）	叶　楩	罗溪廉村	和州教官
	绍兴庚辰（1160年）	苏邦俊	顺义乡人	
	淳熙甲辰（1184年）	李自得	澧溪樱田	湖广醴陵主簿
	淳熙丁未（1187年）	熊　璿	石门楼人	广东万州知州
	庆元乙卯（1195年）	叶　点	罗溪廉村	进武校尉
	庆元乙卯（1195年）	余大任	罗坪人	濠州军推官
	庆元丙辰（1196年）	冷　熙	横路	
	嘉定戊辰（1208年）	汪刚中	严阳	侍御史
		周友贤	新宁镇	敷文阁学士
		胡　玠	南市桐林	
	嘉定甲戌（1214年）	杨三益	澧溪	岳州教授
		邢　凯	杨洲邢庄	吏部侍郎
		严　桧		
	嘉定中（约1215年前后）	卢大成	杨洲	澧阳令
		冷　宽	横路	
		冷　夔	横路	
	绍定乙丑（1229年）	叶履和	罗溪廉村	宝庆府通判
	绍定壬辰（1232年）	李鸿渐	澧溪樱田	池州通判
		周汝砺	县城人	侍讲学士
	端平乙未（1235年）	冷梦虎	横路	容州户录参军
		傅天仲		大理评事
	淳祐甲辰（1244年）	冷文英	横路	翰林院编修
	淳祐中（1246年前后）	李　琼	石渡官田	
		汪　弼	宋溪田坑	刑部主事

续表二

朝代	中进士年号	姓　名	籍　贯	官　职
宋	淳祐丁未（1247年）	叶维华	罗溪廉村	将乐知县
	淳祐庚戌（1250年）	冷应元	横路	广东提刑
		周应合	县城	直贤院学士
	宝祐癸丑（1253年）	冷应登	横路	湖广当阳知县
		冷元益	横路	合州助教
	宝祐甲寅（1254年）	傅　瑛	柘坑人	兵部侍郎
	开庆己未（1259年）	杨友龙	澧溪	庐陵知县
		卢　璟	杨洲	大理评事
		傅　蒿	柘坑	礼部尚书
	咸淳乙丑（1265年）	李大宾	澧溪樱田	广州司户
	咸淳戊辰（1268年）	冷应荧	横路	蕲水县主簿
		冷亨龙	横路	源仁使司干办
	咸淳中（约1269年前后）	卢子宪	杨洲	浙漕提举
	大德二年（1298年）	周志纲	黄褚垴人	礼部尚书
	延祐乙卯（1315年）	邢以忠	西坑	兴国通判
元	延祐戊午（1318年）	叶　绩	大洞	龙兴路宁州通判
	至顺庚午（1330年）	罗寿卿	南乡	长沙路总管
	至正丙午（1366年）	傅添祚	清江	翰林院庶吉士
明	洪武乙丑（1385年）	罗士应	县城	宛平县丞
	洪武乙丑（1385年）	聂以大	路口	浙江按察司佥事
	嘉靖乙未（1535年）	方孟缙	甫田珊夏	浙江按察司佥事
	嘉靖己未（1559年）	潘　儁	宋溪南皋	道州知州
清	乾隆乙丑（1745年）	余腾蛟	巾口	刑部山东清吏司主事
	乾隆辛卯（1771年）	张华甫	县城	庐州知县
	嘉庆己未（1799年）	卢　浙	杨州	太仆寺卿
	嘉庆己未（1799年）	张富业	县城	衡山知县
	嘉庆丁丑（1817年）	张富经	县城	宜昌通判
	嘉庆庚辰（1820年）	陈世馨	石渡	国子监博士
	道光丙戌（1820年）	卢鸿翱	杨洲	刑部主事
	道光壬辰恩科（1832年）	刘馨朝	宋溪刘家山	邵阳县令
	道光癸巳（1833年）	舒　鼎	长乐乡	钦点主事诰封奉直大夫

续表三

朝代	中进士年号	姓 名	籍 贯	官 职
清	道光戊戌（1838年）	陈之敬	石渡	山东观城知县
	咸丰壬子（1852年）	陈寿元	石渡	曹县知县钦加同知衔
	咸丰庚申（1860年）	余瓒馨	罗坪	即用知县分发山东团练
	同治辛未（1871年）	刘 镇	大桥洞口	钦点主事
	光绪丙子（1876年）	郑子龄		
	光绪丁丑（1877年）	邓衍喜		
	光绪癸未（1883年）	郑昌运		
	光绪丙戌（1886年）	李子春		
	光绪甲午恩科（1890年）	叶太椿	大洞罗湾	
武进士				
清	嘉庆壬戌（1802年）	张大鹏	升仁乡	殿试一甲第二名榜眼，授大门上二等侍卫，累官湖南岳州城守营参将、沅州协副将、广东潮州镇总兵

历代举人

表11-2

朝代	年 号	姓 名	籍 贯	官 职
宋	治平丙午（1066年）	李贻范	澧溪樱田	
	熙宁己酉（1069年）	李洵直	樱田	
	元丰戊午（1078年）	聂飞龙	丰溪	少司马
		聂飞凤	丰溪	泉州教授
		聂飞鸾	丰溪	保宁县丞
	政和壬辰（1112年）	叶大节	罗溪廉村	文州助教
	宣和癸卯（1123年）	叶 涛	廉村	河南武安知县
		李梦跃	樱田	
		叶 坦	廉村	陕西远安知县
	靖康丙午（1126年）	李 灼	樱田	
	建炎庚戌（1130年）	叶 泾	廉村	筠州助教
	绍兴丁巳（1137年）	叶 桐	廉村	
	绍兴甲子（1144年）	李鹏翔	樱田	湘阴主簿
		叶 瑀	廉村	

续表一

朝代	年　号	姓　名	籍　贯	官　职
宋	绍兴癸酉（1153年）	冷安国	升仁乡	
	绍兴已卯（1159年）	叶光大	廉村	
	乾道乙酉（1165年）	胡大盈	住田	
	乾道戊子（1168年）	冷　炎	升仁乡	
	乾道辛卯（1171年）	冷乔年	升仁乡	
		叶大荣	廉村	
	淳熙癸卯（1174年）	余定甫		
	淳熙癸卯（1183年）	叶光远	廉村	
	淳熙己酉（1189年）	李自立	樱田	
	庆元乙卯（1195年）	张汉庆	洄溪	
		余大仁	洄溪	
	嘉泰辛酉（1201年）	冷逢源	升仁乡	
	嘉定庚午（1210年）	冷　越	升仁乡	
		冷益深	升仁乡	
	开禧丁卯（1207年）	周汝王需	坊市	
	嘉定庚午（1210年）	叶梦龙	廉村	
	嘉定癸酉（1213年）	卢元亮	长乐乡	大理评事
	嘉定丙子（1216年）	叶　伉	廉村	
	嘉定壬午（1222年）	冷元益	升仁乡	
	宝庆乙酉（1225年）	叶安仁	廉村	
		叶登龙	廉村	
	端平甲午（1234年）	叶　訚	廉村	崇阳知县
		冷有大	升仁乡	
		冷元巽	升仁乡	
	嘉熙丁酉（1237年）	冷应捷	升仁乡	
	嘉熙庚子（1240年）	冷亨龙	升仁乡	
		叶　简	廉村	
	淳祐癸卯（1243年）	叶禾熏	廉村	
		冷应荧	升仁乡	
	淳祐丙午（1246年）	卢定一	长乐乡	柳州推官
		冷应登	升仁乡	

续表二

朝代	年　号	姓　名	籍　贯	官　职
宋	淳祐乙酉（1249年）	冷应元	升仁乡	
		冷时和	升仁乡	
	淳祐壬子（1252年）	李宗道	樱田	玉山县尉
		卢子宪	长乐乡	登特奏名
		叶　黯	廉村	
		叶　镇	廉村	
	宝祐乙卯（1255年）	梅　植	安乐乡梅坊	
		冷轰龙	升仁乡	
		卢子运	长乐乡	苏州教授
	宝祐戊午（1258年）	卢德芳	长乐乡	浙漕提举
	景定辛酉（1261年）	卢德玉	长乐乡	
		叶应星	廉村	
		冷南强	升仁乡	
		卢　瑱	长乐乡	官至起居舍人
	景定甲子（1264年）	叶　点	廉村	
		冷扬方	升仁乡	
		叶荣国	廉村	
	咸淳庚午（1270年）	卢朝瑞	长乐乡	
	咸淳庚午（1270年）	叶　演	廉村	
	咸淳癸酉（1273年）	冷绍酉	升仁乡	
		冷　宝	升仁乡	
		卢德元	长乐乡	
		冷翼凤	升仁乡	
		卢南甫	长乐乡	任终西藩盐运使
		余炳龙	黄　陂	该二人旧志失载，据碑、谱补入，科分不详，故附后
		余安鼎	长乐乡	
元	至元丙子（1276年）	卢叔敬	长乐乡	山西太原知县
	大德丁酉（1297年）	周纲组兄		
	大德庚子（1300年）	周纯组兄		

续表三

朝代	年　号	姓　名	籍　贯	官　职
元	延祐甲寅（1314年）	吴舜凯		
	延祐中	李道兴	安乐乡	宁县训导
	至治癸亥（1323年）	崔应试	江阴乡	
		周　组	黄槠脑	
	元统乙亥（1335年）	周天凤	县城	泉州府推官
	至正丁亥（1347年）	吴霖梁		
明	洪武甲子（1384年）	夏以大	升仁乡	初任陕西巡按御史 终湖广按察司佥事
		罗士应	坊市	
	洪武丁卯（1387年）	卢从隆	下庄	湖广当阳教谕，升苏州昆山令
	洪武丙子（1396年）	卢鹏里	罗坪中潢	四川保宁训导
	永乐癸未（1403年）	胡猷立	桐林	四川彰明县教谕
		余原高	安乐乡	广安同知升顺庆知府
	永乐乙酉（1405年）	章添兴	升仁乡	东长山教谕
	永乐戊子（1408年）	周寿南	邓埠	揭阳教谕
		陈原清	上坑	真定府饶阳教谕
	永乐辛卯（1411年）	冷绍康	升仁乡	
	永乐甲午（1414年）	聂以和		
		熊宗性	双溪	浙江余杭教谕
	永乐丁酉（1417年）	汤伯恭	升仁乡	
	永乐庚子（1420年）	周思敬	长乐乡水良	国子教授
		熊　轸	乡里	
	宣德己酉（1429年）	蔡　奎	升仁乡	
	宣德壬子（1432年）	周　英		
	正统辛酉（1441年）	韦　熙	坊市	
	景泰庚午（1450年）	瞿　璞	升仁乡	武陵教谕
	成化丙午（1486年）	杜玉树	北乡	广东高州府通判，有德政
	弘治乙卯（1495年）	万廷彩	下南乡	湖广参政

续表四

朝代	年　号	姓　名	籍　贯	官　职
明	嘉靖壬午（1522年）	方孟缙	北乡	
		陈朝简	年丰乡大沙州	
	嘉靖乙卯（1555年）	潘　僐	宋溪南皋	顺天南元己未会魁
	嘉靖甲子（1564年）	方继懋		
	万历壬午（1582年）	万日轼	下南乡	定番知州
	万历乙酉（1585年）	潘元龄		
	万历癸卯（1603年）	叶中枢	安乐乡武桥	湖广兴国知州
清	顺治丙戌（1646年）	卢图龙	下南乡球场	福建汀州推官
	顺治辛卯（1651年）	张元会	安乐乡	汤溪知县，以军功升金华知府
	顺治甲午（1654年）	卢之麟	长乐乡	
		胡文衡	长沙	袁州教授，升兰溪知县
		陈思珊	坊市	瑞州教谕
	康熙癸卯（1663年）	潘士学	宋溪南皋	顺天中式
	康熙戊午（1678年）	叶如蔡	上南乡上阳	
	康熙丙子（1696年）	余天亮	安乐乡	巴陵知县，有政绩
	雍正丙午（1726年）	余文璧	长乐乡	广东同考官
	雍正己酉（1729年）	洪文机	升仁乡	
	雍正壬子（1732年）	张　应	坊市	
		甘雨施	江阴乡	选兰溪县未任卒
		刘祖陶	升仁乡	
	乾隆戊午（1738年）	余腾蛟	长乐乡	
	乾隆丁卯（1747年）	洪　诏	升仁乡	分宜县教谕
	乾隆乙酉（1765年）	盛元绩	坊市	峡江县教谕
	乾隆戊子（1768年）	张华甫	坊市	
	乾隆庚寅（1770年）	盛　牧		
	乾隆辛卯（1771年）	余世苏	长乐乡	
	乾隆甲午（1774年）	洪遇举	升仁乡	
		杨光斗	上南乡	
	乾隆庚子（1780年）	余鸣珂	安乐乡	
	乾隆癸卯（1783年）	余韵珊	长乐乡	新城教谕

续表五

朝代	年　号	姓　名	籍　贯	官　职
清	乾隆戊申（1788年）	卢　浙	长乐乡	
		余　虹	长乐乡	
	乾隆己酉（1789年）	熊应周	上南乡	
	嘉庆戊午（1799年）	张富业	坊市	
	嘉庆辛酉（1801年）	方　瀚	北乡	吉安府学训导
	嘉庆甲子（1804年）	卢蔼吉	长乐乡	南安府崇义县训导
	嘉庆丁卯（1807年）	张富经	坊市	
		邬魁斗	长乐乡	
		杨本沃	北乡	授翰林院典簿
	嘉庆庚午（1810年）	卢　环	长乐乡	吉安府吉水县教谕
	嘉庆丙子（1816年）	陈世馨	顺义乡	
		王显仁	年丰乡	
		潘文炼	坊市	
	嘉庆戊寅恩科（1818年）	王彦芳	安乐乡	授国子监诚心堂学正，后升博士，任南新仓监督
		黄家礼	北乡	历行德化、高安、新城训导 俸满以知县用
	嘉庆己卯（1819年）	刘馨朝	北乡	
		罗允升	北乡	历任新喻、信丰、广信训导
	道光辛巳恩科（1821年）	葛方抡	上南乡	前太常寺博士
		李若瑶	北乡	拣选知县，改就教谕职
	道光壬午（1822年）	潘音吕	北乡	拣选知县
	道光乙酉（1825年）	邱文蔚	下南乡	以教职用
		刘得珠	安乐乡	选广丰训导，前署德安训导 后改临川县教谕
		卢鸿翱	长乐乡	
		余鸣皋	长乐乡	

续表六

朝代	年 号	姓 名	籍 贯	官 职
清	道光戊子（1828年）	盛 翊	坊市	拣选知县
	道光辛卯恩科（1831年）	舒 鼎	长乐乡	
		喻赞猷	顺义乡	拣选知县
		潘运第	坊市	历署临朐、寿光、海丰知县
	道光壬辰（1832年）	胡心泰	顺义乡	拣选知县
	道光甲午（1834年）	陈之敬	顺义乡	
		叶利金	升仁乡	
	道光丁酉（1837年）	卢光吉	长乐乡	四川江安遂宁知县
		张汝云	安乐乡	广丰教谕
		陈世璜	顺义乡	上犹县训导
	道光己亥（1839年）	葛利宾	上南乡	杭州府海防同知
		王文桂	北乡	安义县训导
	道光庚子恩科（1840年）	柯 芬	升仁乡	以团练保举知府
	道光癸卯（1843年）	刘世锟	安乐乡	送选知县，任万年县训导
		李 德	北乡	万年县教谕
	道光丙午（1846年）	刘馨瀚	北乡	馨朝弟，以团练保举知县加同知衔
		李之蕴	北乡	选授贵州清镇县知县、广顺府知府，贵州府同知，升大定府通判
		余承翼	顺义乡	拣选知县
		熊传渭	升仁乡	以团练保举知县
		陈寿元	北乡	
	道光己酉（1849年）	陈鸿绪	顺义乡	广西来宾县知县加同知衔
		胡岱景	江阴乡	永丰教谕
		郑开栵	北乡	拣选知县
	咸丰辛亥（1851年）	王熙宁	安乐乡	以军功举知县
		罗享奎	北乡	保举即补知府，赏戴花翎
	咸丰壬子（1852年）	余瓒馨	长乐乡	

续表七

朝代	年　号	姓　名	籍　贯	官　职
清		熊先干	升仁乡	
	咸丰己未恩科（1859年）	黄鹤龄	坊市(县城)	拣选知县
		黄祖瀚	北乡	拣选知县
		汪　瀚	北乡	随营保举安徽补用知县
	同治壬戌恩科（1862年）	刘宝谦		拣选知县，选授弋阳县教谕
		陈宝书	升仁乡	拣选知县
		陈应丁	年丰乡	拣选知县
		刘　镇	升仁乡鲁洞	拣选知县
		陈溉仁	顺义乡	拣选知县
	同治甲子（1864年）	刘　午	升仁乡鲁洞	
		吕佐周	长乐乡	
		舒以忠	长乐乡	
	同治丁卯（1867年）	杨逢恩	顺义(清江)	
		张翊清	上南乡	
		黎其檒	升仁乡	团练保举知县
		郑子龄	北乡	
		卢正楷	长乐乡	
	同治庚午（1870年）	余怀珠	安乐乡	
	光绪乙酉（1885年）	郭铭鼎	北乡	承德郎拣选知县，恩赏举人
	嘉庆戊午（1798年）榜后	罗应权	上南乡	
	嘉庆辛酉（1801年）榜后	张　璘	上南乡	
	嘉庆甲子（1804年）榜后	杨赓咏	北乡	
		杨载歌	北乡	
	嘉庆癸酉（1813年）榜后	王王典	安乐乡	
	同治庚午（1870年）榜后	王矩曾	北乡	
		张　鑫	升仁乡	
武　举　人				
明	天启甲子（1624年）	卢九鼎	长乐乡中潢	解元、宁州铜鼓营守备，升长沙都阃
	崇祯丙子（1636年）	陈三略	坊市	

续表八

朝代	年　号	姓　名	籍　贯	官　职
清	顺治丁酉（1657年）	邢懋常	南冲	
	康熙丙午（1666年）	卢立骏	长乐乡	
	康熙己酉（1669年）	卢钦忠	长乐乡	
	康熙戊午（1678年）	王猷远	安乐乡	
	康熙辛酉（1681年）	张　珂	安乐乡	
		卢立骅	长乐乡	
		盛士升	坊市	
	康熙甲子（1684年）	卢大捷	长乐乡中潢	
		卢立凤	长乐乡	
		张锦世	坊市	
	康熙丁卯（1687年）	张光祚	安乐乡	
	康熙壬午（1702年）	卢愈奎	长乐乡	授湖广南湖营都阃
	乾隆丁卯（1747年）	卢　琳	长乐乡	山东平山卫千总
	乾隆癸卯（1783年）	叶　贵	升仁乡	
	嘉庆庚申恩科（1800年）	张大鹏		
	嘉庆丙子（1816年）	王时杰	安乐乡	
	道光壬午（1822年）	费光廷	坊市	
	道光壬辰（1832年）	艾登荣	坊市	建昌汛城守把总
	道光癸卯（1843年）	艾连升	坊市	铅山都司
	咸丰辛亥恩科（1851年）	陈旭鳌	顺义乡	保举千总
	咸丰巳未恩科（1859年）	陈应盛	年丰乡	
	同治壬戌恩科（1862年）	汤和鸾	北乡	
		王家王隶	安乐乡	
	同治甲子（1864年）	邢国雄	江阴乡	
		卢　骅	升仁乡	

说明：唐称乡贡士，宋时谓之解试，各路举数十人解送南宫会试，虽与明清时乡试无异，但并无举人之名。解试至举人之制，前明始定。故于宋元两朝，科分仍称解试。此录举人条下，不别列解试。

博士

表11-3

姓名	性别	出生年月	籍贯	毕业学校	专　业	现工作单位
钟明立	男	1954.11	澧溪	浙江大学	文学	华南师大
王济民	男	1955	新宁镇	上海第二医科大学	细胞生物学博士后	美国
张　武	男	1957.11	新宁镇	西北工业大学	空气动力学博士后	上海大学
陈少武	男	1958.6	罗溪	美国密西根理工大学	药物工程博士后	美国
张绪平	男		澧溪	北京理工大学	自动化	加拿大
张　剑	男	1962.6	横路	清华大学	应用数学	北京知识安全工程中心
张绪龙	男	1962.6	上汤	美国奥克拉荷马大学	化学	Uitralife
王小波	男	1962.12	澧溪	中国人民大学	经济学博士后	中国华融资产管理公司
万长华	男	1963.1	黄墈	成都电子科技大学	微电子学博士后	美国
林传喜	男		鲁溪	英国剑桥大学	建筑设计	美国夏威夷大学
冷　魁	男	1962.7	横路	武汉大学	水利工程	深圳市交通局
冷德熙	男	1963	横路	北京大学	哲学	中国科协
刘礼华	男	1963.4	新宁镇	武汉大学	岩土工程	武汉大学
刘堂美	男		鲁溪			美国
蔡清波	男	1963.8	新宁镇	北方交通大学		南非共和国水利森林事务所
夏明耀	男	1963.12	横路	中科院电子研究所	电子工程	北京大学信息科学院
张绪坤	男	1963.12	官莲	中国农业大学	农产品加工与贮藏工程	南昌航空工业学院
黄从云	男	1964	船滩	浙江大学	肝胆外科	广东粤北人民医院
张　鸿	男	1964.8	横路	日本名古屋大学	经济学	上海外贸学院
冷　前	男	1964	横路			中国国情调查委员会

续表一

姓名	性别	出生年月	籍贯	毕业学校	专　业	现工作单位
魏陆林	男	1964.8	新宁镇	美国衣阿华州立大学	化学	美国辉瑞公司
柯小星	男	1964.12	横路	财政部科研所	经济学	中国大唐集团
张　斌	男	1964	泉口	美国马里兰大学	运筹管理决策	美国宏大国际咨询集团公司
许立坤	男	1965.10	罗坪	哈尔滨工业大学		725研究所青岛分部
万银坤	男	1965.2	船滩	美国路易斯维尔大学	化学工程	美国南方电力公司驻华首席代表
魏红林	男	1966.10	新宁镇	西南交通大学	计算机	西南交通大学计算机中心
王家龙	男	1965.12	横路	江西财政大学	经济学	江西省委组织部
冷利华	男	1965	鲁溪	意大利佛罗伦萨医科大学	医学	意大利
鲁　强	男	1965.7	新宁镇	中国矿业大学		东华理工大学
程荣辉	男	1965.6	船滩	北京航空航天大学	航空发动机	中国燃气涡轮研究院
瞿乐明	男	1965.12	新宁镇	美国	统计学	美国
黄冠华	男	1966.6	清江	中国农业大学	农田水利工程	中国农业大学
刘伦武	男	1969.11	石门楼	江西财政大学	产业经济学	江西财大
熊章民	男	1958.9	石门楼	美国阿克伦大学	化学	美国路易斯安那州立大学
陈家斌	男		黄塅	上海交通大学		北京理工大学
夏锦文	女	1971.5	新宁镇	河海大学	哲学	江西财经大学工商学院
袁　亮	男	1971.8	横路	中国医药大学		中国医药研究院广安门医院
余陨金	男	1972.5	澧溪	中科院物理研究所	光纤	深圳大学
程金平	男	1973.4	船滩	上海交通大学	环境科学	上海交通大学
罗　成	男	1973.7	罗溪	国防科技大学	控制科学与工程	南海舰队湛江基地
段晓君	女	1976.4	鲁溪	国防科技大学	控制科学与工程	国防科技大学

续表二

姓名	性别	出生年月	籍贯	毕业学校	专　业	现工作单位
刘兴春	男	1980.2	澧溪	北京师范大学		北京市大兴区教委
陈闽军	男	1976.5	甫田	浙江大学	药物分析	上海交通大学
卢　骏	男	1976	新宁镇	美国加州大学尔湾分校	计算机和电信网络	
王　华	女	1976.4	杨洲	法国图卢兹国立理工大学	植物分子学	法国图卢兹大学
吴小路	男	1976.5	船滩	美国达特茅斯学院	工商管理	美国波士顿咨询公司
陈梦雯	女	1976.1	新宁镇	法国普瓦提埃大学	经济学	法国普瓦提埃大学
陈济安	男	1977.6	罗溪	解放军第三军医大学	环境卫生学	第三军医大学
陈　奋	男	1978.6	新宁镇	中科院遥感研究所	控制工程	电子科技大学
陈珊珊	女	1978	新宁镇	武汉大学	法律	苏州大学
徐海军	男	1978.3	泉口	南京大学	化学	东南大学
李　宁	男	1978	澧溪	北京大学	历史	
胡　伟	男	1979	新宁镇	清华大学	计算机	北京化工大学
李　明	男	1979.10	新宁镇	解放军第三军医大学	微生物学	
明　焱	男	1980	新宁镇	中国科技大学		安徽大学
王　佳	女	1980.9		美国伊利诺伊大学	生物工程	美国汉斯医院
王少熙	男	1981.12	巾口	西安电子科技大学	微电子与固体电子	
程　婧	女	1981.8	新宁镇	西南财经大学	金融	中国进出口银行总行
刘凌云	女	1982.4	官莲	上海社会科学院	经济学	
张　海	男	1981	新宁镇	华中科技大学同济医学院	医学	

教授、副教授

表11-4

姓　名	性别	出生年月	籍贯	毕业学校	任职单位	职务职称
黄觉非	男	1894	横路	日本东京帝国大学	北京大学	教授
余心乐	男	1913	鲁溪	南京中央大学	江西师范大学	教授
葛果行	男	1918	罗溪	浙江大学	华中科技大学	教授
刘　骥	男	1920	澧溪	广西大学	哈尔滨医科大学	教授
熊豫飞	男	1923.3	石门楼	暨南大学	台湾嘉义农业大学	教授
刘玉麟	男	1925	鲁溪	南京中央大学	上海外语学院	教授
梅　文	男	1926.7	宋溪	南昌大学	北京电影学院	教授
黎洪模	男	1927	鲁溪	武汉大学	齐齐哈尔师范学院	教授
余季白	女	1928	巾口	南昌大学	上海机械学院	教授
陈守成	男	1928	严阳	北京外语学院	武汉大学	教授
郭茂玉	女	1928	澧溪	武汉大学	湖南大学	教授
冷洪生	男	1929	横路	南昌大学	广西大学	教授
李希诚	男	1930	罗溪	南昌大学	江西师范大学	教授
方一星	男	1930	船滩坎头	武汉大学	华中科技大学	副教授、博导
张秋光	男	1930	新宁镇	大连大学	广西桂林冶金地质学院	教授
张待勉	男	1931	石门楼	广州中山大学	武汉地质学院	教授
潘熙珍	男	1931.6	伊山	中国人民大学	江西财经大学	教授
李希楷	女	1932.4	罗溪	第六军医大学	第三军医大学	教授、硕导
张绪礼	男	1934	新宁镇	华南工学院	华中科技大学	教授、硕导
葛光日	男	1935.5	罗溪	西北大学	江西财经大学	教授
张友杰	男	1936	官莲	兰州大学	华中师范大学	教授
曾凡舜	男	1936	船滩	北京外语学院	江西财经职业学院	副教授
黄旭人	女	1937	甫田	江西师范大学	江西水利电力学院	教授
张定东	女	1938.12	泉口	江西师范大学	江西教育学院	教授
张正治	男	1939	新宁镇	兰州大学	九江职业大学	教授
张聘经	男	1939	石门	江西师范大学	江西财经职业学院	副教授
孟天雄	男	1939.8	杨洲	景德镇陶瓷学院	长沙理工大学	教授
刘亦宁	男	1942	鲁溪	美国耶鲁大学	美国林肯大学	教授

续表一

姓　名	性别	出生年月	籍贯	毕业学校	任职单位	职务职称
冷绪安	男	1942	横路	江西师范大学	江西师范大学	教授
许祖国	男	1943	新宁镇	北京师范大学	九江学院	教授
王蔓莹	女	1944.10	新宁镇	华东师范大学	江西师范大学	教授
宋显金	男	1946	源口	江西医学院	九江学院	教授
江建强	男	1949.6	大洞	江西师范大学	江西财经大学	教授
赵吉先	男	1950.1	甫田	辽宁工程技术大学	华东理工学院	教授、硕导
王时胜	男	1950.12	巾口	清华大学	南昌大学信息工程学院	教授
卢盛江	男	1951	杨洲	南京林学院	南京林学院	副教授
谢守和	男	1954	新宁镇	解放军后勤学校	解放军后勤大学	教授、博导
钟明立	男	1954.11	澧溪	浙江大学	华南师范大学	教授
余锦源	男	1955	鲁溪	南京大学	解放军蚌埠车管学院	教授
郭庆禄	男	1955	甫田		广东妇幼医院	教授
雷小刚	男	1955	船滩	江西师范大学	南昌大学	副教授
周　曙	男	1955.4	新宁镇	江西师范大学	南昌大学	教授
卢　杰	男	1956	新宁镇	景德镇陶瓷学院	南昌大学	教授
叶淑英	女	1956	罗溪	江西农业大学	九江市委党校	副教授
黄新宁	男	1956	船滩	中央党校	江西财经职业学院	副教授
张友苏	男	1956.3	横路	华东师范大学	江西师范大学	教授
黄晓敏	男	1956.7	新宁镇	西安公路学院	江西省交通职业技术学院	教授
李枝盛	男	1957.3	巾口	九江师范高等专科学校	九江学院	副教授
张　武	男	1957.11	新宁镇	西北工业大学	上海大学	教授、博导
刘小玉	女	1957.11	澧溪	江西师范大学	江西师大成人教育学院	副教授
熊章民	男	1958.9	石门楼	美国阿克隆大学	美国路易斯安那州立大学	副教授
李才平	男	1959	杨洲	江西师范大学	江西行政学院	教授
雷慧清	男	1959	船滩	江西师范大学	江西财经职业学院	副教授

续表二

姓　名	性别	出生年月	籍贯	毕业学校	任职单位	职务职称
刘亦陈	男	1959.12	澧溪	江西大学	南昌大学	教授
冷　莹	女	1960	横路	江西农业大学	江西师范大学	副教授
刘　越	男	1960.3	新宁镇	南京理工大学	九江职业技术学院	教授
刘　超	男	1961	新宁镇	江西师范大学	江西财政职业学院	教授
余　志	男	1961	鲁溪	西北工业大学	广州中山大学工学院	教授、博导
殷嫦嫦	女	1961.1	新宁镇		九江学院	副教授
李辉秋	男	1961.1	杨洲	江西师范大学	九江职业学院	副教授
温　平	男	1962	横路	江西师范大学	九江学院	副教授
冷绪清	男	1962	鲁溪	云南师范大学	九江学院	副教授
吴秋林	男	1962	黄塅	江西师范大学	宁波大学	副教授
冷　向	男	1962.6	横路		山东淄博理工大学	教授
冷毛玉	女	1963	横路	九江师范高等专科学校	九江学院	副教授
刘晓红	女	1963.1	新宁镇	南昌大学	南昌大学	副教授
刘礼华	男	1963.4	新宁镇	武汉大学	武汉大学	副教授
夏明耀	男	1963.10	横路	中科院电子研究所	北京大学信息科学院	教授、博导
刘光斌	男	1963.10	官莲	江西农业大学	南昌大学	副教授
韩　明		1963.12	鲁溪	江西财经大学	江西财经大学MBA学院	副教授
瞿明仁	男	1964	官莲	江西农业大学	江西农业大学	教授
李卫斌	男	1964	横路		九江学院	副教授
陈春一	男	1964.2	新宁镇		九江学院	副教授
黄景洲	男	1964.6	新宁镇	华东工程学院	江西财经大学工商学院	副教授
周兆龙	男	1964.8	石渡	上海交通大学	省中医学院	教授
张　鸿	男	1964.8	横路	日本名古屋大学	上海外贸学院	副教授
孔祥宁	女	1965	新宁镇		南昌大学法学院	教授
夏晓蓉	女	1965.5	鲁溪	江西医学院	九江学院	教授
卢再鸣	男	1965	杨洲	南昌大学	南昌航空大学	副教授

续表三

姓　名	性别	出生年月	籍贯	毕业学校	任职单位	职务职称
李杨林	男	1965	澧溪	南昌大学	江西财政职业学院	副教授
张洪洲	男	1965	新宁镇	江西师范大学	江西财经职业学院	副教授
彭清宁	女	1965	新宁镇	九江师范高等专科学校	江西财经大学国贸学院	副教授
程荣辉	男	1965.6	船滩	南京航空航天大学	中国燃气涡轮研究院	教授、硕导
鲁　强	男	1965.7	新宁镇	中国矿业大学(北京)	东华理工大学	教授
胡光辉	男	1965.7	石门楼	成都电讯工程学院	江西财经大学	副教授
余　玲	女	1965.10	新宁镇	江西师范大学	江西省税务学校	副教授
杨玉凤	女	1965.11	罗坪	江西财经大学	江西财经大学金融学院	副教授
瞿乐明	男	1965.12	新宁镇	美国	美国	教授
柯于珍	女	1966	新宁镇	中央财政金融学院	江西财经职业学院	教授
吴国富	男	1966	石渡	浙江大学	九江学院	副教授
黄冠华	男	1966.6	清江	中国农业大学	中国农业大学	教授、博导
魏红宁	男	1966.10	新宁镇	西南交通大学	西南交通大学计算机中心	教授
刘伦武	男	1969.11	石门楼	江西财经大学	江西财经大学	教授
张东晓	男	1967	石门楼	东北工业学院	北京大学工学院	教授
黄　颖	女	1967	新宁镇	同济大学	省建筑职业技术学院	副教授
周淑英	女	1967	鲁溪	江西师范大学	九江学院	副教授
夏锦文	女	1971.5	新宁镇	河海大学	江西财经大学工商学院	副教授
冷小青	女	1972	横路	武汉大学	武汉大学	教授
卢秋晓	男	1973	泉口	江西师范大学	江西省化工学校	副教授
程金平	男	1973.4	船滩	上海交通大学	上海交通大学	副教授
王　华	女	1976.4	杨洲	法国图卢兹国立理工大学	法国图卢兹大学	副教授
陈闽军	男	1976.5	甫田	浙江大学	上海交通大学	副教授

续表四

姓　名	性别	出生年月	籍贯	毕业学校	任职单位	职务职称
胡　伟	男	1979	新宁镇	清华大学	北京化工大学	副教授
张阿曼	男	1980.6	罗溪	哈尔滨工业大学	哈尔滨工业大学	教授、博导
叶志清	男	1984.7	清江	江西师范大学	江西师范大学物理系	教授
王振中	男		新宁镇	浙江大学	江西师范大学	教授
陈家斌	男		黄塅	上海交通大学	北京理工大学	教授、博导
余小江	男		巾口		江西师范大学	教授
李希靖	男		罗溪	江西工业大学	杭州中国计量学院	教授
余　立	男		鲁溪	广州中山大学	广东湛江师院	教授
余伯戎	男		巾口	广东中山大学	江西医学院	教授
刘　麒	男		横路	江西大学	九江学院	教授
张　志	男		石门楼		哈尔滨大学	教授
张均予	男		澧溪		江西师范大学	教授
黄修兴	男		甫田	中正大学	江西省建筑工程学院	教授
胡传民	男		新宁镇		南昌大学法学院	教授
葛　菲	女		罗溪		省中医院	教授
葛光玮	男		罗溪	北京地质学院	中国地质大学	教授
傅林华	男		船滩	华中师范大学	南昌航空大学	教授
林传喜	男		鲁溪	英国剑桥大学	美国夏威夷大学	教授
黎　明	男		鲁溪		齐齐哈尔师范学院	教授
魏　平	男		新宁镇		南昌大学	副教授
雷　平	男		新宁镇		南昌大学	副教授
熊申宁	男		新宁镇	江西师范大学	江西师范大学	副教授
葛开亚	女		罗溪	江西师范大学	九江学院	副教授
聂　晶	女		新宁镇		省中医学院	副教授
吴爱军	男		清江		南昌大学	副教授
张东宁	女		新宁镇		江西财经职业学院	副教授
张小俊	男		宋溪		江西财经大学	副教授

中学高级教师

表11-5

姓　名	性别	专业学科	工作单位	评审时间
袁后斌	男	物理	教育局	1988.8
熊仁佑	男	政治	教育局	1988.8
魏益华	男	数学	教育局	1988.8
刘合耀	男	语文	教育局	1998.9
陈　飞	男	物理	教育局	1998.9
乐明福	男	政治	教育局	1999.1
齐德方	男	化学	教育局	2000.9
付少平	男	语文	教育局	2000.11
张立新	男	语文	教育局	2001.9
李方荣	男	英语	教育局	2001.9
杨冠辉	男	数学	教育局	2002.1
冷景永	男	语文	教育局	2002.8
程德猛	男	政治	教育局	2002.8
柯五坚	男	政治	教育局	2002.9
张振华	男	语文	教育局	2003.12
邹盛华	男	数学	教育局	2004.12
戴定武	男	语文	教育局	2005.11
谢从富	男	语文	教育局	2006.11
付跃进	男	语文	教育局	2007.1
龚仁武	男	化学	教育局	2007.9
冷绪楠	男	语文	教育局	2009.11
徐庆成	男	数学	教育局	2002.8
温宏桢	男	历史	教师进修学校	1987.12
席芳松	男	语文	教师进修学校	1987.12
黎洪杏	男	政治	教师进修学校	1987.12
李上嵩	男	语文	教师进修学校	1988.12
聂由正	男	政治	教师进修学校	1989.12
刘诗颂	男	语文	教师进修学校	1989.12
毛洪杰	男	语文	教师进修学校	1992.9
温浙朗	男	数学	教师进修学校	1996.12

续表一

姓　名	性别	专业学科	工作单位	评审时间
刘益仁	男	语文	教师进修学校	1998.9
冷景明	男	英语	教师进修学校	1998.9
何绵提	男	语文	教师进修学校	2001.9
陆春林	男	数学	教师进修学校	2003.10
饶明华	男	政治	教师进修学校	2003.10
邱联群	男	化学	教师进修学校	2003.10
王宁华	女	语文	教师进修学校	2003.10
熊海宁	女	历史	教师进修学校	2005.11
席常青	女	语文	教师进修学校	2005.11
雷永铨	男	化学	武宁一中	1987
钟兴华	男	英语	武宁一中	1987
郑瑞垣	男	地理	武宁一中	1987
张一奇	男	语文	武宁一中	1987
袁敬儒	男	数学	武宁一中	1987
刘伦晶	女	语文	武宁一中	1987
黄佳宾	男	语文	武宁一中	1987
王令瑄	男	物理	武宁一中	1987
刘明焕	男	数学	武宁一中	1987
王舟海	男	语文	武宁一中	1987
吴计程	男	数学	武宁一中	1987
汪维新	男	语文	武宁一中	1987
徐继武	男	物理	武宁一中	1987
张　罗	男	数学	武宁一中	1987
张汉炳	男	生物	武宁一中	1987
郑焕云	男	语文	武宁一中	1987
焦建国	男	英语	武宁一中	1987
石道智	男	历史	武宁一中	1987
石圭义	男	历史	武宁一中	1987
邓子玉	男	化学	武宁一中	1987
徐琴华	女	物理	武宁一中	1987

续表二

姓　名	性别	专业学科	工作单位	评审时间
肖承松	男	生物	武宁一中	1989
黎维华	男	政治	武宁一中	1991
李曾元	男	英语	武宁一中	1994
石立新	男	政治	武宁一中	1995
方丽霞	男	英语	武宁一中	1996
刘合春	男	数学	武宁一中	1996
李远孝	男	数学	武宁一中	1997
张步云	男	数学	武宁一中	1997.6
肖浔光	男	英语	武宁一中	1997.6
刘诗彪	男	物理	武宁一中	1998.1
汪会华	男	数学	武宁一中	1998.1
周先成	男	物理	武宁一中	1998.1
黄丽华	男	化学	武宁一中	1998.1
陈宗光	男	语文	武宁一中	1999
盛继江	男	数学	武宁一中	1999
文敬武	男	政治	武宁一中	1999
刘家胜	男	政治	武宁一中	1999.7
陈建国	男	物理	武宁一中	1999.7
陈汝生	男	物理	武宁一中	1999.7
刘彦雄	男	数学	武宁一中	1999.7
付堂聪	男	数学	武宁一中	2000.11
姜　敏	男	数学	武宁一中	2000.11
陈建春	男	化学	武宁一中	2000.11
谢昌凤	女	英语	武宁一中	2000.11
陈立新	男	体育	武宁一中	2000.11
丁亚军	男	语文	武宁一中	2000.11
付　玲	女	数学	武宁一中	2000.11
李宛林	男	语文	武宁一中	2001
王　萍	女	历史	武宁一中	2001.9
柯有冬	男	政治	武宁一中	2001.9

续表三

姓　名	性别	专业学科	工作单位	评审时间
熊里豪	男	化学	武宁一中	2001.9
刘金南	男	历史	武宁一中	2001.9
陈运江	男	语文	武宁一中	2001.9
石怀富	男	数学	武宁一中	2001.9
余其夏	男	物理	武宁一中	2001.9
卢作梓	男	化学	武宁一中	2002
卢真瑛	男	体育	武宁一中	2002
胡植勤	男	数学	武宁一中	2002.8
石律孝	男	化学	武宁一中	2002.8
王新民	男	英语	武宁一中	2002.8
聂学鸿	男	语文	武宁一中	2002.8
徐宁红	女	化学	武宁一中	2002.8
杨益红	男	语文	武宁一中	2002.8
赵万林	男	数学	武宁一中	2002.8
柯　猛	男	政治	武宁一中	2002.8
刘合金	男	数学	武宁一中	2002.8
郑传日	男	语文	武宁一中	2002.8
姚季娣	女	数学	武宁一中	2003
张　敏	男	物理	武宁一中	2003.1
付堂海	男	语文	武宁一中	2003.1
胡有华	男	语文	武宁一中	2003.1
秦　坡	男	英语	武宁一中	2003.1
李文军	男	语文	武宁一中	2003.1
李桂华	男	历史	武宁一中	2003.1
余从斌	男	政治	武宁一中	2003.1
程　钰	女	数学	武宁一中	2003.10
李小凤	女	化学	武宁一中	2004
刘　美	男	生物	武宁一中	2004.11
杨彩英	女	语文	武宁一中	2004.11
辛坚强	男	英语	武宁一中	2004.11

续表四

姓　名	性别	专业学科	工作单位	评审时间
葛　华	男	地理	武宁一中	2004.11
夏水槐	男	物理	武宁一中	2004.11
饶明花	女	语文	武宁一中	2004.11
冷　烨	男	语文	武宁一中	2004.11
张　丽	女	体育	武宁一中	2004.11
陈守兰	女	政治	武宁一中	2005.11
陈　芳	女	体育	武宁一中	2005.11
董文学	男	英语	武宁一中	2005.11
乐　淼	男	化学	武宁一中	2005.11
汪筱萍	女	语文	武宁一中	2005.11
袁作刘	男	信息技术	武宁一中	2005.11
卢　赟	男	数学	武宁一中	2005.11
苏　荣	男	化学	武宁一中	2005.11
刘　峰	男	体育	武宁一中	2005.11
徐丽鹃	女	英语	武宁一中	2005.11
黄从凤	女	地理	武宁一中	2005.11
柯善荣	男	物理	武宁一中	2005.11
刘剑英	女	英语	武宁一中	2005.11
张绪娥	女	数学	武宁一中	2005.11
徐仕爱	女	语文	武宁一中	2005.11
袁金钟	男	物理	武宁一中	2005.11
艾程云	男	历史	武宁一中	2006.11
戴红云	女	语文	武宁一中	2006.11
盛广钦	男	生物	武宁一中	2006.11
冯贞生	男	数学	武宁一中	2007.11
汪慧琴	女	英语	武宁一中	2007.11
郑南宁	女	英语	武宁一中	2007.11
冷旭辉	男	英语	武宁一中	2008.11
冷小明	男	地理	武宁一中	2008.11
聂道荣	男	数学	武宁一中	2008.11

续表五

姓　名	性别	专业学科	工作单位	评审时间
林家丰	男	政治	武宁一中	2008.11
石志勇	男	历史	武宁一中	2008.11
林传秋	男	地理	武宁一中	2008.11
万俊峰	男	音乐	武宁一中	2009.11
黄世清	男	语文	武宁一中	2009.11
邓东霞	女	音乐	武宁一中	2009.11
夏敬文	男	英语	武宁一中	2009.11
吴亚新	男	英语	武宁一中	2009.11
余　平	女	英语	武宁一中	2009.11
柯海宇	男	政治	武宁一中	2009.11
聂宁娜	女	语文	武宁一中	2009.11
邹祥茂	男	化学	武宁一中	2009.11
谢　淳	男	语文	武宁一中	2009.11
周先广	男	历史	武宁一中	2009.11
盛维强	男	语文	武宁一中	2010.11
余丽萍	女	英语	武宁一中	2010.11
龙门兵	男	数学	武宁一中	2010.11
葛　云	男	生物	武宁一中	2010.11
夏　斌	男	物理	武宁一中	2010.11
胡小敏	男	数学	武宁一中	2010.11
黄林香	女	英语	武宁一中	2010.11
李　威	男	英语	武宁一中	2010.11
翁鹏展	男	语文	武宁二中	1986
林继贫	男	语文	武宁二中	1987
张友安	男	语文	武宁二中	1987
张贞茂	男	语文	武宁二中	1987
周　龙	男	语文	武宁二中	1987
余堂礼	男	生物	武宁二中	1987
刘伦乾	男	政治	武宁二中	1987
彭庆亮	男	物理	武宁二中	1988

续表六

姓　名	性别	专业学科	工作单位	评审时间
李骏斌	男	语文	武宁二中	1988
熊　辉	男	数学	武宁二中	1989
林济贫	男	语文	武宁二中	1989
余来今	男	语文	武宁二中	1990
胡启泉	男	数学	武宁二中	1991
许祖金	女	音乐	武宁二中	1991
雷名兰	女	化学	武宁二中	1992
余茂青	男	生物	武宁二中	1993
余水平	男	语文	武宁二中	1994
刘明富	男	生物	武宁二中	1994
黄修泉	男	政治	武宁二中	1995.6
李骏强	男	数学	武宁二中	1996.5
田重武	男	数学	武宁二中	1997.6
万长胜	男	政治	武宁二中	1997.6
苏云娇	女	语文	武宁二中	1998.1
叶存斌	男	数学	武宁二中	1999.7
黎维局	男	数学	武宁二中	1999.7
张汉森	男	英语	武宁二中	1999.7
魏刘明	男	体育	武宁二中	1999.7
涂　志	男	化学	武宁二中	2000.11
申和国	男	化学	武宁二中	2000.11
叶祥青	男	数学	武宁二中	2000.11
邓永煌	女	语文	武宁二中	2000.11
徐　亮	男	数学	武宁二中	2000.11
周　武	男	化学	武宁二中	2001.9
汪和平	男	语文	武宁二中	2001.9
李季芬	女	历史	武宁二中	2001.9
邓小卫	男	体育	武宁二中	2001.9
卢育彪	男	数学	武宁二中	2001.9
王贤德	男	体育	武宁二中	2001.9

续表七

姓　名	性别	专业学科	工作单位	评审时间
刘堂星	男	数学	武宁二中	2002.8
梅光龙	男	物理	武宁二中	2002.8
冷克俭	女	化学	武宁二中	2002.8
杜林楠	女	历史	武宁二中	2002.8
李永宁	男	语文	武宁二中	2002.8
邹隆梅	女	数学	武宁二中	2002.8
邓大武	男	数学	武宁二中	2003.1
刘明金	男	物理	武宁二中	2003.1
王大罗	男	数学	武宁二中	2003.1
鄢必强	男	英语	武宁二中	2003.1
陈　建	女	语文	武宁二中	2004.8
王　格	男	数学	武宁二中	2004.11
吴少学	女	地理	武宁二中	2004.11
潘熙明	女	语文	武宁二中	2004.11
李少华	男	语文	武宁二中	2004.11
肖光红	女	语文	武宁二中	2004.11
余武安	男	物理	武宁二中	2004.11
方　向	男	语文	武宁二中	2004.11
冷先英	女	政治	武宁二中	2004.11
万维娜	女	英语	武宁二中	2004.11
刘堂兰	女	化学	武宁二中	2004.11
李汗珠	女	数学	武宁二中	2004.11
洪亚玲	女	语文	武宁二中	2004.11
黄品文	男	语文	武宁二中	2004.11
柯传卫	男	数学	武宁二中	2004.11
李　斌	男	历史	武宁二中	2004.11
吴荷君	女	语文	武宁二中	2004.11
周旭升	男	语文	武宁二中	2005.12
王时塘	男	物理	武宁二中	2005.12
熊自园	男	英语	武宁二中	2005.12

续表八

姓　名	性别	专业学科	工作单位	评审时间
孙玉华	女	化学	武宁二中	2005.12
陈小莉	女	数学	武宁二中	2005.12
熊幼华	男	地理	武宁二中	2006.11
朱立荣	男	数学	武宁二中	2006.11
刘洪斌	男	化学	武宁二中	2006.11
冷卫民	女	英语	武宁二中	2006.11
林　春	男	语文	武宁二中	2006.11
叶翠兰	女	语文	武宁二中	2006.11
刘柏林	男	生物	武宁二中	2006.11
熊益林	男	语文	武宁二中	2006.11
杨红玮	女	语文	武宁二中	2006.11
徐满意	男	体育	武宁二中	2007.11
陈彭坚	男	数学	武宁二中	2007.11
章曲晋	男	物理	武宁二中	2007.11
付竹梅	女	语文	武宁二中	2008.1
罗　珺	女	英语	武宁二中	2008.1
田重河	男	物理	武宁二中	2008.1
熊仁松	男	英语	武宁二中	2008.1
魏青青	女	英语	武宁二中	2008.1
张新华	女	英语	武宁二中	2008.1
黄正萍	女	语文	武宁二中	2008.1
付秋红	男	化学	武宁二中	2008.1
雷仲君	女	英语	武宁二中	2008.1
熊梅秀	女	英语	武宁二中	2008.1
雷绍榕	女	历史	武宁二中	2008.1
葛玉龙	女	语文	武宁二中	2008.1
陈　文	男	政治	武宁二中	2008.1
严赛华	女	英语	武宁二中	2008.1
刘咏梅	女	英语	武宁二中	2008.1
王晓宁	女	语文	武宁二中	2009.11

续表九

姓　名	性别	专业学科	工作单位	评审时间
付堂明	男	数学	武宁二中	2009.11
刘　沙	男	体育	武宁二中	2009.11
李扬淑	女	信息技术	武宁二中	2009.11
张寒松	男	政治	武宁二中	2009.11
张果丽	女	体育	武宁二中	2009.11
明玉珍	女	数学	武宁二中	2009.11
胡德淑	女	英语	武宁二中	2009.11
洪　波	男	英语	武宁二中	2009.11
谢芳莲	女	化学	武宁二中	2009.11
雷蔓萍	女	英语	武宁二中	2009.11
黎　辉	男	体育	武宁二中	2009.11
乐　林	男	英语	武宁二中	2010.11
张瑞华	女	语文	武宁二中	2010.11
郑文宁	女	政治	武宁二中	2010.11
肖仁斌	男	语文	武宁二中	2010.11
刘萌萌	女	英语	武宁二中	2010.11
董易本	男	英语	武宁二中	2010.11
熊自淋	男	物理	武宁二中	2010.11
蔡彩虹	女	数学	武宁二中	2010.11
邓京达	男	生物	武宁二中	2010.11
熊雨露	男	政治	武宁二中	2010.11
陈　沉	女	政治	武宁二中	2010.11
余文华	女	体育	武宁二中	2010.11
程庆军	男	化学	武宁二中	2010.11
熊晓华	女	英语	武宁二中	2010.12
吴长宁	女	英语	武宁二中	2010.12
廖龙新	男	物理	实验中学	1998.1
李永林	男	物理	实验中学	1998.1
李永林	男	物理	实验中学	1998.11
周德荷	男	语文	实验中学	1999.7

续表十

姓　名	性别	专业学科	工作单位	评审时间
阮江南	男	化学	实验中学	1999.8
徐立新	男	物理	实验中学	2000.11
李敦荣	男	数学	实验中学	2001.9
张友新	男	语文	实验中学	2002.8
潘和平	男	语文	实验中学	2002.8
程良图	男	历史	实验中学	2002.8
杨再华	男	语文	实验中学	2003.1
李维华	男	物理	实验中学	2003.1
戴庭义	男	数学	实验中学	2003.1
韩森宁	男	英语	实验中学	2003.1
叶云华	男	物理	实验中学	2004.11
鄢春芸	女	体育	实验中学	2004.11
李建宁	男	语文	实验中学	2004.11
李辉东	男	化学	实验中学	2004.11
葛金文	男	语文	实验中学	2004.12
张　涵	男	物理	实验中学	2005.12
叶成刚	男	数学	实验中学	2005.12
王忠移	男	语文	实验中学	2005.12
谈际生	男	语文	实验中学	2005.12
罗李文	男	历史	实验中学	2005.12
董元贵	男	物理	实验中学	2005.12
艾施斌	男	政治	实验中学	2006.11
邹　冰	男	语文	实验中学	2006.11
余迭金	男	数学	实验中学	2006.11
谈际义	男	地理	实验中学	2006.11
姚　芳	女	英语	实验中学	2006.11
叶红斌	男	化学	实验中学	2006.11
阚昌荣	男	英语	实验中学	2006.11
魏友和	男	英语	实验中学	2007.1
魏力平	男	数学	实验中学	2007.11

续表十一

姓　名	性别	专业学科	工作单位	评审时间
邹敦生	男	物理	实验中学	2007.11
章晓春	男	语文	实验中学	2007.11
章新琴	女	英语	实验中学	2007.11
李烈文	男	语文	实验中学	2007.11
叶晓午	男	语文	实验中学	2007.11
龚建梅	女	政治	实验中学	2007.11
张自平	男	英语	实验中学	2008.11
吴世林	男	生物	实验中学	2008.11
王传兴	男	语文	实验中学	2008.11
周宜秀	女	数学	实验中学	2009.11
周旦屏	女	数学	实验中学	2009.11
王立春	男	英语	实验中学	2009.11
施坦洋	男	语文	实验中学	2009.11
瞿德强	男	语文	实验中学	2009.11
胡先鹏	男	政治	实验中学	2009.11
袁知发	男	数学	实验中学	2010.11
游细荣	女	化学	实验中学	2010.11
肖卫华	男	政治	实验中学	2010.11
吴敏华	男	化学	实验中学	2010.11
陈永忠	男	生物	实验中学	2010.11
陈公春	男	物理	实验中学	2010.11
艾云水	男	数学	实验中学	2010.11
李向阳	男	物理	协和中学	1998.1
李　鑫	男	物理	协和中学	1999.7
张国富	男	政治	协和中学	1999.7
张吉杏	男	数学	协和中学	2000.5
陈居涌	男	语文	协和中学	2004.11
李友秀	女	语文	协和中学	2004.11
施佃芬	女	数学	协和中学	2004.11
陈希根	男	语文	协和中学	2005.11

续表十二

姓　名	性别	专业学科	工作单位	评审时间
黎洪龙	男	语文	协和中学	2005.11
付勤宁	男	语文	协和中学	2005.11
龙建彬	男	体育、数学	协和中学	2005.11
聂森林	女	数学	协和中学	2006.11
成传明	男	数学	协和中学	2006.11
钟俊亮	男	政治	协和中学	2008.11
陈基松	男	化学	协和中学	2008.11
黄静火	男	地理	协和中学	2008.11
温应农	女	语文	协和中学	2008.11
陈真华	女	语文	协和中学	2009.11
黄徽宁	男	生物	协和中学	2009.11
王时梅	女	化学	协和中学	2009.11
冷绪武	男	物理	协和中学	2010.11
张绪建	男	数学	协和中学	2010.11
陈　宁	男	数学	协和中学	2010.11
邢小红	女	英语	协和中学	2010.11
林俐霞	女	语文	协和中学	2010.11
叶郁林	女	英语	协和中学	2010.11
聂国锋	男	物理	泉口初中	1998.7
叶祥柳	男	语文	泉口初中	2004.11
吴丰进	男	数学	泉口初中	2004.11
成焕钟	男	数学	泉口初中	2005.11
邓　宁	男	生物	泉口初中	2005.11
汪和金	男	语文	泉口初中	2006.11
叶心萍	女	语文	泉口初中	2008.11
汤书法	男	英语	泉口初中	2009.11
叶　东	男	化学	泉口初中	2009.11
周平荣	男	语文	泉口初中	2010.11
刘　勇	男	物理	泉口初中	2010.11
柯剑平	男	数学	泉口初中	2010.11

续表十三

姓　名	性别	专业学科	工作单位	评审时间
张功龙	男	物理	金水初中	1998.11
林里生	男	物理	金水初中	2007.11
柯于亮	男	数学	金水初中	2008.11
汪和东	男	化学	金水初中	2008.11
汪庆莲	女	语文	金水初中	2008.11
段学菊	女	数学	金水初中	2008.11
夏天水	男	语文	金水初中	2009.11
孟飞舟	男	数学	金水初中	2009.11
汪金水	男	英语	金水初中	2009.11
崔　琴	女	英语	金水初中	2009.11
李朝阳	男	数学	金水初中	2010.11
张　胜	男	语文	横路初中	2005.11
叶祥华	男	数学	横路初中	2006.11
冷运林	男	化学	横路初中	2006.11
冷绪尧	男	语文	横路初中	2006.11
刘礼春	男	物理	横路初中	2007.12
范庆宝	男	化学	横路初中	2007.12
黎洪元	男	语文	横路初中	2008.12
黄仲泉	男	数学	横路初中	2008.12
冷临春	男	数学	横路初中	2009.12
熊里枝	男	数学	鲁溪初中	2001.9
林显生	男	中文	鲁溪初中	2005.11
柯传海	男	数学	鲁溪初中	2006.11
李飞朗	男	中文	鲁溪初中	2006.11
黎端芳	男	中文	鲁溪初中	2006.11
熊长水	男	中文	鲁溪初中	2007.12
刘　石	男	数学	鲁溪初中	2007.12
夏发建	男	数学	鲁溪初中	2007.12
夏发贻	男	政治	鲁溪初中	2008.11
张小平	男	数学	鲁溪初中	2008.11

续表十四

姓　名	性别	专业学科	工作单位	评审时间
陈福林	男	数学	鲁溪初中	2008.11
张国杨	男	中文	鲁溪初中	2008.11
刘小平	男	中文	鲁溪初中	2008.11
朱国兰	女	英语	鲁溪初中	2008.11
余锦标	男	中文	鲁溪初中	2009.11
冷春华	男	中文	鲁溪初中	2009.11
王金苟	男	政治	鲁溪初中	2009.11
刘小银	男	数学	鲁溪初中	2009.11
莫巨晶	男	中文	鲁溪初中	2009.11
柯传淳	男	体育	鲁溪初中	2009.11
夏建华	男	中文	鲁溪初中	2009.11
余香友	男	英语	鲁溪初中	2009.11
柯于义	男	数学	鲁溪初中	2009.11
胡　晟	女	英语	鲁溪初中	2010.11
聂　倩	女	英语	鲁溪初中	2010.11
林华荣	女	数学	鲁溪初中	2010.11
熊里莲	女	中文	鲁溪初中	2010.11
董民安	男	语文	官莲初中	2004.11
周东升	男	英语	官莲初中	2005.11
黎洪泉	男	数学	官莲初中	2006.11
林传株	男	数学	官莲初中	2006.11
艾宏春	男	语文	官莲初中	2007.11
艾政良	男	地理	官莲初中	2008.11
刘　昱	男	政治	官莲初中	2008.11
柯丹峰	男	物理	官莲初中	2010.11
李　晔	男	数学	官莲初中	2010.11
黎五星	男	英语	官莲初中	2010.11
罗新发	男	数学	甫田初中	2002.11
舒实森	男	数学	甫田初中	2003.1
陈开秋	男	数学	甫田初中	2003.1

续表十五

姓　名	性别	专业学科	工作单位	评审时间
方诗霞	女	语文	甫田初中	2004.11
王贤放	男	语文	甫田初中	2004.11
汪建平	男	语文	甫田初中	2005.11
陈　彬	男	数学	甫田初中	2005.11
刘道琴	女	语文	甫田初中	2006.11
周云建	男	生物	甫田初中	2006.11
魏名杰	男	数学	甫田初中	2007.11
董益峰	男	体育	甫田初中	2008.11
陈希刚	男	数学	甫田初中	2008.11
黄　玕	男	语文	甫田初中	2008.11
黄小丽	女	政治	甫田初中	2010.11
方玉田	男	政治	澧溪初中	1988.8
刘厚福	男	化学	澧溪初中	1988.8
朱必农	男	数学	澧溪初中	1999.7
包发义	男	语文	澧溪初中	2003.11
方谊南	男	数学	澧溪初中	2003.11
卢樟林	男	体育	澧溪初中	2004.11
胡国生	男	语文	澧溪初中	2004.11
项祥森	男	英语	澧溪初中	2006.11
唐　勇	男	数学	澧溪初中	2006.11
邓永家	男	物理	澧溪初中	2006.11
王义明	男	地理	澧溪初中	2007.11
徐恩才	男	语文	澧溪初中	2007.11
周　勇	男	化学	澧溪初中	2007.11
林亦鸣	男	英语	澧溪初中	2007.11
朱传华	男	语文	澧溪初中	2008.11
刘　锋	男	英语	澧溪初中	2008.11
廖诗霞	女	数学	澧溪初中	2009.11
明　洪	男	语文	澧溪初中	2010.12
陈希军	男	历史	澧溪初中	2010.12

续表十六

姓　名	性别	专业学科	工作单位	评审时间
宁武生	男	数学	澧溪初中	2010.12
盛　荣	男	英语	澧溪初中	2010.12
齐建刚	男	数学	澧溪初中	2010.12
夏尚铎	男	政治	船滩初中	1990.1
邹盛淼	男	数学	船滩初中	2001.9
方志远	男	政治	船滩初中	2005.12
李增兴	男	英语	船滩初中	2006.12
费后京	男	物理	船滩初中	2006.12
沈国炳	男	物理	船滩初中	2006.12
程德佳	男	语文	船滩初中	2007.12
周先辽	男	化学	船滩初中	2007.12
郑家继	男	语文	船滩初中	2007.12
盛以文	男	数学	船滩初中	2007.12
余　致	男	政治	船滩初中	2007.12
阮仕芳	女	语文	船滩初中	2008.12
方建宁	男	英语	船滩初中	2009.11
黄冬生	男	政史	船滩初中	2009.11
付持宁	男	数学	船滩初中	2010.11
傅宝林	男	语文	船滩初中	2010.11
傅林浩	男	数学	船滩初中	2010.11
吴世富	男	语文	船滩初中	2010.11
辛敦才	男	英语	船滩初中	2010.11
陈英洪	男	政治	清江初中	2001.9
徐　盛	男	化学	清江初中	2003.1
吴锡良	男	数学	清江初中	2004.11
吴文荣	男	数学	清江初中	2004.12
胡青友	男	语文	清江初中	2006.11
胡虞保	男	政治	清江初中	2008.1
唐绍芬	男	数学	清江初中	2008.1
朱灿书	男	物理	清江初中	2008.1

续表十七

姓　名	性别	专业学科	工作单位	评审时间
舒俊荣	男	政治	清江初中	2008.1
鲍建平	男	数学	清江初中	2009.11
熊光华	男	英语	清江初中	2009.11
胡艳月	女	数学	清江初中	2010.12
陈金林	男	语文	清江初中	2010.12
邱　成	男	化学	罗溪初中	2001.12
杨素桂	男	语文	罗溪初中	2003.1
宋小毛	男	语文	罗溪初中	2004.11
李小平	男	语文	罗溪初中	2004.11
邓　毅	男	数学	罗溪初中	2006.11
熊巨芳	男	地理	罗溪初中	2006.11
王会文	男	数学	罗溪初中	2007.11
严　昆	男	语文	罗溪初中	2008.11
叶仁水	男	语文	罗溪初中	2008.11
熊　斌	男	物理	罗溪初中	2009.11
李云明	男	体育	罗溪初中	2009.11
王溪宁	男	语文	罗溪初中	2010.11
张　松	男	数学	罗溪初中	2010.11
叶存矩	男	数学	石门楼初中	2003.1
熊章文	男	语文	石门楼初中	2003.1
刘　俊	男	语文	石门楼初中	2004.11
叶红牡	男	英语	石门楼初中	2005.11
吴元斌	男	语文	石门楼初中	2006.11
张丙放	男	物理	石门楼初中	2008.11
刘红梅	女	语文	石门楼初中	2010.12
刘　香	女	语文	石门楼初中	2010.12
欧阳可佳	男	语文	黄塅初中	2000.11
叶光显	男	语文	黄塅初中	2003.11
张远迁	男	数学	黄塅初中	2003.11
潘　斌	男	化学	黄塅初中	2004.11

续表十八

姓　名	性别	专业学科	工作单位	评审时间
邓　斌	男	政治	黄塅初中	2004.11
陈宗珍	男	语文	黄塅初中	2004.11
余树坤	男	语文	黄塅初中	2004.11
陈　玉	女	英语	黄塅初中	2004.11
葛　玲	女	生物	黄塅初中	2005.11
刘诗淑	女	数学	黄塅初中	2005.11
李小华	男	政治	黄塅初中	2005.11
肖玉山	男	历史	黄塅初中	2005.11
方　华	女	英语	黄塅初中	2006.11
胡小平	男	地理	黄塅初中	2006.11
夏　冰	男	物理	黄塅初中	2006.11
郑素萍	女	英语	黄塅初中	2008.11
朱卫东	男	化学	黄塅初中	2010.11
余刘应	男	数学	黄塅初中	2010.11
王汝章	男	政治	罗坪初中	2002.8
余修龙	男	物理	罗坪初中	2002.8
胡　鑫	男	数学	罗坪初中	2003.1
史心玲	女	数学	罗坪初中	2003.11
刘世安	男	政治	罗坪初中	2003.11
洪兆林	男	数学	罗坪初中	2004.1
袁应来	男	语文	罗坪初中	2004.1
翁弟森	男	语文	罗坪初中	2005.1
陈汝禄	男	物理	罗坪初中	2005.1
费平仁	男	化学	罗坪初中	2005.1
张晓燕	女	英语	罗坪初中	2006.1
魏咸赤	男	语文	罗坪初中	2008.11
张国平	男	化学	罗坪初中	2008.11
汪美霞	女	语文	罗坪初中	2008.11
陈世梅	女	数学	罗坪初中	2008.11
张　红	女	语文	罗坪初中	2008.11

续表十九

姓　名	性别	专业学科	工作单位	评审时间
陈伍莹	女	数学	罗坪初中	2009.11
仇富斌	男	语文	罗坪初中	2009.11
黎章英	女	地理	罗坪初中	2009.11
叶华英	女	数学	罗坪初中	2009.11
黄晓芳	女	英语	罗坪初中	2009.11
潘鹏飞	男	语文	罗坪初中	2010.11
潘　斌	男	物理	罗坪初中	2010.11
方珍兰	女	语文	罗坪初中	2009.11
杨建国	男	物理	宋溪初中	1997.10
李　滨	男	数学	宋溪初中	2003.11
雷显林	男	语文	宋溪初中	2003.11
叶存平	男	物理	宋溪初中	2004.11
华功俊	男	语文	宋溪初中	2004.11
夏　赟	男	物理	宋溪初中	2004.11
冷景河	男	物理	宋溪初中	2006.11
吴庭生	男	数学	宋溪初中	2006.11
戴红霞	女	政治	宋溪初中	2006.11
邹宁芳	女	数学	宋溪初中	2006.11
余华英	女	英语	宋溪初中	2007.11
刘宁平	男	体育	宋溪初中	2008.11
刘志敏	女	数学	宋溪初中	2008.11
伍　杨	女	语文	宋溪初中	2008.11
叶　敏	男	语文	宋溪初中	2009.11
毕延民	男	物理	宋溪初中	2010.11
杨回春	男	数学	宋溪初中	2010.11
董　群	女	英语	宋溪初中	2010.11
雷菊伦	女	语文	宋溪初中	2010.11
李扬忠	男	美术	宁达中学	2002.11
魏克云	男	化学	宁达中学	2006.11
张项理	男	政治	宁达中学	2006.11

续表二十

姓　名	性别	专业学科	工作单位	评审时间
刘小武	男	数学	宁达中学	2007.12
余张林	男	语文	宁达中学	2008.11
谈　余	男	数学	宁达中学	2009.11
盛洁羽	男	语文	宁达中学	2009.11
华小聪	男	语文	宁达中学	2010.12
汤　林	男	英语	宁达中学	2010.12
陈继贵	男	语文	宁达中学	2010.12
李　军	男	数学	宁达中学	2010.12
余正心	男	数学	武宁县职业中专	1998.4
罗选芬	女	体育	武宁县职业中专	1999.7
张友鑫	男	语文	武宁县职业中专	2001.9
兰浩义	男	语文	武宁县职业中专	2001.9
夏尚彬	男	数学	武宁县职业中专	2002.8
张周中	男	语文	武宁县职业中专	2002.8
熊新花	女	物理	武宁县职业中专	2002.8
程鲜红	女	语文	武宁县职业中专	2003.1
李昆兰	女	数学	武宁县职业中专	2004.12
余亚洲	男	计算机	武宁县职业中专	2004.12
吴作兴	男	语文	武宁县职业中专	2005.12
程洪樟	男	数学	武宁县职业中专	2005.12
严茂荣	男	语文	武宁县职业中专	2005.12
熊　明	男	语文	武宁县职业中专	2005.12
张小泉	男	政治	武宁县职业中专	2007.12
方士豪	男	语文	武宁县职业中专	
黎华明	男	语文	武宁县职业中专	2009.12
李　健	男	计算机	武宁县职业中专	2009.12
张　震	男	电子	武宁县职业中专	2009.12
刘慧真	男	英语	武宁县职业中专	2009.12
陈　萍	女	英语	武宁县职业中专	2009.12
叶祥贵	男	语文	大洞学校	2006.11

续表二十一

姓　名	性别	专业学科	工作单位	评审时间
周亚明	男	数学	大洞学校	2006.1
聂学龙	男	数学	大洞学校	2009.1
叶存谱	男	政治	大洞学校	2010.11
程洪海	男	数学	上汤学校	2007.12
陈世礼	男	语文	上汤学校	2008.11
程振淼	男	化学	上汤学校	2009.12
程文生	男	语文	上汤学校	2010.11
郑家忠	男	数学	上汤学校	2010.11
黄莉莉	女	英语	上汤学校	2010.11
程宗法	男	物理	东林学校	2009.1
徐　荣	男	语文	东林学校	2010.11
雷伦和	男	化学	东林学校	2006.11
曹国宝	男	语文	石渡学校	2004.11
汪仁周	男	数学	石渡学校	2004.11
毕建华	男	政治	石渡学校	2004.11
熊章书	男	语文	石渡学校	2005.11
黄修林	男	语文	石渡学校	2006.11
余昌达	男	数学	石渡学校	2006.11
余华中	男	数学	石渡学校	2008.11
潘伟宁	男	数学	石渡学校	2010.11
张小新	男	英语	石渡学校	2010.11
李　军	男	数学	石渡学校	2010.11
王贤斌	男	数学	杨洲学校	2004.11
叶祥生	男	物理	杨洲学校	2005.11
王　青	男	物理	杨洲学校	2005.11
郑燕翎	女	语文	杨洲学校	2006.12
周振南	男	物理	杨洲学校	2008.11
吕从勇	男	语文	杨洲学校	2009.11
吕传秀	女	语文	杨洲学校	2010.11
洪玉政	男	语文	杨洲学校	2010.11

续表二十二

姓　名	性别	专业学科	工作单位	评审时间
郑振华	男	数学	巾口学校	2009.11
周　璇	女	英语	巾口学校	2009.11
王太平	男	化学	巾口学校	2010.11
熊贻松	男	语文	巾口学校	2010.11
董兆香	女	语文	巾口学校	2010.11
李　清	男	物理	巾口学校	2010.11

武宁籍部分外地工作的中学高级教师

表11–6

姓　名	性　别	籍　贯	任职单位
刘铁宁	男	鲁溪	美国旧金山湾区中学
朱晓蓉	女	新宁镇	北京西城区四十一中学
熊豫慎	男	石门楼	江苏常州市六中
李顺贞	男	石门楼	江苏常州市六中
舒本良	男	新宁镇	海南省商业学校
邹秋平	男	石门楼	广东水电工程处子弟学校
潘毅鹏	男	伊山	省教育厅教研室
方由威	男	甫田	江西财大附中
袁修萍	女	横路	江西财大附中
刘伦臻	男	石门楼	南昌市27中学
陈德森	男	船滩	九江市教育局教研室
王晓辉	男	新宁镇	九江一中
石绍满	男	大洞	九江一中
阮家梅	女	澧溪	九江一中
刘堂心	男	新宁镇	九江一中
李学强	男	新宁镇	九江一中
冷旭日	男	泉口	九江一中
陈　宁	男	宋溪	九江一中
张七宁	男	新宁镇	九江一中
胡立新	男	新宁镇	九江一中
柯于生	男	鲁溪	九江一中
彭惠民	女	新宁镇	九江一中

续表

姓　名	性　别	籍　贯	任职单位
朱　洁	女	伊山	九江二中
陈公仁	男	官莲	九江二中
周乐春	女	新宁镇	九江二中
邓更生	男	清江	九江三中
叶志民	男	泉口	九江三中
柯冬生	男	鲁溪	九江三中
柯于本	男	鲁溪	九江三中
熊自涛	男	鲁溪	九江三中
钟武庆	男	县城	九江四中
赵双溪	男	上汤	九江六中
陈美玉	女	黄塅	九江八中
周晓丹	女	县城	九江庐山区中学
邓高喜	男	东林	九江庐山区中学
胡远东	男	石渡	九江庐山区中学
舒小红	女	甫田	九江庐山区中学
王春蕾	女	横路	九江庐山区中学
张远平	男	船滩	九江庐山区中学
聂　赣	男	泉口	九江庐山区中学
林喜春	男	鲁溪	九江石化子弟学校
花袁伟	男	新宁镇	永修白槎中学

小学特高级教师

表11-7

姓　名	性　别	工作单位	评审时间
洪欢平	男	教育局	2009.11
徐红英	女	教育局	2006.11
冷　卫	男	横路中心完小	2010.11
刘凤华	男	鲁溪中心完小	2006.1
柯　帆	男	鲁溪中心完小	2006.1
陈　龙	男	鲁溪中心完小	2009.1
林显玉	女	鲁溪中心完小	2009.11
刘诗发	男	鲁溪中心完小	2010.11
鲁少芳	女	甫田中心完小	2005.11

续表

姓　名	性　别	工作单位	评审时间
张垂忠	男	罗溪中心完小	2010.11
汪小金	男	黄塅中心完小	2004.11
杨建春	男	清江中心完小	2008.11
朱元淑	女	武宁一小	2006.9
刘　蓉	女	武宁一小	2006.9
熊唐生	男	武宁一小	2010.11
邱爱华	女	武宁一小	2010.11
徐丽英	女	武宁一小	2010.11
夏银秀	女	武宁二小	2004.11
谢小英	女	武宁二小	2005.11
刘晓英	女	武宁二小	2005.11
周春霞	女	武宁二小	2007.11
明平兰	女	武宁二小	2009.11
钟　娇	女	武宁二小	2009.11
李慧兰	女	武宁二小	2010.11
石卫平	女	武宁二小	2010.11
黄　玉	女	武宁二小	2010.11
陈茂香	女	武宁二小	2010.11
艾冬云	女	武宁二小	2010.11
周云虹	女	武宁二小	2010.11
邢　斌	男	武宁三小	2008.10
龚仁彬	女	武宁三小	2001.1
张季武	男	武宁三小	2010.11
夏　瑞	女	武宁三小	2010.11
叶志鸿	女	武宁三小	2009.11
付林元	男	武宁四小	2005.11
刘红华	女	武宁四小	2010.12
陈克香	女	武宁四小	2010.12
张　敏	男	武宁四小	2010.12
黎　辉	男	武宁五小	2006.11
黎洪敏	男	武宁五小	2007.11
朱元芳	女	武宁五小	2010.11
董　韵	男	幼儿园	2006.11

中学一级教师

武宁一中

聂华　王太波　刘杨　成传昌　聂新　谭崇斌　黄玲　潘雪芬　雷红玲
余彬　陈雷　刘秋林　郭承永　衷宇红　汪东山　钟朝阳　余剑敏　杨月波
聂小红　卢宁生　姚敏　刘茂林　张宴　李平江　陈亚平　段宝宁　邓朝晖
胡玲玲　吴义梅　黄江平　张毅　汤鹏　程丽琴　王和　卢凤霞　万莉
张丽萍　黎明　邱兵　陈芙蓉　孔令贤　王造梁　汪和明　余胜胜　张待毅
唐梅　熊华荣　李春梅　邱逢达　卢作桂　卢帮澄　陈安帮　王冬英　陈东振
程振忠　张力　夏清荷　柯美敖

武宁二中

刘赟　刘尚文　沈阴　周丽萍　丁传贵　刘新文　汪玉芳　钟秀冬　胡德淑
张沐　周万里　林茂琳　黄清　刘萌萌　卢清河　刘美静　张永贵　邹德斌
杨平章　刘诗颂　刘礼标　郭奕富　高文　杨观富　廖永凤　曾小波　熊敏
秦克斯　黎秋玲　程庆军　黎裕锋　吴平　陈丽萍　瞿新华　周敬弘　卢春华
戴林　方东红　余水高　陈凌燕　盛以国　李杰　王莉　薛海兵　卢婷
李勤　张金钰　段金林　付淑华　李芙蓉　张熊　邱树基　郑求达　熊春香
刘诗孝　李淑芳　杨文政　李希鑫　林永太　冷先忠　夏源秀　聂文馨　付朝智
杜道远　宋林妹　王贤聪　彭清水　汪和慧　雷名兰　杨艳华　冷绪鑫　陈世烽

实验中学

韩芳　雷海　何建新　潘小洪　邓飞　仇新华　王功礼　王斌　张家安
艾玉芳　舒锋　魏江红　叶敏　李文慧　皮震静　江志浩　王永香　周平美
黎叶华　丁科　孙均均　刘慧　武守全　董飞陆　苏宇宁　陈彬　陈静
余新华　万波　蒋国蓉　应江霖　邹秋生　胡袁凯　汤冬英　程建华　周乐平
柯燕红　许彦平　魏兵　夏发平　黄斌

职业中专

方建卫　杜市宁　刘余年　卢宪金　明立新　叶云　盛六一　付赛鹰　叶存娇
盛广菁　张功贵　周升虎　邱立阳　周江　吕从宾　刘峰　潘年华　张峰
刘东桥　黎洪穆　黄佑炼　张国祥　文润宁　刘堂香　汪芳兰

协和中学

余建华　张艳　潘锋　盛华升　吴明月　焦栋梁　邓婵娟　鄢向明　孙燕青
刘娟　苏红云　石义兵　熊卫　刘建新　余亚玲　徐松　胡伟　陈青阳

潘海莉　杨美娟　张芙蓉　邹志伟　刘文亚　钟晓华　姚海燕　刘志敏　刘　刚
程世芹　梅继承　邱能斌　冷小斌　张绪兵

泉口初中

胡健宁　张　洪　戴　文　罗　芳　刘　斌　汤海波　周杨生　洪汗圣　冷绪枫
刘诗生

金水初中

汪庆华　王义生　刘　寒　冷火佑　熊兰芝　聂文政　聂学河　余传岩　聂道庚
聂学焰　陈求根　聂彦致　张远昌　冷绪猛

横路初中

余静汉　冷景木　冷临春　李枝红　张远腾　汪　川　程　平　熊　峰　熊英姿
汤　林　陈继贵　刘　程　聂少良　聂　政　盛　庆　谢守江　冷占国　齐盛发
黄仲泉　刘礼良　冷绪霞　汤守炫　冷景义　熊仁佐　刘导生　潘世堂

鲁溪初中

黎跃生　林志刚　刘　章　余　陈　夏　捷　刘诗乾　余　红　彭仁巢　冷绪菊
董　平　黄东华　柯于鹏　熊自林　刘俊贵　张凌云　冷绪花　周升晟　林华林
黎娥芳　刘诗龙　林美荣　夏清海　刘堂卓　熊远征　周庆定（高级技工）
刘堂樟（高级技工）　柯亭林　余修虎　柯祥森　李茂球　刘礼梧　刘善堂
聂由梗

官莲初中

陈彭生　卢真明　柯火明　成国凤　冷运林　瞿世佳　林迟生　王太建　柯于建
黎洪术　吴忠贵　刘平生　陈洪遗　柯尝利　卢清旭　黎天斗　黎端炼　黎哲明

甫田初中

李沪蓉　项　询　方衣兴　夏建明　钟　芳　葛丽琴　罗干林　黎丽华　陈家发
陈余生　谈学良　阮晓军　程永胜　冯献容　盛　成　黄修龙

澧溪初中

李秋琴　徐良斌　徐臣君　方礼兵　吴建华　刘益伟　林　光　彭守明　戴志梅
李丛蓉　李　蜀　胡奇英　唐华锐　吴越英　陈佳贵　项远军

船滩初中

唐修明　吴让宾　辛从乐　陈德才　邹贵初　汪和荣　黄式平　杨先锋　方　金
戴晓燕　徐仕安　程小华　黄良云　叶学华　余中华　魏　飞　谢立垚　余仁海
封　萍　袁修金　李烈娥　胡家平　雷　兵　周海云　徐维杰　龚良冰

清江初中

罗　鑫　邱　斌　范　会　钟　鸣　杨宇果　董华宁　陈芙蓉　徐撼西　张　珙
姚宽智　饶钦寿　吴运良

石门楼初中

宋文武　黎　曙　向忠莲　叶　聪　叶心祚　叶真华　丁永华　熊小叶　施松林
谢章成　刘小英　黄小强　郑爱书　朱本贵　邹　鹏　陈青松　张成锋　邹　斌
钟　微　方　微　郑卫华　陈慈逢　李高恒　叶存金　胡象勤　张待成

罗溪初中

纪善华　唐卫忠　邱　荣　张建水　叶刘罕　陈　斌　付堂丽　邹德琼　葛开凰

黄塅初中

李枝国　夏之余　葛　俐　张小英　丁　琳　王卫林　黎　敏　李　莉　程宗伟
张明华　张丽丽　刘　英　魏小红　刘　央　林文龙　邱小云　郎星明　胡克俭
吴　勇　徐　勇　刘巧麟　熊　熵　张本胜　张　莉　叶实湖　廖爱萍　丁山玄
陈　俊　鄢婷婷　杨平根　陈海波

罗坪初中

夏元华　余　强　林　锋　雷志清　郑志强　董安兵　王声阳　胡　磊　李　磊
王东鑫　杨　斌　方海生　方新堂　朱传忠　袁灵芝　方美红　肖晓燕　双　幸
崔庆玲　陈莉莉　肖仁斌　余水辉　陈启龙　丁腾芳

私立宁达初中

杨小平　严茂华　谢章成　汪礼金　阮晓军　刘　君　汤守德　范　会　翟顺丰
皮雯静　熊华兵

大洞学校

叶心芳　叶心德　李建国　叶心祥　邓京泉　叶　烨　叶荷花　叶祥景　叶丽娟
郭庆海

巾口学校

李　波　王联欢　石学柱　翁运森　冷庆华

宋溪学校

郭大成　李枝震　夏刘生　童盛唐　卢作平　洪科军　陈　超　张历红　张爱华
易　琼　董　群　张玲玲　张　杰　李志忠

东林学校

徐　辉　余育炳　徐春阳　车学成　邹德爱

上汤学校

方　式

石渡学校

曹林芳　刘江平　黎　明　汪礼金　杨小平　吴利民　严盛芳　熊华明　周联军
汤　波　袁意琴　陈　华　周　江　王延莲　池行荣　邓东晨　李小年　冷张征
叶小平　胡焱阳　朱忠兴　钟第南　唐长锦　肖　铂

杨洲学校

王传煌　张丽婷　瞿顺福　陈　勇　谢承东　梅孔彬　陈江娥　祝伟东　袁喻青
刘德胜

县幼儿园

尹佑香

南市小学

李朝晖　王怡荣　朱　勇

黄塅小学

戴丽莉　卢　清　王定虎

横路小学

冷先海

船滩小学

余世才　张绪春

武宁二小

李亚妮　黎裕卫　徐晓仙　吴翠蓉　钟　旭　王碧林　邹丽华

武宁三小

程　洁　陈才进

武宁五小

徐　全　陈景明　谢志明　梅朝霞　钟世平　陈云龙　张成龙　王贤伦　袁林森　梁　奕

小学高级教师

武宁一小

郭绪英　万惟丽　张　兰　张　华　熊晓芬　郭晓芳　刘慧玲　汤小红　董泉芳　刘晓芬　夏　鸣　纪道英　张建华　李选兰　毛雪松　熊伍香　黎东林　张　武　李卫兵　章彧征　洪　梅　鄢育民　万惟鹏　淦克耀　葛光凤　马流秀　刘堂秀　潘永屏　辛敦淑　盛广梅　熊筱梅　章秀芬　程茂梅　田华英　刘堂财　张　勤　谌得生　周少平　刘海娇　李云媛　洪　流　程福英　胡传清

武宁二小

郑金宁　邓昌梅　王少男　刘　敏　杨平香　柳兰蓉　张　年　周　霞　潘海英　周　斌　陈倩如　周志凌　徐永红　张　晶　崔　勇　吴杏花　韩　英　汪丽华　袁修贵　罗会隆　胡升平　聂玉琴　李　丽　张松萍　夏小平　李季红　施但安　盛筱蓉　沈朝霞　刘　娜　刘燕玲　冷樊樊　张春晓　翁盛武　袁达煌　袁秋宁　邹志勇　龚　伟　黄　成　王丽娟　邹仁国　郑孝萍　陈立丽　黎　智　钟曙燕　欧阳琴　雷勇军　张绪骥　刘伦景　王从夏　邓敦玉　邹兰英　邓兆英　余善珍　黄从英　洪丽清　卢德凤　熊里兰　李自匡　陈荣兰　刘　芫　舒素文　梁　燕　王宜男　王姣娥　黎远秀　熊里清　聂早桂　熊丽清　何远清　王茂秋　邱逢英　胡桂秀　张吉连　蒋海兰　程考修　卢位英　张汉凤　钟孝海　徐北友　杨征梅　黄习健

武宁三小

莫张华　徐庭娥　付林凰　赵宁凤　石　飞　刘　芳　熊　晶　熊方荣　叶艳青

刘小红　张　琼　夏华盛　余丽君　段艳玲　陈小芬　余高云　田莉莉　钱光珍
黎维专　刘春娥　卢玲玲　姚　丹　刘子英　史炳红　冷珍华　朱传秀　万文高
过其霞　周海燕　成焕发　葛王林　黄冠连　兰建军　熊细玲　聂杏花　汤双林
夏　瑞　刘堂慎　肖玉蓉　张季武　熊伍香　蒋福生　张松林　冷梅英　成良芬
张淑芳　李玉芳　程贤彪　皮泽民　卢慰军　石林艳　邹小英　邢国莉　胡友慧
张叶芬　冷爱香　张纲荣　刘显菊　曾凡月　曾凡爱　邓祖秀　李高玉　艾宏秀
石承粤　邓志凤　杨玉娥　刘会英　朱东红　廖诗琴　徐晓兰　杨美慧　吴世菲
石　珍　刘丽霞　胡群珊　陈太兰　辛从慧　聂学兰　李喜莲　刘星星　肖自娥
黄诗梅　瞿世英　黄少华　刘显梅　张绪凤　雷振淑　周　珩　冷从英　余策香
缪行洁　王根秀

武宁四小

胡招群　瞿世芬　叶祥菊　艾水兰　邱小波　梁学英　黄　曦　卢真花　黎海燕
吴济平　陆满珍　曹茂英　徐晓荣　熊红英　余水平　黎燕萍　周庆梅　朱燕芳
朱　建　聂道江　范华英　翁爱华　王早君　程　静　潘隆芳　吴　华　邹方程
陈桂凤　王大庆　黎　伟　李正琴　王科菊　叶千秋　辛小兵　李彬彬　李媛媛
徐淑萍　邱燕萍　李　萍　黄　芬　唐晶晶　柯宗菁　袁喻青　许正英　舒常英
熊里秀　刘遵凤　黄右军　王传淑　吴来娣　明平媛　包青莲　赵万程　刘诗兰
杜　英　盛广英　毕诗凤　周升菊　吴世凤　刘明玉　王太英　余宝川

武宁五小

黎思株　黎洪华　周帅颖　邹如俊　陈海珠　杨友梅　王荣华　俞海宁　张国民
付慧玲　成忠义　陈守平

泉口小学

洪登旺　周庆荣　聂文虎　余涵法　聂学和　陈继广　陈世昌　陈世亮　聂太河
陈继礼　张友芳　全起龙　叶发咸　洪登伟　洪汗映　李小英　洪科坪　程茂金
戴征南　聂　锋　聂彦雄　余红宁　聂彦际　张吉雄　聂从宣　郭庆华　柯志强
张绪明　李殿华　刘诗龙　张友元　张友水　瞿明海　张向东　聂运龙　李殿英
熊自泉　卢　军　聂春玉　谢青连　熊贻财　洪登厚　聂由长　聂太梅　聂运炳
周自强　叶心槐　柯宗平　张功成　叶祥荣　刘明淑　汪维生　张业兰　柯宗菊
雷勉付　冷绪福　邹荣英　聂学辉　聂桂兰　聂菊花　聂学问　张功鹤　冷先娥
聂国焰　周平福　黎远樟　张定明　周平泳　聂由良　邱吉祥　瞿世礼

横路小学

熊自斌　冷从本　冷绪清　熊贻华　王茂才　张绪森　林　斌　冷绪振　熊自华

汤义英 张袁芬 汤治金 张友竹 温浙照 叶素环 张 凡 沈东华 张友富
李 洪 冷先华 汤守汉 邓小华 冷东晶 邹治平 张绪卫 杨汉才 黄龙日
潘建方 熊里银 张建中 石承贵 张绪琪 冷先芳 熊仁红 李若鸿 张友河
邓京姣 熊自芳 邓东耀 张茶花 温浙秀 刘 勤 黄仲栋 张 鹏 冷景松
陈新国 黎 群 邓京文 熊远江 蔡茂珍 成 萍 柯金林 肖丽芳 沈才斌
冷 峥 聂明玉 张友兰 聂曼云 熊仁简 冷先华 张吉利 聂艳花 汤守英
张友爱 刘泉英 冷景孔 余静旺 冷绪海 汪维杰 杨秋望 冷绪香 袁修芬
柯亨林 杨汉兴 冷绪成 刘明耀 冷绪贞 潘际址 盛以莲 张远平 冷绪斌
张绪源 熊远信 冷先富 汤守信 冷绪枝 黄朝英 冷先芳 邓东日 冷绪佳

鲁溪小学

柯于夏 夏源贵 莫俊辉 余火桂 刘细堂 柯传武 刘明桃 陈汝银 刘堂贵
柯传焜 熊里诚 夏国香 刘堂标 刘堂兴 柯 敏 刘诗根 刘明海 熊厚静
陈夕平 汪家富 李屏林 夏清富 柯美寿 柯于花 刘诗程 黄恢仁 柯亨巢
刘礼福 余福玲 张 英 刘明贵 刘正祺 刘建平 刘堂球 余高兰 张吉莲
柯美柘 陈才富 柯传华 夏源林 柯美崎 刘诗晨 夏敬芝 刘 康 刘诗禹
柯善信 熊自贵 柯美松 陈新兰 陈公梅 刘堂柏 瞿芳萍 林家安 刘旭明
柯美珍 汪松华 余 龙 徐维耀 柯美礼 刘 赟 段龙鹤 夏发浪 柯于武
柯梦春 柯善斌 刘弯堂 夏清箭 夏 云 陈公莲 郭柯芳 柯于钟 江 丽
刘 生 柯玉梅 余正华 黎洪梓 周水秀 刘茴堂 李洪荣 余绪龙 毕延兰
毕延斌 柯美齐 李汗荣 余传开 柯于仟 陈公晴 刘明施 刘显煌 黎洪杰
冷先兰 王田英 林传星 熊里垣 王永生 余策吕 夏敬平 柯传英 夏源标
华功标 柯于忠 刘明兴 刘明荣 刘芬堂 余福梅 夏 斌 林罗英 余林英
刘明涛 刘明日 余策育 柯亨祥 张远洄 余绪芬 余唐利 刘礼迎 夏清华
艾施呈 周昇兰 柯益智 周昇喜 艾政梅 余绪宣 柯祥夏 周昇波 柯长财
陈汝义 余桂英 刘诗书 周宇海 柯传焱 林传煜 余香君 刘明月 冷先秀
卢仕田 刘堂信 张绪西 张绪祉 林传南 柯有志 李定育 柯祥贵 艾施生
夏源香 余传生 刘堂烘

官莲小学

艾梁贞 陈公兰 熊自立 卢真方 黎洪泉 张远炯 黎洪略 皮振宁 刘世泉
周升荣 聂凌云 翁新宁 易槐虎 魏星光 艾宏东 张远银 卢真南 黎小东
王志华 殷世春 黎道生 卢真国 张国秀 胡秋莲 陈宗梅 董乐仁 陈希元
黎哲学 刘诗华 周甸仁 张卫华 曾昭昌 黎洪朗 黎洪斯 陈希辉 黎维法
邓东莲 刘礼玉 郭友生 卢清镜 黎哲猛 黎梅荪 张友西 熊里煊 林美恕
瞿守辰 黎银花 陈希仰 黎维夏 黎维利 卢仕明 皮明炎 陈公祥 瞿世周

黎洪富　刘明珠　董乐鹏　邱让河　黎道政　李正香　李屏莲　胡家禄　陈希仁
陈宗标

甫田小学

兰浩银　郭庆福　刘应垚　罗来李　董兆莲　刘应樱　盛广梅　吴小兰　袁平喜
汤　安　朱元华　包发惠　何祥玉　董玉珍　喻在德　唐小林　蒋立志　雷振淑
朱少萍　王　平　赖教文　苏启凤　李曾金　程海水　陈新国　李于忠　张卫菁
兰　花　刘应勇　黄诗富　刘祖华　邵永祥　郭茂信　潘世贤　刘干红　陈汝英
徐卫东　兰浩秀　王忠学　李昆明　姚山飞　杨素文　罗章平　汤普海　张利富
何宝云　董彩霞　徐立惠　刘祖国　汤道尚　项名富　李若根　鄢维树　司根全
陈守精　张绪梅　陈敬礼　潘隆庆

澧溪小学

夏水兴　陈世成　王定武　周先煌　肖德春　邱欣荣　石顺金　李相根　付堂才
邱欣林　陈绪森　王定宝　朱　鹏　张永富　李方朝　陈开梅　方少奇　李少青
易宗媛　邓永方　李　林　陈助家　明学林　乐玄富　明发桂　唐先淑　王定富
张　惠　王治泉　邱世娇　徐海松　吴世华　项国梅　张　玲　陈　林　张汉林
盛以龙　邱福平　李扬林　杨玉红　杨华明　吴泽红　明小平　付林兴　朱容其
卢国富　唐先文　石承安　吴永汉　方由生　邓可英　曹绪贵　陈伟奇　陈敬新
余从兰　张扬秀　张汉菊　李扬文　汤太国　唐心良　陈景柏　付林炎　徐德义
刘堂元　周先本　盛广香　吴卸水　张吉余　阮班娥　艾木莲　朱美菊　周子英
陈　菲　吴岱岱　吴连娣　陈敬礼　唐章先　黄维新　邱俊蛾　钟玉香　唐先凤
方由娇　李贤芳　费厚莲　陈则林　陈乐平　余光海　邱世文　彭学臻　邢宏汉
盛维渊　杨素娇　陈世莲　兰浩标　周衍长　吴发森　明庭骥　唐光淼　易宗圣
阮仕贵　黄维风　刘明和　方诗柱　李扬志

船滩小学

叶集荣　袁知荣　沈为益　付堂木　程茂元　张远生　戴云水　郑均华　方家富
徐德华　黄诗仁　李昆生　余世华　吴国虎　程德勇　郭盛贵　张绪玉　邓可林
叶征南　吴建人　袁胜国　董元忠　黄修文　石先进　雷大声　王有权　程方文
阮长菊　谈泰华　王贤梅　熊登高　程宗仁　付堂武　杨翁琪　黎　珍　王少华
吴敏爱　郭盛娇　付堂香　汪淑香　付新宁　阮仕兰　辛从兰　汪维娇　戴先严
方成秋　程立新　方家祥　付沪宁　汪　华　邹盛香　雷名莲　李正福　周先华
曾凡荣　沈玉瑜　辛昭娥　舒克玲　陈明珠　陈少华　辛昭梅　李高凤　陈丽珠
邹河初　余　明　祝绪国　黄从孝　辛昭文　周德芳　焦艳颖　朱校林　王声富
王高妹　邓方森　戴先征　辛爱兰　余昌平　谈聪华　何祖华　朱学红　钟启勇

邓东凤 付堂莲 郑德仁 徐盛塔 张绪莲 程宗文 雷显光 黄良满 车学兰
付林文 徐德友 周钦孝 方由海 陈景梅 雷振群 龚循菊 程永红 吴国金
谢昌明 徐书福 许杨秀 王少春 张绪元 张显秀 陈少荣 程德根 裴爱宁
陈明君 阮绪爱 邓可芬 甘家香 辛家爱 汪传忠 黄从华 张绪仁 周先金
戴先金 张兆寿 沈为训 历年寿

清江小学

范才鹏 唐华清 徐锦江 胡建荣 黄诗会 陈　勇 朱本湖 黄修银 杨新才
徐代森 黄文华 黄诗平 陈景香 冯彩芳 罗贤安 徐盛淑 黎维民 徐代明
朱永水 李　萍 杨治文 朱永禄 郑通红 邱元根 汪新兰 兰樟生 胡志豪
蒋德先 程书富 徐盛策 胡盛吉 黄兼平 吴寿樟 方　针 艾星星 刘伦雪
邱选兰 方宜兰 黄　芳 邱麦林 雷郁春 卢其芳 方志英 黎敬森 胡德杏
唐声龙 胡德庆 陈锡荣 杜金梅 李汉钧 方诗娇

石门楼小学

张亦肖 邹和林 张相中 熊明星 许可茂 肖后日 缪水开 郑德贵 叶刘军
邹人孔 郑德礼 张秉槐 吴来红 卢再金 刘谢冰 姜正明 熊章菊 汪春兰
罗时桂 尹定英 张待禄 刘守技 邹人东 瞿德智 熊基孝 张道荣 叶征信
黎维美 罗时菊 胡友忠 刘　星 刘会中 叶　平 熊宪群 张　三 叶征文
熊　斌 张金秀 邹桂英 邹昌华 黎小刘 郑冬宁 余建培 刘小霞 肖荣华
梁　忠 刘小江 张　靖 熊福星 邹昌炼 叶心华 刘守壁 朱原泌 刘明定
张道兰 熊尚真 姜素贞 叶正成 叶存文 付重轩 张待流 刘伦万 张　琍
刘书绶 刘堂淑 张并荣 叶心牡 姜方在 郑通本 胡友光 瞿水平 熊未财
张会林 胡著牡 夏发香 杨万英 周阿春 邹建中 姜正宇 邹志富 刘伦毕
熊章武 刘　燕 邹隆菊 叶祥武 刘轩成 童裳贵

罗溪小学

罗会林 葛　宁 张小英 叶　根 张秀业 刘怡菊 陈传爱 付　英 张鉴牡
黄小舟 葛远武 张垂忠 罗曼秀 阮士菊 葛远洋 盛思凤 熊怡生 周罗凤
叶仁忠 肖仁桂 宋正才 叶心道 付　玲 张鉴平 宋正豪 叶　柳 葛光庆
汤太芬 胡友莲 叶祥玉 叶新生 刘　琳 叶心佑 叶存信 叶礼忠 叶祥春
杨再平 阮联花 叶存美 张友生 蔡乾英 王华庆 余　政 李启芳 王　蔚
余水平 付堂秀 董思兰 葛远兰 葛光春 戴　群 邹德华 陈本娇 陈绪娥
邹少凤 余修坤 叶发业 罗时大 陈从旺 张会业 叶存春 陈家兰 万祥慧
陈明强 邹昌华 田宗秀 陈绪荣 叶存河 叶　青 邹章大 张待清

黄塅小学

刘典英 兰樟清 钟晓英 张炳祥 邱吉森 刘罗生 陈才建 李 秀 李冬生
陈宗炳 张远坤 严彰宝 汪瑜杰 张汉业 舒端常 周福金 杨宣娥 钟第水
洪定良 陈智英 程庆林 熊仁秀 杨玉珍 江炳龙 汤 玲 冷新民 马卓亚
陈君香 高 萍 盛广度 徐文静 何章娥 郑六媛 钟海云 钱光英 黄燕琳
胡 梅 邵少云 张 钰 王娟英 雷美珍 吴燕青 李玉琴 邓建中 潘朝坤
张远庆 刘堂平 刘江坤 张绪铭 李慧兰 吴世淑 陈宗凰 刘 星 黎玲玲
王莲梅 汤朝汉 刘礼琴 石春林 董长梅 汤 华 曾庆香 刘诗莲 陈晓萍
邓东红 汪 艳 冷迎春 戴丽莉 魏桂玲 邹萍英 肖芳芳 程丽萍 陈伶俐
龚美玲 李朝林 吴永庚 肖德美 林业秀 金樟水 吴永年 潘明礼 石玉清
盛维凤 刘国梅 卢 辉 孙曼红 刘 蓉 万长其 兰世熙 彭再东 张友礼
肖厚朝 张友泉 熊爱东 张菊英 罗春红 汪维淑 汪会兰 甘树芳 卢邦玉
吕春丽 刘堂菊 章梅香 叶存菊 王时桂 付重莲 严彰娥 陈希碧 邵春姣
杨宣娥 王忠良 邱吉香 段英香 池典贵 万秀英 黎和秀 舒 张 李会兰
邱吉武 石学习 熊章杏 周先秀 刘 菲 孔令娥 蔡密英 聂太爱 黄忠诚
梁师财 阮有金 林心心 张远来 卢真梓 郭德英 何凤章 卢真佳 王柏香
周平德 吴松山 朱美兰 钟兴秀 陈素贞 黄佑煌 汪 琴 陈代麟 黎 蓉
朱宇梅

南市小学

赵 平 徐立言 陈景平 潘隆会 江建福 涂玲玲 陈德平 乐俊平 葛远强
万长宝 邱大平 姚永忠 雷荇芸 凌欲飞 徐 峰 刘 浔 申小平 周东红
陈利香 黎 香 胡克芳 艾保华 余兰香 刘小梅 谢 峰 吴水生 许冬兰
郑丽华 李 兰 林乐春 杨小宁 余丹阳 林显秀 卢再芳 陈鲜红 李烈媛
张姝丽 夏水芬 赖鑫红 崔恒秀 邹英娥 付梅香 余泉秀 张绪坎 姜大英
潘世梅 梁普成 王 宁 林德凤 卢国芬 李曾勤 万祥惠 付诗林 余荷花
钟孝明 柯美然 刘南鹏 黎洪涛 段传梅 余金屏

罗坪小学

李时前 孙 立 袁意华 余敬国 刘堂玉 余水梅 段昌辉 曹庆龙 方成德
袁正云 余月华 方关清 曾小苇 盛广苏 曾曼华 叶浪花 余修建 张兆银
余香根 鄢大福 潘学辉 袁仕球 刘琴琴 黄开文 汤晓华 张绪塘 余香楷
王传凤 黄兴华 翁盛旺 卢育文 李飞光 方樟炳 柯美松 黎庆生 卢咸国
卢咸书 卢育亚 彭小苹 钱安河 孙朝林 邢廷康 邢廷睿 徐燕飞 袁维友
邹海初 李主武 程学英 康贤玉 李显银 卢咸凤 余修荣 章新阳 卢咸梅

文圣惠　余策华　张修仁　汤晓华　曹邦秀　卢位焱　陆爱珍　余晓红　郭金旺
洪兰娇　姚兴富　李选娥　卢位喜　张国春　魏京城　应明洪　卢作贵

大洞学校

叶柏鲜　谈际堂　余荣长　张公姣　叶心忠　邹善娟　叶存桂　王贤坤　李　峰
叶木生　叶存松　舒诚德　舒忠钰　张友仁　张友益　邹友茂　蔡广春　冷先桂
谢先英　叶心宝　陈志龙　郭　琳　聂庆桂　叶心纯　潘　敏　张　雨　叶福祥
叶征喜　叶飞舟　叶存林　成火英　叶祥平

巾口学校

陈宗荣　黄柏意　熊里林　黎先纩　王时宇　余香仲　卢邦仁　黎洪义　余香海
余修贤　王太鹏　徐晓平　左正山　吴志财　付柏根　王公仁　陈民元　徐自贞
王时福　沈宇露　王时述　陈所慧　余锦秀　程学文　刘木秋　余策鹏

宋溪学校

蔡　诚　张　锋　李会予　李枝鑫　陈文斌　潘隆财　张业林　谈际林　曹飞鹏
石承普　张绪柏　方立新　周升海　余承忠　李高财　舒克联　潘隆宝　李齐香
邱　莉　李名凤　张绪玲　徐自英　冷爱毛　吴世芳　周晓红　王锡蓉　瞿巧云
徐晓荣　冷绪琴　柯宗菁　吴江华　冷运菊　张友兰　周庆坚　李高菊　王晓梅
刘　杭　杜罗经　张贞波　刘遵和　黄仲贵　盛广黎　夏水英　李朝娥　李竞荣
陈爱科　石道开　毕可瑞　潘隆础　熊里英　鄢必良　张家平　余何森　李名玉
余　丽　李岱旭　肖高翔　潘祖国　黄丽芳　石先立

东林学校

李盛杰　徐少华　徐世祥　车显高　车宗礼　雷正广　汪树和　车文禄　熊远福
徐仕贤　雷仁忠　徐高凤　王有金　王美丽　徐高云　刘观菊　徐礼华　徐仕龙
徐高伟　车学辉　赵克勤　徐　辉　兰浩华　刘绪友　车学华　曹祥凤　车宗信
车德柏　徐传松　周方堂　陈才太　徐传样　吴泽炳　徐仕梅　雷卫雄

上汤学校

黄国才　张远平　程洪仁　戴定荣　胡久梅　姜家兴　邹德兴　周德芳　程洪爱
陈运红　王益民　刘　华　王定凤　余盈富　赵敬良　舒尚兴　罗时香　曾祥州
张道尧　徐纯寿　邹德金　张兆禄　周德芳　陈芬荣　俞少敏　程彦荣　刘令明
李长华

石渡学校

陈华新　陈家聪　钟第风　余水池　周平武　汪维龙　吴武印　黄林森　兰碧芳
熊贻莲　罗时仁　张友姣　唐云忠　黄兼庭　李曾文　罗嗣龙　汤太林　汤道周
潘隆珍　陈少侬　吴新华　张友全　余胡美　尹合修　周升福　胡坤珍　陈跃刚
黄　云　王春景　吴江龙　张吉文　姜　燕　张真宏　陈自余　黄业强　张远成
钟第华　曹志清　汪志芳　朱元珍　方翠萍　李建华　吴金霞　张　勇　张渡梅
陈彤芳　熊基金　马前惠　汪维斌　杨显文　周麟亮　陈汝学　钟第娥　刘道安
李曾兰　黄良发　徐美珍　邓思钦　汤太菊　胡信莲　徐志和

杨洲学校

况宏荣　孟凡华　韩耀文　李荣富　吕从杰　黄诗林　王时秀　周　云　柯善香
李举春　左光华　张响东　缪绪元　漆传张　潘世荣　兰平松　黎端炘　舒实坞
舒实尧　舒本凡　姜良政　袁贤康　袁贤宁　张亦邢　王淑真　李才珍　黄忠兰

县幼儿园

张　敏　程庆英　张绪香　李玉兰　谢艳莹　曾灵霞　翁艳艳　刘春红　熊　芹
周爱萍　董　垚　陈丽华　李　芳　王卫红　陈江红　刘　芸　彭素贞　吴玉荣
钟爱苹　袁　婷　申平丽　王永娥　张国兰　孟文艳　黎洪香　艾宏淑　李骏娇
刘明英　毛谦信　葛爱笑　熊　森　王　莉

国家、省、市荣誉教师

国家级荣誉教师

表11-8

姓名	性别	获奖时所在学校	获奖时间	荣誉称号	颁奖单位	现单位
张绪骥	男	武宁二小	1983	全国优秀工会积极分子	全国总工会	武宁二小
刘伦晶	女	武宁一中	1984	全国优秀班主任	《人民日报》《中国教育报》七报社编辑部	武宁一中
兰陈姣	女	武宁团结完小	1988	民族团结进步先进个人	国家民族事务委员会、国家教委	武安民族小学
李烈姣	女	石渡幼儿园	1988	全国先进少儿工作者	全国儿童少年工作协调委员会	石渡
夏尚铎	男	船滩初中	1989	全国先进教育工作者	国家教委	船滩初中

续表一

姓名	性别	获奖时所在学校	获奖时间	荣誉称号	颁奖单位	现单位
王传凤	女	县茶场幼儿园	1989	全国优秀教师	国家教委、人事部、教育工会	黄塅小学
邱逢英	女	武宁二小	1989	全国优秀教师	教育部	武宁二小
冷旭日	男	武宁一中	1989	全国优秀教师	国家教委、人事部、全国教育工会	九江一中
袁观梅	女	南岳中心完小	1989	全国优秀教师	国家教委、人事部、全国教育工会	船滩小学
刘宁平	男	罗坪初中	1991	全国农村千名优秀体育教师	学校体育杂志社、中央电视台体育部	宋溪学校
王汝章	男	罗坪初中	1991.11	全国优秀教育工作者	人事部、国家教委	罗坪初中
聂曼云	女	横路丰良村小	1993.9	全国优秀教师	国家教委、人事部	横路小学
周德芳	女	上汤刘家桥小学	1995	全国优秀教师	国家教委	上汤学校
卢真瑛	男	武宁一中	1996	全国体育先进工作者	国家体委、教委	武宁一中
谈　余	男	鲁溪初中	1998.9	全国模范教师	教育部、人事部	私立宁达中学
徐燕飞	女	罗坪东边程家岭教学点	2000.1	全国百强优秀农村复式教师	中国教育学会	罗坪小学
叶　聪	男	石门楼初中	2000.12	素质教育园丁奖	中国青少年研究中心	石门初中
乐明福	男	武宁县教育局	2001.1	全国两基工作先进个人	教育部、财政部	县教育局
熊　明	男	澧溪初中	2004.9	全国优秀教师	教育部	职业中专
张春晓	女	武宁二小	2007.9	优秀教师	国家课程研究所	武宁二小
熊贻华	男	横路丰良村小	2007.9	全国优秀教师	教育部	横路小学
周春霞	女	武宁二小	2007.12	先进教师	全国教材研究所	武宁二小
张项理	男	私立宁达中学	2008.12	全国十佳民办学校校长	中国教育学会	私立宁达中学
李　娟	女	武宁三小	2008.3	全国基础教育科研领域先进个人	中国基础教育研究所	武宁三小
刘风华	男	鲁溪中心完小	2009.12	全国优秀校长	中国教育学会	鲁溪中心完小

续表二

姓名	性别	获奖时所在学校	获奖时间	荣誉称号	颁奖单位	现单位
张项理	男	私立宁达中学	2009.12	全国十佳初中校长	中国教育学会	私立宁达中学
张项理	男	私立宁达中学	2009.12	首届全国教育改革优秀校长	中国教育报、中国教育新闻网	私立宁达中学
张项理	男	私立宁达中学	2009.7	全国课堂创新改革先进校长	中国教师报	私立宁达中学
付林元	男	武宁四小	2009.7	全国课改创新先进个人	中国教师报	武宁四小
付林元	男	武宁四小	2009.5	第五届全国百名优秀小学校长	中国教育学会	武宁四小
李从容	女	职业中专	2009	全国优秀教师	教育部	职业中专
余亚平	男	县教育局	2010.5	第七届全国五好文明家庭	全国妇联、全国五好文明家庭创建活动协调工作组	县教育局
付林元	男	武宁四小	2010.7	全国课堂教学创新先进个人	中国教师报	武宁四小
石怀富	男	武宁一中	2010.6	优秀辅导员	中国数学教育委员会	武宁一中

省级荣誉教师

表11–9

姓名	性别	获奖时所在学校	获奖时间	荣誉称号	颁奖单位	现单位
张　罗	男	武宁一中	1957	省工会积极分子	省总工会	武宁一中
黎端炼	男	一黎初中	1959	省少先队优秀辅导员	团省委	
刘典雅	男	石门楼上坳小学	1960	先进工作者	江西省教育、文化、卫生系统	石门楼小学
叶翠华	男	罗溪中学	1960	社会主义建设先进工作者	省政府	罗溪中学
邱世琳	男	罗溪中学	1960	社会主义建设先进工作者	省政府	罗溪中学
席芳松	男	南昌十五中学	1960	社会主义建设先进工作者	江西省政府	县教师进修学校
李扬淑	女	石渡幼儿园	1960	社会主义建设先进工作者	省政府	

续表一

姓名	性别	获奖时所在学校	获奖时间	荣誉称号	颁奖单位	现单位
邱吉祥	男	泉口中心完小	1965	省优秀少先队辅导员	江西省政府	泉口小学
刘伦景	女	武宁二小	1979	江西省“三八红旗手”	江西省政府	武宁二小
朱　闽	男	船滩中学	1980	模范教师	省政府	武宁一中
杨先兰	女	武宁二小	1980	优秀少先队辅导员	团省委	武宁二小
傅朝智	男	县二中	1982	先进教育工作者	省农垦厅	县二中
焦建国	男	武宁一中	1982	省优秀班主任	省教育厅	武宁一中
杨美慧	女	武宁三小	1982	市级优秀少先队辅导员	共青团九江地委	武宁三小
张国富	男	甫田农中	1983	先进少儿工作者	省政府	协和中学
洪丽清	女	武宁二小	1983	少儿先进工作者	省教育厅	武宁二小
杨先兰	女	武宁二小	1983	省先进儿童少年工作者	省政府	武宁二小
孙卫祖	男	甫田中学	1983	优秀少先队辅导员	团省委、省教育厅	
李定育	男	鲁溪石港村小	1984	优秀班主任	省教育厅	鲁溪小学
缪行洁	女	武宁三小	1984	省优秀班主任	省宣传部、教育厅	武宁三小
刘伦晶	女	武宁一中	1984	省优秀班主任	省宣传部、教育厅	武宁一中
焦建国	男	武宁一中	1984	省优秀班主任	省宣传部、教育厅	武宁一中
盛继江	男	船滩初中	1985	优秀教师	省政府	武宁一中
陈宗光	男	东林乡教育办	1985	优秀教师	省政府	东林学校
廖江英	女	黄塅凤口小学	1985	优秀教师	省政府	黄塅小学
胡招香	女	武宁一小	1985	优秀教师	省政府	武宁一小
明平媛	女	武宁一小	1985	优秀班主任	省宣传部、教育厅	武宁一小
文敬武	男	县电教站	1985	优秀教师	省政府	武宁一中
钟兴华	男	武宁一中	1985	省级优秀教师	省人民政府	武宁一中
柬敬儒	男	武宁一中	1985	省级体育传统学校先进个人	省教育厅	武宁一中

续表二

姓名	性别	获奖时所在学校	获奖时间	荣誉称号	颁奖单位	现单位
衷敬儒	男	武宁一中	1985	省级实验电化教育先进个人	省教育厅	武宁一中
刘伦晶	女	武宁一中	1985	优秀班主任	省宣传部、教育厅	武宁一中
江定荣	男	县商业职工学校	1985	优秀教师	省政府	
汪维祎	男	石渡中心完小	1985	优秀教师	省政府	县教育局
金雪强	男	县农业中学	1985	优秀教师	省政府	
辛敦淑	女	新宁镇小学	1986	优秀辅导员	团省委、教育厅	武宁一小
余何森	男	宋溪王埠村小	1987	勤工俭学先进个人	省教委、省财政厅	宋溪学校
李定育	男	鲁溪石港村小	1987	勤工俭学先进个人	省教委、省财政厅	鲁溪小学
张公敞	男	县教育局	1988	省优秀工会干部	省总工会	县教育局
兰成姣	女	黄塅团结完小	1988	省三八红旗手	省妇联	南市小学
李烈姣	女	石渡幼儿园	1988	省三八红旗手	省妇联	武宁一中
周庆顺	男	石渡初中	1988	勤工俭学先进个人	省教委、财政厅	石渡学校
熊自立	男	官莲中心完小	1989.9	江西省扫盲“先进工作者”	省教育厅	官莲小学
万士超	男	县高招办	1990	招生先进工作者	省教委、省高招委	县教育局
熊桂梅	女	县高招办	1991	招生系统先进工作者	省教委、省高招委	县教育局
朱　鹏	男	澧溪坎上完小	1991	优秀辅导员	团省委、少工委	澧溪小学
刘宁平	男	罗坪初中	1991	省优秀体育教师	江西省教委、体委	宋溪学校
王令瑄	男	武宁一中	1991	省工会先进工作者	省总工会	武宁一中
聂曼云	女	横路丰良村小	1992	江西省复式教学优秀教师	省教委	横路小学
熊贻财	男	泉口教育办	1992	省先进教育工作者	江西省政府	泉口小学
刘祖华	男	甫田上坑小学	1993	省优秀教师	省人事厅、教育厅	甫田小学
阮仕贵	男	澧溪田丘小学	1995	优秀教师	省教委、省人事厅	澧溪小学

续表三

姓名	性别	获奖时所在学校	获奖时间	荣誉称号	颁奖单位	现单位
张纲荣	男	武宁三小	1995.1	省优秀教育工作者	省教委、省人事厅	武宁三小
张汉炳	男	武宁一中	1996	省教育战线先进工作者	省教育厅	武宁一中
何绵提	男	县教师进修学校	1996.12	省三沟通优秀辅导员	江西省教委	县教师进修学校
潘隆会	男	甫田中心完小	1997.5	江西省扫盲先进个人	省教委	南市小学
戴定武	男	武宁县教育局	1997.12	江西省招生工作先进个人	江西省教育厅、高招办	县教育局
饶明华	男	县教师进修学校	1998.1	校长培训优秀辅导教师	江西省教委	县教师进修学校
乐明福	男	武宁县教育局	1998.6	江西省两基工作先进个人	江西省政府	县教育局
龚仁彬	女	武宁三小	1999.9	省特级教师	江西省政府	武宁三小
李建宁	男	武宁二中	2000.3	全省优秀少先队辅导员	省教委、团省委	实验中学
刘合耀	男	武宁县教育局	2000	江西省高中课改先进个人	江西省教育厅	县教育局
王汝章	男	罗坪初中	2001	省推广《国家体育锻炼标准实施办法》先进工作者	省教委、省体委	罗坪初中
汪和东	男	金水中学	2003	省化学骨干教师	省教育厅	金水中学
刘合耀	男	武宁县教育局	2003	江西省优秀教研员	江西省教育厅	县教育局
张友鑫	男	职业中专	2003	江西省优秀班主任	省教育厅	职业中专
王汝章	男	罗坪初中	2004.9	省师德先进个人	省教育工会	罗坪初中
张茶花	女	横路上富小学	2004.11	优秀复式教师	省教育厅教研室	横路小学
董　韵	男	县幼儿园	2004.11	省幼儿教育先进个人	省教育厅	县幼儿园
夏银秀	女	武宁二小	2005	江西省特级教师	江西省政府	武宁二小
柯五坚	男	武宁县教育局	2005	江西省优秀教研员	江西省教育厅	县教育局
叶祥景	男	大洞初中	2005.1	江西省优秀班主任	省教育厅	大洞学校
何绵提	男	县教师进修学校	2005.1	江西省电大优秀教师	江西省教委	县教师进修学校

续表四

姓名	性别	获奖时所在学校	获奖时间	荣誉称号	颁奖单位	现单位
冷绪楠	男	武宁县教育局	2005.3	江西省教育技术装备工作先进个人	江西省教育厅	县教育局
董　韵	男	武宁县幼儿园	2005.9	江西省幼教工作先进个人	江西省教育厅	县教育局
夏　瑞	女	武宁三小	2005.12	优秀少先队辅导员	省教育厅	武宁三小
杨再华	男	实验中学	2005.12	江西省“优秀校长”	省教育学会	实验中学
黎　辉	男	官莲中心完小	2006	省首届中小学优秀校长	省教育厅	武宁五小
叶红斌	男	实验中学	2006.1	第二届省级骨干教师	省教育厅	实验中学
冷绪江	男	武宁县教育局	2006.2	江西省招考工作先进个人	江西省招考委教育厅	县教育局
张绪香	女	县幼儿园	2006.6	省百名好母亲	省教育厅、妇联	县幼儿园
董　韵	男	武宁县幼儿园	2006.8	江西省优秀校长	省教育厅	县幼儿园
卢咸国	男	罗坪群峰教学点	2006.9	省师德先进个人	江西省教育厅	罗坪小学
李　波	男	巾口学校	2007.1	省优秀教师	省教育厅	巾口学校
石小洪	男	武宁县教育局	2007.1	江西省民办教育行政管理先进工作者	江西省教育厅	县教育局
冷景永	男	武宁县教育局	2007.12	江西省高考招生先进个人	江西省高招委、省教育厅	县教育局
明　洪	男	澧溪初中	2007.12	省教育工会积极分子	省教育工会	澧溪初中
聂　倩	女	鲁溪中学	2008	师德标兵	省教育厅	鲁溪中学
李扬斌	男	武宁县教育局	2008	江西省教育统计先进个人	江西省教育厅	县教育局
石小洪	男	武宁县教育局	2008.1	江西省“两基”工作先进个人	江西省人民政府	县教育局
邹晓燕	女	武宁县教育局	2008.1	江西省高等教育自学考试先进个人	江西省自考委员会	县教育局
程德猛	男	武宁县教育局	2008.3	江西省先进工会工作者	江西省教育工会	县教育局
刘晓英	女	武宁二小	2008.9	省骨干教师	省教育厅	武宁二小
谢小英	女	武宁二小	2008.9	省骨干教师	省教育厅	武宁二小

续表五

姓名	性别	获奖时所在学校	获奖时间	荣誉称号	颁奖单位	现单位
周春霞	女	武宁二小	2008.9	省首届学科带头人	省教育厅	武宁二小
付林元	男	武宁四小	2008.11	江西省科普教育先进个人	江西省教育厅	武宁四小
石小洪	男	武宁县教育局	2008.12	江西省中招工作先进个人	江西省教育厅	县教育局
黎　敏	女	黄墈初中	2008.12	第四届全省农村中小学四个一活动先进个人	省教育工会	黄墈初中
熊自琳	男	武宁二中	2008.12	省教育技术装备先进个人	江西教育厅	武宁二中
卢坦墀	男	县教师进修学校	2008.12	电大系统优秀教育工作者	江西省电大	县教师进修学校
程少仁	男	县教师进修学校	2008.12	省教师继续教育先进个人	江西省教育厅	县教师进修学校
洪欢平	男	武宁一小	2008.12	全省教育技术装备工作先进个人	江西省教育厅	县教育局
戴定武	男	武宁县教育局	2008.12	江西省勤工俭学先进个人	江西省教育厅	县教育局
徐红英	女	武宁县教育局	2009	江西省学科带头人	江西省教育厅	县教育局
鲁少芳	女	甫田中心完小	2009	省骨干教师	省人事厅、教育厅	甫田小学
黄国良	男	武宁县教育局	2009	江西省校建先进个人	江西省教育厅	县教育局
邓永成	男	武宁县教育局	2009	江西省学校财务先进个人	江西省教育厅	县教育局
陈　飞	男	武宁县教育局	2009	江西省优秀教研员	江西省教育厅	县教育局
刘　英	女	黄墈初中	2009.2	巾帼建功标兵	省教育厅、妇联	黄墈初中
付林元	男	武宁四小	2009.5	省科普教育先进个人	省教育厅	武宁四小
刘凤华	男	鲁溪中心完小	2009.9	江西省优秀校长	省教育厅	鲁溪中心完小
周春霞	女	武宁二小	2009.12	“三.八红旗手”	省妇联	武宁二小
冷景永	男	武宁县教育局	2009.12	省自学考试先进个人	江西省自学考试委员会	县教育局
潘鹏飞	男	罗坪初中	2010	省师德先进个人	省教育厅	罗坪初中

续表六

姓名	性别	获奖时所在学校	获奖时间	荣誉称号	颁奖单位	现单位
杨再平	男	罗溪小学	2010	省“四个一”活动先进个人	省教育工会	罗溪小学
李　鑫	男	协和中学	2010.7	省骨干教师	省教育厅	协和中学
杨再华	男	实验中学	2010.11	省骨干教师	省教育厅	实验中学
李　蜀	男	县职业中专	2010.11	德育工作先进个人	省教育厅	职业中专
雷美珍	女	黄塅武安民族小学	2010.12	江西省先进工作者	江西省政府	武安民族小学
杨友梅	女	武宁五小	2010.12	省德育工作先进个人	省教育厅	武宁五小

市级荣誉教师

表11-10

姓名	性别	获奖时所在学校	获奖时间	荣誉称号	颁奖单位	现单位
曹庭玉	男		1959	地区先进工作者	九江行署	县教育局
冷绪猛	男	泉口初中	1960	地区先进工作者	九江行署	
杨美慧	女	武宁三小	1982	市级优秀少先队辅导员	共青团九江地委	武宁三小
朱美琪	男	武宁一中	1982	市级先进实验教师	市教育局	武宁一中
邓兆英	女	新宁二小	1985	市优秀教师	市政府	武宁二小
黄重英	女	县幼儿园	1985	市先进幼儿教师	市政府	县幼儿园
刘伦晶	女	武宁一中	1985	市“三八红旗手”	市妇联	武宁一中
缪行洁	女	武宁三小	1985	市优秀班主任	市宣传部、教育局	武宁三小
余荷生	男	宋溪王埠完小	1986	勤工俭学先进分子	市教育局	宋溪学校
王明哲	男	县教育局	1988	市勤工俭学先进工作者	市政府	县教育局
曾灵霞	女	县幼儿园	1988.6	市少儿艺术优秀园丁	市教育局	县幼儿园
杨文政	男	县二中	1989	市治安先进工作者	市政府	县二中
王汝章	男	罗坪初中	1989.9	市优秀教育工作者	市政府	罗坪初中
聂学辉	男	泉口田塘完小	1989.9	市优秀教师	市政府	泉口小学
张金秀	女	石门楼中心完小	1992	优秀青年教师	市宣传部教育局	石门楼小学
程庆英	女	县幼儿园	1993.8	市托幼工作先进个人	市教育局	县幼儿园

续表一

姓名	性别	获奖时所在学校	获奖时间	荣誉称号	颁奖单位	现单位
付少平	男	武宁一中	1994	市优秀教师	市人事局 教育局	县教育局
黎洪敏	男	武宁三小	1994	优秀辅导员	市团委、教委、少工委	武宁五小
杨美慧	女	武宁三小	1994.1	市优秀教师	市委、市政府	武宁三小
汤治金	男	横路林业小学	1994.9	市优秀教师	市委、市政府	横路小学
吴武印	男	石渡小学	1994.9	优秀教师	市委、市政府	石渡学校
戴定武	男	武宁县教育局	1994.12	市自学考试先进个	市教育局、高招办	县教育局
饶明华	男	教师进修学校	1995.1	市师训优秀干部	市教委	县教师进修学校
柯　帆	男	鲁溪南冲完小	1995.9	优秀青年教师	市政府	鲁溪中心完小
杨再华	男	武宁二中	1995.9	市“优秀教师”	市委、市政府	实验中学
谢小英	女	甫田小学	1996	市优秀辅导员	团市委、市教育局	武宁二小
李方荣	男	武宁县教育局	1996	市优秀教研员	市教育局	县教育局
张汉炳	男	武宁一中	1996	市教育战线先工作者	市教育局	武宁一中
艾宏秀	女	武宁三小	1996.6	市德育工作先进个人	市宣传部、教育局	武宁三小
莫张华	女	武宁三小	1996.6	市第三届百优辅导员	团市委、市教育局、少工委	武宁三小
翁地季	男	武宁县教育局	1997.4	1996年中招工作先进个人	市教委	县教育局
刘　敏	男	武宁二小	1996.7	市“十佳”辅导员	团市委、市教育局	武宁二小
李友秀	女	协和中学	1997.1	百名优秀班主任	市教育局	协和中学
艾宏秀	女	武宁三小	1997.7	市优秀班主任	市委、市政府	武宁三小
盛以文	男	武宁二中	1997.9	市百名优秀班主任	市政府	武宁二中
饶明华	男	教师进修学校	1998.1	市师训先进个人	市教委	县教师进修学校
石小洪	男	武宁县教育局	1998.3	市体育考试先进个人	市教育局	县教育局
龚仁彬	女	武宁三小	1998.6	市优秀教师	市教委、市人事局	武宁三小
陈英洪	男	清江初中	1998.9	市优秀教育工作者	九江市人事局市教育委员会	清江初中

续表二

姓名	性别	获奖时所在学校	获奖时间	荣誉称号	颁奖单位	现单位
刘显菊	女	武宁三小	1998.9	市优秀教师	市教委、市人事局	武宁三小
张友爱	女	横路上富小学	1998.11	防洪抢险先进个人	市教委	横路小学
张垂忠	男	罗溪中心完小	1998.12	优秀教师	市人事局、市教育局	罗溪小学
黎洪敏	男	武宁三小	1999	“十佳”辅导员	市团委、教委、少工委	武宁五小
王宁华	女	武宁二中	1999.6	市百优辅导员	市教委、团市委	县教师进修学校
张　兰	女	武宁一小	1999.9	优秀少先队辅导员	市教育局	武宁一小
徐庆成	男	武宁县教育局	1999.10	教改先进个人	市教育局	县教育局
陈　飞	男	武宁县教育局	2000	市先进教研个人	市教育局	县教育局
刘合耀	男	武宁县教育局	2000	市高中课改先进个人	市教育局	县教育局
饶明华	男	教师进修学校	2000.1	九江电师优秀班主任	市教委	县教师进修学校
王宁华	女	武宁二中	2000.12	教改实验先进个人	市教委	县教师进修学校
石卫平	女	武宁二小	2000.6	市优秀辅导员	团市委、市教育局	武宁二小
鲁少芳	女	甫田中心完小	2001	市百优辅导员	团市委、市教委	甫田小学
张　震	男	职业中专	2001	优秀园丁工程学科带头人	市教育局	职业中专
叶存娇	女	职业中专	2001	优秀园丁工程骨干教师	市教育局	职业中专
刘祖国	男	甫田中心完小	2001	优秀园丁工程骨干教师	市教育局、人事局	甫田小学
石卫平	女	武宁二小	2001	优秀园丁工程骨干教师	市教育局	武宁二小
杨红玮	女	武宁二中	2001	市教改实验先进个人	市教委	武宁二中
张　敏	男	武宁四小	2001	优秀园丁工程骨干教师	市教育局	武宁四小
柳兰蓉	女	武宁二小	2001.6	市“百优”辅导员	团市委、市教育局	武宁二小
梅光龙	男	武宁二中	2001.6	市优秀园丁奖	市教育局	武宁二中
周　霞	女	武宁二小	2001.6	市“十佳”少先队辅导员	团市委、市教育局	武宁二小

续表三

姓名	性别	获奖时所在学校	获奖时间	荣誉称号	颁奖单位	现单位
刘晓芬	女	武宁一小	2001.6	“百优”辅导员	市教育局	武宁一小
刘晓芬	女	武宁一小	2001.9	优秀园丁工程骨干教师	市教育局	武宁一小
柳兰蓉	女	武宁二小	2001.9	优秀园丁工程骨干教师	市教育局	武宁二小
叶祥景	男	大洞中心完小	2001.9	优秀园丁工程骨干教师	市教育局	大洞学校
董元贵	男	实验中学	2001.9	九江市学科带头人	市教育局	实验中学
曹国宝	男	官莲初中	2001.9	优秀园丁工程骨干教师	市教育局	石渡学校
皮泽民	女	武宁三小	2001.9	优秀园丁工程骨干教师	市教育局	武宁三小
钱光珍	女	武宁三小	2001.9	优秀园丁工程骨干教师	市教育局	武宁三小
夏　瑞	女	武宁三小	2001.9	优秀园丁工程骨干教师	市教育局	武宁三小
吴济平	男	澧溪小学	2001.9	优秀园丁工程骨干教师	市教育局	武宁三小
熊红英	女	新宁镇中心完小	2001.9	优秀园丁工程骨干教师	市教育局	武宁三小
谢小英	女	武宁二小	2001.9	优秀园丁工程骨干教师	市教育局	武宁二小
郑金宁	女	武宁二小	2001.9	优秀园丁工程骨干教师	市教育局	武宁二小
聂凌云	男	官莲中心完小	2001.9	优秀园丁工程骨干教师	市教育局	官莲小学
陈小芬	女	武宁三小	2001.9	优秀园丁工程骨干教师	市教育局	武宁三小
杨红玮	女	武宁二中	2001.9	优秀园丁工程骨干教师	市教育局	武宁二中
周　斌	男	武宁二小	2001.9	优秀园丁工程骨干教师	市教育局	武宁二小
潘隆珍	女	石渡小学	2001.9	优秀园丁工程骨干教师	市教育局	石渡学校
李永宁	男	武宁二中	2001.9	市师德师风标兵	市教育局	武宁二中
钟　娇	女	武宁二小	2001.9	优秀园丁工程骨干教师	市教育局	武宁二小

续表四

姓名	性别	获奖时所在学校	获奖时间	荣誉称号	颁奖单位	现单位
杨平香	女	武宁二小	2001.9	优秀园丁工程骨干教师	市教育局	武宁二小
张　兰	女	武宁一小	2001.9	优秀园丁工程骨干教师	市教育局	武宁一小
徐丽英	女	武宁一小	2001.9	优秀园丁工程骨干教师	市教育局	武宁一小
刘　蓉	女	武宁一小	2001.9	优秀园丁工程学科带头人	市教育委员会	武宁一小
刘慧玲	女	武宁一小	2001.9	优秀园丁工程骨干教师	市教育局	武宁一小
朱元淑	女	武宁一小	2001.9	优秀园丁工程骨干教师	市教育局	武宁一小
杨友梅	女	杨洲学校	2001.9	优秀园丁工程骨干教师	市教委	武宁五小
吴济平	男	澧溪小学	2001.9	优秀园丁工程骨干教师	市教育局	武宁四小
熊红英	女	新宁镇小学	2001.9	优秀园丁工程骨干教师	市教育局	武宁四小
王宁华	女	武宁二中	2001.12	百名园丁语文学科带头人	市教委、人事局	县教师进修学校
王汝章	男	罗坪初中	2002	市德育工作先进个人	市委宣传部	罗坪初中
丁亚军	男	武宁一中	2002	市德育工作先进个人	市委宣传部	武宁一中
孙　立	男	罗坪中心完小	2002.1	市优秀少先队辅导员	共青团九江市委	罗坪小学
辛小敏	女	县幼儿园	2002.5	市幼教先进个人	市教育局	县幼儿园
翁地季	男	武宁县教育局	2002.5	2001年全市教育宣传和信息工作先进个人	市教委	县教育局
陈丽华	女	武宁县幼儿园	2002.5	市幼教工作先进个人	市教育局	县幼儿园
田莉莉	女	武宁三小	2002.9	市级优秀少先队辅导员	市教育局、团市委、少工委	武宁三小
邓　宁	男	大洞初中	2003	优秀园丁	市委、市政府	金水中学
郑冬宁	男	石门楼中心完小	2003	市优秀少先队辅导员	市教育局	石门楼小学
徐红英	女	武宁二小	2003	市青年岗位能手	市委宣传部	县教育局

续表五

姓名	性别	获奖时所在学校	获奖时间	荣誉称号	颁奖单位	现单位
周　霞	女	武宁二小	2003.1	市“百优”辅导员	团市委、市教育局	武宁二小
刘晓芬	女	武宁一小	2003.1	“百优”辅导员	市教育局	武宁一小
周　斌	男	武宁二小	2003.5	市优秀辅导员	团市委、市教育局	武宁二小
翁地季	男	武宁县教育局	2003.7	2002年全市教育宣传和信息工作先进个人	市教委	县教育局
夏天水	男	金水中学	2004	优秀园丁工程骨干教师	市教育局	金水中学
徐红英	女	武宁二小	2004	优秀园丁工程教学明星	市教育局	县教育局
费后京	男	船滩初中	2004	优秀园丁工程骨干教师	市教育局	船滩初中
郑家继	男	船滩初中	2004	优秀园丁工程骨干教师	市教育局	船滩初中
鲁少芳	女	甫田中心完小	2004	优秀园丁工程学科带头人	市教育局、人事局	甫田小学
冷绪尧	男	金水中学	2004	优秀园丁工程骨干教师	市教育局	横路初中
张小平	男	鲁溪初中	2004	优秀园丁工程骨干教师	市教育局	鲁溪初中
黎洪敏	男	武宁三小	2004	优秀园丁工程骨干教师	市教育局	武宁五小
舒元忠	男	清江初中	2004	优秀园丁工程骨干教师	市教育局	清江初中
吴丰进	男	泉口初中	2004	优秀园丁工程骨干教师	市教育局	泉口初中
董元贵	男	实验中学	2004	优秀园丁工程骨干教师	市教育局	实验中学
冷　烨	男	武宁一中	2004	优秀园丁工程骨干教师	市教育局	武宁一中
余亚洲	男	职业中专	2004	市优秀班主任	市教育局	职业中专
李　芳	女	武宁县幼儿园	2004.1	市教育先进个人	市教育局	县幼儿园
周　霞	女	武宁二小	2004.1	市优秀辅导员	团市委、市教育局	武宁二小
陆满珍	女	巾口学校	2004.1	优秀园丁工程骨干教师	市教育局	武宁四小
刘晓芬	女	武宁一小	2004.1	优秀少先队辅导员	市教育局	武宁一小
冷绪江	男	武宁县教育局	2004.2	市招考工作先进个人	市高招委、教育局	县教育局

续表六

姓名	性别	获奖时所在学校	获奖时间	荣誉称号	颁奖单位	现单位
翁地季	男	武宁县教育局	2004.5	2003年全市教育宣传和信息工作先进个人	市教育局	县教育局
石小洪	男	武宁县教育局	2004.6	市幼儿教育工作先进个人	市教育局	县教育局
柯　敏	女	鲁溪中心完小	2004.8	优秀园丁工程骨干教师	市教育局	鲁溪中心完小
熊晓芬	女	武宁一小	2004.9	优秀园丁工程骨干教师	市教育局	武宁一小
邱爱华	女	武宁一小	2004.9	优秀园丁工程骨干教师	市教育局	武宁一小
汤小红	女	武宁一小	2004.9	优秀园丁工程骨干教师	市教育局	武宁一小
余迭金	男	罗坪初中	2004.9	优秀园丁工程骨干教师	市教育局	实验中学
李建宁	男	实验中学	2004.9	优秀园丁工程骨干教师	市教育局	实验中学
徐仕梅	女	东林学校	2004.9	优秀园丁工程骨干教师	市教育局	东林学校
程宗法	男	东林学校	2004.9	优秀园丁工程骨干教师	市教育局	东林学校
翁弟森	男	罗坪初中	2004.9	优秀园丁工程骨干教师	市教育局	罗坪初中
仇富斌	男	罗坪初中	2004.9	优秀园丁工程骨干教师	市教育局	罗坪初中
曹国宝	男	官莲初中	2004.9	优秀园丁工程骨干教师	市教育局	石渡学校
崔　勇	男	武宁二小	2004.9	优秀园丁工程骨干教师	市教育局	武宁二小
杨再华	男	实验中学	2004.9	优秀园丁工程学科带头人	市教育局	实验中学
宋小毛	男	罗溪初中	2004.9	优秀园丁工程骨干教师	市教育局	罗溪初中
刘　娜	女	武宁二小	2004.9	优秀园丁工程骨干教师	市教育局	武宁二小
谢小英	女	武宁二小	2004.9	优秀园丁工程学科带头人	市教育局	武宁二小
邹仁国	男	武宁二小	2004.9	优秀园丁工程骨干教师	市教育局	武宁二小

续表七

姓名	性别	获奖时所在学校	获奖时间	荣誉称号	颁奖单位	现单位
柯传卫	男	武宁二中	2004.9	优秀园丁工程骨干教师	市教育局	武宁二中
雷蔓萍	女	武宁二中	2004.9	优秀园丁工程骨干教师	市教育局	武宁二中
成良芬	女	武宁三小	2004.9	优秀园丁工程学科带头人	市教育局	武宁三小
黎燕萍	女	武宁四小	2004.9	优秀园丁工程骨干教师	市教育局	武宁三小
邢　斌	男	横路中心完小	2004.9	优秀园丁工程骨干教师	市教育局、人事局	武宁三小
黎维专	男	石门楼中心完小	2004.9	优秀园丁工程学科带头人	市教育局	武宁三小
余水平	男	武宁四小	2004.9	优秀园丁工程骨干教师	市教育局	武宁三小
杨友梅	女	杨洲学校	2004.9	优秀园丁工程骨干教师	市教委	武宁五小
黎燕萍	女	武宁四小	2004.9	优秀园丁工程骨干教师	市教育局	武宁四小
余水平	男	武宁四小	2004.9	优秀园丁工程骨干教师	市教育局	武宁四小
黎东林	男	武宁一小	2004.9	优秀园丁工程骨干教师	市教育局	武宁一小
董泉芳	女	武宁一小	2004.9	优秀园丁工程骨干教师	市教育局	武宁一小
李　鑫	男	协和中学	2004.9	优秀园丁工程学科带头人	市教育局	协和中学
李如钊	女	县幼儿园	2004.9	市幼教先进个人	市教育局	县幼儿园
董　韵	男	县幼儿园	2004.9	幼儿教育工作先进个人	市教育局	县幼儿园
李友秀	女	协和中学	2004.9	优秀园丁工程骨干教师	市教育局	协和中学
李友秀	女	协和中学	2004.11	德育工作先进个人	市委宣传部、教育局	协和中学
艾宏东	男	官莲中心完小	2004.11	市“优秀教师”	市教育局	官莲小学
叶存平	男	宋溪初中	2004.11	优秀园丁工程骨干教师	市教育局	宋溪学校
李桦香	女	庐山西海艺术学校	2005	市优秀民办教师	市教育局	庐山西海艺术学校

续表八

姓名	性别	获奖时所在学校	获奖时间	荣誉称号	颁奖单位	现单位
王荣华	女	武宁四小	2005	优秀辅导员	团市委	武宁五小
黎东林	男	武宁一小	2005.1	优秀少先队辅导员	市教育局	武宁一小
张　华	女	武宁一小	2005.1	优秀少先队辅导员	市教育局	武宁一小
欧阳琴	女	鲁溪中心完小	2005.4	市优秀辅导员	团市委、市教育局	武宁二小
陈海珠	女	澧溪小学	2005.12	优秀少先队辅导员	团市委、市教育局	武宁五小
胡家平	男	船滩初中	2006	市优秀班主任	市教育局	船滩初中
邓东风	男	船滩辽里完小	2006	师德标兵	市教育局、教育工会	船滩小学
黎　辉	男	官莲中心完小	2006	市优秀共产党员	市委、市政府	武宁五小
俞海宁	男	鲁溪中心完小	2006	市优秀班主任	市教育局	鲁溪中心完小
刘　峰	男	职业中专	2006	市优秀班主任	市教育局	职业中专
冷绪楠	男	武宁县教育局	2006.3	市课堂教学操作工作先进个人	市教育局	县教育局
陈青阳	男	协和中学	2006.4	市“优秀班主任”	市教育局	协和中学
董　韵	男	县幼儿园	2006.5	市中小学优秀校长	市教育局	县幼儿园
舒端常	男	武宁县教育局	2006.6	市幼儿教育工作先进个人	市教育局	县教育局
程庆英	女	县幼儿园	2006.6	市幼儿教育先进个人	市教育局	县幼儿园
邹丽华	女	武宁二小	2006.4	优秀班主任	市教育局	武宁二小
夏志英	女	赣北育才科技学校	2006.5	市优秀教师	市教育局	赣北育才科技学校
黎洪略	男	官莲中心完小	2006.5	市“优秀班主任”	市教育局	官莲小学
严茂华	男	私立宁达中学	2006.12	市德育工作先进个人	市教育局	私立宁达中学
王忠学	男	甫田中心完小	2007	优秀园丁工程骨干教师	市教育局 人事局	甫田小学
李桦香	女	庐山西海艺术学校	2007	市优秀民办教师	市教育局	庐山西海艺术学校
张　震	男	职业中专	2007	市职业道德教育先进个人	市教育局等七家单位	职业中专
黎华明	男	职业中专	2007	优秀园丁工程学科带头人	市教育局	职业中专

续表九

姓名	性别	获奖时所在学校	获奖时间	荣誉称号	颁奖单位	现单位
陈　萍	女	职业中专	2007	优秀园丁工程骨干教师	市教育局	职业中专
余亚平	男	武宁县教育局	2007	市勤工俭学工作先进个人	市教育局	县教育局
卢真瑛	男	武宁一中	2007	市体育先进工作者	市教委	武宁一中
王荣华	女	武宁四小	2007	优秀辅导员	团市委	武宁五小
董乐仁	男	官莲中心完小	2007.1	市“优秀辅导员”	市教育局	官莲小学
叶浪花	女	罗坪中心完小	2007.1	市优秀少先队辅导员	共青团九江市委	罗坪小学
张建华	男	武宁一小	2007.1	优秀少先队辅导员	市教育局	武宁一小
郭晓芳	女	武宁一小	2007.3	巾帼文明岗岗上明星	市城镇妇女“巾帼建功”活动协调小组	武宁一小
刘　勇	男	泉口初中	2007.4	优秀园丁工程骨干教师	市教育局	泉口初中
杨小平	男	私立宁达中学	2007.4	全市民办教育先进工作者	市教育局	私立宁达中学
张垂忠	男	罗溪中心完小	2007.5	市优秀园丁工程骨干教师	市教育局	罗溪小学
张项理	男	私立宁达中学	2007.5	市民办教育先进个人	市教育局	私立宁达中学
张　武	男	武宁一小	2007.6	优秀园丁工程骨干教师	市教育局	武宁一小
余育炳	男	东林学校	2007.6	优秀园丁工程骨干教师	市教育局	东林学校
杨玉珍	女	黄塅小学	2007.6	优秀园丁工程骨干教师	市教育局	黄塅小学
刘　锋	男	澧溪初中	2007.6	优秀园丁工程骨干教师	市教育局	澧溪初中
沈朝霞	女	武宁二小	2007.6	优秀少先队辅导员	团市委、市教育局	武宁二小
李卫兵	男	武宁一小	2007.6	优秀园丁工程骨干教师	市教育局	武宁一小
夏　鸣	女	武宁一小	2007.6	优秀园丁工程骨干教师	市教育局	武宁一小
柯　帆	男	鲁溪中心完小	2007.8	小学语文年会先进个人	市教育局	鲁溪中心完小
陈　龙	男	鲁溪中心完小	2007.8	优秀园丁工程骨干教师	市教育局	鲁溪中心完小

续表十

姓名	性别	获奖时所在学校	获奖时间	荣誉称号	颁奖单位	现单位
熊伍香	女	武宁一小	2007.8	优秀园丁工程骨干教师	市教育局	武宁一小
钟　娇	女	武宁二小	2007.8	市优秀班主任	市教育局	武宁二小
李　晔	男	鲁溪初中	2007.9	优秀园丁工程骨干教师	市教育局	官莲初中
黎先亮	男	官莲初中	2007.9	优秀园丁工程骨干教师	市教育局	官莲初中
刘　昱	男	官莲初中	2007.9	优秀园丁工程骨干教师	市教育局	官莲初中
姚海燕	女	武宁二中	2007.9	优秀园丁工程骨干教师	市教育局	武宁二中
陈宗珍	男	黄塅初中	2007.9	优秀园丁工程骨干教师	市教育局	黄塅初中
叶　敏	男	大洞学校	2007.9	优秀园丁工程骨干教师	市教育局	澧溪初中
刘　英	女	黄塅初中	2007.9	优秀园丁工程骨干教师	市教育局	黄塅初中
张国平	男	罗坪初中	2007.9	优秀园丁工程骨干教师	市教育局	罗坪初中
陈家发	男	私立宁达中学	2007.9	优秀园丁工程骨干教师	市教育局	私立宁达中学
刘小武	男	私立宁达中学	2007.9	优秀园丁工程骨干教师	市教育局	私立宁达中学
黄　芬	女	私立宁达中学	2007.9	优秀园丁工程骨干教师	市教育局	私立宁达中学
李玉琳	女	私立宁达中学	2007.9	优秀园丁工程骨干教师	市教育局	私立宁达中学
袁意华	男	罗坪中心完小	2007.9	优秀园丁工程骨干教师	市教育局	罗坪小学
余红宁	男	泉口中心完小	2007.9	优秀园丁工程骨干教师	市教育局	泉口小学
卢　军	男	泉口中心完小	2007.9	优秀园丁工程骨干教师	市教育局	泉口小学
叶浪花	女	罗坪中心完小	2007.9	优秀园丁工程骨干教师	市教育局	罗坪小学
叶　聪	男	武宁晖宏学校	2007.9	优秀园丁工程骨干教师	市教育局	石门楼初中

续表十一

姓名	性别	获奖时所在学校	获奖时间	荣誉称号	颁奖单位	现单位
张桂洪	男	石门楼初中	2007.9	优秀园丁工程骨干教师	市教育局	石门楼初中
刘　慧	女	实验中学	2007.9	优秀园丁工程骨干教师	市教育局	实验中学
卢作平	男	宋溪初中	2007.9	优秀园丁工程骨干教师	市教育局	宋溪学校
王碧林	男	罗溪初中	2007.9	优秀园丁工程骨干教师	市教育局	罗溪初中
汪丽华	女	武宁二小	2007.9	优秀园丁工程骨干教师	市教育局	武宁二小
谢小英	女	武宁二小	2007.9	优秀园丁工程教学明星	市教育局	武宁二小
李季红	女	武宁二小	2007.9	优秀园丁工程骨干教师	市教育局	武宁二小
王碧林	男	武宁二小	2007.9	优秀园丁工程骨干教师	市教育局	武宁二小
刘晓英	女	武宁二小	2007.9	优秀园丁工程学科带头人	市教育局	武宁二小
张春晓	女	武宁二小	2007.9	优秀园丁工程学科带头人	市教育局	武宁二小
周云虹	女	武宁二小	2007.9	优秀园丁工程骨干教师	市教育局	武宁二小
邹丽华	女	武宁二小	2007.9	优秀园丁工程骨干教师	市教育局	武宁二小
付秋红	女	武宁二中	2007.9	优秀园丁工程骨干教师	市教育局	武宁二中
雷蔓萍	女	武宁二中	2007.9	优秀园丁工程骨干教师	市教育局	武宁二中
陈才进	男	清江初中	2007.9	优秀园丁工程骨干教师	市教育局	武宁三小
李玉芳	女	武宁三小	2007.9	优秀园丁工程骨干教师	市教育局、人事局	武宁三小
卢慰军	男	武宁三小	2007.9	优秀园丁工程骨干教师	市教育局、团市委、少工委	武宁三小
朱元淑	女	武宁一小	2007.9	优秀园丁工程学科带头人	市教育委员会	武宁一小
钟世平	男	甫田中学	2007.9	优秀园丁工程骨干教师	市教育局	武宁五小

续表十二

姓名	性别	获奖时所在学校	获奖时间	荣誉称号	颁奖单位	现单位
张　琼	女	武宁三小	2007.9	优秀园丁工程骨干教师	市教育局	武宁三小
聂杏花	女	武宁三小	2007.9	优秀园丁工程骨干教师	市教育局	武宁三小
明平兰	女	武宁二小	2007.10	优秀班主任	市教育局	武宁二小
王贤德	男	武宁二中	2007.11	市体育先进个人	市体育局	武宁二中
洪欢平	男	武宁一小	2007.11	首届“星星火炬”奖章	市宣传部、教育局	县教育局
刘　勇	男	泉口初中	2007.12	市优秀班主任	市委、市政府	泉口初中
汪小金	男	黄埚中心完小	2008	先进科技工作者	市教育局	黄埚小学
余亚洲	男	职业中专	2008	市优秀教师、职业教育先进个人	市教育局	职业中专
吕从宾	男	职业中专	2008	市职业教育先进个人	市教育局	职业中专
陈丽娟	女	职业中专	2008	市职业教育先进个人	市教育局	职业中专
瞿德智	男	石门楼田甫片完小	2008	市师德标兵	市教委教育工会	石门楼小学
明平兰	女	武宁二小	2008.3	市“三八红旗手”	市妇联	武宁二小
崔　勇	男	武宁二小	2008.3	市教学工作先进个人	市教育局	武宁二小
周春霞	女	武宁二小	2008.4	女职工建功立业标兵	市总工会	武宁二小
李　军	男	赣北育才科技学校	2008.5	市优秀教师	市教育局	赣北育才科技学校
舒端常	男	武宁县教育局	2008.6	市幼儿教育工作先进个人	市教育局	县教育局
洪欢平	男	武宁一小	2008.7	青年岗位能手	市团委、教育局	县教育局
曾灵霞	女	县幼儿园	2008.9	市幼教先进个人	市教育局	县幼儿园
熊　斌	男	赣北育才科技学校	2008.12	市优秀教师	市教育局	赣北育才科技学校
王贤德	男	武宁二中	2008.12	市优秀教练员	市教育局、体育局	武宁二中
程丽萍	女	黄埚中心完小	2008.12	女职工建功立业标兵	市总工会	黄埚小学

续表十三

姓名	性别	获奖时所在学校	获奖时间	荣誉称号	颁奖单位	现单位
刘风华	男	鲁溪中心完小	2008.12	市德育工作先进个人	市委宣传部	鲁溪中心完小
陈　龙	男	鲁溪中心完小	2008.12	市小学教研先进个人	市小学数学专业委员会	鲁溪中心完小
李永宁	男	武宁二中	2008.12	市优秀园丁奖	市教育局	武宁二中
盛广度	女	黄塅中心完小	2009	优秀园丁工程骨干教师	市教育局	黄塅小学
莫俊辉	男	鲁溪中心完小	2009	市优秀班主任	市教育局	鲁溪中心完小
黎华明	男	职业中专	2009	市优秀班主任	市教育局	职业中专
卢　赟	男	武宁一中	2009	市优秀班主任	市教育局	武宁一中
吴翠蓉	女	武宁二小	2009	市先进教师	市教育局	武宁二小
施松林	男	石门初中	2009	市优秀班主任	市教育局	武宁五小
周东升	男	官莲初中	2009.3	市中小学德育先进个人	市宣传部、教育局	官莲初中
张　年	女	武宁二小	2009.3	市教学工作先进个人	市教育局	武宁二小
熊唐生	男	武宁一小	2009.3	中小学德育工作先进个人	中共市委宣传部	武宁一小
邹仁国	男	武宁二小	2009.3	市教研工作先进个人	市教育局	武宁二小
程德猛	男	武宁县教育局	2009.3	市先进工会工作者	市教育工会	县教育局
翁地季	男	武宁县教育局	2009.4	全市教育系统宣传工作先进个人	市教育局	县教育局
卢成国	男	罗坪群峰教学点	2009.6	市优秀共产党员	九江市委	罗坪小学
李　鑫	男	协和中学	2009.6	市优秀校长	市教育局	协和中学
郭庆海	男	大洞学校	2009.9	市模范教师	市教育局	大洞学校
张项理	男	私立宁达中学	2009.9	市十大创业先锋	市委宣传部	私立宁达中学
郭庆海	男	大洞学校	2009.9	市师德标兵	市教育局	大洞学校
徐礼华	男	东林学校	2009.9	市“师德标兵”	市教育局	东林学校
邹晓燕	男	武宁县教育局	2009.12	市招考工作先进个人	市高招委员会自考委员会	县教育局
戴定武	男	武宁县教育局	2009.12	市勤工俭学先进个人	市教育局	县教育局

续表十四

姓名	性别	获奖时所在学校	获奖时间	荣誉称号	颁奖单位	现单位
陈　超	女	罗溪中心完小	2010	市优秀少先队辅导员	团市委、市教育局	罗溪小学
张项理	男	私立宁达中学	2010	市劳动模范	市人民政府	私立宁达中学
李梦怡	女	武宁二中	2010	优秀团员	团市委	武宁二中
李　鑫	男	协和中学	2010.3	市中小学优秀校长	市教育局	协和中学
申平丽	女	县幼儿园	2010.12	市网站优秀信息员	市教育局	县幼儿园
周红阳	女	县幼儿园	2010.12	市幼教先进个人	市教育局	县幼儿园
翁素芬	女	县幼儿园	2010.12	市幼教先进个人	市教育局	县幼儿园
朱元芳	女	武宁五小	2010.5	巾帼建功标兵	市妇联	武宁五小
翁地季	男	武宁县教育局	2010.5	全市教育系统文秘工作先进个人	市教育局	县教育局
杨平香	女	武宁二小	2010.6	市教研工作先进个人	市教育局	武宁二小
陈青阳	男	协和中学	2010.7	市骨干教师	市教育局	协和中学
张　晶	女	武宁二小	2010.7	市优秀辅导员	团市委、市教育局	武宁二小
钟曙燕	女	武宁二小	2010.7	市优秀辅导员	团市委、市教育局	武宁二小
欧阳琴	女	武宁二小	2010.7	市优秀辅导员	团市委、市教育局	武宁二小
张　敏	男	武宁四小	2010.7	市学科带头人	市教育局	武宁四小
付林元	男	武宁四小	2010.7	市学科带头人	市教育局	武宁四小
刘红华	女	武宁四小	2010.7	市学科带头人	市教育局	武宁四小
陈克香	女	武宁四小	2010.7	市学科带头人	市教育局	武宁四小
叶祥菊	女	武宁四小	2010.7	市骨干教师	市教育局	武宁四小
朱　建	男	武宁四小	2010.7	市骨干教师	市教育局	武宁四小
辛小兵	男	武宁四小	2010.7	市骨干教师	市教育局	武宁四小
纪道英	女	武宁一小	2010.7	优秀少先队辅导员	市教育局、少工委	武宁一小
柯　帆	男	鲁溪中心完小	2010.8	市骨干教师	市教育局	鲁溪中心完小
李　娟	女	武宁三小	2010.8	市骨干教师	市教育局	武宁三小
黄冠连	女	武宁三小	2010.8	市骨干教师	市教育局	武宁三小
刘小红	女	武宁三小	2010.8	市骨干教师	市教育局	武宁三小
张季武	男	武宁三小	2010.8	市骨干教师	市教育局	武宁三小
朱传秀	女	武宁三小	2010.8	市骨干教师	市教育局	武宁三小

续表十五

姓名	性别	获奖时所在学校	获奖时间	荣誉称号	颁奖单位	现单位
姚　丹	女	武宁三小	2010.8	市骨干教师	市教育局	武宁三小
卢玲玲	女	武宁三小	2010.8	市骨干教师	市教育局	武宁三小
陈小芬	女	武宁三小	2010.8	市学科带头人	市教育局	武宁三小
刘慧玲	女	武宁一小	2010.9	市学科带头人	市教育局	武宁一小
纪道英	女	武宁一小	2010.9	市骨干教师	市教育局	武宁一小
余亚周	男	职业中专	2010.9	市骨干教师	市教育局	职业中专
董　垚	女	县幼儿园	2010.9	优秀园丁工程骨干教师	市教育局	县幼儿园
董　韵	男	县幼儿园	2010.9	市骨干教师	市教育局	县幼儿园
朱元淑	女	武宁一小	2010.9	市教学明星	市教育局	武宁一小
陈伟文	男	武宁一小	2010.9	市骨干教师	市教育局	武宁一小
朱元芳	女	武宁五小	2010.9	市学科带头人	市教育局	武宁五小
王荣华	女	武宁五小	2010.9	市骨干教师	市教育局	武宁五小
邹如俊	男	武宁五小	2010.9	市骨干教师	市教育局	武宁五小
朱元芳	女	武宁五小	2010.12	市课改先进个人	市教育局	武宁五小
徐礼华	男	东林学校	2010.9	师德标兵	市教育局	东林学校
聂　政	男	横路初中	2010.9	市骨干教师	市教育局	横路初中
冷　卫	男	横路中心完小	2010.9	优秀园丁工程骨干教师	市教育局	横路小学
叶　敏	男	杨洲学校	2010.9	市“关爱教师”好校长	市教育局	澧溪初中
汤　波	男	石渡学校	2010.9	市骨干教师	市教育局	石渡学校
汪和东	男	金水中学	2010.9	市骨干教师	市教育局	金水中学
洪科军	男	宋溪学校	2010.9	市骨干教师	市教育局	宋溪学校
刘红梅	女	石门初中	2010.9	市骨干教师	市教育局	石门楼初中
艾冬云	女	武宁二小	2010.9	优秀园丁工程骨干教师	市教育局	武宁二小
陈立丽	女	武宁二小	2010.9	优秀园丁工程骨干教师	市教育局	武宁二小
陈茂香	女	武宁二小	2010.9	优秀园丁工程骨干教师	市教育局	武宁二小
黄　玉	女	武宁二小	2010.9	优秀园丁工程骨干教师	市教育局	武宁二小
欧阳琴	女	武宁二小	2010.9	市教学工作先进个人	市教育局	武宁二小

续表十六

姓名	性别	获奖时所在学校	获奖时间	荣誉称号	颁奖单位	现单位
汪丽华	女	武宁二小	2010.9	优秀园丁工程学科带头人	市教育局	武宁二小
郑孝萍	女	武宁二小	2010.9	优秀园丁工程骨干教师	市教育局	武宁二小
陈海珠	女	武宁五小	2010.9	市骨干教师	市教育局	武宁五小
李选兰	女	武宁一小	2010.9	市骨干教师	市教育局	武宁一小
毛雪松	男	武宁一小	2010.9	市骨干教师	市教育局	武宁一小
鄢育民	男	武宁一小	2010.9	市骨干教师	市教育局	武宁一小
张建华	男	武宁一小	2010.9	市骨干教师	市教育局	武宁一小
毛雪松	男	武宁一小	2010.9	市师德师风标兵	市教育局	武宁一小
唐莉莉	女	武宁一小	2010.9	市骨干教师	市教育局	武宁一小
叶红斌	男	实验中学	2010.11	市学科带头人	市教育局	实验中学
邹　冰	男	实验中学	2010.11	市骨干教师	市教育局	实验中学
黄　斌	男	实验中学	2010.11	市骨干教师	市教育局	实验中学
刘　英	女	黄塅初中	2010.12	市课改先进个人	市教育局	黄塅初中
徐　盛	男	清江初中		优秀园丁工程骨干教师	市教育局	清江初中

连续从事教学工作四十年教师（2010年）

表11-11

姓　名	性别	参加教育工作时间	退休时间	连续教龄(年)	现单位
张汉炳	男	1946	1990.1	44	武宁一中
张待鎏	男	1949.1	1992.8	43	石门楼小学
张会林	男	1949.12	1993.1	44	石门楼小学
刘善堂	男	1950	1991.1	41	鲁溪初中
邓子玉	男	1950	1991.4	41	武宁一中
张会业	男	1950	1990	41	罗溪小学
刘伦晶	女	1950.2	1992	42	武宁一中
聂由梗	男	1950.11	1993.11	43	鲁溪初中
应明洪	男	1952.1	1992.5	40	罗坪小学
李竞荣	男	1954.8	1996.9	42	宋溪学校
陈德才	男	1954.9	1995.7	41	船滩初中
徐传祥	男	1955	1996	41	东林学校

续表一

姓　名	性别	参加教育工作时间	退休时间	连续教龄(年)	现单位
李希鑫	男	1955	1998	43	武宁二中
周　龙	男	1955	1996	41	武宁二中
余绪宣	男	1955.8	1996.8	41	鲁溪小学
张国春	男	1955.8	1995.3	40	罗坪小学
张修仁	男	1955.8	1996.7	41	罗坪小学
柯祥夏	男	1955.8	1996.8	41	鲁溪小学
张功鹤	男	1955.9	1995.6	40	泉口小学
付朝志	男	1957	1997	40	武宁二中
袁敬儒	男	1957	2003.7	46	武宁一中
冷先忠	男	1957	1997	40	武宁二中
刘书绶	男	1957.3	2002.3	45	石门楼小学
郑卫华	男	1957.5	1997.9	40	石门楼初中
林传煜	男	1957.8	1999.12	42	鲁溪小学
张远昌	男	1958	2000	42	金水初中
徐盛塔	男	1958.1	2001.7	42	船滩小学
卢位焱	男	1958.2	2000.12	42	罗坪小学
陈汝义	男	1958.9	1998.4	40	鲁溪小学
张才达	男	1958.9	1999.9	41	石门楼小学
邱吉祥	男	1958.9	2000.6	42	泉口小学
肖承松	男	1959	1999.7	40	武宁一中
艾政国	男	1959.3	2001.11	42	鲁溪小学
盛　成	男	1959.8	2000.6	41	甫田初中
唐修明	男	1959.9	2000.7	41	船滩初中
刘明月	男	1959.9	2000.9	41	鲁溪小学
程宗文	男	1959.9	2001.3	42	船滩小学
艾施主	男	1959.9	2002.8	43	鲁溪小学
黎远樟	男	1959.9	2001.8	42	泉口小学
周宇海	男	1959.9	1999.8	40	鲁溪小学
盛维渊	男	1959.9	2001.2	42	澧溪小学
张聘荣	男	1959.9	2001.2	42	石门楼小学

续表二

姓　名	性别	参加教育工作时间	退休时间	连续教龄(年)	现单位
付林任	男	1959.9	2000.2	41	船滩小学
李正国	男	1959.9	2000.3	41	罗坪小学
张一奇	男	1960	1994	43	武宁一中
文圣惠	男	1960.2	2000.3	40	罗坪小学
刘遵凤	女	1960.2	1999.4	40	武宁四小
李定育	男	1960.9	2002.8	42	鲁溪小学
黄佳宾	男	1961	1994	42	武宁一中
余香楷	男	1961.1	2001.7	40	罗坪小学
周辑柏	男	1961.3	2002.11	41	船滩小学
刘应垚	男	1961.7	2002.6	41	甫田小学
黎维利	男	1961.7	2001.8	40	官莲小学
柯祥贵	男	1961.8	2002.3	41	鲁溪小学
张绪祉	男	1961.8	2001.9	40	鲁溪小学
郑通本	男	1961.9	2002.1	41	石门楼小学
朱原秘	男	1961.9	2004.8	43	石门楼小学
邱逢达	男	1961.9	2005.7	44	武宁一中
聂学焰	男	1962	2002	40	金水初中
赵万程	男	1962	2001.11	40	武宁四小
葛光春	男	1962	2002	40	罗溪小学
李迁忠	男	1962.2	2004.4	42	甫田小学
石道开	男	1962.2	2003.7	41	宋溪学校
余策育	男	1962.3	2004.8	42	鲁溪小学
胡友光	男	1962.3	2002.9	40	石门楼小学
林美恕	男	1962.7	2002.7	40	官莲小学
程学文	男	1962.7	2002.7	40	巾口学校
熊远征	男	1962.7	2002.7	40	鲁溪初中
林美荣	男	1962.7	2002.1	40	鲁溪初中
王舟海	男	1962.7	2002.12	40	武宁一中
程宗洛	男	1962.9	2002.7	40	武宁一中
付鹤林	男	1962.8	2004.9	42	船滩小学

续表三

姓　名	性别	参加教育工作时间	退休时间	连续教龄(年)	现单位
喻家信	男	1962.9	2005.5	42	黄塅小学
黄佑煌	男	1962.9	2003.3	41	黄塅小学
柯有志	男	1962.9	2002.9	40	鲁溪小学
徐继武	男	1962.9	1998	41	武宁一中
艾施呈	男	1962.9	2006.8	44	鲁溪小学
夏清海	男	1962.11	2002.1	40	鲁溪初中
余水平	男	1963	2005	42	罗溪小学
钟兴锡	男	1963.7	2003.12	40	协和中学
冯献容	男	1963.8	2005.2	41	甫田初中
黄修龙	男	1963.8	2003.12	40	甫田初中
刘诗林	男	1963.9	2005	42	泉口小学
张功龙	男	1964	2006	42	全水初中
邹德华	男	1964	2006	42	罗溪小学
叶存春	男	1964	2003	40	罗溪小学
潘隆庆	男	1964.3	2004.6	40	甫田初中
饶钦寿	男	1964.3	2005.7	41	清江初中
刘守壁	男	1964.4	2004.11	40	石门楼小学
刘遵和	男	1964.4	2006.12	42	宋溪学校
吴永庚	男	1964.7	2007.9	43	黄塅小学
叶心怀	男	1964.9	2007.12	43	泉口小学
熊贻财	男	1965	2006	41	泉口小学
欧阳可佳	男	1965.1	2007.7	41	黄塅初中
张聘锢	男	1965.2	2008.12	43	石门楼小学
刘奎堂	男	1965.3	2007.1	42	教育局
梁普成	男	1965.5	2009.9	44	南市小学
吴让宾	男	1965.9	2006.9	41	船滩初中
徐盛耀	男	1965.9	2006.4	41	船滩小学
张友礼	男	1965.9	2006.11	41	黄塅小学
张友西	男	1965.9	2007	42	官莲小学
余香炎	男	1965.9	2009.8	44	罗坪初中

续表四

姓 名	性别	参加教育工作时间	退休时间	连续教龄(年)	现单位
陈东振	男	1965.9	2005.11	40	武宁一中
刘明定	男	1965.9	2009.2	44	石门楼小学
李云媛	女	1965.9	2006.1	41	武宁一小
阮仕贵	男	1965.9	2005.11	40	澧溪小学
陈景柏	男	1966.1	2006.9	40	澧溪小学
刘芬堂	男	1966.2	2006.2	40	鲁溪小学
黎道政	男	1966.3	2009	43	官莲小学
肖厚朝	男	1966.7	2009.2	43	黄塅小学
舒克联	男	1966.7	在职	43	宋溪学校
潘际金	男	1966.7	在职	43	宋溪学校
陈希辉	男	1966.9	2009.6	42	官莲小学
熊仁简	男	1966.9	2009.1	43	横路小学
戴先金	男	1966.9	2008.7	42	船滩初中
郭庆福	男	1966.9	2008.12	42	甫田小学
刘堂政	男	1966.9	2008.3	42	鲁溪初中
叶佑发	男	1966.9	2008.10(去世)	42	大洞学校
柯美齐	男	1966.9	2008.8	42	鲁溪小学
柯美琦	男	1966.9	在职	43	鲁溪小学
余传开	男	1966.9	2006.9	40	鲁溪小学
柯于仟	男	1966.9	2006.5	40	鲁溪小学
翁逢来	男	1966.9	2007.7	41	罗坪小学
徐仕德	男	1967	2008	40	东林学校
戴 群	男	1967	2007	40	罗溪小学
李昆华	男	1967.7	2007.8	40	上汤学校
卢清政	男	1967.9	2009.2	42	官莲小学
简家顺	男	1967.9	2008.9	41	石门楼小学
张绪元	男	1968.2	2008.3	40	船滩小学
石学习	男	1968.1	2009.7	41	黄塅小学
刘明贵	男	1968.1	在职	41	鲁溪小学
曾凡月	男	1968.2	在职	41	武宁三小

续表五

姓　名	性别	参加教育工作时间	退休时间	连续教龄(年)	现单位
李汗荣	男	1968.3	2009.4	41	鲁溪小学
潘隆础	男	1968.7	在职	41	宋溪学校
皮泽民	男	1968.8	在职	41	武宁三小
张炳祥	男	1968.9	在职	42	黄塅小学
余荣长	男	1968.9	2009.1	40	大洞学校
赖教文	男	1968.9	2010.9	42	甫田小学
李曾金	男	1968.11	2008.11	40	甫田小学
瞿世磊	男	1968.11	2009.3	41	泉口初中
陈绪荣	男	1969	2009	40	罗溪小学
宋正才	男	1969	2010	41	罗溪小学
王贤佳	男	1969	2009	40	罗溪小学
叶存林	男	1969.1	在职	41	大洞学校
张相中	男	1969.1	在职	40	石门楼小学
吴卸水	男	1969.2	在职	41	澧溪小学
刘明兴	男	1969.2	在职	40	鲁溪小学
雷勉富	男	1969.2	2009.1	40	泉口小学
陈芬荣	男	1969.2	2009.8	40	上汤学校
汪志芳	男	1969.9	在职	41	石渡学校
柯传华	男	1969.3	在职	40	鲁溪小学
张纲荣	男	1969.7	在职	40	武宁三小
夏发贻	男	1969.8	在职	40	鲁溪初中
王汝章	男	1969.8	在职	40	罗坪初中
夏尚彬	男	1969.8	2010.6	41	职业中专
黎洪澌	男	1969.9	2009.11	40	官莲小学
刘罗生	男	1969.9	在职	41	黄塅小学
张绪仁	男	1969.12	在职	40	船滩小学
陈宗光	男	1969.12	2009.7	40	武宁一中
谈际堂	男	1969.12	2009.5	40	大洞学校
程茂元	男	1969.12	在职	40	船滩小学
柯于忠	男	1969.12	在职	40	鲁溪小学

续表六

姓　名	性别	参加教育工作时间	退休时间	连续教龄(年)	现单位
徐礼华	男	1970	在职	40	东林学校
黄小舟	男	1970	在职	40	罗溪小学
陈德泰	男	1970.9	2010.2	40	船滩初中
乐明福	男	1971.1	在职	40	教育局

第十二章　著作

第一节　作品选目

省级以上报刊发表作品及出版专著

表12-1

作品名称	出版刊物名称	发表(出版)时间	作者姓名	作者单位
列表分析法	《江西教育学院学报》	1981年2月	袁后斌	县教育局
农村中、小学教师队伍建设的问题与对策	《课程教育研究》	2005年第4期	翁地季	县教育局
走过风雨见彩虹	《江西教育》	2007年第7～8期	翁地季	县教育局
做家长满意的教师	《江西教育》	2007年第12期	翁地季	县教育局
孤岛上的坚守	《中国教师报》	2008年1月	翁地季	县教育局
江西武宁用课改撬动教育发展	《中国教师报》	2009年5月13日	翁地季	县教育局
给孩子铺好求学路	《江西日报》	2009年10月22日	翁地季	县教育局
背着书包上学堂	《江西教育》	2009年第7~8期	翁地季	县教育局
一位山乡小学校长的追求	《江西教育》	2009年第12期	翁地季	县教育局
感谢儿子	《中国妇女报》	1999年12月4日	翁地季	县教育局
粉牌书大学	《创作评谭》	2010年第3期	翁地季	县教育局
关于张潮《幽梦影》的跟帖	《创作评谭》	2010年第5期	翁地季	县教育局
童年游戏	《中国教师报》	2010年10月27日	翁地季	县教育局
亦师亦友亦家园	《江西教育》	2010年7～8期合刊	翁地季	县教育局
《无人喝彩》文集	（作家出版社出版）	2006年10月出版	翁地季	县教育局
引导发现，训练能力，培养创新人才——初中语文教学初探	《当代中国教学论坛》	2000年	邹盛华	县教育局
《复式教学50问》	专著	1994年4月	何绵提盛展生周绪徽刘诗颂	县教师进修学校
《纳比龙中》小议	《语文教学》	1982年10月	刘益仁	县教师进修学校

续表一

作品名称	出版刊物名称	发表(出版)时间	作者姓名	作者单位
用十字乘法分解二元二次多项式举例	《中学教学研究》	1982年4月	温浙朗	县教师进修学校
如何引导学生自主学习	《小学教学研究》	2004年	徐红英	县教研室
师德在一小绽放	《江西教育》	2006年	徐红英	县教研室
闲聊不闲	《中国教师报》	2007年	徐红英	县教研室
亲密接触	《中国教师报》	2007年	徐红英	县教研室
与儿子共读一本书	《中国教师报》	2008年	徐红英	县教研室
站在学生角度听课	《中国教师报》	2009年	徐红英	县教研室
识字教学的误正	《新课程》	2009年	徐红英	县教研室
大语文教学实践	《江西教育》	2010年	徐红英	县教研室
透过试卷看教学	《小学教学研究》	2010年	徐红英	县教研室
课堂理答及其类型的原则	《小学教学研究》	2010年	徐红英	县教研室
《初中语文整体读练》	河南教育出版社	1989年8月	刘合耀	县教研室
《掌握学习与评价》	江西高校出版社	1993年1月	刘合耀	县教研室
《初中语文基本课文知识及运用》	陕西人民教育出版社	1993年1月	刘合耀	县教研室
《新篇初中作文学习指导》	西南师范大学出版社		刘合耀	县教研室
《初中英语教学目标测量》	江西教育出版社	1989年	李方荣	县教研室
《英语常用词汇用法正误对比》	海洋出版社	1992年	李方荣	县教研室
物理教学怎样引入新概念	江西教育学院《教学参考》	1982年	徐琴华	武宁一中
不定式教学	山西《学英语》	1985年9月	冷旭日	武宁一中
关于高一物理教材的几点商榷意见	江苏《中学物理教学与研究》	1983年3月	周绪徽	武宁一中
外加的矛盾条件引起结合混淆的一道试题	《中学物理研究》	1983年1月	李远孝	武宁一中
对一练习题的商榷	北师大《中、小学外语教学》	1985年3月	冷旭日	武宁一中
一曲园丁颂	江西《读写月报》	1986年7月	张一奇	武宁一中
从《雨花石》谈联想	江西《读写月报》	1986年7月	汪维新	武宁一中

续表二

作品名称	出版刊物名称	发表(出版)时间	作者姓名	作者单位
是虚拟语气还是陈述语气	《英语辅导》	1986年1月	冷旭日	武宁一中
我们是怎样编写《中学文言文详解》的	《江西教育》	1986年9	张贞茂	武宁一中
“倒饺子”的艺术	《中国教育报》	1983年2	吴作兴	武宁一中
一道P值选择题的错误分析	《广西教学参考》	1989年5	陈建春	武宁一中
蜂窝煤与铁锈之谜	《湖南中学生化学报》	第116期	陈建春	武宁一中
我们是怎样上好阿基米德这一课的	《教育参考》	1983年	袁后斌 朱美骐	武宁一中
我们是怎么样努力上好理化实验课的	《江西教育》	1982年	朱美骐	武宁一中
浅谈备课	《中华教育论文萃选》	2003年5	汪筱萍	武宁一中
情感教育——就中日关系现状谈对学生的情感教育	《教案》	2005年5	汪筱萍	武宁一中
教学中情感的功能和作用刍议	《中华现代教育文丛》	2003年12	冷　烨	武宁一中
让学生成为学习的主人	《江西教育科研》（增刊）	2003年	冷　烨	武宁一中
浅谈高考数学试题对学生能力的要求	教学理论与实践杂志社	2008年9	谭崇斌	武宁一中
夯实基础，提高能力，跳出误区——高三地理	《大中专文苑》		张小群	武宁一中
文化在英语教学中的意义	《中国教师报》	2005年	吴义梅	武宁一中
学生要学点书法	《全国基础教育论文集》	2001年	胡友华	武宁一中
二十一世纪我们怎样做老师	《教育理论与实践》	2002年	戴红云	武宁一中
数形结合思想初探	《教育科研》		聂武颖	武宁一中
浅谈备课	《21世纪人才与教育》	2003年	汪筱萍	武宁一中
历史教学中的理想与情感教育	《中国教师报》	2005年	汪筱萍	武宁一中
《中学文言课文详解》	上海教育出版社	1981年	一中 语文组	武宁一中

续表三

作品名称	出版刊物名称	发表(出版)时间	作者姓名	作者单位
浅谈初中物理新课的引入	《江西省物理课题研究》	2002年	熊巨方	武宁一中
红旗给我智慧和力量	《光明日报》	1958年	张一奇	武宁一中
保健按摩与全身运动	《康乐寿》	2006年	张汉炳	武宁一中
苦涩的爱	中华当代散文大观	2002年	胡友华	武宁一中
直线上的主值积分换序问题分析	《中南民族大学学报》121卷第1期	2002年3月	程　钰	武宁一中
共轭直链多烯分子轨道HUCKEL理论的一个算法	《中南民族大学学报》121卷第3期	2002年9月	程　钰	武宁一中
具有非线性边界条件抛物方程解的存在性与猝灭现象分析	《中南民族大学学报》121卷第4期	2002年12月	程　钰	武宁一中
加强情景教学，提高教育效果	江西《函授教学》	1989年3月	李希鑫	武宁二中
我是怎样开展学生行为能力培养和训练的	省《教学参考》	1986年12月	盛广津	武宁二中
抓住有利时机，进行作文教学	《高师函授》	1990年第4期	李希鑫	武宁二中
课外自读“早”一课辅导	《中学教学报》	1993年总第30期	李希鑫	武宁二中
在英语教学中培养学生的创新能力	《中国教育理论与创新丛书》	2007年5月	严赛华	武宁二中
初三物理复习中教师的引导作用	《中国教育理论与创新丛书》	2007年5月	张金钰	武宁二中
如何让语文课导语更具吸收力	《东方教育》	2004年1月	刘　央	武宁二中
让课堂教学充满创新活力	《英语周报》	2006年5月	罗　珺	武宁二中
一堂超出预想的数学课	《中国当代教育理论》	2007年9月	朱立英	武宁二中
谈英语素质教育	《英语报刊》	2008年2月	汪玉芳	武宁二中
如何给中学生作文写好评语	《光明日报》	2004年1月	林茂琳	武宁二中
高考中公益广告试题的切入点及编拟技巧	《大中专文苑》	2006年12月	付竹梅	武宁二中
小说教学中的学法指导	《湘潮》	2005年12月	杨红玮	武宁二中

续表四

作品名称	出版刊物名称	发表(出版)时间	作者姓名	作者单位
新课标背景下的小说教学	《中国教育教学纵横》	2004年12月	杨红玮	武宁二中
减轻学生负担与“加重”教师负担	《江西教育》	2000年1月	叶祥青	武宁二中
折叠中的数学问题	《江西省中学数学》	2010年7月	张　沐	武宁二中
分层教学法《认识100万》	《数学课程实践与探索》	2010年11月	张　熊	武宁二中
新课标下“分层教学法”教学模式研究	《数学课程实践与探索》	2010年1月	张　熊	武宁二中
母校门前的回忆	《江西日报》	1989年6月4日	方士豪	武宁三中
懊悔	《人民教育》	1983年第11期	方士豪	武宁三中
语文教学中不能主观臆断	《语文教学》	1982年3月	方士豪	武宁三中
木兰诗“三炼”	广西大学语文园地学报	1983年3月	方士豪	武宁三中
《桃花源记》里的三个外人	河北《语文教学之友》	1983年2月	方士豪	武宁三中
读《赤壁之战》札记	广西大学语文园地学报	1984年6月	方士豪	武宁三中
作文教学中的法纪教育	河北《语文教学之友》	1984年6月	方士豪	武宁三中
作文中对比方法的运用	《山西语文报》	1985年7月1日	方士豪	武宁三中
浅谈如何指导学生写地理小论文	《中国教师报》	2007年4月11日	黄静火	协和中学
作文训练写人文精神的培养	《语文周报》	2007年8月13日	温应农	协和中学
浅议化学实验教学的创新教育	《中国教师报》	2008年1月16日	王时梅	协和中学
教师应不断学习优化课堂提问技巧	《生物世界》	2010年3月	黄徽宁	协和中学
活跃学生英语思维	《江西教育》	2010年1月	叶郁林	协和中学
《浅谈在数学教学中如何培养学生的创新意识》	《东方教育》（第6期）	2004年6月	成焕钟	泉口初中

续表五

作品名称	出版刊物名称	发表(出版)时间	作者姓名	作者单位
谈“歌诀”对培养学生作文兴趣的作用	《东方教育》（第1期）	2004年1月	叶祥柳	泉口初中
初中化学教学策略初探	《东方教育》（第5期）	2004年5月	叶 东	泉口初中
语文教师如何既教书又育人	《东方教育》	2004年3月	夏天水	金水中学
浅论即景抒情和托物抒情的差异	《中国教育教学研究》	2004年8月	夏天水	金水中学
在观察中发挥想象以想象来指导观察	《现代教育论坛》	2005年1月	夏天水	金水中学
略论话题作文拟题指导方法	《中国创新教育》	2005年9月	夏天水	金水中学
略论语文教学新模式中存在的问题及对策	《中国当代教育教学研究》	2005年9月	夏天水	金水中学
新课标下解题教学中的“逆推思维”例说	《科学课堂》	2010年第4期	王义生	金水中学
培养学生的学习兴趣	《英语周报》	2005年	刘 程	横路初中
启发教学与创新能力培养	《中国当代教育理论文献》	2007年12月	冷临春	横路初中
浅析物理习题中的“条件”	《中国当代教育理论文献》	2007年12月	刘礼春	横路初中
浅谈初中物理教学语言的基本原则	《中国当代教育理论文献》	2007年12月	刘礼春	横路初中
走素质教育之路，创特色农村中学	《新华教育》	2005年4月	汤 宁	横路初中
浅谈中学传统作文教学的改革	《湘潮》	2007年	黎洪元	横路初中
课堂呼唤崔永元	《江西教育》	2004年1月	林显生	鲁溪初中
浅谈阅读与写作	《中国教师报》	2008年4月16日	黎跃生	鲁溪初中
教学分层教学浅谈	《中国教师报》	2007年11月	林华荣	鲁溪初中
追分效应	《江西教育》	1998年2月	余锦标	鲁溪初中
幕阜大山的舌耕人	《江西教育》	2000年2月	余锦标	鲁溪初中
半边莲 淡蓝色的小花	《星火》	1989年	余锦标	鲁溪初中
走在岭背的山上	《江西日报》	2005年10月14日	余锦标	鲁溪初中
武宁赋	《江西日报》	2007年9月21日	余锦标	鲁溪初中

续表六

作品名称	出版刊物名称	发表(出版)时间	作者姓名	作者单位
谈初中数学尝试教学法中的创新教育	《光明日报》 《科学课堂》	2004年5月10日 2008年第6期	唐　勇	澧溪中学
语文课堂教学刍议	《江西教育》	2007年12月	陈希军	澧溪中学
自制教具搞好物理教学	《江西教育》	1982年	吴让宾	船滩初中
中国农村教育管理体制改革现状、问题与措施	《中国教育改革》	2004年5月	刘　俊	石门楼初中
九年义务教育初中语文教材基本篇目选文的思考	《江西教育科研》	2005年6月	刘　俊	石门楼初中
离任留言的启示	《江西日报》	1992年11月	刘　俊	石门楼初中
举报须走出两个误区	《江西日报》	1992年11月	刘　俊	石门楼初中
圆的对称性	《今日教育》	2006年	刘　英	黄塅初中
线段·直线和射线	《科普文摘》	2007年	刘　英	黄塅初中
温度的变化	《数学课程实践与探索》	2008年	刘　英	黄塅初中
关于信息技术教育教材的几点思考	《江西信息技术教育研究优秀论文集》	2007年	丁少玄	黄塅初中
浅析新目标英语中考复习策略	《英语学习辅导报》	2008年	邱小云	黄塅初中
浅谈学校管理中的“三力”	《江西省中小学校长管理经验及案例》	1992年8月	王汝章	罗坪初中
浅谈英语启蒙教育着眼学生终身发展	《东方教育》（第1期）	2004年1月	张晓燕	罗坪初中
浅析《简·爱》中的环境描写	《语文报》	2010年12月	潘鹏飞	罗坪初中
浅谈如何提高语文课堂效率	《教育与探索》	2010年4月	方珍兰	罗坪初中
提高英语口语课改成效和思考	《经营管理者》	2008年5月	李玉琳	宁达中学
论商业广告英语的特点及翻译	《现代经济信息》	2008年12月	李玉琳	宁达中学
2006年江西省中考英语模拟试题	《英语周报》	2006年4月	李玉琳	宁达中学
坐而谈　不如起而行	《少先队活动》	2004年6月	华绍聪	宁达中学
把课堂还给学生	《青少年日记》	2008年5月	余张林	宁达中学
格言	《半月潮》	2006年6月	李扬忠	宁达中学

续表七

作品名称	出版刊物名称	发表(出版)时间	作者姓名	作者单位
箴言	中国报纸副刊研究会	2007年1月	李扬忠	宁达中学
赞赏是成功的催化剂	《中国教育科学杂志》	2009年2月	李扬忠	宁达中学
让学生充满生机活力	《辅导员》	2009年2月	张项理	宁达中学
张项理改革语录	《中国当代课改档案》山东文艺出版社	2010年8月	张项理	宁达中学
国画山水	《江西日报》	2007年12月	杨　郭	赣北育才科技学校
数学的趣味性与创新思维的培养	《摇篮报》	2007年6月1日	程茂金	泉口小学
课堂教学感悟	《名师教育论文精选》	2006年7月	熊远江	横路小学
思想品德教学浅见	《中国当代教育研究》	2002年1月	张友富	横路小学
党旗颂	《诗词联大观》日报出版社	2001年7月	李若鸿	横路小学
春游修水南山崖	《当代中华诗词集》	2002年5月	李若鸿	横路小学
师魂颂	《黉门吟赋》	2002年1月	李若鸿	横路小学
优化数学课堂教学，让学生在课堂上动起来	《发现》	2007年12月	陈　龙	鲁溪中心完小
在小学识字教学中我是怎样实施素质教育的	《小学语文教学研究》	2007年5月	陈　龙	鲁溪中心完小
朗读教学探索	《全国教育教学论文选》	2006年5月	余林英	鲁溪中心完小
在小学数学教学中如何发展学生智能	《全国教育教学论文选》	2006年5月	张　英	鲁溪中心完小
浅谈学生写字教学	《全国教育教学论文选》	2006年5月	夏敬芝	鲁溪中心完小
对农村小学生口语表达能力较差问题的几点思考	《全国教育教学论文选》	2006年5月	黄恢仁	鲁溪中心完小
例谈我的童心教学	《中国当代名师论文精选》	2006年7月	柯　帆	鲁溪中心完小
让作文“动”起来	《小学语文教学研究》	2006年1月	柯　帆	鲁溪中心完小

续表八

作品名称	出版刊物名称	发表(出版)时间	作者姓名	作者单位
三角形内角和教学设计	《江西教育》	2009年11月	刘诗发	鲁溪中心完小
发展我县信息技术教育之我见	《当代中国教育思想宝库》	2005年7月	刘风华 俞海宁	鲁溪中心完小
突出学生主体地位，发挥教师启示作用	《尝试教学理论研究》	2002年6月	刘祖国	甫田中心完小
复式教学的“导、探、议、练”四程序初探	《全国优秀论文选》	2006年	刘祖国 王忠学	甫田中心完小
改革小学考试内容与形式的探究	《东方教育》	2004年	鲁少芳	甫田中心完小
揣摩·想象·创造	《百家作文》	2004年	鲁少芳	甫田中心完小
三年级趣味作文教学设计	《小学教学设计》	2003年	鲁少芳	甫田中心完小
引导发现，训练能力，培养创新人才	《当代中国教育研究》	2000年12月	熊炬芳	石门楼中心完小
《看“贪官传”有感》	《中华老年艺术宝典》	2004年4月12日	徐自新	石门楼中心完小
邹老师和他的“课外督导法”	《中国教师报》	2006年5月31日	熊章喜	石门楼中心完小
浅谈语文课堂开放教学	《中国教育理论与创新丛书》	2007年12月	魏桂玲	黄埚小学
浅谈农村教学中的复式教学	《中国当代思想教育宝库》	2005年5月	钱光英	黄埚小学
在数学课堂中实施素质教育	《中国教师报》	2007年6月	杨玉珍	黄埚小学
作文教法点滴	《中华教育文章》	1999年	熊仁秀	黄埚小学
小学数学教改初探	《小学教学研究》杂志社	2008年	程丽萍	黄埚小学
积极实践开放性教学全面提高学生素质	《中国教育学会数学教学研究》	2008年	钟晓英	黄埚小学
兰香随笔	《中华诗词集萃》	2006年9月	王忠良	黄埚小学
游九江烟水亭	《中华爱国国典》	2003年1月	王忠良	黄埚小学
培养学生创新能力的探索	《中国科技教育》	2010年4月	邹萍英	黄埚小学
浅谈低年级识字教学	《江西教育》	2010年7月	肖芳芳	黄埚小学
复式教学中学生自学能力的培养	《中国教师报》	2005年8月	钱光英	黄埚小学
语文教学中的美感效应	《中国当代教育教研成果概论》	1997年8月	曹国宝	石渡学校

续表九

作品名称	出版刊物名称	发表(出版)时间	作者姓名	作者单位
我的作文教学"宣读法"	《人民教育》	1993年1月	曹国宝	石渡学校
心理顺势推究法——诊断学生心理	《中小学心理健康教育》	2006年7月	曹国宝	石渡学校
开发主体的点与练	《全国教师论文集锦》	2002年1月	曹国宝	石渡学校
浅谈在数学教学中培养学生的观察力	《中华素质教育理论与实践新探》	2007年3月	余华中	石渡学校
浅谈数学课的实验与操作	《中国教育科研与实践》	2007年4月	余华中	石渡学校
日历中的方程	《中国教育教研》	2007年11月	李　军	石渡学校
谈教师在新课程标准下的角色转变	《阅读与鉴赏》	2008年12月	潘伟宁	石渡学校
如何在低年级语文阅读教学中进行说写训练	《课程教学研究》	2005年第4期	朱元淑	武宁一小
浅谈语文教学中学生创新能力的培养	《东方教育》	2005年第1期	朱元淑	武宁一小
浅谈如何培养学生的合作意识	《学习报》	2006年7月第205期	张　武	武宁一小
浅谈时钟的教学误区	《江西教育》	2008年10月	张　武	武宁一小
培养学生的自学能力从小抓起	《学习报》	2009年6月第164期	张　武	武宁一小
从《年、月、日》集体备课想到的	《中国教师报》	2009年8月26日	张　武 刘慧玲	武宁一小
自主学习的课堂运作	《中国名师教研成果荟萃》	2004年5月	刘　蓉	武宁一小
教会学生学习提高自学能力	《东方教育》	2004年第8期	夏　鸣	武宁一小
如何指导学生作文	《创新教育文荟》	2005年3月1日	夏　鸣	武宁一小
谈班级日常管理	《中国教师报》	2010年1月20日	张　武	武宁一小
小学数学成绩初探	《学习报》	2010年8月	张　武	武宁一小
浅析高效课堂中的开放教学	《学习报》	2010年7月	张　武 邱爱华	武宁一小
浅谈小学口语交际的教学策略	《新课程》	2010年9月	汤小红	武宁一小

续表十

作品名称	出版刊物名称	发表(出版)时间	作者姓名	作者单位
思想教育应该重知行结合	《上海教育》	1987年5月	盛广津	武宁二小
谈新课程数学教学中学习兴趣的培养	《中国教育》	2005年3月	刘晓英	武宁二小
让学生在尝试中成功	《中国教育》	2005年3月	谢小英	武宁二小
浅谈尝试教育在语文教学中的运用	《全国优秀论文摘》	2005年5月	汪丽华	武宁二小
给阅读课插上想象的翅膀	《沙棘·科教纵横》	2010年4月	刘　娜	武宁二小
小学数学问题解决教学初探	《教育教学论坛》	2010年6月	陈茂香	武宁二小
在小学数学教学中实施“研究性学习”的尝试	《小学数学研究》	2010年6月	夏银秀	武宁二小
借助有效的数学活动帮助学生自主发展——“三角形的特性”教学片断赏析	《江西教育》	2010年9月	夏银秀	武宁二小
小学数学教学如何激发学生兴趣	《江西教育》	2010年9月	石卫平	武宁二小
有关近似数中的两个问题	《读写算》	2010年9月	邹志勇	武宁二小
让学生在情境中学习	《江西教育》	2008年第12期	明平兰	武宁二小
小学生课外阅读活动指导浅谈	《中国当代教育科研与实践》	2008年12月	崔　勇	武宁二小
让学生在情境中学习	《江西教育》	2008年第12期	明平兰	武宁二小
引导学生在反思中提高数学素养	《江西教育》	2009年第1期	张　年	武宁二小
在情景教学中激发学习兴趣	《江西教育》	2007年第9期	李季红	武宁二小
浅谈低年级识字教学的几点体会	《学习报》	2008年第125期	汪丽华	武宁二小
在阅读教学中培养学生人文精神的重要性	《江西教育》	2009年第7～8期	汪丽华	武宁二小
尝试教学与新课程标准刍议	《全国优秀教育论文摘》	2004年11月	谢小英	武宁二小
培养学生自信心的有效策略	《江西教育》	2010年12月	谢小英	武宁二小

续表十一

作品名称	出版刊物名称	发表(出版)时间	作者姓名	作者单位
思品课教学要有个好开头	《江西教育》	1986年4月	张纲荣	武宁三小
讲练结合，化繁为简	《小学教学研究》	1993年5月	张纲荣	武宁三小
如何帮助小学阶段英语后进生重树信心	《中国教师报》	2007年12月	李　娟	武宁三小
浅谈激发学生学习数学的兴趣	《青少年日记》	2008年2月	冷爱香	武宁三小
低年级学生口语交际能力的训练	《读写日报》	2007年12月	张　琼	武宁三小
让课堂充满活力	《语文学习报》	2007年12月	张　琼	武宁三小
教师要重“课外功”	《人民教育》	2000年5月	莫张华	武宁三小
带学生走进语文天地	《江西教育》	2003年	龚仁彬	武宁三小
奖励一个吻	《育人导报》	2002年	龚仁彬	武宁三小
浅谈在识字教学中引入大识字教学观	《江西教育》	2000年	龚仁彬	武宁三小
利用电教手段优化语文教学	《江西电教》	2001年	龚仁彬	武宁三小
让孩子说“我能行”	《家教指导》	1999年	龚仁彬	武宁三小
例文引路　分步诱导	《江西教育》	1997年	龚仁彬	武宁三小
读写结合　训练学生构段能力	《江西教育》	1994年	龚仁彬	武宁三小
留住爱的春天	《追梦的岁月》	2009年1月	黄冠莲	武宁三小
祝你生日快乐	《家教指导》	1999年	龚仁斌	武宁三小
在数学中如何培养学生的乐学精神	《读写算》	2010年4月	张季武	武宁三小
在小学语文课堂中渗透思想道德教育和美育	《江西教育》	2010年1月	夏　瑞	武宁三小
试析小学的安全管理	《校魂》	2009年11月	刘诗发	武宁三小
家有“嫌”妻	《中国教师报》	2010年11月3日	柯　帆	武宁三小
作文评分的传统与革新	《江西教育》	1983年4月	瞿少华	武宁四小
运用现代教学手段，构建语文教学新城	《江西师大》	2010年第1～2期	刘红华	武宁四小
想象让习作插上翅膀	《辅导员》	2010年第7～8期	陈克香	武宁四小
校长塑造人格魅力，当涵养“四气”	《辅导员》	2010年第9期	付林元	武宁四小
发掘儒学精髓，创建和谐校园	《江西教育》	2009年第12期	付林元	武宁四小

续表十二

作品名称	出版刊物名称	发表(出版)时间	作者姓名	作者单位
2009，我收获着温暖	中央电视台《回眸2009，共绘美好生活》	2010年2月	邱小波	武宁四小
五月，记忆中的端阳	《首届全国诗歌散文大赛作品精选》	2010年5月	邱小波	武宁四小
寻访蜡梅	《中国当代散文精品集》	2010年11月	邱小波	武宁四小
品味菜根香，人生何彷徨	《阅读人生》	2010年1月	邱小波	武宁四小
探索直线平行的条件	《科学课堂》	2008年6月	徐　全	武宁五小
浅谈小学数学知识的“六化”作用	《小学数学研究》	2010年第1期	黎洪敏	武宁五小
小议配平化学方程式	《初中生之友》	2005年9月	翟顺福	杨洲学校
武宁县新宁镇民办幼儿园调查与思考	《江西教育》	2004年6月	董　韵	县幼儿园

第二节　作品选录

文学作品

文字的断想

张绪佑

我这辈子注定要吃文字饭。25年前，有人交白卷当英雄那阵，凑篇文章盖了全县，就上了大学。做郎中的父亲要我学医，我偏不，偏去学汉语言文学，以为就要当作家了。就这样与文字结缘。

我与文字的情缘源于我的母亲。母亲是个大字不识的乡下女人，却对文字敬仰有加，奉若神明。路遇一张文字纸片，总要恭敬拾起，绝不会踏上她那被裹残了的小脚的。她说踏了，就辱了读书人。小时蹲茅坑，不敢用有文字的废纸，就用母亲备好的竹片。日前与朋友聊起家乡民俗，恰好这位朋友曾下放在我老家，初到时见茅房的篓

张绪佑　笔名目之，男，1953年11月生，横路乡人，中国散文学会会员，江西省作家协会会员，九江市作协副主席，副教授职称。曾任武宁县长、德安县委书记，九江日报社社长、总编，市委党校常务副校长，市教育局党委书记，九江市政府副秘书长等职。先后出版散文集《母亲的歌》《箫声悠悠》《老土少年》，长篇小说《静静的宁湖》等多部。

里丢满竹片，以为那是吃剩的冰棒棍儿，他哪里知道，这些“冰棒棍儿”竟与文字有着干系呢。

父亲读过8年私塾，背得出“天地玄黄，日月洪荒”，也算是个读书人。母亲嫁给他，算是对读书人的敬慕。晚间父亲在油灯下慢悠悠地捧书唱念，母亲在灶前喜滋滋地剁猪草。痴情女夜伴读书郎，那是一种怎样古典的幸福。母亲几十年的日夜劳苦，相夫荫子，为的是要我们做个断文识字的读书人。

母亲对文字的敬仰，其实是劳苦大众对文化的渴望。旧时几万万中国人，识字的不到百分之五。母亲不知道文字的由来，不知道仓颉造字，不知道这个传说的黄帝史官，充其量只是一个汉字的整理者，不知道正是他（她）们这样的劳动者创造了文字，到头来又失去了文字，成为了历史的悲哀！母亲怎能知道，应该受到敬仰的不是读书人，而正是他（她）们自己。

不是么？人类在劳动中“哼哟哼哟”哼出了语言，“比比画画”划出了符号，才有了文字，才胜出野兽，才进入了文明社会。“农”字头戴斗笠手执锄把，“男”人田里出力，“家”中养豕（猪），“国”中有王，汉字的象形、表音、会意，无一不与劳动相关。作为人们联络的工具，文字曾为劳动者造福，极大地开发了人类智慧。文字是人类的史诗，是凝固了的音乐，是劳动者的颂歌。而到了后来，文字堕落了，堕落成了少数人的工具，脱离了它的母体。少数断文识字的成了“劳心者”，垄断了文字。而“劳力者”却远离了自己创造的文字，反遭文字的奴役。

文能载道。文字有妩媚，有冷艳，有激烈，有颓废，有佛家之空，道家之善，儒家之礼。智者、仁者、寿者缘能精文悟道。有人悟出了人生玄机，成了先贤至圣；有人悟出了升迁之道，立时锦袍加身；有人误入了文字歧途，落得个身首异处。古时在官场，文字是最强有力的毒药；在商场，文字是最具欺诈性的谎言；在情场，文字是最虚伪的蜜语。

文不差点，是汉字的玄妙。古往今来，多少人把玩文字，玩出了似字非字的仙风道骨，玩出了篆隶楷草的人生变数，玩出了暗藏禅机的诡谲幻象，玩出了诗词歌赋的抑扬跌宕。字是门楼书是屋。古时以文求官，可构建黄金之屋；以文求道，可搭起精神之殿；以文求爱，可垒起藏娇之穴。文字有时喜，有时娱，有时怒。怒时筑起牢狱，文字就成了镣铐，成了屠刀。于是古来有人弃官从医，弃文从耕，退居村郊，还俗野老，向文字屈降。文字曾创造了文明历史，文字也带来过文明的凋败。

当社会进入网络时代，文字就成了一道电波，一种意象，看似有，握似无。键盘取代了纸笔，电波取代了书信。文字变形了，书信萎缩了，文化荒芜了。文字成了权贵的名片，财主的标签，商家的广告，玩家的骨牌。文人相聚不言文，满嘴的铜臭和脂粉。落俗了的文字没了典雅，没了脾气，没了风骨。无奈精神大厦要靠物质文明支撑，文学要靠面包喂养。文字的声音就沙哑，就微弱，就少底气。多少年，目之先生摆弄文字，混了个作家头衔，自以为有了几缕仙风，几许道骨。殊不料年将半百做起了记者，每月领取薪水养家，才知不过是个靠垒方块字混口饭吃的“文字匠”。以往摆弄文字全属副业，不觉文字的轻重，倒有几分把玩文字的愉悦；而今专吃文字饭，便觉捉笔的沉重，文字的艰辛和责任，深感吃这碗饭的分量与不易。制造文字佳作须熬尽心血，制造文字垃圾却又懊丧痛苦。烦恼之余，更觉对文字的陌生和惧怕，怀疑起自己的文字情缘来。有时甚至羡慕母亲，在她目不识丁的精神世界里，能保留一份“哼哟哼哟”的语言清纯，“比比画画”的文字初衷，岂不少了许多的人生烦恼？

吟　风

张绪佑

昨夜一阵凛风，将报社门前台阶上的盆景吹得落叶满地。昨日还是满树黄叶的银杏，忽然间只剩秃骨临风了。季风就这样将冰清玉洁的冬姑送临。

日复一日，当我踏上门前的台阶，总要留心关注这盆银杏的生态。四时的变换、世情的冷暖、心境的忧乐，似乎都是伴随着季风而变幻，从它的生命常态中显现出来。新岁来临时，当春风悄悄拂过，银杏的秃枝上就萌发了，嫩绿就慢慢地展开了翅膀，将新的生命张扬。满眼的碧绿带着极好的心情，又迎来了凉爽的夏风，将生命的热情推向极致。当夏至尽头，气爽的高秋带来了新的生命信息，满树的金黄预示着生命的成熟，尽管它并未结出丰盈的硕果。秋后的寒风无情袭来，它便适时地脱下金色的外衣，将生命珍藏，将希望孕育。生命之树就这样随着季风而四时变幻。

生命无常，风是始作俑者。风是什么，风是大气的精灵。集日月精气于心，集天地灵气于表，集山川海洋豪气于怀，化作流畅的血脉，灵动的气韵，去感受世界，去催生万物。人间万象，山川陡变，唯有四风最敏感。风是人间的使者。风既带给人们高山的伟岸气质，又带给人们大海的宽广胸怀；既可给人们带来心高气爽的愉悦，又可给人们带来秋尽叶落的悲怜；既带来春燕的呢喃，又带来秋雁的长吟……它掠过丛林、村庄、田野、河流，阅尽了人间各色，教人识时应世，临风应对四时的变换，保持生命之树不衰。

风是大自然的雕塑家。风刀犀利，岁月无涯，数万年雕塑了无数的千沟万壑、奇山异水，雕塑了古道，雕塑了枯树，雕塑了瘦洞，雕塑了自然界这个大盆景。塑了霜、塑了雪、塑了云、塑了雾，塑造了有形和无形的自然境界，留下了万年不衰的艺术创意。

风还是忠实的史记者。它用如椽巨笔席卷千年，纵横天下，翻江倒海，将历史记在了悬崖，记在了洞穴，记在了无数次山川巨变之中，记在了无数个破败的村落、庭院和宫殿里。伴随着多少次战火烽烟，多少次山崩海啸，多少年历史变迁，它记下了千里大漠，记下了秃岭荒源，记下了古罗马斗兽场、古楼兰王国、圆明园废墟、深埋海底的泰坦尼克号。它在记录历史的同时也记下了人生，记下了人世的艰辛、生活的印痕、岁月的磨难。将这一切刻写在每一个人的额头上、须发间。

疾风知劲草，识忠奸，辨善恶，磊落坦荡。既满怀爱心，将春意遍布人间，又嫉恶如仇，将丑恶揭露得淋漓尽致。它心高气豪，敢爱敢怒，颇具英雄气度。有时狂飙怒号，摧枯拉朽；有时暴性陡起，肆虐山河；有时和煦可掬，遍布抚爱。风有怀柔、有激越、有狂放、有悲壮。古来多少英雄把酒临风，抒发豪情，畅怀大风。刘邦雄踞天下，重返故里，唱响“大风起兮尘飞扬”的《大风歌》。荆轲满怀壮志临风唱响“风萧萧兮易水寒，壮士一去兮不复还”的绝命悲壮。血战沙场的勇猛将士面对死亡唱起了“风雪满弓刀”的豪情。风是有情的，风是有骨的。英雄所爱的是大风的一泻千里的豪迈，是义无反顾的铮铮风骨。在临风之时，那些随风而倒的墙头小草缺少的正是这种风骨。

季风虽有四时之变，而唯有其风骨不变。日月经空，乾坤朗朗，是季风万年不衰的永久风源。愿清丽的风荡涤世俗尘埃，将世界催化得更清纯、更壮丽！

几多恩师几多情

——《醉人的蟹香》自跋

刘堂江

本来，这么一本小书，用不着郑重其事地写什么“跋文”“后记”的，但是，当我编完书稿时，总觉得有一股巨大的激情在胸间涌动。

这是感激之情，一种深深的感激之情。

这种感情曾经不止一次地撞击过我的心扉，每当我手捧自己新发表或出版的作品时，总是情不自禁地想起教我写作的几位语文老师……

我是小学三年级第一学期开始学习作文的，发蒙老师名叫吴和炳，一个胖胖的、和颜悦色的年轻人。因为他穿的一件背心上印有“18”的字号，我们这些不懂事的孩子就在背后议论开了：“哎，你知道吗？吴老师今年18岁。”他听见了，并不生气，只是温和地对我们笑笑。他无论是上课还是下课，总是细眯着眼睛，微翘着嘴角，脸上挂着仿佛是永不消逝的笑容。我们都愿意和他亲近，很喜欢听他的课。他教我们的第一篇作文是《给爸爸妈妈的一封信》，记得他先将作文题目写在黑板上，接着就讲了一些写信的格式和要求，然后让我们每人写一封信。那时正值三年困难时期，我在信中除了介绍一些学校的学习、生活情况，请父母不要挂念外，还特意嘱咐父母不要光吃野菜，要想法子弄点粮食吃；并告诉他们，天气凉了，要注意穿好袜子，云云。因为年龄小，又是在离家一二十里远的学校住读，很想念父母，所以写这封信是动了真情的。吴老师对我们的作文一一进行了批改，并在班上公开作了讲评。他讲评时那细眯着眼睛、微翘着嘴角的笑模样儿，我至今仍记忆犹新。这就是我平生第一次学习作文的情景，对吴老师的印象是美好的，对作文课的印象也是美好的。我后来一直爱好文学写作，或许是与作文

刘堂江　男，1949年生，伊山乡人。著名教育记者、作家、编辑家。中国作家协会会员，中国教育学会常务理事，中国人才研究会常务理事，中国期刊协会常务理事，中国教育记者协会副主席，教育部中国教育报刊社常务副社长，《中国教师报》总编辑。

发蒙老师那可亲的笑容有关。

吴老师只教了我们一学期就调离了，接着教我们语文的是潘隆海老师。潘老师是全校公认的教学水平比较高的教师，他思维敏捷，嗓音洪亮，讲起课来富有魅力。一次，他在课堂上操着标准的普通话，抑扬顿挫地把我的一篇作文念了一遍，并大加赞赏一番，末了还说："我在评语里写了，希望作者能写出600字的文章，我相信作者是一定能写出来的。"作文本发下来了，我用激动得有些发颤的手翻开本子，只见潘老师果然在评语中写道："层次清楚，语句流畅……希望能写出600字的文章来。""600字的文章"，对于当时的我来说，那简直就是一个至高无上的美妙境界，是一颗皇冠上的金光灿灿的明珠。我忘情地写呀，写呀，作文课写，没有作文课也写，一心要达到潘老师给我提出的奋斗目标，600字的目标自然很快就达到了，但我仍不罢休，还是写。那时，我觉得上作文课就像过节一样愉快，写作文是最有兴味儿的事情。每逢"六一"节、国庆节等节日到来时，我都要"创作"一些，"'六一'节，快来到，少年儿童齐欢笑"之类的"作品"（现在看来未免可笑），这自然又会常常得到潘老师的表扬、奖赏。潘老师当初也许没有料到，他的鼓励竟决定了一个学生一生的志趣爱好和工作道路。

到了四年级第二学期，又换了肖明礼老师担任我们的语文课。肖老师是一位老先生，言行举止，温文尔雅，讲起课来的声调就像潺潺的溪流，清新高雅。他给我们出了一道作文题：《春天来了》，在讲解提示时用手指着窗外说："你们看，那山，那水，那鲜花，那飞鸟，春天多美呀，观察仔细了再写，什么'桃红柳绿'呀，'鸟语花香'呀，这些形容词都可以用上嘛"肖老师使我懂得了，写作文要学会观察，而且要有优美的语言。

当我升入毕业班时，就由毕可瑞老师教语文，毕老师是当时我家乡的最高学府——九江师范学校的毕业生，知识广博，视野开阔，教学也很勤奋。他教我们写记叙文，不是简单地出个题目，记××人或记××事，就让你写去，而是组织我们举行一次活动，让你亲临其境，亲身体验，然后再让你将所见、所闻、所感写下来。毕老师这种作文训练，使我获益匪浅。记得升学考试时，我由于没有经验，在答语文知识题的过程中，精雕细刻，反复检查，用去了许多时间。偶尔将试卷翻过来一看，不禁倒吸一口凉气：原来还有一道作文题没做呢，小括号里标着40分钟，而这时只剩下30分钟了。我一下子就慌了神，急得背上直冒冷汗。但是我很快就镇定下来了，根据平时在毕老师指导下所获得的生活积累和写作方法，我一气呵成，只用了20分钟就将那篇《学雷锋二三事》写完了。结果我得了满分，那年我是全校应届毕业生中唯一一个考上县重点中学的。在我毕业离校的那一天，毕老师深情地送给我一份纪念品，这是一本儿童文学作家刘厚明同志著的《少年作文知识讲话》，扉页上题着刚劲有力的斜体赠言："刘堂江同学留念：为祖国的文学繁荣和语言纯洁而奋斗！毕可瑞，一九六三年七月。"我饱含热泪将这件珍贵礼物捧在手上，尽管当时我还不能完全理解毕老师赠言的内容和意义，但我朦朦胧胧地萌生了一种使命感，呵，写作文还与祖国有关。祖国，在那时的少年心中是个极为神圣的字眼。我一直将毕老师送给我的那本书珍藏着，每当我工作或写作有所懈怠时，便看看那一行意味深长的题字：“为祖国的文学繁荣和语言纯洁而奋斗！”

我或许是个上帝的宠儿，上中学后又遇上了一位好老师，陈清廉，这个名字在全县语文教学界都是很响亮的。从初中一年级起，就是陈老师担任我的语文课。陈老师文学造诣很深，说得一口十分纯正的普通话，我从来都没有听见过那么优美动听的女性的声音。她给我们讲许地山的《落花生》，讲茅盾的《白杨礼赞》，讲杨朔的《荔枝蜜》，那表情，那语调，宛若流水行云，使你有飘飘然入艺术仙境之感。陈老师教作文的方法很多，也很活，她要求我们以茅盾、杨朔等大家的范文为榜样，写出情文并茂的文章来。每次作文讲评，她都要挑选一两篇佳作在全班朗读，不管是谁的作文，一经从她那富有感染力的声音中流出，就变得异常的优美动人。谁的作文能被陈老师选中在班上念一遍，当然就是一种极高的荣誉了。而每当这时，我就感到有点如坐针毡。因为我毕竟不是什么上帝的宠儿，上帝并没有赐予我天赋。我在山村小学作文算是出色的，可那是矮子拔将军，一旦与县城小学毕业的几名优秀生相比，我的作文水平马上就相形见绌了。在很长的一段时间里，我的作文都没有被陈老师念过。我有些泄气，觉得自己可能不是写作的材料，甚至开始怀疑我能不能“为祖国的文学繁荣和语言纯洁而奋斗”了。陈老师似乎看透了我的心事，一次，在念完一位女同学的作文后，走到我的身边，轻轻地用她那娓娓动听的嗓音说：“你的文字基本功是不错的，要多读些书，注意提高自己的文学素养，你的作文大有希望。”希望之火又在我心中燃起，我抓紧课余时间读赵树理、周立波的小说，读贺敬之的诗歌，读杨朔、刘白羽、袁鹰的散文，狠命地从这些名家的作品中吸取艺术营养。后来，我终于得到了班上的那种荣誉。而且，在初二第二学期的“五四”青年节，我的一首抒发青春理想的诗歌，还被校团委主办的《武中青年》刊登了。这首诗有好几十行，经团刊编辑——全校最漂亮的初三女生用娟秀的粉笔字抄在黑板上，这就算是我第一次“发表”的作品吧！每当我从那块黑板报前经过时，心里头的那个美劲儿呀，就甭提了。与此同时，陈老师那娓娓动听的话语也总在我耳畔响起“你的作文大有希望……”

在大学，我上的是中文系，教过我写作课或在写作上给过我指导、帮助的老师很多，其中有几位还是著名的教授，但给我印象最深刻的一位是李玲璞老师。关于李老师，我在《醉人的蟹香》里已经写过了，他给予我的教育帮助是多方面的，不仅教我怎样作文，而且教我怎样做人。这里我只提一下李老师教我写作的一个细节。当时我的文章鉴赏能力较差，自己写的稿子，不知道够不够发表水平，要等老师裁决，老师说不错才感到确实不错，老师说不行才觉得实在不行。看自己的文章，看别人的文章，都有一种“朦朦胧胧云遮月，隐隐约约雾里花”之感，看不真切。我把这个苦恼向李老师诉说了，李老师缓缓地站起身来，眼里射出睿智的光，他用三个手指捏着钢笔，在我眼前的空中划了一条横线，以一种胸有成竹的语气笑嘻嘻地对我说：“这里有个水平线的问题，到了这根线就够发表水平了，没到这根线就不够发表水平。你可以经常拿你的稿子与报刊上发表的文章相对照，仔细揣摸你的文章是在这个水平线之上，还是在这个水平线之下，或者是正好到这个水平线。把握这条线有一个过程，先是看不见，而后看起来朦朦胧胧的，等你能清晰地看见这条线了，你心里也就有主心骨了。”按照李老师的指点，我经过两年多的悉心揣摩，终于捕捉住了这条“线”，后来，这条线成了我写作和做编辑工作的护身法宝，不然，我凭什么去判断作者的来稿能不能用呢？凡是年轻编辑到我们室里来工作，我都要给他们讲一讲这条“线”的故事。

以上这些话在我心里积淀很久了，这次借编《醉人的蟹香》之机，终于将它说了出来，我感到十分快慰。我总觉得，今天我之所以能写写东西，能从事编辑、记者这种文字工作，是与我那些语文老师的培育分不开的。

当然，在写作上给予我帮助的还不仅仅是学校的老师。参加工作之后，单位上领导和同事们给过我许多指导和支持，报纸、杂志、出版社的编辑们给过我热情的关怀和扶植，这些同志都是我的良师益友。尤其值得一提的是，文学界、教育界的一些老前辈也在我身上倾注了他们的心血。就拿这本小集子来说吧，去年夏天，我给著名作家冰心先生去信，请求她老人家为小书题字，说实话，我当时只是抱着试一试的心情，我想老先生已年逾八旬高龄，每天写作和接待事务那么繁忙，且又正值炎夏暑热，也许不会应允的。没想到，仅在一周之内，冰心先生就将题字给我寄来了，一张雪白的宣纸，上书“醉人的蟹香”几个字，字迹遒劲飘逸，旁边还盖着一方鲜红印章，当我小心地启开信封，展示这珍贵的题字时，眼眶立刻就湿润了。

也是在去年夏天，我请著名教育家、儿童文学作家韩作黎同志为小书作序，韩老爽快地说：“我本来已下决心一切书的序都不写了的，确实太忙，社会活动太多，我的长篇《圣地红烛》的第二部老也写不成，我想集中精力把她写出来。不过，堂江，你这个序我是破例要写的，你这是教育文学，我一定要尽快为你写好，你给我一些书稿材料看看吧！”谁知这以后，韩老因病两度住院，我自然不忍心去催，到了今年5月间，在北京教育文艺研究会召开的一个会上，韩老一见到我就说：“堂江，抱歉，你的序我还没写出来。这样吧，6月份我一定写好。”果然，到了6月19日，韩老给我来电话，让去取序，我立即赶到他家，一进门，韩老就紧紧握着我的手说：“堂江，来，你看看合适不合适？写你这个序我还真是动了感情的，你是教育文艺的积极倡导者和鼓吹者，我是把你当作同道者的”听着这感人的话语，望着韩老那慈祥的笑容，我激动得久久说不出话来。

回顾自己的成长过程，几多恩师几多情，我向所有在写作上帮助过我的师友们献上一瓣心香。

一石千波

（节选自《如雪的茅草花》）

吴国富

在山野中考场里孤独奔走时，凄风苦雨，青草白云，一切都如此平静；当我即将启程远飞，千里万里求学时，才知道已有一块巨石投入平静的池水，激起了千圈万叠的波浪。也许这是对我无数艰辛的安慰，尽管欢欣如流云一般短暂而虚幻。

日照南皋草木青，峰回路远又重经。高崖纵目河山丽，暗谷生辉翠鸟灵。

万里奔波心常痛，一朝腾越泪暗零。轻车莫负风光好，过尽长亭更短亭。

——又过南皋山

复试之后不久，小学校长在外参观回来，眉开眼笑地说："我今天看见教育局的一位股长，跟他说起你的事情，他很感兴趣，准备报道出去。"我笑笑不以为然。几天后，中学校长却奉命来找我了解情况，把我的经历做了一个简单记录。二十天之后，我在办公室埋头批改作业，一位老师说："关于你的报道出来了！"他手上拿着《江西日报》，"武宁一农民考上研究生"的标题赫然在目。我又是高兴，又是担心："通知书尚未寄来，万一有变，岂非成了天大的笑话？"

事实上，从复试到录取，我又经受了无数的折腾。诸如调档函来了，我却没有档案；而以农民身份录取，还需要更高的分；研究生部为此甚感烦恼，甚至惊动了教育部研究生司！贴上"农民"的标签，也许就意味着万劫不复了。幸而在萧老师的大力帮助下，学校终于找到了合适的录取方式，也终于给我发放了录取通知书；就在1996年8月初，一个小雨淅沥的日子，通知书寄到了我的手上。

历经磨难之后的结果，已不再令人狂喜；我只是长嘘了一口气，忐忑不安的心开始平静下来。我把通知书收在箱子里，一心一意应付田地事务。虽然与以前一样的苦累，但这毕竟是在泥水中的最后一程了。

风到高坡摇小树，山间又见豆黄时。云飞伞动双层盖，雨洒书开万首诗。

碧草满坡牛一点，阴冥到野路千支。炊烟上屋蚊蝇舞，蹄重人轻恨去迟。

——又作牛郎

一个黄昏，我从田地归来，收到九江日报社的一封信，他们问我是否得到了通知书？如已经得到，请赶快回信。回信刚发出，乡政府派人告诉我，九江日报社的记者即将来采访，让我在家等候。徘徊四顾，破屋旧舍，杂乱庭院，实在太寒碜。里里外外忙

吴国富　男，1966年生，祖籍浙江建德县，石渡乡人。1996年，考取杭州大学古代文学硕士研究生，是杭大历史上"第一个直接从农民考上硕士研究生"的人。中央电视台"新闻30分"，《人民日报》、中央人民广播电台、《光明日报》、《中国教育报》及14个省市的党报均有报道。现任九江学院文学与传媒学院院长。2003年破格评为副教授，2009年评为教授。致力于陶渊明、道教文化、书院文化的研究，出版专著9部。

了一整天，将杂草垃圾清理干净，又去小镇买好烟，买茶杯，唯恐客人来了皱眉。我问教育办的领导，是否该准备饭菜，回答说是不用。第三天，果然看见乡间的小马路上，摇摇摆摆来了乡里的吉普车，车上下来一个九江日报社的记者燕平，随行的有县里的记者，乡政府的秘书。记者非常热情，对我鼓励了一番，也对我深表同情：四壁萧然，拖家带口，经济上哪能不困难？他想在报纸上宣传一下，看是否有人帮助我。之后他忙着拍照，破旧的书斋，古老的庭院，田间打药，家人聊天，一一收罗于镜头之中。他还特意为我安排了收到通知书的镜头，让几个乡亲在旁边围观，大女儿在身旁嬉笑；后来这一张照片登上了《人民日报》，传遍了大江南北。

记者走后，僻静的村庄再也不得安宁。往日的朋友三三两两来访，我整日忙着陪客聊天。有一天，烈日高照，我与妻子去小镇，刚走到半路上的山脚下，遇见两位汗涔涔的青年，他们停下摩托车问路："请问去金盆村吴国富家怎么走？""找我的？"我们只好返回去。他们说在报纸上看到消息，动了考试的念头，便专程赶来问我，一路不知问了多少人，总算找到这里。我陪他们喝茶谈天，聊了一两个小时，但看起来他们好像有些漫不经心。临走时，两人忽然抛下一句话："其实我们也没有能耐考研究生，只不过来看看是否真有这回事，报纸上说的是真还是假。"我不觉长叹一声："这么热的天，何苦来哉！"

向来消息闭塞的山村，一时间成了新闻荟萃之地。我去小镇上担货，遇见教育办的领导，他告诉我8月23日的《江西日报》再次刊登了我的消息，转发了《九江日报》记者拍摄的照片；而8月28日的《九江日报》刊登了三幅照片，一篇文章，重点介绍我家境的困难，旨在引起社会的同情。不久，县委宣传部让乡政府传话给我："8月26日的《人民日报》将刊登你的事迹，请你注意阅读。"小镇邮电所的小张告诉我："《中国教育报》有关于你的新闻。"村里打工回来的人告诉我，中央广播电台报道了我的消息。我去县城，在渡口遇见熟人，他说《信息日报》上有我的消息。妻子的三姐夫在上海打工，说在《新民晚报》上看到了宣传我的文章。北京的朋友来信说，《北京晚报》有我的报道。诸如此类的信息不断传来，起初我还想找点报纸，留些纪念，后来觉得太麻烦了。风来风去，云生云灭，一切随缘吧。

折腾了许久，浪费了许多版面，事情犹未了结。九月之初，一位副乡长带着一个乡干部来到我家，叫我几天之内，千万别离开！原来是中央电视台的记者将来采访。我一个山野村夫，不知道天高地厚，以为采访就采访吧，何必如此严肃？但父母官的命令不好违抗，我尚须将庭院再收拾一番，并问清他们是否在这里吃饭。听说乡里承担了一切，我这才放下心来。

9月4日，太阳高照，我坐在家中等候，迟迟不见动静，有些心烦。忽然急匆匆奔来了两位乡干部，他们是先头部队，说大队人马随后就到。等到十点多钟，远处传来了响声，几部小车出现在对面小山下，卷起一路灰尘。这边一大堆人已在家门口翘首顾盼。几分钟后，车子开到家门口，一群人从车上跳下；记者只有两个，一男一女，中央电视台"新闻三十分"的。其余的都是陪客：副县长，宣传部长，教育局长，乡长，还有许多我不知道身份的，也没有时间问了。收拾得空荡荡的堂屋，一下子挤满了人。副县长把我叫到一边，告诉我两位记者原来在九江拍摄《大京九》，任务完成，准备返京，听到我的消息，很感兴趣，便打电话请示中央电视台，在领导同意后退了飞机票，专门来采访。中央级记者来武宁县采访，这在建国四十七年来是第一次。江西电视台台长亲自送他们到武宁，县里又专门派了专车来我这里。听着副县长不知加了多少着重号的话语，我忽然感动了，奋斗虽然是自己的事，但一切都凝结着这片土地的深情啊！

不知道是不是好地方，只知道落在土中就得生长；
不知道风霜是否宜人，只知道吸着雨露留住阳光。

没看过身上的疤痕，不记得谁留下创伤；
没想过凌云有多高，只知道仰望着青天永远不够长。

大雪压顶都说太残酷，山洪冲根谁不道疯狂；
可是只要不死，还不是一样地绿叶悠扬。

枯了是炉中烈火，死了是人间栋梁；
如果化作尘泥，青山会更加芬芳！

——树

副县长介绍完了，我就得跟着记者转了。两位记者很年轻，但业务熟悉，女记者管采访，男记者管摄像。据说摄像机是从美国进口的，价值四十多万。女记者先问我的情况，记录一遍，再用话筒录一遍，告诉我不要紧张。她说我很不容易，即便拿到两个毕业证，也已经很了不起。在她的闲聊中，我倒也放松了，问她在别处是否见过同样的例子，她说没有见过。中央台记者见多识广，估计像我这样的情况的确少有。后来有人说我是全国第一个农民研究生，我便根据记者的话，自称为“全国罕见的农民研究生”。女记者问完之后，男记者开始摄像。他拍下了我在破烂的地板房中读书的镜头，与家人相聚谈心的情景，此外还有妻子服胃痛药，我接通知书，在田野上劳动，赶路去学校，在学校上课等镜头。当然这些都是他们导演的，因为都是往日生活的再现，我倒也做得非常自然，只是村人送行的场面，因为还没有发生，所以演得不太像，记者后来还特意吩咐九江电视台来补拍。我们每到一处，都跟上一大群看热闹的人，不断有人跟我说话，我也顾不上。记者忙碌了两个多小时，才算结束，他们还要顺便到别的地方拍些镜头，为县里做宣传。入学不久，同校的大学生告诉我，中央电视台的“新闻三十分”栏目有关于你的一段报道，可惜我没有亲眼看到。

开学前夕，我忙得不亦乐乎。不断有亲朋好友登门，不断有人送红包贺喜，为答谢他们，我决定操办一次酒席。饮宴之日，客人没有按照约定的时间赶来，早的早，晚的晚，吃完一批，又来一批，爆竹接二连三地放，酒席接二连三地开，直把厨下的人忙得晕头转向。我觉得很抱歉，但掌厨的大嫂们却笑开了怀：“忙一忙值得，值得！”当日村里特意凑钱为我放了一场电影，管事的组长笑逐颜开："往日收钱没有一家干脆的，今日收钱没有一家迟疑的！"

酒席散了，电影完了，转瞬就是深夜。灯火寥落中，晚风袭人，倦意频生。我看看脸带笑容但也显得疲惫的岳母，忽然有一种不安的感觉。连日来的光景使她感到高兴，她已理解了我所做的一切，不再有什么埋怨了。但我走了之后，必定要将妻子女儿带出去，家中将只剩下她一个老人。她在这里过了一辈子，从来不愿离开。虽然几年来她不乐意我离开这里，我对她的想法也有很多不满，但她在家务、农务上给我的支持，却又是一言难尽。人生的滋味，真让人难以明白。

9月13日，朝阳降临，我该上路了。九江电视台的记者已经赶到，特意为中央电视台补拍送行的场面。小学校长来了，带上我教过的学生，排列在门口欢送。乡亲们聚拢来了，每人手持鞭炮，站立在村口。说了几番再见，还是不肯分手，一直走到村外大路，才将他们劝转。三四里外的乡政府中，早已准备好的送行大会又等我露面了。小学生为我系上了红花，教育办给我献上了牌匾，教育局给我颁发了奖金，各单位也有一些红包送来。县委宣传部长和乡党委书记在会上作了讲话，热情鼓励了一番。在喧闹的人群中，我上了九江电视台的专车，车子缓缓行进着，认识我的都来放鞭炮送行。跟车外的妻子女儿道别时，她们哭了，我的心一酸，猛然间才知道执意高飞的心，原来有说不尽的许多眷恋!

入学后整整一年，我都在纷杂的日子中度过。《浙江日报》《杭州日报》《浙江工人日报》、西湖明珠电视台、《光明日报》陆续派了记者来采访；更多的是转载消息，如1996年8月到9月的《扬子晚报》《成都晚报》《洛阳晚报》《洛阳广播电视报》、山东泰安《家教报》、江西的《赣江大众报》等；1997年到1998年的《钱江晚报》《浙江青年报》《潍坊晚报》《文萃周报》《湖北日报》《浙江教育报》等；很多报纸未及目睹，是从众多读者来信中了解到的。读者来信来自十四个省市自治区，北到北京与辽宁，西到四川与甘肃，南至两广与福建，最多的在华东六省一市。来信的内容，五花八门，有谈心的，有咨询的，有庆贺的，偶尔也有寄钱的；在紧张的学习之中，我尽力而为，一一回复。同学见我回信太忙了，开玩笑说："你该找个秘书啦！"来信多了，阅读已成了寝室的一大乐趣，谁接到信，谁都可以拆开来读，往往读得有声有色，古怪滑稽，逗得人直乐。

辽宁一位朋友说，"我把报纸上你的照片和旁边的报道剪下来，放在书桌上我的影夹里；还写了一个大大的'中文硕士研究生'条幅，贴在床头，以此激励自己，以你为榜样，刻苦钻研，不断进取"。江苏盐城一位朋友说，"看到你的事迹，敬佩之余，平静的心底涌起了波澜，升起了一股难以言说的雄心"。成都一位朋友说，"读到你的消息，突然觉得你是上帝，我是平民，显得多么的渺小"。杭州一位朋友说，"心境贫弱到底时，我看到了你；像青松般挺立在我精神崩溃的滑坡上"。湖南益阳一位朋友说，"二十年来，在考场上我从来都是赢家，可这一次我绝对相信我输了"，我的经历搅得他再也无法平静。

在更多的信件中，我读出了人生的艰涩。

湖南茶陵的一位朋友来信说，“你真是我们农村青年的骄傲”，是所有失去跨入高校学习机会者的楷模；“相信在吴国富之后，有千千万万个像吴国富一样的人出现”。

也许是平凡人的共同感受，让我赢得了不少朋友的信任。一位江西老乡，不远千里来寻我，打听考研的路子；我陪他去餐厅里小酌，酒酣耳热时，他说：“我的女朋友劝我不要来，她说人家又不认识你，会理你吗？我说有一张关于他的剪报，这就是介绍信，他看了一定会理我的！”看了那张已经发黄的报纸，我十分感动，四处帮他找资料，又送给他一套书，就算是勉励吧。

九江的一位朋友寄信给我，收信地址是“杭州大学中文系硕士生”，寄信地址是“武宁县横路乡金盆村”。我有些奇怪，村里人不知道我的详细地址，难道不会去问我的妻子？拆开后才知道来信者的良苦用心：万一我收不到，信件退回村里，村里交给我妻子，不就收到了？我回信后他又来了一封信，说我的一封信使他的人生发生了微妙的改变，因此对我的指点之恩将永志不忘！

不少朋友知道我负担沉重，来信表示要资助我，我不想背上良心的债务，一一辞谢，但有些人不听劝告，或匿名，或署名寄来一两百元，而九江日报社的宋小勇，每个学期都给我寄来五百元。他自己夫妻分居，工资不高，我叫他不要再寄，可他总是不听劝阻，令我感激而叹息不已。

致我的十八岁青春

瘦　梦

一

那年，我十八岁。

十八岁的我，刚走出师范校门，来不及编织许多属于十八岁的青春梦幻，便背负行囊，一头扎进幕阜山深处，当起了“孩子王”。

那天，正下着暴雨。

父亲像三年前送我上师范一样替我挑着行李，雨打在蒙着油布的被褥上“噗噗”直响，溅起一片空蒙的水花。父亲打着黑布伞，但伞盖却尽量朝前倾，想遮住前头的行李。我走在他后面，看见他的后背已湿透了，薄薄的衣衫紧贴在他越发佝偻的脊背上。我赶紧把伞往前挪，想靠近他帮他遮遮雨。伞刚朝前倾一点，冰凉的雨水就直往衣后领

瘦　梦　本名熊小平，男，1969年生，船滩镇人。曾在上汤乡小学、中学任教，2000年年底考录县委机关。在《星火》《诗歌报》《散文诗》《散文·海外版》《华夏散文》《创作评谭》《短篇小说》等各类期刊发表诗歌、散文、小说200多篇，曾获九江市政府文学艺术“荷花奖”、《散文选刊》全国散文大赛优秀奖、全国散文诗大赛优秀奖等多种奖项，出版《瘦梦诗选》新诗卷和散文诗卷2部。江西省作家协会会员、九江市作家协会理事、武宁县作家协会主席。

里灌，我不禁打了几个哆嗦，眼里已不知是雨水还是泪水。

父亲一路无言，我也一路无语。

只有雨打山林的飒飒声。

走了两个多小时的山路，才到了幕阜山脚下的一个小镇。来接我的人早已在雨中等候，他赶紧接下父亲的担子。我发现，他的前襟也打湿了，原来他一直在人家的屋檐下等我，雨水溅湿了他的衣服。因为路还远，要赶路，歇息了一会，我们就动身了。父亲站在雨水中向我挥了挥手，雨太大，不知他说还是没说什么。我竭力忍住眼中的泪水，一直目送着父亲佝偻的背影消失在重重雨幕中。

第一次冒雨进深山，耳畔到处都是震耳欲聋的流泉飞瀑声。接我的人姓程，是我要去的那所小学里的老师。从他嘴里我知道了一些小学校的情况。学校名叫九宫小学，紧挨幕阜山主峰九宫山，学校里只有四个老师（包括我），学生七十多人。程老师不善言语，我也不想让他说得太详细。我想知道的也只是这些，其余的留给我路上去想象。不然，这行程也太单调了。

也不知走了多久，走了多远。雨渐渐小了，天也渐渐暗了下来，四周的山峰露出狰狞的面目，一齐朝我们压过来。正在喘不过气来的时候，程老师手一指，说："到了！"顺着他的手指望去，一座有点破旧的泥巴房出现我眼前。房子有两层，土墙瓦脊，有几处墙土被雨水冲刷出几条沟槽，雨水正欢快地顺着墙沟一直流到我立脚的地方。再看看房子前面，一根类似旗杆的杉木上系着一头老黄牛，绳子很长，黄牛可以躲在屋檐下，但还是被雨水淋湿了，身上稀疏的黄毛东一块西一撮地耷拉在嶙峋的脊背上，看着让人心疼。见有人来，黄牛低低地哞了一声，立刻就有人顺着声音走出来了。出来的是一个三十多岁的妇女，稍胖，梳着齐耳短发，很精干，也很面善（后来我才知道她就是这所学校的校长，姓胡）。看见我们还愣在雨中，胡校长赶紧招呼我们进屋，并有点嗔怪程老师不懂礼数。一进大门感到有股异味直冲鼻梢，脚下踩着一些松软的稻草。胡校长抱歉地笑了笑，说："放假没人管，教室让人关了牛。"随后她走在前引我们上了楼。仄仄的楼梯，薄薄的木板，还有吓人的咯吱咯吱声，弄得我提心吊胆，分外小心。是夜，我辗转反侧，心下一片凄惶。

第二天，雨住天晴。我还躺在床上，听见楼下已有扫帚扫地的沙沙声。我赶紧起床，只见胡校长、程老师，还有一位不知姓名的年轻老师正手执竹扫把在扫地，空气中仍弥漫一股淡淡的牛粪味，晨风吹来，这股味儿竟有点像早晨田野中的青菽熟麦的清香了，我赶紧走下楼。

不一会儿，学校门前的小草坪上，三三两两聚了几堆五颜六色的山里孩童。说是五颜六色，还真的一点都不夸张。这些孩子身上穿的多是大人或是哥哥姐姐们穿剩的衣服，各式样子，各种颜色，参差不齐。

不一会儿，这群五颜六色的孩子齐呼呼地站在旗杆下了。

程老师按下了一只黑色的小录音机的卡健，雄壮的国歌声倾泻而出。

孩子们齐齐地仰起小脸，高举右手，面对着朝阳和五星红旗。

一股庄严感从我心中缓缓升起，我也举起右手，面对着国旗和国旗下的孩子们……

二

我便开始了我的山村执教生涯。

山里的孩子读书迟，小学四五年级差不多就有十四五岁了，穷人的孩子早当家。这些孩子多半懂事早。看着比他们大不了多少的我一副落寞的样子，他们总是想方设法让我开心。开始他们也很胆怯，课堂上从不敢发言。但到放学了，几个胆子大的学生就开始靠近我，陪我说说话，有时还跟我聊不知哪辈传下来的鬼怪故事，还教我到山沟里捉石鸡。和孩子们在一起，我的心渐渐开朗了，拧得出水的脸也开始有点春风荡漾了。

但真正开心的时刻还是不多。特别是到吃饭的时候，端起饭碗就发愁。这里山高路远，什么都买不到，更不用说买菜了。山里人从来没有卖菜的概念，菜园里种的都是自家吃的。离家四五十里，弄得我还得像中学寄宿生一样，每星期大老远地从家里背些米菜来。孩子们仿佛看出了我的困窘，有几次我都发现他们三三两两聚在一块叽叽哇哇，可等我一走近，他们就像鸟雀一样轰的一声就散了。我也懒得理他们。第二天中午吃饭时，奇迹出现了，我从厨房的蒸笼里端出饭来时，竟然发现篮边大碗里有两块腊肉，红红的肉丝，黄黄的肥肉，整碗饭都油滴滴、香喷喷的。奇迹还在发生。第二天早上起床，推开门竟然看见门前堆满了乱七八糟的笋干啦，香菇啦，还有胖乎乎的冬瓜和圆团团的南瓜。这肯定是这帮小孩子搞的鬼。几次问起，却没有一个承认的。可每隔几天，这样的“奇迹”就出现一次。这样下去我可受不了。我决心抓个“活”的。

有几个早上，我在凌晨三四点就醒了，然后细听门外动静。那情形真有点“守株待兔”的味道（刚好我教到他们这篇课文）。但好几次“兔子”都撞到门边了，等我一下床就跑了。后来我干脆不躺在床上，就守在门边，门虚掩着。“兔子”终究斗不过“猎手”，他们果然上当了。有天一大早，我听到有人轻轻地上楼梯，细细微微地摸到我门前。我赶紧敛气屏声，待脚步声窸窸窣窣地靠近门边时，我猛地拉开门，一个小女孩没提防，一下子摔了进来，手里提的东西叭地掉在地上。一看，是个熟透了的大南瓜，红红的瓜瓤特别醒目。我一把抓住女孩的手，凑近一看，原来是五年级的黄丽珍。她的父亲前些年到老崖尖的山崖上采石耳时不小心掉下了摔死了。到她家走访时，看到她母女几个正围在一张方桌前大口大口喝南瓜粥，也是这红得有点刺眼的瓜瓤。她怎么也给我送菜来了？

黄丽珍有点吓蒙了，好一会儿才醒过来。她嗫嚅着说：“班上的同学都给老师送菜了，我妈也让我送些来。我妈说，没有菜吃，怎么能留得住老师哩？留不住老师，你们还去哪里读书呢？”

我心头一震，只觉得喉头发哽，什么话也说不出来。

所有的那些莫名的委屈，所谓的那些矫情的愁苦，在那一瞬间，都如同山间的那层薄雾被阳光驱散得远远了。

我的十八岁青春，注定只能在这幕阜深山里悄悄绽放了。

三

可没几天我又碰到了一个大难题。

这所学校有一至五年级，只编成三个班，一二年级一个班，四年级一个班，三五年级一个班。我教三五年级语文，两个年级同上一堂课，一堂课要教两篇不同的课文，可真难住了我。问其他老师，他们说学校里一直是这样上课的，这叫复式教学。赶紧去翻师范里学的《教育学》，还真有“复式教学”这一章节。原来教我们《教育学》的老师认为我们这些学生都不会遇上这种教学模式的，上课时就跳过了这个章节。程老师见我疑惑的样子，就说：“这很容易的，你把两个年级分坐两边，上课时就让一个年级写字给另一个年级讲课文，然后再反过来做一遍。”我就按他说的，一堂课40分钟，将它弄成两截三截的，三年级讲一截，五年级上一断，把自己折腾得散了架一样，嗓子一下子就哑了。胡校长就住在我这个班级的楼上，只隔着一层薄薄的木板，没事儿她就尖着耳朵听我讲课，吃饭时（后来她把我拉到她家吃菜，我就天天赖在她家吃了起来），她笑眯眯对我说：“小熊老师不错，课讲得蛮好嘛。”她见我嗓子嘶哑了，给我讲起了复式教学中“动静搭配”“教练结合”的一些基本方法。渐渐地我也摸着了一些门道，课也就越上越轻松，还代表学校参加全乡复式教学赛课，拿了个一等奖，后来又在全县复式教学比赛中拿了个二等奖。

这下我就成了学校里的一个“宝”。村里还有三个教学点，小九宫、禾秆塅和下鲁，胡校长要我轮番到这几个点上“送教上门”，每个点上都去上堂课。说实话，我也没觉得自己有啥能耐，可能就是普通话比他们说得准些，不至于说“周（jiu）圆的太阳升(sen)起来了”（这是我在偷听程老师上课时听到的）。上堂课还无所谓，就怕课后的讲评课。一堂课上完了，全村的老师（也就七八个）就每人掇条小板凳坐在小操场上，一本正经地对我这堂课进行讲评。这边是你一言我一语的评着课，另一边是小学校的厨房里腊肉在炭炉上翻滚着，谷烧酒在锡壶里嘟囔着，香味一个劲儿往我们鼻子里钻。看着差不多了，胡校长把听课本一收，说：“今日就咯样了，开饭！”一番推辞，我还是被众人按在了八仙桌的上首位，右边是胡校长亲自作陪。山里人好客，菜还未上，酒就先过四巡，八钱的杯子一桌人要连着齐干四杯。山里的谷烧酒都是自家种的糯谷酿的，酒精度至少有五十度，划根火柴“嗤”的就能燃起来。第一次喝这样的酒，四杯下肚胃里就火烧火燎的，热辣辣地疼。胡校长带头干了，每杯喝完都把杯底一扬，亮给我们看。我一时豪气冲天，跟每个人都亮了杯底，一下子就喝下去了十多杯。等到喷香的腊肉端上桌来，桌底下已横着躺下去几个人了。我从来不知自己有这么大的酒量，居然摇摇晃晃走回了学校。倒在床上，就觉得天旋地转，整个屋子都在晃动。

一堂课一顿酒，连着喝了几次，喝得我真正长成了男子汉。酒壮男儿胆，以后我在山里，还真的没怕过什么。

四

其实，也有怕的时候，那就是夜晚。

山里的天黑得早，下午课上完把饭一吃，天就麻麻黑了，四五年级的住宿生就要到教室里上晚自习。那时候山里刚通电，学校里的电线刚拉上来，电线杆都没竖，电线就缠在一棵一棵的山茶树上，白天的牛啊羊啊一磨蹭，就把电线弄断了一截，到晚上学校就没电了。我就带着几个男学生，顺着电线一截一截地去查。班上有个男孩子住在山下，家里通电早，平时爱琢磨电，会接电线，每次都是他拿着个老虎钳三下两下就把被扯断的电线接上了。遇上线路查不到的情况，我们就点煤油灯，学生的煤油灯都是墨水瓶子做的，我们老师每人发了一盏带玻璃罩的，鼻子眉毛没有学生熏得那么黑，可第二天起床，喉咙里还是咳出黑痰来。

山村的夜晚真静啊，静得能听见树叶掉在房顶瓦片上的扑哧声，老鼠溜过门边的窸窣声，月亮惊起夜鸟的扑扇声……

更听得见一颗十八岁的心不安的骚动声。

跟我同一间宿舍的还有一个青年老师，姓辛，他喜欢收集各种各样的明星照。每个夜晚，他都在摆弄着这些明星们，时不时把“她们”凑在煤油灯下看，有几次灯火把眉毛都燎焦了，他都没发觉。他山下有个远房表妹，刚开学的时候来过学校，走的时候留下了几张照片。这几张照片，都藏在他的贴心衣兜里，只有夜深人静的晚上，才拿出来让我瞄上一眼。

有时也仅仅是瞄上一眼，竟然就瞄到梦里去了……

五

胡校长看出了我们的寂寞与无奈。

她让程老师到县城出差时带回了一台双卡录音机，并买回了一大堆花花绿绿的磁带。

这台录音机就成了我和辛的专利品。辛到山下的小镇上买了好几节干电池，上完课就听那些明星们吱吱呀呀地唱歌。有时放上一曲迪斯高，扭着屁股差点儿把小木楼都摇塌了。

这台黑色的有两块砖头那么大的录音机，见证了我十八岁的青春岁月。白天上完课，我们就把它搂在怀里，晚上睡觉前也要弄上一气才上床。遇上星期六，辛就早早换上八节干电池，吃过午饭就提着它下山。那时，正流行“西北风”，《信天游》《黄土高坡》，就像大风从祖国九百六十万平方公里刮过。我们提着它，翻过一个又一个山坡，吼着“我低头，向山沟”，声音撞向四周的山谷峭壁，山涧中的泉水都激起了几丈高的浪花。

到山下小镇正值傍晚，我们随便买点东西吃，就到辛的远房表妹家借宿。她表妹家有一间空房子，我们每次都在那里住。只可惜她表妹外出打工了。辛一到这里，就变得豪情万丈。他把录音机的声音调到最大，放一曲崔健的《一无所有》，一边跟着吼一边狂扭着屁股，一会儿窗子外挤满了大大小小的眼睛。那时候山里人家的窗门都是木板做的，平时开窗就把木板卸下来。我赶紧把木板一块块地上在窗户上，把大门也关紧，然后和辛一起吼一起跳。闹腾到半夜，早已大汗淋漓，我们就到房子外的一个露天温泉泡澡。那个温泉在屋后的菜地里，菜地周围有一圈竹篱笆和木槿树。篱笆旁种满了丝瓜和瓠子，丝瓜正长得很茂盛，枝叶婆娑，细条条的瓜儿妙曼玲珑；瓠子则挺着个大肚子，在一旁咧嘴傻笑。还有木谨树，开出一丛丛白色的花儿，空气中有一股醉人的清香。我们轻轻推开篱笆门，走到温泉边，光着身子滋溜一声滑入水里，温泉水温润滑腻，渐渐漫过小腹，没过肩膀。我们仰着脸，任从竹篱间透过来的月光轻轻抚摸。月色迷离，花儿飘香，一时间竟恍然如梦，直到星星们眨着眼把我们叫醒，我们才回屋睡觉。

背着书包上学堂

翁还童

小嘛小二郎，背着书包上学堂。我那会儿背着书包上学堂的情形，现在的孩子要羡慕得咂嘴。第一是学无定所。今天在这家堂前，明天在那家房里；一会儿在旧仓库，一会儿在破茅棚；整天搬来搬去，像打游击，自然是玩的时候多。哪像现在的小孩进了学校，就像关进笼子，上学老师管着，放学家长管着，没有一点自己的空间。第二是学无常师。今天是张老师，明天是李老师，总有新面孔，而且多是像姐姐一样的代课教师。不像现在的小学生，从一年级到五年级，每天只看那两张老脸。说是便于对教师的考核，班上成绩好了别人争不去，仿佛教育的目的是为了考核教师的成绩。第三是学无课本。上学的第一课是“毛主席万岁”，到上初中时，毛主席就永垂不朽了，所以我上学的第一课就是学说了一句假话。有一段时间专门读报纸，学老三篇。每天就摇头摆尾地唱“我们的共产党和共产党……”虽然不懂什么意思，但都是扯了嗓子读的。上学的第二年，发了语文、算术两本书，刚发下来没几日，老师就要我们用纸将几篇“林副主席指示”贴掉，就像现在的官员在位时到处有人请题字，高高悬在门楼；犯事栽了，这字立马就被铲掉了。小时候爱憎特分明，贴之犹觉不快，还要划之、涂之、撕之，一本新书就变成了一本破书。其他课从未有课本，但凭老师所有，会什么教什么。因此，没有一点课业负担，上学是玩，放学还是玩。不像现在的读书郎，上学有读不完的书，放学有做不完的作业。

小时候最喜欢上的课就是音乐课和体育课，就是现在列在学校课表上，却经常被挤占的副课。可惜那时没有一个专业教师，但即便是这样，记忆最深的还是老师教的一些歌和游戏。老师大多不识谱，教歌不写出歌词，只是她唱一句，我们学一句，很多都是鹦鹉学舌，不知其意的。刚上学时，一位女知青教我们唱了第一首歌，叫《天上的星星亮晶晶》，简直美死了。这可能是我学的第一首儿童歌曲了。仿佛学了很大本领似的，回去就教妈妈和姐姐唱。有一位代课教师又教我们唱了一首《高楼万丈平地起》。十几个流着鼻涕的山里娃，坐在一座破茅棚里，高声唱着“高楼万丈平地起……”，当时感觉万丈高楼有天那么高，太吓人了，唱起来就很不爽。因为我们村最高的房子只有

翁还童　本名翁地季，男，1962年生，巾口乡人。曾任中学教师，现为机关公务员。江西省作家协会会员，九江市作家协会常务理事，《教师博览》杂志社签约作家。著有散文集《无人喝彩》。

两层楼，我们都叫它洋屋，是地主的屋，是坏人的屋，后来分给了队长住，洋屋与我们革命群众的竹篱茅舍比，显得有些扎眼，所以感觉万丈高楼在我们那坑坑洼洼的山沟里很难“平地起”。特别唱第三句“便出的太阳红又红”时，百思不得其解，回去问我姐姐，可惜姐姐是个文盲，更想不出来。每唱这一句时，觉得就是在说我们村东边山上刚出山的又圆又红的太阳。只是感觉“便出的”有些怪，谁“便出的”呢？是山“便出的”，还是天“便出的”呢？直到读师范，看了歌本，才知道是“边区的太阳”。没想到，看了歌词后更糊涂，心想全国江山早就一片红了，怎么说“边区的太阳红又红”呢？这可能是我第一次学唱革命歌曲，可惜竟搞不明白歌词的含义。后来到了完小，老师也懒得教我们唱了，只让我们之间互相交流着自己会唱的歌，这种教学方法现在有的农村小学还在采用，因为学生通过电视和朋友会学到比老师更多更流行的歌。那时广播里一天到晚唱革命样板戏，虽然一句都听不懂，但也能学个大概。我就唱“令行河马，一万九，浑身是蛋，凶舅舅……”，老师说，唱得好，明天由你教大家唱。回到家里，等我姐姐收工回来，就与姐姐一句句猜那唱词。吃了晚饭，坐在床上接着讨论，直到要睡了，满脑还是一团糨糊。第二天教同学们唱，还是唱：“令行河马，一万九……”，上初中了，偶然学到一首不一样的歌。一天晚上，一位知心伙伴和我在乡间小路上散步，此时月挂中天，清风徐来。也许是触景生情，他教我唱了“十五的月亮升了天空哟……”，歌名他都不知道，说是在部队的哥哥回来教他的，是首禁歌，不能乱唱的。这是我学唱的第一首情歌，被深深地震撼和感动，原来世上还有这么美丽的歌儿，少年的心扉似乎一下子就被打开了。

上体育课一般都是做游戏，老师和我们玩的游戏也都是些古老的游戏，什么清兵捉强盗，瞎子捉拐子，卖狗崽，丢手绢，踢房间。一块瓦片，在地上划的像飞机形状的格子里，一格一格往前踢，一直踢到“天上”去，然后一格一格踢回“地上”来，一踢踢半天，百玩不厌。

如果说，小学是以玩为主，那么，到了初中，则是以劳动为主。那时搞的是开门办学，贫宣队已进驻学校，叫作贫下中农管理学校。管理我们学校的是位老农，他不是校长，但要管校长。他就像生产队长安排每天的生产劳动一样，今天安排搭砖，明天安排砍柴，后日安排烧窑，再后日安排到山里砍树。在他的安排下，我们这些十多岁的少年，硬是自己动手，做起了一座礼堂。钢铁是怎样炼成的，我们不清楚；泥巴是怎么烧成砖的，我们了然于胸。先要挖泥巴，挖了一凼一凼的泥巴，挑水打湿，然后牵了学校养的一头牛在泥凼里打转转作泥巴。嫌牛作起来慢，我们就自己做牛，用小脚踩来踩去，脚多力量大，把泥作得熟熟的。泥巴像面一样和好了，就一组占着一凼泥，做好分工，切泥的切泥，搭砖的搭砖，搬砖的搬砖。切泥的把泥巴切成一块一块，搭砖的将一块泥巴高高举起，砸向洒了火灰的砖模子里，用弓弦将多余的泥巴刮去，抬起砖模，一块砖就制成了。我们土话叫搭砖。负责搬砖的立马将砖搬走，一排排码好，等人来点数。下雨了赶快盖起毛草，晴了赶快揭掉。人小力气小，每天虽然下达任务，也搭不了多少。不要紧，日复一日地搭，发扬愚公移山精神，一天一天搭下去。在等待砖晾干的日子，我们就开始斫毛柴，每天每生二百斤，一个个过杆，登记。干点数称柴一类事的是班上的劳动委员。劳动委员是要有实力的，一般选力气最大的学生当。我们班的劳动委员搭一块砖就像砸一颗蛋一样，小小年纪，身壮如牛。我们班的女生一般成群结伙地去称柴，把劳动委员团团围住，叽叽喳喳地跟他说好话。劳动委员虽然力气大，但见了我们班漂亮女生，脸就红，气就短，眼睛就只看着自己的鼻子。因此，女生的一捆柴可称几次，容易过关。对我们男生，他就特苛刻，仿佛要把女生亏欠的从我们这里补上。我们虽然天天练扫堂腿，练铁砂掌，但还是打不过他，所以只能在柴中捆些石头，蒙混过关。码成山一样的毛柴砍好了，砖也晾干了，就开始装窑。一班一班的人排成长龙，把砖一块块从晒场传递到窑边，请人在窑中装好。然后分成四人一班，日夜不停地烧窑。大热天的，窑火烤得我们头发、眉毛都蔫了。到了闭窑的时候，挑水浇窑是最苦的。那时还不晓得偷懒烧红砖，只晓得烧青砖，一担一担的水倒入窑顶上的窑田，一下不能停，晚上还要打电筒来挑。上到窑顶的坡很陡，咬紧牙关才上得去，我们班劳动委员说，愚公可以搬走两座大山，不相信挑不干一塘浑水。烧砖要烧三昼夜，挑水要挑二十四小时。一窑一窑的砖烧出来，可以做一座大礼堂了。然后再去砍树、抬树。就差没有让我们学泥匠、木匠了。

在初中两年，我父亲说，没看到我拿过一张成绩单回去，只看到我牵过一头老牛回家放过。几百个人的学校，只有一头老牛，每人难得轮一回，不知怎么被我碰上了，而且是星期天。星期六下午，我只得把牛往家里赶，有近十里地，路上几座桥，这头牛走得慢，碰到桥就死活不肯过。牵不动，就用棍子在后面赶。慢慢发现我在它左边赶时，它走得快，在它右边赶时，它走得慢。原来它左眼是瞎的，看不见。看得见的时候，它欺负我年龄小，打不痛它。看不见后面是谁，它就怕了，一路吆喝着就赶了回来。我妈看我大老远满头大汗牵头牛回家，眼泪都笑出来了，说从没听说放牛还要到学堂里去学的，生产队里不是有吗？

其实我初中毕业那年就恢复了高考，当年的暑假，学校在我们自己做起来的礼堂里组织了一次考试，从四个班里选拔出两个班就地读民办高中，只考一篇作文，题目却远离我们的生活，好像是踏上新的长征什么的。大家小眼瞪小眼，半天下不了手。搜索枯肠，把平日学的大话空话假话乱写一气，第一句必定要写在当时的最高首脑领导下云云，领导名字的前面有长长的定语，一般要喘几口气才读得完。也不知老师是怎么评的分，反正考上了。后来换了一个地方上学，教语文的是个刚平反的右派，对这种文风深恶痛绝，我原来的老师常在课堂上读我的作文，在他这里却被批得体无完肤。从此后，少儿游戏生活就结束了。

小嘛小儿郎，背着书包上学堂。背得太轻了，或干脆不背，未免荒唐，但背得太重了，由单肩背的小书包变成了双肩背的大书包，还装不下，还要堆满了课桌，塞满了抽屉，那书包还装得下童趣和快乐吗？

男孩张闵

周　冲

还没有到教室，就听到读书声。

“小时候，我常伏在窗口痴想……”拖得长长的尾音，像季节一样长。

那时上课铃声刚刚响过，孩子们陆续奔回教室，操场渐渐安静下来，几个老师挟着课本穿过走廊，一边说着些什么。不远处的地上，几叶纸片在风里低低地打着旋，在墙根下的自行车缝里，消失了。透过生锈的铁门望出去，草坪已经没有人了。一切都静着。只有嘹亮的读书声。

往常的这时候，总难免一阵嘈杂，孩子们趁着老师到来之前追逐着，打闹着，或者做着什么恶作剧，但今天因为这阵朗诵，闲杂的声音都被压下去了，仿佛稻谷在集体灌浆，仿佛荞麦花在风中抖擞着花瓣和嫩芽儿。

我忍不住好奇，也从窗口看去：一个穿着蓝T恤的小男孩，下巴搁在讲台上，扬着一根教鞭，正在带领大家读书。

男孩叫张闵，个子很小，头顶覆着一层柔软的发，清眉淡目，秀气得叫人担心，总疑心用黑板擦使劲一擦，哪些鼻子眼睛之类就会消失不见。然而就是这个看似弱小的孩子，一直在维护班级秩序，监督同学的作业，无微不至，尽职尽责。

有一天晚自习，我给孩子们念《绿毛水怪》。因为白天念过《一只特立独行的猪》，他们很喜欢，对王小波充满好感，但没想到，绿毛水怪长得出奇，又因为在现实与回忆之间的反复切换，他们听得迷惑又困顿，有些孩子开始走神，细碎的声音在教室里陆续响起。

我也念得口干舌燥，不想再念了，劝他们自己去查寻原著。但有些孩子不依，希望故事继续。有人推荐说：“老师，让张闵念吧！”

我问他：“可以吗？”

他那时正坐在讲台下，仰着一张小脸痴痴地听，那么柔软美好——我丝毫不否定我对他的喜爱，每一次见他，就母爱暗涌，希望有一个类似的男孩，跑过来叫我妈妈。这可真是要人命——他丝毫不忸怩，点点头，连“我怕念不好”这样的谦词都省了，利利落落地从座位上站起来，走到讲台上。

我把下载了小说的手机拿给他，他开始念。不知道是不是变声期的原因，他的声音沙哑的，不太明亮，一句话里，总有那么一两个音会掉下去，低得让人听不清。但大家都专注地听着，跟着他的声音进入故事的深处。直到下课铃响，才从悲伤又荒诞的情节中回过神来。

他也是能影响他人的。早读的时候，张闵会转过身，对着邻座，或者后座，盯着人家的眼睛，喊出响亮的有节奏的声音。身边的同学总是被他带动，跟着大声朗读，及

周　冲　女，1983年生，船滩镇人。船滩中学教师，江西作家协会会员。

至最后，全班都跟着朗读起来。

有一回，叶蕴涵和李碧溪到办公室和我聊天，说学校，说老师，说同学。最后提到张闵，叶蕴涵说："张闵在小学时就当班长，当得很好，大家也很听他的。有一处我们班主任病了，三天没来上课，都是他在管纪律。"

然而张闵让我喜欢的，远不止这些。

那天，正在读《贝壳》这篇课文，我们从"固执又简单"五个字进入，接近"精致、仔细、一丝不苟"的贝壳，再从贝壳转到我们自身，若干年以后，我们能否"给这个世界留下一些令人赞叹、令人珍惜的东西"呢？

课讲到最后，我暗示他们，这篇文章有一个逻辑上的小毛病。"为了这样一个脆弱、卑微的生命，上苍给它制作的居所却是多么的精致、多么的仔细、多么的一丝不苟啊"，如果贝壳是上苍做的，它的精致、仔细与一丝不苟都是上苍的功劳，与它里头的软体生命就没有什么关系了。按这个逻辑，那我们"精致、仔细、一丝不苟"的事情岂不也应该是由上苍来做？

出乎我的想象，孩子们居然无比迅速地找出来了，在下面叽叽喳喳地发着言。

然后，我问他们："孩子们，如果让逻辑成立，表达完美无缺，你们觉得那里应该改几个字？"

修补破绽比寻找破绽更容易，孩子们马上又改好了："为了这样一个脆弱、卑微的生命，它给自己制作的居所却是多么的精致，多么的仔细，多么的一丝不苟啊！"

"哇，你们比席慕蓉还聪明，快为你们自己鼓掌！"

我不知道是不是从这节课开始，他们的质疑能力被激发，潜生默长，生根发芽。反正慢慢地，在语文课堂上，我就看到了它结出来的一些小果实。而这些果实，大多是张闵捧上来的。

比方上《第一次真好》时，面对语文中"第一次愈多，生命也就愈多姿多彩"这句话，他说："不一定吧？如果是第一次死亡呢！"

上《理想》这首诗时，也遇到他的质疑。那是流沙河的一首现代诗。我采用的授课方式是这样的，反复朗读之后，请同学们拿出纸，给课文提出问题。再在小组之间交换、讨论，选出小组中最好的一个，派代表在黑板上板书，再由大家自由挑选问题解答。

那天的课堂气氛出奇的热烈。平时酷爱发言的孩子一直固执地举着手，从不发言的孩子也跃跃欲试。

如我之前所预测的，大家提的问题千奇百怪，甚至有这样的"流沙河是谁？流沙河是男是女？流沙河喜欢吃胡萝卜吗……"但经过小组交流后，他们把这些问题过滤掉，没有写到黑板上，只当成笑话来调侃一会儿。等所有的小组代表板书完毕后，黑板上一片白花花，其中大多数问题是对诗句本身的疑问，也有讨论诗歌的思想内涵的。

最让我惊奇的，还是张闵提的问题："诗歌中说：'理想是肥皂，洗濯你的自私心'，假如有的人的理想就是私利，那这句话不是无稽之谈吗？"

对于一个才十一岁的孩子，就懂得用逆向思维来看教材，不盲目地对它顶礼膜拜，不畏惧权威，敢质疑，已经非常值得肯定了。我表扬了他，很认可他的问题，虽然他的提法还有一些缺陷，私利在严格意义上讲不能算是理想。

当黑板上的问题被一个个回答完毕之后，它们陆续被擦去，只有张闵的还留在上面，他嘀咕着："怎么没有人回答我的问题？"

后来，刘朋亮举了手，说："我要回答张闵那个问题！"

张闵一听，腾地站起来，眼睛发亮，面对刘朋亮站着，等着他的回答。可惜我忘了刘朋亮答了什么。似乎不能解答那个疑问。张闵说："你继续加油吧！"

接下来，是吴屿的发言，也不能让张闵满意。

后来，舒林聪举了手，那是我们班的小班长，个子比较高，坐在最后一排，张闵把身子又向后转过去，看着舒林聪。小家伙可真忙啊，跟个小陀螺似的扭动个不停!

当舒林聪给出自己的回答，具体内容我也忘了，但似乎可以击中问题。我问张闵："你觉得怎么样？"

他没有回答我，只定定地看着舒林聪，极其响亮地说："班长我挺你！"把小肚皮使劲往前一拱，双臂往后一摆，人变成半个小括号。"班长万岁，吴屿去上厕所！"

我当时真是笑惨了，他真是天真未凿，一举一动都童心洋溢。

但我没有想到，这个在我看来还是个孩童的孩子，和其他孩子一样，已经开始了他甜蜜又酸涩的初恋。

上《第一次真好》时，我让大家说说自己难忘的第一次。许多孩子争先恐后地举手，但是不知怎的，都在说做饭炒菜。后来想想出现这种现象也很正常，他们生活圈子狭小，阅读量小，观察、思考能力不足，僵化的语文教学和作文训练，都会使他们形成一种思维定式。谈到难忘的第一次，就想到做饭；谈到老师，就想到辛勤；谈到母亲，就想到白发……

张闵也一直在举手，我终于叫了他的名字。

他说："那是在小学的时候，我第一次 一天被甩了两次。"

我依稀猜到他要说什么，很替他担心，那是课堂，全班六十多个孩子都是听众，我真害怕日后有谁把这个当成笑柄嘲弄他，就想帮他打圆场："是说你一天被老师甩两次耳光吗？"

他怔了怔，说："不是，我想起来就很难过。"

又说："我现在都能哭出来"

他的声音低下去，趴在桌子上，两条胳膊叉着头。同桌的蕴涵看着张闵，担心似的拧着眉，一边点点头说:"这件事我们班都知道。"

我忽然明白了。

我有许多学生的QQ，经常看到他们在微博上写自己动心，写自己的被辜负，前者多是瑟缩的，后者则哀怨凄绝。这已经是一种风气了。但像张闵这样敢在课堂上说的，还是第一次。

他是无知者无畏呢，还是内心强大到可以蔑视那些可能到来的具有侮辱性的言辞，抑或觉得自己受尽宠爱，可以免于伤害？

我答不出来，也不知该如何是好。曾经问朋友，面对孩子们的早恋倾向，我可以做些什么。朋友让我不要自作多情，只要他们不来找我，千万不要横加干涉。于是我就做着自己的事，一来无心无力，二来也确实无能。只有旁观，像麦田里的守望者一样，守在悬崖边，在他们即将掉下去时，给他们护佑。

有一天晚上，教室里安安静静的，大家都在写着什么。灯光与月光在窗外的水泥地面上交融。张闵坐在讲台的右下角看我，长时间地，一次又一次，我也抬起眼看他。他对我粲然一笑，一张小小的脸庞堆满了喜悦，像一簇黄幽幽的小火苗似的，弄得人心里又明亮又温柔。

叶蕴涵忽然叫起来："老师，他在画你！"

旁边几个孩子听到了，从四下里蜂拥过来，七手八脚地抢那幅作品，他反抗不过，终于被抢走了。

有个女孩一边看一边笑："画得好丑！"他羞愤不已，挥舞着两条嫩藕般小胳膊的扑向人群，拼命抢回他的画。

等孩子们安静下来后，我趴在讲台上，问他："张闵，给我看看可以不？"

他把头埋进手臂，压着那本子，"不看，不看，好丑的。"

我继续哀求："看一下嘛！"

他不为所动，拼命保护着他的小宝贝，生怕再被人抢了。

我只好说："那好吧，既然你不愿意，那就不勉强你。"

他反而松了口气："等我润色一下再给你看。"

润色后，又犹豫起来，一反他平日的爽朗，几番欲迎还拒，终于，认命了似的扔到我面前："看吧，看吧，没什么大不了的，我豁出去了！"然后又把头扎进手臂。

那是用水笔画的一幅简单的人像，画中人长长的头发，大眼睛，笔法十分稚嫩，但画得娇憨极了。我非常喜欢，一再致谢，并在征求他同意之后，用手机拍了一张相片，留存起来，做我的QQ和微博头像。

后来，他在周记上写"我拼命挣扎却无济于事，心想，现在做什么也于事无补了，不如就此作罢。但没想到吴屿大声说:'画得好丑'，这真是乌鸦一样可怕的声音，唉，'龙游浅水遭虾戏，虎落平原被犬欺'。"

张闵热爱阅读，但小城书店少，而且粗劣，他又不会网购，就拜托我帮他购书，我欣然应允，买过如《苏菲的世界》《安妮日记》《沉默的大多数》等十几本书。书到了的那天，他飞跑到办公室里来拿，看到桌子上那堆崭新的连包装膜都没有撕去的书，惊叹地叫——"哇！"一副喜不自禁的样子。

清点之后，他翻开《善良的死神6》，在办公室里站着看，这是他一直期盼的小说，在此之前，他把这套书的其他十本都读了，只剩这一本在吊着胃口。看了一会儿，我催他回家吃饭，他嗫嚅地答着，把书抱着走出去了。

后来听叶蕴涵说，张闵没有回家吃饭，只啃了一点面包，一直坐在教室里痴痴地读。

几天后，他和我说："老师，我觉得《沉默的大多数》很好玩！"

"是的，很有趣的，但有趣不是王小波的目的呢，他是用有趣的方式来讲别的，你发现了什么没有？"

"嗯，我喜欢那只猪，我觉得那只猪很有个性，很向往自由。"

"可不是，它为了自由，做了许多事，对吧？"

"嗯，它会跳出猪圈跑到屋顶上去，别人阉不到它，去别的村子里找母猪，还会学汽笛叫，别人拿枪都打不到它，我很佩服它。"

"为什么说它是特立独行的？"

"因为别的猪，人类叫它们干嘛就干嘛，这只猪就不愿意被人安排，他想要过自己的生活。"他这时用食指点着书页上的一行字，"这里不是说了吗，'除了这只猪，还没见过谁敢于如此无视对生活的设置'，我觉得这就是它的特别之处了。"

但我不知道，我和张闵的过从甚密，在其他孩子哪里渐渐有了非议。

有一天，张闵告诉我，"有人在班里散布谣言，说我给了你钱，所以你就很喜欢我。"

我激灵一下。

后来，我找到一个女孩，问："能不能告诉我，为什么班里有这个谣言呢？"

"因为大家觉得你偏心。"

"那钱的事是怎么来的？"

她说："那天早自习，张闵不是给过你钱吗？"

我想起来了，那是在我给每个家长写信（一份阅读书单）的第三天，一大早，他跑到讲台上来，给了我一百块钱，说："我妈妈说，让你帮我买点书。"

这件事让我不得不反思起来。我想，今后我要努力去发现每一个我不那么喜欢甚至有些讨厌的学生的特点，我毕竟是一个老师，必须接受每一个孩子，无论他们有没有张闵的聪慧和机敏。

国庆长假里，看卢安克的书，也看了柴静采访他的视频，几次泪下，在镜头前，他依然像土地一样沉静，安详地微笑着，似乎愤怒这种情绪在他的身上永远不会发生。说到板烈的孩子，那些经常向他要钱、要东西、扬言要吃他的肉的孩子，他娓娓而谈，不喜亦不憎。

"我像接受淋雨一样，接受他们带来的后果。"

他说，这是他的命运。他对这一切不作抗拒，只求事件和他的生命发生关系，接受所有，不躲避，不干涉，不阻止，一切都被允许发生。

卢安克给了我提醒：接受有关孩子的一切，因为这就是你的人生。每一天都是，每一个情节都是，每一个学生也是。

用爱的眼神抚慰心灵

邱小波

1982年，似乎很遥远，却又如昨日，那一年，我十八岁，那一年，我师范毕业了。暑假快结束之时，接到分配在杨洲乡工作的通知书后，我傻眼了。工作单位距家八十多里，对于生活在县城的我来说，顿有发配到蛮荒之地的感觉。带着灰暗的心情，我来到了乡间的小学。

一所弹丸般的小学，操场比农家的晒谷场大不了多少，晴天满天灰，雨天遍地泥。破旧的办公室，只有寥寥可数的几张桌子，八九位老师中，科班出身的只有两三个，其他老师或顶替或民办或代课。

无观摩课，也无公开课，亦无人告诉你该如何组织教学，就这样懵懵懂懂，我成了五十多个年龄与我只相差几岁的孩子们的老师。我教的是五年级毕业班，还担任班主任。白天，我在教室与办公室之间穿梭；晚上，我在晚自习的学生身边指导。一天到晚忙忙碌碌，摸着石头过河的日子过得很慢。一到周末，学校就只剩我了，还要自己到小河挑水做饭，整个人似乎被寂寞甚至委屈的大网罩住了。没有月光的夜晚，天空更幽暗了，窗外诡异的点点星光让自己有一种浮游感，兼之后山不时传来的兽嚎，一切都像是噩梦。那时没手机，充盈脑际的是盼着同学的来信，但几个县城长大的同学也在信中泣诉着与我如出一辙的孤苦与不安。

胸存浮躁，诸事皆烦。每当班长向我反映情况，我极不耐烦。学生问我题目，我非但不诱导、不作答，反而劈头盖脸地训斥："上课干什么去了？"一而再，再而三，从此，学生见到我便诚惶诚恐地躲开。接踵而至的是混乱的课堂秩序。一次上课，两位坐在最后一排的学生趁我转身板书，就如猴似猿般嬉闹。我顿时斜眉竖目，走上前去，勒令他们站起来。谁知高个子却毫不理会，屁股纹丝未动。我气急败坏，上前就是一番暴风骤雨般的训斥。我刚转身，全班却一片哗然。眼前一个学生的模仿举动告诉我，高个子正用一支笔在我后脑作敲击状，我疾然回身，他伸长的手还未能缩回，我给他的几个红指印却已跃然上脸。"四只眼打人啦！四只眼打人啦！"有几个调皮学生使劲起哄，我顿时僵住了。

第二天清早，校长把我叫到办公室，拿出一张漫画图片给我看，上面画着一个美女，旁注"嫦娥"，另有一戴眼镜的猪八戒形象，旁注"小波"。猪八戒面向嫦娥，半跪状，口流涎水，旁有一行字：像猪八戒一样好色的邱小波。

看罢，我哭笑不得，急问校长从何处弄来此图？校长说是从学校橱窗中取出的。因是他值周，来得早，还好未让他人看到，否则影响极糟。

我想都未想，就知这一恶搞的图片出自何人之手。事后，校长问清缘由，批评了

邱小波　男，1964年生，新宁镇人。武宁第四小学语文高级教师。江西作家协会、九江作家协会、江西诗词协会、中国散文学会会员，武宁文学创作协会秘书长。

我，又说要处分该生，我反倒心平气和了许多，知道自己有错在先，罚人如责己，所以阻止了校长的决定。课堂上打人后的手足无措，让我顿悟母亲说的“善教收善，恶教获恶”之意。

从此，我一改简单粗暴的作风，不断校正自己与学生的距离，从生活和学习上都给予他们细致的关心。冬天，我拿出自己的炭，生起火盆，与孩子们共享温暖；雨天，学生的衣服淋湿了，我为他们烘干，当然，在我的门前，时有几只冬笋，一小袋香菇或几把豆角。这时，我总有一种幸福感，一种融于心的温暖。当然，我也会回赠他们一些零食或文具，回赠他们一些美好的故事。

十八岁，我初为人师。我明白了，爱对于孩子们的成长是多么的重要。用爱的眼神抚慰周遭，定当收获众多温柔的目光。

杨梅女孩

邹　冰

芒种过后，县城的小街道上会有人卖杨梅。鲜红的、绛紫的杨梅混合在一起，在竹条编织的篮子里，显得清爽洁净。杨梅都是从附近果园摘来的，有些杨梅还带着几滴刚过去的雨水，也会夹杂几片油绿的叶子，都是水分充溢的模样。如今，杨梅也沾上了现代科技的光，它们的个头都很大，大到让人望而生畏。伸出的手不知捏住哪一颗。从前不是这样的，从前，吞咽第一颗杨梅的时候，手里已经捏着第二颗了。从前的杨梅来自深山，全是野生的，个头不及现在杨梅的一半，酸涩的味儿远远盖过如今的甘甜。

仿佛一夜之间，山野便斑斓起来了。枞树林、柞树林、灌木丛，隐藏布谷鸟、斑鸠、啄木鸟，隐藏甲虫、蟋蟀、黑毛虫，隐藏蜜蜂、蝴蝶……各种山果在阳光下，站起来，一一报到，我们却叫不出它们的学名。

杨梅也熟了。向阳的山间沟壑，一棵棵杨梅树风景般站立，绿得发亮的叶子间，点缀着一枚枚玛瑙般的果子，从浅绿到淡红，再到深红，从生涩到成熟，像一群群嬉戏的女孩子。

长在深山，不要用钱买的杨梅，是我们穷孩子能想象得出的最美的温暖。从树上摘下最大最红的一枚，在手掌中，像跳动的火焰，总不忍吞掉，握着，握着，它们成了汁液，染红手心，染红衣兜。被珍藏的时光磨碎，要比自己吞掉快乐。长大后的某一天，突然回忆，手上还留有杨梅的余香。

杨梅熟了的日子，小镇的街巷也有卖杨梅的。小巧的竹篮，杨梅红艳艳的，勾人食欲。卖杨梅的低着头坐着，乡里人都羞于吆喝。常用玻璃杯或搪瓷缸做量具，一杯一杯地要价。卖杨梅的多是女人，有时旁边会坐个孩子。孩子怕生，眼睛滴溜溜地躲着什么。

邹　冰　男，1967年生，船滩镇人。县实验中学高级教师。江西省作家协会会员。

有一次路过，卖杨梅的是位老大爷，旁边坐着个小女孩，女孩的眼睛澄澈得像一泓清泉，乌黑的眼珠看见生人便羞涩地藏起来。她的米黄色小褂有点旧，上面沾了几点杨梅汁，羊角辫有几天没梳了，辫上挂着一寸长的枯草。

老人的杨梅五分钱一杯，我买了一杯，老人在杯子上堆了个小山尖，杨梅倒进我兜里时，他唯恐分量不足，又抓了一小把给我。老人的举动过于憨厚，仿佛母亲。我又买了一杯，想对老人说，有人这样一杯要一毛钱。老人篮里的杨梅以红居多，明艳、动人。想多买几杯，怕占了他的便宜；不多买，又怕老人的杨梅卖不完。那些杨梅是会变成小女孩头上的皮筋，写字的铅笔的。

犹豫过后，起身离开。

其实是带着些微痛的。是那样淳朴的老人，是那样清纯的女孩，面对他们久了，会产生流露出孩童般的依恋。

第二天又踏上了那条小巷，还是那位老人，还是那位羞涩的女孩。女孩在堆得山尖似的杨梅上搁了一只麦秸编的蚂蚱，简简单单有点儿拙的蚂蚱。以后，每一个杨梅成熟的季节，我就往那条小巷走，想再遇见那位老人和那个小女孩。虽然到现在，我依然不能确定该不该多买他篮里的杨梅。

有一次在办公室，小几岁的同事聊起了她初中的一位女同学，那是一个特别勤奋、乖巧的女孩，考试总能拿第一。初中刚毕业，家里就给找了婆家。女孩哭着对母亲说，我要考大学，将来光宗耀祖，别人觉得读书难，我觉得一点都不难，我会考上的。母亲说，女孩不读书也罢，早嫁早好，你哥哥还等你的见面礼娶嫂子。同事的眼睛有点湿了，我强忍着，早已被世俗冰镇的内心，习惯于提防这样的感动。

然而，不知怎的，那泓清泉般的眼睛，那沾了枯草的羊角辫就在我眼前晃起来。同事说的女孩，该不会是赠送给我一只拙拙的蚂蚱的小女孩吧？

初夏，故乡一年一度的杨梅节又开始了。漫山遍野人工栽种的杨梅树下，聚集了许多游客，艳丽的杨梅被人一颗颗地从树上摘下，装在精致的包装盒里，游向四面八方。

我梦魇似的，一直惦着，记忆中的女孩，她有没有承包大片荒山种植杨梅发家致富？她会不会成为一位精明干练的女庄园主？我知道这是励志作品的情节，生活跟文艺不同。

其实，故乡不远，回去就能解开谜底。因了内心一丝丝的痛，总也不能。

朋友从杨梅节回来，带了一盒包装精美的杨梅。我打开盒子，拿出一枚攥在手中，那些酸甜的汁液渐渐从指缝间溢出，我知道，汁液掉在衣服上，会留下难以清洗的痕迹。

春　燕

余锦标

我们柳泉中学是幕阜山区的一所农村初级中学。

近年，教师们进城的进城，改行的改行，下海的下海，已是日渐短缺。校长年年上县教育局去要人，可三四年来，年年都是无功而返，不但没有要到人，反而年年都继续有人调走。

也不知道是从哪儿刮来的风，没想到这年暑假刚过，我们柳泉中学就调来了一名师专毕业的女教师，让求师若渴的校长和我们大家兴奋了好一阵子。女教师名叫春燕，是学英语专业的，学校因而也就顺理成章地把她分配在我们英语组办公室。

春燕二十出头的年纪，中等个，披着一头黑瀑般飞扬的秀发。白嫩稚气的脸上长着一张灵巧的小嘴，见了人总是热情地用英语跟人家打招呼。她的到来，还就真像只春燕一样，给我们这老气而又单调的办公室，带来了一股春天般的气息，清新而有活力。王胖、阿贵等几个平日总喜欢东跑西窜的男教师，如今竟也能坐得下来，“规矩”办公。

春燕进得办公室来，不是拖地，就是夹报，总爱把办公室收拾得干干净净的。由于心灵手巧，她备课、阅卷、改作业，也都干得特别利索。王胖、阿贵他们见春燕办事利索，先便装个木讷的样子去“请教”，接着便用刊物上学到的“教学新秀”“教学明星”“学科带头人”之类的新词儿给春燕戴高帽子，接下来便是这个请她帮改堆作业，那个请她帮代节课。没想这个春燕一高兴起来，还真什么事都照做不误。用她自己的话来说，就是同事之间帮点忙吧，那是应该的。

没想到，王胖、阿贵的这一套，没多久就让校领导给学去了，他们也一见到春燕就“表扬”，说她“爱岗敬业，业务精通”，又说她“工作主动，精明能干”，直把个春燕鼓荡得像个鼓满了风的“燕子”风筝，整日忙得在校园里飞来飞去。只见她一会儿办个“英语角”，一会儿又出个黑板报，一会儿组织了一场知识竞赛，一会儿又要主持文艺晚会，学校里什么样的工作都让她给干了。

但是，让同事们意想不到的是，一年以后，春燕就从英语组办公室搬到校行政办公室办公去了，原来这柳泉中学空缺了两年的教务处副主任，让她给顶上了。

这下，王胖、阿贵他们几个大男人的脸上可真的有点挂不住了，他们在办公室里就大喊大叫，说他们要文凭有文凭，要教龄有教龄，要能力有能力，凭什么这个教务处副主任就要让那个乳臭未干的春燕来干呢。不过，他们叫归叫，却也没有哪一个人真去找校长理论。

说来也巧，新学期七年级用的是刚改版的新教材，也不知是谁的主意，县教研室

余锦标　男，1962年生，鲁溪镇人。鲁溪中学语文高级教师，九江市作家协会会员，县文学创作协会理事。

突然决定召集全县七年级英语教师到我们柳泉中学来开个教研会，探讨新教材教法，并要求我们学校找个教师出来上节英语新教材公开课。这下，可让王胖、阿贵他们几个揪住了机会，他们索性来个“联合保荐”，声称要让校教务处副主任春燕来上这节公开课，那意思明眼人谁都明白：你春燕不是教务处副主任吗，有本事你就亮出来大家瞧瞧！

也真是初生牛犊不怕虎，没想到那春燕还真就把公开课给接了下来，而且还真就有模有样地准备了起来。学校没有投影仪，她就自己动手画了大大小小十几张挂图与卡片图，并把备好的教案打印了几十份，准备听课教师人手一份。遗憾的是，春燕的这节课我没去听成；不过，下课之后，我就感觉到了听课人员强烈的反响，还在走廊上就听到了王胖、阿贵他们在嚷嚷，说是他们听了这节课之后，就觉得自己该退休了。看来，春燕的课还真是一炮放响了。

正如我所预料的那样，春燕的课果然不同凡响，受到了与会同行的一致好评。这节课不仅使春燕本人一下子声名大振，就连我们柳泉中学也沾了光，校长去局里开会，也都一连几次受到了局领导的表扬。

于是，学校便又开始酝酿起让春燕担任副校长的事来。可是，谁也没有想到，第三学年开学，我们就再也没有见到春燕来校上班了，我们正准备去打探消息，却见校长又在那里大发感慨：“人家春燕可是鸿鹄大志，通过自学，她已考取了东南大学研究生了，今年暑假，她就又往更高的天空飞走了。”领导的表扬，说是我们柳泉中学重视教研教改，成效显著。

逃难读书

叶正楠

1941年8月，我考入武宁县立协和初级中学，校本部在石门楼银炉“叶氏宗祠”，校分部在银炉巷“风鸣丹山”。我是一年级生，在分部。

当时教学条件很差，课本多是手抄的或油印的，课桌凳都是桩上钉的木板，照明不但无电灯，连煤油也买不到，一盏豆大的茶油灯火，还要四个人共照。一日两餐（夏天加一餐稀饭）少油缺盐（抗战时很难买到盐），长天大日，往往饿得两眼发黑，然而老师为了教好学生，学生为了求到知识，很少有人叫苦叫难的。

1944年上半年，校址已由银炉迁往澧溪樱田。这儿校舍宽敞得多，同学们暗暗欢喜，特别是我班同学正怀着勤奋读书的心情，迎接毕业的到来。谁料三月的一个傍晚。突然传说：“日本鬼子快到茶棋街了，离学校只有三十里路。”怎么办？同学们心情沉重，不知所措。学校领导当机立断，宣布学校迁往山里——郭坑。并说：“凡是可以回家的一律回家，不能回家的跟我们走。”我要回家，必经茶棋街，已经不可能了。因此

叶正楠　男，1926年生，石门楼镇人。石门楼中学教师。曾任县文化馆馆员，甫田区政府文教干事，罗溪中心完小、石门中心完小教导主任。

只有跟学校领导走。当时跟着迁移的师生有百来人。多数人的被服箱子都丢在学校，随身只带几件衣服，然而课本和教学用品则都带上了。出发时，夜色迷茫，天气骤变，狂风怒号，乌云密布，顿时，雷鸣电闪，大雨倾盆。大家知道，雨再凶，也没有日寇凶。情况紧迫，不容停留，老师领着我们冒雨前进，不知是谁喊了一声："课本用衣服包起来！"于是，行进的队伍中都在做同一动作。不料，前面出现了猛涨的溪水，堵住了去路，怎么办？还是想出了办法，几个同学弄来了几根竹竿，让会游泳的老师和同学分立在两岸和溪中，一根接一根地拉成"一"字形，让其他师生扶着竹竿过去，同舟共济变成了同竿共渡，就这样，全部安全到达了郭坑。一到郭坑，老师把我们安排在各家住下。与其说住下，毋宁说是在各家烤火烤衣，依偎地坐着打盹。

第二天天刚亮，集合的哨音就响了。老师在草坪上对我们讲话，大意是说："读书不忘救国，抗战不能不读书，按照教学计划，一天也不能停顿。"讲话后，布置我们早读，于是，"b-o-o-k-book""国家兴亡，匹夫有责"的读书声躁起了山间云雀。

吃完早饭，老师一面给我们上课，一面派人去打听消息。到了下午，打听消息的人回来说："日本鬼子退出了县城"。因此，我们又在老师带领下，高高兴兴地回到了学校。

逃难读书，别有风味，这味实际上是很苦的，夹着书本逃难读书的日子不会有了，然而，在太平幸福的今天，夹着书本偷懒的现象有无发生呢？

我的父亲

张定东

我的父亲张子野，从青年时代开始便投身推翻清朝、反对帝国主义的斗争，为民主进步奋斗一生。早年追随孙中山先生参加辛亥革命、讨袁战争、北伐战争。1927年蒋介石叛变革命，父亲与李济深、李烈钧一道投入了反蒋独裁统治的斗争，一度辞去一切职务，誓不在蒋的手下干任何事情。蒋对此十分怀恨，于1930年以共产党的嫌疑、密令逮捕父亲（用一张大红请柬把父亲从南昌豫章公园寓所"请"走了）。后押往南京。审讯中，父亲始终威武不屈，历数蒋介石反民主、反人民的罪行。蒋恼羞成怒，处父亲以重刑——五年水牢。受刑三个月后，由他的好友李烈钧出面，以保外就医出狱。但父亲的身体受到严重损害。

从南京出狱后，父亲返回故乡武宁任县参议长。那时，他经常了解全县教育情况，对桑梓教育事业极其关心。1936年李烈钧回武宁，见故乡百业凋零，社会秩序混乱，便邀父亲办了一期"自卫队干部训练班"。训练地方治安人员。

1937年，李将军见全县连一所中学都没有，就与父亲商定办一所初级中学，以发展家乡教育，培养青年。为纪念李将军，学校名为"武宁县协和初级中学"。父亲出任校长，筹经费、聘教师、选地址，父亲事必躬亲。从此，办起了武宁县第一所公办中

张定东　女，1938年生，泉口镇人。江西教育学院教授。

学。所聘教师均为当时学界佼佼者。其时适逢南昌九县联立洪都中学分校迁设武宁。现江西师大中文系教授余心乐先生当时任分校教员。父亲十分尊重他，并亲自登门聘请余教授为协和中学兼职教师。余教授欣然允诺。

父亲任协和中学校长时，正是抗日战争时期。办学不久，日军便向武宁城逼近。听母亲讲，李济深好友多次来信相邀，父亲本想举家迁往四川；但虑及学校出路和师生前途，不忍离去，便随学校先后迁源口、石门、银炉。当时办学条件很差，物资奇缺，设备简陋。父亲总是想方设法，以他的威望争取各方支援，坚持办学。终因积劳成疾加上缺医少药，便一病不起，于1939年夏在银炉去世。逝世后许多师生前往哀悼，许多友人寄来诗文，以示悼念。李济深副主席寄来悼词一首，现恭录于后："子野先生：老成硕望，德义可尊。主善为师，桃李分蕃。力匡时弊，闳议崇论，才兼文武，著绩戎轩，闻风之士，起舞蹁蹁，鄙夫以宽，薄夫以敦。其人虽逝，德业犹存。永怀耆旧，涕泗潺湲"。

曲阜"三孔"

张友苏

中华民族曾经领先世界1500多年，是由于有先进的文明。先进文明是由于有先进的思想。先进思想是由于有先进的思想家。圣人孔子就是一位这样的人，他曾经放飞了中华民族的梦想！联合国教科文卫组织评选世界十大文化名人，孔子列为首位。1988年诺贝尔奖获得者在巴黎会议上有一个结论："人类如果要在二十一世纪生存下去，必须回首2500年前去汲取孔子的智慧……"

我是一个教师，教师的祖师爷就是孔子，犹如木匠的祖师爷是鲁班一样。2013年3月下旬，我前去拜谒了曲阜的孔庙、孔府和孔林，试图寻找伟人的足迹，探索伟人的思想轨迹，对孔子有了更深刻的认识。

勇武的叔梁纥65岁，与15岁的颜徵在两情相悦，在公元前551年的9月28日，农历八月廿七日，在鲁国曲阜尼山的一个小山洞里生下孔子。因排行老二，又为了纪念出生地，便取名丘，字仲尼。"子"是古人对有高尚道德、有大学问者的一种尊称，犹如今人称某人为"大师"一样。台湾为了纪念孔子诞辰，还把9月28日定为教师节。孔子长相怪异，身高1.96米，堪称奇人。三岁丧父，十七岁丧母。家道衰落，但他却安贫乐道，发愤向学；广收天下弟子，首开私人讲学之风，对学生循循善诱，诲人不倦；他怀有远大志向，在55岁那年，携众弟子开始了长达14年周游列国的颠沛生涯，极力推行自己的政治主张，虽不被重用，却不气馁，不颓废；68岁回乡，晚年删诗书，修春秋，整理典籍，是当时知识的集大成者；一生勤奋，不知老之将至，为传承中国文化做出了巨

张友苏　男，1956年生，武宁横路人，1979年以全县文科第一名的成绩考入华东师大哲学系。曾任江西师范大学商学院副院长，国际教育学院党委书记。教授，企业管理专业硕士生导师。出版著作3部。

大贡献。一生弟子三千，贤者七十二，公元前479年病故，终年73岁，当时算是长寿之人。他是中国伟大的思想家、教育家、儒家学说的创始人。

我首先到了孔庙。它建于孔子去世后的第二年，即公元前478年，仿皇宫之制，九进院落，院内苍松翠柏，森然布列，殿宇雕梁画栋，却难掩岁月的沧桑。万仞宫墙之内，金声玉振；残碑断垣之间，道冠古今。

硕大的孔庙，除却几座巍峨的古老建筑，就要数这一棵棵参天古柏吸引人了。古柏伴随着岁月，相伴着历史走进了今天。它们老态龙钟了，却从没有自傲，没有以功臣自居。岁月沉重，它们仍挺拔昂首；全身挂满了斑斑龙鳞，枝头却永远喷吐出青春的翠绿。庭院每一棵古柏都如一幅生动的画，一首浓郁的诗，它们舒展身姿，或低眉浅唱，或浓荫如盖，或风骨遒劲。每一棵树下，我都不由自主地停步，细细地品读这枝叶，品读这风雨留下的无尽沧桑。孔庙里面还有一胜景叫“先师手植桧”。我就想，这些树因孔子而有名，而孔子又因树而产生灵感，两者相得益彰。

时值三月下旬，北国春晚，芳草吐绿，柳丝抽条，鸟鹊鸣枝，杏花灿开。我游览到孔庙的杏坛，眼睛为之一亮，碑文介绍此处是“除地为坛 ，环植以杏，名曰杏坛”。孔子“设教杏坛”的记载最早见于《庄子·渔夫篇》：“孔子游乎缁帷之林，休坐乎杏坛之上，弟子读书，孔子弦歌鼓琴”。遥想当年，孔子在这杏花飘香的地方，弦歌不绝，书声琅琅，美妙的和声回荡在天空，一幅多么动人的景象啊！春和景明的大自然赋予了孔老夫子许多天才的火花，在讲坛上才思泉涌，说古论今；弟子坐在春风里，听得入耳、入脑、入心，大师点明了心灵之灯，如痴如醉。这是教和学的最高境界！难怪后世把做学问的地方称作杏坛。我们江西师大也在校园中辟出一块地方叫“小杏岭”，算是附庸风雅吧！

今天许多平民百姓来到这里，是要沾上文化的味道，也就是说每个人都希望自己成为生活中一个文雅文明的人，希望走出愚昧，走出无知，让自身多一点高尚。而且这种意识正被越来越多的世人所接受。孔子这位儒家文化的祖先，在他生前，并不那么富有，并不那么辉煌，在历史的长河中，他却使身后的岁月辉煌了。他的思想是超越时空的，不是一代帝王，几个英雄所能包含得了的，反而，它却包含了一切帝王和英雄。

看完孔庙，我又来到相距不远的孔府。孔府又称“衍圣公府”，是孔子嫡长孙世袭衍圣公的衙署和府第，是中国封建社会典型的实际官衙与内宅合一的建筑。府内除山石花树外，多数是孔门遗物，每每都有2000多年的历史。比如那别出心裁的“开门见山”、内藏玄机的“通天大道”、事出有因的“冷板凳”和天然所致的“五松抱槐”奇景，没有导游是万万不行的。我们没有专门请导游，就这儿挤一下、那儿蹭一下，倒也听得不少，比正规旅游团的人听得还认真呢。

比如“五松抱槐”之景，位于孔府后花园，由于年代久远，或雷劈电打，一松分为五瓣。这还不算奇，奇的是在五瓣之中又长出一槐，槐与松同根，五松抱槐不分彼此，但松槐秉性不移，常绿的常绿，落叶的落叶，互不滋扰。它们宽大包容的姿态，是孔氏家族千百年来同舟共济、互爱相容的生活象征，它的核心就是一个“和”字，家和万事兴嘛。

接着打车去看孔林。北出曲阜城门，步入神道，就见石兽侍立守卫，两行苍桧翠柏，如龙如虬，夹道而立。这些石兽、古柏千百年来，见证着自然界的枯荣和人世间的兴衰，而我等只是一个匆匆过客。在历史长河面前，个体生命显得是那么渺小，又感觉到是那么自卑！见树思人，见景生情，给我的心灵造成很大的震撼！类似于“今人不见古时月，今月曾经照古人”的感觉，沧海桑田，人生几何？亦真亦幻，如梦如醒。神道的尽头是至圣林，而至字少了上边的一横，有人认为是皇帝写的错别字，我觉得这其实是皇帝谦虚的表现。因为到了孔圣人这里，还自觉惭愧，学问以及政治都无法跟孔圣人相比，因此不封顶，这是古代皇家对孔圣人的一种崇拜和谦虚。

孔林是孔子及其家族的墓地，是当今世界延时最久、面积最大的氏族墓地，历代曾十多次增修和扩建。直到现在，孔家仍然是全国唯一的拥有自己墓地的家族，凡是在族谱上边的人如果去世，依然可以葬于孔林。我拜谒了孔子墓。孔子墓旁还有其儿子、孙子之墓。另外孔子墓西的3间西屋为子贡庐墓处。孔子死后，众弟子守墓3年，诀别而去，独子贡在此又守3年。

我肃立在圣人墓前，沐浴着那曾笼罩万物苍生的圣洁光辉，双手捧上一束鲜花，以一瓣心香虔诚地表达着对圣人的敬仰。在这里，如织的人流都凝固了，人们都仿佛在静静地感受圣人的呼吸，抚摸圣人的脉搏，倾听圣人的教诲！这里长睡着一位老人，它是中华民族心理素质和性格的构建者，它是东方特有思维方式的引导人。这里寂静沉默，又超凡脱俗。“四海之内皆兄弟”“人不知而不愠”“朝闻道，夕死可矣”“大道之行也，天下为公”。这是一种胸怀、一种气质、一种风度、一种品位、一种尊严。现在还有多少人像孔子那样去思考全人类的问题呢？

我想，圣人的境界，也许就是那种至善至美而不急功近利的境界；也许就是那种登上五岳至尊泰山之巅而小天下的高瞻远瞩；也许就是那种“坐而论道”的执着和旷达！在漫漫的历史长河中，没有任何一个人物，能像孔子那样对中国历史产生如此深刻久远的影响；没有任何一种文化，能像孔子所创立的儒学那样占据一个民族的主导意识形态2000多年而不衰；没有任何一种文化，能像孔子所代表的东方智慧那样产生如此广泛的世界性影响。

星移斗转，2500多年的时间倏然而过，无论繁华或者没落，当年的人和事都已被尘封在岁月的河流中，而孔子和他的思想，像一盏不灭的明灯，指引着人们前行的步伐。多少年来，人类对孔子及其学说或褒或贬，或扬或抑，但他对中国传统文化的影响，是任何人都无法否认的，一种富有生命力的思想也是打不倒的。生活在两千多年前的孔子，在认识上不可避免受到时代的局限，但他那些具有普世意义的至理名言，却超越了时间和空间，成为全人类宝贵的思想文化财富，至今仍有现实意义。

到了这里，我们还会发现很多奇怪的社会现象。比如打天下的人一般都不喜欢孔子，因为孔子不主张“犯上作乱”。而坐天下的人大多又喜欢孔子，因为他们要借用孔子的思想约束人们的行为，以维护自己的统治。历代皇帝祭孔，都是要借孔子之魅力，来表现自己要德治天下，以巩固皇权、皇位，保持社会的稳定，彰显统治的合法性。此时的孔子就成了皇帝手中的玩物。

孔子收徒讲学，兴教育之风，教化人们趋向文明，趋向理性，向善、向上，无疑是好事。但教育又不是万能的，一些很有知识的人也很能干坏事。社会是多元的，人有贤愚良莠忠奸之分。有的人可以教化，有些作恶之徒就要通过法律来制裁，有的要通过宗教信仰，比如通过地狱天堂之类的景象来进行心理恐吓。对人的管理是一个大难题，孔子也没有完全解决好这个问题，我们去崇孔也不能完全解决问题。孔子不是万能的，孔子又是不可或缺的。现代社会正在加速度的发展，孔子并没有看到今天的社会状况，我们不能苛求孔子，什么事情都能到他那里去寻找理论依据。

孔子有些学说，比如倡导人们弃恶扬善、尊礼守法，坚守一颗仁爱之心，成就了一个宽厚、善良、勤劳、勇敢的中华民族，他的“和为贵”“和而不同”的思想理念在任何时候都不会过时。再比如，我们今天要建立和谐社会，其实儒家就一直在倡导三个和谐：一是与自然的和谐。儒家讲“天人合一”，敬畏天命，崇尚自然，回归自然；二是与社会的和谐。“己所不欲，勿施于人”。要“克己复礼”。“达则兼济天下，穷则独善其身”。三是与内心的和谐。儒家讲“慎独”“吾日三省吾身”“淡泊以明志，宁静以致远”，先要“正己、修身”，然后“齐家、治国、平天下”。

在春秋战国时代，“礼崩乐坏”，社会动荡不安，孔子建立尊卑有序的社会秩序是能促进社会进步的，在当时是代表了一种先进的农业文明，孔子站在了时代的高峰。在人类进入工业文明的资本主义时代，尤其是到了现在的信息文明时代，人们要求自由、平等，治理国家要有现代理念，要与世界潮流合拍，显然不能继续延用孔子当时“君君臣臣”这些尊卑有序的“王道”来治理国家，否则的话就会变成阻碍社会发展的思想桎梏。我们要完成从“王道”向“民道”，从“人治”到“法治”的转变。中国近五百年来落伍了，主要原因是思想观念落伍了，比如一些农业文明时代的观念还在流行，一些封建主义的思想还在泛滥，我们也要从儒家文化中找出阻碍时代进步的思想根源，取其精华，去其糟粕。但在具体操作中，会遇上很多难题。比如精华和糟粕有时难以区分，有些东西过去是精华，现在成了糟粕；有些人要倒小孩洗澡的脏水，结果连小孩也一起倒掉了。

不管怎样说，孔子是一个历史人物。“天不生仲尼，万古如长夜。”虽然有些夸张，但如果没有孔子这样的思想家，人类的进程确实要慢很多。人类只有一个地球，我们赖以生存的地球千疮百孔，很多地方已经被人们糟蹋得不成样子了，确实需要有大智慧的人来引导人们向良性、理性方面发展，还会有“孔圣人”横空出世吗?

人类社会发展到今天，人们的思想和行为不能离开孔子，办很多事情不能不想到孔子，儒家思想像血液一样在我们的血管里流淌。所以在很多国家和地方，有建孔庙的，有成立孔子学院的，有办孔子文化节的，忙得不亦乐乎。我国已经在全球办了1000多所孔子学院，以弘扬中华民族的文明，与世界各国和平相处，圆复兴中华民族之梦。但在孔子的故乡曲阜，我有一个同学在曲阜师范大学工作，他说他们学校还没有在国外办一所孔子学院，如果他们去办是最正宗的，他多次向校领导建议未被采纳，深感遗憾！

国内外到曲阜看“三孔”的人千千万万，文人骚客写孔子的文章铺天盖地。一个教了几十年书的我，为了实现拜谒“万人师表”的夙愿，只是走马观花地游览了一下，见古思今，见物思人，见人思己，确实有许多感悟，心灵得到了净化，思想得到了升华；游览之余又班门弄斧、挂一漏万地写上几行不成熟的文字，聊以自慰。如果把孔子的思想比作是一座宝库的话，有的人可能在里面捡到了珍珠、宝石，而我只不过是捡到一粒沙子而已，但愿这粒沙子也能在通往孔子思想宝库的路上起到些微作用，我也算是不虚此行。

我的从教经历

张　罗

我是大学经济系毕业的，就业门路很广，却乐意从事教育工作，直至退休。原因是多方面的，主要原因是1945年上半年在武宁县立协和初级中学代课三个多月，奠定了思想基础。另一方面，我大学毕业时社会动荡不安，世风日下，我觉得教育界还是清高的，可以明哲保身。更由于石完璞的劝说，我乃应潘世纶校长之聘到私立振风中学做训育主任。

1947年11月间，振风中学学生因故围殴县长吴孝先并踢伤其妻，我被怀疑是幕后指挥之一，寒假期间，我曾被警察局传讯，因无确实证据，不了了之。其时，吴孝先对振风中学师生进行了一系列的迫害活动，校长潘世纶、军事教官李新和我都不得不离开振风中学。

谈到那次学潮，我和潘校长、李教官都是同情学生并暗中给予支持的。当学生集合前往县府时，我已得到训育员张绪钗的报告，作为训育主任是管学生的，我应该及时前去制止，却对绪钗说：“让他们去闹”。等到有学生从现场来报告，说是专员公署邹科长出面调停，正在中山公园与学生代表谈判，我才邀同潘校长和李教官前去收拾残局。事后为了敷衍吴孝先，只把踢伤吴妻的陈新元同学给予开除处分，但暗中却开具转学证让他转入武宁县中，对其他几个为首的学生，未作任何处分。

1948年春，我应熊光国校长之聘到省立武宁乡村师范学校工作，上半年做科任教师，下半年又做训育主任。其时，经省教育厅某督学来校听课并考核，由学校申报省教厅，已同意我为“厅聘教师”，正向教育部申报待批。但不久我就离开了武师，以后未过问此事。

1949年春，我被委派到武宁县立中学做校长。其时，我抱有“教育救国”的幻想，也愿意为桑梓教育事业尽点绵薄之力。鉴于前任存在的主要问题，我采取一些断然

张　罗　男，1921年生，横路乡人。武宁一中原副校长，武宁县政协第四、第五届副主席，中学高级语文教师。

措施。首先是对那些不负责任的兼课教师不予续聘，最突出的是县参议会要员刘某，他兼教高中语文，经常不备课，有时在上课时要学生代他查阅字典，学生反应很大，我到任后就没有聘他。其次是学校向学生收费改以银圆为标准记账，并接受师生共同监督。这两件事，绝大多数学生是支持的，问题是得罪了县参议会要员。他唆使少数学生盗用学生自治会名义向县参议会告状，并利用职权，以县参议会名议通知我到大会接受质询。我问心无愧，坦然地按时到会，针对以上两个问题做了说明。

由于解聘兼职老师对提高教学质量有利；以银圆为收费核算标准对避免法币贬值与保障学生伙食水平有利，并可防止经手人员从中渔利。我得到了与会多数议员的同情与支持。反而使刘某处于尴尬地位，不得不偃旗息鼓。

1949年4月，解放军渡江成功，我决计不接受县府疏散学校所有物资运往山区的通知，提前举行学年考试，5月中旬就放了暑假。此后，我一直留校与保管员余国政、校工钟钰和、厨工丁德谦等共同看守校产。

5月底，武宁解放。6月间，武宁县军事管制委员会与县委会、县人民政府相继成立。7月间，县文教科即书面委任我继任武宁县中校长，筹备新学年招生与开学事宜。但在8月下旬，武宁县四所中等学校，即：省立协和中学、省立武宁师范、武宁县立中学和私立振风中学合并为武宁县立联合中学，武宁师范作为师范部，由县长李涤心兼校长，我担任副校长主持校务，校址设在万寿官原武宁县中校址。不久，师范部学生并入九江师范，联中校址乃迁设原武师校址（位于北门头）。在宣布学校人事安排之前，县委书记胡麟与县长李涤心曾召我前去谈话，征询意见。我自觉阅历太浅，大学毕业才两年，恐不堪重任，力荐协和中学校长盛怀谷和武宁师范校长熊光国两位教育界老前辈，胡、李都不同意。我想年老的不行，就推荐青年教师兰英。他原是武宁县中英语教师，又是我大学时同学，在正大读书时参加学潮积极，我说他是进步人士，胡、李又不同意。最后，胡政委说："就这样吧！叫老李（指李县长）去兼个校长，你做副校长主持工作，有困难找我们。"这样，我就不敢再推辞了。

1951年下半年，联中改名为江西省武宁县中学。1952年下半年，武中高中部并入浔阳中学（后改名九江市第二中学），校名改为江西省武宁县初级中学。其时，李涤心县长调去省里工作，由副县长励树敏兼武中校长，我仍是副校长主持工作。

1953年下半年，武中配有专职校长淦长旭（永修人），不再由县长兼校长，我仍为副职。1954年下半年，淦长旭调离武中，由叶存财继任校长，我仍为副职。

1956年下半年，武中恢复高中，校名又改江西省武宁县中学。校长、副校长未变。这个学期，全面工资改革，打乱重评。经九江专署评定，我为中学行政5级（相当于中学教师3级）月工资88.5元。

1957年下半年，叶存财调离武中，校长暂缺，又由我主持校务。

1958年2月，我被错划为历史反革命，撤去武中副校长职务，并降薪两级，月工资70元。所有社会兼职均被免去。但说我参加革命工作以来表现较好，仍留校监督任教。

1959年2月，我被下放到安乐林林场劳动锻炼，分配在工业队，住寡妇榨。队党支书卢国源、队长张兆荣。场党委书记余水河，场长王定富。此次再降薪三级，月工资仅50元。场队领导和同事们对我都很关心和尊重。例如：余水河书记曾在全体干部大会上提出要办干部补习夜校，要我任教，限于条件未果。一日，余书记来到工业队开荒现场，见我的锄头溜了柄，忙上前为我斗好。我认为既下放，将在安乐林住上三年五载，准备把家眷接上山去。当我请示王场长时，他说："我看你不会在这里待多长时间，何必把家眷接来"，我只好作罢。工业队主要是酿酒和做粉丝，也开荒种地，也接受场部布置的其他任务。在队里劳动是有定额的，对我都予照顾。例如开荒，别人每日要挖两分地，我只定一分。又如送酒去澧溪(60多华里)，别人要挑80到100斤，我只定60斤。又如在生活方面，我身体吃不得辣椒，炊事员遇上要加辣椒的菜，就炒熟后先为我铲起一份再下辣椒。这一切都使我非常感激，终生难忘！

1960年春节后，我被调回武宁中学任教。1963年冬，我调升一级工资，月工资57元。

1966年5月，史无前例的"文化大革命"一开始，我即被定为"黑帮"，在校监督劳动。批斗是免不了的，但没有遭到严重的肉体折磨。

1967年4月，我被武中红卫兵遣送回乡劳动，工资全部脱钩。除长女洁华已参加工作、次女宁梅户口在武中外，其余三个小孩都随我下乡，在老家背后屋生产队落户。妻子程福姬是1964年冬下放横路生产队劳动的，此时也迁入背后屋。父母俱在，都在70岁左右。全家七个农业户口，只有我夫妻两个劳力。当时在生产队里是评政治工分的，我是6分底，福姬是4分底。因此，连续几年都是缺粮户。两个男孩尚未成年，就不得不当劳力挣工分。1970年起，家庭生活才逐渐好转。

在整整六年劳动期间，吃苦的事还不算太多，用不着提它。但有一事值得一提，那是一次割地勘时，我从高两丈多的地勘边缘滑跌落地，绪武驮我回家，我也不知道。经跌打医师张友宋推拿一两个小时，我才渐渐苏醒。我看见绪武在掉眼泪，忙问道："你哭什么？我在地里做事，怎么躺在床上？"友宋见我说话了，慌忙插话："恭喜你，张罗叔！大难不死。"接着，绪武才告诉我事件的全过程。家里人、队里人都为我捏了一把汗，我自己却是无惊无险。

1973年4月，初步落实政策，我回到武宁中学任教，说是"给出路"，恢复月工资57元。下放期间停发的工资不予补发。

1974年下半年，我调金水中学任教，离家较近（只有20华里左右），节假日可以回家帮助劳动。一晃就是五个学年。

在金水中学五年，我做了一些分外的工作。（一）从第二个学期开始，全校课程和总安排表都是我这个科任教师代教导处排定。在那里排课条件多些，需要耐心对待。特殊条件是：①星期一的第一节课和星期六的第四节课都必须排给班主任，以便检查学生是否按时来校与离校；②夫妻二人都在学校任教，不要安排在同一节上课，以便照看小孩，即是两个人的课当一个人的课来排。而这些照顾又不能影响各科教学的应有排课规律，譬如每班两节体育课总不能排在同一天或连续两天。（二）1978学年度开始，8月下旬老校长陈求根调走了，新校长李尚嵩不能按时到校，却把校印放在我处，并委托我代为召开全体教工大会安排开学事宜。为了学校，为了学生，我接受了委托，并得到师生员工的支持，顺利地按时开学。新校长到校时，学校已井然有序。

1979年下半年，我又调回武中任教。其时校名已改为江西省武宁县第一中学（因为1978年已创办了武宁县第二中学）。当年底老师调整工资，我又调升一级，月工资64元，但在1983年再次落实政策，补发“文化大革命”期间下放农村6年所停发的工资时，仍按月工资57元计算，扣除在生产队的工分收入，净补3200余元。

1986年6月，我进一步得到落实政策，政治上平反，并从7月份起恢复中学老师3级，月工资122元，但以前工资不予补发。1988年年初，根据中央政策，我又增加一级为中教二级，月工资140元。虽被评为中学高级教师，工资已达标准，未能再增加金额。

1986年12月，我办妥了退休手续，仍留校负责编写《武宁一中校史》，到1989年9月编印完毕。10月份起，我不再留用，算是真正退休了，但社会活动还是很多的。

回顾四十年从教过程，我是忠诚于教育事业而兢兢业业地工作的，总怕耽误了学生，经常以“误人子弟，男盗女娼”这一格言来警诫自己和劝导同人。我总想学习南昌一中吴自强老校长的治校精神，做到以身作则。先后担任训育主任和校长、副校长期间，我总是在打起床铃之前起床洗好脸，一等起床铃敲响，就进入男生寝室催学生起床，有赖床的就掀他被子。但到女生寝室，我只站在门外叫喊，不便入房。和学生一起做完早操后，我才一个人练太极拳，或教其他老师练太极拳。晚自修时，我也要抽时间去教室看看。学生用餐时，我也常去膳厅走走。以便多与学生接触，了解情况并听取反映，集思广益。

为了掌握和总结教师的教学情况，我有计划地安排听课（每周有一张时间安排表）并注意单元听课，语文课有时是连续听完一篇课文。有两个老师同教一个内容的，两个人的课我都听，也邀他们互相听课，以便比较分析，总结经验，取长补短，共同提高。各教研组每周两课时的小组活动，我曾试行不安排在同一时间进行，争取尽量多参加一些教研组活动，以便掌握全校的教学情况。学校应该以教学为主！我个人的教学工作，首先是认真备课，即使是第二年重教原课程，我也要重新写课时计划，作必要的修改与补充。其次是抓紧课堂45分钟，由旧入新，启发诱导，使学生听懂，并适当留点时间，让学生消化巩固，按时上下课，从不拖堂。再其次是课后进行必要的辅导。作业是及时全批全改（也曾随大流试行过抽改）并在下次上课前发回学生。“文化大革命”复课后，还是有些学生不愿做作业，我找他们劝说：“你们不做作业，我可以偷懒，但对不起你们的父母，也对不起国家给我的每月几十元工资。请你们帮我做做作业，好不好？！”有的学生笑了一下就补做了，也有的学生还是无动于衷，徒叹奈何！至于我本人的教学效果，学生和家长自有评论，毋庸喋喋。

总之，四十年的教育生涯，我没有做出什么大的成绩，只能是问心无愧而已。

九宫山下河水清

方士豪

我的故乡在九宫山脚下，那里有茂密的森林，成片的翠竹；有清清的小河，潺潺的流水。一晃，离开故乡三十余年了。故乡许许多多东西，在我脑海里经常浮现。然而，使我想的最多、爱得最深的，是那条清清的小河。它源于九宫山上的两眼大泉：东潭和西潭。相传很久很久以前，这里遭大旱，禾苗枯死，山下百姓，吃水困难。天上的水星见，忍不住掉下两滴眼泪，变成了东潭和西潭，两眼大泉流出来，汇成了这条小河。人们给它一个贴切的名字：爱民河。这道河水别有一番情趣，不宽的河床里，终日河水饱满。酷暑，河水碧绿清凉，跳下去洗个澡，让你浑身舒服；严冬，河面上却是一层白雾，洗衣洗菜，河水热乎乎。就在这条清澈河边，有一所小学，这儿，却是我的启蒙学校。学校里，有我的启蒙老师，一个令我终生难忘的人……

我们山区这些脑壳后还留着一撮毛的同学在一起玩，总爱议论自己的老师，大家一致的看法是女老师和蔼，男老师“凶”。然而我的印象恰恰相反。我觉得男老师比女老师还要温和。解放那年，九宫脚下的这座小学，只有两间教室，两个启蒙班，他这个身材瘦高的文弱书生，是第一个走进这所山区小学的教师。一个人教两个班，既教语文、算术，又教音乐、体育。不管同学们怎么吵，他总不发火。两个多月后，上面派来一位女教师，长得俊秀，却“凶”得很。每当女教师 “凶”学生的时候，他便匆匆走近了，轻言细语地说：“小陈，山区孩子们都很听话的。他们离开妈妈，走进学校，我们要拿出妈妈的耐心来呀，将来，你也要做妈妈的呀。”他的话，使陈老师的脸“刷”的地红起来。当时，她也是一个刚离开妈妈的姑娘呵……

我们这所山区小学，没有活动的场面，没有体育器材。开不开体育课，他和陈老师意见不一致。陈老师说：“学校就是这个样子，体育课马虎一点算了。”他不同意，争辩说：“孩子是祖国的未来，孩子身体的好坏，关系到我们祖国未来，解放前，外国人称中国人为‘东亚病夫’，原因就在这里！你想想，这能马虎吗？”结果体育课还是开设了。他兼体育老师。开初，上体育课的时候，除了立正、稍息、跑步，就是爬山。有一天，他提来一捆稻草，搓了一根草绳，于是，又增加了一项拔河的项目。

那年盛夏的一天，放了学，我沿着河边的小路走回家去。天气闷热，清清的河水，荡得我心里痒痒的，我脱下衣服，跳下河去。当时，我才九岁，不会游泳，不敢向深潭中游去，只在浅滩上玩，走上岸高兴地提着短裤直晃，谁知一阵山风一刮，手没有抓住，短裤刮到深潭里去了……光着身走回家去多难看呀，我急得跳脚捶胸，突然“扑

方士豪　男，1927年生，甫田乡人。武宁职业中专教师。1949年7月参军。离休后，坚持业余文学创作，在全国各地省级报、刊共发表文艺作品十余万字。九江市作家协会会员。

通”一声，从河岸上跳下一个人终于把我的短裤从水中捞起来了。他转过身来时我才看清是老师。我光着屁股走上前去，低着头说：“老师，我错了。”他帮我穿好了衣服，抹干了我头发上的水，亲着我的手细声地说：“这是一个天然的游泳池呢！”后来，好几个傍晚，我看到老师在勘探游泳池场地。不久，体育课又增加一个内容：游泳。他还把陈老师也动员来当了“场外指导”，给同学们管理衣服。

故乡的清泉，注入修河，流入鄱阳湖、长江，归入浩瀚的大海。我的童年，就像故乡爱民河水一样，远远地流走了。而今，我已步入壮年。难忘的童年梦幻般的生活，却又像故乡的水一样，远远地流来，荡漾在我的心头。

终于回来了，故乡！清风里，九宫山上的翠竹，摇摇曳曳，满目绿茵。爱民河的水还是那般的清澈见底。一个个鹅卵石间，偶然有几条小鱼游动，也看得真真切切，水、竹、森林、花草、小路、故乡的一切，都注满了感情，接待着我这个远方归来的游子。

我想念着老师。一下车，我就打听他。说来也真巧，一出车站，就碰上一位老同学。他告诉我：“刘老师仍在九宫山小学，他的爱人就是当年那位小陈老师。她还是那么开朗、泼辣。”当我尊敬地喊她老师时，她笑着说：“你是中学老师了，我也该喊你老师。”顿时，我的脸“倏”地一下红了。

今天刘老师六十大寿，怎么还没有回来？难道带孩子游泳去了？陈老师回答我说：“这就难说呀。这几十年，他不但留恋这个山区，而且也迷上这条河了，更迷上了河两岸的孩子们，他爱山区、爱河、爱孩子比爱我还要深得多呢？”

在她那甜丝丝的笑声中，我和老同学向河边走来了，河水明净清澈。我们沿河而下，直走完八里路。晚霞中，只见这令我不能忘怀老师一会儿托着这个孩子游泳，一会儿给他们纠正动作。虽年过六旬，仍壮心不已……

我望着这九宫山下清澈的河水，望着站在河中指导学生游泳的老师，我的眼睛湿润了。遥远的童年。美丽的梦境般的生活，像眼前这永不停息的流水，荡漾着我的心田……

我在武宁初级师范的情结

陈安邦

一九五二年初，是我在人生旅途中，真正发生巨变的季节：我考上了师范学校，要正经地去求学了。

新开办的武宁初级师范学校，临时设在老县城北门的中山纪念堂，隔联中只不过一箭之地，老师帮和学生膳食都安排在纪念堂，上课则在靠近西门的冷氏宗祠里。报到时听老师介绍说，东门城外不远处，正在建造新宿舍，半年之后即可搬到那里去。但是对于我来说，不管你在这里那里，都一样的新奇，一样的快活，因为终归有了我踏进正

陈安邦　男，1936年生，东林乡人。武宁东林中学原校长，县一中教师。

经的学校大门的这一天了。

跟我一同进师范的本乡同学还有徐传禄和徐传样二人。开头几个星期之内，我们三人一起玩，很少同别的同学接触。分班之后，我三人被分到甲、乙、丙三个班里，住宿、上课都不在一块了，各自慢慢地融进了自己的班集体，都很快就习惯了新的生活环境，建立了新的人际关系。

我所在的甲班，班主任是张远安老师，山背人，三十岁左右，是一位很随和的教育工作者。他第一次与我谈话，就给我留下难忘的印象。我记得当时他手拿一个小本子，一见面就问我："你是陈安邦，又叫希文？"

我点了点头。

"哈哈，你这名字取得不错，'文足定国，武足安邦'，文武双全，有意思！"他连声点头称道，弄得我倒不好意思起来，一边嗫嚅地回答他，这名字是一位老先生给取的，那时候我年幼，根本不懂什么"定国"与"安邦"，后来用了这个名字，只不过是我这个人的一个符号罢了。没等我把话说完，张老师却很严肃地对我讲：这名字不管是谁给取的都不重要，要紧的是既然取了这么个名字，就必须尽自己的力量去努力作为。他叮嘱我说："好好读书吧，我相信你不会辜负那位给你取名的老先生的，是吗？"

我从张老师的办公室退出来，反复琢磨着他所说的那几句话，觉得亲切，也感到有一股暖流在自己浑身的血管里涌动。

开学不久，我不仅与班主任张老师交上了朋友，还熟悉了校长勒源先生和教导主任王维中先生。这两位师长了解到我家仅寡母孤儿俩艰难生活，就给我特别照顾。秋风一起，天气渐凉，转眼就是寒露、霜降。师长们见我还只穿一身土布单衣，便给我发了一件红色的织绒袄和一条蓝色的织绒裤；霜降之后，眼看就要寒冬散雪，学校里又发给我一个学生装青布棉袄和一床浅绿色棉被。这样一来，我在伙食公费的条件下唯一尚存的顾虑也全解除了。我把这些情况写信回禀母亲，让她也好放心。于是，我一心一意地投入各门功课的学习，学校的各项活动，我也积极参加。

为了庆祝新中国成立三周年，县城各单位联合筹备一台国庆文娱演出，武师确定出第一个节目——《祖国大合唱》。由于我在乡下当过儿童团团长，带过一帮子小伙伴唱歌跳舞打腰鼓，既不那么"小资"，又有一点儿经验，老师们就让我参加合唱队，并且担任领唱。在桑隆兴和李洞智两位老师的指教下，经过两个多星期的教唱和排练，登台了。

十月一日晚上七时许，军民乐园的舞台上张灯结彩。台前广场上聚集了各单位前来观看演出的人，旗帜飘扬，锣鼓铿锵，更有那欢呼的口号声此起彼伏。那场面的浩大，那气氛的热烈，为我见所未见，闻所未闻。

演出开始，我校合唱队首先登台。我和队友们迈着整齐的步伐从台右向左走去，一声"立定，向左转！"这支歌咏队伍便齐刷刷地在全场热烈的掌声中亮了相。指挥是李老师，他举起右手上的指挥棒，轻声命令："预备——唱！"

这时，我也不知道是哪来的信心和勇气，自然而然地引吭高歌：

“我们的家——乡——”

队友们接唱：

“是这样的好——地方！”

我领唱：“绿色的田——野”，

队友们接唱：

“围绕着座座村——庄”。

“河流，滋润着”，我唱；

“肥沃的土——地”，队友接唱；

“豆花在垅上”，我唱，

“散发着清——香”，队友接唱。

……

这《祖国大合唱》序曲一开唱，直让我和队友们陶醉在无比兴奋之中，一直到唱完最后一支歌，在雷鸣般的掌声中，我们齐步下得台来时，我发现有好几个队友都兴奋得流了泪，一摸我自己的眼，奇巧，不也一样吗？

十一月十七日，庆祝苏联十月革命节，学校举行演讲比赛。那时候，苏联是中国的老大哥。老大哥的革命节日当然要热烈庆祝，这一点我心里明白。可什么是演讲，并且还比赛？我就不清楚了，于是跑去请张老师指教。张老师是教语文的，他一听我提出问题，便笑吟吟地说：“演讲就是围绕一个话题上台去讲你所要讲的话；好些人都来讲，谁个讲得特别漂亮就得奖，这就叫演讲比赛。哎，你的作文不是写得还蛮好的吗？写个稿子让我先给你看看，报个名，到时候上台讲一讲，怎么样？”听了老师的解释，我似乎有所悟，回想起捐献飞机大炮那阵子，平生破天荒第一次上台给我的小伙伴们作“报告”的情景，我也就斗胆应了老师一声“试一试吧”。出乎意料的是，“试一试”的结果，我居然得了个一等奖。就在发奖的那天，我还成了“中苏友好协会”的会员。

十二月的一天，我加入了中国新民主主义青年团。

刚进武师之初，因为我是解放那年就小学毕业的，之后又辍学在家耕田种地三个春秋的农家子弟，等到师范一看，别的同学绝大多数都是当年应届小学毕业生，相比之下，总觉得自己与他人相差很远，所以在学业上就暗下功夫，力争迎头赶上去。那时，学校里有月考、期中和期末考。第一次月考结果，凭着我那份读过老书的功底，加上十分的努力，语文成绩名列榜首，其他各门功课也属前茅，很快便博得校长和老师们的赞赏，同班的同学也对我刮目相看。第一个学期结束后，我的总成绩竟是全班第一，全校第二，只有乙班一个女生比我多一点分，她姓张，名叫定东，后来，在私下里我叫她“叮咚”。

到第二个学期末，也就是第一学年结束时，我的学业成绩跃居全校第一，获得甲等优生奖，奖品是一个精美的硬壳笔记本，还有一支“派克”钢笔。

说来也怪，我在武师读书三年，从来不想家，寒假不回家过年，暑假也不回家歇伏。一则是因为那时候交通不便，从武宁县城到修水三都街，虽有公路，却无运输，走路回去一趟确实不容易；二则学校里有膳有宿，有师又有友，生活安定且充满无穷乐趣，比之于家里好过日子多了，况且我运气好，是全校越来越“跑红”的高材生，每到假期里，学校里这样那样的活动都需要我参加。为了不让母亲挂牵，不时写封信，托付到县城来开会的老乡带回去，算是报个“平安”。

一九五四年农历五月开初，接连三天的大雨滂沱，修河洪水暴涨。端午前两天的上午，我校师生奉命进城去帮助百货公司等单位抢救财产，半下午返校时，东门外马路上就水深过膝，老师和同学都只有手拉手牵成线互相保护着涉水而归。等到初四日清晨，我起床出门一看，不得了，洪水已经淹到了学校大楼墙根，三艘机帆船并排停泊在大门边，那船头还正伸在走廊边沿上搁着。走廊和教室里，还有楼梯间、楼梯上，到处挤满了人，除了本校师生，便是附近的群众。他们多半是河南人，水淹之前都住在马路两旁茅棚里的。如今遭了大水，茅棚荡然无存了，男女老少，哭的哭，闹的闹，乱哄哄挤到唯一能逃命栖身的武师校舍里来了。学校的厨房已被淹，早餐开不了火，幸好政府派那船送来了干粮，每人发一把饼干权且充饥。随后，校长拿着个广播筒向无法集合的师生们发布命令：一、每人只许随身穿衣，不得携带其他任何物品，待命上船。二、全体老师和学生中的团员、干部，立即动手拆下所有的门板，把大楼后面土墩上堆放的杉树搬来，扎成木排备用。三、万一洪水再涨必须撤走时，严格听从指挥，不得无纪律争先恐后，如有违反而擅自行动者，后果自负。

我在家乡看过那小溪涨水，再怎么大的雨也不过让几个半人高的大石头洗个澡而已，不到个把时辰也就退了。可眼见这修河涨水，就不是那么回事了。站在二楼走廊上凭栏远眺，县城里一抹汪洋，能望见的全是瓦屋顶，从南渡街到观音阁，上下十余里，浊浪滔滔，水面上浮箱漂物、泛泛东流，那景象不吓人也吓人。忽然，我心里默默想起：母亲这回该不是又在祖宗台前为我的平安烧香敲磬吧！

果然我的料想不错。洪水退去一星期后，我母亲穿着草鞋，步行两天，亲自到武师来看我了。相隔差不多两年了，母子未曾见过面。那天，天晴风好，夕阳斜照的时分，母亲一见到我，就把我搂住。她哭了，我也满眶泪欲禁难收。那天晚上，我陪母亲说了半夜的话。第二天早饭后，我送母亲回家一直送到老县城出西门，直至过了那道木桥，才洒泪而别。我伫立桥头，望着母亲几步一回头，然后慢慢向七里山羊肠小径深处而去的背影，忽然想起那首《游子吟》来，是啊，“谁言寸草心，报得三春晖”呢！

光阴荏苒，岁月如梭。转眼之间，我在武师的三年学业即将完成。一九五五年五月十六日，学校选派了十多名品学兼优的同学前往九江师范附小见习，我是其中一员。令我不解的是，在派出参加见习的同学中，为何没有叮咚呢？两年多来，虽然我和她不在同一个班，然而在学业上，我们二人却是一对头瓜，每逢考试之后公布全优答卷，必定是我的和她的并排贴在一处，次数多了，便出了问题。同学当中取笑，无论见到我俩的哪一个，都会“嘻嘻”一笑之后，说两个字：“一对”，语云：“三人言虎”，一人说街上有老虎，没人相信；两个人说街上有老虎，还是没人相信；到了有三个人都说街上有老虎，那么人家要么半信半疑，要么不信也得信了。本来，我与叮咚之间，在学习方面总是互相勉励，互相切磋，暗地里也互相争拼的；而在生活方面也曾互相关心，互相帮助过，但却始终保持在“学友”这一层关系上。可到了快毕业的那个学期，我正年方十九，她也恰好二八芳龄，都处于情窦初开之际，在同学们这个也“嘻嘻”，那个也“一对”的笑谑声中，我与她一见面反而不自然了，有时候相对一笑便迅速走开，很少说上两句话。只是心照不宣罢了。事实上，我俩心里都明白：对方喜欢自己。就这样，我开始了初恋。

至今我还清楚记得，去九江见习时，师生一行十五人；乘坐一辆包来的专车。那客车上的座位刚好容纳下我们十五个，如果多一个人的话，就得姓“站”了。上车的同学，全是第一次乘这样的客车，因而个个兴高采烈。尽管那辆车绝没有现今的中巴之类豪华舒适，它在司机座位前方的挡风玻璃之外，还伸出一个好长的甲鱼头，可是对于那时还从未当过乘客的这一伙师范学生来说，能坐上这车到九江去见习，不知道有多新鲜。于是，送行的爆竹“噼呖啪啦”响过之后，车轮转动，这一行人就启程了。一路上歌声笑语，你调我侃，还不时拿我来开玩笑，张三朝我“嘻嘻”一笑，说：“一对这回怎么不一对了呀！”李四接过话茬，扮个鬼脸眨眨眼：“你就别挑三拣四好不好，人家正在这沉思闷想呢！”“不是沉思，也不是闷想，是相思，知道吗？”这句话惹得车厢里一阵阵哄笑。我心里明知同学们都在逗笑自己，表面上又不得不给他们一个回敬，待哄笑稍停，抓住时机提高调门警告：“你们谁个喜欢相思就相思去，别瞎扯到我头上来行吗？”殊不料我这话音刚落，“嘻哩哈啦”又是一阵哄笑，笑声中还有人高叫：“不打自招，不打自招，这‘一对’是你和谁呀？”“不要胡闹！”这是带队老师的声音，幸好给我解了围。在九师附小见习一星期归来，马上面临毕业分配。这中间学校还安排了半个月的实习。我和叮咚私下里约好，待实习结束，毕业分配时力争同去升学，要不就一道参加工作。然而实习完毕，同学们一回到学校，就有人告知我，说情况有了很大变化，叮咚正被他人拼命追着。这个“他人”究竟是谁？通报的人没有明确告诉我，但我料想，这第三者绝对不会是同学当中的某一个，必定是本校的哪位老师，或者是外单位的什么人。当其时，我努力克制自己，保持头脑清醒。我知道，这个人究竟是谁，没有必要去寻根问底，何况自己根本就不愿意跟无论哪一个人成为情敌；最要紧的是必须锁住叮咚。然而由于种种原因所致，我的多次努力收效甚微。

毕业分配宣布下来，我被当作唯一保送生到九江深造，另有十名学习成绩较优的参加升学考试，其余的都分配工作，叮咚就是其中之一。我当即到教导处找王主任，询问为何不让叮咚参加升学考试，她的成绩仅次于我，难道会考不上？

王维中主任向来器重我们俩，也默认我和叮咚的关系，当我向他提出这个问题时，他极关切地告诉我：这是领导的意图，校长正在追求她，所以有意把你俩分开来安排。王老师还鼓励我，说我正年轻，“如日之方升”，能得到这个保送的机会很不容易，只要自己努力上进，前途似锦。至于爱情和婚姻，还早得很。说到此处，他按住我的双肩笑着说了一句对我很有启发的话：“你看我，不是去年才结婚的吗？多大年纪了，你知道吗？”

我在王主任面前默然无语。是啊，他去年结婚成家都快三十岁，正是所谓“而立之年”而立，而我今年才……

就这样，我炽热的初恋开始降温直至冷却。

武宁初级师范仅办三年，就招收和培养了我们那一届，同学们毕业，学校即撤销。那个暑假期间，留守的老师和十来个同学一起，相处得特别好，打球游泳，唱歌跳舞，真是自由自在，无挂无碍。在我的一生中，武师三年是为“黄金时代”，真的让我留恋不已。

我在船滩中学的日子

席芳松

1965年5月8日，我到武宁县文教局报到。淦长旭局长对我说，本学期快放假了。暂不安排正式工作，叫我去罗溪中学，临时代一个初三毕业班语文课。5月10日我沿着新开的武罗公路步行走到罗溪中学，邱世琳校长认识我，劝我留在罗溪。6月25日九江专署文教处，抽调我去南昌省中招办临时工作。到省中招办报到后，省教委普教处长、中招办主任谢卓文同志，指派我和南昌航校的陈汉春、江西共大总校的付助同志，组成三人小组，赴宜春督查中考工作，在那待了近一个月。

中考改卷录取工作结束后，赴庐山开全省中招工作总结会。散会下山回县后，县文教局叫我在家休假，等候工作安排。8月20日淦局长找我谈话，说县中暂时不好安排职务，叫我去船滩中学任副校长。我说，我从南昌回来目的是为了照顾父母弟妹，分担家庭义务，我不去乡下，不要任何职务，就去县中当一名语文教师。第二天县委两位部长约见，组织部刘士杰部长说的是先下去一年，明年再说！我回家将工作安排的事对父母讲，二老通情达理，叫我听组织的话，服从安排。8月22日，艾枧兰通过县劳动局转到文教局任顶编小学教师，分配到凤口公社中心小学任教。

8月25日，我到船滩中学报到。船滩初级中学开办于1960年，1965年9月开学时，有初一、初二、初三3个教学班，学生约150人，来自桥头、东林、南岳、温汤、辽里、辽田、斜石、船滩八个公社。教职员工11人，教师8人中，大专毕业生7人。校长汪会忠，南岳易溪人，年长于我。我任副校长兼教导主任，教初三毕业班语文兼班主任。农村区级中学，规模不大，但教风学风都比较好。

10月，省委“社教工作团”到船滩，团长是省水利厅刘厅长，月底，船滩区八个公社和集镇区属机关单位的社会主义思想教育运动全面铺开。集镇教育卫生社教工作组，组长是九江专署水利局年轻干部邱端基。船滩中学，船滩中心小学，船滩卫生院三

席芳松　男，1937年生，新宁镇人。船滩中学原校长，武宁教师进修学校原校长。

个单位的干部职工，在一起走过了“学、揭、批、查”四个阶段。领导干部人人“洗手洗澡”，我是集镇第一批干干净净下楼的好干部，还有一名是船滩养路队的雷名海同志。运动后期的清查账目，清查财物，也都和前期“学、揭、批”一样，没有影响学校的教学秩序，船滩中学获得社教工作团的表扬。

1966年春节，我又到宣传部找刘辉庆部长要求回县，刘部长说：“船滩区委书记卢国源和社教工作团来县委通报社教运动情况时，说你在船滩时间虽然不长，但工作蛮好，要求你留在中学工作，把汪会忠换出来。我去与文教局说一下，把小艾也调到船滩去，你在那里好好干几年，再说。”春节后，我对父母说，我想回城来在二老面前尽孝，又成泡影了。父亲说：“你两夫妻能调到一起是好事，不必记挂我们，你弟弟也长大成人了，可以替我们分忧代劳了”。

1966年3月，汪会忠同志调县电影院工作，我任船滩中学校长，借到船滩农业中学的毛洪杰老师回校任教导主任。

4月，区委区政府在省、地水利厅、局的支持下，修石人岑拦河坝，在红光筑堰作圳，大兴农村水利建设，搞小型水轮泵发电，抽我去搞文字图片展览宣传工作。

5月在学校塘边打水井，扩建厨房和学生饭堂。

6月毕业班走访，我带的66届初三毕业班有43名学生，每个学生家里都走到了。远处学生有东林下车的车文虎，温汤泉口的刘显钢，辽里刘家桥陈芬荣，高塘颈的徐唐元。烈日骄阳，爬山过岭，虽然辛苦，但让我领略了当地山水风光和民情风俗，结识了许多淳朴老实的农民家长，加深了师生感情，令我久久难忘。

7月毕业中考，搞录取工作。紧接着县里下达了“集训”的通知，全县中学教师和少数学生骨干，在县城新宁小学集中，学习中央文件和报刊社论，批“三家村札记”、“燕山夜话”。这次集训的领导者是县委工作组，组长张元，副组长刘会兰，组员有沈翠红、叶义和等。

8月8日，中共中央发表《关于无产阶级文化大革命的决定》。8月底，艾枧兰持文教局介绍信到船滩中心完小报到。开学后，陈希然同志带领的“文化大革命”工作组进驻船滩中学，革命师生用大字报形式向“反党反社会主义的黑线”开火，批邓拓吴晗廖沫沙。

10月2日，我和毛洪杰、雷泽春、谈太恒、戴和蓉、朱美秀等18位师生随武宁县革命师生赴京参观团离县，当夜在南昌站上火车，6日到达北京，住北京邮电学院接待站。6月17日，我等18人参加了北京邮电学院批判朱春和、陶鲁笳，北京大学批判蒯伯赞，清华大学批判王光美，北京十三所院校联合批判吴德的大会。参观了北大等院校查抄“黑帮分子”的财物展览。18日凌晨三点起床列队，赶到朝阳门外接受毛主席的检阅，这是毛主席第五次接见全国进京大串联革命师生红卫兵代表。毛主席万岁！毛主席万岁！欢呼声，犹如排山倒海的巨浪。突，突，突,……检阅车队缓缓过来了，走到最前面，为车队开道的是叶剑英杨成武将军，接着是毛主席、周恩来总理、朱德、董必武、贺龙、陈毅、刘少奇、李先念、李富春、邓小平……这是我一生中最难忘的时刻。

许多人和我一样喉咙喊哑了，手掌拍肿了……谁也不叫累，人人都沉醉在温暖幸福的海洋里。28日我等18人自由结合，分散活动。参观了天安门、故宫、颐和园、天坛、革命军事博物馆、历史博物馆、自然博物馆，游览了王府井、东单西单、前门等处。28日夜上火车离开北京，29日到株州站，车站拥挤不堪，在株州某工厂接待站住两夜。31日回到南昌。

1968年1月，船滩中学革委会成立，县革委政治部派汤守忠来任革委会主任，仍然分派我管理教学工作。2月省革委编印下发了中学试用教材《学工》《学农》，有了课本教学活动开展顺利。

4月初，以中国人民解放军某部刘团长带队的九江地区毛泽东思想宣传队第二营来船滩支农。船滩“大联筹”抽我去桥头公社毛田大队与该营支农大军（九江白求恩医科大学学生红卫兵约30人）一道参加劳动。5月支农结束，我获得了营部发给的“三结合支农大军积极分子”奖状。

7月，67届初三毕业生全部毕业，回乡务农。

9月由李增源、成家仁、陈太兴等七人组成的贫宣队进驻船滩中学，贫宣队与校革委共同管理学校。68届初三毕业生提前毕业，回乡务农。

10月《人民日报》传达了毛主席5月7日关于广大干部下放劳动的指示。九江专署公安处的部分干部和家属，九江市甘棠医院的干部医生和家属，下放到船滩公社来了。公社成立了“五七大军营”，营长胡元茂，教导员胡菊萍。接着船滩区范围的中小学教师，绝大部分都下放，成为“五七大军”。艾枧兰下放到辛勤大队（上背田、戴家），我下放到斜石河潭茶场。“五七大军排”大多数单身下放教师，住在茶场本部将牛棚改建的茅棚里，拖家带口的挤进贫下中农家里。我和朱闽、余正心、付堂阜老师跟毛泽华排长（辽田公社财税干部）住在离场部较远，无人居住的水轮泵站。河潭茶场相当于一个大队，除几百亩茶园外，有田有地还有十二只水牛。每日劳动内容由场部分派，下放教师大都在茶园里劳动，农忙时才抽人下田下地。我是劳力最“差”的，除锄茶外，一是跟妇女劳力下地种麻种豆种花生，二是跟放牛老孙（江苏人单身汉）和小黄去割草放牛……

12月，经公社革委会和茶场领导同意，我到辛勤大队把老艾和常青接到河潭，一家三口生活在一起，日子过得还安稳。

1969年1月，芳柏随县交通系统毛泽东思想宣传队去船滩，路过长坪坳，特地请假寻到河潭茶场看望我们。患难中兄弟相见，感慨万千!

3月，我被抽派到由熊里龙、卢清木领导的县阶级教育展览馆，搞文字和绘画创作，一直干到7月初回河潭，参加场里割早禾。割完早禾，我还是和场里单身汉老孙头去放牛。走遍了修河岸边，三都与武宁交界的界牌林、下陈塔、佛岩、和尚庄一带的垅垅岔岔，沟沟坑坑。

9月，县革委成立“武靖战备公路工程指挥部”，郑宗坦、刘堂基、郭邦兴等为正副指挥，指挥部扎在黄埚公社花棚大队。10月初船滩公社抽阮绪富（原公社书记），雷名志（原公社武装部长）和我，带船滩600民工（其中有少数上海、九江下放知青）来县修武靖公路。阮、雷为正副领队，我负责上下联系，文字报表和宣传工作。第一期工程，由县革委办公楼下大樟树，经太婆堰至东升三队。民工营扎在沙田塅，民工分散住在沙田河两岸农户家中，我住县苗圃岑下塅邱逢春家中。第一期工程完工检查评比，船滩民工营速度快，质量好，获优胜大红旗，公社派人到工地慰问。12月初，第二期工程开始，由花棚大队枫树下至枭里，民工营扎在枭里。民工分散居住在中堡、枭里、卢家山一带，我住中堡万祥迪家。入冬后日子短，山里早夜寒冷，居住太分散，给施工带来诸多困难。船滩民工能吃大苦，克服重重困难，工程仍然以高速度、高质量向前推进。农历十一月廿七日孟青在石枧岳母家出生，我请假三天前去照看。

1970年1月底，武靖公路已修到严阳公社的石坪镇，指挥部召开庆功大会，船滩民工营又获得优胜大红旗奖。当民工兄弟们扛着优胜大红旗凯旋回乡时，已是农历腊月廿三，过小年了。我没有随民工队伍回船滩，去石枧与妻子儿女在岳母家过年。2月春节后，我同老艾带着一双儿女回到河潭。稍后，船滩革委会和“五七大军营”，发给我“活学活用毛主席著作五好战士”奖状。元宵节后，场部张远喜支书安排我搬到场部附近一农户家居住。进屋才三天，刚把破墙烂壁遮拦好，船滩中学突然派十几个学生，推两部板车来帮我搬家。领头的学生班长转达贫宣队管委会陈安民老支书的话，公社革委会已批准我回中学当“借用教师”，今日就去学校上班。同学们急急忙忙搬东西，弄得我和老艾手足无措。东西上车后，我跑到场部与张支书和场部农工朋友道别，谢谢他们对我一家的关爱和帮助。3月船滩中学与船滩石人岑林场合并，改名“船滩五七中学”。汤守忠主任调回县城，柯美保当校革委主任，分配我带高二毕业班兼教语文。学生在粮管所东侧的老茶制所上课。走五七道路，半工半读。除上课外，到五七林场参加劳动，种田种地看管果园，砍茅运石烧石灰。劳动时间多，读书时间少。7月全县中学教师在黄塅中学集训。8月柯美保主任要我同他去湖北，调查学校“三查对象”工友胡佩均的历史。来去十余日，经九江—黄石—浠水—罗田—英山，过武汉回县。在罗田县档案馆查到了胡佩均的材料。他只是当年国民党罗田县法院的一名“站堂警”，不是他自己过去向人吹嘘的什么“警官”。材料上报后，胡很快就“解放了”。是月底柯主任调回县城，汪会忠又到船滩来任校革委主任。

9月开学，九江专署文教处在清江茅岗坪开现场会。清江五七中学贫宣队带领全校师生，将校舍从集镇迁到荒无人烟的茅岗坪，砍茅搭棚，开荒种地，办起了半农半读的“茅棚中学”。专署文教处段处长在大会上，号召各县中学向清江茅棚中学学习，走半农半读的五七道路，茅岗坪名噪一时。本学期省革委教材编写组向全省印发了《语文》《数学》《农用机械》等试用教材，学生有了课本。学校除组织学生到石人岑林场搭茅棚外，仍在校坚持上课，教学秩序逐步正常。12月完成高二毕业生家庭走访，家长和学生都说初中二年毕业，高中二年毕业，时间太短了，劳动又多根本学不到什么文化知识。

1971年，1月16日我带的“船滩五七中学”第一届高中毕业生，王有志、叶征木、朱植柳、张友宁、陈其园、戴小芬、兰大毛、吴世凤、叶心菊、周辑兰等39人，学习期满，按时毕业。上午10时三十多位毕业同学在校门口集合，举行离校仪式时，同学们难舍难分，许多同学都流泪了。

1971年2月，汪会忠调安乐林五七中学，毛洪杰任校革委主任。学校分为两部，初中部的校本部，高中部搬到石人岑五七林场，由贫宣队长王贤万（殿背大队支书）总负责，分派我管教学。高中部有两个班，我带高二（1）班兼教两班“语文”，王令瑄带高二（2）班兼教两班“物理”，其他任课教师还有：朱闽“数学”，雷成炳“英语”，刘佳荣（赣西北地质大队下放干部）“化学”。课本是省教材编写组新编发行的。师生们都住在林场分散的几栋土墙屋里，一来太远，二来为了安全防火。林场原有农工约10人，高中部师生近100人，在场部领导和贫宣队带领下，走“五七道路”，开荒田荒地，植树造林，种稻、种薯、种菜，晴天劳动，雨天上课，把个一向冷冷清清的石人岑搞得热火朝天。高中部几乎成了生产队，课堂教学秩序又打乱了。春节期间，我向县教育组朱亚炎组长提出调动要求，因我父母年老多病，家中无人照料，请予照顾。3月县教育组调老艾到宋溪塘畔小学任教，6月又调我回县另行分配。船滩大联筹司令、公社革委会副主任冷某某死卡不放。后来公社黄修仁书记找我谈话，说船滩贫下中农希望老校长留下来，鼓励我好好干。暑假全县中小学教师又到黄塅中学集训，我又向县教育组提出调动要求，张元组长说，明年再说！10月农忙假期间，我请假七天，回县看望卧病在床的父亲。12月校本部扩建的新教室完工，高中部从石人岑搬回本校。因教师宿舍紧张，我借住在塘山生产队袁观荣家。

1972年，1月中下旬开始毕业生家庭走访，23日（农历腊月初八）傍晚，我刚到吴湾郭衍国家走访回校，邮电所小韩送来电报，说我父亲去世了。向学校请假后，我当夜搭供销社运油桐子回县的大货车，回家奔丧。料理丧事后，2月1日返回学校，5日船滩五七中学第二届毕业生，学习期满全部毕业。7日船滩公社书记潘世梧叫我去谈话，说县里调令到了公社，调我到南岳五七中学当校长。他劝我不要走，留在船滩“官复原职”，我谢谢他的好意，请求他放我走。学校放寒假后，我到公社革委会办好了工作调动介绍信，冒着大雪走到长坪坳，搭车回县守孝。

1972年3月1日，元宵节后，南岳公社革委会派12个民工来帮我搬家，当年南岳未通班车。到南岳中学后，孔令江、万孝鹑书记来学校看我，说南岳交通不便，人口稀少，办学条件差，有困难可直接去找他们，并鼓励我在山里安心工作。

南岳五.七中学有三个年级分三个班。高一：6人，初二：32人，初一：34人，学生共72人，教师8人（大专2人，中专6人）贫宣队1人，炊事员1人。周绪徽管教学，钟兴锡管后勤。全校师生一方面坚持课堂教学，一方面在贫宣队指导下，种试验田、开荒种菜、养猪、捡茶子、参加民兵训练。

当年，我向县教育组申请拨来校舍维修费500元。上年农忙假，组织师生到当地九节塝、彭板、杜家林等处买杉树，暑期请当地工匠施工，盖起四间土墙杉皮屋的教工宿舍。下年农忙假，铺满了学生寝室的楼板，装修西头楼梯，改善了师生的生活条件。

南岳中学规模不大，但人少心齐，教学劳动，井井有条。对于学校面貌的变化，当地群众都是看在眼里，夸在嘴上的。

1965年5月起，我由罗溪调到船滩，又由船滩到南岳，可以说是“贬”到山之尽头，地之边角了。因为过了南岳的太阳山，就是湖北地界，过了南岳的布甲就是修水地界了。这块狭小的山谷里，山清水秀，空气新鲜，民风淳朴，人心和善。诗有“山重水复疑无路，柳暗花明又一村”句，此时的我，正是这种心境，可惜这种境界太短暂了。

1973年1月，县教育组宣布全县高中网点缩并，南岳撤销高中班，高二学生6人及新招高一学生到船滩中学就读。

2月23日，我与周绪徽同时调离南岳中学，他到澧溪中学，我到县师资训练班。离开南岳时，天气不好，学校师生和附近家长都冒雨出来送行，令我十分感动！

我的班主任情结

刘伦晶

1950年2月，我走上了教育工作岗位，1992年8月退休。虽说退休实则退而未休，直到2003年8月算是退休了。

我当了小学、初中、高中班主任50年，其中任初中班主任39年。

长期的班主任工作给予我的教育太多，感悟太深。

1956年4月，我从乡小调入县古艾小学任五(3)班班主任，教语文、数学，实行包干制。第一天，当我进入教室站在讲台上，便听到后座一名高个子站起来说：“乡下女人土里土气还当我们的老师？”我心一颤，脸一红，气恼地质问：“你叫什么名字？”即刻命令他“出去”！这位学生蹦了起来，乱骂乱叫，教室里乱哄哄的，我夹着教本强忍泪水气冲冲地走出了课堂。

我实在按捺不住内心的苦楚和冲动，气急败坏地找到校长倾诉刚才所发生的事情，并且号啕大哭要求调回原校。校长再三劝勉，而懊恼、怨艾、忧虑迭起，这是我当班主任第一次深受羞辱，尝到了苦涩，班主任工作的失败和深刻的教训。

今天想来那个乖戾的我仍心有余悸，总觉得对不起那个学生，不懂得宽容和谅解。

在卧尝苦涩中，思念起那一群稚嫩纯朴的乡村小孩……忧虑将来还会有类似的事情甚至更为严重可怕的事发生，是留下来，还是真的回到乡下去？……在冥思苦想中，以后对学生只有呵护、迁就，做保姆式的班主任保险，于是顺着杆子爬，跟着学生转。谁知，班上学生生活散漫了，学习松懈了，我束手无策了，我在痛苦的无奈中又试着做警察式的班主任，站岗监督。然而，这样做，仍然回避不了班级的混乱，我无奈地长叹：做人难，做班主任更难！

刘伦晶　女，1927年生，石门楼镇人。武宁县第一中学高级语文教师。先后荣获全国优秀班主任、九江市“三八” 红旗手 。历届县劳动模范。2004年入选人民日报出版社《中国教育二十年》优秀人物卷。

在开展学习先进教育经验的日子里，对照自己“放任型”“看守型”的班级管理的“单一观点”，实在违背了教育原则，真是庸人自扰，作茧自缚，自愧自疚和自责。

1958年8月调入中学以后，我深感自己的那一桶水太浅了，分给学生自然不够，便下定决心利用课余、夜晚时间，在学习党的教育方针的同时，结合工作实践、探索、反思，承认自己在工作上的失败，并找到了失败的症结：那种提心吊胆、生怕闪失的“看守型”“放任型”的班主任工作是对学生无知、无爱、无责任心的教育手段。在教训面前，用心思考：班主任是学校派出的代表。是“代表”，就要做一个对全班学生全面负责的老师；班主任是一班之长，必须是学生人格的榜样、道德行为的卫士、美好心灵、身心健康的护理者、文化知识的传播者、学校教育和家庭教育的纽带。只有把班主任工作作为实现自己人生价值的追求，用“培养自己孩子成才”的爱心和责任心雕塑学生的未来，才是班主任老师职业道德的全部内涵和意义。

教育家陶行知说过：“教育孩子的全部奥秘，全在于相信孩子和解放孩子”。我曾中途接任84届初三(1)班班级工作，对那暂时后进生热情关怀，又严格要求，从不把他们的弱点或短处小题大做。每当学生有一点进步，便给予表扬和鼓励，再加一点要求，诱导他们赏识自己，欣赏别人，使他们在良好的心态中觉醒，从而鼓起了他们扬帆奋进的勇气，体验责任，体会成功，安排明天的快乐。

由于我理解学生，教在心灵，师生之间可亲可近，毕业前夕，初三(1)班被评为校、县优秀班集体。通过中考，49名学生考上了本校高中，家长乐不可支。

1989年8月，县领导选定一中试办初中实验班。我当班主任教语文，并配备数学老师、英语老师兼副班主任。带一帮11岁小孩，实践一种新的教育理念，创造一种自主学习的精神。可是我的思想、能力有限，潜伏着很多问题和危机，成为一种沉重的负担，但是接受这个任务又是一种信任、嘱托和考验，教改形势和工作要求都在强迫我站好最后一班岗。

我和老师们认真地思考，该给学生什么样的成长环境和气氛？经过讨论，求得共识：以德育人和理想教育双轨并重。即坚持贯彻党的教育方针，面向全体，教育学生学会做人，学会生活自理，把教育的主动权交给学生。教学上尝试教科书的筛减、合联、递进、综合，培养学生的自学能力、思维能力，给学生创造发展智力的空间。

我们的实施：采用自荐和推荐的方式当班干，借以提高学生管理的能力。每个学生每天上午课前轮流领唱一首歌，下午轮流主持一次课外活动，周末轮流主持一次主题班会。为每个学生提供增强自信、展示自我的机会。

课堂教学，以教学大纲和教科书为依据，教师为主导，学生为主体，训练为主线，预习自学，启发质疑，精讲多练，夯实基础，培养能力，激活思维，落实效果。把学习的主动权交给学生，师生热情互动，课堂教学生动活泼，教学效果好。两年来，38名学生以优异的成绩考上了本校高中重点班。

2000年8月县政府扶持社会力量办学，我和六位退休老师办起了一中附高。招收了103名落榜生，即人们常说的“双差生”。三年来，在“不求人人上大学，只求个个会做人”的教育理念中，全体老师推行以知引人，以志树人，以情感人，以理服人的管理，培养了学生自尊、自信、自爱，勤奋学习，努力向上的意志和力量；三年来，有师生的爱心互动，有师生教与学的艰辛，有学生求学与做人的记载。

通过高考，84名学生堂堂正正的跨进了大学校门，19名学生高高兴兴地找到了自己人生的坐标。他们精神饱满地踏上了全新的人生之旅。

站不完的讲台，离不开的校园，割舍不了的师生亲情。几十年来教书育人的艰辛经历，是我教育了学生，也是学生教育了我。我爱学生，学生更爱我！我和学生在一起，演绎了很多真实感人的故事。这些故事可以写成一部厚厚的人生教科书。是“师生情”这根红线把它的昨天、今天和明天紧密地相串；是“师生爱”这组琴弦将它的酸甜苦辣悠扬地弹奏。它有师生磕磕绊绊的心灵撞击，它有师生内心需要释放的痛苦；它有师生快活拥抱的热泪，它有师生笑对风雨、人生如歌的开心场面……这一切都是我难以忘怀的。

几十年的艰难曲折，几十年的风风雨雨，事业的失败多于成功，坦言失败需要正视自我的勇气。日间执教夜间思：班主任工作不是一个人的行动，而是整体的教育行为。班主任工作所能取得的一些成绩，还得归功于班级各科老师卓越的教学才华，归功于学校的领导水平，归功于家长的全力支持和配合。在这里我谨向他们深深地鞠躬，以表示崇高的敬意！

我给学生提供了哪些滋养？又为学生做了些什么？我经常这样反问自己。而后便是感喟：做一个令学生满意的老师还真不容易！这个“不容易”包涵了教书育人的功力、敬业精神和人格力量。但对我来说仅能以不倦之意，鼓励学生自信、自强、谦虚、勤奋，以积极的人生态度，改变自己的人生道路，竭尽绵薄之力，忠诚自己的事业。虽未必尽如人意，也算是体现了自己的人生价值吧。

教育论文

四十年学校德育工作的反思

冷先发

四十年来学校德育工作，走过了一条艰难曲折的道路。一方面它力图建立起适应社会主义建设需要的德育体系；另一方面它又不断受到“左”的和“右”的干扰。全国十三次党代表大会提出社会主义初级阶段的理论，学校德育工作为了适应中国国情和青少年的特点进行了多方的探讨，现在对四十年学校德育工作作如下简单回顾。

建国初期，学校德育基本上是以肃清封建的、买办的、法西斯主义思想、加强爱国主义教育为首要任务。同时用民主批评的方法适当地改造资产阶级、小资产阶级思想，培养学生全心全意为人民服务的革命人生观。以“五爱”为内容国民公德教育是学

冷先发　男，1928年生，横路乡人。武宁县教育局原局长。

校德育的重要内容。

1952年教育部颁发中小学“暂行规程”（草案），明确提出了小学和中学德育目标。小学是：“使儿童具有爱国思想、国民公德和诚实、勇敢、团结、互助，遵守纪律等优良品质”。中学是：“发展学生为祖国效忠，为人民服务的思想，养成其爱国、爱人民、爱劳动、爱科学、爱护公共财物的国民公德和刚毅勇敢，自觉遵守纪律的优良品质”。这是对建国三年多来，改造旧教育，建立民族的、科学的、大宗的文化教育在学校德育方面做出的总结。

1953年6月30日毛泽东同志在接见青年团第二次全国代表大会主席时成员团指出“要使青年身体好、学习好、工作好”。从此，“三好”成了社会主义建设时期先进学生的标准，成为鼓舞青少年上进的动力。

1954年中共中央批评了教育部在过去几年中对中小学指导思想上有忽视劳动教育的倾向。政务院《关于改革和发展中学教育的指示》中明确指出：“思想政治教育，目前应特别着重爱国主义教育，劳动教育和自觉纪律教育。”此后，劳动教育得到坚持，并改变了人们认为中小学毕业不升学即“失学”的旧观念。

从1954年开始，批判封建思想的任务即让位于对资产阶级唯心主义的批判。先是批判《红楼梦》研究中的资产阶级思想、立场、观点、方法，同时展开对胡适派唯心论和杜威实用主义及其教育思想的批判。这在宣传唯物论，批判资产阶级唯心论是有积极作用的，问题是这种学术思想上的批判，不久就发展成为政治上的批判和斗争。1955年批判“胡风”的群众运动，1957年由帮助党整风发展到成为反右派斗争。在这种形势下，阶级斗争教育就摆到学校德育工作中的首要位置，1962年毛泽东同志提出：“千万不要忘记阶级斗争”，并要“年年讲、月月讲、天天讲”。从此，阶级斗争便成了青少年学生“一门主课”。三年困难时期，青少年中出现了风气不良，甚至道德败坏现象。为此，党中央又批转了共青团中央《关于加强城市青年共产主义道德教育的报告》，要求在小学和初中的政治思想教育，增加道德教育内容。改进和加强对青少年儿童的教育工作。1963年广泛开展“学习雷锋”的教育活动，学校做好人好事蔚然成风。当时铸造的“雷锋”是一颗“螺丝钉”，拧在哪里就在哪里发光，他有“助人为乐”的一面，但又对阶级敌人有像秋风扫落叶一面。阶级斗争仍然是主题，并借英雄形象得到了某些加强。十七年的学校德育，也曾希望学生在行为规范方面有所建树。

教育部继1952年对中小学提出德育目标之后，1955年又制定和颁发了《小学生守则》20条，《中学生守则》18条，可惜没有得到认真贯彻执行。1963年两个“守则”缩减为8条，仍未能贯彻执行，1965年干脆宣布废除，并提出对学生的要求应遵照毛主席提出的“三好”指示执行，不必另定“烦琐”的条文。学校德育工作，从50年代后期开始，一直受到“左”的政治运动的冲击并未它所代替，当时有一部分教育工作者，一方面充当了在运动中被批判、被斗争、被改造的对象，另一方面又不得不充当这种运动的宣传者和领导者。

“文化大革命”的十年，是教育战线受灾难的十年。“江青反革命集团”肆意诬蔑新中国成立后十七年的教育工作是“彻头彻尾、彻里彻外”的修正主义，是“黑线专政”，极力歪曲，篡改党的教育方针和政策，把品学兼优的“三好”学生，优秀团员，诬蔑为“修正主义苗子”“白专道路”典型。反对党的教育方针，推行无政府主义，废除一切规章制度，煽动“打、砸、抢”，“头上长角，身上长刺”的“造反派”，成为“无产阶级专政下继续革命”的主要动力。由于学校教育全面陷入混乱之中，教育质量惊人下降，青少年思想受害极深，耽误了一代人。

1976年10月粉碎了“江青反革命集团”。教育开始复苏，十一届三中全面以后，教育事业进入了一个新的历史时期。

1979年初，党中央召开了党的理论工作务虚会。邓小平同志代表党中央及时重申了必须坚持社会主义道路，坚持人民民主专政即无产阶级专政，坚持党的领导，坚持马列主义，毛泽东思想的四项基本原则。当年和1981年省两次召开了全省学校思想政治教育工作会议，分析研究了学生的思想状况，详细部署了思想政治工作，各级党委和学校党组织加强了对学校思想政治教育工作的领导，充实和提高学校思想政治工作的教师队伍。从学生思想实际出发，执行疏导方针，改进教育方法，加强班主任工作，发挥各学科教育作用，并开展了形式多样，生动活泼的团、对、学生会、班会活动。初中增设了《青少年修养》课，小学普遍增开了思想品德课。1979年9月教育部颁发了《中学生守则》和《小学生守则》（试行草案），各学校掀起了贯彻执行《守则》高潮。1980年底，党中央发出了加强社会主义精神文明建设的指示，1981年2月中央宣传部等五个单位发出了《关于开展文明礼貌活动的通知》各校深入开展了以讲文明、讲礼貌、讲秩序、讲道德、讲卫生和心灵美、语言美、行为美、环境美的活动，并且和“学雷锋·创三好”活动与执行学生守则结合起来。以后团县委和教育行政 部门每年都表彰一批三好学生和优秀学生干部、优秀团员。1984年省委宣传部、省教育厅决定在中小学广泛开展“创文明班级，做优秀班主任”的活动。1985年2月省司法厅、省教育厅联合发出《关于进一步加强中学法律常识课，小学思想品德课教学工作的通知》，从此把法律教育列入学校思想政治工作计划之中。1985年12月省委宣传部、教育厅党组召开了全省中学思想政治工作座谈会，认真分析了中学思想政治工作的形势和学生的思想状况，并发现了一些严重问题，一是有相当一部分领导认为思想政治教育是软任务、软指标，智育、升学率是硬任务、硬指标；二是政工队伍人员不足，素质不高；三是思想政治工作往往表面化、一般化，更严重的是忽视了四项基本原则教育，要求学校端正办学方向，加强思想政治教育，纠正片面追求升学率的倾向，并提出以德育作为教育方针的灵魂、智育、体育都要围绕德育进行，可惜未得到认真贯彻执行。

1988年，《中共中央关于改革和加强中小学德育工作的通知》规定中小学德育工作的基本任务，就是要“把全体学生培养成为爱国的，具有社会主义公德，文明行为习惯的，遵纪守法的好公民。在这个基础上，引导他们逐步树立科学的人生观、世界观，并不断提高社会主义觉悟，使他们中的优秀分子将来能够成为坚定的共产主义者”。同时改革了中学政治课教材。

通过以上简单回顾，可以看出学校德育从20世纪50年代后期开始近二十年时间一直受到“左”的政治运动的冲击，并为它所代替。十一届三中全会以后，党的工作重点转移到以经济建设为中心的轨道上来，实行了改革开放政策。邓小平同志虽然在1979年就提出坚持四项基本原则，十二届二中全会又提出要清理精神污染，可惜都未认真执行，以致资产阶级自由化泛滥成灾。那么，学校德育工作失误究竟在哪里？有些什么经验教训，值得认真反思。

1．德育应该有明确的指导思想。这个指导思想不是一般意义上的指导思想，而是对社会主要矛盾的认识，因为我们一切工作都是围绕着解决社会主要矛盾这个中心来展开的，学校德育也不能例外。在新民主主义时期主要矛盾是“人民大众同帝国主义，封建主义和官僚主义的矛盾”，新中国成立后学校以“五爱”为主要内容的国民公德教育，并紧密结合社会各项政治运动，如土改、镇反、抗美援朝、三反五反、思想改造等等。帮助师生提高政治觉悟，坚持正确的政治观点和立场。集中解决拥护中国共产党，拥护社会主义，拥护无产阶级专政的国家制度，拥护马列主义，毛泽东思想这些政治上的根本问题，效果显著，在社会主义革命时期，“工人阶级同资产阶级之间，社会主义道路同资本主义道路之间的矛盾”上升为主要矛盾，党中央制订了过渡时期总路线。所以从1954年开始，教育系统批判《红楼梦》研究中的资产阶级思想立场、观点、方法，同时展开对胡适唯心论和杜威实用主义及其教育思想的批判，不管这种批判有无商榷的地方，但在宣传唯物论，批判资产阶级唯心主义方面是有积极作用的。学校着重对学生进行辩证唯物主义和历史唯物主义的教育，帮助学生树立阶级观点、劳动观点和辩证唯物主义观点，为学生形成世界观打下基础。在我国社会主义改造基本结束以后，社会主要矛盾已经转为“人民日益增长的物质文化生活需要与落后的社会生产力的矛盾”，可是由于毛泽东同志仍然坚持阶级斗争为社会的主要矛盾，且提出阶级斗争越来越尖锐、复杂、并要“年年讲、月月讲、天天讲”，阶级斗争就成为学校一门主课，一直主宰学校的德育。“文化大革命”时期达到了登峰造极的地步，十一届三中全会决定工作值重点转移到以经济建设为中心，进行改革开放，认真解决我国落后生产力的社会主要矛盾。所以，党中央、国务院十分重视教育事业，中共中央作出了《关于教育体制改革的决定》，改革的根本目的是提高全民族素质，多出人才，出好人才。要造就以亿计的工业、农业、商业等各行各业有社会主义觉悟的、有文化、懂技术、业务熟练的劳动者。可是近几年来，学校放松了“四项基本原则”教育，办学方向不明，片面追求升学率的倾向严重。马克思主义与非马克思主义分不清了，马克思主义理论成了“过时”的东西，而非马克思主义倒成了时髦。社会主义优越性体现在什么地方，好像以前讲的都被否定了。“艰苦奋斗”换成了“能挣能花”，“大河有水小河满”变成了“小河有水大河才能满”。什么理想，有利就想，“前途前途，有钱就图”，如此等等，许多东西都被颠倒了，这有必要在理论上加以清理。邓小平同志说：“十年来最大的失误在教育……”这是千真万确的。

2．要树立学校德育的整体观念，充分认识德育的两重性。学校德育包括政治教育、思想教育、道德品质教育，所谓政治教育就是要学生树立坚定正确的政治方向，明确什么是社会主义，什么是马列主义、毛泽东思想，中国为什么要共产党领导，为什么没有共产党就没有新中国等道理。使青年学生坚持社会主义方向，坚定共产主义信念，树立正确的世界观。所谓思想教育，就是要进行爱国主义教育，集体主义教育，革命传统教育，艰苦奋斗教育，纪律教育，社会主义民主和法制教育。使青年学生学好本领。能全心全意为人民服务，为社会主义建设服务。所谓道德品质教育，就是要有健康心理和健全人格教育，使青年学生具有诚实正直、谦虚宽厚、勇敢坚毅、团结友爱、艰苦朴素、礼貌待人、开拓进取、乐观向上的良好心理品质和礼貌的行为习惯，这三方面教育既互相联系又不能互相代替，它是方向性和现实性的统一体。有一个时期以来，我们对德育目标的两重性，缺乏足够的认识，在以“阶级斗争为纲”的年代里，片面强调方向性，提出超越现实的高指标，造成了德育工作的“假、大、空”，严重损害了学校得德育工作的信誉和效果。现在又有些同志，以社会主义初级阶段理论为依据，片面强调现实性，否认现阶段对青少年进行共产主义理想教育的必要性，这在认识上是错误的，方向性和现实性是德育工作的两重性，只有充分认识到德育的两重性，就可以防止和克服“左”的和右的两个方面的影响和干扰，以保持学校德育目标的科学性和适应性。

现在中小学阶段政治思想教育基础是十分脆弱的。仅在学生行为规范上做了一些工作，而放松了爱党、爱祖国、爱社会主义的教育，至于艰苦奋斗，革命传统教育就更少了，这就淡化了德育的阶级性；在教育形式上，过分强调“寓教于乐”，这就忽视了思想性。由于强调教育工作现实性而忽视了方向性，加之这几年舆论宣传导向问题，学生看到、听到的大多是社会主义的弱点，更为严重的是否定进行历史的比较，即“纵的比较”实际上是反对讲历史成就，而引导学生进行“横的比较”，即脱离中国的国情，片面去与西方发达大国比经济、科技、文化、生活水平的高低。因此，使青年学生便得出了一个错误的结论，认为社会主义不如资本主义，不加批判地接受资产阶级那一套，所有只进行思想品德教育和行为规范教育是大大不够的，必须从中小学阶段加强热爱共产党，热爱社会主义祖国；树立坚信共产党和社会主义的信念，树立远大共产主义理想和正确的人生观，才能从根本上解决问题。

3．要把教育与生产劳动结合起来。马克思主义在关于人的全面发展的学说中指出：“所谓全面发展的人，就是智力和体力都获得充分发展的人，是能将脑力劳动与体力劳动结合起来的人，如果没有教育与生产劳动的结合，全面发展的人就无由而生，未来社会理想就不能实现”。毛泽东同志于1958年指出：“教育必须为无产阶级政治服务，必须同生产劳动相结合，劳动人民要知识化、知识分子要劳动化，知识分子要劳动化。”党的十一届六中全会通过的《关于建国以来党的若干历史问题决议》。提出了“坚持德、智、体全面发展，又红又专、知识分子与工人，农民相结合，脑力劳动与体力劳动相结合的教育方针。”1978年邓小平同志明确提出教育与生产劳动相结合的方针问题，所以说贯彻教育与生产劳动相结合的原则，是我党办教育的传统，在50年代中期，学校十分重视生产劳动教育，不少学校办起了工厂、农（林）场。培养师生热爱劳动思想，培养青年学生尊重体力劳动和热爱劳动人民的思想感情，养成良好的劳动习惯。经过“文化大革命”“江青反革命集团”歪曲篡改党的教育方针，把劳动作为惩罚人的手段，破坏了生产劳动的声誉，“结合”被完全否定了，粉碎“江青反革命集团”，正本清源，教育复苏，但是现在把正常的，必要的生产劳动也抛弃了，学校几乎不进行生产劳动教育，青年学生由不搞劳动到厌恶劳动，与劳动人民感情淡薄，缺乏劳动观点、群众观点、阶级观点，虽然学到一些文化知识、专业知识，也缺乏为社会主义建设服务的思想感情，这实际就是我们教育的失败。

如何能持久地、经常地抓好学校德育工作？

第一，要加强党对学校德育工作的领导。德育是根本，教育行政部门要在千头万绪中抓住这个根本，一年要检查督促、交流经验两三次，要把学校德育工作摆在第一位。教育局应有专门组织，专门领导负责这项工作。建议县委宣传部门应把中小学的德育工作作为一项重要任务来抓，一年抓几次，县委、县政府等领导下乡，应过问教育，特别是学校的思想政治工作，还要从政策、制度上保证学校德育工作落到实处。

第二，学校要建立一支有力的政治思想工作队伍。应以党组织为核心，以共青团干部、班主任、政治教师为骨干，充分依靠团组织、学生会、班会等开展活动，运用黑板报、墙报、广播等宣传工具进行宣传教育，表彰好人好事。

第三，要搞好教师队伍建设。列宁曾经指出：“学校的真正性质和方向，并不是由地方组织的良好愿望决定。……而是由教学人员决定的”。党的教育方针能否得到全面贯彻执行，学校能否为社会主义建设培养合格人才，关键是教师，教师不但要有渊博的知识，更重要的是要有高尚的品德，能为人师表，所以教师的思想建设是根本建设，特别是对青年教师更是如此。教师要明确教书和育人的关系，要把思想政治教育，寓于各科教学之中，提倡“文道结合”不能单纯为传授知识而传授知识，教育的侧重点在于育，每个教师都要自觉地担负起教书育人的神圣职责。

第四，要净化教育环境。青年一代才智的思想品德的形式，学校教育起着主导作用，但是仅仅依靠学校是不够的，社会环境对人的熏陶将起到重要作用。20世纪50年代良好的社会环境，使青少年学生得到了良好的培养，“文化大革命”的恶劣社会环境，对青少年学生造成了极坏的影响，这从正反两个方面说明了社会环境对青少年的培养和熏陶所起的作用是不少的。1980年省委召开了全省青少年教育工作会议以后，出现了全社会加强青少年教育的新局面。武宁县委成立了青少年教育领导小组，召开了专门会议研究和部署，可惜这一良好行动，像一阵风就过去了。近几年来，社会精神污染严重，武侠、淫秽、暴露伤痕文学比比皆是，加之电影、电视、录像等淫秽不堪的镜头，极大地毒害了中小学生的思想。有些教师说，“学校对学生六天的教师，抵不上星期天看一本坏书或看一场录像”。十三届四中全会精神贯彻以后，自上而下开展“扫黄”净化教育环境，这是一件大好事，但希望坚持下去，不能一阵风。

第五，建立学校、家庭、社会三结合的教育体系。学校是培养人的场所，教师是人类灵魂的工程师，学校应起主导作用；父母是启蒙教师，家庭教育对青少年有终生难忘的影响；青少年还受社会影响，社会对青少年要全面负责，我国在封建社会时期，就注意到教化要深入社会基层，必须借助乡里，宗教与家庭的力量。比如“乡规”“民约”“宗规”“家训”一类的条规。又如“断机教子”“岳母刺字”等故事。这些都是乡里、宗族与家庭进行教化所创制的形式，也是我国古代施行教化的一条重要途径。这种传统的方法现在也还是适用的，现在青少年学生家长的娇生惯养，受社会环境的精神污染，所以学生从小讲吃讲穿，不愿劳动，不懂得艰苦朴素，不学习英雄模范事迹，而崇拜电影、电视的主角明星。为了加强领导，县委应成立青少年教育领导小组，各部门应成立专门组织聘请离退休干部，加强对青少年教育。中小学幼儿园应建立家长学校，学习教育儿童的知识和方法，只有这样才能把青少年培养成为社会主义建设的有用人才。

集体备课　教师专业成长的金引擎

徐红英

我们过去的备课组织形式中，经历了个人单独备课，教研组备课。这样的备课形式也的确是收到了比较好的教学效果。那么有没有一种备课形式对教师专业发展产生更实际的影响呢？于是又出现了年级组集体备课。最初，我县教师们对年级组集体备课的认识并不统一，难以被大家认可与接受。这时候，市教科所给我们的集体备课研究进行了实实在在及时的指导和帮助。

在我县推进集体备课，我认为要解决三个方面的问题：一是统一认识的问题，包括局领导、校领导、学科教师的认识；二是如何操作的问题；三是推广的问题。

2008年，在市教科所精心安排下，市直学校开展小语集体备课现场观摩活动，我县分别派县直学校1–6年级组备课组成员赴市直学校观摩了1–6年级共12次小学语文集体备课活动。这次活动，让观摩者产生积极的共鸣，回到县里我们向分管领导做了详细汇报，并提出了试行的想法。经领导同意，我们向全县发出了“集体备课观摩”活动通知。大家的认识都统一到教师专业共同成长的高度上来了，认识统一了，接下来就是具体操作运行的问题了。

我县的集体备课操作上经历了三个阶段。

第一阶段——尝试阶段，有形有效。“形”即“模式”上，概念上的影响；“效”即“合作精神”，教师课堂技能提升方向有价值和成效。

第二阶段——调整阶段，有放有收。“放”即“放手、放开”，开展“客串式”、“师徒式”及“片区教研”集体备课活动；“收”即“专家名师点拨”，并发挥县教研室专业引领的行政功能，加强督导、检查。

第三阶段——突破阶段，有提升有启示。“提升”即“主题单元集体备课”；

徐红英　女，1976年生，新宁镇人。武宁县教育体育局教研室副主任，江西省小学特级教师。

“启示”即待完善的集体备课若干问题。

在学习市直学校集体备课模式的基础上，各年级备课组根据本校实际创造性地找到适合自己的集体备课方式，并开展全县范围的集体备课的观摩活动，这次活动得到我县教育局、县进修学校、县直学校的大力支持。我们县直五所学校承担了1-6年级单元集体备课观摩活动，也就是说，全县的每一位语文教师都得到了2次参与现场观摩、现场备课、现场交流的机会。这样的观摩活动参与人次之多，涉及面之广是前所未有的。以县直学校作为引领，农村小学也进入探究摸索阶段。当然这只是在模式上对全县小学语文老师有一个概念上的影响，但这种尝试让我们看到了集体备课的强大力量，合作精神在教学中不仅适用而且有效。这可以说是我县小学语文集体备课所经历的第一个阶段，即尝试阶段。

2010-2011年，我县集体备课进入了第二个阶段，即调整阶段。

最有影响力经验丰富的教师学科组同事理应成为集体备课的“重要他人”，我们的做法是：高年级组的老师可以加入低年级的集体备课中，传达他们在上一学年执教中的经验和教训。如：三年级组的老师参与到二年级组，二年级组的老师参与到一年级组，作为“客串嘉宾”参与集体备课中。

作为年级组同事怎么成为集体备课中的“重要他人”呢？那就实行“师徒制”，在年级组集体备课中，实行带教式备课，这对于新教师和需要提高专业能力的教师有着实际的影响，从而也能更好地提高集体备课的质量。

要真正地提高自己的教学水平，就应在思想观念上去主动接受专家指导，怎样在有限的条件下、在专家指导下备课中受益呢？那么校外专家、校外同行自然成为我县集体备课中的“重要他人”。这几年来，省、市乃至全国名校多次莅临我县指导教育教学工作，2012年全国名校金近小学校长带着优秀备课团队赴我县作备课指导。我县五小与双锋小学是“结对子学校”，以“结对子学校”互动式备课为平台，我们组织全县教师观摩并参与现场备课。这样在与校外同行间的交流与沟通中，教师们得到了实实在在的帮助和指导。

为了进一步推进我县集体备课的进程，市教科所万春华所长在这方面做了很多工作。近几年，万所长分别带着市直学校的优秀教师深入我县农村小学，开展片区教研活动，全程参与我们的集体备课，给予细节上的指导，加快了我县农村小学集体备课的进程。

从表面上看，教师并没有把学校领导视为对自己专业发展有着有影响的重要他人，但学校领导在管理过程中的政策引领是不可或缺的。从2011年开始，我县教研室在对学校的教学常规检查中，渗透了对各科集体备课组织的检查。这样学校领导在集体备课管理过程中，对各科集体备课做了详细的要求，把集体备课活动常规化，重点抓集体备课落实情况。我县集体备课已进入突破阶段——即主题式单元集体备课，也就是按课程标准以及单元的教学内容，确立完成该单元教学内容的主题，围绕主题开展独立钻研、合作探究的单元备课活动。这样的主题式的单元集体备课，要求教师们进一步思考整个单元中如何进行教学内容的有机整合，寻找有效的内容对学生的知识和能力进行拓展，有利于教师们更准确地把握教材和使用教材。

但我们认为，集体备课还需要在实践中不断完善：

1. 集体备课还需教学理论支撑。

2. 集体备课还需解决个人前期钻研问题。

3. 集体备课还需营造一种氛围。

4. 集体备课还需做到各科组织均衡。

总之在这样的集体备课实践中，我们深深体会到这不仅符合新课程改革的理论，符合新教材编写意图，而且能真正发挥集体备课对实际教学的指导作用。借助于教师身边“重要他人”的专业力量，对成就教师专业发展产生实质性的影响，值得我们在实践中不断尝试和探索。

历史教学中的理想与情感教育

艾程云　汪筱萍

古人云：“师者，传道、授业、解惑也。”所谓传道，即进行思想教育。这是历史教学的责任与任务之一。司马光在谈自己编写《资治通鉴》的意图时曾直言：“鉴前民之兴衰，考当今之得失。”也就是说：希望通过叙述历史上的国家盛衰、生命休戚，来总结统治经验，“鉴于往事，有资于治道，”为其封建统治服务。历史教学不仅要求学生掌握历史知识，更要对学生进行思想与情感教育，增强学生的民族自豪感和建设祖国的使命感、紧迫感。

一、以史为鉴，理顺稳定与发展的关系

邓小平说：“发展是硬道理。”而稳定是发展的前提。历史上，光武中兴、文景之治、贞观之治、开元盛世等局面的出现，无一不是以稳定为前提，即给农民一定的休养，减轻农民的经济负担，使 农民有较稳定的生产环境，尽管统治者的出发点是为了维护其统治。但毕竟客观上社会稳定下来，它促使了社会的进步和经济的发展。由此可见，稳定是压倒一切的因素。联想到日本的侵略历史、钓鱼岛及东海能源之争。由此，教师一方面使他们牢记日本历史上给予我们民族带来的灾难与国耻，另一方面更应促使他们的理性思维。即民族受辱的根源，是封建制度的腐朽及国家实力的贫弱。如果我们今天不大力发展经济，提高综合国力，那么，光有一腔热血是解决不了问题的。相反，只会影响我们来之不易的稳定局面，于民族的振兴、国家建设无益，这是每个中国人包括学生应牢记的深刻道理。

二、展望未来，教育学生树立正确的世界观

当今世界形势大体是：政治上是一超多强，经济上是全球一体化。教师在授课时

艾程云　男，1965年生，鲁溪人。武宁县第一中学高级语文教师。

汪筱萍　女，1965年生，鲁溪人。武宁县第一中学高级语文教师。

必须让学生掌握这一基本事实。同时，应正确引导学生认识这一格局的深刻内涵，尤其是把握这一格局给我们带来的机遇与挑战，从而帮学生树立正确政治观、经济观，强化他们的民族危机意识，形成一个良好的思维态势，明确自己所肩负的历史责任。树立远大理想。

教师在教学中，可结合中国近代史上有过多次“抵制日货”运动这一事实，来分析当前我们的一些行为与思想。历史上的“抵制日货”尽管给日本殖民者造成了一定的损失，但不能从根本上阻止日本对中国市场的掠夺，这就是客观经济规律的力量所在。在这一问题上，可让学生回答这样一个问题：“闭关自守”政策是否贯穿中国的历史？答案显而易见。那么，明代中期以前，许多封建统治者为什么鼓励中外贸易？明代中期以后的“闭关锁国”又为何使封建国家逐渐落伍，最终被英国武力打开大门呢？问题很简单，但却道出了这样一个真理：生产力水平、国家强弱是这一游戏规则的最后定论者。我们应紧紧围绕经济建设这一中心，抓住发展这一主题不放。作为学生，应树立远大理想，努力学习，将来在这场大角逐中为国为民尽力。

三、正视现实，培养学生奉献精神

历史的发展不以个人的主观意识为转移，要发愤图强，排除干扰，迎头赶上。所以教师在历史教学中，尽量强化学生“落后便要挨打”的危机意识，培养他们为国献身精神，把他们的爱国热情转化到现实的求知上，只有这样，我们的发展才有后劲，民族才有希望，我们的历史教学才能真正达到预期的目的。

为了让学生把握现实，在教学中可采取多种办法增加学生的第一手资料。如让学生参观革命遗址，了解日军侵华的罪行，使学生有一个理性思维，着眼现实，胸怀未来。为中华崛起而树立远大抱负和献身精神。

总之，在历史教学中，要“有的放矢”，有意识、有目的的充分利用史料知识，结合当今时事，寓理想和情感教育于教学中，使他们树立全局意识、责任意识、危机意识，成为未来我国的有用之材。

如何给中学生作文写好评语

林茂琳

语文教师都知道，学生把作文交给了老师，就如交出了一颗心，总是焦虑不安而又满怀希望地等待老师批改。作文评语是作文评改中最被注目的环节，是教师对学生作文从内容到形式作出的整体评价，是师生心与心的交流，是学生习作中的航标灯。学生作文兴趣的培养，水平的逐渐提高，同教师准确、全面、公正的评语密切相关。然而，对这样重要的美育环节，有些老师无暇顾及、缺乏重视，忽视并放弃了这个良机。有的语文教师虽不是班主任，但在作文中经常与学生交流思想，得到的信息比班主任还多。基于此，本文试对如何写好作文评语等问题谈点自己粗浅的看法。

林茂琳　女，1970年生，县农科所人。武宁县第二中学一级语文教师。

一、目前作文教学中在作文评语方面存在的问题

1．作文批改了但没有评语

随着作文教学改革的深入，各种作文批改方法热热闹闹地出笼：学生自改，学生互改，成立班级作文评改小组改等等，传统作文批改方法以“费时甚多，收效甚微”被否定。结果造成有的老师干脆不写评语，整篇很少见到教师改的笔墨或只在篇头打个分数；或在篇末写个毫无意义的“阅”。阅也？批也？学生苦思冥想，得到的是一篇篇冷冰冰的空白。这些做法都忽略了作文评语的积极作用，它使学生不能有针对性的接受老师对自己作文的反馈意见，优点、缺点均不甚明了，无益于作文水平的提高。

2．作文评语空洞且程式化

从某种意义上说，传统作文批改法“收益甚微”的症结就在于作文评语的空洞且程式化。把诸如：“记叙较清楚，层次较分明，但语言欠生动，中心欠突出”、“论点鲜明，结构较严谨。但是论据欠充分，论证不够有力，希今后……”之类程式化概念化的评语进行排列组合写给学生，让学生无所适从，学生自然会感到枯燥乏味，既不会引起情感的波动，也不会引起重视。

二、作文评语作为一种特殊的文体，应具备以下几方面的特性

1．因材施教，以情感人

言为心声，尽管学生受知识能力制约，不可能很准确地表情达意，但在习作中也能基本反映了他们的所见、所闻、所感。教师要善于捕捉学生作文中迸发出来的情感火花，点化出来。以情激情才易于形成情感共鸣，教师的教学信息才能随着情感信息的通畅，真正传递过去并被接受。因材施教，以情感人，就是要从学生的实际出发，对不同的对象应下不同的评语。对写作能力较强的学生，评语要能促进他锦上添花；对一般的学生，要帮助他们有所突破，使之渐有可观之处；对较差的学生，则需要不拘一格，雪中送炭。评语“是写给他看的”，所以要追求明确的对象感。评语如其人，评语如其文，应有鲜明的个性。评语要晓之以理，更需动之以情。作文要求真情实感，评语岂能冷漠无情，作文是学生的心声，评语是老师的心声，要以心发现心。评语应表示对作文的褒贬，种种情思流诸笔端，表露感受者的喜怒哀乐。例如有一个学生在写《我们的校园》一文中，把校园的景色写得很美，在篇末却写了一段自己有一次偷摘月季花的经过。对于这段看起来的败笔。可老师却从中捕捉到学生的真情实感，在批语中写道：“你这篇作文写得很美，但是你知错改过的心灵更美！”话虽不多，却触动了孩子的真情；语不惊人，却能在学生的情感世界里掀起波澜，使之在愉悦的情感体验中去品味，去思考，去升华。另外，评语还要注意学生写作情况的变化，掌握进步或退步的脉搏，做到“教不失时”。更好地激发学生写作热情，培养学生的写作兴趣，提高他们的作文水平。

2．善于欣赏，激励优先

得到别人公正的评价和赞许，是人的一种心理需求，十三四岁的孩子已经有强烈的成人感，如果他们的意见能得到教师的支持和赞许，便会感到很大的满足和愉悦。

教师的一次表扬，一次对作文的肯定，就会激发学生强烈的自信和向上的力量，使学生产生向你学习的欲望和兴趣。在实践中，首先我注意了对学生文章的认真分析，理清学生的思路，探索他们的构思过程。特别是对内容丰富、思想性强、构思新颖的文章，从内容到形式的剖析，使我有分析作家作品的感觉。评语的关键是要中肯、准确，其次要注意专业术语与学生口语结合，深入浅出。不少学生喜欢读书，在作文中从选材到布局谋篇就可能自觉不自觉地进行模仿，但深究一步，这样写究竟有什么道理却不甚了了。老师中肯的评价往往使他们茅塞顿开，这时他们就很容易把平时分析课文学到的知识与作文联系起来，形成理性知识，深刻地记忆在脑海中，下次作文就会自觉运用这些知识，同时对课文的分析能力也提高了。这样就完成了一个读—写—读……的良性循环。当学生看到平时教师分析课文的语言，也出现在他自己的作文评语中，自己作文的得意之处被老师无一遗漏地发现并加以赞赏时，往往会产生较强的成就感和对教师“慧眼”的认可。使这些同学也置身在成功的角色里，意识到只要自己努力，也是可以写好作文的，从而增强求知、做人、生活的信心和勇气。这种良好的精神状态很容易升华为学习的动力。

评语通常是用红墨水写成的，但仔细想来却应该用心血来写就。教师在这里倾注的心血愈多，它往往就愈有光彩。多年来，我致力于作文评改的探索，付出的精力是很大的，有时一篇作文的评语要推敲很长时间，何况学生又多，作文次数又多呢。虽然苦一些，但也乐在其中。在展读学生作文的过程中，在推敲评语的过程中，在观察学生展读评语的过程中，我感到愉快和满足。有了付出，就有收获。作文评语成了我们师生交流的窗口，使师生增加了了解，沟通了心灵。多年来，我与学生保持着良好的关系，学生喜欢语文，愿意作文，越写越好。教学时长，我也在与学生的作文活动中丰富和提高了自己。

谈初中数学尝试教学法中的创新教育

唐　勇

尝试教学法有利于培养学生的探索精神和自学能力，促进智力发展。社会发展到今天，越来越突出地把培养学生的创新精神摆到我们教育工作者的面前，但我国教育的传统是以继承前人的知识为中心的，这种教育思想，渗透到教育教学的各个方面，包括教育过程和教学方法。尝试让学生自己去尝试练习。因害怕小孩摔跤而不让小孩自己走路，那么孩子就不能学会走路。教学也一样，因害怕学生失败而不让尝试，始终在教师的示范下进行模仿练习，那么培养出来的学生必定缺乏思考的能力和创新的精神。而现代社会需要的是善于思考，勇于探索，敢于创新一代新人。而尝试教学法给学生提供了这种尝试的机会，注重了学生能力的培养，下面就如何在初中数学教学中培养学生创新能力谈谈粗浅看法。

唐　勇　男，1969年生，澧溪人。澧溪初级中学高级数学教师。

本人认为创新教育的关键是培养学生的“问题”意识，亚里士多德曾经说过，“思维是从疑问和惊奇开始的”。因为“疑问”能使学生心理上感到茫然，产生认知冲突，促使学生积极思考，在这个过程中才可能实现创新。

什么是问题？其实就是你想做什么事，但你不知道如何做，那么你就遇到了一个问题。如果一个学生长期处于无“问题”的状态，说明他思考不够，学业也提高不了，当然也就无创新可言。

可以这样说，创新始于“问题”，没有“问题”，何来创新？因此，“问题”是学生提高学习的基础，是创新教育的关键。

1、要培养学生敢于问“问题”的习惯。

首先利用名人故事教育学生提高对“问题”重要性的认识。比如举世闻名的科学家爱因斯坦从小爱问为什么，其次要注意提高学生问“问题”的兴趣，消除学生懒得问“问题”，怕问“问题”的思想情绪。培养学生敢于问“问题”的良好习惯，教师对学生提出的“问题”不论多么肤浅或异想天开，都不要嘲笑，杜绝从语言或行动上挫伤其积极性。不能使学生“乘兴而来，扫兴而去”。其实，尝试教学法常常是以“问题”为突破口。捕捉学生智慧的“火花”与“灵感”，启发学生不断发现和提出新“问题”，最终达到创新的目的。

2、要留给学生创设问“问题”的空间。

教师通过设疑形成“问题”空间，促使学生为“问题”而思，为“问题”而问，为“问题”而学，为“问题”而创。在教学中，可以通过一题多解，一题多变等方式，诱导他们一题多问，特别要设计一些非常规性的而对启迪智慧有挑战性的“问题”，激发学生探索和解决“问题”的欲望，例如，比较下列各数大小：多数同学采用常规的思维方法，先通分，当分母相同时，再比较分子的大小，而若摆脱常规的思维定势，进行求异思维，把分子值化为最小公倍数96，问题就简捷多了。

3、要教会学生问“问题”的方法。

乔治·波利亚在《怎样解题》中说道：“重要的一点是可以而且应该教师问的问题，将来学生自己也可能提出。”学生问“问题”是从模仿开始的，所以教师要做好问“问题”的言传身教，不仅要告诉学生问“问题”的方法，也要做问“问题”的示范，要站在学生角度去问“问题”，比如，教学“同底数幂的除法”法则之一：am÷an=am-n 我们可设计“问题”系列：①法则条件是什么？②结论是什么？③条件能否增减？能否更换？④法则有何特征？在什么范围内成立？⑤怎样证明？除书中证明方法外，还有其他方法吗？⑥怎样记忆法则？是否有几何意义？⑦在哪些方面能够运用？可否推广？等等。通过这样的示范，学生今后在学习法则时就知道怎样问“问题”了。学生提问一般都有一个从“敢问”到“善问”的过程。

总之，在尝试教学中，特别是“自学课本”、“学生讨论”两个环节中，教师要启发学生大胆想象，应该诚恳地告诉学生如果学习时仅限课本而不去大胆地思考、想象，那就不可能完全理解课本中的真正内涵，学到更多的东西。另外，老师在认识过程中，由于受认识框架束缚，难免有认识上的局限性甚至于出现错误，鼓励学生大胆质疑，变“师道尊严”的师生关系为“教学相长”的朋友关系，努力为学生创造一个创新教育的学习氛围。所以，在教学中充分发挥尝试教学的优势，精心编制常识题，有利于开发学生智力，培养学生创新精神，有效地提高教学课堂教学质量。

九年义务教育初中语文教材基本篇目选文的思考

刘　俊

一

中学语文教材是中学语文教学大纲的具体化，是对学生进行社会科学基础知识和思想政治教育的专用书籍，是中学生正确理解和运用祖国语言文字获取系统的语文知识的重要工具。

《九年义务教育全日制初级中学语文教学大纲》（以下简称《大纲》）指出：学好语文，不但对于学好其他学科十分必要，而且对于将来从事工作和继续学习会产生深远的影响。

语文教材的建设，一直是广大语文教育工作者探求的课题，一套科学的高质量的语文教材，选好课文首当其冲，而教材的主干部分基本篇目的选文更是关键的关键。《大纲》在第五部分明确规定了基本篇目100篇，突出了教学重点。入选文章，应该说从原有教材中经过精心筛选，多数是久经教学实践检验的好课文。然而，透过100篇基本篇目的选文，似乎广度还不够，颇有以偏概全之感。

现就九年义务教育三年制初级中学教科书语文教材基本篇目选文内容谈谈以下认识。

二

九年义务教育三年制初中语文教材入选的100篇基本篇目，都是文质兼美的典范作品。绝大部分节选于“文选”，“诗选”。其选文上限公元前684年《左传》中的《曹刿论战》，下至1989年9月26日《北京日报》报的《北京立交桥》。所选文章均按古代文学、现代文学、当代文学、外国文学四大块进行。为适合教学的需要、在不损伤原作精华的基础上，有9篇进行了删改或删节，25篇进入教材前作了必要的改动，经作者精心修改的有4篇，编者给文章加题头的有5篇。选入教材的文言文基本上体现了选取古代作品要体现批判继承的原则。文字古僻深奥的“诗经”、“楚辞”，宣传天命鬼神的“国语”，歌功颂德的宫廷文学，喜用冷僻字眼高奥典雅的“汉赋”、瘦义肥辞内容空乏的“辞赋与骈文”，文学成就不高的元代诗文均无文章入选。避免了挫伤学生的学习积极性，符合选文不能离开学生知识水平和年龄特征的原则。入选文章文辞藻丽、音节铿锵、易诵易记、多是耐读的名篇佳作。通过教学，将不同程度地激励学生更加爱自己的祖国。激发青少年的民族自豪感和自信心，有利于发展我国的社会主义文化。

刘　俊　男，1957年生，石门楼镇人。石门楼镇初级中学高级语文教师。

选入教材的当代文学、现代文学、十分重视选取反映建国以来的社会生活和时代精神风貌的文章。有当代作家、著名诗人、也有普通作者的作品；鞠躬尽瘁功昭日月的领袖人物、饱经风霜德高望重的革命前辈，艰苦创业成果丰硕的教育科技专家，现代进步文化的先驱者等均有文章被选入教材。无疑开拓了学生的视野，发展了学生的智力，潜移默化地培养了学生的社会主义道德情操，健康高尚的审美观和爱国主义精神。

教材中的外国文学，欧美文学是一个重要组成部分。重在进步思想内容的选择，集中选取了欧美文学部分19世纪中后期的作品及20世纪的前苏联文学。这些外国文学作品的入选，以我国国情相吻合，也许是教材对外国文学选文的立足点，是培养青少年一代国际主义精神的一个重要途径。

九年义务教育三年制初级中学语文教材基本篇目选文，博采了古今中外文质兼美的许多精品，无疑是学生学习祖国语言的典范，学生同时受到课文中所蕴藏的美育感染及古今中外许多优秀人物崇高理想情操志趣的熏陶。入选文章中的典型人物，名人大家和戏剧中的主人翁都为学生了解自己提供了样本。学习内容大大丰富，生活领域不断扩大，其理想常常希望将来能成为战斗英雄、飞行员、工程师、作家、教师、医师等。经常会把理想与自己崇拜的人物联系在一起，在日常生活中模仿他们。倘若教师教学有方，除讲授语文知识外并注重培养他们的爱国主义、集体主义情感、责任感、义务感，激发他们坚持与护卫真理的热忱，形成种种高尚的道德情操，社会主义新一代必将在党的领导下茁壮成长。

三

新教材的选文，它吸收了近十几年语文教改的成果，无不浸透编撰者的心血，从编排知识点、训练点的布局，到综合性、序列性、实用性，远远优胜于以往的教材，但从近几年的教学实践中，新教材的弱点已初露端倪。在进行素质教育的今日，教材读写训练的序列失之粗疏，听说训练还不突出，语法知识短文的编排与单元教学的要求若即若离，缺乏内在联系，练习设计随意性过大，有的脱离学生实际，基本篇目的选文也欠精心考虑。

初中语文教学目标是完成听说读写的基本任务，而现行教材的水准和学生的实际水平存在着鲜明的反差，具体地就教材的基本篇目选文这一点说，入选的100篇文章，现代文占80%左右，能让学生去模仿写作的篇目极少，有20%左右的文章离学生现实生活极远，学生读来囫囵吞枣，不知其味，不悟其意。应用文体的文章在全套教材中单篇没有一个席位。教师也只是一略而过，结果造成普及九年义务教育中极少数学生初中毕业后实际上写不好一封书信。部分课文的教学要求和思考题仍属服务于升学考试，导致了学生阅读能力水平低下。少量入选的篇目失之于艰深。譬如：教材的第二册鲁迅先生的《社戏》，在实施教学过程中，教师难以纯熟掌握，只是搬弄教学参考书而已，学生生吞活剥，恐怕就更难消化，加之练习设计难度也过大，程度不同地造成为数极少的学生对语文的学习是叫苦不迭的情况出现。教材入选的文章不能依据编辑的选文标准为定准，要考虑学生的年龄特点和接受知识的实际水平，尽可能避免选入的文章既可在初中，也可在高中，甚至还可以在大学语文课本中出现，应该有个“度”。教材过深，脱离学生实际，教学效果就适得其反。入选的课文中，有文图相悖，第一册《皇帝的新装》，在课本彩图中，皇帝却穿短裤等，而课文里明确写道“他实在没有穿什么衣服呀！”这以上所举，虽说是白璧微瑕，须知，课本是学生学习的蓝本，凡入选的文章对原作都应加以认真审核。诚如《大纲》指出：语言文字要合乎规范，在用词、造句、布局、谋篇等方面具有典范性、课文要难易适度，适合教学，应该是经过一定努力，教师能教好，学生学得好，这是师生共同的心愿。教材不仅是教本，也是学生的学本。入选文章既要经得起为数众多的师生长期检验。历经千咀嚼万推敲，更要精选振奋精神，促使民族奋起与增加民族凝聚力的好文章，以其光彩夺目去培育一代又一代的青年学生。因此选文视野要开阔，考虑的角度要尽量多一点，新一点，力求跳出旧窠臼。

初中生，他们的身心正处在迅速发展阶段，在心理上表现半幼稚半成熟状态，其精力充沛，求知欲强，易于接受良好的影响。教材应该入选伟人名家在青少年时期形成理想奋斗目标的动人片段，或立志成才，或创业艰难，或成功喜悦的故事，使他们对未来生活充满信心乃至幻想，去憧憬美好的未来。

教材没有入选诗人郭沫若20年代身在日本远离祖国，诉说自己眷念祖国，表达渴望为祖国献身的决心的《炉中煤》，很是遗憾。倘若入选，定能使学生从历史的回忆中激起民族的荣辱感。

今日社会生活领域很复杂，各方面的影响纷至沓来，各种知识从不同的渠道涌现，多渠道的信息交流中，不良读物影视录相及黄色书籍，有时良莠不分，瑕瑜难辨，因此，语文教育工作者有义务去指导学生避免错误思潮的影响和清除毒素东西的污染。教材不仅要提供正面的范例，我认为也有必要入选少量的反面教材，旨在引起警觉。这与《大纲》的“课文要文质兼美”未必冲突。为培养学生的分析鉴别能力，可以入选少量的带有消极因素而艺术性较高的名篇，新教材无这方面的突破，仍需下功夫不可。

教材中的一篇课文都是训练学生听说读写的一个例子。就写作而言，社会对初中毕业生的首先要求是写文章，它也是学生踏上社会后所面临的一个首要问题，而初中语文教学课时的比例其作文教学只占课文课时的16.6%，83.4%的教学课则消耗在字词句段篇的教学中。导致了学生尽管中考语文成绩合格，实际写作水平很低。有的学生能写篇记叙文都写得要素不全，事情叙述不清，就是佐证。走上社会，至于应用文体的文章写作问题更大，不懂行文格式，不知何处落笔。不能不说语文教学带有一定的盲目性，教材的选文确有脱离社会需要和学生走上社会的生活需要之嫌。

众所周知，我国有许多文圣精心斟酌反复修改诗文的佳话。贾岛为“僧推月下门”还是“僧敲月下门”苦吟不已；柳青写作《创业史》几易其稿。不少作者为了修正观念、为了压缩篇幅，为了增加内容，为了文章中心不惜一切删句删段等。教材应该选些大作手稿，未定稿作为教材中的课文一例，让学生从中逐步悟出“应该这样写”的道理。还应该考虑编选普通作者在立意、选材、结构、语言等方面有某种毛病的文章，以启发学生在比较中进行学习。

美籍华人女作家聂华苓，大量作品多描写1948年大陆到台湾和各种“小人物”的种种遭遇和他们的思乡之情。象《人，又少了一个》写的是台湾女大学生的悲惨命运。篇幅短少，音韵丰富，语言晓畅，含意深刻。它是对台湾畸形社会制度的愤怒控诉，具有深刻的教育意义。这样的文章也可以选入教材。

纵观初中语文教材，在第二册《一面》一课中，采用了原著加眉批的方式进行编排，对于提高学生的阅读能力确是十分有益的尝试。

教材就文章比较合编为一例则是空白。如将第二册基本篇目外的新风霞《傻二哥》和臧克家的《老哥哥》合编为一课（如何编排故需研究）进行文章比较比各自单编为一例，更颇有得益，不妨进行类似的选文编排试探。

语文教材中的“标点符号”是现代书面语言中不可缺少的组成部分，有关标点符号的知识也宜选择带有概念性趣味性的文章入选教材，突破为理论而理论，进行直观教学。同时拟以选择文章与修改符号揉合在一起短小精捍恰到好处的单篇在教材中出现，使学生获得更为全面的语文能力。

作为语文教材对数理化等其他学科的工具性的功能也显得较差。不少是该在语文课解决的字词，如“超前”“同向”“不少于”“以”“故”“而”“则”“了”“到”等，部分学生理解不清。语文教材有义务编一些初中数理化等方面常用的词汇渗和在入选的文章内，以利于语文教学发挥工具性的作用。

语文教学要科学化，教材除需要有一个合理的适合教学的编排体系，挑选好对学生在初中阶段培养语文能力有直接帮助的语文知识，优化设计一套好的练习外，教材基本篇目选文方面也应该有一个新的突破，本着《大纲》多层面多角度地去寻求范文的典范性，必将是语文教材今后努力的方向之一。

用“宣读法”批改作文的尝试

曹国宝

用“宣读法”批改作文，是采取学生自荐、同学推举、教师指名等方式，让学生公开诵读自己的“佳作”，并作出自我评析（含写作过程简介），然后记下同学们的评议。其做法和好处是：

首先，提供竞争场合，激发竞争意识，为读促写，读写结合。因为人人有可能被推荐上讲台，显示自己本次习作的“成就与甘苦”，所以就得认真对待，字斟句酌，讲究辞采文法，反复修改。即使有不当之处，也可在宣读过程中发现自己的不妥之处，灵活改换，临时进行口头调节补充，这就自然地把写、读、说有机地结合起来。为了读得精彩，还得借助于说，作些口头补充说明，这样既培养了语言的表达能力，又克服了以前当众发言时的紧张感，使学生品尝到“成就感”。

曹国宝　男，1955年生，巾口乡人。石渡学校高级语文教师。

其次，公议优劣，众评泾渭分明，为说促听，听说结合。此时听者则可静心倾之，然后呈现出“仁者见仁，智者见智”的活跃场面。同时，又训练了“听”与“说”的两项基础技能。

再次，学生为了提高自己的写作能力和鉴赏水平，增强了专心听课的自觉性。消除了往常学课文的枯燥厌烦之感，能认真地吸收范文的精华。用“宣读法”批改作文，还可增强学生的注意力和记忆力，使课本以及课外阅读到的优美词语在使用时得心应手，用于丰富自己的口语和书面语，从而完成语文教学的任务——让学生口头能语，书面善文。

武宁县新宁镇民办幼儿园的情况调查与思考

董 韵

新宁镇是武宁县县治所在的城关镇，有政府举办的示范性幼儿园一所，社会力量办园23所，在园幼儿1560人，幼儿入园率达95.5%。该镇已初步形成以公办幼儿园为骨干和示范，以社会力量兴办幼儿园为主体，公办与民办，正规与非正规教育相结合的发展格局。通过对新宁镇23所民办幼儿园的调查，对民办幼儿园的发展情况有一个基本的了解，对存在的问题提出思考。

一、基本情况

民办幼儿园是从1994年开始发展起来的，随着城镇人口的增加和城区的扩大，近年来每年均以二至三所的速度在增加，发展到现在23所，满足了幼儿入园的需求，同时也显现不少问题。

1．条件设施情况

全部都是租赁园舍。一般都是租赁临街铺面改作活动室和寝室。环境嘈杂，街上人来车往。地方狭小，寝室和活动室大多共用。光线暗淡，通风较差，没有户外活动场地。教学玩具很少。

2．办园规模

一般是由1个人牵头或2个人合伙租二间铺面，再请1至2个教师，招几十个幼儿，就成为一所幼儿园。幼儿人数最多为62人，最少是16人，平均约40人左右。30人以下幼儿园基本上不分班教学。教工最多为4人，最少为2人。

3．师资情况

共有从业教师63人。教师来源较复杂，有退休教师6人，有辞退的民办教师和代课教师8人，下岗工人5人，社会青年19人，近几年来通过委培、自考取得幼师毕业证25人。学历情况是初中毕业17人，高中毕业21人，中专或幼师毕业25人。

4．管理工作

一般举办者就是管理者，既是园长也是教师，基本上没有规章制度，没有幼儿档

董 韵 男，1963年生，官莲乡人，武宁县第二幼儿园园长，小学特高级语文教师。

案和名册，有近一半幼儿园连作息时间表和课程表都没有，随意性很大。

5. 保育工作

卫生条件差。没有盥洗室，幼儿洗手不便，厕所狭小，只有一个蹲位。没有专用寝室，没有消毒用品和药品。没有户外活动场地，幼儿终日不见阳光。幼儿伙食差，基本上是豆腐汤、海带汤、豆芽菜，很难见到荤菜和足量新鲜蔬菜，克扣幼儿伙食费情况普遍严重。

6. 教学工作

使用教材不统一，70%幼儿园使用杂乱教材或学前班教材，教材订购不成套（一般只订语言、数学二科），开设课程不全。教学主要是识字，描红，做数学题，严重小学化。没有教具，很少做课前准备工作，没有明确的教学目标和任务，随心所欲，只有三所幼儿园有部分残缺不全的教案。

7. 经费情况

民办幼儿园由举办者自负盈亏，收入主要是幼儿缴纳保教费、伙食费。经费支出主要是聘请教师工资、园舍租赁费，还有少量水电费和设备添置费。所有收支情况没有票据，没有账目，由举办者自己支配，节余归己。

8. 网点分布

幼儿园选址完全由举办者自己掌握，没有统一规划。如交通东路一条街上就有6所幼儿园，有2所只一墙相隔，4所相望。为了生源，有的采取不正当竞争，相互间互相攻击，不利于幼儿教育健康发展。

民办幼儿园的发展解决了群众子女入园难的问题，但其起步较晚，时间短，发展速度过快，一涌而上，在发展中还存在着不少亟待解决的困难和问题。主要是这些举办者素质较低，办园思想不够正确，管理不够规范，师资力量薄弱，以及政府行为难到位，规范管理力度不够等。

二、二个需要正确认识的问题

1. 正确看待民办幼儿园

国务院办公厅转发教育部等十部委的《关于幼儿教育改革与发展的指导意见》（以下简称指导意见）明确指出今后五年幼儿教育改革的总目标是：形成以公办幼儿园为骨干和示范，以社会力量兴办幼儿园为主体，公办与民办，正规与非正规教育相结合的发展格局。在目前情况下，民办幼儿园的发展，是关系到大多数学前儿童能不能接受学前教育，能不能就近入园的大问题，要肯定民办幼儿园的功绩和作用，其存在是合理的、必要的。

2. 民办幼儿园如何发展

要全面实施素质教育，提高幼儿教育质量，使儿童身心健康成长，促进德、智、体、美全面发展，民办幼儿园担负着本地区大多数幼儿的保教任务，而目前民办幼儿园要达到这一目标还有很大差距，对完成幼儿教育的任务还难以胜任，必需要提高办园水平和质量，以满足幼儿发展的需求。首先，举办都要端正办园思想，明确办园目标，克服短期行为，不能办一天算一天，办一年挣一年。要有必要的投入，为幼儿提供一个良好的环境和条件。其二，管理者（举办者）自身素质有待提高，要懂得幼儿教育，认真贯彻《幼儿园工作规程》和《幼儿园教育指导纲要》，不能随心所欲，自行其事。其三，教育行政部门要加强管理，指导他们工作，规范其管理，为他们提供学习、培训的机会，组织他们开展业务活动，提高他们的管理水平和业务水平。其四，要有一个基本稳定的教师队伍，举办者要为教师提供学习的条件和机会，按照国家的有关规定为教师参加社会保险，保障其合法权益，解决后顾之忧，充分调动教师的工作积极性。

三、二个需要研究解决的问题

1．民办幼儿园要不要行政管理的问题。

《指导意见》明确指出：各级教育部门要加强对社会力量举办幼儿园保育、教育工作的指导和监督，规范办园行为，保证办园方向。要管理是肯定的，不能因为难管就不管。教育行政部门要依据有关的法律法规加强管理。

2．如何管理的问题

《指导意见》指出：县级以上教育行政部门负责审批各类幼儿园的举办资格，颁发办园许可证，并定期复核审验，价格主管部门和财政部门负责向已取得办园许可证并办理登记手续的幼儿园颁发收费许可证，提供行政事业性收费专用票据。未取得办园许可证和未办理登记手续，任何单位和个人不得举办幼儿园。要采取有力措施取缔非法举办的幼儿园。要管理好民办幼儿园，须做好以下几项工作。

（1）新城区要合理规划网点，对已办的民办幼儿园要做复核审验工作，不能走过场。对办得好的要扶持；对办得不好的要限期整改；对办得特别差的，存在重大问题和安全隐患的，未取得办园许可证和未办理登记手续的，要坚决取缔。对新办的幼儿园实行三步走的方法严格把关，即先经检查，符合要求的应准予筹办；然后在达到办园条件要求时，准予试办；试办一年后全面进行评估验收，合格者准予正式办学，发给办园许可证。从源头上规范管理。

（2）教育行政部门要建立完善教师管理制度，按照国家有关规定把好教师入口关，不符合幼儿教师条件的不能在幼儿园任教，建立教师档案，对教师定期进行培训。

（3）教育行政部门要帮助、指导民办幼儿园做好管理工作，组织幼儿园园长进行培训，提高管理水平。物价、财政部门要监督收费情况，建立财务账目。

（4）充分发挥示范幼儿园的作用。示范幼儿园要参与本地区民办幼儿园业务指导，协助教育部门做好保育、教育业务管理工作。

（5）建立幼儿园教育督导评估制度。教育督导部门和教育行政部门要定期对民办幼儿园的保育、教育质量和管理水平进行督导和评估，并将评估结果向社会公布，接受社会和家长的监督。

教师要重“课外功”

莫张华

“汝果欲学诗，功夫在诗外。”诗人陆游主张学诗要重“诗外功”。其实，教学何尝不是如此。

一名合格的教师，要使自己的课达到既能丰富学生的知识，又能激发学生的学习积极性的目的，其关键也不单在一堂课上的40分钟，还需教师的“课外功”，即这位教师学识功底的厚薄，对教材、教法的掌握和运用的熟练程度以及对教育对象的了解程度。如前苏联有位历史教师，很成功地完成了一堂公开课，有人问他：“准备这堂课，你花了多少时间？”这位教师回答说：“准备了一辈子。”实际上他准备这堂课仅用了十几分钟，那为什么说“准备了一辈子”呢？显然，这里所说的“一辈子”，是他自己就一生对知识的积累，对教材、教法的探索，对学生心理素质等方面的研究所下的功夫而言。如果他平日没有练就过硬的“课外功”，要想只花十几分钟的时间来准备，而获得40分钟公开课的成功是万万办不到的。

作为教师，应该练就扎实的“课外功”，要想不断提高自身素质，只有靠平时的积累。北宋大诗人苏东坡说得好：“学如富贵在博收，仰取俯拾无遗筹。”如果教师自己能在学海中不停地“仰取”、“俯拾”，兼收并蓄，时间久了，知识自然就会丰富起来。所以，教师要重视“课外功”。

莫张华　女，1962年生，新宁镇人。武宁县第三小学特高级数学教师。

附　编

文献选录

武宁县政府整理全县教育计划

武宁县政府二十六年度第二学期整理全县小学教育计划大纲。本县小学教育，经过去各县长之计划推行及地方人士之督促协进早具规模。乃不幸本年度开始以来，适值困难严重，县府及各区区署关于抗战方面之工作比较繁重，顾虑稍疏，以致一部分小学有名无实，良用慨然。查教育为立国根本，小学教育为地方文化之基础。平时固不可漠视，战时更显重要。爰遵照奉颂法令，参酌本县实际情形。订定本计划大纲。悬为鹄的，俾本府本学期教育施政有所依据。

一、委任各区署承办教育之区员为区教育委员。俾能负责主持推进各区义务教育。

二、委任保联主任为学董。保长为助理学董。俾能负责主办各保保联内小学教育事务。

三、遵照法令以区署为保学主管机关。保学行文一律由区署承转。以重系统而明责任。

四、各级中心小学及各保之保学委员会，组织不健全者，责令改组；尚未组织者，指导组织。俾能切实负责协助各小学筹款及征学。

五、订定《武宁县各级小学教职员考成办法》。严格考核各级小学教职员。

六、修正《武宁县公私立小学教职员请假规则》，实行限制教职员注意请假。

七、本年3月底以前召集全县教育行政会议。研讨改进全县小学教育方案。俾编订定二十七年度全县地方概算时有所依据。

八、自南师附小迁来本县后，办有10班，已足容纳城内学龄儿童。城内原有保学应暂停办，保学经费亦暂停收。

九、整顿师资

1．继续整理小学教师登记，遵限于本年四月底办竣县报。

2．保学教师应以文理清通、常识丰富，并经登记合格者，为本学期任用之最低标准。

3．登记有效期限虽满，但经考试成绩优良；或继续登记合格者，得再任用。

4．资历经验不足及服务成绩过劣者，加以调整。

5．保学校长兼教员，一律由保学委员会依照规定手续，填具请委表呈由区署转呈核委。

十、各级小学自筹经费

1．自本学期起。保学经费试行保联统收专付。由校订定《武宁县保学经费由保联统收专付办法》呈准施行。

2．按保联组织所属保学经费委员会，其组织规程及办事细则另订之。

3．各保已经筹定之保学经费，本学期照原提拨，不得缺少，如尚未达到法定数额，可就保内公款公产及住民富力分别筹定。

十一、各级小学之设备，在上学期尚未达到省府颁发之“最低限度设施标准”者，本学期应继续办理，务须达到。

十二、指导各区中心小学组织学区初等教育研究会。每两个月内应召集区内各小学教职员开会研究一次。

十三、督促各区中心小学组织经费稽核委员会，切实稽核各校经费用途。

十四、订定武宁县中心小学辅导会议办法，于各中心小学校长每次出发辅导前开会研讨指示要点，俾有遵循。

十五、各级中心小学除照规定每学期辅导两次，填表具报外，各校长应直视被辅导之各校为本校之一部随时辅导。次数愈多愈好（但不须填表）。其成绩特别优异或过于恶劣者，务宜专案呈报以便奖惩。

十六、各级中心小学校长应以辅导成绩为其重要考成。

十七、国难教育

1．各级小学校长训导，应特别注意民族意识之灌输，使之认识国家并彻底了解国家与个人之关系。

2．加强国难教材及乡土教材为各小学补充教材。

3．以国难图表布置环境，使儿童触目惊心。

4．督促各中心小学宣传队。遵照全省抗敌宣传总动员计划，加紧宣传。并按月将工作情况报核。

5．高级部加紧童军训练，并定期检阅全县童军以凭考核。

十八、学生

1．本学期各级小学除办儿童班外，并始办成人班一班（或妇女班一班）。各中心小学并应首先办理具报籍资提倡。违者扣发义务补助费。

2．成人儿童班均以40人为成班。人数不足时实行征派，违不遵办者，不予补助。

3．各级小学本学期应将所在保学龄儿童及失学成人调查清楚，并拟具分期征派入学计划，报府核备。

十九、各级小学应送表册均应按期填送，不得迟误。

二十、本学期教科用书，仍照上学期本府规定者继续采用，以期划一。

二十一、各保学“校务日志”“学生出席簿”“学生学籍簿”三种，已由府统制，分发应用。其余各种用表，亦当由府次第制发，以期划一。

二十二、各级小学均应有运动场及校园各一片，无者赶辟具报。

二十三、各级中心小学应就附近选择山场一片，于本年植树节前栽种树苗。定名为“武宁县某某小学学校林”。其收入作为各校基金。

二十四、定期举行全县教育界抗战成绩展览会（其办法另订立）。各学校应予先准备，届时参加。

二十五、其他关于改进小学事项，在本县人力财力所能及者，随时督促办理，以求改进。

转载《江西地方教育》第十一、十二期合刊

武宁县教育行政机关卅四年下半年视导报告

省督学　郑均亨

县　长　潘世纶

教育科长　林绳武

视导时间：十二月十一日

呈厅时间：卅五年一月一日

甲、视导纪要：

一、该县复员后。设教育科长1人。督学二人。科员、事务员各一人。

二、县教育行政人员工作情形：

（1）县长潘世纶十月到职。曾召开县国民教育委员会。举办城区肃盲示范，对于教育尚重视。

（2）教育科长林绳武老练干达外，理科务尚有条理。

（3）督学傅朝法、张友许推进县城后，各担任视导十一乡镇，已出发工作。科员视导时在假中。

三、县教育施政计划及实施概况：

县府对于收复区之教育复员尚能注意办理，如恢复箬溪、瓜源、罗坪、巾口、夏桥、鲁溪等乡中心国民学校及保国民学校，推进及恢复图书馆，成立城区肃盲示范，均为该县最近之实施之情形。

四、教育经费情形及款产之整理与运用：

1. 该县教育款产多系学产与房铺租二项。自抗战后田地荒芜，房铺炸毁、原有款产几等于无。几经整理稍有收入。然不过二三十万元。此项既已独立亦不足以应全县教育之用。近来经加地方合法税收，如棉花捐类始勉可维持。

2. 该县教育经费，县中经费比照省立中学开支。故教育经费占县预算总数达62%之多，颇为特色。

五、国民教育与新县制之配合情形：

该县辖23乡镇、214保。除城区古艾镇为武宁乡师附小施教范围外。尚有22乡211保。现该县共有乡中心国民学校26所（内有数乡有第二中心国民学校）。保国民学校209所。已达到普设。大乡大保且有分校（班）者。

六、失学儿童数占学龄儿童百分比为62%。

七、就学民众占全县失学民众18%（弱）。

八、失学民众数占全县总人口49%强。

九、其他：据在武宁县召集教育座谈会该县教育科林科长报告：（1）复员后最感困难为经费。日占、日扰区如箬溪、巾口、瓜源、鲁溪等乡中心国民学校已办，保国民学校则多未办理。曾电省请补助办理收复区教育。（2）武宁城乡校舍（乡村沿公路二十里）被日摧毁达一百余所。城内旧教育局房铺多经破坏焚毁。

十、综述优点缺点及特殊设施：

优点：（1）县立中学办理完善，待遇遵照省立中学支付。（2）国民教育在收复区十四县中，除高安、奉新外较有基础。（3）地方人士热心教育蔚成风气。如盛克私将军、黄隐霆、刘占元诸先生或亲自主持学校，或筹款补助深造。

缺点：（1）乡长不注意教育，对学校有所请求协助事项及乡所出纳对拨发学生经费、学谷均拖延不办。（2）该县中学、师范尚称发达。而国教素质尚须改进，以健全中学、师范生来源。（3）学生入学多以上年踊跃。而下年则稀疏。此种恶习应于纠正。

特殊设施：地方热心教育人士刘占元发动旧年丰乡（现辖澧溪、山潭、辽田、船滩四乡）人士筹集新宾兴，捐助肄业大、中学之清贫优秀学生。

乙、与上期之比较：本期国土光复，县长易人，县府推进县城复员开始呈新生气象。工作紧张。

丙、改进意见：

1. 该县保国民学校多有分校，惟办理内容较差，县府应奖罚严明以求改善。

2. 师资检定应照规定从速举办以资调整。

3. 对于箬溪、巾口、瓜源、鲁溪等收复乡镇。曾在伪校服务师资须加甄审，学生亦须持加训练。

4. 其有不注意教育之乡镇长必须严加惩罚。

5. 教育款产自抗战以来田地荒芜、房铺拆毁，该县应拟订计划以增收益。

6. 教师待遇县乡两不稳定，故在职师资不安于位，应切实改善。

7. 县立社教事业及经费应注意展开及增列。如县立图书馆改隶县文运会兼办，应改单独设立；他如民教馆因城区有省馆，则可就箬溪、澧溪、罗溪三地择一设立。

8. 利用整理户籍切实调查统计六足岁至十二足岁学龄儿童及十二足岁至四十五岁之失学民众数，以便计划教育。

9. 应根据该县之复员善后会议拟订教育施政计划。

10．应自觉根据部颁小学课程标准、训育标准进行教导。

11．县府计划设立职业学校应早实现。该县产茶曾盛极一时，职校应设茶科，以改进地方土产对国计民生两皆裨益。

右报告　谨呈

主任盛　转呈

厅长程

省督学郑均亨

中共武宁县委文件

武发〔1980〕13号

全县教育工作会议纪要

各公社（场）党委、大队党支部，县直各单位党委、总支、支部，各中、小学，共大武宁分校、县幼儿园、教研室、县教师进修学校、业教办党支部：

（一）

县委于一九八〇年一月十七日至二十日召开了全县教育工作会议。参加这次会议的有各公社（场）分管文教的党委副书记或副主任，生产大队的大队长，各中学和完小校长，共大武宁分校校长，县幼儿园主任，县委、县革委各部、室、委、办、县直各局，工、青、妇的负责同志，有关局下属单位党支部书记等共七百余人。会议开始由县委书记王哲同志主持。结束时，王哲同志作了总结。会议期间听取了县委常委、县革委副主任鲁德中同志传达了中共中央〔1979〕82号文件和国务院〔1978〕234号文件，县委副书记胡著安同志作了关于《全党抓农业，全党抓教育，“三教”一起抓，为‘四化’建设培养人才做贡献》的报告，文教局副局长刘堂仁同志报告了湖南桃江县普及小学教育、业余教育、幼儿教育一起抓的经验，联系我县实际，总结了一九七九年工作，交流了经验，讨论和制定了我县今后五年教育事业发展规划。认真研究了如何把普教、业教、幼教一起抓好，尽快地普及小学五年教育，提高中小学教育质量，极大地提高全县人民的科学文化水平。

全县教育工作会是八十年代第一个春天的第一次重要会议，也是深入贯彻党的三中全会和五届人大二次会议精神，促进全县教育事业的发展而召开的三级干部会议。通过学文件、听报告、总结工作，交流经验，讨论任务，落实措施，普遍反映都受到了深刻的教育，进一步明确了四个问题。

一是明确了四个现代化的关键是科学技术现代化，培养科学技术人才基础在教育。各级党委要十分重视教育，第一把手要亲自抓教育，要充分发挥教育部门的积极作用，并组织有关部门密切配合，做到全党抓农业，同时全党抓教育。

二是明确了发展教育事业，必须坚持两条腿走路的方针，发挥国家办学和群众办学的两个积极性。对办学的一些必要条件，特别是校舍和教学设备，以及民校教师的工资报酬等问题，采取国家解决一部分，集体解决一部分，学校也要通过勤工俭学逐步解决一部分。以利于多快好省地发展教育事业。

三是明确了以普及小学教育为重点，实行普通教育、业余教育、学前教育一起抓。三者互相衔接，互相促进，全面地发展农村教育事业。

四是明确了教育工作者的历史地位和作用。教育工作者是知识分子的一部分，知识分子又是工人阶级的一部分，教师是崇高的革命者和劳动者。他们的地位和所付出的辛勤劳动理所当然地得到社会的尊敬和重视。

这次会议，开得团结紧张，心情舒畅，畅所欲言，效果比较好，开成了一个全党抓教育的动员会、鼓励会、誓师会，与会同志一致表示，要把会议精神变为今后的实际行动，把我县教育事业推向前进。

（二）

一九七九年，在地委、行署的直接领导下，通过贯彻十一届三中全会和全国五届人大二次会议精神，落实了中央关于农业问题两个重要文件，政治、经济形势发展很快很好。

1．各级党委重视，书记亲自抓教育。各级党的组织，认真抓了学校领导班子教师队伍的思想建设和组织建设；认真研究小学五年教育的普及和教育计划的制定；关心教师，解决了一些实际问题；注意改善教学条件。现在全县十一所完中都建立了党支部，有两名支部书记、校长参加了公社党委，十七所公办初级中学，都建立了党支部或党小组。有的公社书记亲自找教师谈心，并注意在教师中发展新党员。积极帮助解决教工的家属吃粮和子女的工作安排问题。部分公社、大队、生产队自筹资金，兴建、维修校舍，改善办学条件。对普及小学五年教育工作，每年都抓了两到三次，不少公社、大队领导同志亲自同教师一道翻山涉水，深入到队到户动员入学。现在各公社（场）都有一名副书记或副主任分管教育工作，大队也有一名副支书或支委分管学校工作。凡是教育上比较重大的问题，如民师的选用、教育事业发展计划的制定、学校困难问题的解决，都经过党委集体讨论，妥善处理。

2．落实了党的知识分子政策，教师积极性大大提高。打倒“江青反革命集团”，党的知识分子政策得到了贯彻落实。全县教师中二十二件冤假错案都得到了平反昭雪。错划三十九名右派分子，都进行了改正，并作了适当安置。反右倾案件三人，都得到了解决。从而使教职员工精神面貌大变，革命干劲倍增。领导作风更加扎实了，学校领导班子通过整顿和调整，现在是团结战斗，作风扎实，以一个普通的教师身份，深入教学第一线，亲自讲课听课，有的还兼了班主任，参加教学，领导教学。不少学校领导成员做到了“蹲好一个点，带好一个班，管好一条线，教好一门课”。教师工作责任心进一步加强了。“忠诚党的教育事业”，做到了“三不讲”：接受任务不讲价钱，工作不讲时间，生活不讲条件。有的中学教师，担任了二十节课，每天工作有十一个小时以上，从不叫苦、叫累。有的教师与学生同在一个食堂吃饭，同在一间宿舍住宿，一些教室和宿舍是四面通风，上漏下湿，但他们干起来仍然是废寝忘食、任劳任怨。教师钻研文化业务的决心更大了。他们完成当天工作任务后还要钻研自修课（程）。

3．坚持了两条腿走路的方针，教育事业发展很快。各级党组织坚持了“两条腿走路”的办学方针，依靠群众，自力更生，没有校舍自己盖，没有桌椅自己制，没有设备自己添，群策群力地解决了办学中的困难，保证了我县教育事业的发展。全县有小学八百一十七所，在校学生五万二千五百四十五人，是“文化大革命”前一九六五年的百分之一百四十六，现在七至十一周岁儿童四万六千八百人，已入学的有四万四千三百四十七人，入学率达到百分之九十四点八，一九七九年完小毕业生五千六百六十人，普及率是百分之六十二。全县有公办完中十一所，厂办完中一所，公办初中十七所，中心完小附设初中班四所，民办高中十二所，民办初中点五十四所，在校学生一万六千九百二十二人，是“文化大革命”前一九六五年的二点九倍。全县有部分公社、大队办起了幼儿园、托儿所，部分单位也办得很好。大桥公社双溪大队六周岁幼儿有百分之八十八点六上了幼儿班，基本上普及了六周岁的幼儿教育。

4．认真贯彻了党的教育方针，德智体得到比较全面的发展。通过一九七八年全国教育工作会议以后，各级各类学校都注意了德智体一齐抓。中小学全面开展了“学雷锋、创三好”的活动，加强了对学生的道德品质教育，理想和前途教育，民主和法制教育，纪律教育，好人好事层出不穷。特别是中小学生守则贯彻以后，全县中小学都开展了“三风”整顿，一个良好的校风、学风和作风，得到了恢复和发扬。学校秩序井然，学习风气浓厚，守纪律，讲礼貌，爱劳动，讲卫生的良好风尚正在形成。各级各类学校现在都转移到以教学为中心，注意研究改进教学方法，充分利用四十五分钟，从而使教学质量逐步提高，尤其是小学质量提高较快。一九七九年高中毕业生参加大中专招生体检的一百二十三人，身体条件都合格。去年上半年招收飞行员，武宁一中体检合格的五人，录取了四人。

总之，我县教育形势是个发展的形势，前进的形势。但是我们对形势的分析，仅仅是拿自己与自己比，现状与历史比。如果同先进单位比，同实现四化的要求比，差距很大。我们严重存在着小学普及率偏低，文盲多，教育质量不高等问题。全县去年小学普及率只有百分之六十二，青少年和壮年文盲预计有八万人，而每年还将增加新文盲六千人左右。真是“一年堵不住，三年扫不完”。教育质量提高不快，中学教育为高一级学校输送新生太少，大专升学率居全区下游，为农村输送的劳动后备力量合格的不多。我们与先进单位比，必须迎头赶上；群众的要求，催着我们快上；四化的需要，逼着我们大上。当前是形势大好，但形势确实逼人。

（三）

根据国民经济调整、改革、整顿、提高的八字方针，使农村教育事业适应四个现代化的需要，教育事业的任务和措施是：

1．迅速普及小学五年教育。普及小学五年教育的标准，是指当地适龄儿童的百分之九十五以上都入了学，并读满五年，基本上达到教学大纲规定的小学毕业的文化程度，同时没有青少年文盲。两年内，即一九八一年适龄儿童入学率达到百分之九十五以上。巩固率达到百分之九十，普及率达到百分之八十。五年内，到一九八四年入学率达到百分之百，巩固率达到百分之九十五，青少年没有文盲，全面普及小学五年教育。

2．大力开展工农业余教育。一是农民业余教育：当前主要是大力扫除青少壮年文盲，计划一年办点，三年突击，一年扫尾，五年完成扫盲的历史任务。要求在一九八一年扫除青少年文盲，并试办业余小学和业余中学，以巩固和扩大学习成果。二是职工业余教育：两年内扫除职工文盲，三年内将不到小学文化程度的提高到小学毕业水平，已达到小学程度，但不到初中文化程度的要提高到初中毕业水平。五年内要有百分之五十职工达到高中文化（中等技术）水平。

3．积极发展幼儿教育。农村社、队和厂矿、企事业、机关、学校、部队都要积极发展，重点是抓好六周岁儿童的学前教育。一九八〇年县城所有单位都要创办或联合创办幼儿园，入园儿童要求达到百分之八十；农村要求有百分之五十的大队、生产队创办，入园儿童达到百分之五十。到一九八一年普及六周岁儿童的学前教育，以后逐步扩大到五周岁儿童全部上学。

4．巩固提高全日制中学教育，积极发展农业中学和职业中学。全日制初级中学应量力而行，适当发展；高中限制发展，巩固提高。全日制中学招生数，稳定在现有水平不变。大力发展农业中学（包括民办高中），一九八〇年计划增设两所，同时创办一所职业中学。

要完成上述任务，必须抓好如下工作：

①要“三种教育”一起抓。“三种教育”是互相联系、互相促进的。普及小学五年教育和抓好扫盲、业余教育、幼儿教育，都是以华主席为首的党中央的号召，是把全党工作的着重点转移到社会主义现代化建设上来的需要，是广大群众的迫切愿望，是提高整个中华民族的科学文化水平的最起码的要求。我们要下定决心，把“三种教育”一起抓起来。

普及小学五年教育，一年要大抓几次，要紧紧抓住入学率、巩固率、普及率。要求各地在开学前，要组织大小队干部，全体教师深入到队到户，动员入学，凡是七周岁至十一周岁的适龄儿童要求百分之百动员入学，对因生活困难和其他原因而休学的要动员复学；对有特殊困难而不能入学的，要采取多种形式办学。各地要创办超龄儿童速成识字班，动员十二至十五岁的儿童参加学习，学制半年或一年，结业时要识一千五百字到两千字。小学要提高教学质量，做到“进得来，留得住，学得好”，巩固率要求达到百分之九十五以上，留级和流生面要控制在百分之二以下。只有抓住了入学率，保证了巩固率，才能达到普及率。

业余教育，现在的任务主要是：抓紧扫除文盲，大力发展业余初等教育，积极举办业余初中，广泛开展农业科学技术教育。我县当前主要是扫除青少年和壮年的文盲，必须做到一堵二扫三提高。一堵就是普及小学五年教育，堵住新文盲的产生；二扫就是把十二周岁到四十周岁的文盲基本扫除，扫盲的重点是青少年、党团员、干部、农民技术员；三提高就是对脱盲学员采取各种形式如业余小学、业余中学、农技业余学校等，继续组织他们进行文化学习，巩固和扩大学习成果。要搞好工农业余教育，扫除文盲。

当前，一是要广泛开展宣传教育，大造学文化有理、脱盲光荣的舆论。发动群众大诉无文化之苦，大讲有文化之甜，大批“江青反革命集团”破坏工农教育的罪行。弄清扫盲与实现“四化”的关系，提高群众学文化的积极性。二是要立即开展一次全县性的文化普查，建立文化户籍，掌握情况。划分文化户、无盲户、文盲户。三是制订规划，对文化户和无盲户都可挂光荣匾，文盲户要因人而异，限期脱盲。四是培养骨干，包教包学。今春要迅速掀起群众性的扫盲高潮。做到“书记挂帅，全党动员，部门配合，学校师生和回乡、下放知青一齐参战，打一场扫除文盲的人民战争”。各级党组织都要层层抓好点，摸索经验，充分调动广大群众学习、教学、办学的积极性。要建立一支由知青、中小学师生参加的群众性的业余教育队伍，来一个“三包”“两定”“五落实”。“三包”即学校包大队，教师包生产队，学生包扫盲对象；“两定”即定期检查评比，定期验收脱盲；“五落实”即思想、组织、任务、教材、辅导五落实。公民办教师负责检查、督促、辅导，业余教师具体负责教学。五是要妥善解决扫盲运动中的具体问题。学习时间问题：可采取集中与分散相结合，坚持农闲多学，农忙少学和农闲集中学，农忙分散学的办法，男女社员交错学习，一般要求每星期男女社员分别各学习两个晚上，还可以根据生产情况举办午学班等多种形式，机动灵活地开展扫盲活动。学习内容，我们可根据“围绕中心，服务生产”的原则，结合农业生产知识编写教材，使社员既识了字，又学到了农业生产知识。扫盲课本问题，由县扫盲办统一解决，在未有新课本以前，各村、队可先组织人编写临时扫盲教材。书籍费可在生产队公益金中解决。业余教师问题：要挑选那些思想进步，责任心强，有一定文化水平而又热心扫盲工作的人担任，因业余教育工作误工，生产队要适当给予补贴。

幼儿教育。第一，要因地制宜，多种形式，办好园、所。县城可按各行业性质，由系统举办大集体的托儿所、幼儿园；街道、居民委员会也应该办；工矿要普遍办托儿所、幼儿园。农村要求社办幼儿园，队队办幼儿班，首先将六周岁儿童接收入园（所）。第二，推选思想进步，责任心强，身体健康，热心幼托工作的人担任保育员。第三，办园经费和保育员的报酬要落实。县城民办园所的经费，按中共中央〔1979〕73号文件规定，一由孩子家长负担，二由孩子家长所在单位向园所交管理费，三由财政部门在自筹经费中的酌情补贴。农村民办园所的经费（包括保育员工分）可由队里公益金解决，也可由孩子家长负担，也可由集体、个人共同负担。

②坚持两条腿走路的方针，依靠群众办好农村教育事业。

发展农村教育事业，必须实行两条腿走路的方针，发挥国家办学与群众集体办学两个积极性。依靠群众集体办学，重点要解决两个问题：第一是校舍问题。各地必须经常进行检查，发现问题要及时帮助解决，防止意外事故发生。对于校舍的兴建、维修，教学设备的添置，原则划分应该是这样，完全中学县里负责，不要公社负担；初中和小学要社队投资。经济来源有三条：一是社队企业拿点钱，二是依靠群众自己办学，三是本校勤工俭学。对群众自己办学，投工，献料的数量和方法应由社员大会或管理委员会讨论决定。二是民办教师问题。全县具有民校教师两千一百四十三人，占教师总数的百分之六十，除国家拨给民办教师的补助费如数补给外，群众还要负担一部分或一大部分，幼儿教育的教师不列入民办教师编制。

要大力支持学校在以学为主的前提下，积极开展勤工俭学活动。开展勤工俭学是全面贯彻党的教育方针，培养全面发展的合格人才的重要一环。勤工俭学的主要目的是育人，但对经济也不应忽视。勤工俭学活动所创造的财富，在弥补教育经费之不足，改善办学的物质条件，促进教学质量的提高和教育事业的发展，都起着有益的作用。当前我县有一部分人对勤工俭学认识不足，把勤工俭学同提高教学质量、落实党的农村经济政策对立起来，出现了盲目砍、退学农基地的现象，有些大队、生产队将学校的菜地都退走了，这是不对的。县委〔1979〕38号文件明确规定："凡是学校原有的土地、茶场、林场。（包括开荒、造田等）应归学校所有，任何单位不能侵占。"现在重申，任何单位拿了学校的土地，应一律退回给学校。各公社、大队要把这个问题落实好。各学校要办实验小农场，开展科学种田的试验。要发展种养业，增加经济收入。实践证明，勤工俭学搞好了，可以减轻农民负担，可以改善办学条件，可以提高教学质量，各级党组织一定要支持这项工作。

③集中力量办好重点学校。

根据省普教会议精神，对重点学校应作调整。我县确定武宁一中、新宁二小为重点学校。对于武宁二中、澧溪中学、金水中学、大洞竹木制品厂子弟学校、文教部门也要作为重点学校来办。

所谓重点学校，一是要有坚强的领导班子，二是要有好的教师队伍，三是要有较高的教学质量，四是要培养出德智体全面发展的学生，合格的人才，五是要出经验，否则就无所谓重点了。领导班子和教师要解放思想，敢于革新；要树雄心，立壮志，立足现在基础，从基础抓起，一步一个脚印扎扎实实地干。要摸索教学规律，创造新的经验。

④改革中学教育结构，调整教育内部的比例关系。

目前我们的教育事业，很不适应农业、工业、国防和科学技术现代化的需要，必须进行改革。我县今年对完中作了调整，全县办完中十一所（大洞竹木制品厂子弟学校是厂办学校）今后不再变动了。我县已办了民办高中十二所，一九八〇年还计划增加两所，同时在县城开办一所职业中学，校址附设在武宁共大分校。这些民办高中，以社办为主，县文教局要大力支持。凡是民办高中，要求公社、大队适当调拨一些土地或指定荒地开垦，每个学生最好有一分左右的土地，开展勤工俭学活动。课程设置，基础课按普通中学课程开设，同时要加强专业课。民中和职中的学生一律不分配工作，但可报考大学和中等专业学校。

同时，要办好武宁共大分校。共大的任务主要是普及农业科学知识。鉴于目前经济困难，办学形式有所改变，一是招收初中毕业生和社会知识青年，自带伙食，毕业后社来社去；二是轮训社队干部和农业科技人员，举办短训班需要的经费和专业教师由主办的主管部门解决，以后省委有新的规定就按新规定执行。

⑤加强教师队伍建设，努力提高教育质量。

发展教育事业，提高教学质量，一个关键问题就是要加强教师队伍建设，不断提高教师的水平。没有高水平的教师，就没有高质量的教育。

1. 加强教师队伍的管理。公办中小学教师，由县文教局管理，包括人事档案。在本县系统范围内调整、调配由文教局负责，调离教育系统或调出县的，应严格控制。特殊情况需要调出者，应经文教局同意，否则教育管理部门有权拒绝介绍。

2. 本省高师、中师和江西大学有关专业以及外省市为我们培养的师资应全部分配教育战线工作，退休或病故等自然减员的中小学教师、职工指标任何单位和部门不能占用。

3. 加强民校教师的管理和提高工作。凡是发了正式任用证书的民校教师，要长期稳定不变，便于提高文化业务水平，需要补充的民校教师，要经过政治审查，文化考核，本着任人唯贤、德才兼备的原则，经学校、大队提名，公社选择推荐，由县文教局批准，发给任用证书。辞退或调换民校教师，由公社教育办公室提出意见送公社审查，报县文教局批准，并收回任用证书。凡是未办理手续的，一律不予承认民校教师的数量，不下拨经费。民师的报酬一定要落实，县委〔1979〕61号文件规定："民校教师、赤脚医师的报酬要根据其工作态度、技术高低、贡献大小，评定工分，大体上和大队干部工分相同，并在公益金中开支，其工分应带粮、带油。民校教师的工分补贴和奖惩，都要报经公社党委逐个审查批准。"县委规定民校报酬同大队干部基本相等。含意有两条：一是承认的脑力劳动和体力劳动是一致的，都是劳动；二是根据各人的表现，报酬允许有些差别，这个差别也可以大队干部高于民校教师，也可以民校教师高于大队干部。关于劳动部分工分，应同样参加分配。鉴于民校教师由于要备课、要学习、辅导区要活动，确实没有时间去劳动，而不是不愿去劳动，所以公社党委在具体审批时要考虑这个问题。民校教师是工资制的（指按月发工资），不能带粮。拿钱买工分的，可以带粮。民师的工分价值，应以大队工分价值计算。摊不摊义务分工？与大队干部一视同仁。

4. 要提高教师的文化业务水平。县进修学校要制订培训计划，要分批轮训，积极开展函授教育。通过在职或离职进修，尽快使小学教师达到中师毕业水平，中学教师达到大专毕业水平。要积极开展教研活动，建立教师业务档案，建立教师定期考核，成绩评定等制度。

"教改的问题，主要是教员问题"。只有提高了教师的文化业务水平，才能提高中小学的教学质量，各级各类学校要以教学为中心，狠抓基础班，抓好毕业班，扎扎实实搞好"双基"教学。自力更生，因陋就简，建立实验室、图书室，衡量小学教育质量，固然要面对全体学生，但不能不看升学率。邓副主席讲过："考试是检查学习情况和教学效果的一种重要方法，如同检验产品质量是保证工厂生活水平的必要制度一样"。高考是可以看出一个学校的教学效果的。中学的质量高不高，主要是看两条：一条是为高一级学校输送多少合格新生。二条是为社会输送多少合格的劳动后备军。要完成这两条任务，关键是面向全体学生、坚持“三好”（思想品德好、学习好、身体好）原则，做到德、智、体全面发展。

当前一个值得注意的问题，是学生的身体健康问题。据典型调查，学生的体质在下降，视力在减退，近视眼增加。长此下去，为害不浅。要积极发展体育运动，坚持两课两操一活动。要培训体育教师，建立一支体育教师队伍，尽快提高学生“达标”水平。要搞好卫生工作，校园要经常保持清洁，要大力造林，绿化校园。中学都要逐步建立保健室，配备一名专职或兼职的医师或保健员。要上好卫生课，加强对学生的卫生常识教育。县保健站、公社医院，每年要对学生进行一次全面的健康检查，发现问题，及时解决。从而使一代青少年具有健壮的体魄，丰富的文化科学知识，更好地为四化建设服务。

（四）

中共中央〔1979〕82号文件指出：“第一把手亲自抓教育，充分发挥教育部门的职能作用，并组织各有关部门密切配合，做到全党抓农业，同时全党抓教育。使生产的发展推动教育事业的发展，而教育事业的发展又促进生产的更大发展。”全党如何抓教育呢？就是在抓农业的同时，把教育工作作为一项战略任务列入重要议事日程，具体要求：

一是各级党委要加强领导，书记要亲自动手。动员全党在抓农业的同时，要抓好教育工作。分管教育的副书记或副主任，要拿一定的精力管教育，把教育工作列入党委的议事日程。党委一年要讨论两次，开学初要大抓动员入学，期中要检查一次，发现问题，及时解决。为了加强对扫盲工作的领导，各公社（场）要迅速成立工农教育委员会，分管的副书记就是主任，在现有公社干部中，拿出一个干部具体管理工农教育。公社教育办公室既是公社主管全社教育工作的专门机构，又是文教部门派出的办事机构，不仅不能削弱，而且必须加强。县完中和公社所在地的初中一名校长兼办公室主任和配备一名专职副主任外，各中心完小校长都兼办公室副主任，办公室的干部要集中精力抓教学，一律不准抽调他们去搞生产、蹲点或搞其他活动。

二是抓好典型。今年县委搞的二十个大队，既是农业点，也是教育点；每个公社要办好一至两个大队；每个大队要办好两到三个生产队。要求一九八〇年县、社、队三级办好五十个大队，一千个生产队。县委派出的蹲点工作组要带头做出样子，做到制订生产计划有教育方面的指标，布置生产工作有教育的任务，汇报生产有教育的情况，检查生产有教育内容，年终总结时，既交农业成果，也要交教育成果。

三是对于教育方面的重大问题，如贯彻上级的有关指示和重要会议精神，制订教育事业发展规划，落实知识分子政策等，党委都要讨论研究，作出决定。重大事情，如小学普及五年教育问题，扫盲问题，校舍维修问题，民校教师人选、经济报酬和生活待遇问题，学校的土地问题等，都要由党委出面抓，一抓到底，抓出成效来。在做法上要通过社员代表会或管理委员会，充分酝酿民主讨论决定，防止任何违反政策，违犯群众意愿的做法。

四是要关心教师，帮助解决实际问题。首先要从政治上关心他们，大力宣传知识分子是工人阶级的重要组成部分，彻底消除当前还存在歧视知识分子的种种现象。要加强政治思想教育，积极培养他们入党入团。其次是工作上支持他们，使他们能够集中精力搞好教学。节假日不能占用，让他们搞好进修，适当休息；不能抽调教师（包括领导）搞中心工作；不能随便命令学校停课、放假，干别的活动。再次是生活上爱护他们，当前中小学教师在生活福利方面存在的问题很多，教师最关心的是住房问题、生活问题和家庭子女工作安排问题，各级党组织都要关心这些问题。尤其是民校教师，要遵照县委〔1979〕38号和〔1979〕61号文件所规定的去落实，使之安心工作。

五是各行各业都要支持教育事业。华主席在五届人大二次会议上发出了“各行各业都要支持教育事业”的号召，一九七九年八月方毅副总理在接见北京市中小学教师代表时指出：“希望全社会都来关心和支持中小学教育”。教育是牵涉到各行各业，涉及千家万户的一件大事。要把教育事业搞好，必须大家关心，各方支持。当前，学校困难较多，校舍、课桌凳、教学设备都很简陋，希望各有关部门，在政策允许的条件下，尽快地给予解决。初中寄宿学生的粮油补贴问题，国务院、省人民政府都有文件，粮食局、文教局、商业局、县供销社联合发了通知，各地必须认真执行。关于民师的副食品供应问题，包括猪肉、食油供应，必须与社办企业的职工一视同仁。

教育事业是一项伟大的事业，教育工作任务，是极其光荣而艰巨的任务，展望未来，任重道远，让我们在华主席为首的党中央领导下，以“不到长城非好汉”的决心，戒骄戒躁，再接再厉，为实现四化培养大批人才而努力奋斗。

一九八〇年一月二十二日

积极开展尊师重教工作

武宁县人民政府

一九八五年

我县是个“八山一水半分田”的山区。经济比较薄弱，全县24个乡（镇、场），31万多人口，31万余亩耕地。一九八〇年前，农村人平均纯收入百元左右，党的十一届三中全会后，经济形式逐年好转，一九八四年农村人平均纯收入提高到281.3元。

随着经济发展，教育事业也相应地得到发展。现在全县各级各类学校947所，学生64244人，占全县人口总数五分之一强。教职工3577人，其中民办教师1923人，占小学教职工总数的64.46%。教育经费一九八四年预算250万元，一九八五年预算265万元，比去年同期增长6%，到七月底止，县政府为改善办学条件，又已追拨专款38.8万元。

基础教育在上级党政部门的关怀与指导下，取得了一定的成绩。一九八二年完成了基本扫除文盲的任务，一九八四年又完成了普及小学教育的任务，教育质量也逐年有所提高。中等教育结构改革和学校管理改革已有了良好的开端，职工教育、农业教育不断发展。我们把原县三中改为县办农业中学，我们把原罗溪、荷洲初中改为两年制的农业高中，今年又增办了一所甫田农业高中，各乡基本上都有一所农民技术夜校或业余小学，这类学校今后还要继续增加。尊重老师、重视教育的风尚逐步形成，其表现有如下几个方面：

一、把尊师重教工作列入议事日程

尊师而国兴。党中央非常重视教育。早在一九七九年就发出了“全党抓农业，全党抓教育”的号召，党的十二大及时地、明确地把教育列为三个战略重点之一，邓小平同志告诫全党：“忽视教育的领导者，是缺乏远见的，不成熟的领导者，就领导不了现代化建设。”最近中央把教育部改为国家教育委员会，建立教师节等措施，是教育工作地位明显提高的标志。

遵照党中央的指示精神，我们组织各级党政领导认真学习中央一系列文件，在领导成员中逐渐提高了认识，统一了思想，并把教育工作提到政府工作的重要议事日程。一九八○年提出了“要把武宁经济搞上去，首先要把教育搞上去”的工作口号。抓住一切有利机会，在广大人民群众中广泛宣传尊重知识，尊重科学，重视人才，重视教育的意义，大讲教育在四化建设中的作用。端正各级领导和各行各业对教育的认识，努力造成一个全党抓教育，各行各业关心教育，千家万户支持教育的新局面。县委、县政府自一九八○年以来，基本上每年召开一次全县教育工作会议，初步形成了党、政领导的教育指挥系统和学校的管理系统。工作层层有人抓，级级有人管，各级党政部门基本上做到了“四有”。即各级政府有专人专管教育，有专门研究教育工作的会议，有教育工作计划，有抓教育工作的具体措施。我们建立了检查制度和奖惩制度，有的地方建立了干部包干负责制度，把教育工作纳入乡、村干部年终评模评奖的内容。全县每年都要组织一至两次教育工作检查或巡视考察，各乡每年要组织二至四次全乡教育工作检查。每次检查，事先有布置，检查后有总结，党政领导认真听取汇报，对存在问题及时研究解决，由于切实摆正了教育工作在发展国民经济中的位置，使全县教育工作健康稳步地得到发展。

二、认真解决教师中的实际问题

胡耀邦同志指出：“知识分子是我国社会主义建设所绝对必需的智力因素，是我们国家的宝贵财富。”落实知识分子政策，提高教师的社会地位，调动广大教师的工作积极性，是搞好教育工作的决定因素。近几年，该项工作作为尊师重教的重要内容来抓。

第一，注重吸收知识分子入党。各级党组织把发展知识分子入党作为新时期党的重要工作，经常督促、检查和指导，认真做好培养、发展工作。一九八四年，全县在知识分子中发展党员77名，等于前五年的总和。占当年全县发展新党员总和的26%，其中教师党员占很大的比重，现在全县教师中有439名党员。据不完全统计，有170多名建党对象正在培养、考察中，在思想认识上基本解决了知识分子入党难的问题。

省委、省人民政府关于改善中级知识分子待遇文件下达后，我们认真做了研究，坚决贯彻文件精神。凡中教五级、小教三级的教师家属、子女不是商品粮的都办了农转非手续。无子女参加工作的，劳动人事部门给予优先安排工作。在一九八四年中解决了11户32人的农转非，优先安排了4名无子女参加工作的教师子女就业。

第二，认真纠正冤、假、错案。按政策该安排的作了妥善安排。党的十一届三中全会后，对冤、假、错案进行了全面清查。去年，全县在教师中落实政策，恢复工作的有17人，下放收回的2人，落实对台政策安排工作的7人，共26人。

第三，大胆启用中、青年骨干教师，把一批优秀教师提拔到领导岗位上来。八四年调整了全县中小学校的领导班子，破格任用了一批年富力强的中、青年骨干教师。在中小学领导班子成员中，具有大专文化程度的28人，占总数的16.7%；具有中专文化程度的有85人，占总数的50.6%。今年又从大中专毕业的教师中选拔了18人充实学校的领导班子，从而有效地改变了学校领导班子的知识和年龄结构，为开创我县教育战线的新局面奠定了良好的基础。

三、努力形成尊师重教的社会风尚

今年三月初，“五家”领导同志都参加了县一中的教师表彰大会。王名泉县长代表县委和政府在大会上讲了话，肯定了全体教师的工作成绩，赞扬了他们的主人翁精神，鼓励他们再接再厉，乘胜前进，为振兴武宁教育再立新功。今年春节前，县委、县政府组织了慰问教师的活动，张绪佑副书记和王名泉县长冒雪到县二中看望教师，县直学校召开了春节慰问大会，县委书记童心乐同志代表县委、县政府致慰问词。随后，又召开了县直学校教师代表座谈会，“五家”领导同志到会听取了代表们的意见和建议。今年五月份，县委副书记张绪佑同志，亲自到南昌，召集了南昌市各大专院校应届毕业生武宁籍学生代表座谈会，欢迎应届大中专毕业生回县建设家乡。

全县各级政府部门也都开展了慰问教师的活动，如甫田乡，每年春节，乡主要领导同志都要分头到教师家里走访，节前走访，节后慰问，给教师以精神和物质鼓励，广大教师深受感动。教师们说：“钱少情意深，是党和政府的温暖。”该乡对调入本乡工作的教师家属、子女，没有工作的都优先安排在乡镇企业工作。去年，他们还召集了录取大、中专院校学习的学生、家长以及教师开座谈会，并发了奖学金（大学本科100元，专科80元，中专50元），现在全乡教师工作专心，学生积极上进，重视教育，尊重教师的风气越来越浓。大洞乡成立了乡、村教育委员会，今年上半年召开了全乡“尊师重教”大会，并给每个教师发了纪念品，有的村还买自行车送给学校。泉口乡积极为教师办实事、办好事，乡党委书记熊自煌同志在上任的第二天，就到学校去看望老师，为解决知识分子入党难的问题，他亲自到学校作调查研究，当他了解到全乡十年来没有发展一个教师党员的情况后，决定亲自抓这项工作，切实解决教师入党难的问题。由于党委重视，仅一九八四年就在泉口初中吸收了4名教师入党，他们还对初中民办教师每月发给生活补贴4元，上学期农忙假期间，学校组织教师到上海、广州等地旅游，乡政府用专车送老师们到南昌，后又派车从九江把教师们接回来。县煤矿经常为金水中学送煤，不收运费，矿里放电影派车专程接老师去看。清江乡今年暑期组织全乡小学教师外出旅游，政府拿出一千元现金作为教师旅游的生活补贴费。在维护学校教师的权益方面，罗溪乡是重视的。今年三月，罗溪初中因放电影与群众发生争吵，一个教师的头部被一青年农民打伤，乡政府领导知道后，迅速赶到现场，对肇事者进行了严肃的批评教育，责成他写出书面检讨，向教师赔礼道歉，并罚款90元。

四、努力改善办学条件

县政府根据中央和省、市有关文件精神，一九八四、一九八五年都作了改善办学条件的决定。坚持“两条腿走路”的办学方针，调动县、乡、村的积极性，集中力量实现学校的“一无两有”问题（即校校无危房，班班有教室，人人有课桌凳）。由于各级政府的重视，广大群众积极支持，一九八四年全县新建中、小学校舍165所（其中，中学17所，中心完小22所，村小126所）。建筑面积达112465平方米，超过原计划61522平方米的82%，总投资金额4244637元，其中包括乡村投资、集资和国家补助。

在此同时，县政府就集资办学问题做了三件事：

第一，对全县中小学校舍危房进行了一次全面检查，全面规划学校危房的维修、拆建工作。

第二，制定了三条措施：（1）民办公助。规定中学、中心完小新建校舍，必须是砖木或水泥结构的，每平方米县里补帮10元，村级小学每平方米补助5元；（2）县政府决定，同意学校拆建危房的旧木料出口。据初步统计，处理旧房料5000余立方米；（3）发动各行各业支援学校建设。一九八四年，仅国营、集体企业单位集资一项就达16万余元，有力地支援了学校建设。

第三，从地方财政拨出一部分资金为学校解决一些主要问题。一九八五年地方财政批拨经费377500元，其中县一中72000元，县二中101500元，县农业中学40000元，县幼儿园8000元，东林初中6000元，兴建县城教师宿舍楼150000元。

各乡政府为集资办学，改善办学条件，做出了很大的努力。甫田乡集资17000元建校，当时由于乡里拿不出这么多钱，乡政府领导同志四处奔波为学校借钱，并与乡办企业单位商量，缓发了企业人员三个月的工资。大洞乡政府投资10万元新建了一所教学楼，罗坪乡长水村新建了一所钢筋水泥结构的校舍，船滩乡长坪村村主任把卖稻谷款600元无息借给学校，清江乡殿下村为建校，村干部一齐上阵，家里请人收割二晚，宋溪乡大坪村在经济困难的情况下，学校校舍课桌凳全部翻新。目前，全县基本实现了“一无两有”。

五、培训提高教师素质

培训提高教师的思想、文化素质，我们采取了两条措施：一是经县政府研究决定报上级机关批准，将原县教师培训班改为两年制的中师性质的教师进修学校。从一九八四年起，每年从小学公办教师中招收45名至50名学员进校培训；二是鼓励教师积极参加各种形式的在职函授或进修。目前，脱产或半脱产进修的教师60人，在职进修的学员40人。预计在三五年后，我县的师资水平将有较大的提高。为了稳定教师队伍，非特殊情况，不能把教师调出教育部门，如确因工作需要从教育部门调出教师，也要同教育部门协商，在他们同意的情况下，方可调出。

六、以多办实事庆祝教师节

为了隆重庆祝第一个教师节，使之产生良好的社会效果，县委、县政府作了专门研究，发了文件，决定在教师节前后，为教师切实办好几件事。

第一，对教师中落实知识分子政策的情况进行一次普遍检查，发现问题及时解决，为教师中遗留下来的信访积案未落实的，要抓紧逐案审查，尽快落实，对殴打教师、侵犯学校权益的案件，司法部门要从快、从严查处。

第二，在本县范围内，对教师看病、购买车船票、分配住房实行优先。

第三，教师节前后，对中教五级、小教三级、离休和教龄逾三十年的教师进行一次身体检查。

第四，为县一中铺好一条三百米长的柏油路。

第五，每年在农转非指标总数中至少拨出20%，用于解决教师家属、子女吃粮问题。

积极稳妥地调整中学教育

中共武宁县委会

在党的实事求是的思想路线指引下，我们从1978年起，在调查研究的基础上，对全县中学教育进行了调整，取得了较大的成绩。

（一）

武宁地处赣北山区，全县24个公社场，282个大队，30万人口，31.6万亩耕地，是一个经济基础比较薄弱的地区。在十年动乱期间，由于左的错误思想影响，我县就盲目大办起中学教育，当时有两个口号，一个是“高中不出公社”，因此要大办高中；一个是“初中不出大队”，因此而初中也必须大办。据1977年统计，全县有完中18所（大办高峰时曾达到33所），几乎每个公社都办有一所，初中13所，戴帽初中班129处，在校学生有19000余人，相当1965年的6.2倍。这种以牺牲质量换取虚假数量的办法，造成了教育上严重的“虚肿”现象。要治好“虚肿”，保证教育事业健康发展，必须进行调整。

我县中学教育的调整，是分两次进行的。第一次是1978年，第二次是1980年。经过两次调整，全县现有完全中学5所，单独设校的初中24所，联办初中35所，戴帽初中班15处，民办农业中学6所。普通高中招收初中毕业生的比例由1977年的75%下降到1980年的42.3%。全县中学教育事业的规模和布局基本上符合我县实际，招生比例和学校网点、规模，大体可以稳定下来，为稳定提高教育质量打下了较好基础。

（二）

调整中学教育的根本目的，是加强教育事业，而不是削弱教育事业。我县中学调整虽然时间不长，但对加强教育事业已初步显示出良好的效果。

1. 加强了整个教育的基础，促进了小学教育的普及。由于过去大量发展中学，集中主要精力抓中学，人员往中学调，经费往中学拨，物资往中学分，教育上形成了“头重脚轻根底浅”的状况。例如1977年学龄儿童入学率只有87.2%，真正能读满五年的不到50%。每年约有五千名新文盲产生，导致了教育内部比例严重失调。通过调整，首先加强了小学教育，普及小学教育开始列入县、社、队党政机关的议事日程，不仅县教育部门直接抓，公社、大队也集中精力一起抓。如大桥公社原来办有两所完中、一所初中、十二处戴帽初中班，一度形成了大队的精力抓初中，公社的精力抓高中，小学基本无人过问的局面。调整后，只有两所初中，四所联办初中，现在不仅大队的精力集中用于抓小学，而公社也腾出手来抓小学，因而使这个公社的学龄儿童入学率、巩固率、合格率均有明显的上升。

由于调整中学，加强了小学，1980年全县学龄儿童（除生理缺陷外）入学率提高到96.9%，全县12～17周岁青少年已读满小学五年的实际普及率达62%，全县办起了中心完小25所，重点小学1所。为了办好中心完小，提高教育质量，首先给每所中心完小配备了校长和教导主任，同时将初中调整出来的313名教师，多数充实到小学，办学条件也得到改善，使中心完小越办越好，逐步成为农村教育的骨干。

2. 改善办学条件，逐步充实了中学的教学设备。调整前全县中学校舍普遍紧张，不少地方的中学占用小学校舍，小学则去借用民房。1978年前，全县有公办中学生12151人，当时实有校舍面积五万平方米，平均每个学生只有4.1平方米。调整后有公办中学生6202人，平均每个学生有8平方米。现在全县29所公办中学，除县镇中学因生源较多，校舍拥挤外，其余27所农村中学，有25所的校舍已基本够用。

由于调整，经费可集中使用。1978—1979年，全县拨给中学修建费120万元，其中拨给完中的修建费就有60万元，共修建校舍7200平方米。教学仪器的分配，在保证重点中学的前提下，基本先配备完中，目前绝大部分完中基本上都能开展实验教学。

中学调整后，提高了教学质量。群众反映孩子们真能够学到一点文化知识了，因而大大调动了群众兴办学校的积极性。近几年来，全县改建新建初中和民办高中校舍面积达3.2万平方米，投资达200万元，其中国家投资占12%，师生劳动自建校舍20%，社队集体负担占68%，广大群众认为修建校舍是为自己子孙后代办好事，愿意在教育孩子上出点力、花点钱。

3. 集中力量办重点，促进了中学教育的提高。调整后，中小学的教学力量，由过去的层层削弱，转变到层层加强。调整前，全县高中教师有297名，而大专毕业只有61人，占20.9%，而且分散在18所完中，没有一所完中的教学力量能够配套，也没有几所中学能按照部颁全日制中学教学计划开齐全部课程。现在全县高中教师140名，大专毕业的78名，占52.1%，同时集中在5所高中，力量显然加强了，由于高中的大量压缩，我们就可以更好地集中力量，办好重点中学，提高质量。

初中通过调整，每个公社重点办一所，除县里认真加强领导外，公社必须作为重点来抓，在师资配备上，将调整出来的157名高中教师，全部充实到初中，初中教师中不能胜任的由原来的54.6%，下降到25.7%。

由于教学力量的充实和加强，教育上的“虚肿”现象有所缓和，教育质量开始回升，为四化建设培养合格人才迈开了可喜的第一步。

（三）

中学教育的调整，涉及面广，政策性强。我们在两次调整工作中，对调整的重要性和必要性的认识，也是一次比一次的明确，具体工作一次比一次细致，我们体会到，只有加强党的领导，坚持正确的思想路线，这项工作才能做好。我们的主要做法和体会有如下几点：

1．深入调查研究，统一思想。长期以来，我们受左的影响，办教育总是以多为贵，以量胜质，过去我们曾以武宁是个穷山区，“穷则思变”，教育要“多办”才能“快上”，结果是“拔苗助长”，事与愿违，像农村工作热衷于搞“穷过渡”一样，在教育上实际是搞“穷拉平”。粉碎“江青反革命集团”后，各条战线都在拨乱反正，正本清源，教育推倒了“两个估计”，批臭了“白卷英雄”，学校教学秩序日趋正常，教师积极性大大高涨，提高教育质量的问题摆到了重要的议事日程。各个学校都要上，都要求解决人、财、物方面的困难。怎么办？我们开始意识到教育的调整问题，当时全国范围内广泛开展“实践是检验真理的唯一标准”的讨论。打开了我们的思路，于是我们要求教育部门下去调查研究，摸清教育内部的状况，同时县委领导同志也注意结合生产，调查了解教育问题。经过调查，发现一些中学徒有虚名，质量很低，给我们印象很深，例如澧溪公社上青大队第三生产队有两名高中毕业生，三名高中肄业生，四名初中毕业生，但却没有一个人能胜任生产队会计；横路公社泥山大队有一个生产队有5名初中毕业生，却没有一个懂得科学使用农药，当年二晚禾苗发虫，喷撒六六粉过多，致使禾苗大面积枯死，造成严重减产，群众反映说，这样的学校有名无实，办也无益。我们根据调查情况，算了几笔账：

（1）中学发展：一个30万人口的山区县，“文化大革命”的十年中，中学生增加了6.2倍。

（2）教师增加：1977年全县494名公办中学教师，就有452名从小学拉上来的，能胜任中学教学的只有81人，占当时中学教师的五分之一，多数教师是高中毕业教高中，甚至是初中毕业教高中。

（3）校舍设备：全县中小学共有校舍面积21万平方米，其中危房就有5.8万平方米，借用民房2.9万平方米，全县31所初、高中（不包括戴帽初中班），只有5所是原有中学校舍，其余都是占用小学的。80%以上的中学缺乏图书资料和教学仪器。

这样的学校培养出来的学生，实际是高中的牌子，小学的底子，根本无法适应社会主义建设的需要。因此，我们感到高中非下决心调整不可，但是当时也有一些同志认为办学总是一件好事，担心调整了会影响农民子女上高中，怕群众有意见；也有的同志认为对这个问题，上级无布置，外地无经验，等一等再说，为了解决这些问题，县委决定由主管教育的副书记和常委带队，县委宣传部和文教局的领导参加，深入到全县各完中进行调查，并重点解剖一些典型学校，把调查的问题带到常委会上摆事实，议危害，提办法，订方案，在统一思想的基础上，作出了调整中学的决定，进行了第一次调整。

党的三中全会和1979年对国民经济提出“调整、改革、整顿、提高”八字方针后，县委在研究调整经济和调整农业内部结构的同时，把教育调整进一步列入了议事日程，通过调查，我们认为第一次调整还没有彻底克服教育内部的“虚肿”现象，全县12所完中有8所师资无法配套，还不能按教育部颁发的教学计划开齐全部课程，校舍除澧溪、金水两所完中基本够用外，其余的仍很拥挤，而且破烂不堪，教学质量仍然很低。针对这些问题，县委决定发动全县广大干群认真研究，于是在1979年4月召开的全县教育工作会上把教育的调整工作列入了研究的重点，实事求是地肯定了中学教育初步调整后所取得的成效，从师资、校舍、教育质量等方面说明了中学还有调整的必要，调查研究的过程，实际上就是解放思想，不断端正思想路线分析的过程，在党的三中全会精神的指引下，我们抓好教育调整的方向更明确了，思想认识更统一了，大家同心同德，自觉地把思想认识统一到党的方针政策上来，在这个基础上，顺利地进行了全县第二次中学教育调整。

2. 层层做好思想教育工作，取得基层干部和广大群众的支持。中学教育从年年追求数量到控制压缩数量，是个重大的转折。工作刚开始时，我们了解到有些同志对调整的意义认识不清，目的不明确，认为调整是“卡群众子女读书”，口头上不赞成，行动上不支持，县委认为这主要是认识问题，也是我们在调整中必须注意解决的问题。我们抛弃了过去那种“搞运动”的大轰大嗡的形式，采取耐心说服教育做深入细致的思想工作，在第一次调整中，县委抓了三件事：一件事是广泛开展宣传。我们先后召开两次教育工作会，这两次会议都有社、队主管教育的领导同志，中小学校长、县直各单位党支部书记或政工干部参加。县委主要领导同志和主管教育的副书记亲自讲话，宣传调整的意义和目的，分析教育比例失调的现状，讨论只图数量，不顾质量，徒有虚名而招灾祸的危害，研究如何办好教育，提高教育质量的办法和措施，收到了良好的效果。其次组织一批同志深入社、队开展宣传，宣传党的方针政策，宣传教育调整的意义，宣传县委对调整教育的意见和决心，以期达到人人关心调整，人人支持调整的目的。第二件事是做好过细的思想教育工作。在做好广大干群思想教育工作的同时，特别要重视解决好社队主要领导干部的思想问题，工作一开始，就有一部分社队领导同志向县委“告状”，说：教育事业要发展，为什么还要撤并学校？对这些同志，我们反复耐心地做思想工作，同他们促膝谈心，讲清现在调整教育是为了将来更好地发展教育，帮助他们正确认识和处理好当前与长远的关系，需要与可能的关系，普及与提高的关系，此外，我们还组织人员，把县委对调整的意见带到有关公社、大队，与当地领导干部研究协商，征求意见，要求社、队党组织把中学调整工作列入自己的重要议事日程，注意发扬民主，倾听群众各种不同意见，集中群众智慧，搞好调整方案，对个别实在一时不通的，允许等待，不操之过急。第三件事是把宣传教育同妥善解决实际问题紧密结合起来，切实注意解决好调整中的实际问题，清除群众的思想顾虑，使我们的工作变被动为主动，保证工作的顺利进行。

3. 贯彻群众路线，妥善解决调整中的具体问题。在解决思想认识过程中，通过调查研究，注意贯彻群众路线，集中群众意见，重点解决了如下几个问题。

一是从实际出发，不搞一刀切，允许有先有后，允许参差不齐。条件好的地方，学校可多一点，招生比例可高一点，发展可快一点；条件差的地区，学校可少一点，招生比例可低一点，发展可慢一点。

二是创办重点中学。县委确定武宁一中为全县重点中学，高中每年招300人，面向全县招生，城乡一个分数线，只要办好公社初中，就能输送一批学生到高中读书，农民子女同样可以上高中、上大学。

三是创办农业中学（当时称民办高中）。只要群众要求，公社同意，就可以办，规模大小，学制长短，课程设置，经费来源，由各公社自定。但强调要开设农业知识课，为农业生产培养技术力量，教师由各公社自行聘请，县局承认民办教师编制，发给民办教师补助费。

四是合理布局高中网点。经过反复协商，确定高中布局的原则是：地理位置适中，校舍设备较好，干群基本满意，除重点中学设在县城外，其余4所高中都分片设点，兼顾城乡学生就近上学之便。

五是撤并戴帽初中班，发展联队办中学。过去我县戴帽初中班较多，其结果是既影响办好小学，初中质量也很低，我们根据办学条件和地理位置，该保留的适当保留，一般的都撤并办成联校，群众反映说，这样调整既可以保证农民子女能上初中，又能提高质量，把学校办好。

4．充分发挥教育部门的职能作用。要搞好教育调整，一定要发挥教育部门的职能作用，因此，在调整工作中，我们对待教育部门，一是积极支持，二是放手放心。对文教局及其所属单位，注意让他们有职有权有责，发挥他们的主管作用和“参谋”作用，在调整过程中，我们依靠教育部门做好三件事：

一是深入调查研究，掌握实际情况，为制订方案提供了可靠依据。

二是社队开展宣传。我们依靠文教局一批同志，把县委对调整工作的意见带到社队，与各级党政领导协商，一个公社一个公社征求意见，做好工作，使上下步调一致，齐心协力搞好调整。

三是做好学校领导和教师的工作。使各级学校领导站在调整工作的前头，推动调整工作顺利进行。对于调整中的具体工作和问题，我们让文教局去办、去处理，他们不但把工作做得好，而且做得细，真正成为县委在调整工作中的有力助手。

我们对调整中学教育总的体会是：思想要解放，态度要积极，行动要稳妥，一切从实际出发。随着国民经济的发展，我县教育还将会调整，使教育事业与国民经济发展需要相适应，为四化建设做出新贡献。（执笔人：冷先发、熊烈辉）

一九八一年八月

[本文刊登于《人民教育》1982年第一期]

关于调整中小学收费标准的通知

武价字〔1994〕038号

武财字〔1994〕39号

武教字〔1994〕44号

各中小学、各乡（镇、场）教育办：

根据省物价局、省财政厅、省教育委员会赣价费字〔1994〕067号，赣财综字〔1994〕87号，赣教计字〔1994〕066号《关于调整普通中小学学杂费标准的通知》文件精神，结合我县具体情况，作如下规定：

一、收费标准

1．杂费：每生每学期收费标准为：

县城和工矿区：小学17元，初中26元，高中28元。乡（镇、场）村：小学13元，初中19元，高中24元。

2．学费：小学、初中免收学费。高中每生每学期收费标准为：县城和工矿区32元，乡镇及农村26元。武宁一中高中学费可在上述标准外上浮30元。

3．水电费：为学生提供水电的中小学校可收取水电费。每生每学期收费标准为：

走读生：县城学校7元，农村学校8元。

住读生：县城学校10元，农村学校12元。

4．搭膳费：每生每学期收费标准为：

在校住读就餐的学生10元，只搭中餐的走读生4元。

5．住宿费：每生每学期收费标准为：

县城12元，农村10元。

6．代收费：学校要严格控制代收费项目。

代收费只限于按原价核定的课本费、作业本费和资料费，学生蒸饭燃料费，只能保本收取，学期结束时多退少补。食堂采取购买饭菜票用膳的，学校不得收取学生燃料费。

7．其他非收不可的临时性收费：证徽工本费、电影费、健康检查费（防疫注射费）等按保本原则收取。班费：每生每学期中学收5元，小学收3元。凡带自行车上学的学生可收取自行车代管费：每生每学期收5元。

8．对属借读的学生可收取借读费，收取借读费的对象及标准：凡户口不在本市、县、乡（镇、场）确需异地借读，应经当地教育行政部门审查批准。借读费收费标准为每生每学期：经省批准的重点高中140元；一般高中：县城120元，农村100元；初中：县城70元、农村60元；小学：县城60元，农村50元。

9．县幼儿园只收保育费，收费标准为：每生每月大班（5岁以上）21元，中班（4～5岁）23元，小班（3～4岁）25元，小小班（1.5～3岁）27元。

10．各学校原来收的教学实验设备费和县幼儿园原来的管理费，从本学期开始，一律取消，不准再收。

二、减免

根据《义务教育法》和《中国教育改革和发展纲要》的有关规定，学校对家庭经济确有困难的学生，可酌情减免学杂费，减免人数：小学初中控制在15%以内，高中控制在10%以内。如遇重大自然灾害须经县教育、财政、物价部门同意，可适当扩大减免比例。

三、加强收费管理、严禁乱收费。

学校按规定应向学生收取的学杂费、借读费、水电费、搭膳费、住宿费、代收费和其他临时性收费的项目及标准，必须公布于众，并及时向物价部门办理“江西省收费许可证”变更手续。所收的各项费用必须使用财政部门统一制定的“行政事业性收费”票据。除代收费和其他临时性收费外，均应按预算外资金管理，纳入财政“专户储存”，由学校财务部门统一管理专项用于改善办学条件，弥补教育经费不足。严禁用于发放职工奖励、福利和挪作他用，年终有节余，可结转下年使用。代收费临时性收费，应当多退少补。

收费标准调整后，各类学校必须严格按规定执行，不准擅自增加收费项目，提高收费标准，扩大收费范围，更不允许巧立名目，向学生和家长乱收费、乱摊派。根据省政府领导的指示精神，在调整收费的同时，要认真清理乱收费。既开了明口子，暗口子必须堵上，而且必须把经费用好，对有令不行、有禁不止的，要严肃追究学校主要领导人的责任，同时社会各方面应更加关心和支持学棱，不要向学校摊派各种费用，各级财政部门亦不能因学杂费的调整，减少或冲抵教育经费拨款。

四、调整的收费标准一律从一九九四年秋季开学时执行，各部门和厂矿企业举办的子弟学校可照此执行，收费标准的调整，涉及千家万户，各地物价，财政、教育部门和中小学校要认真做好宣传工作；建立和健全必要的监督检查制度，以取得广大群众的理解和支持。原县物价局武价字〔1993〕21号等三家文件与此相抵触的按本通知执行。

一九九四年八月四日

武宁县农村教育费附加征收管理办法

（武府发〔1996〕5号）

第一条　为切实做好教育费附加的征收和管理使用工作，促进我县农村教育事业协调、稳步发展，根据《江西省义务教育经费筹措和使用管理办法》《江西省教育费附加征收管理使用若干规定》和《九江市关于教育费筹措管理若干问题的决定》，结合我县实际，特制定本办法。

第二条　凡我县境内的农业人口，均有依法缴纳农村教育事业费附加的义务，均要按照本办法之规定缴纳农村教育费附加。

第三条　农村教育费附加由各地方税务部门负责直接向乡级人民政府法人代表征缴，按农业人口每人每年15元计征。

第四条　农村不缴纳增值税、营业税、消费税的乡镇集体和个体农林牧副渔业企业，其教育费附加由地方税务部门依据税收征收的有关规定，按照销售收入的千分之一点五征缴。

第五条　农村人口数以县统计局公布数字为准。农村的五保户、特困户、重灾户以及残疾人免交农村教育费附加，减免人数控制在农业人口数的10%以内。

第六条　为了确保此项经费征缴到位，各乡（镇）人民政府要按照各村人口数及应征缴金额，组织村委会填报好征收清册，各地税分局（所）以村为单位汇总后，于每年6月底以前报县地税局、财政局、教育局备查。

第七条　各地税分局（所）在征收农村不缴纳三税的教育费附加和农村教育事业费附加后，应将民师工资的核定数额核留在各乡财政所，由财政所按月支拨学校发放。上解部分由县地税局统一分乡（镇、场、所）造表后，如数划入县教育局在财政开设的预算外资金专户。县财政局按地税局征收到的教育费附加总额，拨给其5%的代征费。

第八条　农村不缴纳三税的教育费附加主要用于农村中小学改善办学条件，不得挪作他用。农村教育事业费附加实行乡征、县管、乡用，主要用于支付本乡（镇、场、所）。范围内民办教师和缺编代课教师的民助部分，补充学校公用经费。

县教育主管部门根据当地实际情况，可统筹部分上述附加，用于补助所辖贫困乡实施九年义务教育，统筹比例控制在征收总额的10%以内，其余部分全部返回征收的乡（镇、场、所）。印制清册宣传资料等费用在1%统筹经费中列支。

第九条　在农村征收不缴纳三税的教育费附加和农村教育事业费附加时，地方税务部门应分户开具江西省地方税务局税收完税证，地方税务部门也可委托有关单位代收，代收单位也应分户开具省地税局代收代扣税款证，地方税务部门征收的和委托征收的都应加盖农村教育事业费附加专用章。代征手续费按代征额的2%支付。如不能按时缴纳者，除追究乡法人代表的责任外，由财政部门从乡级包干经费中扣除。

代征代扣单位不按规定期限向地税机关介缴农村教育费附加的，税务机关可从其开户银行账户中扣缴。

第十条　农村不缴纳三税的教育费附加和农村教育事业费附加应及时安排下达给学校使用，该项经费应实行项目管理，学校、村、乡（镇）应按照当地实际需要结合实施九年义务教育，提出项目计划，报县教育部门审核。

第十一条　各乡（镇）人民政府及其有关部门要强化教育费附加征管措施，不得用教育费附加顶抵预算内拨款。

第十二条　地方税务部门应严格按照《江西省义务教育经费筹措和使用管理办法》以及省政府文件规定的范围开展征收工作。对按政策规定免征三税同时免征教育费附加的单位，不再按农村不缴纳三税的乡、镇、集体和个体农林牧副渔业企业对待，缴纳教育费附加。农村教育事业费附加的减免，应由当地地税部门审核报县人民政府批准，其他单位和个人无权减免。

第十三条　对依照本办法征收成绩显著的，县人民政府或教育主管部门将按《江西省义务教育经费筹措使用办法》给予表彰或奖励。

第十四条　对采取偷漏抗拒等非法手段，妨碍依法征收教育费附加的，除征收部门如数追缴外，按每逾期一天加收应交额10%滞纳金，并视其情节轻重由有关部门追究其责任。

第十五条　在执行本规定中的有关政策和管理问题由县地方税务局负责解释。

武宁县地方税务局

武宁县财政局

武宁县教育局

一九九六年二月一日

关于加强教师队伍管理的暂行规定

（武府发〔1996〕31号）

为加强我县教育系统教师队伍的建设和管理，建立了一支具有良好的政治业务素质的教师队伍，按照上级有关文件精神及人事管理的有关条例，结合本县实际情况，特制定本规定。

一、学校的思想政治工作和教师的职业道德规范

1. 学校的思想政治工作

为了提高教师的思想素质和职业道德水平，各级教育部门和学校应把对教师的思想政治工作作为一件大事来抓，经常进行坚持四项基本原则的教育，党的路线方针政策的宣传教育，政治时事的宣传教育，依法治教的宣传教育，努力提高教师的政治思想素质和道德水平。

2. 教师的职业道德规范

教师是人类灵魂的工程师，按国家教委、全国教育工会正式颁发的《中小学教师职业道德规范》列入对教师的德、能、勤、绩的考核之中。

（1）热爱社会主义祖国，拥护中国共产党的领导，学习和宣传马列主义、毛泽东思想、热爱教育事业，发扬奉献精神。

（2）执行教育方针，遵循教育规律，尽职尽责，教书育人。

（3）不断提高科学文化和教育管理水平，钻研业务，精益求精，实事求是，勇于探索。

（4）面向全体学生，了解和严格要求学生，循循善诱，诲人不倦，保护学生身心健康。

（5）热爱学校，关心集体，谦虚谨慎，团结协作，遵纪守法，作风正派。

（6）衣着整洁、大方，举止端庄，语言文明，礼貌待人，以身作则，为人师表。

二、编制管理

严格按照教育部〔1984〕教计字239号《关于中等师范学校和全日制中小学教职工编制的意见》和赣编发〔1986〕第07号《中等专业学校、普通中小学定编比例试行意见》的定编标准由县局报县编委确定各学校人员编制。

严格按编制文件规定的员生比例，对各中小学进行定编

单位：人

学校类别	每班平均学生	每班平均教职工数		
		总计	教师	职工
高中	46	4.0	3.3	0.7
初中	50	3.5	2.8	0.7
小学（县城、中小）	45～50	2.2		
小 学（农村）	30左右	1.4		

岗位的设置应遵循以教学工作为主，首先确定教师岗位，其他岗位服务于教学岗位，不允许因人设岗和一岗多人的变相增编。

教办人员岗位定：主任、会计、出纳、三教干部，大乡增设一人管全乡教研活动，小乡、中乡教研活动由中心完小兼管。按照教职工及学生数额，南岳、上汤、伊山、严阳、茶场、农科所、新宁镇定编三人，大洞、官莲、巾口、宋溪、甫田、东林、清江、石渡、鲁溪、澧溪、罗溪、黄塅、罗坪、杨洲定编4人，泉口、横路、船滩、石门楼定编5人。

中学要严格控制行政人员的职数，精简非教学人员，充实教学第一线。

3．教职工调配严格按编制、比例设岗情况予以考虑，无编无岗的不予调入。

三、人才流动管理

人才流动应立足于稳定教师队伍，稳定教学秩序，促成人才的合理流动为原则。

1．调入管理

（1）凡各类学校要求调入或补充人员，须按县编委编制管理的要求，符合定编、定人、定岗条件的方可进入调入程序。

（2）凡调入县直小学、幼儿园、县直一中、二中、教师进修学校、农中、职高的教师必须符合下列条件和要求：

学校类别	学　历	资　历	技术职称	现实表现	身体情况
职高、农中	大专以上	农大、职大（分配）专业实践教学七年以上	中一以上	工作、教学表现良好	健康
一中、二中教师进修学校	大专以上	本科（分配）农教七年以上	中一以上	工作、教学表现良好	健康
县直小学	中师以上	农教五年以上	小一以上	工作、教学表现良好	健康
幼儿园	幼师	农教五年以上	小一以上	工作、教学表现良好	健康

（3）县城中，小学符合定编要求，需要调入教师的，必须向县局提出需求各学科教师的报告。凡请调人员在调入前须本人写出报告，原单位和调入单位签具意见，交局政工人事股审查，确定试教人员。然后由县教育局统一组织用人单位进行试教，在考查考核基础上，择优录用。填写有关表格经教育局研究，报经县政府同意后按干部管理权限办理调入手续。凡在省、市、县教学比武各类竞赛获奖者，应在同等条件下优先考虑。

（4）师范类大中专学校毕业生，根据编制合理，教学需要，专业对口的原则，本科生可分配到县城中学，师专生分配在乡镇初级中学，中师生分配在各乡（镇）小学，鼓励毕业生到边远山区中小学工作。

（5）各学校在未获县教育局同意，未获县编委核编通知之前，不得随意借用外单位人员。因随意借用而产生的遗留问题由借用单位负责。

2．调出管理

（1）中级职称、大专以上学历的骨干教师除个别特殊原因外，一般从严控制调出县外。

（2）申请调出人员在来获批准以前不得擅自离职所在学校在未接到商调函之前，不能签具是否同意调出意见。分配到学校任教的师范毕业生要服务满五年方可提出调动申请要求。

（3）中专以下学历教职工调出须由主管局同意，报县劳动人事局批准，大专学历的骨干教师及本科学历、中一职称教师调出须由主管局同意报县委批准后到劳动人事局办理有关调动手续。脱产进修人员毕业后须为原单位服务满三年后方可进入调动程序。

（4）各级各类学校不得擅自批准教师和工作人员办理留职停薪和将教师外借外系统工作。

（5）各类人员调动的行政介绍信和工资介绍信必须同时开出，人事档案、业务档案及时予以转递，并办理工资基金增减手续。

3．外出勤工俭学与富余“下海”人员的管理

（1）根据“普九”要求，全县各中小学学生人数增长较快，师范类大中专毕业生

人数远远不能适应教育工作的需要，因此，原经县局批准外出勤工俭学与“下海”的富余人员必须回原单位工作，不再办理教师离岗外出勤工俭学（或下海）。

（2）凡有外出人员的单位应迅速通知本人，于一九九六年八月十五日前返回原单位，否则将其挂靠人才交流中心，不愿办理手续的，按有关程序办理除名手续。

（3）凡不向主管局报告，学校擅自同意公、民办教师擅离职守的，视违反纪律追究单位领导责任，且由主管局扣发当事人全部工资。

四、进修培训管理

1. 对不符合国家规定学历要求的教师，学校要积极创造条件，有计划分期分批地通过各种途径进行培训，使之尽快达到合格学历。

2. 鼓励不符合学历要求的教师参加函授、自学考试，对不脱离工作岗位，利用业余时间通过自学、函授达到合格学历要求的，学校应给予精神鼓励和物质奖励。

3. 鼓励高中教师通过自学、函授、离职进修等方式达到本科学历，初中教师达到大专学历，小学教师达到中师学历。对已符合各级各类学校学历达标要求的教师，要求获得更高层次学历而脱产进修学习的：学费自理，学校编制不减，工资停付。

4. 对不符合教学质量要求的教师，学校应限期通过进修、自学和实践予以提高，在限期后仍达不到要求的，应安排做非教学工作。

五、校规校纪管理

1. 病假：以县、乡医院证明为依据，一次性病假证明不得超过二个月，凡一个月以上须持县医院病假证明，半个月以内由学校批准，半个月以上由县教育局批准。

病假期间工资待遇各校应根据各自的实际情况，与津贴部分（活的部分）挂钩，制定切实可行的措施。一年以上病假仍无法坚持工作的教师，符合病退年龄可办理病退。

2. 事假：事假仅限于直系亲属丧假，及父母、配偶、子女因病护理假。一星期以内，由校长批准，一星期以上，由县教育局批准。凡不经请假私自外出按旷工论处。事假一星期以上扣发本人当月全部工资及各种津贴。

3. 产假、婚假和有关计划生育假：

产假：正常产假90天，晚育的增加产假30天，并给予男方护理假7天，已婚女子24岁以上生育第一胎的为晚育。

婚假：正常婚假3天，晚婚的增加婚假15天，男满25周岁，女满23周岁，初婚者为晚婚。

有关计划生育假：上环假一周，人流产假（一年内一次）15天，引产假（一年内不得超过一次）两个月，未施行节育措施者不得享受。

凡正常婚、产假及计划生育假期间工资待遇不变。

4. 探亲假：

根据学校工作特点，探亲假原则上与寒暑假结合起来。探亲假期为：已婚职工探父母四年给假一次，每次20天，未婚职工探父母每年给假一次，每次20天，两年探望父母一次的给假45天，职工探望配偶每年给假一次（不含配偶已享受探亲假的）每次30天。凡因工作需要利用寒暑假探亲的时间不足上述期限的，可以补足上述期限。

5．凡请病、事、产、婚假都必须填写县教育局制定的统一表格，由单位统一保管，并作为今后的年度考核依据。

6．各单位应结合各自的实际，制定出符合各自特点的校规校纪细则，以维护学校正常的工作秩序和教学秩序，杜绝不备课上讲台，不及时批改作业，聚赌、观看或播放淫秽录像，传播黄色书刊，调戏女学生等现象发生。

7．在职教师、干部不允许外出兼课。特殊情况确需学校支援师资，应在保证本校教学需要的情况下，征得学校及教育行政部门批准。

六、奖惩管理

学校教师必须坚持党的四项基本原则，贯彻执行党和国家的各项政策、法律、法令，遵守上级的决议、命令和规章制度，贯彻党的教育方针，切实完成党和国家交给的各项教育教学任务，忠诚党的教育事业，为人师表，教书育人。

1．奖励：

中小学教师除具备上述条件外，并具备下列条件之一者，应予奖励。

（1）全面贯彻党的教育方针，教育思想端正，关心学生德、智、体、美、劳全面成长，在学生思想品德教育，培养人才方面成绩显著的。

（2）在完成教育、教学和科学研究工作中积极改革，勇于探索，提高教育、教学质量方面有突出成绩的。

（3）在学校管理和服务，学校建设方面有突出成绩的

2．惩戒：

学校教职工违反国家法律、法令，党员违反党规的按党和国家的有关法律、法规进行惩戒，违反学校制定的各项规章制度的由学校酌情惩戒。凡有下列情形之一的按有关程序视情节轻重予以批评和行政处分。

（1）违反国家政策、法律、法令、决议者；

（2）违反劳动、教学纪律者；

（3）体罚学生、玩弄女学生者；

（4）在教师、学生中散布或观看淫秽图文及音像物品，毒害青少年者；

（5）聚众或参与赌博者。

3．奖励分下列各种：

（1）表扬或物质奖励；

（2）授予荣誉称号；

（3）升级奖励；

（4）晋职。

4．惩戒分下列各种：

警告、记过、记大过、降级、撤职、开除。

凡受奖或处分人员均按有关文件规定与职称评聘、工资晋级、年度考核工作挂钩。同时各种材料均进入本人档案。

以上规定如无不妥，请批准执行。

武宁县教育局

一九九六年五月三十日

武府字〔1996〕112号武宁县“两基”工作自查报告

武宁县人民政府

遵照党中央、国务院关于“本世纪末，在全国基本普及九年义务教育，基本扫除青壮年文盲”的战略部署，我县积极地推进“两基”工作。在上级党委、政府的正确领导下，在省、市教育部门的热情关怀与指导下，通过全县人民的共同努力，取得了可喜成绩。经自查，各项指标基本达到省颁标准。现将达标程度和工作情况汇报如下：

一、基本概况

武宁县地处赣北山区，是江西省的北大门，东与德安、永修接壤，西与修水相邻，南连靖安，北毗湖北通山、阳新。有“八山一水半分田”之称，集老区山区、库区于一体。全县总面积3506平方公里，居全省第四位。辖15乡、8镇、1场、1所、272个行政村、6个居委会，总人口35.8万人，其中农业人口32万人。1995年全县工农业总产值为165623万元，比上年增长52.52%，县财政收入3870万元，比上年增长17.26%，人均国民生产总值为1708.4元，比上年增长17.26%，农民人均纯收入1434元，比上年增长29.42%。

教育事业随着经济的发展而不断发展、完善。1982年全县通过了“基本无盲县”验收，1984年普及初等义务教育，1992年实现了“实验教学普及县”的目标。全县基本形成了幼儿教育、基础教育、职业教育、成人教育相互促进，互为补充，多种类、多层次、多功能的现代农村教育体系，日益成为我县经济建设和社会发展坚实基石。目前，全县共有各级各类学校297所、教学点449个。其中，教师进修学校1所，中等卫生职业学校1所，普通完中2所，职业高中1所，农业中学1所，初级中学31所(含民中3所)，乡镇中心完小28所，村完小97所，村小137所。在校学生57646人，其中初中在校生16344人，小学在校生41302人。县幼儿园1所，乡镇幼儿园25所，学前班254个，在园幼儿（含学前班）7384人。全县教职工3459人，其中专任教师3399人。民办教师833人。

二、达标情况

随着《义务教育法》《教师法》《教育法》和《中国教育改革和发展纲要》以及《扫除文盲工作条例》的先后颁布、实施，我县在实现“基本无盲县”和“基本普及初等义务教育”后，继续抓好巩固提高工作，向新的台阶迈进。尤其是近年来，我们全民动员，全力以赴，加大力度，依法推进“两基”工作，取得了重大进展。

九年义务教育基本达标

（一）普及程度

1. 全县适龄健康儿童38688人，其中女童18738人，已入学38688人，入学率及女童入学率均为100%。

2. 全县适龄健康少年17709人，已入学13904人，仍在小学就读3506人，入学率97.9%，其中县城入学率100%。初中阶段毛入学率100.5%

3. 7～14周岁残疾儿童、少年538人，已入学235人，免学、缓学174人，入学率1.8%。

4. 94～95学年度小学在校学生辍学103人，年辍学率为0.25%。初中在校生辍学285人，年辍学率65.8%。

5. 全县15周岁人口5848人，其中残疾人口50人，受完初等义务教育5742人（其中小学毕业5719人，读满五年仍在小学就读23人），完成率达99%，文盲率为0.05%。

6. 17周岁人口5919人，其中残疾人口42人，受完初级中等教育4903人，未受完仍在小学、初中就读159人，完成率85.7%。

7. 95～96学年度全县适龄儿童40294人，全部入学，入学率100%。适龄少年18510人，已入学18306人，入学率98.85%。全县小学年辍学率为0.3%，初中年辍学率1.5%。

（二）师资水平

1. 全县小学专任教师2481人，其中民师833人，代课教师206人。在专任教师中，取得大专学历的39人，取得中专、中师和高中学历的2034人，学历达标率为83.79%。取得高级职称224人，一级职称1190人，二级职称704人，三级职称21人，取得专业合格证书205人，86年前任教满20年且已取得职称的141人，任职合格率97,74%，三级以上教师比例为94.02%。93年后新补充教师126人，均达到中师以上学历，合格率为100%。

2. 全县有中学专任教师912人，其中本科学历25人，专科学历712人，学历达标率为80.8%。1986年前任教教龄满20年且取得职称的57人，取得专业合格证的45人，任职合格率达92%。中学高级教师10人，一级教师108人，二级教师492人，三级教师246人，职称比例为90.85%。93年后新补充教师63人，均为专科以上学历，合格率100%。

3. 全县完小正、副校长208人，全部进行培训，合格率为100%。初中正、副校长63人，均已培训，合格率100%。

（三）办学条件

1. 全县中小学布局合理，村村有小学，乡镇有初中，并有4个乡（镇）开办了2所初中，一个镇开办了3所初中，上学单程小学在2公里，初中4公里以内，超过要求的，均具备了住宿条件。

2. 学校校舍：全县中小学校舍面积29.89万平方米，其中小学18.68万平方米，生均校舍面积完小4.22平方米，初小3.68平方米。初中11.22万平方米，生均校舍面积5.48平方米。

1993年以来，全县共投资2073万元，新建、扩建校舍5.2万平方米，全县中小学一、二类危房全部消除，三类危房面积下降到0.6%以下。

3. 教学仪器设备：按省教委实验教学配备标准，完中按一类标准装备2所，初中按二类标准配备11所，按三类标准配备15所。小学按一类标准配备28所，按二类标准配备97所，按三类标准配备137所。配齐率达100%。

4. 音、体、美器材，按教学计划基本配齐，能够满足教学的基本需要。

5. 图书资料：全县中小学按要求都有图书室或阅览室。生均图书初中15册，完小10册，初小5册。

6. 劳动教育基地：全县初中共有学校劳动基地135亩，平均每班0.51亩。小学共有劳动基地417亩，平均每班0.32亩。城镇学校与工厂或乡镇企业建立了长期挂钩实习联系点，做到校校开设劳动技术课，班班都有劳动基地。

（四）教育经费

1. 实现了“三个增长”

（1）财政用于义务教育拨款增长比例高于当年财政经常性收入增长比例。

1993年财政经常性收入2675.3万元，比上年增长35.5%。教育拨款901.7万元，比上年增长37.4%，高于财政经常性收入增长1.9个百分点。

1994年财政经常性收入3116万元，增长16.5%，教育经费拨款1166万元，增长29.3%，高于财政增长12.8个百分点。

1995年财政经常性收入3562万元，增长14.3%，教育经费拨款1351.2万元，增长15.88%，高于财政增长1.6个百分点。

（2）年生均教育事业费逐年增长。

1993年生均教育事业费203元，1994年生均教育事业费232.8元，1995年生均235.14元。

（3）生均公用经费足额划拨。1993～1995年小学生均8元，初中生均20.5元。

2. 教育支出，做到了以财政拨款为主。

1993年全县教育经费支出987.03万元，其中财政拨款901.7万元，占支出总额91.4%。

1994年全县教育经费支出1269.55万元，其中财政拨款1166万元，占支出总额91.9%。

1995年全县教育经费支出1468.48万元，其中财政拨款1351.2万元，占支出总额92%。

3．多渠道筹措教育经费。

（1）农村教育事业费附加，1993年征收140万元，1994年征收265万元，1995年征收362万元。

（2）“三加一税”，1993年征收40.8元，1994年征收43.3万元，1995年征收47.1万元。

（3）发动社会力量支持办学。1993年集资、捐资37万元，1994年106.2万元，1995年272万元。

4．教师工资及规定的津贴按时足额发放，无拖欠现象。

（五）教育质量

1．1995年全县小学毕业年级学生6066人，毕业5892人，毕业合格率97.7%，城镇100%。

2．1995年全县初中毕业年级学生4154，毕业3865人，毕业合格率93.5%，城镇97.7%。

基本扫除了青壮年文盲

（一）扫盲程度

1．青壮年人口非盲率：

根据1990年7月第四次人口普查提供的资料，我县青壮年人口186644人，其中文盲12916人，非盲率达93%，且有8个乡（镇）的非盲率达到95%以上。近几年我们坚持“有盲必扫”的指导原则，全面开展扫盲，使5204人摘掉了文盲帽子，全县非盲率97.5%。

2．脱盲后，继续巩固提高，参加各种农民文化技术培训，巩固率达95.89%。

3．全县25个乡（镇、场、所）均办起了农民文化技术学校，办学面100%。村级有266个办了农民文化技术学校或扫盲夜校，占行政村98.5%。

（二）办学条件

1. 县、乡两级都成立了管理机构，配备了专、兼职干部和教师。全县配备扫盲专职干部51人，教师43人，兼职教师98人。

2．乡、村农民文化技术学校按要求，有固定的教学场所，办公场所，有校牌、有教师，有教学内容和教学计划，自1993年以来共培训3.5万人次，占青壮年人口19.1%。

（三）扫盲经费

1．1993～1995年，全县用于农民教育经费共112.72万元。其中政府财政补助7.69万元，义务教育专项补助9.95万元，教育事业费公用经费中支出61.27万元，占该项经费35%,农村教育费附加23.87万元，占3%，乡、村自筹9.95万元。

2．1993～1995年，全县用于奖励扫盲教师4万元，基本做到了每脱盲1人，奖励扫盲教师10元，落实了扫盲教师的报酬。

三、主要做法和体会

（一）强化认识，转变观念，摆正工作位置。

认识问题，是贯彻、落实“教育优先发展”这一战略思想的前提和基础。首先，是强化县委、县政府一班人的思想墨认识。前些年，我们总在思索一个困扰我们很久的问题，武宁虽地处山区，交通、信息条件相对较差，但武宁民风淳朴，物产富饶，为何农村经济长期滞后？乡镇企业的发展步履艰难？粗放型的经营模式难以转变？等等。究其原因，归结到一点，就是人才匮乏，人口素质偏低。长期实践使我们深刻地认识到，必须走“科教兴县”的正确发展道路。治贫先治愚，治愚靠教育，只有办好教育，提高人口素质，培养造就一大批有文化、懂技术、会经营的人才，农经济的发展才能驶上“快车道”。县委、县政府主要领导多次强调指出：“发展教育，靠‘科教兴县’是我们进行经济建设，促进社会发展的必由之路，也是我们在长期的实践中摸索、总结出来的基本经验。在这个问题上，大家要形成共识，并且要在行动上体现，在工作中落实，优先保障教育，优先发展教育”。“富民先重教，只有教育的优先发展，才能促进人民生活的小康”。

其次，是强化乡、村干部的认识。乡、村干部，尤其是领导干部是发展教育，推进“两基”的组织者和执行者。为此目的，一是组织他们认真学习《义务教育法》《教育法》《教师法》《中国教育改革和发展纲要》以及《扫除文盲工作条例》等一系建法律、法规，明确实施“两基”工程是各级政府义不容辞的职责，增强他们的使命感和紧迫感，提高他们的执法意识。二是层层动员。去年3月召开了全县教育工作会，布置和部署了“两基”工作。为了加大力度、加快进度，今年3月8日，县委、县政府又一次召开了全县教育工作会，各乡（镇、场、所）党委书记，乡（镇、场、所）长、中小学校长，县直各单位、部门的主要领导参加了会议，就“两基”工作进行再动员、再部署。会上，县长做了题为《全县动员、全民参与，为实现我县“两基”达标而努力奋斗》的动员报告，并提出了“两基”评估验收一次性达标的工作目标。同时强调，要把抓不抓教育，抓不抓“两基”，当作党性来衡量，当作干部思想觉悟、工作能力来考察。通过学习、动员和签订责任状等一系列活动，使各级领导提高了认识，明确了责任。

第三，强化全民意识，增强广大群众依法履行义务的自觉性。群众的理解和支持是推进“两基”必不可少的社会条件。我们十分重视宣传工作，充分利用标语、墙报、广播、电视等宣传工具，广泛宣传“两基”的内容、要求和措施。广大干部、教师走村串户、工作到村，宣传到户、真正做到家喻户晓，人人皆知。近年来全县书写永久性标语5000条，识字牌村村都有，主管教育副县长发表了电视专题讲话。省、市报刊、电台、电视台多次刊登、报道我县“两基”工作情况。其中，《人民日报》海外版于1996年9月6日在第9版《社会广角》栏目，图片报道了我县“两基”工作情况。通过各种宣传形式，形成了正确的舆论导向，营造了良好的“两基”工作的社会大环境。广大群众积极参与“两基”，送读热情空前高涨，“两基”工作进展顺利，健康发展。

（二）强化政府行为，落实工作责任，依法推进“两基”工作。

“两基”是一项复杂的社会工程，难度大，要求高、涉及面广。我们以“两基”为目标，以法律为保障，加强领导，落实责任，扎实、有效地推进“两基”工作。

1．完善管理机构，层层落实责任。县委、县政府明确提出“两基”是一把手工程，县、乡、村行政一把手直接对“两基”负责。同时规定“两基”工作是年终考评的重要内容。开展不了工作，完不成任务者，不评模、不提干、不进城，且要追究领导责任。为了切实加强领导，县、乡两级成立了以县长、乡长为组长，有关方面参与的“两基”工作领导小组，分别设置了办公室，配备专职干部，保证了“两基”工作紧张而有序地运转。

2．建立“两线”管理，“四长”负责的工作机制“两线”，一是政府线，从行政村到县政府及有关职能部门，层层分解责任，逐级签订责任状，一级抓一级，一层抓一层。二是政府领导下的学校线，由学校到教育局，具体负责“两基”的业务工作，同样逐级签订责任状，保证工作落到实处，完成软件建设的各项任务。“四长”负责，即乡（镇、场、所）长、村主任、校长和家长，依法落实责任，各司其职、各负其责，做到政府部门依法行政，职能部门依法履行义务，人大、政协依法进行监督，教育部门依法进行管理，形成各方重视、全民参与、齐抓共管的局面。

3．包乡蹲村，部门参与。为了加大领导力度，我们实行“三包”“一定”和一月一汇报，一季一总结的工作制度。“三包”：县、乡主要领导包片，领导小组成员包乡，单位、部门包村；“一定”：定任务、定时间，限期完成。全县动员了70个县直单位和部门下乡包村。这些单位以“两基”为己任，积极参与“两基”工作，大力扶持学校建设。县粮食局出资2万元，扶助横路乡上富完小搞学校建设。县纪委在经济状况紧张的情况下，扶助石门楼炉山小学建校1万元。县直各单位也纷纷出资扶助学校，为学校办实事，据统计今年以来，县直单位扶助学校资金达9.6万余元，捐献图书万余册。尤其值得赞颂的是，一些省、市单位对我县教育事业的发展给予了有力支持。省中行出资25万元，在黄段彭术村新建“中银希望小学”。省统战部出资2万元扶助黄段武安小学，市委宣传部也扶助官莲西湾小学4000元和20余套课桌凳。在各单位、部门的积极参与下，全民办教育、办大教育的办学思想得到充分体现。

本着分类指导，分步实施，扎实工作，稳步发展的原则，我们加强监控，建立月报制度，要求各乡（镇）每月向县政府专题汇报1次，全县每季度召开一次小结会。县领导小组先后5次开会研究“两基”工作，发现问题及时纠正，做到无论工作多忙，“两基”工作不停，力度不减。

4．加强督导，依法实施。在实施“两基”过程中，我们深刻地体会到，必须加强督导，依法推进。我们的主要做法是：

一是确保政府行为到位。县政府印发了关于实施“两基”的通告2000余份，张贴到乡、村学校，并先后下发了8个专门文件，各乡、镇也制定了乡规民约和实施方案。对“两基”工作及时研究，及时布置，不压、不拖，突出“重中之重”。

二是建立督导制度。县人大、政协非常关心教育事业的发展，主要领导经常下乡调查研究，对“两基”依法督导检查。并多次组织对“三法”“一纲”“一条例”的贯彻执行情况进行检查，有力地促进了“两基”的实施。各乡（镇、场、所）都成立了

“义务教育督导队”，保证了“两基”工作的顺利实施。

三是制定措施，依法治教。县政府下发了《关于在实施“两基”工作中落实几项依法治教措施的通知》，规定对应接受义务教育的适龄儿童、少年，乡（镇）人民政府必须组织其家长（或监护人）签订《义务教育保学责任状》，以保证适龄儿童、少年受完义务教育。对中途辍学的对象，由乡（镇）政府向其家长发出《复学通知书》。对未按时入学的发出《催学通知》书。每学期开学前向入学对象发出《接受义务教育通知书》。对应参加扫盲学习的对象，由村（居）委会组织包教教师与扫盲对象签订《扫盲包教保学合同书》。对拒不履行义务教育的对象由乡镇人民政府进行必要的经济处罚，凡未受完义务教育者，不开劳务证明，不安排就业，不准参军。同时对在实施“两基”过程中有成绩贡献者给予奖励。这些措施的贯彻、实行，不仅保证了“两基”的实施，更重要的是进一步强化了各级政府和广大干部、群众的执法意识，“两基”工作走上制度化、规范化和法制化的管理轨道。

（三）多方面筹措经费，增加教育投入，努力改善办学条件。

教育投入是教育事业发展的基本保障。“两基”工程，必须增加教育投入，确保经费按时到位。为此，我们提出了以“温饱型”经济，办“小康型”教育，优先保障教育的指导原则。没有“小康型”的教育，就没有“小康型”的经济。充分调动县、乡、村三个积极性，建立了以财政拨款为主，多渠道筹措教育经费的运行机制。在各级党政和财税部门的共同努力下，切实保障了教育经费按时足额到位，做到了“三个增长”。县财政明确规定“宁可缓发干部工资，也要优先保证教师工资的足额按时到位”。近几年来，我们做了以下主要工作：

1. 依法筹措教育经费，全面开通集征渠道。根据《江西省义务教育经费筹措和使用管理办法》规定，一是加强农村教育事业费附加的征收和管理，从1993年到1995年共征收767万元。县政府下发了专门文件，加强管理，采取乡征、县管、乡用的办法，除支付民师工资外，其余全部用于义务教育，做到专款专用，任何人和任何单位不得挤占农村教育费附加。二是全面开通“三加一税”。至1995年，三年共收131.2万元，弥补了教育经费的不足。三是社会集资，主要是国家干部职工集资，从1993年到1996年全县共集资445.4万元。四是海内外知名人士捐资65.5万元。其中台胞陈从凌捐资15.5万元，新建了罗溪中学“巨桥教学楼”。台胞许先文为澧溪小坪完小校园改造捐资7000元。河南华建工茂公司熊南生经理捐资6万元，新建石门楼河垅小学。九江新光实业集团公司叶志军经理为大洞初中校建出资2万元，同时又为宋溪王埠小学校建捐资2000元。九江医药公司郑德香女士捐资2万元，扶助石门楼中村初中建实验室。

2. 加大投入，努力改善办学条件。为学校造就一个良好的育人环境，既是义务教育的要求，也是我们多年来的奋斗目标。这几年我们千方百计地筹集资金，增加投入，加大力度，加快进度，使办学条件有了较大的改善。

1992年是我县教育战线不平凡的一年。为了迎接省教委“实验普及县”的验收，我们全县动员，上下努力，投资750万元，建成实验楼12幢，实验室86间，仪器室221间，实验用房总面积达13655平方米，仪器药品橱1228只，实验桌1558张，凳4350条，设备费580多万元，装备教学仪器120万元，一举通过了验收，教学条件实现了“瓜菜代”向“温饱型”的历史性转折。去年，我们继续加大力度，又筹集240万元（其中世行贷款79.1万元），购置音、体、美器材和图书资料，进一步充实和完善了教学设施。今年县委、县政府两办又下发了《关于动员全县干职工为中小学校赠送图书资料的通知》，得到了广大干部职工的积极响应，一个送书下乡、送书到校的活动广泛开展。据不完全统计，到目前为止，全县干部职工已到位的图书10万余册，为学校节约了资金，丰富了图书室。

——改善教学生活条件，是改善办学条件的主体工程。县委、县政府十分重视学校条件的改善，采取“分期解决、分步实施”的办法，坚持每年为教育办几件实事、好事，并通过人大审定列入年度计划。自1992年到1995年，先后拨款新建了县二中教学楼、县一中综合楼、鲁溪中学教学楼、教工宿舍，三小教学楼、县幼儿园教学楼、罗溪初中教学楼、新宁完小教学楼，建筑面积13550平方米，总投资534万元，其中财政拨款282万元。同时加快“教师安居工程”的建设，先后为县一中、二中新建教师住房100套，建筑面积7500平方米，财政扶助53万元。使教师的住房条件有了明显的改善，为稳定教师队伍发挥了重要作用。

——今年是我县迎接省、市“两基”达标评估验收，打攻坚战的一年。我们举全县之力，集全县之财，以非常的认识，非常的措施、非常的速度，花大力气，来大动作，继续攻克办学规模不足，校容校貌较差的难关。自去年下半年到现在为止，全县20所初中新建或扩建了教学楼，占国办初中总数的71.4%，212所村级以上小学新建或改造了教室和教学用房，占村级小学87.6%，44所学校建了围墙、校门。全县共投资1486万余元，新建、扩建面积3.6万平方米。资金的主要来源是县财政挤出50万元，调动部门资金32万元，来自各方面的资金52万元，“三加一税”专项资金90万元，开通世行贷款300万元，各乡（镇、场、所）通过集、募、捐等方式，筹集配套资金964万元。在全县人民的大力支持下，乡乡有校建、校校有项目，掀起了建校热潮，扩大了办学规模，满足了普九的需要。全县中小学面貌焕然一新。

各级政府敢于迎难而上，不等不靠，广大人民群众大力支持，是我们解决校舍问题的一条基本经验。石渡乡书记、乡长带头捐款200元，县教育局蹲点干部余亚平捐款1000元，在他们的带动下，仅几天时间全乡干部、教师就捐集了3万余元，全部用于校建。其中4人千元以上。清江乡全乡干部职工、教师为校建捐款4万余元。官莲乡官塘村在支书、村主任的带动下，发起自愿捐资活动，全村群众积极响应，不几天就收集到各方来资4.5万元，解决了村完小校建资金不足的问题。该村黎维保老人听说捐资建校，他也献上50元，并且为其在外工作的儿子代捐50元，他说“为办学校捐点资值得”。在群众的热情支持下，一幢新教学楼拔地而起。澧溪乡牌楼村、哨背村完小教师急学校所急，每人为学校借款1000元。泉口乡楼厦完小校长叶发威，把自己准备盖房用的18000元资金，投入学校建设。县委、县政府等六家班子领导为了校建工作日夜操劳，四处奔波，坚持把工作做到基层，现场办公，当面拍板。船滩镇要搬迁一所千人学校，征收地基是一大难题，通过他们反复工作，与镇党委、政府一道顺利地解决了这一难题，征地50亩按时到位。在校建中、许多乡、村干部就像自己建房一样操心劳累，有的甚至吃住都在工地，为教育事业做出了可贵的贡献。

（四）抓住重点，突破难点，确保“各率”达标。

1. 抓劝学，确保入学率。每年开学前，各乡镇向新生家长发出《入学通知书》限期入学。乡、村干部和教师组成劝学队，上门上户做好工作。

2. 抓复学，确保巩固率。根据文化普查，全县适龄儿童辍学892人，适龄少年辍学2622人。这一情况引起了县、乡政府的高度重视，各乡镇迅速采取有效措施，乡、村干部包村、包组、包对象，并与工资奖金挂钩。同时组成“执法队”，学校紧密配合，走村串户，工作到人。对拒不复学者，依法处罚。经过说服教育，软硬并举，使辍学儿童全部返校，辍学少年返校率达到98.%，使流生现象得到控制。

3. 抓办班，确保完成率。完成率是个重点，也是个难点。由于历史原因，造成普及率偏低，需要参加初中文化补习的人数多，工作量大。全县有2709人要参加文化补习。为了确保这些人按时参加学习，各乡（镇）书记、乡长亲自挂帅，组织力量下村到户，逐个做工作，一手交通知，一手交政策。一时间全县兴起了办班热，外出打工仔纷纷返乡参加文化补习。乡（镇）书记、乡长亲自主持补习班开学典礼，亲自抓管理，办班工作有声有色。凸清江乡、澧溪镇措施得力，不怕难，敢碰硬，补习对象全部参加学习。巾口乡外出打工人员全部回乡学习，办班工作卓有成效。为了办好补习班，广大教师不畏劳苦，甫田中学王贤放、袁知发老师，自告奋勇到离乡政府几十里的石羊村为补课对象上课，一待就是一个暑假，而且不计报酬。经过两个多月的认真、扎实工作，已有1898人毕业，完成率达到85.7%。同时，我们从真正提高全民族素质的目的出发，对文化普查时15周岁和17周岁没有受完初中教育的对象一并纳入初中文化补习，切实提高他们的文化素质，使他们基本达到初中文化水平。

4. 抓资料，确保软件的真实准确。我们认为，软件是“两基”评估验收的基础，软件一定要真实准确。自去年以来，我们投入大量的人力、物力抓软件建设。通过软件反映全县“两基”工作情况，为决策和部署提供可靠的依据。县“两基”办是“两基”工作的参谋部，全体同志，团结奋战。一方面加强学习，提高自身素质。一方面担负起督促、指导全县的业务工作，培训“两基”业务骨干。在半年多的时间里，先后办了6期专干培训班，同时还开展了分片培训，现场练兵活动，提高了“两基”专干的业务能力，锻造了一支责任心强，熟悉业务的“两基”专干队伍。我们对软件建设从难、从严要求。对“两基”资料建档工作，提出了一个标准、六个统一，做到标准化、规范化。同时要求资料齐全，数据真实准确，表格规范清晰一致。

各乡（镇）、学校专干，自开展“两基”工作以来，他们以“两基”为己任，积极主动，忘我工作，牺牲了寒暑假和双休日，做出了可贵的贡献。伊山乡专干李高才，儿子骨折住院，仅请了半天假。船滩中学副校长兼专干，母亲脑溢血瘫倒在床，仍坚持在校工作。石渡乡专干陈华新长期带病工作。澧溪镇专干刘宁暑假期间，坚守岗位，责任田出资请人代收代耕等。就是这样一批人，默默奉献，才保证了软件建设的质量。

（五）坚持“有盲必扫”，注重巩固提高，切实抓好农教工作。

扫盲是“两基”工作的重要方面。我县扫盲工作有一定的基础。1982年通过了“基本无盲县”验收，1990年人口普查全县非盲率达93%，且有8个乡（镇）在95%以上。然而，我们仅把过去的成绩当作基础，当作起点，而不是终点。近几年，我们坚持“有盲必扫”的指导原则，响亮地提出“不把文盲带入21世纪”的口号。通过努力，又有5204名文盲摘帽，非盲率上升到97.5%。我们的做法是：

1. 落实责任，限期完成任务。扫盲到村，村干部负责动员组织，包扫盲对象参加学习，教师包教，包脱盲。分别签订责任状、合同书。黄段镇书记、镇长身先士卒，与扫盲对象签订包教合同。新宁镇常务副镇长陈希泽亲任扫盲夜校校长，每晚到场点名、检查。全县农民夜校基本上是支书或村主任任校长，甫田乡石平村给每个扫盲对象配备了手电筒。广大教师不辞辛苦，日教学生，夜教文盲。船滩长坪小学徐明祥老师，年近花甲，坚持一周三晚到8里开外的扫盲点上课，风雨无阻，从未间断。甫田乡杨廖村有一名文盲在县城做生意，该村完小校长袁绪平坚持每周四晚，过河渡水到县城教其识字，使该文盲按时脱盲。俗话说“真诚所致，金石为开”。在广大乡、村干部和教师的真诚感召下，文盲学习积极性大为高涨。甫田乡湖滩村农民要求农民夜校永远办下去。石渡乡安乐村农民自办夜校，清江乡汉桥村夜校每晚超员满座，每周6晚，既学文化，又学时事、学农科知识，夜校办成了综合性的农民文化场所。农民夜校越办越红火，全县488所农民夜校，遍地开花，处处结果。

2. 灵活多样，注重效果。根据农村特点，我们采取集中与分散相结合，农闲时节集中学，农忙时节分散学，雨天集中学，晴天分散学；集中办班与送字上门相结合，人口集居地集中办班，独门独户送字上门；快班与慢班相结合，程度好的编快班，基础差的进慢班，时间不限，脱盲为止；学文化与学科技相结合，丰富内容，提高兴趣，增强夜校的吸引力。

努力办好农科技术学校，是农民教育的重要工作，也是提高农民文化素质的有效途径。各乡（镇、场、所）由农技站牵头，教育部门配合，认真办好一所农科学校。几年来取得了一定成绩，为农村经济的发展，起到重要作用。黄塅镇农民葛江民，就是通过农民技术学校培训，学到了种养技术，承包橘园，致富发家，建起了新房。农民技术学校成为农民致富的摇篮。

（六）推进“两基”，促进“两全”，加速应试教育向素质教育转轨。

教育质量始终是教育工作的主旋律，我们坚持全面贯彻教育方针，全面提高教育质量，立足为本地经济建设服务的办学原则，使教育沿着社会主义的办学方向健康发展。为实现这一基本目标，我们从以下方面着手：

首先，努力建设一支政治合格，业务素质较强的教师队伍。一是政治上提高。每年教师节，县委、县政府六家班子都要组成慰问小组，带着慰问信分头下到学校上门慰问教师。开座谈会，倾听教师的呼声，表彰优秀教师。全县年终表彰大会，教育部门都要占相当比重。基层党组织注意在教师中发展党员，做到成熟一个，培养一个，发展一个，每年都有一批教师入党。政法、公安部门依法维护学校，教师的合法权益，对侵犯学校教师合法权益的事件及时予以查处，提高教师的社会地位，营造尊师重教的社会风气。二是生活上关心。近几年我们把“教师安居工程”当作各级人民政府一件实事来抓，教师住房正在逐步改善。在职称评聘、农转非问题上给予倾斜。从1993年到1996年，全县教师家属子女农转非165人，教师评聘中级职称158人。1993到1995年282名民师转为公办教师。民师工资逐年增加，全县教师工资一分不欠。三是加强管理。全县教师的人事档案、业务档案、职称档案、工资档案和民师档案都进入规范化管理程序。县政府批转了县教育局《关于加强教师队伍管理的暂行规定》。对教师的思想工作、职业道德、请假、培训、调动、奖励和处罚等方面都作了明确规定。四是抓好业务培训。教师的业务素质是提高质量的关键。我们采取脱产进修、函授、电大、自学考试、岗位培训等多种措施，努力提高教师的学历水平和业务素质。在岗中小学校长全部培训完毕，取得了“合格证”。

第二，优化教育管理，全面提高教育质量

从1993年开始，我们实施了以改革人事制度和分配制度为主要内容的学校内部管理体制改革，制定了以贯彻“两全”为主体的教育教学督导评估方案。具体做法是：在人事上实行双向选择，全方位的聘任制，在分配上落实按德、能、勤、绩，奖优罚劣的制度。极大地激发了广大教师的工作积极性，使一批中青年教师脱颖而出。

加强教育科研，尽快向素质教育转轨，是教育工作的主要课题。我们一方面加强县、乡（校）村三级教研网络的建设，一面抓紧教研新课题的开发。在继续抓好“常规教学”“复式教学”“单元目标教学”等传统课题的同时，开始在县、乡部分学校推行“愉快教育”试点和“第二课堂”活动。1995年参加全国小学生奥林匹克竞赛获得特等奖1人，一等奖2人，二等奖12人的好成绩，县一中的传统体育项目和县二中的第二课堂已形成特色。为向素质教育转轨迈出了成功的一步。

第三，办好职业教育，立足为本地培养人才。发展农职业教育对我们这样的山区农业县来说十分重要。一是加大农职业教育发展的力度。先后创办了高中段的卫职校1所、农业高中1所，职业高中1所，并花力气逐步充实师资力量，改善教学条件。农职业学校的教学力量不断增强，现在能开设果业、计算机、财会、家电、文秘、驾驶、装潢、服装、医士、中医、妇幼保健、护士等12个专业学科。从93年到95年为当地培养了各类人才1100多名，成为农村经济发展的生力军。

农职业教育的发展，使要求入农职业学校人数越来越多，初中毕业生入农职高人数现在已达到1170人，与入普高学生基本持平。原来那种千军万马挤独木桥的现象不再存在，农职业教育充满了生机和活力。

总之，在推进“两基”的过程中，我们的主要体会是，认识到位是基础，依法治教是根本，教师素质是关键，经费投入是保障。同时，全社会大力支持，有关部门认真履行义务等都是实施“两基”工程不可缺少的必要条件。

四、存在的问题和努力方向

我县“两基”工作取得了一定成绩，这是党中央、国务院英明决策带来的结果，同时也充分体现了老区人民渴求文化，发展教育的愿望和信心。然而，今天的成就，只能是明天的发展基础。我们清醒看到，与先进发达的地区相比，与党和人民对我们的要求相比，还有相当大的距离。特别是校舍建设任务仍很艰巨。

武宁县教育委员会
职能配置、内设机构和人员编制方案

（武府发〔1997〕24号）

根据《中共武宁县委、武宁县人民政府关于武宁县县级党政机构设置的通知》（武发〔1996〕24号）、《县委办公室、县政府办公室印发〈关于做好县直机关“三定”工作的意见〉的通知》(武办发〔1996〕20号），县教育委员会的职能配置、内设机构和人员编制确定如下：

一、主要职责

县教委是县政府主管全县教育事业的职能部门，主要职责是：

（一）按照全市教育发展战略，研究拟订符合我县县情的教育发展战略，全面贯彻落实党的教育方针和各项政策。

（二）研究制定我县教育事业发展规划，拟订教育事业的发展重点、规模、速度和步骤，并予以实施。

（三）认真实施《中国教育改革和发展纲要》，抓好九年制义务教育的普及工作。

（四）综合管理我县基础教育、普通教育、职业技术教育、幼儿教育、成人教育及教育督导与评估工作。

（五）统筹规划我县教育体制和办学体制的改革，理顺教育内部和外部的关系，建立适应社会主义市场经济体制需要的具有中国特色的社会主义教育体制及运行机制。

（六）指导学校内部管理体制改革，统筹规划并指导各级各类学校教师队伍建设工作。

（七）会同有关部门制定筹措教育经费、教育拨款、教育基建投资的办法，管理世行教育贷款。

（八）归口管理我县的学历教育及考试工作，成人自学考试工作，扫除青壮年文盲工作。

（九）协助有关部门指导我县各级各类学校的思想政治工作、德育工作、体育工作与美育工作、国防教育工作。

（十）组织实施师范院校类大中专毕业生就业分配及外系统大中专毕业生毕业分配派遣工作和本系统劳动就业、待业工作。

（十一）承办县政府交办的其他工作。

二、内设机构

根据上述职责，县教委内设5个职能股。

（一）秘书股

负责机关管理与综合协调工作；负责机关文件、信访工作；负责综合性会议的组织工作，负责来客接待、车辆调度及后勤管理工作；负责信息调研及人大代表建议、政协委员提案办理工作；负责机关精神文明建设和治安保卫工作。

（二）政工人事股

负责机关及下属单位人事管理、劳动工资、机构编制和职称评聘工作；负责本系统内的人才培训和离退休干部的管理服务工作；负责民师中招、选招及骨干教师家属、子女"农转非"工作；负责干部年报、工资年报和人事档案管理工作；负责本系统干部职工年度考核工作；负责师范类大中专毕业生的就业分配和外系统大中专毕业生就业派遣工作及系统内劳动就业、待业工作。

（三）教育股

综合管理全县普通中小学、幼儿、特殊教育及统筹协调全县的职业技术教育工作；制定中小学、幼儿教育、职业技术教育的发展规划及年度计划工作；指导、推动九年义务教育的实施；参与研究农村教育改革；负责中小学教材征订及监督教学大纲的执行工作；负责指导各级各类学校的体育、卫生、团队工作；负责组织全县初中、高中会考、学籍管理及毕业证发放工作，负责在职教师业务进修和校长培训工作。

（四）计划财务股

编制教育年度财务计划、教育经费预、决算及教育年报统计信息工作；编制各级各类学校基建投资计划及实施工作；检查、指导各级各类学校的财务及收费监督工作；管理、指导协调学校职工社会医疗保险和学生平安保险工作；负责学校灾情调查及统计工作；监督管理本系统县直单位国有资产工作。

（五）监察审计股

监督检查机关及下属单位贯彻执行国家政策、法律、法规等情况；负责本系统干部职工的法纪教育及调查审理干部职工违纪案件工作；负责制定财务审计计划；审查学校及其企业的财务账目、经济活动及管理工作。

关于请求批准全县小学教学网点调整三年规划的请示

（武府发〔1999〕33号）

县人民政府：

随着计划生育工作的稳步推进，全县自然出生人口逐年减少，适龄儿童入学人数也随之逐年下降，适当调整小学教学网点很有必要。为了合理配置教育资源，我委在经过调查研究，分析论证的基础上，制定了全县小学教学网点调整三年规划，现将具体情况报告如下：

一、调整根据

本学期以来，我们先后几次对全县小学学生进行了统计和测算，结果表明：全县现有小学生44467人，按现有603所校（点）计算，平均只有74人。至2002年全县小学生将下降到26828人，减少17639人，按现有学校数计算，每校（点）仅为45人。2003年之后，进入相对稳定时期，每年小学适龄儿童约3000人左右入学，全县1～5年级在校学生约在16000～19000人之间，若按现行网点计算，每校仅为31人。

以上数据告诉我们，小学生人数逐年减少，现行教学网点布局过多、过散，造成人力和物力资源的极大浪费，越来越不适应基础教育的发展要求，也影响了教育教学质量的提高。因此，有计划地调整小学不合理的网点布局，适当集中办学是小学教育发展的必然趋势。

二、调整步骤

调整网点是一项十分复杂的工作，必须科学安排，精心组织。本着“逐年调整，三年到位”的指导原则，既积极又稳妥地逐步推进。根据我们的调查摸底和乡（镇）人民政府的意见。从1999～2000学年度开始，到2001～2002学年度结束，通过三年努力，调整村级完小125所，占现有村级完小204所的61.3%。三年的具体规划是：

1. 1999～2000学年度，调整37所村级完小，占调整总数的29.6%。具体是：

泉口镇：纽丝村完小、富山村完小、月台村完小。横路乡：泥山村完小、林业村完小、洞门村完小。鲁溪镇：张庄村完小、鲁溪村完小、塔前村完小。甫田乡：东坪村完小、石羊村完小、干楼村完小、上坑村完小、茶棋村完小、坪源村完小、榜廖村完小。澧溪镇：坪坑村完小、堪上村完小、曹坑村完小、下坊村完小。船滩镇：孙坑村完小，躁头村完小。石门楼镇：林湾村完小、上坳村完小、徐坳村完小、青岭村完小、三联村完小、九条村完小、镜源村完小、白桥村完小、岭上村完小。罗溪镇：朱山村完小、尧山村完小。罗坪镇：杨坑村完小、杨洲乡：杨洲村完小。南市乡：源口村完小，石枧村完小。

2. 2000～2001学年度，调整34所村完小，占调整总数的28.3%。具体是：

大洞乡：芦林村完小。泉口镇：芭蕉村完小、楼下村完小、田塘村完小。横路乡：港北村完小、南坑村完小、白杨村完小。官莲乡：官塘村完小、山坪村完小。澧溪镇：梅林村完小、大源村完小、岩山村完小。船滩镇：白沙村完小、吴湾村完小。东林乡：山头村完小、茶畲村完小、下车村完小、桥头村完小、毛田村完小、白水村完小。石门楼镇：西桥村完小、河垅村完小、新牌村完小。清江乡：塘里村完小、樟潭村完小。石渡乡：新华村完小、槐村村完小。罗坪镇：群峰村完小、大洪村完小、关山村完小、沙湾村完小。杨洲乡：南屏村完小、江桥村完小、五兴村完小。

3. 2001～2002学年度，调整49所村完小，占调整总数的40.8%。具体是：

大洞乡：箬田村完小。泉口镇：凤东村完小、五泉村完小。横路乡：金盆村完小、儒庄村完小。鲁溪镇：石屏或东屏村完小、上源村完小、新开村完小、坑背村完小、梅颜村完小、丰术村完小、南冲村完小、胡山村完小。官莲乡：湖边村完小、宝源村完小、三港村完小、广段村完小。巾口乡：三山村完小、西下村完小、上畈村完小、北栎村完小、棠厦村完小。宋溪乡：塘畔村完小、王埠村完小、田东村完小、大坪村完小。澧溪镇：田丘村完小、安乐林场完小、上菁村完小、临江村完小、邓源村完小、牌楼村完小、山口村完小、哨背村完小、长乐村完小。船滩镇：石坑村完小、坎头村完小、河坛村完小、斜石村完小、莲塘村完小、辽埠村完小。上汤乡：刘家桥村完小。罗溪乡：联村村完小、新庄村完小。清江乡：桐埠村完小。石渡乡：安乐村完小、洞口村完小、官田村完小。严阳乡：东坑村完小。

4. 调整后各乡镇村级完小的布局是：

大洞乡：鲁桥村完小、彭坪村完小、岭下村完小。泉口镇：金水村完小、丰田村完小、枣源村完小、杨岭村完小、县煤矿完小。横路乡：花园村完小、新溪村完小、上富村完小、株林村完小。鲁溪镇：岭背村完小、东屏或西屏村完小、龙坂村完小、新塘村完小，双溪村完小、荷洲村完小、大堰村完小、柯垅村完小（新建）。官莲乡：红岭村完小、西湾村完小、泉溪村完小、洪溪村完小、东山村完小。巾口乡：无村级完小。宋溪乡：山口村完小、南皋村完小。伊山乡：无村级完小。甫田乡：建富村完小、烟港村完小、外湖村完小、三贤村完小、湖滩村完小。澧溪镇：罗坪村完小、郭坑村完小、小坪村完小、北湾村完小。船滩镇：仑上村完小、东岸村完小、长坪村完小、辽田村完小、辽里村完小、殿背村完小。东林乡：东岭村完小。上汤乡：石溪村完小、店前村完小。南岳乡：无村级完小。石门楼镇：银炉村完小、中村村完小、炉山村完小、田铺村完小。罗溪乡：东湾村完小、坪源村完小、合源村完小、梅山村完小、坪港村完小。清江乡：龙石村完小、汉桥村完小、大田村完小、晏头村完小、车下村完小、罗洞村完小。石渡乡：石渡村完小、丰年村完小、盘溪村完小、兰田村完小。严阳乡：无村级完小。罗坪镇：东边村完小、长水村完小、洞坪村完小。杨洲乡：界牌村完小、霞庄村完小。南市乡：桐林村完小、武安村完小、花棚村完小、董家坪村完小。黄塅与新宁两镇，在条件尚不成熟的情况下，维持现状。

以上目标实现后，全县村级完小由202所下降到84所。凡被调整的学校，仍保留1～3年级作为教学点存在。随着村级完小的逐年调整，也应积极地进行教学点调整；各乡镇政府，应在做好调查研究和保证适龄儿童全部入学的前提下，参照本规划的基本原则，制定规划，予以实施。

三、调整的意义

现实表明，小学网点分散，布局不够合理，造成教育资源的配置不合理，严重制约着我县基础教育的进一步发展。要改变这种状况，只有通过调整，才能解决网点布局与教育形势发展不相适应的矛盾。调整网点，合理布局，形成规模办学的优势，更加有利于教育资源的科学配置，有利于办学条件的进一步改善和有利于教育教学质量的提高，从而获得良好的办学效益和社会效益。

据我们初步预测，1999～2000学年度，全县中小学（不含高中）需要教师4081人，其中小学2342人，初中1739人，现有教师3506人，其中小学2025人，初中1481人。剔除自然减员因素，尚差575人，其中小学317人，初中258人。到2001～2002年，全县需要教师4374人，其中小学1965人，初中2407人，剔除自然减员因素，尚差992人，其中小学36人，初中956人。缺额如此之大，仅靠大中专毕业生补充是远远不够的，通过缩减网点，扩大班额，节省师资是一条有效途径按三年调整统计，撤销120所村完小，每校2个教学班。每班1.5名教师，就可以核减360名教师编制，加上教学点的调整，至少可以核减400余人。每人按年工资和办公费用5000元计算，每年可节约资金200万元。仅此一项，不但减轻了财政负担和群众负担，同时有效地缓解了教师严重不足的矛盾，对确保义务教育的实施和教学质量的提高都有十分重要的意义。

由于网点分散、教育的物质资源难以配置，有的学校、房屋破旧，设施不全，无力改造，办学条件差，办学能力薄弱，致使教学质量长期上不去。通过调整，有利于科学、合理地配置教育资源，人、财、物相应集中，使教学力量得到增强，办学水平将会明显提高。

四、主要措施

调整网点工作有一定的难度，必须采取有效措施，才能保证这一工作的顺利进行。

1．必须认真地做好宣传工作，务必使各级干部和广大群众充分认识小学网点调整的重要性和必要性，努力消除思想障碍。特别是要耐心细致地做好被调整学校的地方群众工作，争取群众的理解、支持和配合。这是调整工作能否顺利进行的关键。

2．对接收学校，乡、村两级要按规划要求，做好校舍的扩建、改建工作和必要设备的添置工作，及早筹划，及早准备，为并校创造基本条件，使规划按期实施，如期实现。

3．各乡（镇）通过调整确认的村级完小，原则上不能变动，更不允许擅自增加网点。今后，县教委对确认的村级完小纳入统一的管理，在人、财、物等方面给予重点扶持。对规划内被调整的学校，不应以村完小而继续存在。那些不同意撤并，或未经县教委同意批准的村级完小，一概纳入社会办学系列，按国家关于社会办学有关规定进行管理，其学校的教师配备，办学经费及其他设施，均由办学者负担。

4．各乡镇政府应加强对此项工作的领导，保证各项措施按时到位。各乡（镇）教办要加强管理，协调各种关系，妥善处置在调整中出现的有关问题，以科学的态度，积极负责的精神，认真地、切实地把这项工作做好。

以上请示，如无不妥，请予批转。

武宁县教育委员会

一九九九年六月十八日

全县乡（镇）初级中学、教育办、中心完小、县农高、县幼儿园竞争上岗工作方案

武办发（〔2000〕3号）

多年来，全县中小学教师队伍的管理缺乏优胜劣汰的竞争机制，管理模式僵化，用人机制不活，造成县城学校、县城周边的学校以及乡（镇）中心完小超编，边远山区的中小学以及村级小学严重缺员，造成教师结构失衡，资源配置不合理，人力、财力的极大浪费；在分配制度上，“铁饭碗”照样端，“大锅饭”照样吃，严重压抑着教师教书育人的积极性；在学校管理上缺乏严格、科学、规范的责任制和考核评估制度，影响教育质量的提高。

为使教育有效地适应市场经济的竞争机制，启动学校活力，提高办学效益，必须深化教育改革，在学校内部推行竞争上岗，以调动广大教职工的工作积极性。为使学校竞争上岗工作有章可循，有序推进，特制定如下方案。

一、指导思想

推行竞争上岗，要以党的十五大和全国第三次教育工作会议精神为指导，以中共中央、国务院关于《深化教育改革、全面推进素质教育的决定》以及江西省人事厅《关于在事业单位实施全员合同聘任制试点工作的通知》为依据，推行以“校长负责制，教师聘任制，结构工资制”为主要内容的学校内部管理体制的改革，将竞争、激励机制引入学校，打破教师队伍建设和管理上的僵化局面，激发教工爱岗敬业，尽职尽责，以强烈的责任心和使命感，培养德、智、体、美、劳全面发展的社会主义事业建设者和接班人。

二、基本原则

“竞争上岗”工作，要执行以下原则：

1. “定编严岗”原则；
2. 公平、公正、公开竞争原则；.
3. 任人唯贤，择优聘任原则；
4. 双向选择，优化组合原则。

三、竞争上岗办法

（一）实行校（园）长负责制。校（园）长是学校推行竞争上岗工作的领导者、组织者和实施者，对竞争上岗工作负总责。

（二）今年寒假实行竞争上岗单位：全县各乡（镇）初级中学、教育办、中心完小、县农高、县职高、县幼儿园。黄塅教育办、中心完小在2000年暑期实行全员竞争上岗。

（三）实行竞争上岗单位除正、副校（园）长外，其他人员一律参加竞争上岗。借用人员参加借用单位竞争上岗。

（四）全县中学（含农高、职高）和中心完小（含县幼儿园）正、副校（园）长，均在2000年暑期实行公开竞争上岗，其竞争上岗方案另行制定。

（五）各乡镇村级小学竞争上岗，可参照此方案执行。

（六）有下列情况之一的，可不参加竞争上岗：

1．大中专毕业生分配、军转干部安置以及组织调入和借调人员到单位工作不满一年的。

2．经组织批准参与本县山水开发，领办、创办乡（镇）私营企业的。

3．男年满55周岁（1944年12月31日前出生），女满50周岁（1949年12月31日前出生）的教师可不参加竞争上岗，但必须服从学校安排，做好本职工作，如不服从安排，作落聘处理。不能评职称的男职工和女职工，年龄分别为55周岁和45周岁（职工编制评有职称的，其年龄界定与教师相同）。

4．经县级（含县级）以上医院鉴定无法坚持工作的长病人员和重度残疾病人。

5．1999年选派的扶贫助教人员继续参加扶贫助教，不参加派出和接受扶贫助教单位竞争上岗。

6．县直学校落聘人员不参加接受学校竞聘上岗。

7．经组织批准离岗进修人员。

（七）竞争上岗分层、分步实施。中学：首先竞聘学校处（室）正、副主任岗位，然后竞聘教研组长、年级组长、班主任岗位，最后教师、职工竞争上岗。小学：教育办干部先行竞争上岗，再在中心完小实行竞争上岗。县幼儿园：先行竞聘处室正、副主任，再行班主任、教师、职工竞争上岗。

（八）学校处（室）正、副主任及教育办“三教”干部、会计、出纳，竞争上岗基本条件和资格。

1．中学处（室）主任、副主任竞争上岗的基本条件和资格：

（1）原则上必须具备大专或同等学历（获得中学教师专业合格证），中学三级以上教师资格。

（2）年龄：原在学校中层干部岗位上的，男年龄一般不得超过54周岁（1945年12月31日后出生），女年龄一般不得超过48周岁（1951年12月31日出生）。原不在学校中层干部岗位上的，男教师45周岁（1954年12月31日后出生）以下，女教师40周岁（1959年12月31日后出生）以下。

（3）年度考核近三年在称职以上。

2．中心完小（县幼儿园）教导处主任、副主任竞争上岗的基本条件和资格：

（1）必须具备中师（幼师）以上学历，小学一级以上教师资格。

（2）年龄：原在正、副教导主任岗位上的，男年龄一般不得超过50周岁，女年龄一般不得超过45周岁。原不在正、副教导主任岗位上的，年龄一般在40周岁以下。

（3）年度考核近三年在称职以上。

3．教育办“三教”干部、会计、出纳竞争上岗基本条件和资格：

（1）必须具备熟悉本行业务，政策性、原则性、责任心强。

（2）年龄：原在“三教”干部、会计、出纳岗位上的，“三教”干部、会计、出纳，男年龄不得超过54周岁，女不得超过48周岁。原不在“三教”干部、会计、出纳岗位上的，男年龄不得超45周岁，女不得超过40周岁。

（3）年度考核近三年在称职以上。

（九）有下列情况之一的，不能参加学校处室主任、副主任及教育办“三教”干部、会计、出纳岗位竞聘：

1．经组织批准参与本县山水开发和领办、创办乡（镇）私营企业的。

2．受党内警告、行政记过处分以下不满一年的；党内严重警告、行政记大过以上处分不满三年的。

（十）各层次竞争上岗程序：

1．中学各处（室）主任、副主任以及小学、县幼儿园正、副教导主任竞争上岗程序：

（1）由学校公布职位数，并提出该职位条件、职责、任务和要求。

（2）申请报名。

教师根据自己的条件，填写竞争职位申请表。

（3）资格审查。

（4）竞争演讲。

（5）民主测评。

民主测评分领导和教职工两个层次，按一定的比例折算计入竞争者总分(校长占15%，副校长、工会主席占10%，教职工占75%)。

（6）公布上岗人员名单。

（7）根据干部管理权限，下发聘书。聘期一般为3年。

2．中学、中心完小、县幼儿园教研组长、年级组长、班主任竞争上岗程序：

（1）公布岗位。

（2）个人申报竞争岗位。

（3）资格审查。

（4）竞争演讲。

（5）民主测评。

测评分领导、处室正、副主任、教职工三个层次进行，按一定的比例计入竞争者总分（校长占12%，副校长、工会主席占8%，处室正、副主任占5%，教职工占75%)。

（6）公布竞争上岗名单。由各处、室下发聘书，聘期为三年。

3．教师竞争上岗程序：

（1）各校在县编委核定的编制数内，按照“定编严岗”的原则，合理设置本校各类工作岗位及职数，公布各年级、各学科教学人员岗位数以及各个岗位的职责、任务和要求。

（2）教师根据自己的条件，提出竞争上岗的1～3个志愿。

（3）双向选择（双向选择只限在本校或本乡镇内进行）。双向选择，即新聘任的班主任根据本班教师职数提出拟聘人员与待聘人员填报岗位相一致时，则为聘定上岗。不一致者，由待聘人员再找岗位，进行第二次双向选择；第二次双向选择仍不一致者，视为落聘。拒绝参加竞争上岗者，作落聘处理。

（4）分别由各班主任下发聘书，聘期为3年。

4．职工竞争上岗程序

（1）各校按照后勤服务工作的实际需要，按一定的比例测算出非教学人员的岗位职数，以及各个岗位职数的职责、任务和要求，予以公布。

（2）职工根据自己的条件提出1～3个志愿竞争上岗，进行双向选择，开展竞聘。

（3）分别由各处、室负责人下发聘书，聘期为3年。

5．教育办“三教”干部、会计、出纳竞争上岗程序：

（1）根据武府发〔1998〕15号文件规定各乡镇教育办的编制数公布职位。

（2）申请报名。

（3）资格审查。

（4）竞争演讲。竞争上岗者要在全乡教工大会上进行演讲。测评分教办主任、中心完小副校长和村完小校长、教代会四个层次进行，各层次测评记分折算计入总分（教育办主任占15%，中心完小副校长5%，村完小校长占10%，教代会占70%)。

（5）公布上岗人员名单，由教办主任发聘书，聘期为三年。

（十一）签订聘约。凡竞争上岗聘任后的教职工，从今年2月20日至8月20日为试聘期，从8月21～25日由学校与其签订正式聘约合同，明确双方的责任与义务。聘约合同应包括：聘任年限、工作内容、工作纪律、劳动报酬、聘任的变更和终止条件，违反合同的责任以及双方约定的其他内容。

（十二）定期考核。

按照《教师法》规定：“学校应当对教师的政治思想、业务水平、工作态度、工作成绩进行定期考核。每学期对聘任人员全面考核一次。各校应分别制定好教育办干部、学校处室主任、副主任、年级组长、教研组长、班主任、教师、职工工作考核实施方案。对干部职工的考核，要抓住三个环节：一是严格考核程序。工作考核实行“三评一议”的方法进行，即个人自评，小组评议，领导班子评议，教代会复议。要民主制定考核方案，尽量保证考核结果的客观性。二是细化考核细则。各类人员的工作考核内容，要量化、细化。定性与定量相结合，保证考核结果的准确性。三是注重考核质量。从德、能、勤、绩四个方面，以干部职工的工作实绩为主要考核内容，严格按照各类人员考核标准和办法认真考核。考核方案，按干部管理权限报批，并报县教委备案后予以实施。考核结果应作为各类竞争上岗人员落聘、续聘、晋升、奖惩的重要依据。对考核不称职的人员要按规定予以戒勉或解聘。

（十三）落聘人员处理。

1．落聘人员比例：

（1）凡参加竞争上岗的学校：属缺编或满编单位的，其落聘人数规定为：教职工实有总人数在30以下（含30人），必须有1人落聘；在31～50人（含50人）以下的，必须有2人落聘；51～80人以下（含80人）必须有3人落聘；81人以上的，必须有4人落聘。属超编单位的，除超出人数必须落聘外，同时还要按满编单位落聘的人数进行落聘。

（2）教育办人员落聘：按武府发〔1998〕15号文件规定的职数，超过职数予以落聘。

2．对落聘人员可通过如下渠道安置：

（1）教育办人员落聘，可参加中心完小教师竞聘，如在中心完小未能竞争上岗，则安排在缺编空岗的村完小任教。

（2）乡镇中心完小教师落聘，由教育办安排在本乡缺编空岗较多的村完小任教，三年内不得调回中心完小任教。如属缺编的乡镇中心完小，其岗位由全乡（镇）小学教师竞争上岗。

（3）初级中学教师落聘。如属合格学历或获得中学教师专业合格证及由县教委根据实际情况将其调入缺编空岗较多的外乡镇初级中学任教。如属不合格学历或没有获得中学教师专业合格证者，在本乡镇小学有缺编空岗情况下，可安排在本乡镇村级小学任教，如本乡镇小学不缺编，由县教委将其调入外乡镇缺编空岗的小学任教。

（4）农高、职高、茶场初中、南市初中、宋溪初中以及南市、宋溪、新宁镇小学和县幼儿园教师（职工）落聘，实行待聘制。在待聘期间，其编制放在原校。中学及县幼儿园教师（职工）由县教委安排在缺编空岗较多的学校任教、做职工。南市、宋溪、新宁镇小学教师（职工）落聘，由教育办安排在中心完小以下的学校任教、做职工。上述人员落聘，如期上班后，则按本人70%工资由原校发放，30%的活工资由接受单位根据工作绩效发放，在待聘期间要加强学习，提高业务水平，以便参加原校下轮的竞聘上岗。

（5）凡缺编超过12%以上(含12%)的学校，落聘人员可留在本校试用，但试用期间内，第一学年，每月扣全部活工资；第二学年，每月扣发活工资的20%;第三学年扣发其每月活工资的10%。

（6）落聘人员必须服从安排，逾期一个月不到岗到位的，只发本人月工资的70%（即固定部分），逾期两个月不到岗者，停发其全部工资并将人事关系挂靠县人才交流中心。

（7）实行辞退。按《江西省实施〈中华人民共和国教师法〉办法》第二十九条规定：“凡在年度考核中连续两年被确定为不合格的”和“旷工或者未经批准逾期不归连续超过15日，或者1年内累计超过30日的”予以辞退。

（十四）实行结构工资制。

打破过去工资平均分配的原则，实行结构工资制。一是职务工资（即固定部分）

占工资总额的70%。二是津贴（即浮动部分）占工资总额的30%。按国务院“国发(1993)79号”文规定：“津贴是工资构成中活的部分，与专业技术人员的实际工作数量和质量挂钩，多劳多得，少劳少得”。根据上述原则，各校应将教职工30%的活工资部分和学校创收，在政策允许范围内按一定比例提取的一部分，纳入津贴(民师可提取工资总额的10%)进行活工资分配。活工资分配办法：可根据工作量、常规工作评估及工作效益三个方面按3：2：5的比例分配，具体操作中换算为如下公式：

1．工作量工资 $= \dfrac{\text{教师本人活工资总和+勤工俭学提取总经费}}{\text{学校标准月工作量总和}} \times \text{教师本人月工作量} \times \dfrac{3}{10}$

2．常规评估工资 $= \dfrac{\text{教师本人活工资总和+勤工俭学提取总经费}}{\text{教学常规评估总分}} \times \text{教师本人常规评估得分} \times \dfrac{2}{10}$

3．效益工资 $= \dfrac{\text{教师本人活工资总和+勤工俭学提取总经费}}{\text{教学效益评估总分}} \times \text{教师本人教学效益评估得分} \times \dfrac{5}{10}$

各校要认真制定学校行政人员、教职工常规评估工作方案、工作绩效方案以及活工资分配方案，并提交教代会讨论通过，报请县教委备案后，予以实施。工作量工资、常规评估工资，按月发放一次。绩效工资，在学期末一次发放，由班主任根据本班各科任教师工作绩效提交发放额，经学校核实后，再发放给教师本人。

经县级或县级以上医院鉴定无法坚持工作的长病及重度残疾病人，其津贴部分按国家有关规定执行。

四、组织领导

实行全员聘任制，是为适应社会主义市场经济体制，改革传统的人事制度的一种尝试。此项工作，政策性强、涉及面广，也关系一部分人的切身利益，这是一项非常严肃的工作。既要坚决，又要积极、稳妥、慎重、有序地推进。

1．成立武宁县教育系统竞争上岗工作领导小组。组长：黄斌，副组长：卢志鹏，成员：熊自梅、朱敦景、王南义、张禄业、陈公平。领导小组下设办公室，办公室设在县教委，负责日常工作。各校应充分发挥校长全面负责，党总支（支部）监督保证，教代会民主管理的作用，并成立由校长为组长的竞争上岗工作小组，小组成员由5～9人组成（其中教师代表不得少于1/3，教师代表必须由教职工推荐产生）。其主要职责是依据本《方案》的精神，结合本单位实际，制定出竞争上岗实施方案，内容包括：组织领导、岗位设置、竞争上岗的程序，聘约的签订和管理以及落聘安置、人员分流、工资浮动、考核奖惩等。《实施方案》由县领导小组办公室批准后，予以实施。

2．校长要以高度负责的精神组织实施工作，加强宣传教育，正确引导，发扬民主，耐心做好思想政治工作，充分调动全体教职工的竞聘积极性和工作责任感。

3．要严肃工作纪律。在整个竞聘上岗工作过程中，要严格遵守竞聘纪律和各项制度，做到“三不准”即不准拉帮结派；不准吃请送礼；不准徇私舞弊。如有违纪者严肃处理。

4．加强领导，精心组织。此项工作一定要在县委、县政府的领导下，在县教育系统竞争上岗领导小组的直接指导下进行，并分别从县委宣传部、县教委抽调人员，成立若干个督查组进驻竞争上岗学校，进行督查指导。这次改革是否成功，是对各校班子一次严峻考验。因此，必须实行校领导包干负责制。坚定信心，精心领导，精心组织，精心安排，善始善终地抓好该项工作，确保其顺利进行，确保此项改革成功。

本《方案》自发文之日起组织实施，并由县领导小组办公室负责解释。

武宁县鼓励社会力量办学试行办法

（武发〔2000〕31号）

第一章　总　则

第一条　为了充分调动各方力量办学的积极性，促进我县教育事业的发展，根据国务院《社会力量办学条例》和《江西省实施〈社会力量办学条例〉办法》，结合我县实际，制定本办法。

第二条　坚持走教育产业发展的路子，积极鼓励和大力支持社会力量办学。县内外一切企事业单位、社会团体及其他社会组织和公民个人均可面向社会举办各级各类学校及其他教育机构。

第三条　对社会力量办学不限规模，不限形式，允许“先发展、后规范”。办学形式既可完全民办，也可公办民助或民办公助；允许单位、组织和公民个人独资创办或以资金、人才、设施等投入方式合资、合作或取股份制形式创办；允许单位、组织和公民个人与公办学校合办，实行资源共享。

第四条　县教委要做好社会力量办学总体规划和规范管理工作，其他相关部门应密切配合，互相协调，认真履行各自职责。

第五条　社会力量办学的重点是非义务教育阶段教育，政府大力支持社会力量举办幼儿教育、职业教育、普通高中教育，同时，鼓励创办民办小学和初中。

第二章　优惠政策

第六条　社会力量办学依法享有办学自主权。可按照国家有关规定在县内外自主招聘校长、教师和其他教育工作者，自主实施学校内部管理，自行确定教职工工资、奖金和福利标准；招生纳入计划，可自主在县内外招生。任何单位和个人不得干涉。

第七条　社会力量创办学校与公办学校一样享有国家规定的减免税费政策，征用土地免收土地出让金；行政事业性基建收费全免，服务性收费减半收取；办理各类证照只收工本费。

第八条　社会力量所办学校（班）实行收费放开，学校可根据自身办学效益和家长承受能力自主确定收费标准，但必须报物价部门审批后方可实施。

第九条　允许县内各级各类学校在职教职工和行政事业单位在职干部职工到社会力量所办学校（班）兼课，经批准后也可到硬件设施建设（指教学楼、实验楼、图书阅览室、学生宿舍、食堂、厕所、围墙等）在100万元以上的社会力量所办学校任教。

凡被聘用到社会力量所办学校（班）任教的县内各级各类学校在职教职工和行政事业单位在职干部职工，五年内其财政拨款工资照发，人事、工资关系保留在原单位不变，教龄（工龄）予以承认，连续计算；其调资、晋级、退休、职称评定、年度考核、医疗养老保险等不受影响，并可参与评模评先。五年后，既可回原单位工作，也可将人事关系转入县人才交流中心继续在社会力量所办学校任教。

凡人事关系转入县人才交流中心后到社会力量所办学校任教的各级各类学校在职教职工和行政事业单位在职干部职工，除工资、奖金、福利和各类保险费用等由任教学校自行支付外，档案工资保留，依法享有调资、晋级、职称评定、年度考核等待遇。

第十条　社会力量所办学校可以到外县招聘教师和大专院校招聘应届毕业生。所招聘的教师和毕业生，县里给予办理城镇户口，由县人才交流中心实行人事代理，教龄（工龄）予以承认，按政策规定给予调整、晋级、职评，建立档案工资，但工资、奖金、福利、医疗保险、养老保险由所聘学校负担。

第十一条　社会力量所办学校的学生，依法享有公办学校学生平等的权利，其升学、转学、休学、留级、考试、毕业、参加社会活动以及评先评优等均与公办学校学生同等对待。

第十二条　对在社会力量办学中做出突出贡献的组织和个人，给予奖励。凡引介县外单位、组织和个人来县投资办学的，按县招商引资奖励办法进行奖励。

第三章　规范管理

第十三条　社会力量办学必须经教育行政部门审批并取得“办学许可证”。“办学许可证”严禁买卖、租借或转让。

第十四条　社会力量办学必须全面贯彻党和国家的教育方针，遵守国家法律、法规，坚持社会主义的办学方向，保证教育、教学质量。自觉遵守教育行政部门制定的教育、教学和学校管理规定，并主动接受教育行政部门依照国家有关法律法规进行的监督管理。创办中小学的，必须按照国家教育行政部门制定的课程计划和教学大纲的要求实施教育、教学，选用的教材必须经教育行政部门审定。教育行政部门要加强对社会力量办学机构的监督管理和业务指导及其办学水平、教育质量的监督评估。

第十五条　社会力量创办学校的土地，不得用作担保、抵押或出租、转移、转让。

第十六条　社会力量创办学校不按规定时限动工建校或在办学中途学校停办的，不再享受本决定各项优惠政策。对已批准但两年内尚未动工建设的，建设用地由土管部门无偿收回。严禁创办人在建校或办学过程中改变办学宗旨，将相关土地和房产改作他用，否则，其改变用途前后的相关土地和房产无偿收归国有。

第十七条　县内各级各类学校在职教职工和行政事业单位在职干部职工到社会力量所办学校任教必须由本人提出书面申请，经所在单位及主管部门签署意见，按干部管理权限报县委组织部或县人事劳动局批准。

第四章　服务保障

第十八条　社会力量申请办学，各有关部门要积极主动地予以支持，从快从简办理考核、审批手续。教育行政部门必须在接到申办人递交的申报材料后10天内按有关程序完成审批手续，并颁发“办学许可证”；物价部门要在申办人取得“办学许可证”后5天内核发“收费许可证”。不能按时办理的，要及时向申办人说明情况。

第十九条　社会力量办学的合法权益受法律保护。任何单位和个人不得侵犯其财产和师生员工人身安全；非经县政府批准不得到社会力量举办的学校进行检查，不得向社会力量举办的学校索、拿、卡、要或乱收费、乱罚款、乱摊派，违者，除退回非法所得外，还将依法依纪从严查处有关当事人及其主要领导。

司法机关必须保障社会力量举办学校的教育教学秩序，及时查处扰乱学校治安秩序，破坏校舍和场地，危害教师、学生人身安全等违法犯罪行为。

第二十条　凡要求到社会力量举办的学校兼职或任教的县内各级各类学校在职教职工和行政事业单位在职干部职工，有关部门和单位要大力支持，不得人为设置障碍。

第五章　附则

第二十一条　本办法由县政府授权县教委负责解释。

第二十二条　本办法自发布之日起实施。

武宁县教师工资发放及教师编制等情况的调查报告

根据省教育厅的布置，2002年1月31日至2月5日，由厅人事处副处长曾青生、基础教育处副处长何少加、教科所副研究员胡定南一行三人组成的调研组赴九江市武宁县进行了调研。省教育厅王占铭副厅长亲临指导并参加了调研活动，九江市教委副主任李瑞东及人事科副科长钟萍陪同参加了调研。调研组深入武宁县的上汤、澧溪、宋溪、罗坪四乡镇的8所中小学校和县城的6所学校，先后召开了8个座谈会，发放问卷90份，收回问卷41份，广泛听取了中小学基层校长及教职工的意见，代表省教育厅慰问了10名特困教师，其中探望了病危卧院的特困教师刘永清，走访了两位特困教师家庭，送去了党和政府及省教育厅对他们的关怀，现将调研情况汇报如下：

一、武宁县教师工资发放及教师编制组成情况

（一）教师工资发放情况

中共武宁县委、县政府非常重视教育工作，认真地把教育摆上了优先发展的战略位置。全省基础教育工作会议后，县政府所做的第一件事就是落实全省基础教育工作会议精神，改革农村教育管理体制，从2002年1月起，将教师工资的乡统筹改由县级人民政府财政发放，责成县财政局、教委共同拟定学校教师编制控制、经费包干的实施方案，提交县政府办公会通过后下发实施。方案对全县学校教师实行工资总额包干，并规定了方案、包干办法：一是核定编制，按照现有教师数和本学期学生数，根据完中、初中和小学的不同比例，重新核定各乡校编制数，实行编制控制，经费包干；二是核准基

金，由各乡镇财政所、人事局核准各乡学校的工资基金及其他经费；三是由县财政核实教师的工资数，总额包干给县教委；四是年初由教委向财政局报送全县学校工资总额预算，教委建立教师工资台账，每月按乡校核对教师工资基数后报财政局，县财政在包干总额内按月将工资拨给各乡校教师工资专户；五是包干期内原则上增人不增资，减人不减资，但经县委、县政府同意分配到教育部门就业的大中专毕业生的人头费予以追加；六是政策性增资，县财政要与其他行政事业单位同步补拨。通过方案的实施，可从根本上保障教师工资的按时足额发放。从我们实地调查的情况看，今年1月份的工资已到教师专户，2月份的工资也已下拨到校。

武宁县从1998年起到2001年实施的是按乡财政包干，吃饭，与乡财政完成情况挂钩的教师工资发放体制。在这几年中，由于县乡两级党政领导的重视，尤其是县委、县政府将教师工资的发放与乡党政领导调动挂钩，凡存在拖欠的乡党政领导不能调动。教师工资发放的在总体上是好的，但也存在部分拖欠的问题，其拖欠期不超出三个月，并做到了当年不拖欠。从我们走访的4个乡镇看，2001年不仅按时发放了全年工资，另增加的一个月基本工资的奖金也已发放。

我们从武宁县2000年、2001年的财政性教育事业经费与其财政状况来看（见附表1），2000年的财政性教育投入占了其地方财政收入的43.55%、财政支出的25.47%，高于全省平均水平，也达到县域经济所能承受的程度；2001年的比率比2000年又分别上升了7个百分点和3个百分点，这说明县委、县政府确实做到了宁愿“牺牲一点速度，也要把教育搞上去。”

武宁县财政性教育经费情况分析表（附表1）

单位：人口：万人；收入、支出：亿元

年份	年末中人口	财政性教育支出	财政总收入	地方财政收入	财政支出	财政性教育费支出占财政收入、支出中的比率（%）		
						财政总收入	地方财政收入	财政支出
2000	34.5	0.27	0.80	0.62	1.06	33.75	43.53	25.47
2001	37	0.34	0.88	0.67	1.19	38.64	50.75	28.57

（二）教师队伍编制的有关情况

武宁县共有中小学校431所，其中完中4所，职业高中2所，初中25所，小学343所，幼儿园56所，特殊教育学校1所；拥有在校学生5.97万人，其中高中0.37万人，职业高中0.15万人，初中2.29万人，小学2.93万人，幼儿园0.23万人；现有教职工编制4078人，其中高中215人，职业高中186人，初中1458人，小学2261人，幼儿园36人，特殊教育学校3人；现有在编公办教职3140人，其中专任教师2684人，职员12人，教辅人员26人，工勤人员418人。根据1999年武宁县编委核定的编制数看，武宁县完中（职高）、初中、小学、幼儿园核编为4060人，实际在编3467人。说明县教委在教师编制问题上控制是比较严的，但也与原有的农村教育管理体制相关，使得教师调配有一定困难。由于武宁县是个山区县、库区县，导致小学学校布局分散，教学点较多，教学点达到198个，占小学数量的57.73%，寄宿制学校多，初中以上学校均为寄宿制，寄宿的学生占在校生总数的82.53%，在村完小以及乡中心小学中，141所学校就有96所学校为寄宿，占68.09%，在校生中，寄宿的比例达到37.72%。

武宁县在农村基础教育的发展和改革上进行了探索，做了不少工作。

1．制定了为期三年的农村学校网点调整规划，并报县政府批准，将原有的260个教学点调整到145个，现已调整到198个；将原有的203所村完小调整到85所，现已调整到118所，计划在2003年完成。

2．实施了乡镇初级中学、教育办、中心完小、县职高、农高、县幼儿园正、副校长竞聘及班主任竞聘、教职工竞争上岗的改革。通过改革，使一批素质高、能力强的干部、教师走上了校长领导岗位，也打破了教师队伍建设和管理上的僵化局面，激发了教职工爱岗敬业、尽心尽责的责任心和使命感。通过竞聘、竞争，扭转了一些学校的落后局面。如澧溪初中是个具有40多年历史的老校，原是一所完中，曾培养出九江市的高考状元。改为初中后，近几年来教育教学质量处于低迷状态。2001年，通过竞聘换了一位校长，学校面貌大为改观，教师们的积极性大为提高，教育教学质量很快上了台阶。

3．改革收入分配方式，实行结构工资制。武宁县打破工资平均分配的方式，从2000年起实施结构工资制，将工资的津贴部分（占工资总额的30%）拿出与学校创收中按政策允许范围内按一定比例提取部分（民师可提取工资总额的10%）捆绑一起，根据工作量、常规工作评估及工作效益按3∶2∶5的比例实行分配。其中工作量和常规工作评估按月评定发放，工作效益按学期评定发放，其实际分配高低差约在80元。

此外，从所到学校接触的校长和教职工看，尽管学校工作负担重，办学经费不足，教师生活待遇不高，但能够理解政府的困难，认真地按照政策办事，尤其是在收费方面，严格执行收费制度，不乱收学生一分钱，小学从未利用节假日实行补课，初中也仅是在初三年级补半天课。在寄宿制学校，不少教师从早上六点半开始，工作到晚上十点，仍无怨无悔地奉献。从了解的情况看，小学教师人均月收入620～640元之间，初中教师人均月收入在600～620元之间。教师的精神状态是好的，只要党和政府给予了关怀，就已心满意足了。一位特困教师激动地说：“只要你们来看望我们，我们就没有理由不好好工作。”

二、存在的困难和问题

1．县级财政支撑能力有限形成了教育经费的短缺

武宁县2001年的财政性教育经费比2000年增加了700万元，增长了25.93%，远远超过财政总收入和财政支出增长的比率，但是在3433万元教育经费中，县级财政用于发放教师工资总经费就达3404.5万元，占财政性教育经费的99.17%，公用经费不足1%。财政拨给学校的公用经费小学仅有生均0.50元，初中仅有8元。根据调查情况，上汤乡中心小学年可用经费为3000元，宋溪乡中心完小只有1600元的可用经费，宋溪乡初中年

可用经费也仅4.6万元，有的教学点年可用公用经费不足200元，学校的正常运转困难较大，教师的公费医疗中学校负担的部分已无钱承担。

2．教职工与学生比例不高，地域差别明显

从边远山区乡上汤乡、贫困乡澧溪镇和近郊宋溪乡的教职工与学生比较情况看（见附表2），越是边远、贫困地区其教职工与学生比例就越高，越靠近城郊就越低，平均比例为小学17.43：1，初中16.84：1。依据中央编办、教育部、财政部《关于制定中小学教职工编制标准的意见》的标准，就这四个乡镇而言，小学平均超编24.22%，初中平均超编4.39%。从全县情况看（见附表3）,超编情况集中在小学。

农村中小学教职工与学生比较情况表（附表2）

学校名称	在校学生数（人）	教职工数（人）	教职工与学生比	人均课时（节）	备注
上汤中心完小	609	29	21:1		含村完小2所，教学点5个
上汤初中	559	31	18.03:1	12.8	
澧溪中心小学	2133	114	18.71:1		含村完小10所，教学点23个
澧溪初中	1415	86	16.45:1	13.5	
宋溪中心完小	720	44	16.36：1	15.5	含村完小2所，教学点6个
宋溪初中	715	44	16.25:1	14	
罗坪中心小学	1192	80	14.9:1		含村完小5所，教学点10个
罗坪初中	1084	63	17.21：1		

武宁县中小学教职工与学生比较情况表（附表3）

学校类型	学生数	教职工数	教职工与学生比
中心（职高）	4486	331	13.55:1
初中	22136	1260	17.57:1
小学	29088	1840	15.81:1
幼儿园	533	36	14.81:1

3．检查、摊派、罚款较多，影响学校发展

在调研的学校中，每个学期都要经受财政、物价、税务等部门的检查，有的部门一个学期要检查几次，即使查不出问题也要收取100元的合格证费，如发现一张收据，动辄几百元、甚至上千元的罚款。尤其是村完小，所在的村小店往往没有发票，往往构成了一些部门罚款的理由。澧溪镇还向学校教师强行摊派劣质土特产品，镇邮递员也向学校强行征订与学校教育无关的报刊。

三、几点建议

1．要在加大学校的投入上，尤其是在保证学校公用经费的投入上想办法。根据武宁县的情况，县级财政确保了教师工资的按时足额发放，但公用经费的定额太低，1985年省定的小学生均8元、初中生均20元的公用经费计算，还要增加53万元的投入，就意味着县财政支出还要拿出0.5个百分点用于教育，狠心挤一挤，还能承受。如按照小学生均120元，初中生均150元的标准核拨，就需增加680万元的支出，显然地方财政无法承受。既然县级财政难以大幅度增加学校公用经费，就有必要提供政策，提高学校杂费标准。小学生均杂费标准每学期提高30元，据学校反映农民也能够承受。

2．本省的教师编制标准要因地制宜。从实际情况看，农村由于人口向城镇的迁移、计划生育的影响，小学生员明显下降，成班率较低，导致教职工与学生的比例持续下降。但由于网点布局的调整，寄宿制的学校会显著增多。再加上边远山区、库区，由于学生安全因素，必须保留部分教学点，而教学点是无法按国家标准配备的。在确定我省教师编制标准时应当考虑这些因素。

3．要减少和规范对学校的各种检查，努力为学校的发展营造宽松的氛围。对学校的检查应由政府统一牵头、有关部门联合进行，一年只限一次。对学校违纪违规按照法律、法规规定必需的行政罚款应统一上交县级财政，由县级财政用于校舍建设专项资金。

4．要加大对边远贫困农村学校教师的优惠待遇。我省的地方性法规《江西省实施〈教师法〉办法》所提出的一些优惠条款，随着时代的发展，已显得优惠力度不足，应在适当时候建议省人大常委会予以修改。同时，加强优惠政策的制定。武宁县农村小学人平工资高于农村初中，并不是对农村小学格外厚爱，而是由于农村小学教师普遍年龄偏大，农村初中年龄偏轻所至。农村小学对师范毕业生没有吸引力，即使分到农村小学，也是在工作之余，勤奋学习，以寻找时机跳出。

5．教师的医疗保障是座谈会和问卷中反映的一个突出问题，关键是学校应承担的部分已无力承担。在教师工资县统筹之后，建议这部分也实施县统筹，纳入县级财政预算，由县教委统管。

省教育厅赴武宁调研组

二〇〇二年二月四日

中共武宁县委武宁县人民政府
关于进一步加强教育工作的决定

（武发〔2008〕20号）

为切实贯彻《中华人民共和国教育法》《中华人民共和国义务教育法》《中华人民共和国教师法》《中华人民共和国未成年人保护法》等有关法律，落实《国务院关于基础教育改革与发展的决定》和省、市关于教育改革与发展的一系列政策、措施，进一步实施科教兴县战略，全面贯彻党的教育方针，大力推进教育事业又好又快发展，特作如下决定。

一、进一步确立教育优先发展的战略地位

1. 党的十七大报告进一步明确提出要优先发展教育。教育是科教兴县的奠基工程，对提高民族素质，培养各级各类人才，促进社会主义现代化建设具有全局性、基础性和先导性作用。武宁未来的发展靠教育，希望也在教育。只有坚持教育优先发展，才能为武宁经济社会又好又快发展提供人才保障和智力支持。

2. 各级政府及有关部门要切实履行好职责，建立健全教育优先发展的机制体制。以更大的决心、更多的财力支持教育，做到经济社会发展规划优先安排教育发展、财政资金优先保障教育投入、公共资源优先满足教育和人力资源开发需要，真正把教育优先发展的战略落到实处。

二、进一步明确教育改革与发展的目标和任务

3. 今后五年教育改革与发展总的目标是：深入贯彻落实科学发展观，全面贯彻党的教育方针，全面提高教育质量。调整教育结构，优化资源配置，加大教育投入，改善办学条件。巩固提高义务教育水平；普及高中阶段教育，提升高考升学水平；大力促进职业教育；进一步发展幼儿教育；依法规范管理民办教育，扶持民办教育发展。加强教师队伍建设，深入推进素质教育。大力实施教育民生工程，促进教育公平，办人民满意的教育。

4. 巩固“普九”成果，提高义务教育水平。以九年一贯制学校、中心完小和初级中学为重点，办好寄宿制学校。合理布局学校网点，优化资源配置，提高办学效益。全县小学适龄儿童入学率稳定在100%，在校生年辍学率控制在1%以下；初中阶段适龄人口入学率达到95%，在校生年辍学率控制在3%以下。办好特殊教育学校，残疾儿童少年入学率达75%以上。

5. 普及高中阶段教育，提高教育质量。抓好普通高中教育，发展中等职业教育，确保愿意或符合条件升学的初中毕业生能够全部升入普通高中或职业学校就读，提高全民文化水平。配置优质师资和优质生源打造重点高中品牌，提供优质高中教育服务。创办国家级示范性中等职业学校，创建普通高中和职业教育特色学校模式。

6. 大力扶持民办教育。以民办学前教育和民办高中阶段教育为重点，依法落实国家扶持民办教育的政策措施，促进民办教育健康发展。将民办学校和幼儿园列入全县学校和幼儿园督导评估范围，在评优评模、职称评定等方面，与公办学校一视同仁。民办高中和职业学校学生与公办学校学生一样享受助学金待遇。

7. 重视和发展学前教育。在县城办好一所示范性幼儿园，规范私立幼儿园管理；在农村，以中心完小为依托创办乡镇中心幼儿园。以县幼儿园和乡镇中心幼儿园为龙头，促进全县幼儿教育事业发展。在县城普及三年幼儿教育，在农村普及学前一年教育。

8. 切实推进素质教育。坚持育人为本、德育为先，进一步加强和改进未成年人思想道德教育，把德育有机融入各学科教育教学中。努力践行社会主义荣辱观，培养学生

良好的道德修养和行为习惯。加强法制教育、安全教育和国防教育。加强教育与生产劳动和社会实践相结合。大力推进教学改革，加强教学研究，切实减轻中小学学生课业负担。进一步加强学校体育工作，全面实施国家学生体质健康标准，大力开展“每天锻炼一小时”活动。加强和改进学生心理健康教育和卫生防疫教育。加强中小学艺术教育。

三、进一步强化促进教育发展的措施

9．加大教育经费投入。按照“以县为主”的管理体制，根据国家有关规定筹措教育经费。按照省、市规定做好地方教育附加费征管工作，本县境内各机关、团体、企业、事业单位进行基本建设（不含财政安排的基本建设投资），均应征收地方教育附加费，纳入县财政预算外资金专户，实行收支两条线管理。伴随产品税、营业税、增值税征收的教育附加费，应全部划拨财政教育专户。确保教育投入有稳定渠道，确保教育经费全部用在教育事业上。设立教育奖励基金，奖学奖教。2008年投入50万元设立教育奖励基金，以后每年的投入按10%增长。

10．依法理顺中小学校长选拔任用和管理制度。实行校长任职资格制度，推行中小学校长聘任制。高级中学、完全中学和中等职业学校正、副校长由县教育局党委推荐，经组织考察，县委研究同意后，由县教育局局长聘任。乡镇中心完小、初级中学、九年一贯制学校和县直小学、幼儿园校长（园长）需要调整时，由县教育局提出聘任方案，征求乡镇党委意见，报县委宣传部同意后，由县教育局组织实施。聘任结果报县委宣传部备案后，由县教育局聘任。依法实行校长负责制，加大校长管理学校工作的自主权。除正科级学校外，其他学校副职和中层干部由校长提名推荐，副职按干部管理权限经同意后由校长聘任，中层干部直接由校长聘任。学校教师实行聘任制，今后学校凡调入教师需经校长同意，由校长聘任。实行校长任期目标责任制，校长任期为三年，可以连聘连任。建立任期目标考核管理，依法将校长负责制落到实处。

11．严格控制学校领导和中层干部职数，充实教学一线队伍。高级中学、完全中学、职业学校副职原则上不超过3名；乡镇中心完小、初级中学、九年一贯制学校和县直小学、初级中学及县幼儿园副职不超过2名。学校中层干部一般不设副职。

12．进一步加强教师队伍建设。依法实行教师资格制度，逐步推行中小学教师聘任制。建立教师定向培养和招聘补充机制，按照教育事业发展需要及时补充教师。实施“名师工程”，定期评选教学明星、学科带头人、骨干教师，加强教师培养培训，全面提高教师队伍素质。加强教师职业道德教育和师德师风建设，建立师德师风考核制度，搞好师德标兵的评选表彰和宣传活动，同时对违反教师职业道德的要严肃查处，情节严重的坚决清除出教师队伍。建立城镇教师轮岗支教制度，鼓励中青年教师到农村中小学服务。逐步提高农村教师待遇，职称评聘、评优评模、经费补贴等方面向农村中小学倾斜，改善其工作和生活条件。任何部门和单位不得以任何理由占用或变相占用学校教职工编制，全面清理在编不在岗人员，严格控制从教育系统借、调人员。

13．大力实施教育民生工程。全面贯彻国家免费义务教育政策，为全县公办义务

教育学校的学生免除学杂费，并免费提供教科书，为家庭贫困的寄宿生提供生活补助。全面取消借读费，保障进城务工人员子女平等接受义务教育。实施关爱留守儿童工程，切实做好农村留守儿童教育管理工作。落实普通高中和中等职业学校家庭经济困难学生资助政策，对国家助学金投入予以配套，对考入大学的家庭经济困难学生提供助学金。争取社会各界的捐助，为教育办实事。

14．切实加强学校管理。县教育主管部门应依法从严治教，规范办学行为。实行目标管理，强化导向；实行制度管理，强化约束；实行民主管理，强化监督。建立健全学校、教师、学生等各项规范管理制度，推行校务公开，加强民主评议，提高管理水平。坚持义务教育阶段公办学校就近免试入学，严肃查处义务教育阶段举办重点校、重点班、乱招生等违规行为，严肃查处高中阶段违规跨区域招生，有偿招生行为。加强对民办学校和民办幼儿园的规范管理。加强对全县学校办学水平的督导评估，促进各类教育事业健康发展。

15．全面改善办学条件。利用3～5年时间，对中心完小以上寄宿制学校全面实行配套设施建设，确保每所寄宿制学校有学生公寓、学生食堂、陪护教师值班室及图书阅览室、科技艺术活动室、远程教育教室等教学、生活、体育基本设施。加快农村中小学危房改造步伐，力争在三年内改造现有危房，消除中小学校舍安全隐患。执行国家中小学校舍建设标准，确保学校建设质量。加强中小学校容校貌建设，启动新农村卫生新校园建设工程，将学校建设成为农村精神文明建设的窗口和重要阵地。加强农村远程教育建设和维护，普及现代教育技术。

16．建设平安和谐校园。建立健全学校安全工作责任制和责任追究制。建立教育行业风险管理服务体系，在全县学校实施校方责任险。建立学校突发事件应急处理机制，加强师生安全教育，提高师生防灾应急能力。抓好学校和学生安全工作，整治校园周边环境，维护学校稳定，保障师生安全。切实抓好校园文化基础设施建设，重视校园绿化、美化和人文环境建设。开展丰富多彩的校园文体活动，开展文明学校、文明班级、平安校园创评活动。全面开展校风、教风、学风建设，从树校风、促教风、强学风入手，建设平安、健康、文明、和谐的校园环境。

四、进一步加强对教育工作的领导

17．成立全县教育工作领导小组。县政府县长任组长，县委、县人大、县政府、县政协分管教育工作的领导为副组长，宣传、教育、发改、财政、人事、编制、监察、公安、文化、卫生、国土、建设、规划、工商、环保等部门主要负责人为成员。领导小组主要负责编制全县中长期发展规划，部署教育改革与发展的全局性工作，协调解决教育工作的重大问题。

18．及时研究教育工作。将教育工作列入政府议事日程，及时研究新情况、新问题，制定促进教育发展的措施。县委每年听取一次关于教育工作的情况报告，研究解决教育改革与发展的重大问题。县政府每年召开一至两次专门研究教育工作的县长办公会，研究解决教育改革与发展的突出矛盾和具体问题。县委、县政府主要领导和分管领导每年要深入学校了解情况，指导工作，帮助学校解决办学中的突出问题。

19．各部门要认真履行职责，营造良好的教育发展环境。县发改委要将教育事业的发展纳入国民经济和社会发展计划。县财政局应对教育经费足额预算，并确保依法增长；切实加强教育专项资金管理，确保全额用于教育。人事部门在教师职称聘任工作中每年拿出一定的职数用于奖励先进学校或优秀教师。编制部门要合理核定学校编制。监察部门对违反规定跨区域招生、有偿招生的行为及时予以查处，维护中招工作秩序。公安部门应加强学校及周边治安管理，在县直中学、职业中专学校门口设立公安值勤点，维护学校治安秩序。公安交警大队应加强对学校交通安全管理，在校园路口设置警示牌、减速带，对违规运送学生的车辆予以严厉查处，保障学生交通安全。文化部门应加强文化市场的管理。卫生部门应加强学校防疫工作及饮食、饮水卫生的管理。国土部门要按学校建设需要做好土地报批工作。建设部门应加强学校校舍建设质量的管理。规划部门应将学校、幼儿园建设列入城乡规划，确保学校和幼儿园设置符合城乡发展需要。环保部门要对校园及周边环境进行环境安全监测。文化、工商、电信、公安等部门应联合整治网吧违规经营行为，按国家有关规定，电信部门应在零点至8点切断网吧信号源。对严重违规的网吧坚决予以取缔。学校党报党刊任务直接据实下达到学校，其他部门和单位不得向学校摊派报刊。严格控制有关部门到学校进行检查、收费等活动。

20．乡镇人民政府应履行农村义务教育办学和幼儿园管理的责任。要积极筹措资金，改善办学条件。要维护学校治安和安全，抓好乡、村幼儿园的规范管理。要动员、组织适龄儿童少年入学，确保完成九年义务教育。要协助县教育行政部门做好学校网点布局工作和学校建设的协调工作，对新建、扩建校舍所需土地，应按有关规定进行划拨。要确保农村中小学校产不被占用。在教学网点调整中，农村中小学校舍确有闲置的，乡、村需要用于其他公益事业的，应与县教育行政部门协商，在确保不影响教学、不影响师生安全、不改变房屋结构、保证在教学需要时能及时撤出的情况下，经与县教育行政部门签订协议后方可使用。

21．加大教育宣传力度。宣传部门、新闻媒体要大力宣传县委、县政府发展教育事业的重要举措，大力宣传教育改革与发展的成效，大力宣传学校办学的先进经验和成果，大力宣传优秀校长和教师的典型事迹，大力宣传关心教育、支持教育、为教育办实事的人和事，在全社会营造尊师重教的良好风尚，树立武宁教育的新形象。

中共武宁县委

武宁县人民政府

2008年7月25日

教育新闻

江西武宁：用课改撬动教育发展

马朝宏　翁还童

2009年4月21日下午，江西省武宁县鲁溪小学，一个满脸稚气，教龄只有两三年的年轻教师正在给一年级的孩子讲《乌鸦喝水》。当老师让一名学生到讲台上演示“乌鸦是怎样喝到水”的时候，班上的气氛一下子沸腾了起来，后面的学生“呼啦”跑到前面，把讲台围了几圈，跃跃欲试。老师不得不把瓶子举得高高的，以便学生们都能看得见。

对于这种“失控”的局面，老师似乎习以为常，学生也很快恢复了秩序。但是，他们在课堂上的活跃却是始终如一——为了抢到发言机会，有的学生恨不得站到凳子上，以便老师能看见自己。课堂的自由活跃以及学生极高的参与度，都给记者留下了深刻的印象。

两节随堂课听下来，无论是在语文还是数学课上，我们都看到学生这个“主体”生龙活虎的表现，课堂上到处闪烁着孩子们的思想火花。学生基本“无视”我们这些陌生听课者的存在，他们忙于发言、阅读、小组讨论……

据陪同听课的县教育局教研员介绍，这并不是学校最高水平的课。虽然老师的表现像她的面庞一样还有些“稚嫩”，但是我们可以明显感觉到，老师竭尽全力要把课堂还给学生，新课程所倡导的教育理念在这里已经深入人心。

也许有人会说，这有什么大惊小怪，这样的课堂在很多学校也能看到。但是，在鲁溪小学——一个离县城还有两个小时车程的偏远的乡村小学里，这样的课，实属不易。

说起江西武宁县，可能很多人不熟悉，这个被著名的庐山西海包围的小小县城风景极美，温家宝总理曾在2007年亲自题写“山水武宁”。山水环绕造就了美景，也注定了它的“偏远”与相对落后。在20世纪90年代，进出县城还只能靠摆渡；全县37万多人口中有10多万人外出务工从事装饰行业，也因此被称为“装饰之乡”。

因为地理位置偏僻，经济条件不太好，武宁教育面临着经济不发达地区所共有的问题：留守儿童，学生学习负担过重，教师专业化发展，教育均衡发展等。

面对这些问题，武宁县进行了积极的探索：开展课改实验打造“高效课堂”，让学生自主学习，快乐学习；实施“名师工程”，促进教师专业化成长。近年来，新课程改革在这个有着山区、老区、库区“三区”之称的区域快速开花结果，校长、教师的头脑正在被先进的教育理念武装。虽然很多乡村教师年龄都在50岁左右，但是他们依然参加各种培训，驶上了专业成长的快车道。全县学校都在打造各具特色的“高效课堂”，创建各具特色的校园文化，而且效果显著。本报曾两次报道过的私立宁达中学的“自主式开放型”课堂，已经成为全国课改的典型，武宁县抓住宁达中学这个课改典型的引领作用，以课改为突破口，不仅改变了教师和学生的精神状态，不仅打造出各色的高效课堂，武宁教育面临的一系列问题也正在慢慢化解。

武宁县教育局局长卢斌告诉记者，他渐渐发现，原来课改就是撬动教育发展的那个有力支点。于是，他们紧紧抓住“课改”这个突破口做文章，武宁教育正在发生突飞猛进的变化。

让留守也“幸福”——课改释放留守儿童的快乐。因为武宁外出务工人员多，留守儿童多已经成为武宁教育的一大特点。官莲小学的500多名在校生中，留守儿童竟然占到73%！即使是在县城直属小学武宁四小，留守儿童也达到了50%以上。面对这些平时缺少家人关爱和教育的学生，学校的育人功能显得尤为重要。

官莲小学，作为留守儿童的“重灾区”，以前经常有学生因为想念父母而逃学。老师们慢慢认识到，如果想要学生安心待在学校，必须增强学校的吸引力。他们想尽办法构建留守儿童的“生活之家”：宽敞明亮的食堂，彩色电视机、VCD、多功能音箱等生活娱乐设施，可口且价格合理的饭菜，优美的校园环境，现代化的体育场所……在硬件上，努力让学校成为学生休闲、娱乐、学习的最佳场所。

可照顾好孩子们的生活不是学校的终极目标，毕竟教育才是学校的基本功能。怎样让学生不厌学，让他们在学习中找到乐趣，找到自信，找到成就感，让留守的日子变得美好而快乐？为了破解这些难题，官莲小学开始在课堂教学上下功夫。

教师自身水平有限，他们就充分利用现代远程教育课程资源，选择、修改、创新、灵活地运用多媒体课件，精心安排课堂教学，大大提高了课堂教学的趣味性和效率。

他们还采用结对学习小组等形式，让学生自主、互助学习，在提高学习成绩的同时，也培养了学生之间的合作意识，让他们学会相互关心、增进同学之间的友谊，进而让学习成为快乐的事情，大大减轻了学困生的学习心理负担。

课堂40分钟的效率提高了，课下学生有了更多的自由时间来发展自己的特长，丰富自己的生活。学校开辟了“第二课堂”，成立了体育兴趣小组、象棋兴趣小组、五子棋兴趣小组、英语兴趣小组、文艺兴趣小组、阅读兴趣小组、鼓号兴趣小组……每周四下午第六节课，各兴趣小组在指导老师的带领下，有条不紊地开展活动。周二上午，记者来到英语小组活动的地方，看到辅导老师范叶莉正在制作各种英语卡片。她告诉记者，因为要去市里参加一个英语比赛，近来兴趣小组成员的积极性特别高涨。这些学生是幸运的，如果没有这样的兴趣小组，农村学生怎么可能会有这样的机会展示自己？

另外，为配合校级兴趣小组，各班级还建立了“图书角”，各寝室建立自己的“特色文化”。图书角是班级图书管理机构。学期初，各班主任根据学生读书需要，从校图书室借来书籍，每人一册，建立班级图书角。“寝室文化”是学生学校生活的重要组成部分。在生活指导教师和寝室长的组织下，每人带来两本课外书，成立寝室“图书苑”，并购买五子棋、象棋、跳棋等娱乐益智休闲游戏玩具。每天晚自习后，留守学生，看书的看书，“战斗”的“战斗”，忙得不亦乐乎，忙得“忘记”思念爸爸妈妈。

引“趣”减“量”减学生之负——课改放飞山里孩子的翅膀万翔，是武宁四小五年级的一名学生，负责照顾他的舅舅说，平时都看不到他在玩，因为作业太多了。但是近来，万翔变了。

有一天吃过中午饭，他告诉舅舅：“以后我每天中午都要早点去学校，去帮助一个学习上有困难的同学。”说着就一溜烟地走了；每天傍晚回到家，也没见他写作业了，而是在看一本《名人传》，一边看还一边很认真地做读书笔记；让舅舅感到更惊讶的是，周末，他居然跑到新华书店一待就是大半天！

原来，万翔的这些变化都是因为武宁四小推行的“取消家庭作业”的“减负”改革。用万翔自己的话说就是“我的时间我做主”。

减轻学生负担，武宁四小校长付林源有着自己的独特理解。他常常讲父亲卖粮的故事，小时候，父亲卖粮都是徒步背粮进城，而现在是拖拉机甚至汽车拉进城，以前，100斤对父亲来说就是负担，但是现在，一次拉几千斤都不是问题。他由此得出了结论，唯有提高学习效率才能从根本上解决学生的负担问题，而课堂效率是重点。

另一方面，因为武宁四小一半以上的学生都是留守儿童，很多家长根本没有能力辅导孩子做作业，且不说老师布置的作业中也有一些不合理的无效作业。这些因素加在一起，让他对“作业”产生了怀疑，这些让孩子几乎失去了童年快乐的作业，到底有什么用？经过反复考虑，付林源有了一个设想：控制课下作业，作业当堂完成，把更多的时间还给学生。通过控制作业量，把老师的精力逼到课堂上，提高课堂效率来快速提升教学质量。于是，一场“取消家庭作业”的改革在四小上演了。

为了提高课堂效率，他们坚持集体备课，鼓励教师进行教科研，合理利用现代化教育技术，让课堂变得生动活泼，妙趣横生，让学生愿学、乐学；改革课堂教学模式，深化新课标理念，语文课堂重点落实“读、写”，在课堂上完成字词书写任务。数学课则少讲解，多操作，多联系。即使有作业，也要科学设计，减少机械重复，比如小学语文字词，同样是抄写生字，四小将一般的“抄写10遍”分解为“52111”，即当天抄写5遍，第二天抄写2遍，第三天抄写1遍，一周和一个月后再各抄写一遍。让最少的作业达到最好的效果。

孩子回家没有了作业，很可能会变成“电视迷”“野孩子”，家长也不会答应。副校长又想出了一个一箭双雕的办法，引导学生在课外时间阅读，这样既可以让学生有事可做，又可以弥补现在学生阅读量过小的不足。

开动员大会，有计划地开展各种竞赛以培养和激发学生的阅读兴趣，在教师的科学指导下坚持写读书笔记……在这一系列的措施保障下，通过半年的尝试，四小的减负改革收到了良好的效果。学生不再熬夜，精神更充沛了，读书多了，知识面广了，成绩不但没有退步，而且还有了进步，真正做到了通过引“趣”减学生心理之负，通过减量以减学生生理之负。

做一个幸福的教育人——课改引领教师专业化成长，新课程落实的关键在于教师的素质，而官莲乡是省级贫困乡，教师正是教育发展的短板，这里教师老化严重，全校教师50岁以上的占到50%以上，其中大部分都是民师转正的，虽然近几年补充了几名年轻教师，但是中间断层非常严重。

2006年开始，官莲小学把远程教育作为学校课改的重点工作，直接把远程教育网络资源接进教室，每个教室都配备了多媒体设备，如果不具备基本的计算机操作能力，课根本没法上。

在这种情况下，即使是快退休的老教师也开始硬着头皮学习计算机。张远银老师，50多岁的人了，背五笔字根，老是记不住，为此他买了五笔字根表的键盘，天天练习。功夫不负有心人，经过一年的努力，他终于能打字了。在官莲小学采访时，记者就看到一位花白头发的老教师正在使用多媒体上课，即使在城市学校，这种情况也是不多见的。

就是这样一支“老弱”队伍，目前绝大多数教师能够运用课件讲课，能搜集网上信息，下载资料，一半以上的老师能自己制作课件，让现代教育技术真正转变为教学生产力。在很多人看来，这简直不可思议。

武宁县教师进修学校黄园宁校长说：“教师学习和培训，首先要解决动力问题。”官莲小学正是找到了这个突破口。教师动力何在？黄校长说，那就是课改。

以课改为抓手，在深入推进课改的过程中，根据教师的需要开展校本培训和教科研，提高教师的整体素质，是武宁所有学校的“法宝”。

每个学期初，鲁溪小学每个教研组都要制定本学期的教研主题。例如，本学期语文组制定了切合课堂教学实际，有利于学生语文素养形成的“在诵读中感悟，在游戏中理解，寓教于乐，培养兴趣”和以“大语文”观为背景的“课内外阅读相结合”的主题教研活动。数学组则以生活为载体，制定了“逐步探索动手操作和积极思维有机结合模式”的数学主题，扩大学生学数学，用数学的能力。组员轮流按照自己的理解展示课堂教学，然后共同切磋、探讨。校长刘凤华说，这种交流平台的搭建，让教师在交流和思维碰撞中，在不断的反思中，获得了新的教育知识，加快了教师教学水平的提高。

在鲁溪小学采访时，记者看到虽然学校硬件设施相对较差，但是老师们对“课改”仍旧孜孜以求，对专业成长保持高昂的热情，副校长柯帆诠释为“我们感到比较幸福”。因为他们找到了课改的方向和目标，在研究中真正感到了自己的提高，很多教师已经成长为县级骨干教师。尽管因为生源等客观原因，在教学成绩方面乡村学校还不能与县城学校相比，但是通过教科研，乡村教师看到了希望，也在逐步成长。

开展课题研究是促进教师专业成长的一条有效途径。武宁二小在这方面就进行了大量有益的探索，他们开展的“大语文教学”“尝试教学法”等实验研究课题，在改革课堂教学方法中促进学生发展，突出学校特色的同时，又打造了一批名师队伍，带领了一批年轻教师的快速成长。

校长和教育行政官员对教育的发展起着至关重要的作用，因此，武宁县教育局局长卢斌提出，要做有思想、有理想的校长，办有文化、有品位的学校，他要求教育行政干部与教师共同参与培训活动。

从去年开始，武宁县启动了校长培训。为了能让校长培训产生实在的效果，培训分为“五步走”，首先是大家学，一年一个主题，去年是“常规管理”，今年是“改革创新”；第二步是大家做，也就是把学习到的理念落实到实践当中去；第三步是大家看，找问题和亮点；第四步是大家写，写体会和总结；最后，以“校长论坛”为载体，提供一个大家交流和学习的平台，共同解决问题，推广好的经验。

经过去年一年的努力，“常规管理”在武宁已经扎实落实到各个学校，几位校长都用自豪的口气说：武宁的初中和小学周末都不补课，而且所有课程都是按照国家的规定开足开齐的。

教育异彩纷呈——课改促城乡教育均衡发。传统课堂，基本都是教师讲，学生听，教师的水平基本上决定了教学效果。课改强调教师之间的集体备课，强调学生之间的互助学习，强调师生之间的互动和相互学习，决定教学效果的因素不再仅仅依赖教师。因此，即使是在教师水平参差不齐的乡村小学，课改同样取得了不小的成绩。加上武宁县教育局采取了“教师支教”和“学校结对”的措施，武宁教育正在逐步走向均衡发展。

在总结武宁课改取得的成果时，县督导室副主任说：“很多学校都打造出了自己的课堂模式，开发了符合本校实际的校本课程，课改成果可以说是异彩纷呈。比如，武宁二小进行了多元评价改革，进行分项考试，评价在过程中进行，增加了评价的弹性和灵活性；武宁三小充分利用、开发课程资源，凸显各学科的特色，让每位学生都有机会展现自己的技艺，感受成功的喜悦，如英语学科以年级为单位成立‘英语广场’‘真实阅读’等兴趣小组，经常开展‘英语沙龙’‘趣味游园’‘情景剧表演’等活动；武宁一小提出了‘生活即作文’，并创办校刊《春芽》，专门发表学生作品；鲁溪小学以武宁采茶戏作为自己的校本课程……”

县教研室副主任徐红英告诉记者，她每年都要到所有的小学调研和送课。她非常惊讶地发现，在她的课上，山区的孩子非常活跃，表现出很高的热情和学习兴趣，互动效果非常好，个性突出。在课改路上，乡村小学在某些方面并不比城市传统“名校”逊色。

除了县教育局主导的“支教”和“送课下乡”“学校结对”等促进教育均衡发展的活动之外，一些学校也主动开展帮扶和交流活动。

在武宁采访，经常能听到这样一句话“除了宁达，我们就是最好的了”，或者“我们甚至在某些方面比宁达还要好”，宁达中学在当地的地位可见一斑。

而就在采访时，宁达中学校长张项理正忙着给各个小学“送课”。问到他送课的目的时，他坦言，宁达能成长到今天，是因为站在“武宁教育”这块高地上，正如课改强调小组学习在课堂上的重要性一样，学校之间的交流也是学校发展的重要动力，“我送课给别人，展示自己的过程也是提高自己的过程，别人进步了，成了我更进一步的动力。如果总是高高在上，自己也就很难进步了”。

黄墩中学与宁达中学仅仅一步之遥，同是初中，面对竞争对手，校长陈宗珍说曾一度备感压力。“总感觉有个老虎睡在枕边。”如今，虽然宁达在升学上还是遥遥领先，但是现在他不怕了，因为黄埚中学已经走出了自己的特色，特别让他们引以为豪的是体育，“比如说我们学生打乒乓球和篮球，就比宁达强。有了特色，便有了立校之本”。

时至今日，课改路上，武宁县各级各类学校已不再挤在“分数和升学率”这座独木桥上，即使是想获得分数，也有多种道路，找到适合自己的那条路才是最重要的。用卢局长的话说：“教育均衡，不是平均，不是雷同，各具特色才是武宁教育均衡发展的最终目标。”

原载：2009年5月13日《中国教师报》头版头条

吴国富的艰辛求学路

本报记者　叶　辉

日前，记者在杭州大学研究生宿舍找到了吴富国。这位青年农民靠自学考上该校中文系研究生，他刻苦自学的事迹在他的老家江西和杭州大学传为美谈。

谁说“少年不识愁滋味”？吴国富的少年却“识尽愁滋味”。他是江西武宁人，家极贫。小学4年级时母亲一场大病，家里负债累累，他因此失学，一年后复读。他成绩极好，嗜书如命，初中时常将带到学校的米换钱买书，自己则饿肚子。苦撑到高二，他已是钱米不继，5分钱的菜分两顿吃，一块腐乳冲上水下几餐饭，还是无法维持。因祖父去世，两个兄弟结婚，贫穷终于向他发出哀的美顿书：一个冬日，父亲阴沉着脸来通知他：家里再也无钱供他上学了。他收拾行装，含泪告别学校，回乡当了农民。

失学给他的心留下深深的伤痕。但创伤越深却越发愤。他上高一时迷上古文，此时更甚。他白天劳动，晚上时间全部用到学习古文。

山村的夜漆黑，只有吴家一灯晶莹———是吴国富在孜孜苦读。他通读了《古文观止》、《徐霞客游记》及唐宋诗词；他陪伴陶渊明“采菊东篱下”，追随李白“西下峨眉峰”，会同杜甫登泰山而“一览众山小”。清灯照壁，冷雨敲窗，无边孤寂中，白居易、陆游、李清照、李煜纷纷向他走来。

口袋拮据，大脑却很富有；贫寒的处境，灵感却经常敲击心灵的窗扉。他开始写作，1985年，他的第一篇小说《赌博》在当地文学刊物上发表。当他看到自己的名字印在刊物上，激动万分，从此一发而不可收，散文《风雨小山村》、《傻子逸事》、《桐树》接连发表。这一年，他共发表了七八篇作品。

翌年，他在县移民办打工，一有空就到图书馆借书，一年中几乎把县图书馆的文学类书看了个遍。没钱买书，就抄，《左传》、《楚词》、《江淹诗赋汇编》、《李清照集》，他抄了很多很多。

1989年，吴国富结婚了。种地，赚钱，照顾年迈体弱的岳母，抚养多病的女儿，生活似乎就这样定型了。多少次他怅望夜空自问：鲲鹏可有展翅之日？

1991年，吴国富与一在县里工作的同学邂逅。谈起学习，这位同学说：“你为何不去自学考试？”如醍醐灌顶，吴国富走进了考场。

“这么好的成绩你可以去考研究生嘛！”还是这位同学提醒。对，去考研究生！我为什么没想到这一点呢？一个诱人的目标出现了。

考研究生须有本科文凭。先读专科和本科！吴富国下了决心。

吴富国考研的消息一传出，务实的农民议论纷起：穷博士，傻硕士，呆头呆脑读学士。你不傻不呆，读什么硕士？高中都没毕业想考研究生？想读书想疯了！他岳母也反对：当农民以农为本，考什么研究生！他一拿起书本，岳母就摔碗打盆，给他脸色看。

他陷入深深的痛苦中。无知是平安之母，是无忧无虑的源泉。当个无知的人多好！可他不甘心命运的摆布。

他外出打工，利用工余时间学。他的打工地距家五六十里，为照顾岳母、女儿和田里的庄稼，只好经常回家，疲于奔命。

困难像一座座山峰横亘在他面前。最困难的是英语。他买来《许国璋英语》，完全靠词典来自学。

自学考试半年考一次，一次只能考4门，他循序渐进。1993年，他考完大专；1995年，他拿到了本科文凭。通向人生目标的所有障碍都已清扫，1996年2月，吴国富走进了研究生考场。群山忽然化作平地……

他考上了杭州大学中文系研究生，当地报纸、电视台以及中央电视台都报道了他自学成才的事迹。往事如风流云散。从幽僻之乡来到这繁华世界，从落后的农村来到大学校园，吴国富如鱼得水，他更加孜孜不倦地追求知识。他研究元、明、清文学，已写了多篇论文。导师楼含松教授对他的评价是：肯钻研，有悟性，分析能力强。

问及他今后的打算，他答：希望能在大学当教师。

原载：1998年5月30日《光明日报》第二版

成功的定义

柯水生

武宁二小，坐落在烟波浩森的万岛湖畔，蓝蓝的湖水滋润着校园内的花草树木，微微的清风吹绽了校园内一千多棵幼小的“花蕾”。在这所美丽的校园里，人类灵魂的工程师们给予“成功”一个新鲜的诠释———让每一个学生都有愉快的学习心情，自觉的创造动力。

树立育人新观念，构建育人新环境，创建育人新机制，开创育人新局面，是武宁二小教育教学的根本宗旨，“四新”在这所有着近30年历史的校园中一次次闪烁出灿烂的光芒。

走进这所学校，首先让你感受到的不是红墙、碧瓦，菊花、兰花，古朴的根雕、嫩绿的小草，也不是整齐而有序的课桌椅和平坦宽阔的游戏场，而是那别开生面的教学形式，生动活泼的学习氛围，学生自主、合作、探索的学习情景。在武宁二小各年级中，教师们精心设计打造的特色教学课堂，让学生的学习五彩斑斓、激情飞扬……在学生自由大胆的答辩中，在学生充满成功的脸颊上，在老师一次次宽慰的笑意里，我们看到了武宁二小对“成功”的注解。

一年级的活动课上，张吉莲老师在组织学生选举班干，让学生自己推选班干部。孩子们七嘴八舌地发表着意见，突然，一个调皮的孩子高举右手大声地嚷嚷：“我当班长。”话音刚落，所有学生都望着张老师。张老师笑了，同学们，你们都推选别人当班干，只有他选自己，这说明他很坦白、率真，张老师还就喜欢这样的孩子。同学们都笑了，接着，“我当学习委员”、“我当劳动委员”、“我当……”的声音此起彼伏。在武宁二小，学生班干由学生民主推荐，实行轮流制度，不仅选班干如此，就是在教学上也充分考虑到了学生的主体地位，给学生一个空间，调动他们的兴趣，让他们在各项学习活动中满怀激情，充满创造力。在三年级的语文课上，站在讲台上的是扎着羊角辫的“小老师”，她灵活自如地挥舞教鞭，工整地板书，朗朗地带读，看得出全班学生听课既聚精会神又情绪愉快，一堂本来由正式老师讲解的语文课在学生自主的教学中圆满结束。

在武宁二小，音乐团、美术班、写作组、书法群等课外活动团体，成为了点缀校园文化的朵朵红花，为每一个学生找到自己的兴趣爱好培育了土壤。为什么要在学校中开展如此丰富的课外活动？该校校长黄国宁说：“我们着重树立育人新观念，改变传统教育教学模式，试图通过丰富的课外小组的活动，让学生充分表现自己的优点。现代教育理念提出没有绝对的差生，只有相对的差异，武宁二小就是想创造出一种人人成才的校园环境，让每一位学生都能从不同方面体验到成功的快乐，从而促使其愉快地学习、成长。”武宁二小是一所有县城中心小学，拥有1208名学生，家长绝大多数是工薪阶层，这些学生的求知欲强，活泼好动，创造力也高，需要因势利导，使之与新型教育理念和趋势相适应。

过去，在武宁二小，“三优”学生，往往只是一些老面孔，许多学生根本没有机会得到，学校氛围如一潭静水，致使绝大多数学生的创造力没有发挥，优点得不到表现。为此，学校开展了“创新、超越，人人都成功”的主题教育活动，伴随活动的深入，在音乐、美术、写作、书法、电脑等各项全县小学生竞赛中，武宁二小屡屡获取佳绩，其中一名同学在全国数学奥林匹克竞赛中荣获一等奖。

原载：2004年2月6日大江网–江西日报

跋

武宁立县千余年，一方水土，人才辈出，代有文章；流风余绪，教化价值，亦足可观。首部教育志编成付梓，前后断续历三十载。躬逢其盛，感慨莫名。缀言书后，恭申温情与敬意焉。

2014年春，邱立平君主政教育。邑重教化，民寄厚望，历览前贤，志在振兴。越明年，教体合并，机关新迁，局面新创，观风思远。询我教育志事，告之已编志稿，搁置有年。遂议继前任之善举，出版发行，以存史立鉴，资政教化。乃命向平安、陈宗煜君牵头，聘王时福、陈英洪、刘俊三人为编辑。刘君此前曾主编《石门楼镇志》，经验丰富，业务精熟，与诸君欣然领命，玉成其事。乃重订旧稿，规范体例，完善资料，形成定稿。一邑教育文献，上起建县，下迄2010年，部分内容延至2015年，分为十二章，八十五万字，可谓巨著煌煌。前无古人，是一种不朽的开创。

2016年冬，与诸君前往国家方志馆与方志出版社商定出版发行事宜。冬去春来，方志出版社经三审，提出书面审稿意见，以为“全书指导思想明确，整体设置科学，记述内容全面，条目信息丰富，编纂质量俱佳，符合《图书质量管理规定》的相关要求，是一部优秀的综合性志书”云云。县邑千年一志，方今大功告成。

方志学集大成者章学诚有云：“有天下之史，有一国之史，有一家之史，有一人之史。传状志述，一人之史也；家乘谱牒，一家之史也；部府县志，一国之史也；综记一朝，天下之史也。”今一方教化，亦有一史，后来传道，知其来自；其裨益风教，功在当代，利及千秋，何其幸哉！

此志原稿，于2009年夏始修。其时卢斌君主政教育，倡修教育志，期在必成。乃聘欧阳可佳、黎哲明、王时福三人为编辑。其中黎哲明先生曾于2004年新修县志时为教育编章收集整理资料，是为此次修志之基础。三位忠厚长者，皆为我师，都曾主校一方，品德高尚，作风谨严，以修志为地方大事，不计得失，甘忍寂寞，埋头陋室，努力担当。三年间，广阅各地方志，查阅历代馆藏，多方征集资料，制订编纂规则，拟定志书大纲，编成资料长篇。其中，王时福先生负责概述、科举时代教育、学前教育、小学教育的编纂；黎哲明先生负责大事记、普通中学教育、职业教育、成人教育、民办教育的编纂；欧阳可佳先生负责教师、教育行政、经费与设施、人物、著作及附编的编纂。慢慢梳理那些教育的过往，日子有一种庄严和悠长。

2011年夏，杨桦君主政教育，继续志书的编纂。三位编纂人员既分工，又合作，逐章逐节讨论，屡次增删，精益求精，于同年年底形成志书初稿。又聘请邱树基、王汝章、张纲荣、温宏桢、付少平、张禄业等先生对志书初稿进行审阅，召开审稿会议，收集审稿意见。同时将初稿相关章节印发各学校和机关各股室予以审核。斟酌各方修改意见，于2012年9月编成志书第二稿，经本志编纂委员会审查通过后送武宁县志办审核。县志办审阅后提出书面审稿意见，以为“体例完备，结构合理，详今略古，内容翔实，语言规范，符合志书编纂要求”云云。根据县志办审稿要求再行修改，于2012年12月形成志书第三稿。此稿是武宁历史上第一部经方志部门审定可以出版的志稿。三位编纂人员不辱使命，用三年的时间完成预定目标任务，殊可钦佩。

追根溯源，纂修此稿又以上世纪80年代编纂的教育志资料为基础。1988年春，时雷名仟君主政教育，首次倡修教育志。乃成立编纂委员会，组织冷先发、曹廷玉、罗昆、熊仁佑、胡雪梅等五人为编纂班子，历时四年，搜集整理上起建县，下迄1989年的教育资料，编成志书草稿。那时还是机械打印油印，数十万言，用铁丝装成三册。人事变迁，未能成书，高搁馆橱，纸已黄朽矣。今日编成之志书，1989年前之史料基本采用这一志书草稿。近三十年过去，老局长冷先发公及另两位编纂人员已作古多年。志书付梓之日，我们怀念他们。世界上有许多东西都会消亡，但人类的精神价值会载入史册，传之后人。

顾炎武论修志旨要有五：其一为修志人之学识；其二要网罗天下志书作参考；其三要有调查研究的功夫；其四要有充裕的时间；其五是文字要通俗易懂。又古人有史、志三长之说，才、学、识只能由读者评论，正、虚、公乃是我们之追求。在参考志书缺乏，时间又不充裕，尤其资料征集不能如意的情况下，修成此志，实属不易。许多遗珠之憾，不可避免。尤为遗憾者，因前一次修志未能成书，历史图片资料不见搜集保存。后一次修志虽然组织图片征集，亦未能如愿。所录图片有许多没有来历，聊胜于无罢。校园图片大都为近年拍摄，王臻、徐高峰两君拍摄、制作图片为本志增色，弥足珍贵。

乡贤刘堂江先生情系桑梓，邀约曾任国家教委副主任、国家总督学的柳斌先生为本志题写书名，并题词曰：“文章千古事，翰墨百家香。”其词简，其意深，给人以荣光，亦寄托希望。

《诗经》有云：“靡不有初，鲜克有终。”实在是世上有头无尾，虎头蛇尾之事多矣。此志出版，不唯填补一邑教化专志之空白，功德无量；也成就有始有终之美好，善莫大焉。

本人于2004年参与编纂新版武宁县志，为兼职编辑，负责教育、文化篇章的编纂，始与此事结缘。2009年启动武宁县教育志编纂后，任分管之职，主持编纂事务。此次整理出版，又来再续前缘。作为这部志书编纂出版的见证者，今略记成书始末，感恩为志书贡献才智者与提供无私帮助者，不能一一。是为跋。

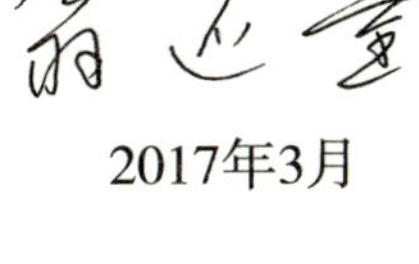

2017年3月

翁还童　本名翁地季，武宁县教育志执行主编。

《武宁县教育志》审稿单位

初审机构：武宁县教育志编纂委员会

复审单位：武宁县志办公室

审定批准单位：武宁县教育体育局

图书在版编目（CIP）数据

武宁县教育志 / 武宁县教育志编纂委员会编.—北京：方志出版社，2017.3

ISBN 978-7-5144-2348-8

Ⅰ.①武… Ⅱ.①武…Ⅲ.①地方教育 - 教育史 - 武宁县 Ⅳ.①G527.564

中国版本图书馆 CIP 数据核字（2017）第031273号

武宁县教育志

编　　者：武宁县教育志编纂委员会

责任编辑：张　颢

出 版 人：冀祥德

出 版 者：方志出版社

地址　北京市朝阳区潘家园东里9号（国家方志馆4层）

邮编　100021

网址　http://www.fzph.org

发　　行：方志出版社发行中心

电话（010）67110500

经　　销：各地新华书店

印　　刷：河南省邮电印刷厂

开　　本：787×1092　1/16

印　　张：39.5

字　　数：846千字

版　　次：2017年3月第1版　2017年3月第1次印刷

印　　数：0001～2000册

ISBN 978-7-5144-2348-8　定价：360.00元